本报告的出版得到

国家重点文物保护专项补助经费

资助

1998～2007年度考古发掘调查报告

渤海上京城

黑龙江省文物考古研究所　编著

上册

文物出版社

封面设计：刘　远
责任印制：梁秋卉
责任编辑：李缙云

图书在版编目(CIP)数据

渤海上京城／黑龙江省文物考古研究所编著．—北京：
文物出版社，2009.7
ISBN 978－7－5010－2750－7

Ⅰ．渤… Ⅱ．黑… Ⅲ．古城遗址(考古)－发掘报告－
宁安市－唐代 Ⅳ．K878.05

中国版本图书馆 CIP 数据核字(2009)第 053225 号

渤 海 上 京 城

黑龙江省文物考古研究所　编著

＊

文 物 出 版 社 出 版 发 行
北京东直门内北小街 2 号楼
http://www.wenwu.com
E-mail：web@wenwu.com
北京圣彩虹制版印刷技术有限公司制版印刷
新 华 书 店 经 销
889×1194　1/16　印张：82
2009 年 7 月第 1 版　2009 年 7 月第 1 次印刷
ISBN 978－7－5010－2750－7　定价：1080.00 元(上、下册)

目　录

上　册

下　册

插图目录

图版目录

第一章　绪　论

第一节　自然与历史概况

渤海上京城[1]是唐代渤海国（初称忽汗州）的都城，最早见于文献的名称是"渤海王城"[2]，渤海实行五京制度后称"上京龙泉府"[3]。辽代文献称"忽汗城"[4]，契丹灭渤海建东丹国，改称"天福城"[5]，东丹南迁后被毁。其故城遗址位于今黑龙江省宁安市渤海镇，东北距宁安市35千米，西南距镜泊湖13.4千米，201国道（鹤岗—大连）在郭城南墙外通过。遗址内有渤海镇及其所属的白庙子村，双庙子村、西地村和渤海苗圃。渤海上京城郭城四至地理坐标范围为东经129°06′55″～129°10′41.1″，北纬44°06′09.8″～44°08′19.4″，海拔高程285～290米（图一；图版插页）。

渤海上京城所在的地域是牡丹江中游一片广大的平地，南来的长白山余脉张广才岭和北边的老爷岭在此形成两条天然屏障，绵亘百余千米，渤海上京城居其中部。牡丹江自西南来，在城西700米处北流，至城西北300米折而东去。马莲河在城东约6千米由南向北汇入牡丹江，江河群山对渤海上京城形成近环形拱卫。这处盆地平坦开阔，江河纵横，土沃地肥，交通便利，利于人类生产和居住。从这里向北是三江平原，可直达俄罗斯的远东地区；向东可通朝鲜半岛和鄂霍茨克海；向南入图们江、布尔哈通河谷地，沿长白山西北麓可达鸭绿江、辽河流域；向西沿牡丹江河谷越威虎岭即为广阔的松辽平原。地理位置的便利且优越，为渤海国的崛起和发展提供了广阔的空间。

这一地区属中温带大陆性季风气候，春秋短暂，冬夏分明；境内山低、林密、水多，资源丰富，风光绮丽，为人类生产、生活提供了良好的条件。这里年平均气温6.1℃，最高气温37.5℃，最低气温−40.1℃。年积温2500℃～2700℃。年日照时数2339.8小时，无霜期160天，平均年降水量450～1000毫米，相对湿度40%～85%之间。冬季多西北风，夏季多东南风。最大冻土层厚2米，很少旱、涝、风、雪等灾害，素有"塞北江南"的美誉。约一万年前火山喷发形成的火山熔岩，平铺在盆地下面，其上有0～3米厚的腐质黑土，使土壤积温明显高于同纬度的其他地区，至今仍是全国著名的优质水稻产地。在近代大规模开垦之前，山、林、江、河特产丰富，还有金、铜、铁、煤和木材等资源，为渤海国的生存提供了取之不竭的物质之需。

渤海上京城所在的牡丹江流域历史绵长，至迟在新石器时代已有了人类活动的遗迹。先秦文献记载的肃慎，《后汉书》、《三国志》等文献记载的沃沮，都分布在这一地区。商周时期的肃慎文化虽尚不能确认，但其后世的汉代挹娄、南北朝勿吉的文化已波及至此。目前，考古发现该地区北部有东康类型、滚兔岭类型，它们与汉晋勿吉文化相似。而东部的团结文化与沃沮相关。

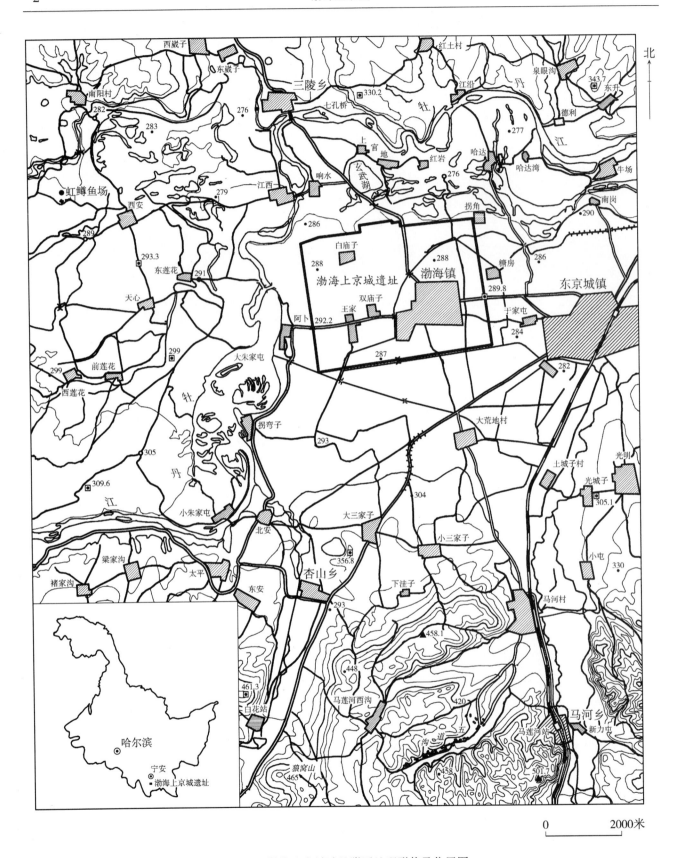

图一　渤海上京城遗址附近地理形势及位置图

建立渤海国的靺鞨人系从商周时期肃慎、汉代挹娄、南北朝勿吉发展而来，原本是一个大族群，各有其活动地域，渤海建国前已合并为七部，分布于南自松花江，北至俄罗斯东西伯利亚地区的广大范围内，渤海上京城所在的地区是靺鞨族活动的中心区域之一。在靺鞨七部中，粟末部居最南端与辽东地区相连，比较容易接受中原先进文化技术；隋时其首领突地稽曾率部内迁营州，直接与汉人相融，如此更助长了其迅速发展，成为靺鞨诸部最强者。唐武则天圣历元年（698 年）为躲避"营州之乱"，东迁至文献所记的东牟山、忽汗河一带（今牡丹江上游地区），其首领大祚荣自立为振（震）国王，后受唐册封为忽汗州都督、渤海郡王。至第三代大钦茂时得唐诏令，晋封渤海王。渤海国传 15 世，历 229 年，其辖地跨今中国、俄罗斯、朝鲜三国，盛时地有五京，十五府，六十二州，一百三十余县，曾是唐在东北亚地区的重要地方政权。

渤海上京城作为渤海都城约始于唐天宝末年，除去短暂的迁往东京外，以此为都约 160 年。渤海国以上京城为中心，开辟了对外交通的朝贡道、营州道、契丹道、新罗道、日本道等，成为东北亚地区唐文化传播的重要桥梁和纽带。渤海后期因追求奢华而武备渐弱，于 926 年被崛起的契丹所灭。928 年，渤海居民被迫举国南迁今辽阳地区，这里遂成为荒远之地。迄至清末，这里一直是女真族活动的地方，还是建立清朝的建州女真的兴起地之一。金代属蒲峪路，元为水达达路地域内的古州军民千户所，明为奴尔干都司统辖的佛纳和卫，清初属宁古塔昂邦章京辖地，后属宁古塔将军、宁古塔副都统管辖。清光绪三十三年（1903 年）起，为宁安厅、宁安县属地，曾是清代主要的戍守和流放地。由于关内移民大批来到这里，至清光绪年间，城址内出现了较大的村屯，但传统农业的开发对自然生态和古城的破坏不大。1961 年，渤海上京城龙泉府遗址被国务院公布为第一批全国重点文物保护单位，建立了专门机构负责古城遗址的管理，使其环境和主要部位得到有效保护，为渤海考古的持续研究保留下来一份珍贵的文化遗产。

第二节 调查与发掘简史

渤海上京城自辽天显三年（928 年）被废弃后，遗址基本保持了原有的格局。最早曾有宋人将其载入史籍[6]。自清顺治十六年（1659 年）开始，因科场案等被流放到宁古塔的文人频来考察，使之屡见描述。然而因时人不识古城真相，根据不同的情况，先后有"东京城"、"古大城"、"火茸城"、"沙阑城"、"讷讷赫城"和"佛纳和城"等诸多称呼[7]。其中"东京城"一名在当地流传已久，也最具影响，渤海上京城故址也因此被称为"东京城遗址"。古城内最早的村屯在清代被称为"东京城屯"，民国开始称"东京城镇"。1933 年修建图佳（图门—佳木斯）铁路，在古城东 4 千米的"东大洼子"设立了"东京城站"并渐成聚落。1961 年将城内的东京城镇改名"渤海镇"，并将"东京城火车站"所在地称为"东京城镇"[8]。

对渤海上京城的调查与著录，起始于清代流人。其早期的发现与认定，首推清中期大学士阿桂，在其奉旨编纂的《满洲源流考》（1778 年成书）中，认为"唐贾耽所云渤海王城临忽汗海者，盖即镜泊。盛京通志云宁古塔城旁古大城，或即上京旧址欤"。清末，一些历史地理学家如曹廷杰等，又进行了实地考察和令人信服的考证[9]。

1842年，俄国神甫比丘林出版《中华帝国记》，简单记述了遗址一些情况，如周长30里等。并推测是金上京的遗址。

1857年，俄国教授瓦西里耶夫出版《满洲记》，根据《许亢宗奉使行程录》，认为"东京城"为渤海国上京城遗址。

1871年，英国驻牛庄领事詹姆斯·安第金斯在其著作《长白山》中，提到了"东京城"遗址和兴隆寺的渤海石灯。

1883年，曹廷杰受清政府派遣考察东北边务，途中经过了"东京城"遗址，在1887年刊印的《东三省舆地图说》中明确指出，"东京城"遗址就是渤海上京城遗址。

1909年，日本学者白鸟库吉对上京城进行考古调查，采集了宝相花纹砖等文物，但没有写出详细报道[10]。其调查成果收录于1913年出版的《满洲历史地理》。

1921年，宁安县知事王世选主修，梅文昭总纂的《宁安县志》成书。县志对渤海上京城的记载比较丰富，为前人和同期的任何著作所不及。书中由吉林陆军将弁学堂毕业的傅明毓绘制的"唐代渤海国上京龙泉府图"，是已知最早的利用现代测量方法绘制的实测图。该图保留了一部分今已不见的地物标志，具有相当高的历史价值（图二）。

1926年，日本学者鸟山喜一对渤海上京城进行了考察。

1927年，日本学者鸟居龙藏到上京城考察，调查概要写入《满蒙之探查》。

1931年，东省特别区研究会组织综合考察队到上京城进行调查与发掘，标志着上京城的研究进入了运用现代考古学方法的新时期。

此后的发掘与调查大致经历了四个阶段。

1. 东北沦陷时期

1931年9月，东省特别区（以今哈尔滨市为首府的行政区划）研究会组织了综合考察队到北满地区进行考察，其中的古民族学分队由В·В·包诺索夫领导，地质学博士尹赞勋作为中国政府代表参加。古民族学分队在渤海上京城停留了12天，利用探沟法对"紫禁城"和"御花园"的主要遗迹进行了发掘，对全城和周边遗迹进行调查，获得了许多文物。同时绘制了"东京城"遗址的"紫禁城"（宫城）平面图，记录了宫城的主要建筑及东掖城"御花园"的部分遗迹。这是目前所见的第二张渤海上京城遗迹图，虽然属于草图性质，但所标注的若干遗迹没能保存到今天，这对于后来的考古学研究具有重要的参考价值，其初步考古报告没能单独出版[11]（图三）。

1931年"九·一八"事变后，日本帝国主义势力迅速遍及东北全境。早已策划对上京城考察的日本"东亚考古学会"，假借伪满洲国"日满文化协会"之邀，在日本关东军的保护和协助下来到上京城，分别于1933年5月和1934年5～6月，由东京帝国大学教授原田淑人主持，进行了两次大规模的调查和发掘。这是一次未经我国政府许可的，带有文化掠夺性质的发掘。通过这次工作，大体搞清了宫城内各殿址的布局、规模和形制，对上京城的学术认识有了一定的提高。"东亚考古学会"在上京龙泉府遗址调查发掘后，将出土文物大部分运往日本，收藏于东京帝国大学（今东京大学）考古陈列室，少量文物留存于伪"满洲国奉天国立博物馆"（今辽宁省博物馆），并于1939年出版了田野考古专题报告《东京城》[12]。通过上述调查与发掘，对上京城的格局、形制、建筑特征等有了初

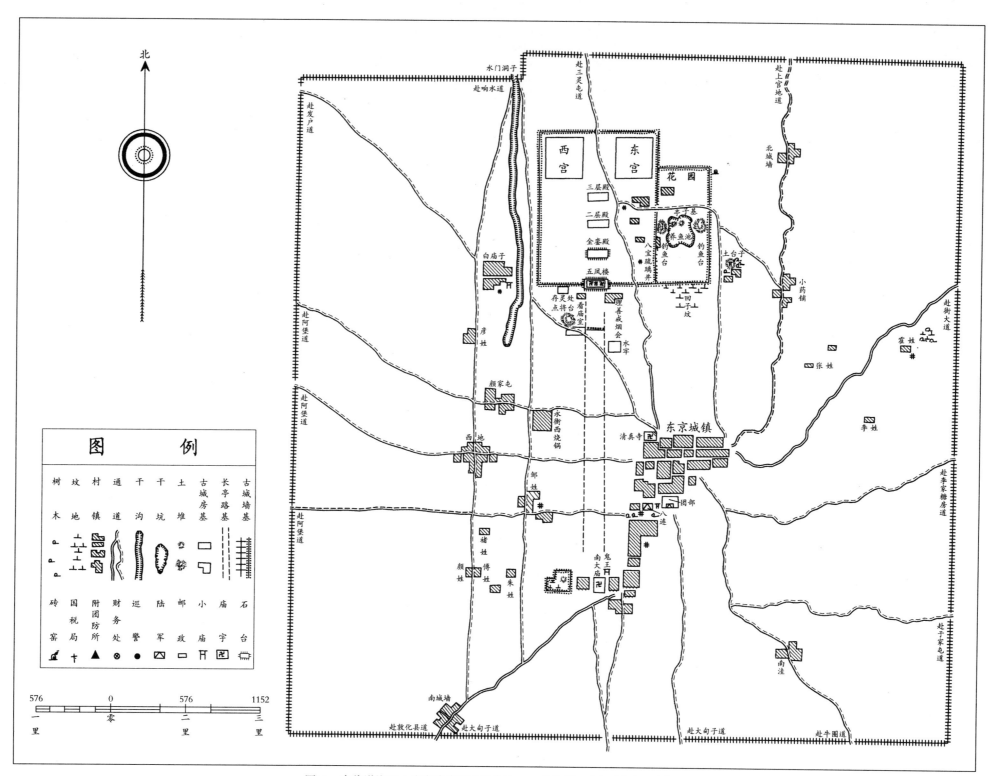

图二　唐代渤海国上京龙泉府图（傅明毓1921年绘制，原载《宁安县志》）

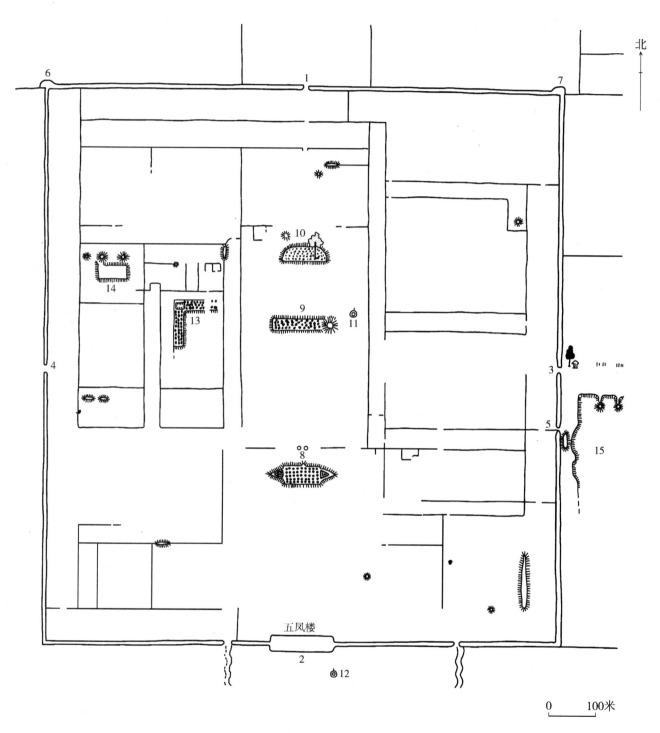

北

五凤楼

0 100米

图三 "东京城"遗址"紫禁城"图

(东省特别区考察队古民族分队 1931 年绘制,原载《东京城》附录)

步的认识。报告中发表的遗迹、遗物及全城遗迹实测图具有重要的资料价值，其中全城遗迹实测图由日本关东军专业测量员绘制，较为精准（图四）。应该指出的是，其发掘工作由于当时学科理论、方法、技术上的限制和环境等原因，损失了许多考古信息。

这两次由外国人主持的考古工作，是渤海上京城考古研究的开始。东亚考古学会出版的考古报告在后来的渤海考古研究中一直具有重要的影响。而俄国学者的首次考古报道虽简略，却长期受到不应有的冷遇。

2. 建国初期

从 20 世纪 60 年代开始，黑龙江省文物机构曾对上京城及其周边的渤海遗迹进行过调查，发现了较多渤海遗迹，为以后的发掘和研究创造了良好的基础。这一时期最重要的是中朝联合考古队的发掘与研究。

1964 年 10 月，由中国科学院考古研究所和朝鲜社会科学院组成的东北考古队第二队，在上京城进行了大规模的调查、钻探与发掘工作。这次发掘搞清了外郭城和宫城的形制、范围，城内街道坊市以及宫殿、官署、寺庙等建筑遗迹的基本分布情况，从而对渤海上京城的规划、布局有了比较清楚的认识。调查中较准确地测定了上京外城、宫城、皇城各墙的长度和宽度，确认了门址，发掘出土了大量建筑材料、陶器和其他质地的渤海遗物，丰富了对渤海器物形制、特征的认识。

这次工作除对渤海上京城龙泉府遗址进行全面勘探外，还选择了各种有代表性的遗迹进行发掘。基本搞清了城墙、城门的位置和形制，街路、里坊、坊墙的规模和结构，宫城的规模、官衙的设置以及城内外佛寺的分布和佛殿的构造等，重新实测并绘制上京龙泉府全城平面图（图五）。这些工作不仅为渤海都城研究提供了可靠的学术资料，而且为东北亚古代都城制度的研究建立了重要的学术标尺。

1966 年，朝鲜方面公布了部分发掘资料；1971 年出版了《渤海文化》一书[13]。

1997 年，中国社会科学院考古研究所出版了考古发掘报告《六顶山与渤海镇》[14]。

作为新中国成立以后中国学者主持的大型考古工作，这次发掘在考古理论及技术，研究人员组成，学术准备，综合研究，工作精度等方面都体现了当时的最高水准，其资料性与科学性在渤海考古研究领域极具影响。

3. 改革开放初期

1981～1985 年，先是原黑龙江省文物考古工作队组织业务人员对上京城周边进行了专题考古调查，后由黑龙江省文物考古工作队、牡丹江地区文物管理站、宁安县文物管理所组成联合考古队，对渤海上京城龙泉府的宫城正南门址（五凤楼）、3 号门址、第 1 号宫殿及其东西长廊、墙址等进行清理发掘[15]。并有学者重新绘制了宫城平面图，具有一定的参考价值[16]（图六）。

1985～1991 年，为配合渤海上京遗址博物馆的建设，黑龙江省文物考古研究所又小规模、间断性地发掘了上京城皇城官衙址。

这一时期的渤海上京城考古属复苏阶段，主要收获是确认了第 1 号宫殿东、西两廊中段可能有类似含元殿的翔鸾阁、栖凤阁式的建筑单元[17]，确认宫城正南门是一中部置殿，两侧设门的殿门结合式建筑等。所取得的成果，为后来的工作积累了经验。

4. 世纪交替时期

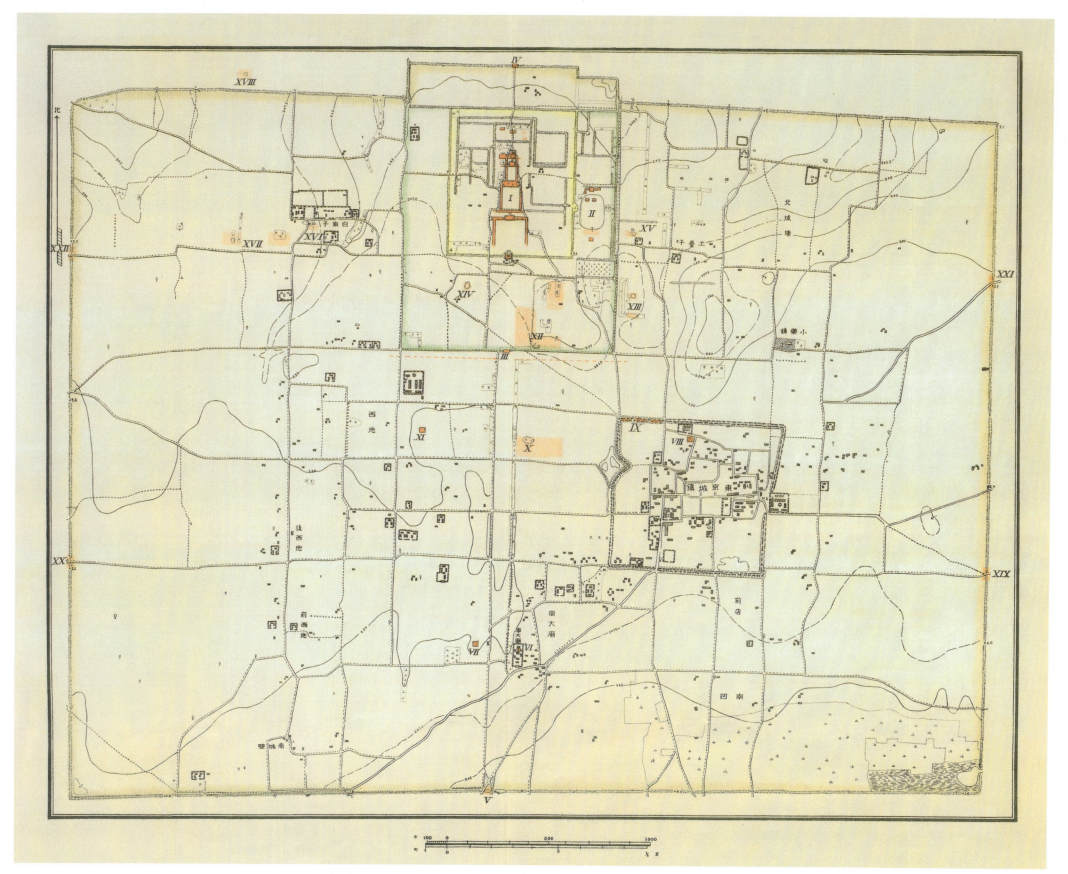

图四　渤海国上京龙泉府全图（东亚考古学会1939年绘制，原载《东京城》）

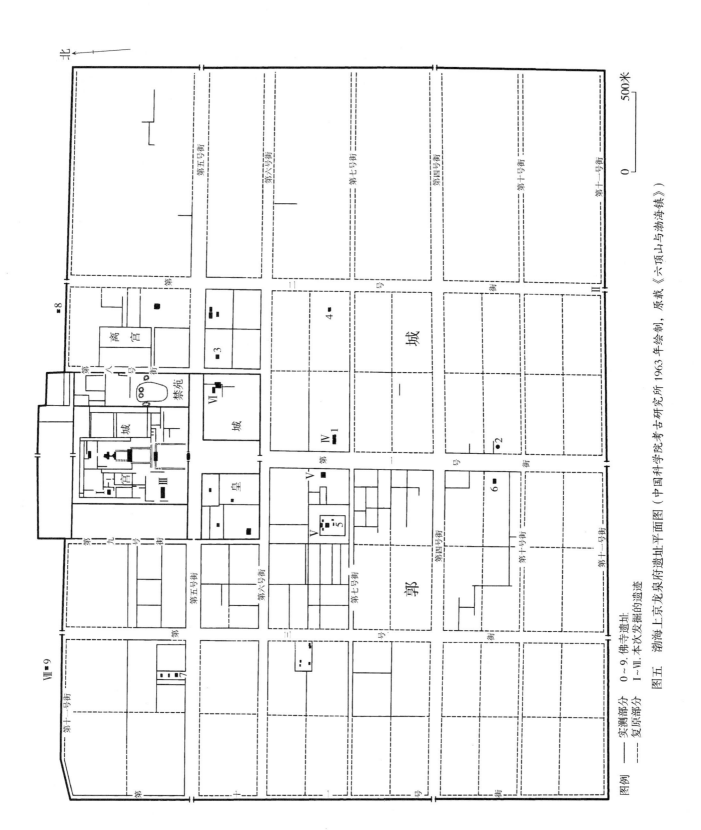

图五 渤海上京龙泉府遗址平面图（中国科学院考古研究所 1963 年绘制，原载《六顶山与渤海镇》）

图例 —— 实测部分 0～9. 佛寺遗址
—— 复原部分 Ⅰ～Ⅶ. 本次发掘的遗迹

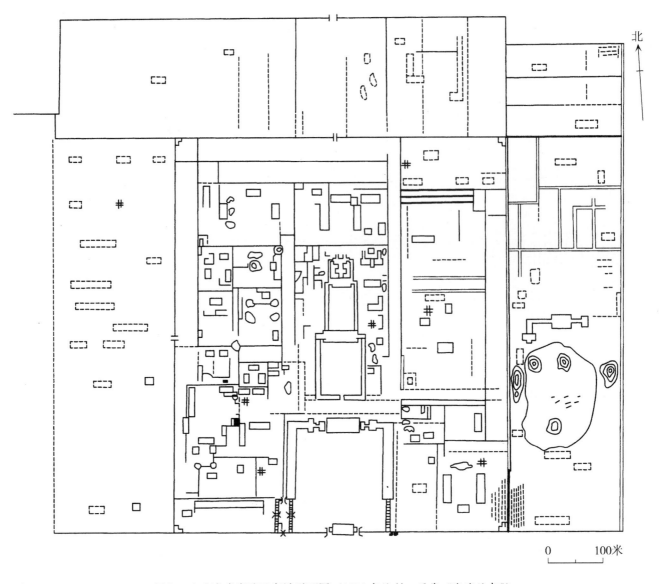

图六　上京龙泉府遗址宫城平面图（1996 年绘制，原载《渤海故都》）

1997～2007 年，黑龙江省文物考古研究所根据国家文物局的指示，将渤海上京城考古作为重点科研项目，对渤海上京宫城为主的各类遗存进行了系列勘探与发掘。发掘工作之前，首先制定了《渤海上京城址发掘规划》，然后在宫城第 2 号宫殿的西侧埋设了永久性发掘布方坐标基点（东经 129°08′31.3″，北纬 44°07′57″，海拔高程 310.2 米），全城理论布方（图七），然后组织专业人员进行了历时 10 年的考古发掘。本报告即是这一阶段考古资料的全面介绍。

本阶段考古工作的主要收获是：

1. 发现、发掘了外城第 11 号门址。

2. 确认郭城北墙中央门址为一组建筑，中间为一座下设门道的楼阁式建筑，东、西两侧各有一单门道的城门，确认圆璧城[18]。

3. 确认宫城第 2 号殿为面阔 19 间，进深 4 间的大型建筑，其东、西两侧各有掖门。确认了第 2

图七　渤海上京城宫城探方分布图

号宫殿廊庑的形制及其与正殿的关系。

4. 确认宫城第 3 号宫殿结构及与第 2、4 号殿址的关系。

5. 确认宫城第 4 号殿址结构与功能。

6. 确认宫城第 4－1 号宫殿及其附属建筑的结构与功能。

7. 确认宫城第 5 号宫殿遗址结构及附近遗迹。

8. 确认禁苑第 50 号建筑遗址范围与功能。

9. 确认郭城南门址一组建筑,中间为一座有高大门楼的单门道城门,东、西两侧各有一单门道的城门,明确其结构。

10. 发掘皇城南门址,明确其结构。

11. 发现舍利函[19]、版位、玉器等重要文物。

12. 在发掘遗迹的基础上,究明了全城中轴线,特别是宫城中区的建筑格局(图八[见本报告附图]),结合调查材料,重新绘制了渤海上京城平面图(图九)。

本阶段考古工作是在中国考古事业飞速发展的大环境下进行的,在充分汲取前人研究成果的基础上,以规划为前导,多方面、多学科协作,基本建立起了渤海都城考古的学术框架。

渤海国上京城的考古发掘历经东北沦陷时期、建国初期、改革开放初期、世纪交替时期四个阶段近七十载,基本理清了其整体布局情况(图一〇)。通过考古资料的对比研究,可以看出渤海国的都城建设是以隋唐都城制度为蓝本,表现出浓郁的汉唐文化风貌。相对而言,1998 年以来的考古工作计划性强,设计科学,操作规范,成果丰硕。通过本阶段的发掘,特别是对渤海上京城核心部位——宫殿群址的系列揭露,将渤海上京城乃至整个渤海考古学研究提升到了一个新的高度。

第三节　渤海上京城概况

渤海上京城建于比较开阔的平地上,中间有三条略隆起的土岗,其选址可能受到隋唐长安城"六坡"的影响[20]。宫城位于中间土岗的北部,位置较高。上京城的南面和东面是比较开阔的平地,北面和西面以牡丹江为天然屏障(图一一)。

根据历年考古工作及研究成果,渤海上京城的基本情况及测量数据已比较清晰。

(一)郭城

平面横长方形,唯西北角处北墙略内折,北墙中间正对宫城处外凸。中轴线对称格局,东半城略大于西半城,轴线方向南偏西 4.5°。环周有护城河现最宽约 3、深 1～2 米。东墙长 3364、南墙长 4590、西墙长 3402、北墙(含折曲部分)4952、总长 16313 米,面积约 15.93 平方千米。

1. 城墙　墙垣多土基石筑,即文献所记"以石累城足"[21]。墙基有深 1～2 米的基槽,将土堆筑至地表后平砌数层石块。基宽 6～7、墙体宽 2～3、残高 0.2～3 米。城墙上原应有陴[22]。

2. 城门　城墙有 10 门,南墙 3,东、西墙各 2,北墙 3。北墙宫城东北角的第 11 号门应属后来开辟,故未记在内。城门除正南门、正北门为 3 门一组的建筑外,余皆 1 条门道。正南门建有高耸的城楼建筑。西侧北门为"水门"。

3. 街道　已发现 9 条大街,5 纵 4 横,实际推定应 5 纵 7 横,其中 2 纵 2 横构成顺城街。这些街路将全城分割为宫城(包括皇城)和郭城两大部分。其南北中轴线的第 1 号街或称朱雀大街的路面呈

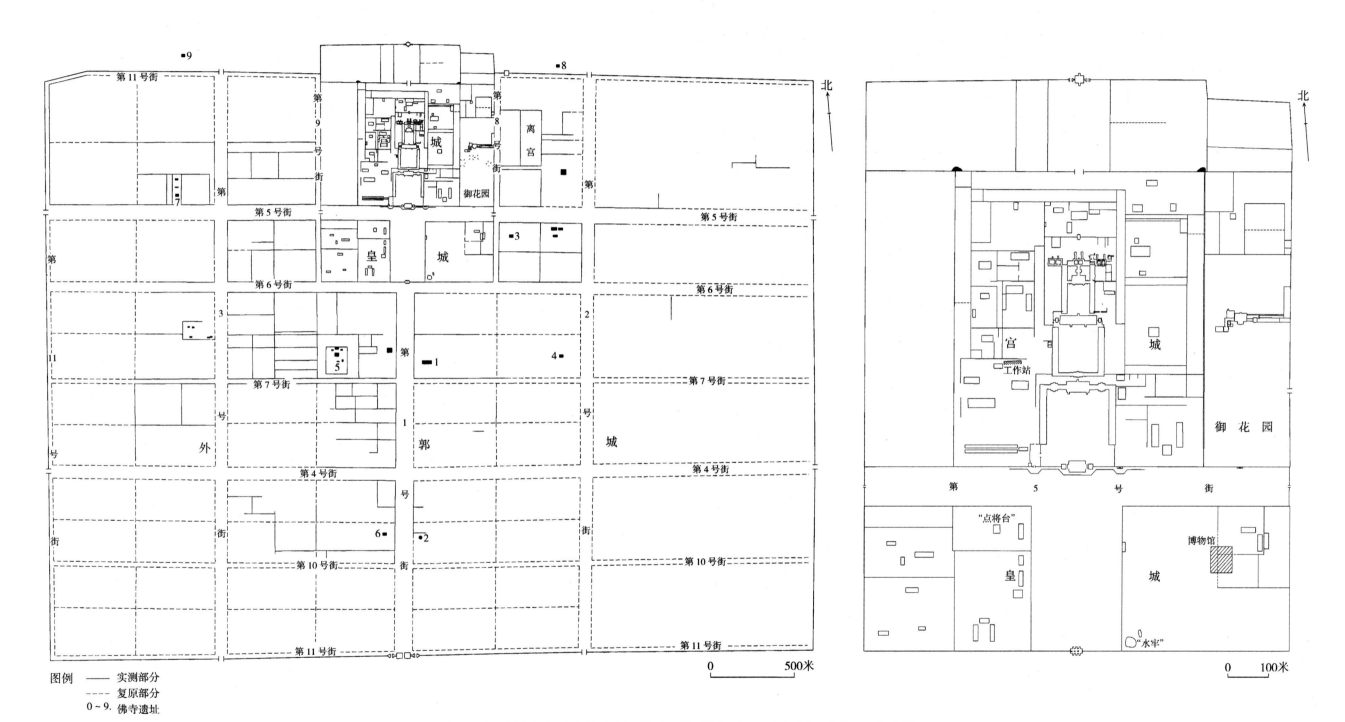

图例　—— 实测部分
　　　---- 复原部分
　　　0~9.佛寺遗址

0　　　　　500米

0　　　　100米

图九　渤海上京城遗址、上京城遗址宫城与皇城平面图（黑龙江省文物考古研究所2008年绘制）

宫

城

皇 城

外 郭 城

北

宫

城

北

东亚考古学会调查、发掘区域

中国、朝鲜联合考古发掘区域

黑龙江省考古工作队、文物考古研究所等发掘区域

0　　　　　500米

0　　　　100米

图一〇　渤海上京城历年考古发掘位置示意图

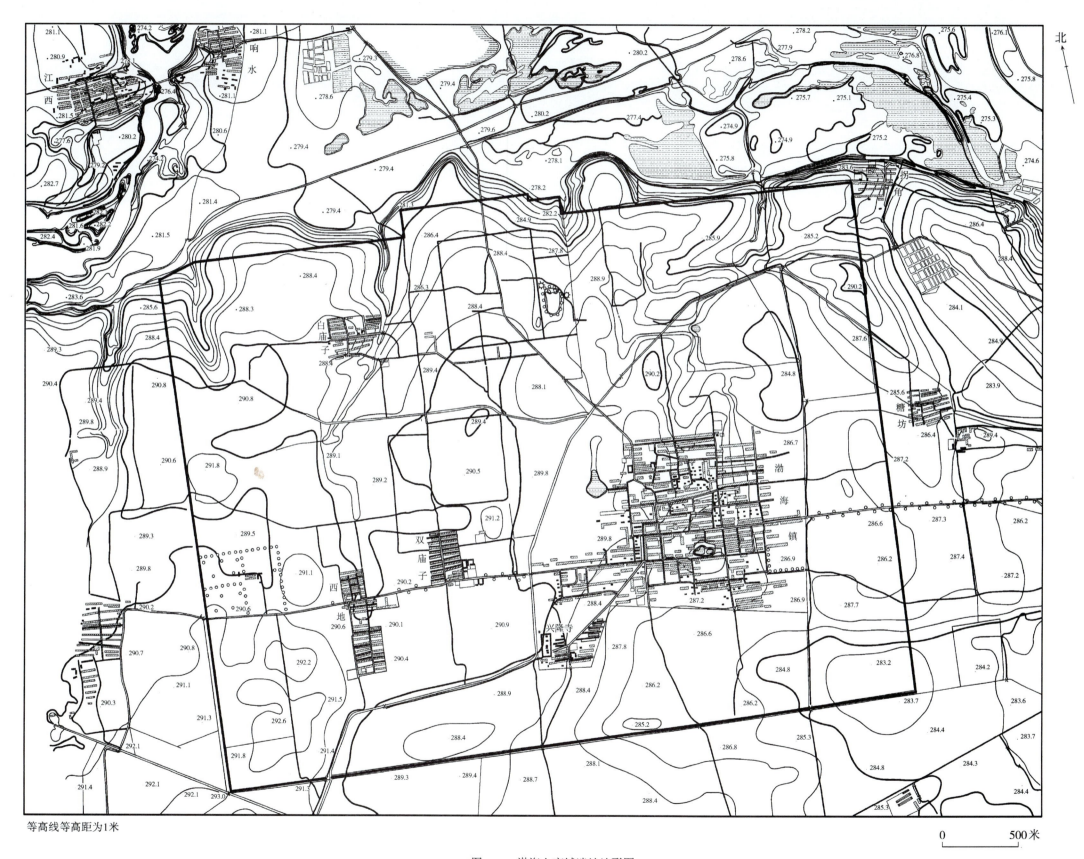

等高线等高距为1米

0   500米

图一一　渤海上京城遗址地形图

北

鱼脊状，宽 110 米。还有宽 28～34、65、78、92 米的数种宽度的街路。因东半城多被建筑物覆盖，情况未详。主干街道有 3 纵 2 横，对应各城门。东区的坊间路及曲巷未能查实。街路皆土筑，已发掘的第 1 号街未见边沟。

4. 坊市 西半城保存较好。据 20 余座坊的勘探成果，大致可复原城内布局情况。全城依街路可分为 80 余坊。坊均长方形，有大小之别，大坊长 465～530、宽 350～370 米，小坊长与大坊同，宽 235～265 米。这种情况是郭城横长方形及纵干街路数量已定所致。坊墙多碎石垒砌，内夹黄沙土，有宽约 1.8 米的石基，墙体宽约 1 米。坊内以墙分隔院落，有坊间路。同唐长安城初期一样，渤海上京城大概也有许多空坊。

在相当于唐长安城"西市"的位置上，发现了可能是"西市"的遗迹[23]，其西侧有一条沟渠通往水门，但不能确认其是否为漕运之地。

5. 排水系统 据地表现象与历史记录分析，护城河来水西部为牡丹江，东部为马莲河。郭城东部排水可能自南而东北，西部排水自西南而北，最后均汇入牡丹江。主街未见排水沟渠，坊间街路水网不详。

（二）皇城

由东、西两区及 2 条大街构成，中间为宽"T"形广场。东西长与宫城相同，为 1050 米，南北 450 米。南墙临主横街，中间为皇城城门，北隔 92 米宽的横街为宫城。平面横长方形，石筑墙垣，东、西两区边长几乎相等，东墙长 354、南墙长 1045、西墙长 354 米，北面抵宫城南墙，通长 1050 米。东、南、西各开 1 门，其东、西两门设 1 条门道，南门设 3 条门道。两侧院落中有多处建筑址，形制较特殊的有：皇城东区西南角发现夯土台基上有石砌椭圆形建筑，长内径 37、短内径 29、高 2 米，俗称"水牢"，用途不明。皇城西区北面有残高 3、边长约 24 米的夯土台基，俗称"点将台"，亦不详其功能。有学者认为或与礼制建筑相关[24]。

（三）宫城

居皇城之北，其范围东西 1050、南北 1400 米。可划为宫城、东掖城、西掖城和圆壁城等四部分，已确认建筑遗址有 53 处（图版一）。

宫城平面长方形，东西 620、南北 720 米，外环水沟。石筑宫墙，最高处残高 3 米。可分为东、中、西三个区域，区有环墙。主要宫殿建筑位于中区，为中轴线上前后排列的 5 座殿基。第 1 号殿、第 2 号殿、第 5 号殿各自成单元，第 3、4 号殿合为一个单元。东、西区规模均等，各划分南北向 3 个院落。宫城正南门俗称"五凤楼"，不设中门而仅有 2 个侧门，宫墙两翼在西区南开 1 门，对称处的东区则修有假门。东、西墙中间各有门通东、西掖城。北门即"玄武门"，与郭城北门隔圆壁城相对。宫墙北部两角残存角楼基址。

东掖城当地俗称"御花园"，南部修筑有假山，水池和亭榭，北部有大型建筑密集区。南部中央有门正对皇城横街，中部可通过宫城西墙中间的门进入宫城，东南部有夹墙可通向城外，应为渤海时期的禁苑。

西掖城地表情况因损毁严重，具体情况不清楚，但可以确定没有高台基建筑，目前仅发现东侧中部可通过宫城西墙中间的门进入宫城，其功能可能附属于宫城。

"圆璧城"系郭城向外凸出部分与宫城及东、西掖城北墙所包围的区域。南可通过宫城北门进入宫城北部的夹城，北可通过郭城正北门通往城外。宫城北门未发掘，情况不清楚，郭城正北门的东西侧门，皆采用"重门"制度，显示出较强的防卫作用。

（四）规划与布局

渤海上京城可以视为唐长安城的缩小版。全城几近方整，中轴线对称，分为郭城、皇城和宫城三部分。宫城居中北部，位置、格局与唐长安城太极宫相同。郭城主街3纵2横，但街道、城门相对简单。全城可分为中、东、西三大区域，中区最尊，自南门始，包含"朱雀大街"及两侧里坊，北有皇城、宫城。中区邻皇城、宫城的里坊应属渤海上层专用坊区。目前所见的重要遗迹、佛寺均在中区。而东、西两区不见大型建筑台基，大概为普通民众居住区。城东南、西南可能是引水入城水道之所在，北墙有出水的水门。东南角的一片洼地应该是仿唐长安城建的"曲江池"。城外正北800米有一处渤海时期所凿的人工湖（玄武湖），或可称为"太液池"（图一二）。

宫城是渤海上京城的核心，中轴线上现有宫殿建筑基址5座，位置可比照唐长安城大明宫含元殿、宣政殿、紫宸殿、寝殿的顺序格局。宫城北门及郭城正北门与大明宫的玄武、重玄门完全对应。渤海上京城的宫城在规模上逊于唐大明宫，中轴线宫殿的数量相对较少，各殿基的开间数虽与唐大明宫比肩相似，但在制度上亦有所减损，间广数均小于唐宫。可知渤海在营建上京时遵循了帝都与王城的等级规则。

渤海上京城的大规模修建约始于渤海文王被封渤海国王之后的738年，应该历时较长时间完成。在规划既定的范围内，会有一些布局上的增减。其最初的建设蓝本，应是唐初的长安城。在唐控制渤海较严格的时候，渤海统治者在修建王城时，不能无忌讳地僭越而只能依章行事或缩减规模。同时也应有当时渤海匠人、技术和国力不足的因素。渤海晚期，唐王朝呈衰落局势，渤海"朝贡至否，史家失传，故叛附无考焉"。这可能是一些僭越出现的时期。唐高宗龙朔二年（662年）增建的大明宫，对渤海上京城的后续建设应产生过影响，使得渤海上京城除范围、布局已不易更改外，曾有改建、重建、补建以趋奢华和政治地位的情况，因而形成了今日所见的旧布局和新建筑共存的现象。渤海上京城现在的形制是：城市格局仿长安城，宫城布局仿太极宫，宫殿建筑形式仿大明宫。比较能体现这种混杂现象的有相当于唐大明宫紫宸殿的第3号宫殿的重建；宫城东部"禁苑"的布局与功能；特别是主殿50号建筑址的形制，与仿唐九成宫的第1号宫殿极其相似[25]；外郭城东起第一转折北侧附属院落的修建以及为该院落新开辟的11号门；城外"太液池"及相当于"蓬莱山"的人工岛等。随着工作的开展和研究的深入，渤海上京城的整体面貌也将日见清晰。

（五）郭城内外主要遗迹

郭城内遗迹多发现于1964年中朝联合考古队工作期间。新中国成立后至今，历年调查也发现许

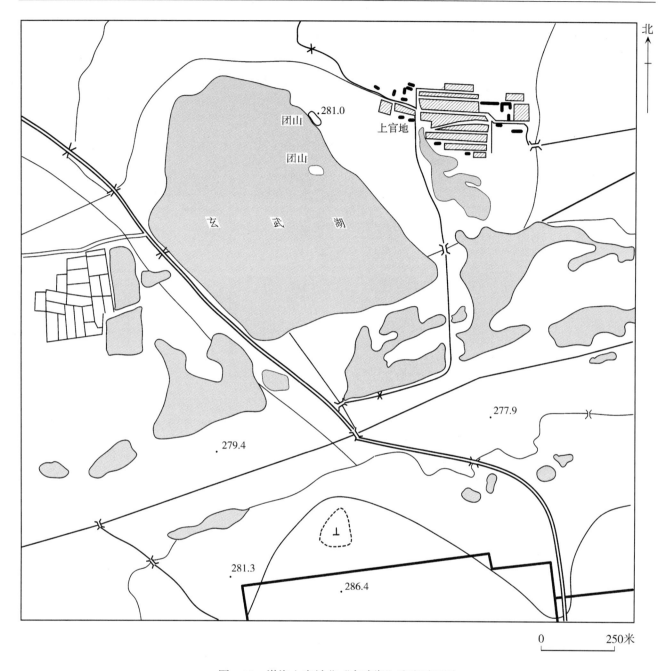

北

281.0
团山
团山
玄　武　湖
上官地

279.4

277.9

281.3
.286.4

0　　　　250米

图一二　渤海上京城北"玄武湖"遗迹平面图

多遗迹，但这些地点大多未经发掘。现知城内有寺庙约 14 处，均分布在中区及宫城两侧。中轴线大街两侧的寺庙有隔街相对的现象。城中遗留有石灯幢，出土过舍利函。宫城外东边的西坊发现有大型建筑遗址。东南部有大范围洼地，应是仿唐长安城的"曲江池"。

郭城外遗迹较丰富，重要的当属今称为"玄武湖"的 1 个人工湖泊，面积达 49.3 公顷，几何形状颇似唐大明宫之"太液池"。湖边和湖中修有假山、人工岛，附近发现有渤海时期的釉瓦及其他一些建筑构件。其东北部的牡丹江沿岸，也发现一些沿江分布的中、小型建筑址，可能曾为渤海贵族郊游场所。城北跨牡丹江有两座渤海时期墩梁式桥基，分别为 7 孔和 5 孔。江左有三灵坟墓地，经发掘知有壁画，应是渤海贵族陵园[26]。城西发现多处大规模的墓地，应与渤海上京城居民有关。其中大朱屯墓群[27]、虹鳟鱼场墓群[28]进行过全面发掘，城南杏山有专为上京城烧造瓦件的窑群[29]。渤海上京城作为一处内涵丰富的都城遗址，城内及周边保留下来的遗迹具有极高的科研价值。在中原唐宋都城尽被现代城市覆盖的情况下，更显现出其独特的学术含量和地位。对渤海上京城布局、功能、制度、建筑、文物等方面的研究，不仅在渤海考古研究领域有重大意义，也将对中国城市发展史、建筑史等诸多研究领域产生重要影响。

[1] 学术界一般称为"渤海上京龙泉府遗址"，但上京龙泉府是一个大的行政建制，下辖龙、湖、渤三州，领县至少有9个，本报告所涉及范围是以城址为中心，故采用最小的概念——渤海国上京城遗址。

[2] 《新唐书·地理志》引贾耽：《边州入四夷道里记》。

[3] 《新唐书·渤海传》。

[4] 《辽史·太祖纪》。

[5] 《辽史·太祖纪》。

[6] （宋）洪皓：《松漠纪闻》卷上，辽沈书社，1984年。

[7] 赵哲夫：《"东京城"名称小考》，《北方文物》1991年第3期。

[8] 《宁安县志》第一篇，建置，黑龙江人民出版社，1989年。

[9] 主要著作有张缙彦：《宁古塔山水记·东京》；张贲：《白云集·东京》；杨宾：《柳边记略》；吴兆骞：《秋笳集》；吴振臣：《宁古塔纪略》等。

[10] 关于白鸟库吉考察"东京城"遗址的时间有不同的说法，本报告据（日）田村晃一著，林世香、聂勇译，傅佳欣校：《渤海国都城调查简史》，定为1909年，见《东北亚历史与考古信息》2007年第2期。

[11] B·B·包诺索夫：《东京城遗址发掘初步报告》，《东京城——渤海国上京龙泉府址的发掘调查》附录，《东方考古学丛刊》第五册，东亚考古学会，1939年，东京。

[12] 《东京城——渤海国上京龙泉府址的发掘调查》，《东方考古学丛刊》第五册，东亚考古学会，1939年，东京。

[13] 朝鲜社会科学院：《中国东北地方遗迹发掘报告》，朝鲜社会科学院出版社，1966年；朱荣宪：《渤海文化》，朝鲜社会科学院出版社，1971年。

[14] 中国社会科学院考古研究所：《六顶山与渤海镇——唐代渤海国的贵族墓地与都城遗址》，中国大百科全书出版社，1997年。

[15] 黑龙江省文物考古工作队：《渤海上京宫城第2、3、4号门址发掘简报》，《文物》1985年第11期；黑龙江省文物考古工作队：《渤海上京宫城第第一宫殿东、西廊庑发掘清理发掘简报》，《文物》1985年第11期；黑龙江省文物考古研究所：《渤海上京宫城内房址发掘简报》，《北方文物》1987年第1期。

[16] 朱国忱、金太顺、李砚铁：《渤海故都》，黑龙江人民出版社，1996年。

[17] 经2004年局部补充发掘确认，原来认为是相当于唐大明宫含元殿的翔鸾阁、栖凤阁式的建筑单元，实际为第1号宫殿之东、西掖门。

[18] "圆璧城"是借用隋唐洛阳城的概念，所指为郭城向外凸出部分与宫城与东、西掖城北墙所包围的区域。该区域位置相当于唐长安太极宫的西内苑、大明宫重玄门与玄武门之间的区域。

[19] 黑龙江省文物考古研究所：《宁安市渤海镇白庙子村出土的渤海国时期舍利函》，待刊。

[20] （宋）宋敏求：《长安志》："宇文恺置都，以朱雀街南北局部有六条高坡，象乾卦，故于九二置宫殿以当帝王之居，九三立百司，以应群子之数；九五贵位，不欲常人居之，故置此观（玄都）及兴善寺镇之。"此"六坡"是隋唐长安城的原始构架。

〔21〕　（宋）洪皓：《松漠纪闻》卷上："渤海国，去燕京、女真所都皆千五百里，以石累城足，东并海。"

〔22〕　《辽史·耶律斜涅赤传》："……讨渤海，破扶余城，斜涅赤从太子大元帅率众夜围忽汗城，大諟譔降。已而复叛，命诸将分地攻之。诘旦，斜涅赤感励士伍，鼓噪登陴，敌震慑，莫敢御，遂破之。"

〔23〕　中国社会科学院考古研究所：《六顶山与渤海镇——唐代渤海国的贵族墓地与都城遗址》，中国大百科全书出版社，1997年。

〔24〕　赵哲夫：《渤海上京的礼制建筑》，《黑龙江省文物博物馆学会第五届年会论文集》，黑龙江人民出版社，2008年。

〔25〕　中国社会科学院考古研究所：《隋仁寿宫·唐九成宫——考古发掘报告》，科学出版社，2008年。

〔26〕　黑龙江省文物考古研究所：《渤海国三灵墓地》，待出版。

〔27〕　中国社会科学院考古研究所：《六顶山与渤海镇——唐代渤海国的贵族墓地与都城遗址》，中国大百科全书出版社，1997年。

〔28〕　黑龙江省文物考古研究所：《宁安虹鳟鱼场——1992～1995年度渤海墓地考古发掘报告》，文物出版社，2009年。

〔29〕　黑龙江省文物考古研究所：《渤海砖瓦窑址发掘报告》，《北方文物》，1986年第3期。

第二章　第2号宫殿基址

第一节　发掘经过

1999年7～10月，黑龙江省文物考古研究所联合吉林大学考古学系和牡丹江市文物管理站对第2号宫殿基址及其两侧的掖门首次进行发掘。按照当时制定的渤海上京城宫城发掘整体规划，为了便于控制遗迹，在第2号宫殿的西北侧设立了永久性考古发掘坐标基点，采用象限法进行理论布方，在整个宫城遗址内布置了10×10米的探方网。第2号宫殿基址共开探方40个，发掘面积4000平方米。探方编号为99NSGⅣ T002001～T007001、T001002～T011002、T001003～T012003、T002004～T012004。

2004年5～11月，黑龙江省文物考古研究所对第2号宫殿前的廊庑址进行了发掘，共开探方97个，发掘面积9700平方米。探方编号为04NSGⅢ T001004、NSGⅢ T001005、Ⅳ T001005～T002005、Ⅳ T011005～T013005、Ⅲ T001006～T002006、Ⅳ T001006～T002006、Ⅳ T011006～T013006、Ⅲ T001007～T003007、Ⅳ T001007～T002007、Ⅳ T011007～T013007、Ⅲ T001008～T003008、Ⅳ T001008、T011008～T013008、Ⅲ T001009～T002009、Ⅳ T001009、Ⅳ T011009～T013009、Ⅲ T001010～T002010、Ⅳ T011010～T013010、Ⅲ T001011～T002011、Ⅳ T011011～T013011、Ⅲ T001012～T002012、Ⅳ T011012～T013012、Ⅲ T001013～T002013、Ⅳ T011013～T012013、Ⅲ T001014～T002014、Ⅳ T011014～T012014、Ⅲ T00105～T002015、Ⅳ T001015～T008015、Ⅳ T011015～T012015、Ⅲ T001016～T002016、Ⅳ T001016～T012016、Ⅳ T004017～T012017。

2005年5～6月，黑龙江省文物考古研究所对东、西掖门与廊庑的连接处进行了发掘，共开探方5个，发掘面积500平方米。探方编号为05NSGⅢ T001002、T001003、Ⅳ T001003、T013003、T013014（"N"为宁安、"S"为上京、"G"为宫城、"Ⅲ、Ⅳ"为象限区；图一三）。

发掘清理的主要遗迹有第2号宫殿基址、殿东、西掖门址、殿前东、南、西廊庑址，各遗迹间的联结墙及墙上的门址等。出土大量遗物（图一四［见本报告附图］；图版二；图版三），主要是建筑材料及少量的生活用具。

1999年参加发掘的工作人员有黑龙江省文物考古研究所李陈奇、赵虹光、赵哲夫、刘晓东、王广文、吴英才，吉林大学考古学系教师王培新及97级学生马颖、王义学、王长明、王乐、齐晓亮、李香民、陈航、周黎明、段惠子，牡丹江市文物管理站陶刚、王祥滨，黑龙江省渤海上京遗址博物馆文锋，宁安市文物管理所罗大志、黄景林。

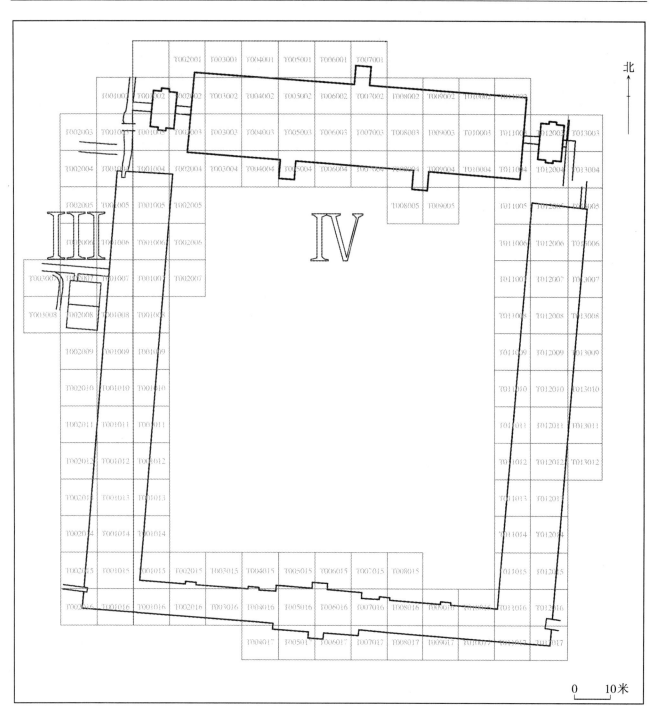

图一三　第2号宫殿基址发掘区探方分布图

2004 年参加发掘的工作人员有黑龙江省文物考古研究所李陈奇、程松、赵哲夫、方琦、吴英才，双鸭山市文物管理站黄振亚，肇东市文物管理所单丽丽，哈尔滨市文物管理站张焱，黑龙江省渤海上京遗址博物馆朱春雨、刘伟，宁安市文物管理所张瑞丰，吉林大学研究生王振、赵欣。河北省文物研究所派技工参加了工作。

2005 年参加发掘的工作人员有黑龙江省文物考古研究所赵哲夫、赵湘萍、尤洪才，肇东市文物管理所单丽丽，牡丹江市文物管理站刘同乐。

第二节　保存状况与地层堆积

宫城中心区内有 5 座大殿，自南向北排列在中轴线上，按排列顺序编为第 1～5 号。第 2 号宫殿位于宫城中心，是宫城内规模最大的宫殿，系由殿、掖门、廊庑等建筑组成的建筑群，整体保存状况不一。台基在发掘前呈狭长的丘状，约东西长 82、南北宽 28 米，顶部全部遭到破坏，扰坑遍布，凸凹不平，础石大多已散失，残存的也绝大多数不在原位。东掖门及东廊庑大部被覆盖在原东沙公路路基下，西掖门台基上有田间路通过，西廊庑在发掘前为耕地，保存情况较好，南廊庑已遭破坏，多有础石裸露地表。

第 2 号宫殿系一建筑群组，建筑形式多样，遗迹上的层位堆积可分为 2 层，表土层和堆积层，但堆积层保留的范围、厚度、包含物均有很大不同，故于介绍单项遗迹时分别加以介绍。

第三节　形制与结构

1933 年日本东亚考古学会对渤海上京遗址进行发掘时，因宫殿遗址破坏过甚，只进行了调查、测绘工作，发掘了整个南廊和东、西廊庑的南端。

宫殿基址上部的堆积较简单，台基上部为台基黄土形成的表土，掺杂草木腐朽后形成的黑土，一般厚 0.1～0.15 米。表土下为台基的黄土。台基下的地层堆积，以 T004001 东壁为例加以介绍（图一五）。

第 1 层，地表土，厚 0.25～0.7 米。结构疏松，含石块、瓦片、瓷片和铁钉等，为现代扰土层。

第 2 层，黑褐土，厚 0.1～0.9 米。结构较疏松，其偏南接近台基处变硬，包含物有红烧土、炭

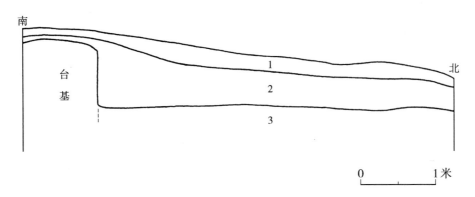

图一五　第 2 号宫殿基址 T004001 东壁剖面图

1. 耕土层　2. 文化层　3. 地面

粒、白灰、瓦片和石块等，为第2宫殿毁弃后形成的堆积。

第3层，黄沙土，厚0.1~0.15米。土质较纯净，为第2号宫殿使用时的所铺垫的地面。

（一）正殿基址

正殿基址坐北朝南，方向南偏西4°，残留台基[1]、踏道和柱础等遗迹（图一六；图版四；图版五，1），是第2号宫殿建筑群的中心建筑。

1. 台基

（1）石砌四壁

台基四壁底部呈长方形，东边22.5、南边92.3、西边22、北边92.1米。由于包壁石因时间和外力的作用多已严重变形，导致现存各边长度不等。东壁北侧局部有结构完整、保存完好的一组土衬石、散水和包壁石，由此测得台基外壁为4°收分的斜壁（图版五，2）。

四壁中西壁破坏严重，仅见包壁石被移取后留下的痕迹。其余三壁均保存有部分土衬石，土衬石的露明部分用了两种表现方式，一种外露部分略凸起，一种是阴刻线条，所见的露明部分宽度均为0.1米。土衬石上垒砌包壁，包壁分为两层，内层用不规则、大小不等的玄武岩石块垒砌，外层用精心琢制的长方形条石垒砌，条石之间无黏合物。两层包壁石之间的空隙，填以黄土。外层条石绝大部分被后世移取，仅在东踏道东侧、西踏道西侧和东壁北侧留存了几块，其厚度一般为0.15米，长度不一，随石料大小而定，立面呈长方形，修琢平整；顶面为梯形，均稍截左右两边，向内部分保持原始状态，侧面为楔形，这样的条石在包砌时，相互之间结合紧密，立面缝隙很小，同时便于以4°的角度向内倾斜收分。

台基内系用纯净的黄土堆筑而成，硬度不高，未见夯筑的痕迹。后人造窑烧瓦时被取用了大部，导致台基的地上部分受到极大的损毁。

台基西壁中间有一道东西向的联结墙，横置于殿和西掖门之间，其营筑时序为，先修筑台基，垒筑内包壁后，墙直接砌筑在内包壁上，然后再修筑外包壁。所以外包壁石被墙分割成南、北两部分。

台基东壁中间亦有一道东西向的联结墙，横置于殿与东掖门之间，西端被破坏，其营筑顺序大概与西壁相同。

（2）散水

台基四壁下铺有散水，散水与土衬石基本在同一高度。散水可分为2种类型：

第1种类型　位于北壁下，殿后正中踏道以西，由四部分组成。靠近台基土衬石部分平铺宽0.3米的玄武岩石板，其外侧竖埋宽0.12米的玄武岩制成的散水牙子，散水牙子的接缝处埋设散水钉固定。散水钉系玄武岩制，侧视略呈直角梯形，向内的一侧平直，顶端呈半球形，埋设时朝上。散水钉外侧以宽0.2米的长方形石板嵌入，向内的一侧弧状截两角，将散水钉头露出（图版六，1）。此类型的散水本身的宽度为0.62米，与之相连的土衬石露明部分宽0.1米，故此种类型的散水外侧距台基外包壁石之间的距离是0.72米（图版六，2）。

第2种类型　是第2号宫殿散水最基本的样式，殿东、南、西和殿后正中踏道以东部分均为此种类型。靠近台基土衬石部分平铺宽 0.3 米的石板，其外竖埋 0.12 米宽的散水牙子，散水牙子接缝处埋设散水钉固定，散水钉头的较第 1 种类型的散水钉增大，个别有纹饰。此种类型的散水本身的宽度为 0.42 米（不包括散水钉头的宽度），与之相连的土衬石露明部分宽 0.1 米，故此种类型的散水外侧距台基外包壁石之间的距离是 0.52 米（图版七，1）。

第 2 种类型的散水虽不见第 1 种类型散水牙子外侧的规整石板，但在殿南东踏道东侧的散水处发现，在铺垫广场的黄沙下，发现散水牙子的外侧，镶嵌有未经修整的玄武岩石板，大小不等，依自然形状拼装，宽约 0.2 米。因此，两种类型的散水在结构上是相同的，在工艺上是不同的，这可能是由于第 1 种类型的散水是整体露明的，第 2 种散水是前端隐蔽覆盖的，一个宫殿有两种不同类型的散水，可能不是同期修筑的，不同的散水可能代表了不同时期的工艺。

两种类型的散水只在西北角衔接，交汇处北侧保留有斜角散水牙子。

宫殿东南角有 4 米长的散水构造特殊，其营筑方法是最外侧铺 0.3 米宽规整玄武岩石板，其外直接埋设散水钉，但不是每个接缝处都有，其内是不规则形状的石板随意拼凑而成，这一段散水是应该是后来维修时补作的（图版七，2）。

散水在台基西壁与联结墙交汇处穿越，与包壁和联结墙的营筑时序为：先修筑台基的中心部分，包砌内包壁后，再铺设散水，联结墙覆压在散水上，直抵台基内包壁，最后砌外包壁。

散水在台基东壁与联结墙交汇处被隔断，同时台基北侧踏道，将散水分割成东、西两部分，踏道以西为第 1 种类型的散水，以东为第 2 种类型的散水，由于该踏道的散水、包壁材料均已无存，故踏道散水与其东、西 2 种散水的衔接关系不明，高度也不在一个水平面，自踏道向东转折至殿东联结墙北侧区段的散水，比其他部位的散水高 0.3 米，这种情况可能是因为两种散水修筑于不同的时期，地面高度不同导致的。由于地面一般是随建筑的使用而逐渐增厚，故推测第 2 种类型的散水晚于第 1 种类型的散水，

第 2 号宫殿的使用时间较长，其间应有维修过程，殿东散水北半部分，在散水石板下既是一层修琢过的石板和类似散水的结构，可能表明的既是此种情况（图版八，1、2）。

（3）踏道

台基南侧设两个登殿的踏道，东踏道距台基东南角 26.5 米，西踏道距台基西南角 25.6 米，踏道之间距离 31.4 米（图版九；图版一〇）。台基北侧正中亦设一个登殿的踏道，距离台基的东北角 45.2、西北角 44.3 米。

1）台基南侧东踏道　破坏很严重，仅存土基，呈北高南低的长条坡形，与台基相连（图一七；图版一一，1）。外包壁石基本不见，仅余东面北端的一小部分，保留 1～3 层不等，其厚均为 0.15、长 0.6～0.7 米。其东、南、西三面的散水已无存，只有散水钉保留了下来，踏道东面北端，保留了一小部分第 2 种类型的散水。踏道东南角的散水钉，呈"∟"形，顶面刻有莲花图案（图一八，1）。土基上南端起点与散水相接处的居中位置，发现两块南北向平行的规整条石，均长 0.25、宽 0.12 米，两条石间距 0.46 米。距两侧散水钉向内面的距离均 2.2 米，接近中间的位置遗留了一块踏道石，长 0.48、宽 0.28、厚 0.12 米，其前端修整过，呈长方形，修整部分短边即石料的宽，长边为 0.3 米，在 0.3 米处有阴刻线，刻线以后没有修整过，故修整的部分应是踏道石的露明部分（图一八，3）。

东踏道由南端至散水 5.1、至包壁 5.7、宽 5.1、北端残高 0.36 米。

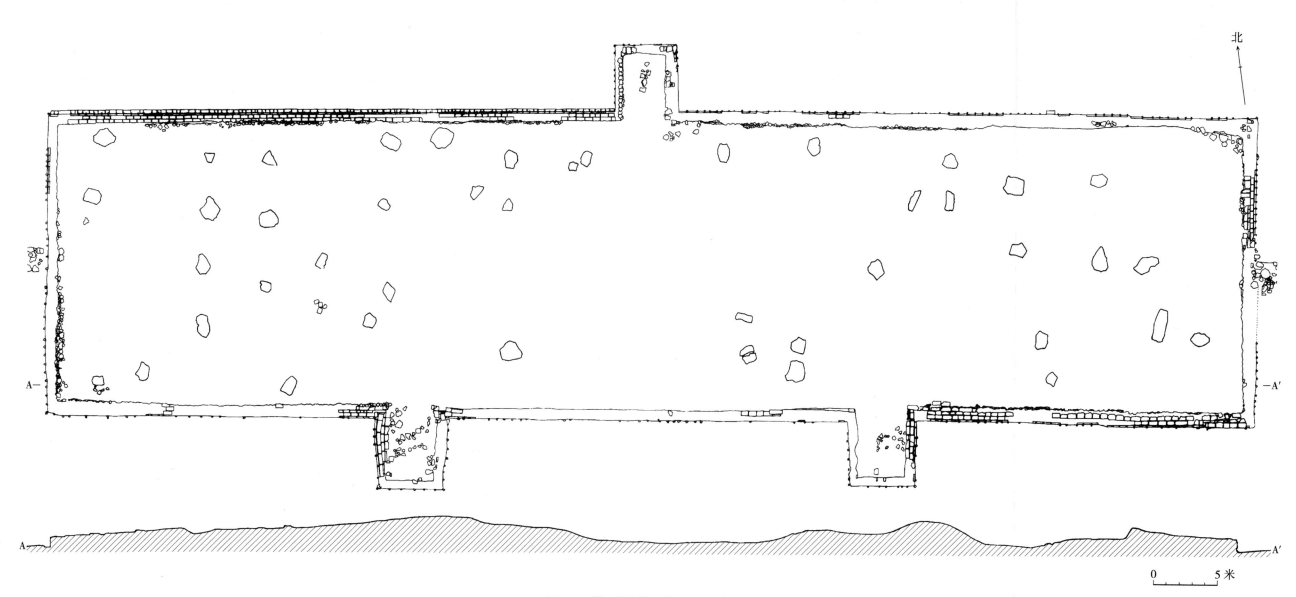

北

A—

—A'

A

A'

0   5米

图一六　第 2 号宫殿正殿基址平、剖面图

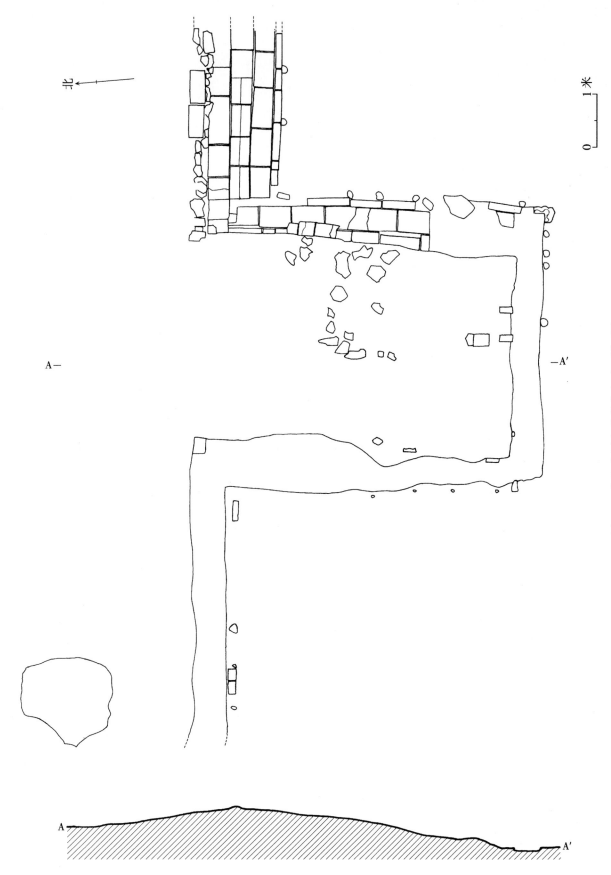

北

1 米

0

A—

—A′

图一七　台基南侧东踏道遗迹平、剖面图

A

A′

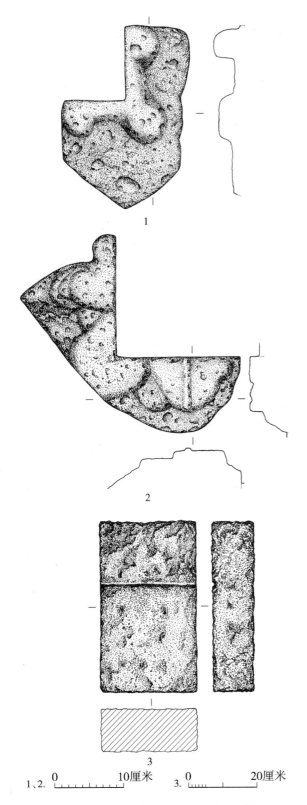

图一八　台基南侧东、西踏道出土遗物

1. 东踏道东南角角石　2. 西踏道西南角角石

3. 东踏道级石

2）台基南侧西踏道　破坏严重，仅存土基，呈北高南低的长条坡形，与台基相连（图版一一，2）。

台基外壁包石向踏道夯基内延伸，踏道包石垒砌在台基外壁包石之外。外壁包石在东侧保存有3层，第1层略高于地面，类似台基的土衬石，厚约0.1、向内延伸约0.2米。在距边线0.1米处，刻有一条装饰线。第2层以上为踏道的外壁，条石厚约0.15、长0.6～0.7、宽0.3～0.4米。无限定的规格，东北角与台基外壁包石相衔接处残存两层外壁包石。其东、南、西三面原均有第2种类型的散水，现仅存其西边的北半部分，踏道南面西起第3、4个散水钉，其钉头刻有纵向平行的竖纹（图版一二，1）；西南角的角石上，刻有凸起的莲花图案（图一八，2；图版一二，2）。

西踏道由南端至散水5.4、至包壁6.1、南端宽5.1、中间宽5.8、北端残高0.6米。

综合以上迹象，可知第2号宫殿殿南东、西踏道类于后世的"垂带踏道"，但两侧为直壁，无逐层内收的"象眼"，中央应有一条石板铺成宽0.46米的斜坡道，相当于后世宫殿台阶上的"御路"，其左、右分设踏步，类似河南登封少林寺初祖庵宋代大殿的踏道[2]。

3）台基北侧踏道　仅余土基，南高北低，与台基相连，包壁石已不存，周围原有散水，已全部被挖走，仅余散水钉，由北端至散水5、至包壁5.8、南端残高0.4米。

此外，根据踏道和踏道石的关系，可推断出台基的高度。殿前东踏道长5.7、西踏道长6.1米，两踏道不等长，应系后世变形所至，不是其原始的长度。故取其平均长度5.9米，根据残留的踏道石可知，踏道每踏宽0.3、高0.12米。踏道长度扣除散水宽度0.4米后为5.5米，再考虑到包壁的收分情况，可容19踏步，第1踏步与散水高度相同，台基高度应为2.16米。

2. 台基上的遗迹

台基上的地面已全部被破坏，没有一块础石能留在原来的位置上，但有部分础石应是垂直落下的，其相对位置关系对复原柱网排列有着参考意义。台基西侧，有 3 列础石保持了一定的排列关系，西起第 1 列础石仅余北起第 1、2 块础石，其间距 4.5 米，第 1 块础石位于整个台基西北角，中心点距西部边缘 1.5、距北部边缘 3.5 米。第 2 列础石距第 1 列础石 9 米，北起第 1～4 块础石保存下来，础石间距 4.5 米。第 3 列础石距第 2 列础石 4.5 米，北起第 1、2 块础石保存下来，础石间距 4.5 米。

在 1 块础石顶面留下了柱子燃烧后形成的痕迹，直径 0.6 米。此外，台基顶用玄武岩小石块构成的础石基础[3]也基本被破坏，但石块分布相对有规律。

根据间距为 4.5 米的开间，第 2 号宫殿可以复原为面阔 19 间、进深 4 间的大型建筑，殿南的东、西踏道对应于第 6 间和第 14 间，殿北踏道正对中心位置的第 10 间（图一九；图二〇）。

（二）东、西掖门基址

东、西掖门与台基之间以墙封闭。两门外侧各有一条南北向的墙和建筑，其间的空挡，以东西向小墙封闭。东掖门被原东沙公路覆盖，西掖门台基大多裸露于地面。

1. 东掖门

东掖门位于宫殿台基东侧，二者散水之间距离 3 米（图二一；图版一三，1、2）。台基包括散水在内，南北长 12.4、东西宽 7.4、高 0.45 米。四壁原包砌有陡板石（图版一四，1），多被挖走，仅西北部有保留。陡板石长 0.7、高 0.3、厚 0.2 米。外露的一面和每两块相衔接的面修琢得十分规整，向内的一面保留了自然形状。陡板石上摆放了一层厚 0.15 米的石板，顶面略低于台基平面高度，残存的 1 块长 0.9、宽 0.5 米。

四面均有散水，散水石多被移走，南半部有少量留存，北部西侧基本完好，结构完整。作法与宫殿散水稍异，以石钉从外侧接封处固定散水牙子。散水牙子宽 0.1 米，其内至陡板石间，嵌长度不等，宽约 0.3 米的石板。

台基南、北侧中部各有一踏道痕迹凸出，均长 2.8、宽 0.9 米。北踏道西侧可见垂带（图版一四，2），垂带用整块玄武岩制成，外侧出沿，厚 0.12 米。其西侧保存下 1 块规整石，长 0.7、宽 0.4、高 0.24 米（图版一五，1）。

台基上有 6 块础石，由南向北 3 排，由东向西 2 列，排间距离 3.2、列间距 4.4 米。西南角的础石上凿有与之一体的覆盆，直径 0.55 米。第 2 排两列础石内侧，各有一个南北向，长 0.8、宽 0.35 米的坑，西侧坑内尚存与之等大、已腐朽的木门枕，其上居中横置一条木门槛，将门枕间隔为南、北两部分已经腐朽，露出地面部分宽 0.04 米的，门枕北半部分上保留了铁门枢的下半部，半球状凸起朝南，可知门是向北开的。二门枕坑内侧间距 2.4 米（图二二；图版一五，2；图版一六，1）。

第 1 列第 1、2 排础石间有土墙，厚 0.15 米。

中间列的两础石外各有一东西向墙覆压在东门台基散水上，用不规则的石块砌成，墙厚 2～2.4 米，留有部分墙面，系用白灰抹成。近墙基处有红色涂墙的痕迹。

台基散水东侧 0.6 米处，有一规整石料包砌的建筑台基边缘，包壁石只余 1 层，方向与之平行，因未全面清理，其全貌未知。二者之间贯穿有一条水沟，宽、深均 0.3 米（图版一六，2）

第 2 排础石外侧，各有 1 道东西向的墙，用不规整的石块垒砌，厚 2～2.4、残高 0.2～0.6 米。

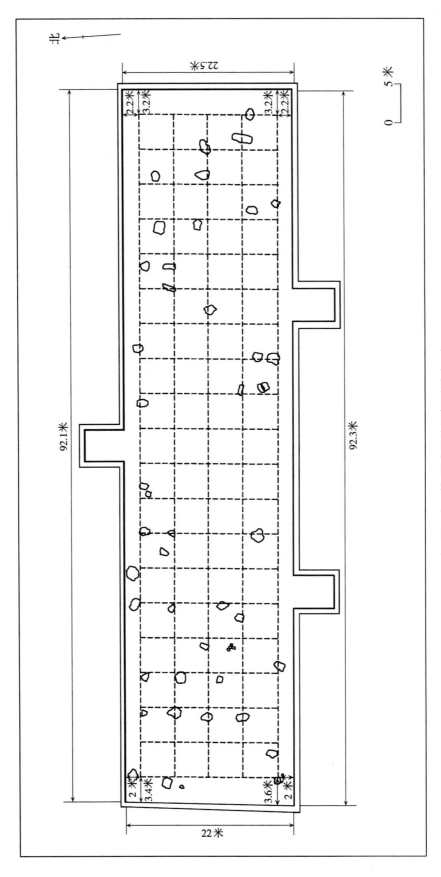

图一九 第2号宫殿柱网复原图（一）

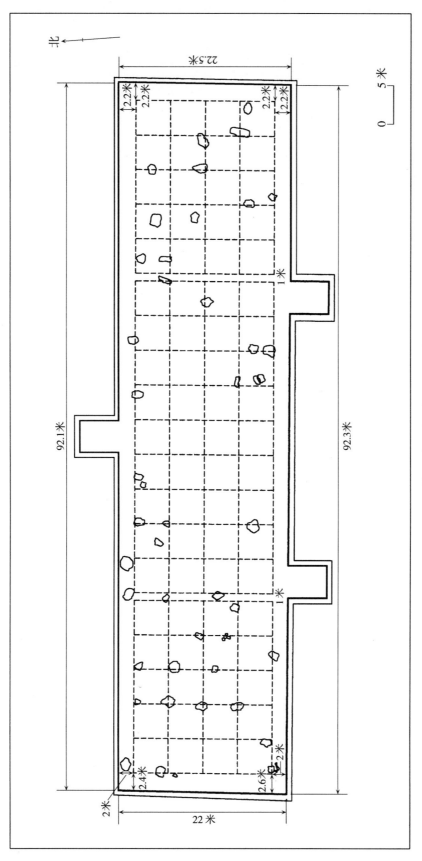

图二〇　第2号宫殿柱网复原图（二）

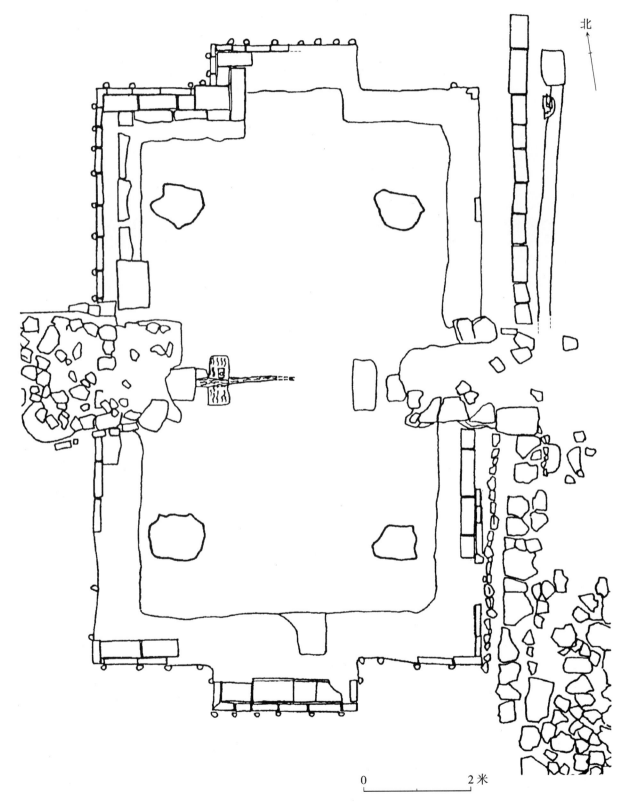

北

0   2米

图二一 东掖门基址平面图

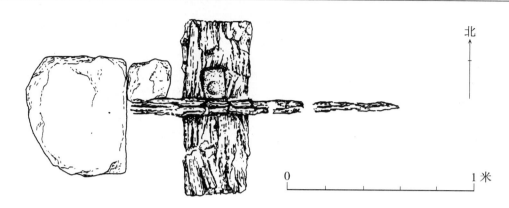

图二二　东掖门台基上门枢遗迹

东侧的墙覆压在门址台基、散水、水沟和建筑台基上，并向东延伸，南面基部残存小块白灰抹成的墙面，有赭红涂墙的痕迹。西侧的墙覆压门台基、散水，西端被破坏，余下的部分截断宫殿散水。

2. 西掖门

西掖门位于宫殿台基西侧，二者散水之间距离 3.1 米（图二三；图版一七，1）。台基包括散水在内，南北长 12.5、东西宽 7.4、高 0.45 米。四壁包石均不见。四面均有散水，散水结构为外侧为石钉，其内是宽 0.12～0.15 米的散水牙子，石钉靠在两块散水牙子之间，最内为宽 0.3 米的石板。南半部的散水均破坏，局部保存有散水牙子和石板。北半部散水保存相对完好。两转角处的散水石板呈 "┏" 和 "┓" 形，均雕刻精美，呈斜角分水脊状（图二四；图版一六，1；图版一七，2）。

台基南、北各有一踏道痕迹凸出，均长 3、宽 0.9 米，用石均无存。

台基上有 6 块础石，由南向北 3 排，由东向西 2 列，排间距离 3.2、列间距 4.4 米。

第 2 排础石外侧，各有 1 道东西向的墙，用不规整的石块垒砌，厚 2～2.3、残高 0.4～0.6 米。东侧的墙西端覆压在门址台基、散水上，东端被破坏，所余部分与宫殿散水钉平齐。西侧的墙覆压门台基、散水，西端 4.5 米处与一南北向的隔断墙 "┠" 状交汇，这一迹象与东掖门相同。

（三）廊庑址

第 2 号宫殿廊庑由东、西廊庑和南廊址组成，东、西廊庑分别位于东、西掖门前两侧，与呈南北走向，南端与南廊相连，南廊位于正殿南面，与之平行呈东西走向，三部分共同构成一个凹字形建筑，并与正殿、东、西掖门包围成院落，其内为殿前广场（图二五）。

1933 年日本东亚考古学会曾对南廊进行发掘，但仅限于揭露出础石，对于台基上的遗迹、包壁和散水等情况没有进行工作。

廊庑址的堆积均可分为 2 层，即表土层和堆积层，因各遗迹的情况不尽相同，故在叙述各相关遗迹时分别加以叙述。

1. 东廊庑

地层堆积。东廊庑顶部是原来被东沙公路（东京城镇至沙兰镇）东南—西北向覆盖，第 1 排础石南半部裸露在路边沟中，沿路有生长有成排的榆树，揭去石块平铺的路面后，就是廊庑的顶面。在

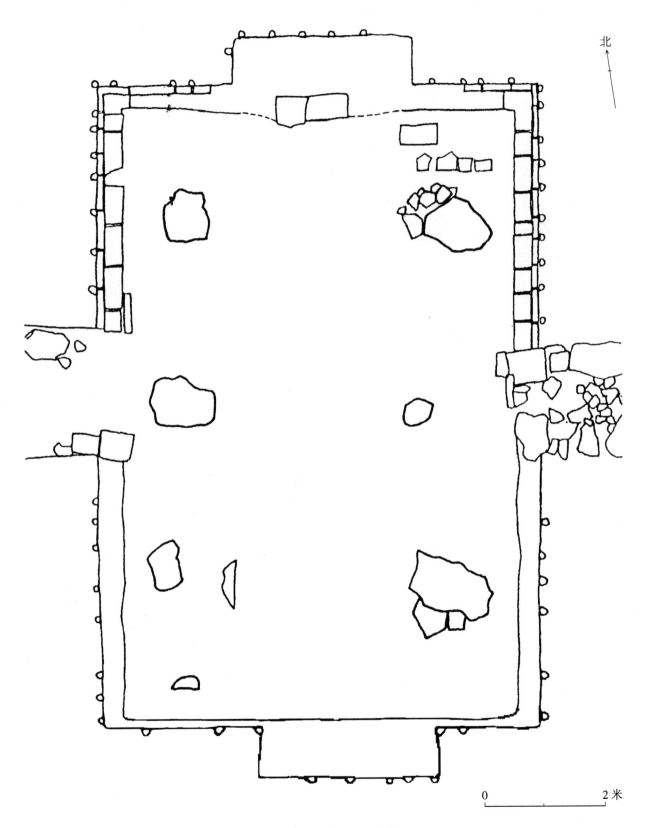

北

0 2米

图二三　西掖门基址平面图

东沙公路修筑之前，廊庑的顶面已
有更早期乡路通行其上，车辙遍布。

（1）台基

东廊庑台基黄土筑成（图二六；
图版一八，2），东、西、北三面砌
有包壁石，西面在南、北两端少量
留存1层（图版一八，1），其余部分或
可见包壁石被挖走留下的沟痕，或被
路边沟破坏，痕迹不存。北面东端有
数块留在原位，西端被挖走，仅存宽
0.5米沟痕（图版一九，1）。东面南、
北两端各见一段，南端保留了2层，
北端保留了1层（图版一九，1），
分别长4和3.5米。其余部分均生
有榆树，未发掘，局部解剖亦未发
现包壁石，根据迹象分析，可能仅
在廊庑两端包砌石壁而中间未包砌。
南面进入南廊庑，有墙与之相隔。
据测量，东廊庑南北长116.5、东西
宽15.2米。由于后世的破坏，导致
现存台基东高西低，高出其西侧广
场地面约0.1～0.3米。

台基四面均未见散水的痕迹。
西面，即面向殿前广场的一面，在
第4间、第24间包壁石的外侧，各

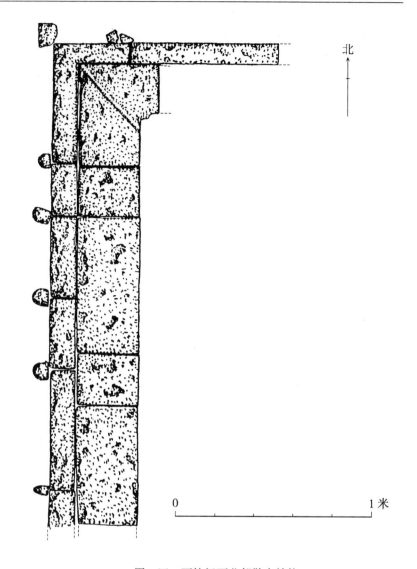

图二四　西掖门西北部散水结构

有1块长0.6、宽0.3米的规整条石，可能与踏道有关（图版二〇，1、2）。

（2）柱础排列

东廊庑础石均为玄武岩（图版二一，2），由西向东4排，由北向南27列。第1排与第2排、第3
排与第4排础石间距（以柱中心点计算，下同）均为3米，第2排与第3排础石的间距为6米，第1
列与第2列础石的间距为3米，自第3列至第27列间距为4.5米，第1、2列础石特殊，在第2排和
第3排中间加了1块础石，变为5个，间距也均变为3米，以上础石共计110块。第1排第3、15、
16、18、19列，第2排22列础石缺失，其余均保持在原位，并有少数埋于地面下，地表仅露出柱
痕。础石表面平直，形状不规整，大小不一，其下均有碎石构建的础石基础，可见的几个范围多略
大于础石，深0.6米（图版二一，1）。

根据上述情况可知，东廊庑为一面阔26间，进深3间的建筑。

（3）柱与墙

局部地面发现柱痕迹（图版二二，2），直径有 0.35、0.4 米两种，某些础石间有墙间柱的小块垫石。墙间柱系在某一开间柱之间的墙内，起加固作用的小柱，不是每一开间都有，其界定标准是柱径较细，没有自上而下的础石基础，只在柱脚下垫石，已发现有夹 1 柱和夹 2 柱两种，将该段墙体等分或三等分。西廊庑有较多的完整结构保留下来。

第 1 列第 3、4 排础石之间，1 块墙间柱的垫石，未能保留下墙的痕迹。

第 2 列第 2、3 排础石间另加了 1 块础石，其上有东西向的土墙，长 5.2、厚 0.16 米。两面抹有白灰面，第 3、4 排础石间没有保留墙的痕迹，有 1 块墙间柱的垫石，表明此墙是延伸到第 4 排的。

第 4 排第 24 列至第 27 列础石上，建有一道南北向的土墙（图版二二，1；图版二三，2），长 13.5、厚 0.16、残高 0.1 米。两面抹有白灰面，在堆积中，发现了大片跌落的墙皮（图版二三，1；图版二四，2）。

第 27 列第 1、2 排础石间有 2 块墙间柱垫石，第 3、4 排础石间东西向的土墙，西端已不见痕迹，残长 6、厚 0.15 米，廊内侧抹有白灰面。

东廊庑的其他 3 排础石上无墙，进深和面阔的第 1 间构成"┓"状长廊，其余部分在外侧三面有土墙，在第 2 排础石上原来应该有木制的墙、门和窗，因此东廊庑是廊、庑合一的建筑。

（4）排水沟

在第 6 列与第 7 列础石间，有一条东西向的排水沟在建筑中穿越，长 12.4、宽 0.6、深 0.4 米。壁用玄武岩石块砌筑，顶用玄武岩石板棚盖，应为预设的暗沟（图版二四，1）。

（5）廊庑外的隔断墙

东廊庑南端有一道石墙，正对第 27 列础石，抵倚廊东壁，覆压在台基上，墙体宽 2.3、残高 0.3 米，向东延伸。

东廊北端有一道石墙，正对第 4 排础石，覆压在廊庑台基的东北角上，宽 1.5、残高 0.5 米，向北延伸 5 米转折向西再向北，覆压在东掖门东侧的建筑台基上，整体呈"┗┓"状（图版二五，1）。

2. 西廊庑

地层堆积。西廊庑址地层堆积较薄，表土层厚度 0.15 米。表土层下即是经过扰乱的廊庑倒塌层，厚约 0.1～0.25 米。东半部主要是碎瓦、扰土、白灰墙皮及烧土等；西半部主要是成片的残瓦块堆积，瓦下面是大量的烧土，以及成片的白灰面，少量的草拌泥土块、木炭、铁钉等，其下便是廊庑地面。东半部堆积相对于西半部堆积要薄，耕种时扰动过。

（1）台基

西廊庑台基表面黄土筑成（图二七；图版二六，1、2）。经局部解剖可知，其作法是先开挖略大于廊身的基槽至生土，深约 0.6 米。其内先垫一层灰褐土，厚 0.2 米；再垫一层黑土，厚 0.3 米；最后垫黄沙土，厚 0.2 米。未见夯筑痕迹，加工方式不明。

东面和北面原来包砌有条石，均被后人移取，仅存宽 0.5 米沟痕。西面地面不见包壁条石，墙根有沙土护坡，经解剖得知在护坡下距墙 1 米有南北向排列的玄武岩石块，应为台基的边缘。南面进入南廊庑，有墙与之相隔。根据上述情况测量，西廊庑南北长 116.5、东西宽 15.2 米。现存台基西高东低，高出其东侧广场地面约 0.1～0.4 米。

台基四面均未见散水的痕迹。东面，即面向殿前广场的一面，未发现踏道的痕迹。

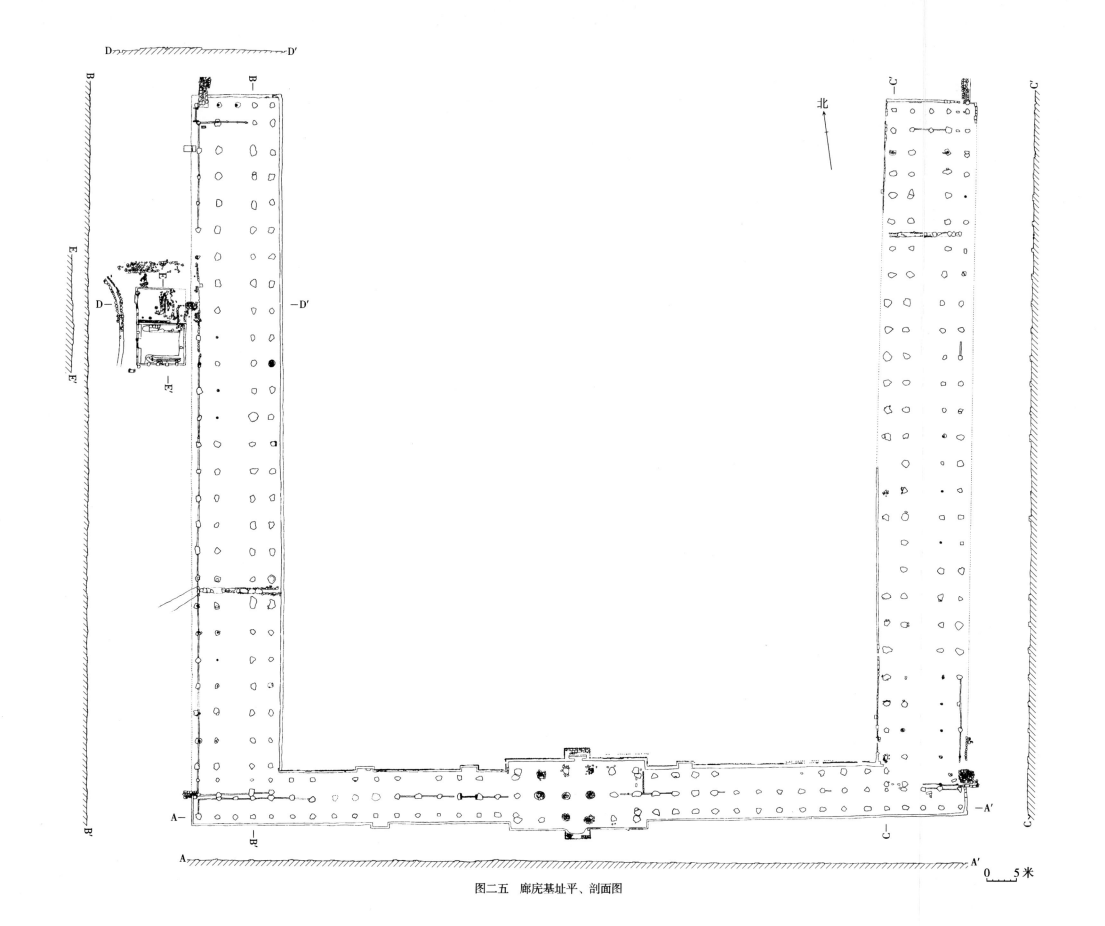

图二五 廊庑基址平、剖面图

（2）柱础排列

西廊庑础石均为玄武岩，由东向西 4 排，由北向南 27 列，第 1 排与第 2 排、第 3 排与第 4 排础石间距均为 3 米，第 2 排与第 3 排础石的间距为 6 米。第 1 列与第 2 列础石的间距为 3 米，自第 3～27 列间距为 4.5 米。第 1 列础石特殊，在第 2 排和第 3 排中间加了 1 块础石，变为 5 个，间距也均变为 3 米，以上础石共计 109 块。仅第 1 排第 11 列础石缺失，其余均保持在原位，并有少数埋于地面下，地表仅露出柱痕。础石表面平直，形状不规整，大小不一，大的有 1.6 平方米，小的仅 0.7 平方米，厚 0.2～0.35 米，础石下有碎石构建的础石基础。

根据上述情况可知，西廊庑为一面阔 26 间，进深 3 间的建筑。

（3）柱与墙

第 2 排和第 3 排第 1 列础石上有炭化的木柱痕迹，直径 0.4 米。其他础石上间或有木柱痕迹，直径 0.3～0.35 米。部分墙内保留有墙间柱的痕迹，直径 0.1～0.12 米（图版二五，2）。

第 2～4 排第 2 列础石间有东西向的土墙，长 8、厚 0.16 米，两面抹有白灰面。此墙在第 2 排与第 3 排间有 3 个，第 3 排与第 4 排之间与 1 个墙间柱，其下均有小块垫石。

第 4 排第 2～27 列础石上，建有一道南北向的土墙，长 110.6、厚 0.14～0.16 米，从倒塌的墙面痕迹来看，其高度应为 3.3 米。其中第 7～10 列础石间为石基土墙。土质墙的两面抹有白灰面，白灰面上涂有赭红色墙面和装饰线（图版二七，1、2）。

第 27 列础石间有东西向的土墙，长 12.5、厚 0.15 米，廊内侧抹白灰面。

柱和墙的营筑顺序为：在础石上立柱，柱间施墙间柱，然后用灰褐土垒墙，墙两面用黄沙土抹平，墙的内侧抹白灰面，然后廊内地面铺上一层黄沙土，厚约 0.2～0.25 米，将础石、立柱、墙间柱脚覆盖在下面，最后再抹墙外侧的白灰面。

西廊庑的其他 3 排础石上无墙，进深和面阔的第 1 间构成了"⌐"状长廊，其余部分在外侧三面有土墙，在第 2 排础石上原来应有木制的墙和门窗，因此，西廊庑是廊、庑合一的建筑。

（4）门址

第 4 排第 1、2 列础石间设一门（图版二八，1、2），门枕炭化，长 1.05、宽 0.25、厚 0.08 米（图版二九，1）。两门枕间距 2 米；门槛亦炭化，长 2、宽 0.1、高 0.15 米。通过此门与西边院落相通。

（5）排水沟

在第 19 列与第 20 列础石间，有一条东西向的排水沟在建筑中穿越，长 14、宽 0.6、深 0.4 米。壁用石块砌筑，顶用板石棚盖，材质均为玄武岩，水渠和廊墙均有修复迹象（图版二九，2）。

（6）灶

西廊第 3、4 排第 7、8 列础石间的廊庑地面上有一灶，内径 0.4、残深 0.05 米。灶内及周围出土铁钉，长方形和三角形铁片等，灶上覆盖着廊墙倒塌的堆积，使用年代应为廊址毁弃前。

（7）砖函

在西廊庑内西北角，距西壁、北壁均 0.4 米处，有一东西向的长方形砖函，长 0.7、宽 0.4、深 0.2 米，用长方砖横向埋设而成（图版三〇，1）。

（8）廊庑外隔断墙

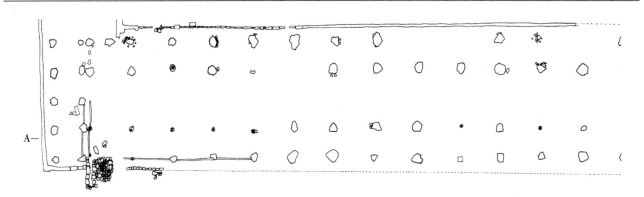

图二六 东廊庑基址平、剖面图

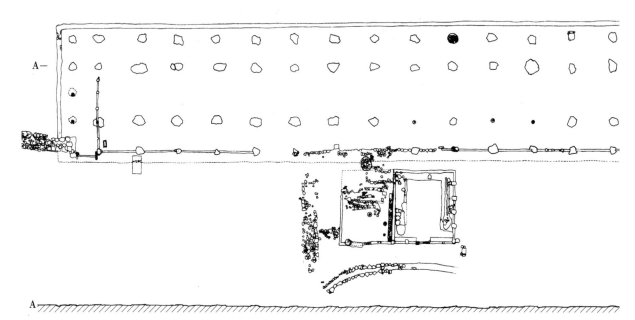

图二七 西廊庑基址平、剖面图

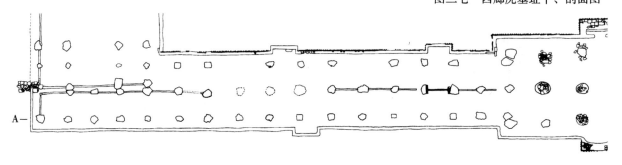

图二八 南廊庑基址平、剖面图

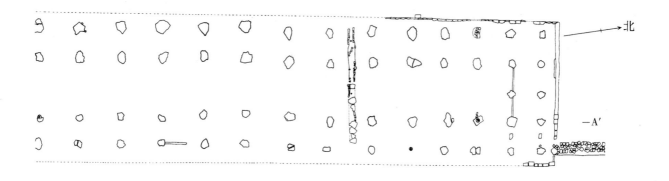

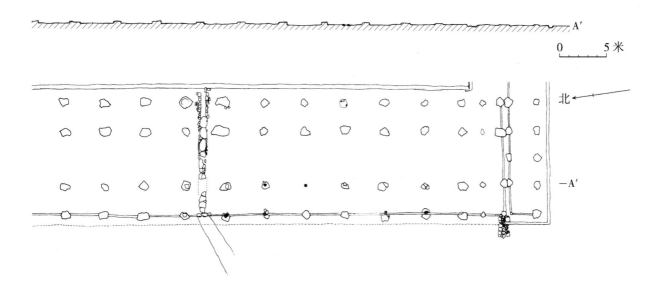

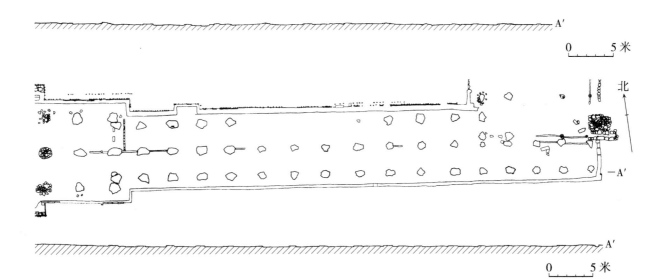

西廊南端有一道石墙，正对第 4 排第 27 列础石，抵倚廊西壁，覆压在台基上，墙体宽 1.3、残高 0.2～0.4 米，向西延伸。

在第 7、8 列础石西端有一道石墙抵倚着廊西壁，宽 2、残高 0.2～0.4 米，向西延伸。墙体的南北两侧抹黄沙泥，北侧可见一层白灰面。

西廊北端有一道石墙，覆压在廊庑的西北角上，宽 1.5、残高 0.5 米，向北延伸至距廊庑 5 米处与一道宽 2.5 米的东西向墙"┤"状交汇，距廊庑南端 10 米处有一宽 2.5 米的墙上小门，再向北与西掖门西侧的联结墙"├"状相交并继续向北延伸。墙体两侧均抹白灰面并涂有赭红色。

3. 南廊

南廊址台基边缘与第 1 号宫殿散水间距离仅 4 米（图二八；图版三○，2），二者之间的倒塌堆积应有叠压关系，1933 年日本东亚考古学会曾经发掘过，20 世纪 80 年代黑龙江省文物考古工作队发掘第 1 号宫殿时，残余的堆积又被清理，经多次扰动，大面积部分已无地层堆积，许多础石就暴露在表面。廊顶部铲去蒿草便露出廊庑地面遗迹，廊北侧去掉 0.1 米的表土层后有堆积层，包含物多石、残瓦及少量烧土。

南廊由中央的门址及其东、西侧的廊址三部分组成，整体形态似横置的中字形，东西长 129.5、南北宽 9.2、门宽 11.9 米，现存台基高出殿前广场地面 0.2～0.44 米。

（1）南廊东段

1）台基　南廊东段西部与门址台基相连，东北角被东廊庑进入。南、东侧包壁材料多被挖走，只保留了几块，其余部位仅留沟痕；北侧的包壁材料也已无存，有砖结构的散水，所用砖全部被挖走，散水钉和散水牙子全部保留下来。台基呈长方形，东西长 53.6、南北宽 9.2、高出广场地面 0.2 米。

2）包壁和散水　东侧保留 3 块、南侧保留 1 块包壁石，均为底下的一层。东、南两侧的包壁下均无散水痕迹。

北侧的包壁材料没有留存，沟痕宽 0.4 米，且沟内未见碎砖，应为条石包壁。包壁下有砖铺的散水，仅留砖制的散水钉和散水牙子，散水钉头距离较近，可能散水牙子用砖为垂直埋设或非整砖。

北侧正对第 9、10 列础石处，即东起面阔第 9 间的位置有一踏道的痕迹，东西长 2.1、南北宽 0.4 米。所用材料均被挖走，砖散水在此环绕未间断，但从踏道向东 6 米的范围内，散水钉变成双行。从踏道痕迹分析，应是条石建筑的双分踏道（图版三一，1）。

北侧正对第 14、15 列础石处，即东起面阔第 14 间的位置亦有一踏道痕迹，东西长 3、南北宽 0.6 米。所用建筑材料均被挖走，但砖散水在此未间断，故推断此踏道应为砖材建筑（图版三一，2）。

3）柱础排列　础石由北向南 3 排，由东向西 17 列，第 17 列础石侵入中央门址，位于门址第 1、3 排础石内侧，第 2 排础石与门共用。东北角被东廊庑的南端进入，建筑时可能考虑到空间配置的需要，第 3 列第 1 排的位置被减 1 柱，再去掉共用础石，应有 50 块，其中第 1 排第 1、2、4、10～12 列础石缺失，实存 44 块。间距东西向 3.7、南北向 3.1 米。

4）墙　第 2 排第 1～3、7、8、12、13、15～17 列础石间均有厚 0.15～0.16 米的墙，墙内为浅灰褐色土和细沙，两面抹有厚 1～2 厘米白灰墙皮。其中第 1～3 列础石间的墙与东廊庑进入的南墙相距 0.6 米。从迹象分析，除第 9、10 列与第 14、15 列础石间有门导致间断外，第 2 排础石之间均应有墙。

5）地面　第 2 排第 15、16 列础石之间，墙的北边发现有面积不大的草拌泥烧土面，应为原地面。

6）门　第 9、10 列础石间和第 14、15 列础石间未发现门的痕迹，但从其北侧有对应的踏道来看，此处应有一门。

南廊东段为面阔 16 间，进深 2 间的建筑，中间 1 排础石间有东西向的墙，将其隔成"两面廊"，分属南、北两个庭院使用。

（2）南廊西段

1）台基　南廊西段东部与门址台基相连，西北角被西廊庑侵入（图版三二，1）。南、西两侧包壁材料均被挖走，仅留沟痕；北侧的包壁材料也已基本无存，有砖结构的散水，所用砖绝大部分被挖走，散水钉和散水牙子全部保留下来。根据上述情况测量，台基呈长方形，东西长 52.8、南北宽 9.2、高出广场地面 0.2 米。

2）包壁和散水　南、西两侧的包壁材料没有留存，沟痕宽 0.4 米，且未见碎砖，应为条石包壁。南、西两侧的包壁下均无散水痕迹。

北侧仅与门址台基连接处，有一块包壁石保存下来，表明北侧有可能是条石包壁，包壁下有砖铺的散水，仅北侧西踏道东局部有保留，其结构由外及内为砖制的散水钉和散水牙子，散水钉头距离较近，可能散水牙子所用长方砖系竖向埋设或非整砖，其内用长 0.33、宽 0.16 米的长方砖纵向平铺。

3）踏道　北侧正对第 9、10 列础石处，即西起面阔第 9 间的位置，有一踏道的痕迹，东西长 3.1、南北宽 0.5 米。仅在东侧留有 1 块条石，长 0.6、宽 0.42、厚 0.25 米。从其位置来看，应是双分踏道的东半部分，其余材料均被挖走，遗留的石质垂带印痕为长 0.6、宽 0.42、厚 0.15 米。虽然附近保留的散水用砖铺设，但砖散水钉在此间断，故此踏道应为石材建筑（图版三二，2）。

北侧正对第 14、15 列础石处，即西起面阔第 14 间亦有一踏道的痕迹，东西长 3、南北宽 0.6 米。所用建筑材料均被挖走，但砖散水在此未间断，故推断此踏道应为砖材建筑（图版三三，1）。

南侧第 10、11 列础石有一踏道痕迹，所用材料全无，位置偏西不居中，被台基上柱子阻挡，考虑南侧除此之外再无踏道（不包括南廊门址南侧的踏道），此遗迹应为早期建筑格局的残余。

4）柱础排列　础石由北向南 3 排，由西向东 17 列，第 17 列础石侵入中央门址，位于门址第 1、3 排础石内侧，第 2 排础石与门共用。西北角被西廊庑的南端侵入，建筑时可能考虑到空间配置的需要，第 3 列第 1 排的位置被减 1 柱，再去掉共用础石，应有 50 块，其中第 1 排第 3、7、11、15 列，第 2 排第 8～10 列础石缺失，实存 43 块。间距东西向 3.7、南北向 3.1 米。

5）墙　第 1 列第 2、3 排础石间有南北向的墙，残长 24、厚 0.16 米。第 2 排第 1～7、11～14、15～16 列础石均有厚 0.16 米的墙，其中第 1～7 列础石间的墙与西廊庑侵入的南墙相距 0.5 米，从迹象分析，除第 9、10 列与第 14、15 列础石间有门导致间断外，第 2 排础石之间均应有墙。

6）门　第 9、10 列础石间，有炭化的木门枕和木门槛痕迹，木门枕东侧的长 0.9、宽 0.3 米，西侧长 1、宽 0.2 米，二者内侧距 2.3 米，木门槛宽 0.15 米，与墙呈直线排列（图版三三，2）。

第 10、11 列础石间，第 2 排对应的础石缺失，地面亦被破坏，未发现门的痕迹，但从其北侧有对应的踏道来看，此处应有一门。

南廊西段为面阔 16 间，进深 2 间的建筑，中间 1 排础石间有东西向的墙，将其隔成"两面廊"，分属南、北两个庭院使用。

（3）南廊中央门址

门址位于第 1 号宫殿北踏道北侧，宫城的中轴线上，东、西廊与南廊相连，其北面是第 2 号宫殿前的广场，为一单体建筑，保存状况较差，残留有台基，柱础和踏道等遗迹。门址台基上、下的地层堆积相同，相对比较简单，分为 2 层。

第 1 层，黑褐色土，土质较疏松，厚 0.1～0.3 米。含石块、瓦片、铁钉、植物根茎等，为现代扰土层。

第 2 层，黑褐色土，土质较疏松。包含物丰富且较杂乱，有黑土、红烧土、灰土、炭粒、白灰、石块、大量的瓦片、建筑构件残片、铁钉等，微沙质，为遗址毁弃后形成的倒塌堆积。

第 3 层，黄沙土，土质较纯净，为渤海时期地面。

1）台基　门址台基破坏较严重，四壁早已坍塌，内部黄土也严重缺失，其上的地面已高低不平，露出的渤海地面部分破坏成近似覆斗形，南半部有包壁被挖走后形成的沟痕，北半部有散水，边缘清楚，可测得台基东西长 23.8、南北宽 12.1、现存土基最高处距台基下土衬石顶面高约 0.44 米。

2）包壁　门址台基四壁原来均应有包壁，但多被挖走，南半部分从所遗的沟痕来看，应是用条石包砌的。台基内相当于东壁的位置，发现有砌砖痕迹，宽 0.16～0.17 米的条砖南北向平铺，砖长度不等，最长 0.3、最短 0.18 米。条砖之间未发现有黏合物，共发现铺砖 12 块，南边到南廊东段第 2 排础石之间的墙终止，总长 3.6 米。这一段遗迹非台基的露明部分，应是相当于内包壁的遗存。

在北壁下靠近台基处散水沟很深，且底凹凸不平，其中有一长 0.8、宽 0.14～0.18、深 0.04～0.07 米的凹坑，是条石被移走形成的坑。在西、南两壁沟痕底部均发现有用长方形条石垒砌的现象，玄武岩条石厚度一般为 0.15 米，长度不等，宽度也略有差别，多在 0.15～0.2 米之间，可能是根据石料大小而定。条石基本为立方体，经修琢，外面、顶面和连接面都比较平整，向内的一面基本保持原始状态。

根据上述情况，再参考南廊东、西段的情况，台基北半部分亦应是条石包壁。

3）散水　门址台基南半部未发现散水，北半部铺有散水，保存均较差，仅留有散水钉和散水牙子（图版三四，1）。散水牙子是厚约 0.05 米的条砖横向埋设，未发现散水砖。在北壁正中踏道东侧散水牙子以北约 0.5～0.6 米处，又有一排东西向分布的砖钉，且只有砖钉没有砖散水牙子，也没有发现铺砖的痕迹，这一遗迹现象在南廊东段散水北侧也有发现，其作用不详。

在北壁下清理散水沟时发现，靠近散水牙子处的沟痕较浅，深约 0.07～0.08 米，底较平；而南部靠近台基处较深，约 0.1～0.3 米，并且底部凹凸不平。在靠近北侧正中踏道部分可见一长 0.8、宽 0.14～0.18、深 0.04～0.07 米的凹坑（其余凹坑不太规则），这一迹象反映了包壁、散水的建筑顺序：在靠近台基处先挖一沟，东西向铺石形成包壁，叠砌到与台基顶面高度平齐，然后在包壁外侧铺砖，再竖埋散水牙子，其结合处理设散水钉，完成后即为散水。

4）踏道　门址台基南、北两侧正中各设一个踏道。

台基南侧踏道位于台基南侧中央，东西宽 4.3、南北长 1.62 米。破坏比较严重，除踏道两角有砖外，其余地方仅存土基，呈北高南低的坡形，与台基土相连。台基两侧包壁石向踏道夯基内延伸。踏道南端踏道最外侧的散水，仅在两角保留有砖钉、散水牙子和以少量的散水砖，西南角的散水砖上有人为切割的凹槽，宝相花纹砖（北高南低）正好斜卡在里面，其侧面立砌长方砖，即"砚窝砖"结构。东南角的散水砖上虽然未发现宝相花纹砖，但有修琢出的凹槽，证明此处亦为"砚窝砖"结构。该处应与北踏道相同，类于后世的"垂带踏道"，两侧可能是直壁。在宝相花纹砖东侧有一东西长 0.5、南北宽 0.15、高约 0.07 米的土基，上略有砖碎块，可能是踏道的第 1 踏（图版三四，2）。

台基北侧踏道位于台基北侧中央（图二九；图版三五，1），东西长 4.25、南北宽 1.7 米。北端保存情况较好，其余部分仅存土基，呈北低南高的坡形，与台基土相连，台基两侧包壁石向踏道夯基内延伸，石料已被挖走，只余沟痕。踏道最外侧为长方砖横埋的散水牙子，接缝处以散水钉加固，其内用边长 0.38 米的方砖铺设散水，中间部位间隔 1 米分设为三条垂带，东、中部踏道底端保存完好（图版三五，2；图版三六，1），西侧垂带仅保留了"砚窝砖"的痕迹（图版三六，2）。踏道第 1 踏铺砖 1 层，第 2 踏铺砖 2 层，再上被破坏，情况不明。垂带和踏道顶层均用宝相花雕砖铺设。

5）柱础排列　台基的地面已大部被破坏，个别地方黄沙面已无，露出浅灰褐色的基土，第 4、5 列础石之间还有一个较大的扰坑。东部相对保存较好，高出西部约 0.02～0.05 米。台基上应有础石 22 块，从北向南 3 排，自东向西 6 列，其中第 1 排第 3、5 列，第 2 排第 3～5 列，第 3 排第 3、4 列等 7 块础石缺失，仅存用玄武岩碎石填成的础石基础，实存础石 15 块，所保存下来的础石形状不规则，只进行了初步切割而未进一步加工。

四角础石内侧，各有 1 块南廊侵入部分的础石，呈"双础石"结构，间距均为 1 米，在叙述门址础石时，不再描述。

去掉"双础石"内侧的础石，其余 18 块础石及础石坑形成一个东西面阔 5 间、南北进深 2 间的单体建筑。以础石中心点计，各开间均相等，为 4 米。第 2 排础石与南廊东、西段第 2 排础石在一条直线上。

6）柱与墙　在第 2 排第 1、2 列础石之间残留有墙，东西向，墙宽 0.15、最高 0.06 米，两面抹白灰。白灰墙皮厚 0.2～0.8 厘米。墙土为浅灰褐色沙质夯土，墙根部的水平面应为殿内地面水平高度。

第 1 列第 1、2 排础石间有 2 块玄武岩墙间柱垫石，说明在该列础石间原有墙的遗迹。因此可以推侧，第 2 排础石除了对应踏道的位置有门外，均应有墙，第 6 列础石间亦应有墙，其平面呈"H"形。

在东南角础石东、西两侧，各有一圆形柱洞。东侧柱洞上口直径 0.3 米，平底，底直径 0.2 米。内部堆积黑褐色，土质疏松，含少量白灰粒和瓦片粒，沟底色为浅灰色，较硬。西侧柱洞上口直径 0.35 米。两柱洞相距 2.1 米。这两个柱洞可能是后来维修时临时用柱加固产生的。

7）钩栏遗迹　在南踏道西侧，发现瓦片堆积下有大量红烧土和有规律的成条木炭，木炭有横向（东西）和纵向（南北）之分，横向 1 条，残长约 3.4、残宽 0.08～0.2 米；纵向 6 条，长短不等，直径约 0.06 米，等距离分布在横向木炭的北侧，间距约 0.6 米。在其堆积中出土 3 个泡钉，有的直接插在木炭中，可能是起加固作用。

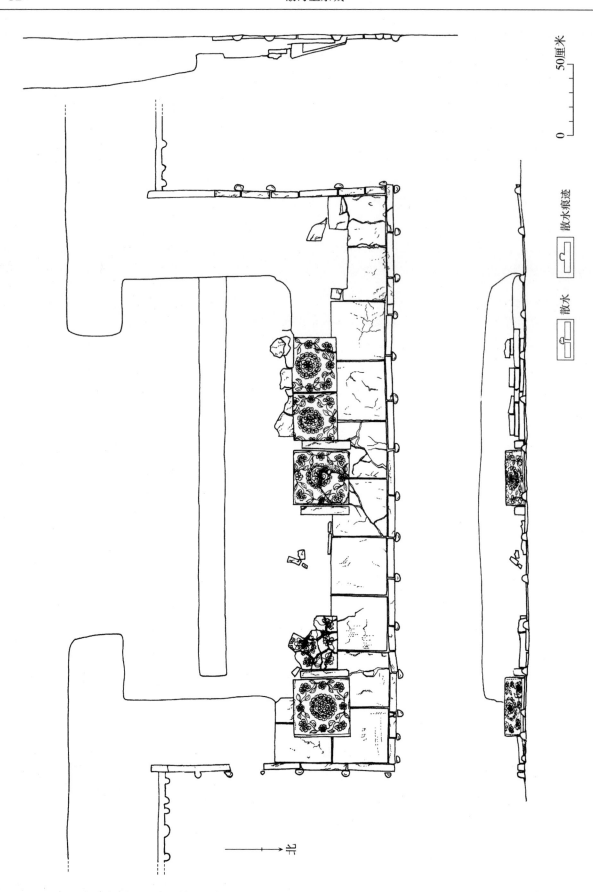

北

散水　　散水痕迹

图二九　南廊中央门址北侧踏道遗迹平、剖面图

50厘米

0

木炭堆积仅发现于踏道东侧。根据其所处位置和结构，应为门台基外围木钩栏遗迹，横向为栏杆，纵向为立柱。

木炭周围大量分布有纯烧土，向北约 0.15 米即是包壁石位置，两端的立柱基本与其北侧西数第 2、3 列础石相对，可能钩栏位于南排这两列础石之间。由于立柱保留很短，栏杆保留较多且较长，可能建筑被毁时立柱最先燃烧，然后整体向南倒塌，从倒塌位置分析，此段钩栏应该不是很高。

8）瓦片地面　台基南踏道以南发现一片碎瓦片铺的面，较平，瓦片很碎小，人为铺成。范围为东西长 3.8、南北宽 1 米，位于第 1 号宫殿北踏道与门址南踏道之间，应是二者之间的地面。

（四）廊庑西侧房址

在西廊庑址外侧发现一处房址，遗迹编号为 04NSGⅢF1（"N"为宁安市、"S"为上京、"G"为宫城、"Ⅲ"为第Ⅲ象限区、"F"为房址）。

F1 东侧，正对廊址第 4 排第 7～10 列础石上石墙基，东墙距该墙基 2 米，二者之间 1 米处，为廊庑台基的西边。西侧为一排水沟；北侧 2.5 米处有一条东西向隔断墙石墙基，上述遗迹围成的区域内，地势较周围要高，大致呈东北高、西南低的斜坡状（图三〇；图版三七，1、2）。

F1 的地层堆积可分为 2 层。

第 1 层，黑褐色，厚 0.05～0.2 米。土质疏松，包含物有石块、烧土颗粒、碎瓦和植物根茎等，为耕土层。

第 2 层，主要为红烧土，厚 0.3～0.5 米。土质较硬，包含物有墙皮和瓦等，为堆积层。由于 F1 与西廊庑距离很近，故此堆积应是二者共同形成的。

F1 建筑结构及遗存

F1 平面呈长方形，南北长 12.6、东西宽 8.1 米，由南、北 2 间组成。

（1）南间　为地穴式。长方形，东西长 8.1、南北宽 6.9 米（图版三八，1）。

1）墙　为土墙，灰黑色，土质坚硬，墙壁外侧抹有一层黄泥，厚 0.01 米。东墙长 6.9、宽 0.2～0.25 米；南墙长 8.1、宽 0.2 米。墙中部发现 4 个等距排列的柱洞，直径均 0.5、间距 1 米。墙东端未见柱痕，西端可见础石，与柱洞间距亦为 1 米，紧贴其外侧另有 1 块较大的础石。

西墙中间有门，故墙被分割为南、北两段，均长 2.8、宽 0.2 米。其中北段墙内有 2 个柱洞，1 个位于西、北墙交汇处，直径 0.4 米；另 1 个位于其南 1.1 米处，直径 0.45 米。

北墙南、北间共用，长 8.1、厚 0.2～0.25 米。

2）门　位于西墙中部，向西开，宽 1.5 米，两侧抵墙各有 1 块门柱下垫石，门槛已炭化，残长 1.3、宽 0.14 米。其内有门道，南北长 1.5、东西宽 1.05 米，斜坡形，倾斜 5°。门内南、北沿西墙各有一土筑的"加厚"的结构，南侧部分南北长 2.5、东西宽 0.3 米；北侧部分南北长 2.4、东西宽 0.3 米。从其位置来看，可能为灶前放置东西用的土台。

3）炕　紧贴南、东、北墙内壁三面修筑有火炕，南、北炕均宽 1.1 米，2 条烟道；东炕宽 0.7 米，1 条烟道。烟道内壁均已熏黑，底部积有一层烟灰，烟道宽 0.15～0.2、深 0.1～0.2 米。烟道上铺有玄武岩石板，大多长宽 0.35～0.45、厚 0.1～0.15 米。炕上抹黄泥作为炕面，其中南炕只见烟

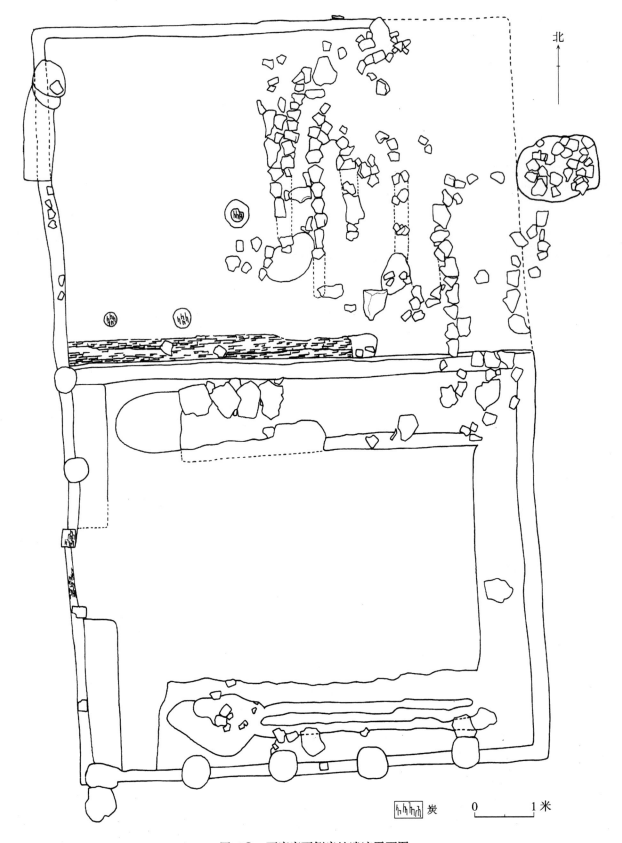

北

炭　　0 ___ 1 米

图三〇　西廊庑西侧房址遗迹平面图

道，东炕石板和炕面均得以保存，北炕东段内部被破坏，只存炕壁，西段保存了几块石板。炕外壁经过精心修整，壁面光滑。先抹一层草拌泥，再用黄泥抹平，最后再施一层白灰，厚1.5～2厘米。

4）灶　屋内西南角设一灶，由玄武岩石块垒砌而成。形状近似为圆形，直径约0.5米。灶口朝向西北，灶底内凹，积满炭灰，后壁与烟道相连。房内西北角被破坏，遗迹现象不甚清晰，但从该处保留直径0.85米的近似圆形的草木灰堆积来看，应有一灶。

5）烟囱　南炕的烟道汇入东炕，东、西炕烟道在东北角统合为一，穿越北墙后到达烟囱，烟囱位于北屋东墙中部外侧，椭圆形，东西为长轴，直径1.4米；南北为短轴，直径1.1米。上部已无，只存玄武岩构筑的基底。

6）居住面　东西长6.2、南北宽3.8米，低于屋外活动面，呈坡状，东侧深0.4、西侧深0.1米。表层抹有一层灰黑色草拌泥，质地坚硬。靠近南、北墙部分火烧痕迹明显，已成为红烧土，中间部分仍为灰黑色。

（2）北间　为地面式建筑。破坏较严重，总体来看也呈长方形，东西长8.1、南北宽6米。

1）墙　北间亦为土墙，灰黑色，土质坚硬。东墙全部被破坏；南墙即南间北墙；西墙长6、宽0.2～0.25米，北段中部被破坏；北墙东段被破坏，残长5.75、宽0.2米。南墙根有一条炭化的木痕，长4.5、宽0.36、厚0.06米。

2）门　遗迹未发现，推测其位置应在西墙被破坏处。

3）屋内柱　位于中南部，灶的正北部，柱洞直径0.45、深0.4米。柱洞内残留有部分木柱，直径0.2、残高0.25米。建造时先挖一圆坑，坑底垫石，立柱后将坑填实。从位置和结构来看，应为后期维修时所立。

南墙内侧有两处炭化木柱痕迹，东西向并列呈直线状与墙平行，西侧木柱直径0.2米，距西、南墙均0.65米，与东侧的木柱间距0.95米。东侧木柱直径0.3米。

4）炕　位于北间东侧，长方形，南北长5.5、东西宽4.2、残高0.2～0.35米。用玄武岩垒砌而成，石块大多长0.3～0.4、宽0.1～0.2米，较平直的面朝外，石缝用黄土添充，外壁抹有一层黄泥作装饰。自西向东共有4条烟道，各烟道宽度不一，在0.15～0.5米之间，内有烟熏痕迹，炕面用玄武岩板石铺盖，仅保留几块（图版三八，2）。

5）灶　位于屋内中南部，炕的西南部，外围由玄武岩石块垒砌而成，灶口向西，基本上呈东西略长的椭圆形，上口长轴直径0.75、短轴直径0.6米。灶底残留有大量木炭和炭灰，后壁与火炕相连，东北角有段草木灰堆积一直延伸到炕的第1条烟道内，第2条烟道口也有从灶内延伸而来烟熏、烧烤的痕迹。所有的烟道均盘曲回旋，汇聚于火炕的东北，与南屋共用一个烟囱，由于房屋东北角毁坏，与烟囱的衔接关系不明。

6）地面　居住面为长方形，南北长5.6、东西宽4、距现地表深约0.3米。地面为黑胶泥，土质坚硬，无火烧痕迹。

F1位于宫殿中心区外，出土了大量碎陶片，从其所在位置、火炕布局和出土遗物分析，南屋为宫内执役人员坐守值更之用，北屋为执役人员居住场所。

（3）房址周围的遗迹

1）联结墙和排水沟　北间北侧2.4米处有东西向的隔断墙，东端抵近西廊庑西墙，西部向西延伸。已发掘部分长 11、宽 1.7、残高 0.2 米。

北间西北角向东 1 米处，有 1 条南北向的联结墙，长 2.4、宽 1.1、残高 0.2 米。北端抵上述隔断墙，南端与北间北墙"т"形交汇。

2）排水沟　F1 西部有 1 条排水沟，北端呈西北——东南向弧状，在南屋西 2.4 米处与之平行向南延伸，总长 16、宽 0.5、深 0.4 米。沟边用玄武岩砌筑，沙底。

（五）隔断墙上门址

西廊庑北端的隔断墙上，有一院落之间通行的门址，发掘前与墙的倒塌堆积一体，无明显的遗迹现象。门址附近的墙基上，留有部分墙面（图版三九，1）。

门址南居西廊庑北端 12.8 米，东与西掖门南踏道相对（图三一；图版三九，2）。门宽 2.4 米，两侧各有 1 块炭化的木门枕，南侧的长 0.2、宽 0.1 米；北侧的长 0.4、宽 0.12 米，二者之间相距 0.75 米。门槛没有保留下来，但北侧木门枕上有一南向的"凹"形缺口，宽 0.04 米，应为木门槛位置。

（六）殿前广场

宫殿正殿，东、西掖门，东、西廊庑及南廊之内的空间，是举

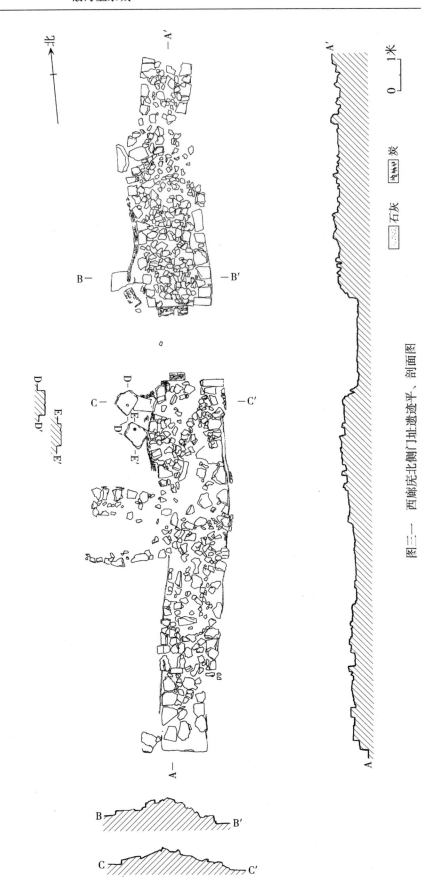

图三一　西廊庑北侧门址遗迹平、剖面图

行大型朝仪活动的殿前广场。

南廊台基北侧与正殿南侧间距 121.7 米（不包括宫殿踏道和南廊中央门址突出部分），东、西廊庑台基内侧相距 99.6 米，广场面积约 11900 平方米。

在发掘上述遗迹的同时，对涉及的殿前广场部分进行发掘，所见地层情况如下。

第 1 层，黑褐土，厚 0.17～0.2 米。

第 2 层，黄沙土，厚约 0.25 米。细沙，较匀净。

在发掘范围内，未发现广场铺砖和其他建筑痕迹，因此第 2 层应是广场的使用面。

另在南廊台基北 1 米，西廊庑东侧，开掘了 1 条南北向 3.2×1 米的探沟，所见地层关系以探沟西壁为例（图三二）。

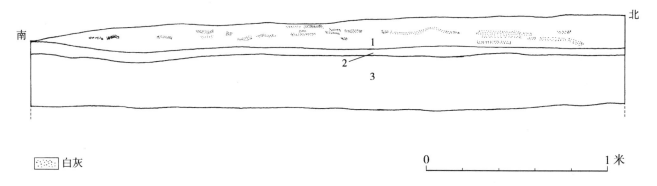

白灰　　　　　　　　　　　　　　　　　0　　　　　　　　　　1 米

图三二　第 2 号宫殿广场解剖探沟剖面图

第 1 层，黄褐色沙土，厚 0.2 米。较坚硬，细沙中含有少量白灰。

第 2 层，黄沙土，厚 0.05 米。细沙，匀净。

第 3 层，黑褐土，厚度未知，广场修筑时的地面。

由于探沟接近建筑边缘，第 1 层可能是与之有关的遗迹如墙等毁坏或风雨剥蚀形成，也可能为沿建筑另行铺垫。第 2 层应是广场的使用面。第 3 层是广场修筑时的地面。

需要说明的是，所发掘、解剖的广场部分，均系建筑邻近部位，不一定能代表广场的全貌。

第四节　出土遗物

（一）陶器

1. 建筑材料

第 2 号宫殿基址出土的建筑材料有瓦、砖和由砖制成的构件等。

（1）瓦　第 2 号宫殿出土的瓦有筒瓦、板瓦、条瓦和当沟等，其中"文字瓦"作为特殊情况，单独予以介绍。

1）文字瓦　渤海上京城出土的瓦上，往往带有戳印文字，学术界将其称为"文字瓦"。文字戳记在板瓦和筒瓦上均有，一般情况下，板瓦施于凸面前端一侧，筒瓦施于瓦唇凸面，绝大多数只施1个戳记，偶见板瓦上并施2个。戳记的文字多为单字，少量为2字、3字的词组，含义多不明了，但也有"保德"和"宝德"这样的词组。其中筒瓦只见单字戳记，2字以上的戳记均见于板瓦。戳印工具应为长方形木制白文戳印，在瓦面上形成凹下的方坑和凸起的阳文。工具制作者可能大多数文化水平不高，字体不规范，有较多反书、缺笔、模糊或不能辨识的情况。但也有部分戳记字体清晰、秀丽，略具书法韵味。参考唐长安城资料[4]，可以认为，此类戳记应为瓦的窑记或生产批次。此外在一些瓦上，还发现有用尖状物刻划的文字、符号和图案，为了叙述方便，也放在文字瓦类一并介绍。

第2号宫殿基址发现的文字瓦145种，刻划字符瓦18种。详见表一、二。

表一　　　　　　　　　　　　　第2号宫殿基址出土陶文字瓦统计表

序号	瓦　文	数量	选登标本号	图　号
1		11	99NSGⅣT002003②：1	图三三，1；图版一一九，1
2		31	99NSGⅣT002002②：1	图三三，2；图版一一九，2
3		2	99NSGⅣT003004②：37	图三三，3；图版一一九，3
4		1	04NSGⅠT012010②：2	图三三，4；图版一一九，4
5		29	99NSGⅣT010004②：1	图三三，5；图版一一九，5
6		3	99NSGⅣT009004②：1	图三三，6；图版一一九，6
7		3	99NSGⅣT005004②：1	图三三，7；图版一二〇，1
8		38	99NSGⅣT008004②：1	图三三，8；图版一二〇，2
9		2	99NSGⅣT009004②：4	图三三，9；图版一二〇，3

序号	瓦　文	数量	选登标本号	图　号
10		1	99NSGⅣT001002②：1	图三三，10；图版一二〇，4
11		10	99NSGⅣT004001②：1	图三三，11；图版一二〇，5
12		31	99NSGⅣT004004②：1	图三三，12；图版一二〇，6
13		14	99NSGⅣT010004②：2	图三三，13；图版一二一，1
14		17	99NSGⅣT001004②：1	图三三，14；图版一二一，2
15		17	99NSGⅣT007004②：3	图三三，15；图版一二一，3
16		13	99NSGⅣT001004②：2	图三三，16；图版一二一，4
17		3	99NSGⅣT005004②：3	图三四，1；图版一二一，5
18		2	99NSGⅣT012004②：12	图三四，2；图版一二一，6
19		1	99NSGⅣT006001②：1	图三四，3；图版一二二，1
20		100	99NSGⅣT010004②：3	图三四，4；图版一二二，2
21		95	99NSGⅣT003004②：1	图三四，5；图版一二二，3

序号	瓦　文	数量	选登标本号	图　号
22		32	99NSGⅣT001004②：3	图三四，6；图版一二二，4
23		3	99NSGⅣT003004②：4	图三四，7；图版一二二，5
24		17	99NSGⅣT009004②：5	图三四，8；图版一二二，6
25		36	99NSGⅣT002004②：1	图三四，9；图版一二三，1
26		1	99NSGⅣT003004②：5	图三四，10；图版一二三，2
27		9	99NSGⅣT005001②：2	图三四，11；图版一二三，3
28		49	99NSGⅣT003004②：6	图三四，12；图版一二三，4
29		1	04NSGⅠT007017②：1	图三四，13；图版一二三，5
30		1	99NSGⅣT005001②：1	图三四，14；图版一二三，6
31		29	99NSGⅣT002003②：2	图三四，15；图版一二四，1
32		3	99NSGⅣT010004②：4	图三四，16；图版一二四，2
33		4	99NSGⅣT009004②：6	图三四，17；图版一二四，3
34		39	99NSGⅣT003004②：7	图三五，1；图版一二四，4

序号	瓦　文	数量	选登标本号	图　号
35		24	99NSGⅣT005004②：4	图三五，2；图版一二四，5
36		1	99NSGⅣT004001②：3	图三五，3；图版一二四，6
37		23	99NSGⅣT010002②：2	图三五，4；图版一二五，1
38		29	99NSGⅣT006001②：26	图三五，5；图版一二五，2
39		51	99NSGⅣT010003②：1	图三五，6；图版一二五，3
40		12	04NSGⅣT007017②：2	图三五，7；图版一二五，4
41		10	99NSGⅣT003004②：9	图三五，8；图版一二五，5
42		40	99NSGⅣT006004②：1	图三五，9；图版一二五，6
43		33	99NSGⅣT009004②：10	图三五，10；图版一二六，1
44		1	99NSGⅣT001002②：2	图三五，11；图版一二六，2
45		6	99NSGⅣT010004②：11	图三五，12；图版一二六，3
46		32	99NSGⅣT005004②：5	图三五，13；图版一二六，4
47		1	04NSGⅣT001008②：3	图三五，14；图版一二六，5

序号	瓦 文	数量	选登标本号	图 号
48		2	99NSGⅣT001002②：3	图三五，15；图版一二六，6
49		1	99NSGⅣT001002②：5	图三五，16；图版一二七，1
50		14	99NSGⅣT008004②：2	图三五，17；图版一二七，2
51		4	99NSGⅣT009004②：8	图三五，18；图版一二七，3
52		7	99NSGⅣT005004②：6	图三五，19；图版一二七，4
53		2	04NSGⅣT001008②：4	图三六，1；图版一二七，5
54		8	99NSGⅣT010004②：9	图三六，2；图版一二七，6
55		3	99NSGⅣT005004②：7	图三六，3；图版一二八，1
56		9	99NSGⅣT006001②：3	图三六，4；图版一二八，2
57		1	99NSGⅣT003004②：8	图三六，5；图版一二八，3
58		6	99NSGⅣT006004②：3	图三六，6；图版一二八，4

续表一

序号	瓦　文	数量	选登标本号	图　号
59		95	99NSGⅣT001002②：6	图三六，7；图版一二八，5
60		20	99NSGⅣT006001②：5	图三六，8；图版一二八，6
61		1	99NSGⅣT003001②：1	图三六，9；图版一二九，1
62		24	99NSGⅣT008004②：3	图三六，10；图版一二九，2
63		5	99NSGⅣT006001②：9	图三六，11；图版一二九，3
64		2	99NSGⅣT002004②：2	图三六，12；图版一二九，4
65		1	99NSGⅣT001004②：4	图三六，13；图版一二九，5
66		3	99NSGⅣT004001②：5	图三六，14；图版一二九，6
67		2	999NSGⅣT004001②：4	图三六，15；图版一三〇，1
68		1	04NSGⅣT007017②：3	图三六，16；图版一三〇，2
69		1	99NSGⅣT010004②：12	图三六，17；图版一三〇，3
70		37	04NSGⅣT010004②：3	图三六，18；图版一三〇，4

续表一

序号	瓦 文	数量	选登标本号	图 号
71		83	99NSGⅣT011004②：1	图三六，19；图版一三〇，5
72		1	99NSGⅣT007001②：1	图三七，1；图版一三〇，6
73		3	99NSGⅣT005004②：9	图三七，2；图版一三一，1
74		1	99NSGⅣT001002②：7	图三七，3；图版一三一，2
75		15	99NSGⅣT008004②：4	图三七，4；图版一三一，3
76		1	99NSGⅣT007001②：3	图三七，5；图版一三一，4
77		5	99NSGⅣT010004②：10	图三七，6；图版一三一，5
78		65	99NSGⅣT003004②：10	图三七，7；图版一三一，6
79		1	99NSGⅣT010002②：3	图三七，8；图版一三二，1
80		4	99NSGⅣT008004②：5	图三七，9；图版一三二，2
81		8	99NSGⅣT008004②：6	图三七，10；图版一三二，3
82		2	99NSGⅣT006001②：11	图三七，11；图版一三二，4

序号	瓦　文	数量	选登标本号	图　　号
83		1	99NSGⅣT008004②：7	图三七，12；图版一三二，5
84		1	99NSGⅣT003001②：3	图三七，13；图版一三二，6
85		1	99NSGⅣT005004②：10	图三七，14；图版一三三，1
86		1	99NSGⅣT009002②：2	图三七，15；图版一三三，2
87		60	99NSGⅣT007002②：1	图三七，16；图版一三三，3
88		10	99NSGⅣT007004②：5	图三七，17；图版一三三，4
89		17	99NSGⅣT003001②：4	图三七，18；图版一三三，5
90		30	99NSGⅣT005004②：11	图三七，19；图版一三三，6
91		26	99NSGⅣT003002②：1	图三七，20；图版一三四，1
92		13	99NSGⅣT007001②：4	图三八，1；图版一三四，2
93		2	99NSGⅣT008002②：1	图三八，2；图版一三四，3

序号	瓦　文	数量	选登标本号	图　号
94	若	24	99NSGⅣT002003②：3	图三八，3；图版一三四，4
95	會	22	99NSGⅣT007001②：5	图三八，4；图版一三四，5
96	延	1	99NSGⅣT010004②：14	图三八，5；图版一三四，6
97	興	14	99NSGⅣT003004②：11	图三八，6；图版一三五，1
98	畜	9	99NSGⅣT008004②：9	图三八，7；图版一三五，2
99	音	10	99NSGⅣT004001②：6	图三八，8；图版一三五，3
100	信	77	99NSGⅣT008004②：10	图三八，9；图版一三五，4
101	圓	3	99NSGⅣT009004②：11	图三八，10；图版一三五，5
102	保	16	99NSGⅣT009004②：12	图三八，11；图版一三五，6
103	計	24	99NSGⅣT005004②：12	图三八，12；图版一三六，1
104	恩	23	99NSGⅣT008004②：8	图三八，13；图版一三六，2
105	都	4	99NSGⅣT010002②：4	图三八，14；图版一三六，3

续表一

序号	瓦　文	数量	选登标本号	图　号
106		1	99NSGⅣT010004②：15	图三八，15；图版一三六，4
107		1	99NSGⅣT010004②：16	图三八，16；图版一三六，5
108		5	99NSGⅣT005004②：13	图三八，17；图版一三六，6
109		1	04NSGⅣT010017②：1	图三八，18；图版一三七，1
110		41	99NSGⅣT006002②：1	图三八，19；图版一三七，2
111		24	99NSGⅣT003001②：6	图三九，1；图版一三七，3
112		3	99NSGⅣT009004②：13	图三九，2；图版一三七，4
113		1	99NSGⅣT003001②：5	图三九，3；图版一三七，5
114		1	99NSGⅣT003001②：7	图三九，4；图版一三七，6
115		7	99NSGⅣT005004②：14	图三九，5；图版一三八，1
116		15	99NSGⅣT010002②：5	图三九，6；图版一三八，2
117		1	99NSGⅣT003001②：8	图三九，7；图版一三八，3

续表一

序号	瓦 文	数量	选登标本号	图 号
118		2	99NSGⅣT003001②：9	图三九，8；图版一三八，4
119		3	99NSGⅣT007001②：6	图三九，9；图版一三八，5
120		1	99NSGⅣT002002②：3	图三九，10；图版一三八，6
121		1	99NSGⅣT005001②：3	图三九，11；图版一三九，1
122		1	99NSGⅣT005004②：16	图三九，12；图版一三九，2
123		1	99NSGⅣT003004②：12	图三九，13；图版一三九，3
124		3	99NSGⅣT010004②：6	图三九，14；图版一三九，4
125		1	99NSGⅣT010004②：17	图三九，15；图版一三九，5
126		1	99NSGⅣT004004②：2	图三九，16；图版一三九，6
127		7	04NSGⅣT003010②：1	图三九，17；图版一四〇，1
128		1	99NSGⅣT005004②：15	图三九，18；图版一四〇，2

序号	瓦　文	数量	选登标本号	图　号
129		12	99NSGⅣT001002②：8	图四〇，1；图版一四〇，3
130		39	99NSGⅣT001003②：5	图四〇，2；图版一四〇，4
131		13	99NSGⅣT001003②：6	图四〇，3；图版一四〇，5
132		1	99NSGⅣT001003②：7	图四〇，4；图版一四〇，6
133		1	99NSGⅣT001002②：9	图四〇，5；图版一四一，1
134		1	99NSGⅣT010002②：6	图四〇，6；图版一四一，2
135		13	99NSGⅣT001003②：3	图四〇，7；图版一四一，3
136		11	99NSGⅣT003002②：6	图四〇，8；图版一四一，4
137		13	99NSGⅣT007004②：6	图四〇，9；图版一四一，5

续表一

序号	瓦 文	数量	选登标本号	图 号
138		21	99NSGⅣT006001②：14	图四〇，10；图版一四一，6
139		40	99NSGⅣT003004②：13	图四〇，11；图版一四二，1
140		40	99NSGⅣT001003②：4	图四〇，12；图版一四二，2
141		1	99NSGⅣT009004②：14	图四〇，13；图版一四二，3
142		1	99NSGⅣT010002②：7	图四〇，14；图版一四二，4
143		3	99NSGⅣT010002②：8	图四一，1；图版一四二，5
144		10	99NSGⅣT008004②：11	图四一，2；图版一四二，6
145		11	99NSGⅣT004001②：8	图四一，3；图版一四三，1

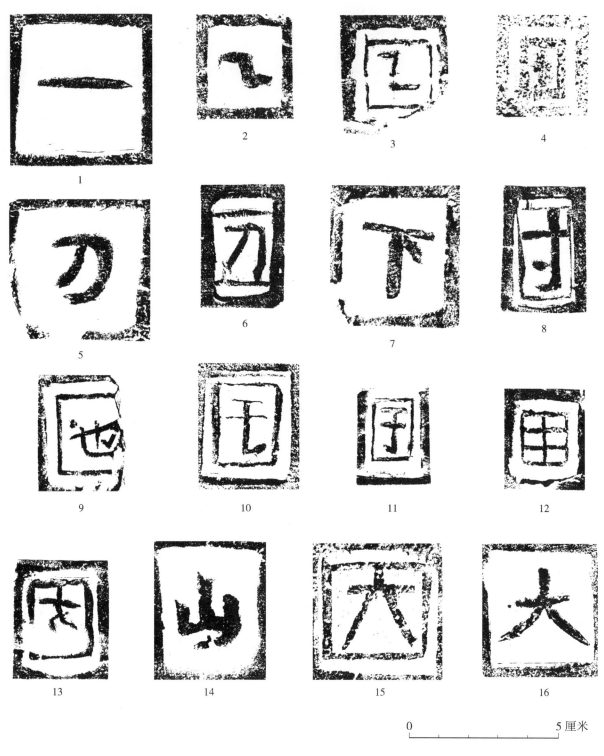

图三三 第2号宫殿基址出土陶文字瓦拓片

1. 99NSGⅣT002003②：1　2. 99NSGⅣT002002②：1　3. 99NSGⅣT003004②：37　4. 04NSGⅠT012010②：2

5. 99NSGⅣT010004②：1　6. 99NSGⅣT009004②：1　7. 99NSGⅣT005004②：1　8. 99NSGⅣT008004②：1

9. 99NSGⅣT009004②：4　10. 99NSGⅣT001002②：1　11. 99NSGⅣT004001②：1　12. 99NSGⅣT004004②：1

13. 99NSGⅣT010004②：2　14. 99NSGⅣT001004②：1　15. 99NSGⅣT007004②：3　16. 99NSGⅣT001004②：2

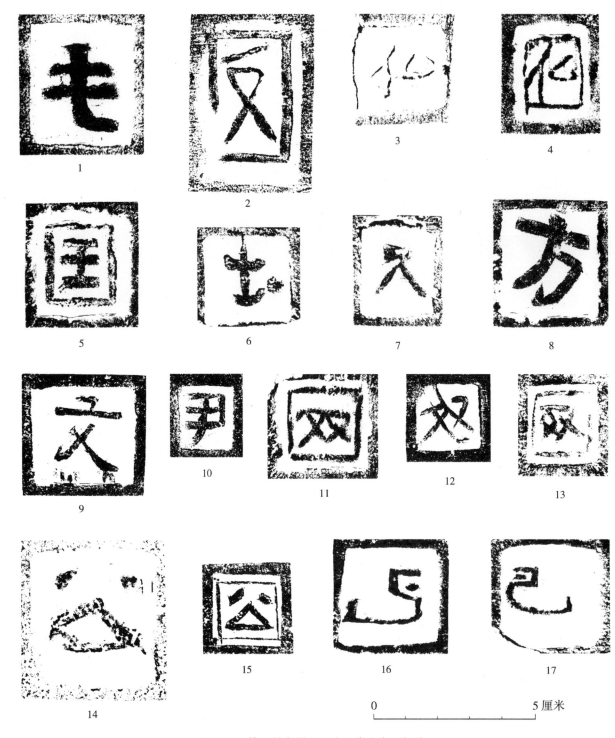

图三四　第2号宫殿基址出土陶文字瓦拓片

1. 99NSGⅣT005004②：3　2. 99NSGⅣT012004②：12　3. 99NSGⅣT006001②：1　4. 99NSGⅣT010004②：3

5. 99NSGⅣT003004②：1　6. 99NSGⅣT001004②：3　7. 99NSGⅣT003004②：4　8. 99NSGⅣT009004②：5

9. 99NSGⅣT002004②：1　10. 99NSGⅣT003004②：5　11. 99NSGⅣT005001②：2　12. 99NSGⅣT003004②：6

13. 04NSGⅠT007017②：1　14. 99NSGⅣT005001②：1　15. 99NSGⅣT002003②：2　16. 99NSGⅣT010004②：4

17. 99NSGⅣT009004②：6

图三五　第 2 号宫殿基址出土陶文字瓦拓片

1. 99NSGⅣT003004②：7　2. 99NSGⅣT005004②：4　3. 99NSGⅣT004001②：3　4. 99NSGⅣT010002②：2

5. 99NSGⅣT006001②：26　6. 99NSGⅣT010003②：1　7. 04NSGⅣT007017②：2　8. 99NSGⅣT003004②：9

9. 99NSGⅣT006004②：1　10. 99NSGⅣT009004②：10　11. 99NSGⅣT001002②：2　12. 99NSGⅣT010004②：11

13. 99NSGⅣT005004②：5　14. 04NSGⅣT001008②：3　15. 99NSGⅣT001002②：3　16. 99NSGⅣT001002②：5

17. 99NSGⅣT008004②：2　18. 99NSGⅣT009004②：8　19. 99NSGⅣT005004②：6

图三六　第 2 号宫殿基址出土陶文字瓦拓片

1. 04NSGⅣT001008②：4　2. 99NSGⅣT010004②：9　3. 99NSGⅣT005004②：7　4. 99NSGⅣT006001②：3

5. 99NSGⅣT003004②：8　6. 99NSGⅣT006004②：3　7. 99NSGⅣT001002②：6　8. 99NSGⅣT006001②：5

9. 99NSGⅣT003001②：1　10. 99NSGⅣT008004②：3　11. 99NSGⅣT006001②：9　12. 99NSGⅣT002004②：2

13. 99NSGⅣT001004②：4　14. 99NSGⅣT004001②：5　15. 99NSGⅣT004001②：4　16. 04NSGⅣT007017②：3

17. 99NSGⅣT010004②：12　18. 04NSGⅣT010004②：3　19. 99NSGⅣT011004②：1

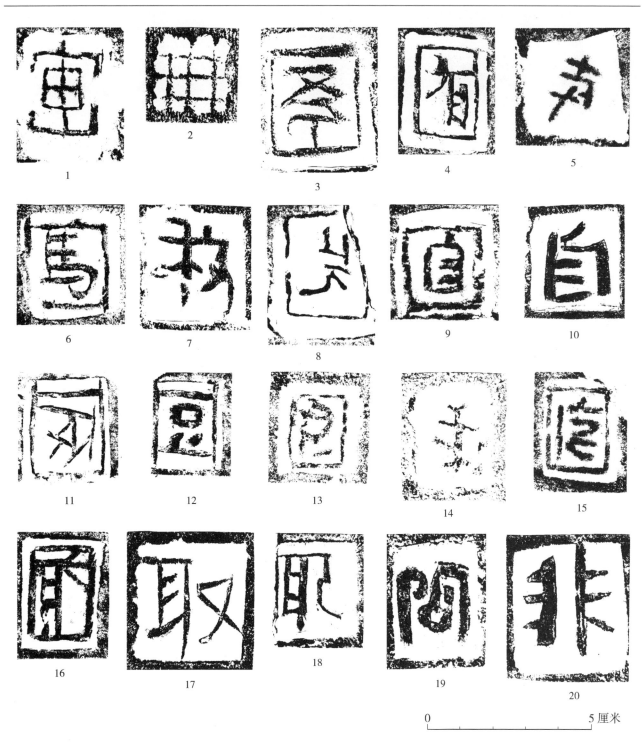

图三七　第2号宫殿基址出土陶文字瓦拓片

1. 99NSGⅣT007001②：1　2. 99NSGⅣT005004②：9　3. 99NSGⅣT001002②：7　4. 99NSGⅣT008004②：4

5. 99NSGⅣT007001②：3　6. 99NSGⅣT010004②：10　7. 99NSGⅣT003004②：10　8. 99NSGⅣT010002②：3

9. 99NSGⅣT008004②：5　10. 99NSGⅣT008004②：6　11. 99NSGⅣT006001②：11　12. 99NSGⅣT008004②：7

13. 99NSGⅣT003001②：3　14. 99NSGⅣT005004②：10　15. 99NSGⅣT009002②：2　16. 99NSGⅣT007002②：1

17. 99NSGⅣT007004②：5　18. 99NSGⅣT003001②：4　19. 99NSGⅣT005004②：11　20. 99NSGⅣT003002②：1

图三八 第 2 号宫殿基址出土陶文字瓦拓片

1. 99NSGⅣT007001②：4　2. 99NSGⅣT008002②：1　3. 99NSGⅣT002003②：3　4. 99NSGⅣT007001②：5
5. 99NSGⅣT010004②：14　6. 99NSGⅣT003004②：11　7. 99NSGⅣT008004②：9　8. 99NSGⅣT004001②：6
9. 99NSGⅣT008004②：10　10. 99NSGⅣT009004②：11　11. 99NSGⅣT009004②：12　12. 99NSGⅣT005004②：12
13. 99NSGⅣT008004②：8　14. 99NSGⅣT010002②：4　15. 99NSGⅣT010004②：15　16. 99NSGⅣT010004②：16
17. 99NSGⅣT005004②：13　18. 04NSGⅣT010017②：1　19. 99NSGⅣT006002②：1

图三九　第2号宫殿基址出土陶文字瓦拓片

1. 99NSGⅣT003001②：6　2. 99NSGⅣT009004②：13　3. 99NSGⅣT003001②：5　4. 99NSGⅣT003001②：7

5. 99NSGⅣT005004②：14　6. 99NSGⅣT010002②：5　7. 99NSGⅣT003001②：8　8. 99NSGⅣT003001②：9

9. 99NSGⅣT007001②：6　10. 99NSGⅣT002002②：3　11. 99NSGⅣT005001②：3　12. 99NSGⅣT005004②：16

13. 99NSGⅣT003004②：12　14. 99NSGⅣT010004②：6　15. 99NSGⅣT010004②：17　16. 99NSGⅣT004004②：2

17. 04NSGⅣT003010②：1　18. 99NSGⅣT005004②：15

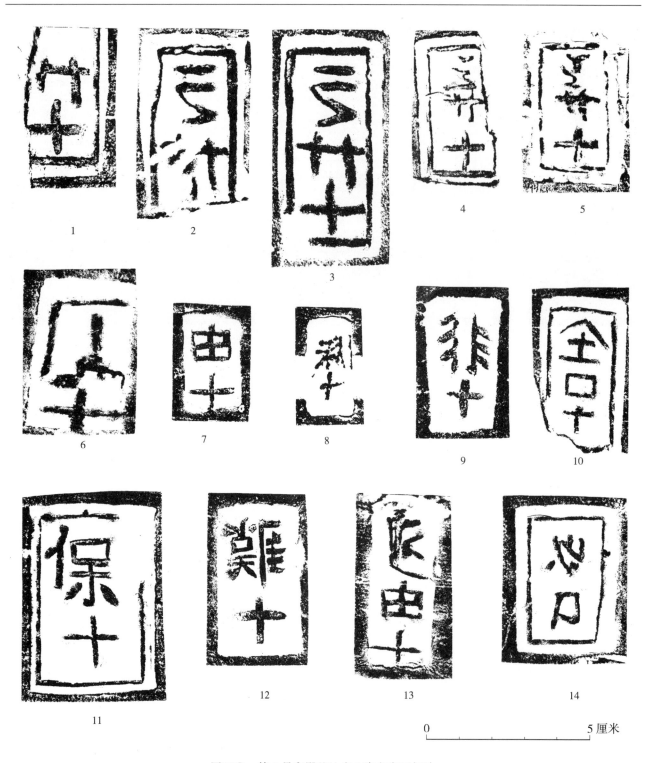

图四〇　第 2 号宫殿基址出土陶文字瓦拓片

1. 99NSGⅣT001002②：8　　2. 99NSGⅣT001003②：5　　3. 99NSGⅣT001003②：6　　4. 99NSGⅣT001003②：7

5. 99NSGⅣT001002②：9　　6. 99NSGⅣT010002②：6　　7. 99NSGⅣT001003②：3　　8. 99NSGⅣT003002②：6

9. 99NSGⅣT007004②：6　　10. 99NSGⅣT006001②：14　　11. 99NSGⅣT003004②：13　　12. 99NSGⅣT001003②：4

13. 99NSGⅣT009004②：14　　14. 99NSGⅣT010002②：7

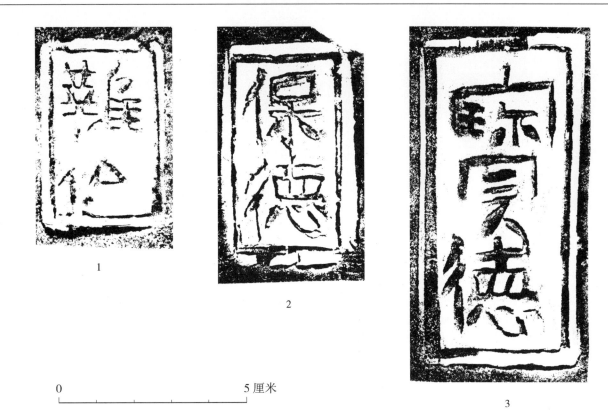

0　　　　　　　　　5厘米

图四一　第2号宫殿基址出土陶文字瓦拓片

1. 99NSGⅣT010002②：8　　2. 99NSGⅣT008004②：11　　3. 99NSGⅣT004001②：8

表二　　　　　　　　　第 2 号宫殿基址出土陶刻划字符瓦统计表

序号	瓦　文	数量	选登标本号	图　　号
1		1	04NSGⅣT008017②：1	图四二，1；图版一四三，2
2		1	99NSGⅣT011003②：2	图四二，2；图版一四三，3
3		1	99NSGⅣT007004②：7	图四二，3；图版一四三，4
4		1	05NSGⅣT001003②：8	图四二，4；图版一四三，5
5		5	99NSGⅣT003004②：14	图四二，5；图版一四三，6
6		2	99NSGⅣT005004②：17	图四二，6；图版一四四，1
7		1	99NSGⅣT001002②：10	图四二，7；图版一四四，2
8		2	99NSGⅣT010004②：19	图四二，8；图版一四四，3

续表二

序号	瓦　文	数量	选登标本号	图　号
9		1	99NSGⅣT002003②：4	图四二，9；图版一四四，4
10		1	99NSGⅣT003004②：4	图四二，10；图版一四四，5
11		1	99NSGⅣT003001②：10	图四二，11；图版一四四，6
12		1	99NSGⅣT003004②：15	图四三，1；图版一四五，1
13		1	04NSGⅣT011002②：1	图四四，1；图版一四五，2
14		1	04NSGⅣT014011②：2	图四四，2；图版一四五，3
15		1	99NSGⅣT003001②：11	图四三，4；图版一四五，4
16		6	99NSGⅣT002002②：4	图四三，5；图版一四五，5
17		1	99NSGⅣT009004②：16	图四三，2；图版一四五，6
18		1	99NSGⅣT006004②：4	图四三，3；图版一四五，7

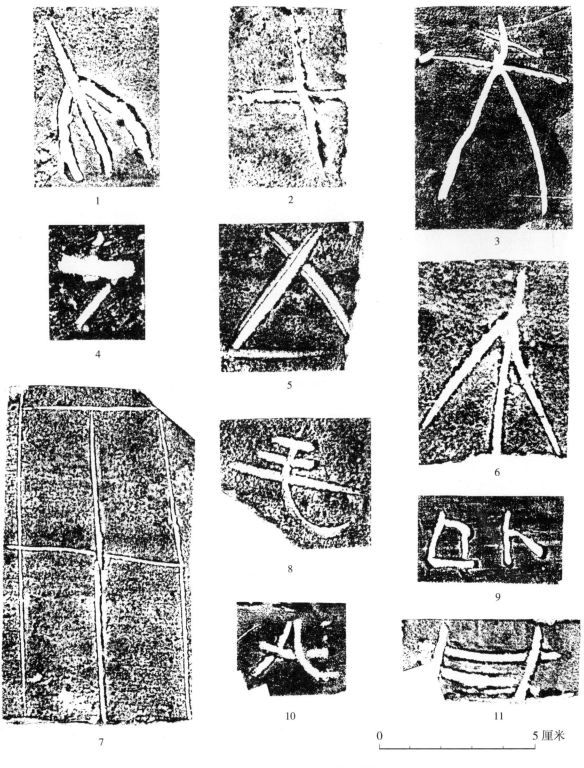

图四二　第 2 号宫殿基址出土陶刻划字符瓦拓片

1. 04NSGⅣT008017②：1　2. 99NSGⅣT011003②：2　3. 99NSGⅣT007004②：7　4. 05NSGⅣT001003②：8

5. 99NSGⅣT003004②：14　6. 99NSGⅣT005004②：17　7. 99NSGⅣT001002②：10　8. 99NSGⅣT010004②：19

9. 99NSGⅣT002003②：4　10. 99NSGⅣT003004②：4　11. 99NSGⅣT003001②：10

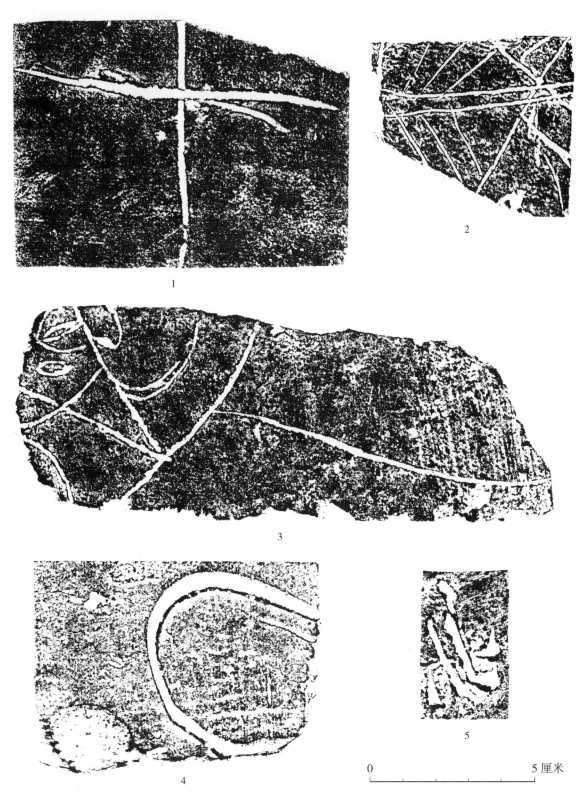

图四三　第 2 号宫殿基址出土陶刻划字符瓦拓片

1. 99NSGⅣT003004②：15　2. 99NSGⅣT009004②：16　3. 99NSGⅣT006004②：4

4. 99NSGⅣT003001②：11　5. 99NSGⅣT002002②：4

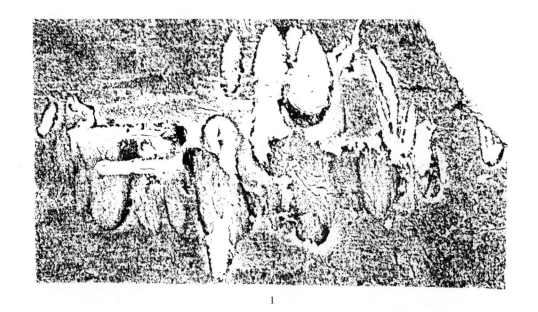

1

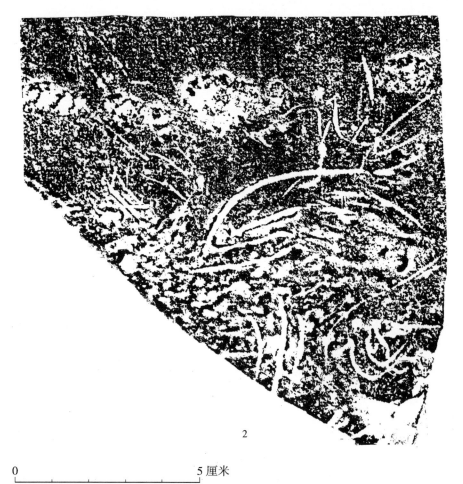

2

0   5 厘米

图四四　第 2 号宫殿基址出土陶刻划字符瓦拓片

1. 04NSGⅣT011002②：1　2. 04NSGⅣT014011②：2

2) 筒瓦　据《营造法式》有 6 种规格，应用于不同的建筑和不同的建筑部位。第 2 号宫殿基址出土的筒瓦有普通筒瓦、檐头筒瓦 2 种，规格不一，皆为模制。

普通筒瓦　均为夹砂质，有青灰色和红褐色 2 种，前者居多，后者偶见（以下标本未说明者均为青灰色）。由瓦身和瓦唇两部分组成，瓦身有前后同宽和前后不同宽 2 种，前部内侧有斜向抹压的痕迹，因此厚度不一，前部略薄于后部。瓦身与瓦唇结合部厚度大于瓦身，瓦唇厚度最薄，约为瓦身的二分之一。瓦唇前端宽于后端，上部由前向后渐低，下部向后微上扬，有带横向凹槽和光面 2 种。瓦内有布纹，多为粗布纹（以下标本未说明者均为粗布纹）。筒瓦均为二分瓦，一模两块，故两侧有脱模分体时留下的工具痕，为片状锐器，由前端向后剖割至瓦唇形成的。

凹槽瓦唇筒瓦

标本 99NSGⅣT010002②：9，完整，通长 36.4 厘米。瓦身前宽后窄，长 22.2、宽 17.6～18、厚 2 厘米。瓦唇长 4.5、宽 12～17.6 厘米。横向凹槽位于后部，宽 1 厘米（图四五，1；图版一四六，1）。

标本 99NSGⅣT003004②：20，完整，通长 34.9 厘米。瓦身前后同宽，长 29、宽 17、厚 2 厘米。瓦唇长 6、宽 11～14 厘米。横向凹槽位于后部，宽 1.6 厘米（图四五，2；图版一四六，2）。

标本 99NSGⅣT004001②：23，完整，通长 35.5 厘米。瓦身前宽后窄，一侧呈弧形，长 30.8、宽 15.4～17、厚 1.2 厘米。瓦唇长 4.7、宽 10～12 厘米。横向凹槽位于中部，宽 1.2 厘米（图四五，3；图版一四六，3）。

标本 99NSGⅣT001009②：12，完整，通长 34 厘米。瓦身前后同宽，长 28、宽 17.4、厚 1.8 厘米。瓦唇长 4.8、宽 11～13 厘米。横向凹槽位于中部，宽 2 厘米（图四五，4；图版一四六，4）。

标本 99NSGⅣT006001②：27，完整，通长 36.6 厘米。瓦身前宽后窄，长 31.8、宽 8、厚 2 厘米。瓦唇长 5.8、宽 11～13 厘米。横向凹槽位于后部，宽 1 厘米（图四六，1；图版一四六，5）。

标本 99NSGⅣT004001②：32，完整，通长 36 厘米。瓦身前后同宽，长 32、宽 16.8、厚 1.6 厘米。瓦唇后端略残，长 4、宽 13.8 厘米。横向凹槽位于中部，宽 1.4 厘米，其上有戳印文字（图四六，2；图版一四六，6）。

标本 99NSGⅣT009004②：20，完整，通长 34 厘米。瓦身前后同宽，长 28.4、宽 16、厚 1.6 厘米。瓦唇长 5.6、宽 9～12 厘米。横向凹槽位于前部，宽 2 厘米（图四六，3；图版一四七，1）。

标本 99NSGⅣT007004②：9，完整，通长 39 厘米。瓦身前后同宽，一边微有弧形，长 34、宽 18、厚 2 厘米。瓦唇长 5、宽 11～13 厘米。横向凹槽位于中部，宽 1.4 厘米（图四六，4；图版一四七，2）。

标本 99NSGⅣT010004②：10，完整，通长 32.4 厘米。瓦身前窄后宽，两边内凹呈束腰形，长 27、宽 14～15、厚 1.2 厘米。瓦唇长 5.4、前宽 12 厘米。横向凹槽位于中部，宽 1.4 厘米（图四七，1；图版一四七，3）。

标本 04NSGⅣT001010②：2，完整，通长 32.6 厘米。瓦身前后同宽，长 28.4、宽 16.2、厚 1.4 厘米。瓦唇长 4.2、宽 10～12 厘米。横向凹槽位于中部，宽 1.5 厘米（图四七，2；图版一四七，4）。

标本 99NSGⅣT009004②：51，完整，通长 29 厘米。瓦身前后同宽，长 24、宽 13.8、厚 1.5 厘米。瓦唇长 5、宽 9～10.5 厘米。横向凹槽位于中部，宽 1.5 厘米（图四七，3；图版一四七，5）。

标本 99NSGⅣT010004②：36，完整，通长 27.7 厘米。瓦身前后同宽，长 22.3、宽 14、厚 1.4 厘

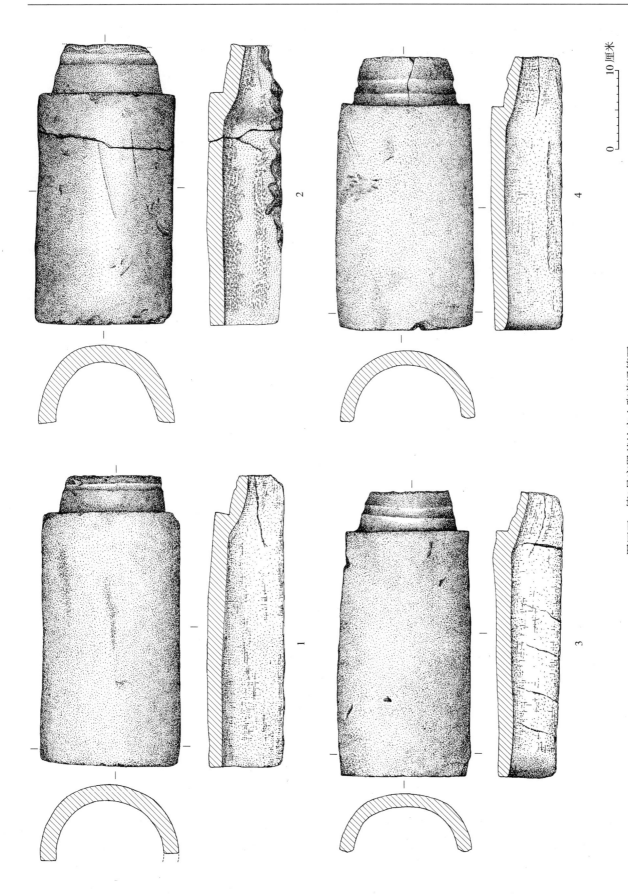

图四五 第2号宫殿基址出土陶普通筒瓦

1. 99NSGⅣT010002②：9   2. 99NSGⅣT003004②：20   3. 99NSGⅣT004001②：23   4. 99NSGⅣT001009②：12

图四六　第 2 号宫殿基址出土陶普通筒瓦

1. 99NSGⅣT006001② : 27　2. 99NSGⅣT004001② : 32　3. 99NSGⅣT009004② : 20　4. 99NSGⅣT007004② : 9

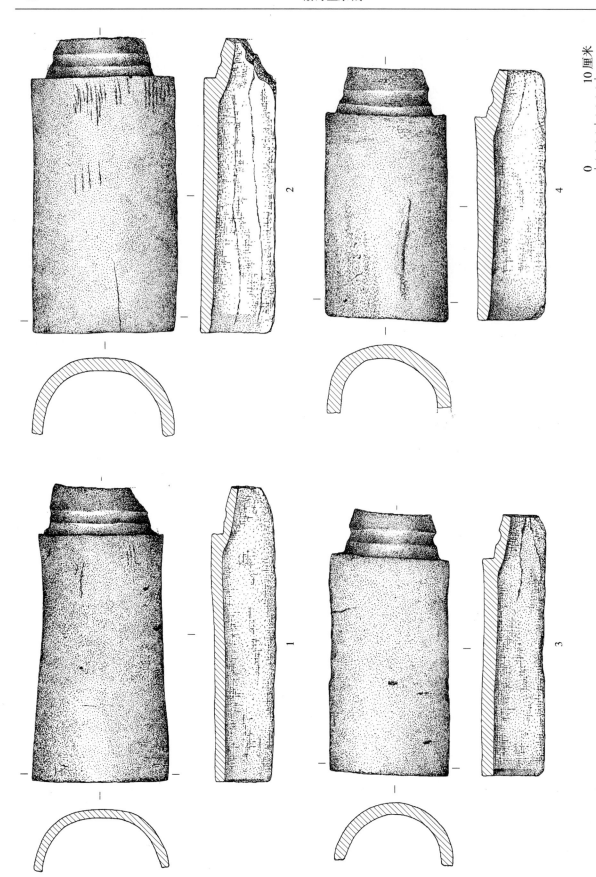

图四七　第2号宫殿基址出土陶普通筒瓦

1. 99NSGⅣT010004②：10　2. 04NSGⅣT001010②：2　3. 99NSGⅣT009004②：51　4. 99NSGⅣT010004②：36

10 厘米

0

米。瓦唇长 5.5、宽 8.5~11 厘米。横向凹槽位于中部偏前，宽 2 厘米（图四七，4；图版一四七，6）。

标本 99NSGⅣT005001②：40，完整，通长 34 厘米。瓦身前宽后窄，长 29、宽 14.4、厚 2 厘米。瓦唇长 5、宽 10~12 厘米。横向凹槽位于中部，宽 1.5 厘米，一侧有戳印文字（图四八，1；图版一四八，1）。

标本 99NSGⅣT009004②：32，完整，通长 32.4 厘米。瓦身前后近同宽，长 28、宽 14.2、厚 1.2 厘米。瓦唇长 4.4、宽 9~11 厘米。横向凹槽位于中部，宽 1.2 厘米（图四八，2；图版一四八，2）。

标本 04NSGⅣT001010②：1，完整，通长 32 厘米。瓦身前后近同宽，一边略呈内弧形，长 26、宽 16、厚 1.8 厘米。瓦唇长 6、宽 10~13 厘米。横向凹槽位于前部，宽 1.5 厘米（图四八，3；图版一四八，3）。

标本 04NSGⅢF1：21，完整，通长 32.6 厘米。瓦身前宽后窄，长 28、宽 15~16、厚 1.8 厘米。瓦唇长 4.6、宽 10.6~12 厘米。横向凹槽位于前部，宽 1.2 厘米（图四八，4；图版一四八，4）。

光面瓦唇筒瓦

标本 99NSGⅣT011004②：18，完整，通长 33.6 厘米。瓦身前后同宽，长 30、宽 17、厚 2.2 厘米。瓦唇长 3.6、宽 11~13.6 厘米（图四九，1；图版一四八，5）。

标本 99NSGⅣT011004②：35，完整，通长 36 厘米。瓦身前后同宽，长 32、宽 17.4、厚 1.7 厘米（图四九，2；图版一四八，6）。

标本 99NSGⅣT006004②：3，完整，通长 38.6 厘米。瓦身前后同宽，长 33.6、宽 18、厚 2.2 厘米。瓦唇长 5、宽 11~13.8 厘米（图四九，3；图版一四九，1）。

标本 99NSGⅣT002003②：43，完整，通长 36.4 厘米。瓦身前宽后窄，长 32.4、宽 16.6~18、厚 2 厘米。瓦唇长 4、宽 11~12.3 厘米（图四九，4；图版一四九，2）。

标本 99NSGⅣT010004②：37，完整，通长 33.6 厘米。瓦身前宽后窄，长 29.6、宽 16~17.2、厚 1.6 厘米。瓦唇长 4、宽 11~12.3 厘米（图五〇，1；图版一四九，3）。

标本 99NSGⅣT009004②：57，完整，通长 35 厘米。瓦身前窄后宽，长 30.5、宽 16.5~17、厚 1.6 厘米。瓦唇长 5、宽 12~13 厘米（图五〇，2；图版一四九，4）。

标本 99NSGⅣT007001②：6，完整，通长 34.4 厘米。瓦身前后近同宽，长 30，宽、厚各 1.6 厘米。瓦唇长 4.2、宽 11~13 厘米，其上有戳印文字（图五〇，3；图版一四九，5）。

标本 99NSGⅣT009004②：7，完整，通长 33.4 厘米。瓦身前后近同宽，两侧边弧形内凹，长 29、宽 18、厚 1.8 厘米。瓦唇长 4.4、宽 12~14 厘米（图五〇，4；图版一四九，6）。

檐头筒瓦　均为夹砂质，青灰色，由瓦当、瓦身和瓦唇三部分组成，瓦身有前后同宽和前后不同宽两种，前部内侧有斜向抹压的痕迹，因此厚度不一，前部略薄于后部。瓦身与瓦唇结合部厚度大于瓦身，瓦唇厚度最薄，约为瓦身的二分之一。瓦唇前端宽于后端，上部由前向后渐低，下部向后微上扬。此类筒瓦皆为单独制造，瓦内有粗布纹，两个侧边大多有抹压的痕迹，呈半圆形。根据形制，可分为普通檐头筒瓦和异形檐头筒瓦 2 种。

普通檐头筒瓦

标本 99NSGⅣT002003②：44，残，瓦内为粗布纹。当残，直径 16 厘米，通长 25 厘米，瓦身前后同宽，长 44、宽 16、厚 1.6 厘米。瓦唇部分残，后部有横向凹槽，长 3.6、宽 1.2 厘米（图五一，

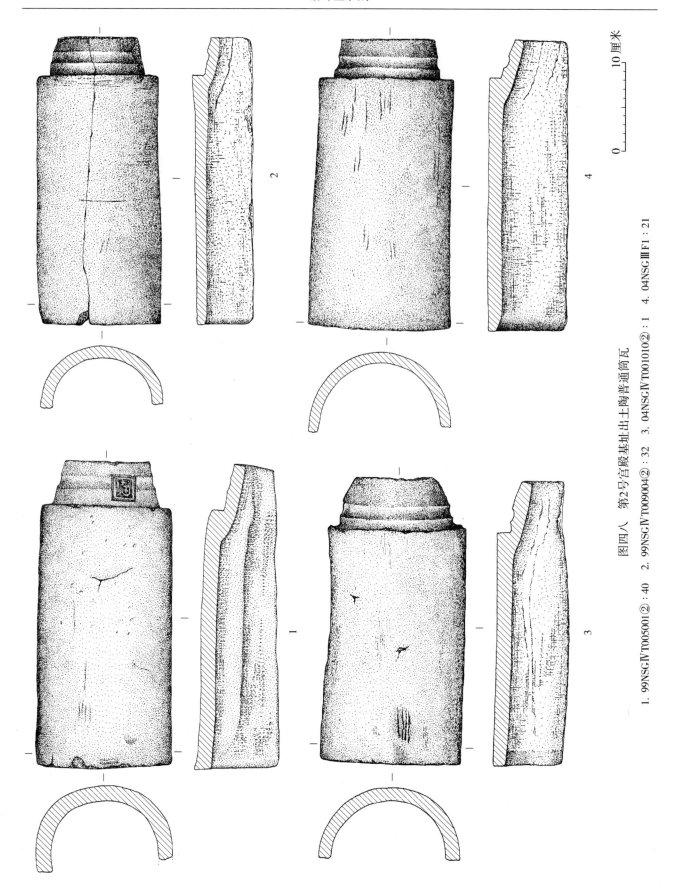

图四八　第2号宫殿基址出土陶普通筒瓦

1. 99NSGⅣT005001②：40　2. 99NSGⅣT009004②：32　3. 04NSGⅣT001010②：1　4. 04NSGⅢF1：21

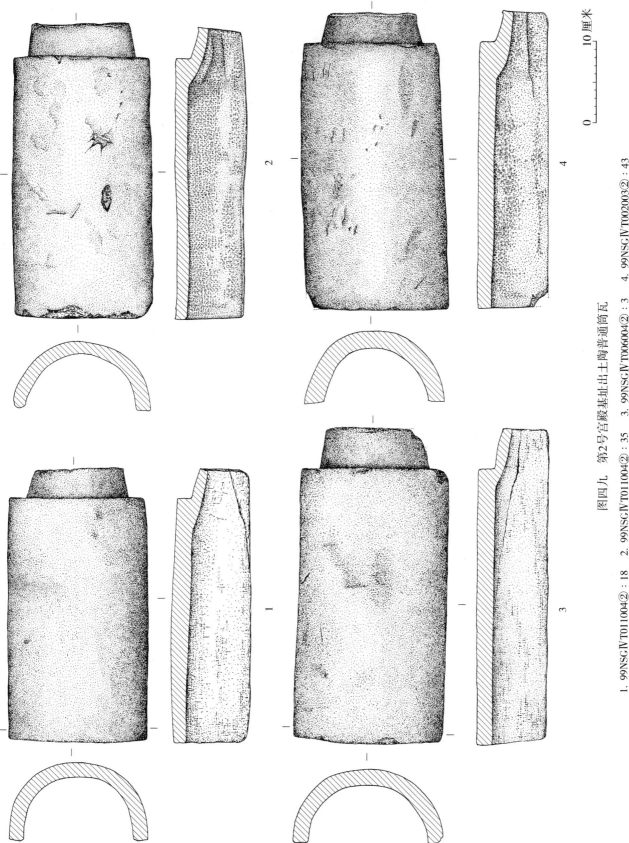

图四九　第2号宫殿基址出土陶普通筒瓦

1. 99NSGⅣT011004②：18　　2. 99NSGⅣT011004②：35　　3. 99NSGⅣT006004②：3　　4. 99NSGⅣT002003②：43

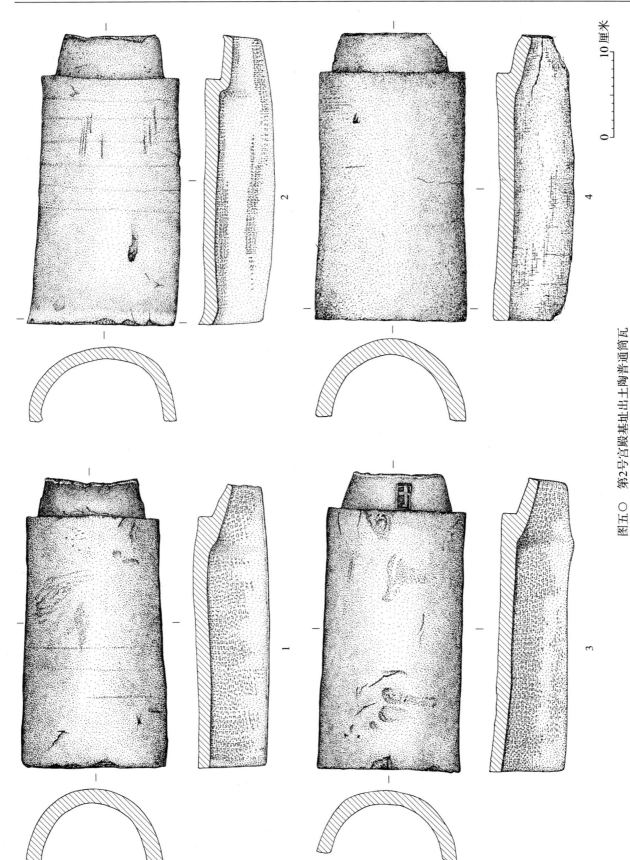

10 厘米

0

图五〇 第2号宫殿基址出土陶普通筒瓦

1. 99NSGⅣT010004②：37 2. 99NSGⅣT009004②：57 3. 99NSGⅣT007001②：6 4. 99NSGⅣT009004②：7

1；图版一五〇，1）。

标本 99NSGⅣT012004②：13，残，瓦内为粗布纹。瓦当为 6Bb 型，直径 12.8 厘米，瓦身前窄后宽，长 28、宽 12.8~14.8、厚 1.6 厘米。瓦唇缺失（图五一，2；图版一五〇，2）。

标本 04NSGⅣT001010②：4，残，瓦内为细布纹。当残，直径 16 厘米，通长 40 厘米，瓦身前后同宽，长 35.6、宽 16、厚 1.6 厘米。瓦唇部分残，光面，长 4.4 厘米，残存钉孔（图五一，3；图版一五〇，3）。

标本 99NSGⅣT012004②：14，残，瓦内为细布纹。瓦当为 6Bb 型，直径 12.4 厘米，通长 32 厘米，瓦身前窄后宽，长 27.5、宽 12.4~16、厚 1.6 厘米。瓦唇长 4.6、宽 11~13 厘米，中部有横向凹槽，宽 1 厘米，槽内中部有钉孔（图五一，4；图版一五〇，4）。

标本 99NSGⅣT002003②：26，当缺失，瓦内为粗布纹。通长 40 厘米。瓦身前后同宽，长 35、宽 16.8、厚 1.6 厘米。瓦唇部分长 5、宽 9.2~11.6 厘米。中部有横向凹槽，宽 1.7 厘米，槽内偏后位置，有一钉孔（图五二，1；图版一五〇，5）。

标本 99NSGⅣT004001②：27，当缺失，瓦内为粗布纹。通长 41 厘米。瓦身前后同宽，长 35.5、宽 17.2、厚 1.2 厘米。瓦唇部分长 5.5、宽 10~12.4 厘米。中部有横向凹槽，宽 1.7 厘米。槽内偏前位置，有一钉孔（图五二，2；图版一五〇，6）。

标本 99NSGⅣT009004②：50，当缺失，瓦内为粗布纹。通长 29.6 厘米。瓦身前窄后宽，长 25.6、宽 12.4~14、厚 1 厘米。瓦唇部分残长 4、前宽 11.6 厘米。前部有横向凹槽，宽 1.7 厘米，槽内有一钉孔（图五二，3；图版一五一，1）。

标本 99NSGⅣT004001②：26，当缺失，瓦内为粗布纹。通长 39.6 厘米。瓦身前窄后宽，长 35.6、宽 16~18、厚 2 厘米。瓦唇部分长 4、宽 11~13.6 厘米，光面，在瓦唇的中间位置，有一钉孔，孔上有戳印（图五二，4；图版一五一，2）。

标本 04NSGⅣT001014②：1，当残，瓦内为细布纹。当直径 15.2 厘米，通长 34 厘米，瓦身前后同宽，长 28.4、宽 16、厚 1.2 厘米。瓦唇长 5.6、宽 10~14 厘米，前部有横向凹槽，宽 1 厘米，槽内中部有钉孔（图五三，1；图版一五一，3）。

标本 99NSGⅣT012004②：15，当残，瓦内为细布纹。瓦当为 6Bb 型，直径 12、通长 32 厘米。瓦身前窄后宽，长 26.8、宽 13.2~13.6、厚 1.6 厘米。瓦唇残，长 5.2、前宽 10.4 厘米，中部有横向凹槽，宽 1.6 厘米，槽内中部有钉孔（图五三，2；图版一五一，4）。

异形檐头筒瓦

与普通檐头筒瓦结构相同，其造型有很大差异。前端隆起，背面曲呈"马鞍"形，靠近前端的两侧边缘各有一半圆形缺口。

标本 99NSGⅣT002003②：41，当缺失，瓦内为粗布纹。通长 38 厘米。瓦身前宽后窄，长 31.5、宽 15.5~18、厚 2 厘米。瓦唇部分长 5、宽 11~12 厘米。中部有横向凹槽，很浅，不清晰，宽 1.6 厘米。在瓦唇的中间位置有一戳印"信"字（图五三，3；图版一五一，5）。

标本 99NSGⅣT001002②：27，前端，残存大半个 6Ag 型瓦当，直径 14.8 厘米（图五三，4；图版一五一，6）。

标本 04NSGⅣT001009②：18，前端，残存半个 6Bb 型瓦当，直径 14 厘米（图五三，5）。

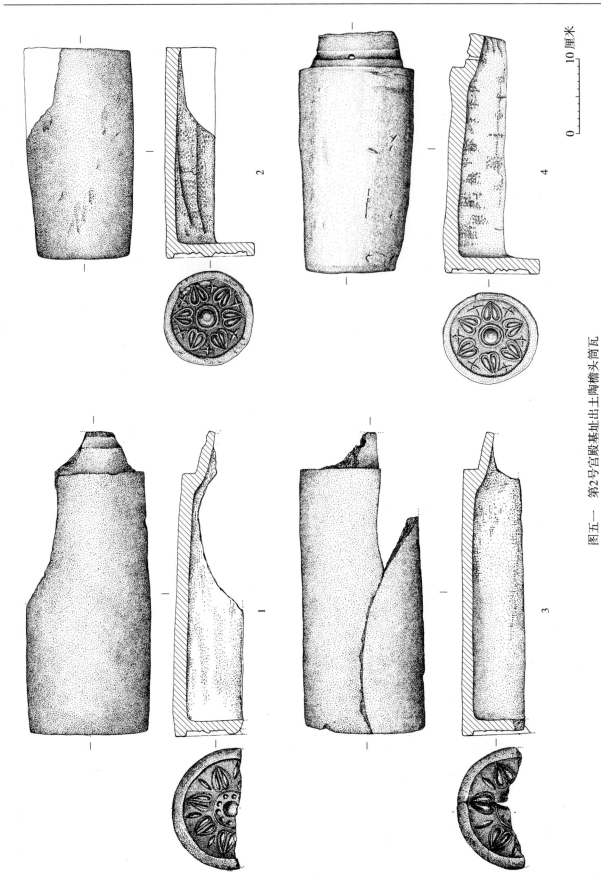

图五一　第2号宫殿基址出土陶檐头筒瓦

1. 99NSGⅣT002003②：44　2. 99NSGⅣT012004②：13　3. 04NSGⅣT001010②：4　4. 99NSGⅣT012004②：14

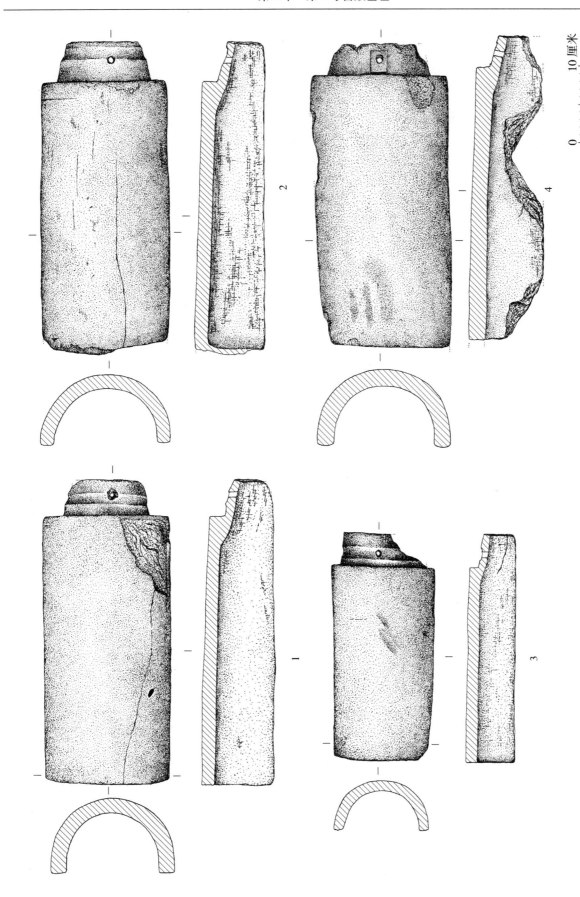

图五二　第2号宫殿基址出土陶檐头筒瓦

1. 99NSGⅣT002003② : 26　2. 99NSGⅣT004001② : 27　3. 99NSGⅣT009004② : 50　4. 99NSGⅣT004001② : 26

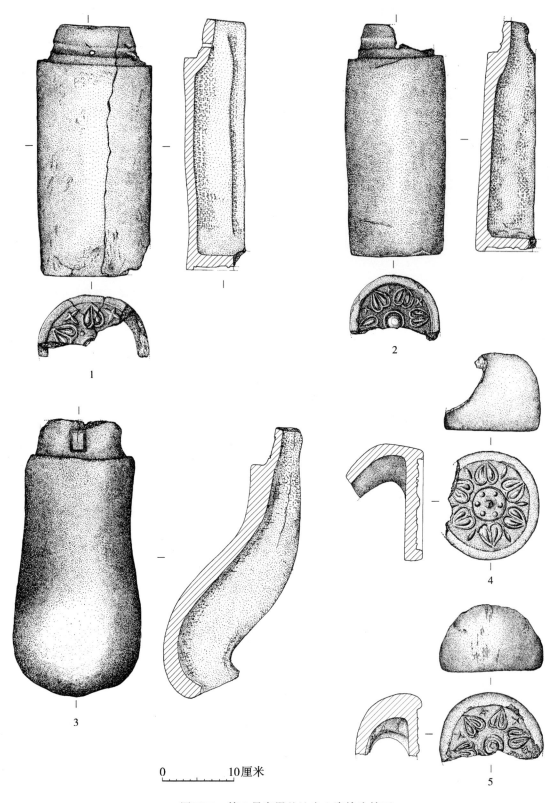

0   10厘米

图五三　第2号宫殿基址出土陶檐头筒瓦

1. 04NSGⅣT001014②：1　2. 99NSGⅣT012004②：15　3. 99NSGⅣT002003②：41

4. 99NSGⅣT001002②：27　5. 04NSGⅣT001009②：18

3）板瓦　第2号宫殿基址出土的板瓦，按功用可分为有普通板瓦、檐头板瓦和麻面板瓦3种，皆为模制，凹面有布纹，夹细砂质，多为青灰色，偶见红褐色（以下标本未说明者均为青灰色）。

普通板瓦

大多前窄后宽，前端薄后端厚，亦有前后同宽者。前端顶部及凹面经抹制修整，较为圆润。后端凹面抹制加工后向下抹斜，凸面单面或凸凹两面施指压纹，偶见不施者。瓦身凹面两侧，前后或可见一凹窝，窝内也有布纹，可能是烧制时垫支的痕迹。在发掘时发现，施指压纹的一端，在使用时向上，即朝向屋脊的方向。

标本99NSGⅣT011004②：9，完整，后端凸面施正向指压纹，较稀疏。长42、宽29～31、厚2厘米（图五四，1；图版一五二，1）。

标本04NSGⅢF1②：22，完整，后端凸面施连续的正向指压纹。长39.5、宽25～30、厚1.2～2.4厘米（图五四，2；图版一五二，2）。

标本99NSGⅣT005004②：23，略残，后端凸面施连续的正向指压纹，有垫支痕迹。长41、宽32、厚2～2.8厘米（图五四，3；图版一五二，3）。

标本99NSGⅣT002003②：36，略残，后端凸面施连续的正向指压纹。长41、宽29、厚2.8厘米（图五四，4；图版一五二，4）。

标本99NSGⅣT009004②：66，完整，凸起较小，凸面中心下凹，后端凸面施正向指压纹，较稀疏，有垫支痕迹。长40.5、宽28～33.6、厚1.2～2厘米（图五五，1；图版一五二，5）。

标本99NSGⅣT003001②：22，完整，后端凸面施连续的正向指压纹。长41、宽28～31、厚2.2厘米（图五五，2；图版一五二，6）。

标本99NSGⅣT009004②：41，完整，后端凸面施斜向指压纹，较稀疏。长31、宽21～24、厚1.2～2厘米（图五五，3；图版一五三，1）。

标本99NSGⅣT010004②：15，完整，后端凸面施斜向指压纹。长31.5、宽21～25、厚1.2～2厘米（图五五，4；图版一五三，2）。

标本04NSGⅢF1：23，完整，后端凸面施指压纹，较稀疏。长37、宽27～30、厚1.2～2厘米（图五六，1；图版一五三，3）。

标本99NSGⅣT007004②：10，完整，后端凸面施斜向指压纹。长40、宽24～26、厚1.6～2厘米（图五六，2；图版一五三，4）。

标本99NSGⅣT003004②：9，完整，后端凸面施斜向指压纹。长40、宽26～30、厚2～2.4厘米（图五六，3；图版一五三，5）。

标本99NSGⅣT003001②：26，完整，后端凸面施斜向指压纹。长42、宽28～32、厚2～2.2厘米（图五六，4；图版一五三，6）。

标本04NSGⅣT001008②：5，完整，后端凸面施斜向指压纹。长43、宽28～33、厚1～2.4厘米（图五七，1；图版一五四，1）。

标本04NSGⅣT001008②：6，完整，后端凸面施斜向指压纹。长45、宽28～35、厚1～2.4厘米（图五七，2；图版一五四，2）。

标本04NSGⅣT001008②：7，完整，近前端有文字戳记，后端凸面施斜向指压纹。长40、宽

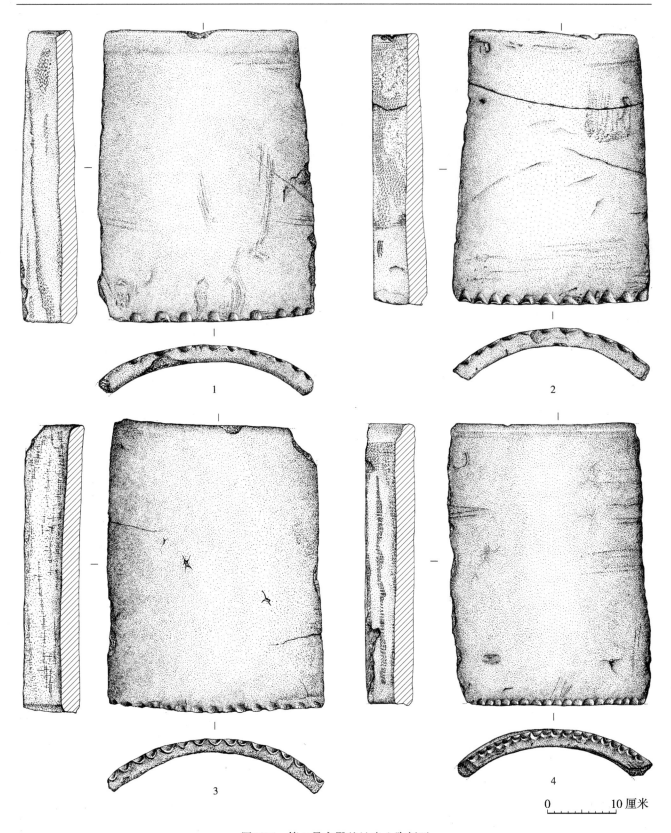

图五四　第 2 号宫殿基址出土陶板瓦

1. 99NSGⅣT011004②：9　2. 04NSGⅢF1：22　3. 99NSGⅣT005004②：23　4. 99NSGⅣT002003②：36

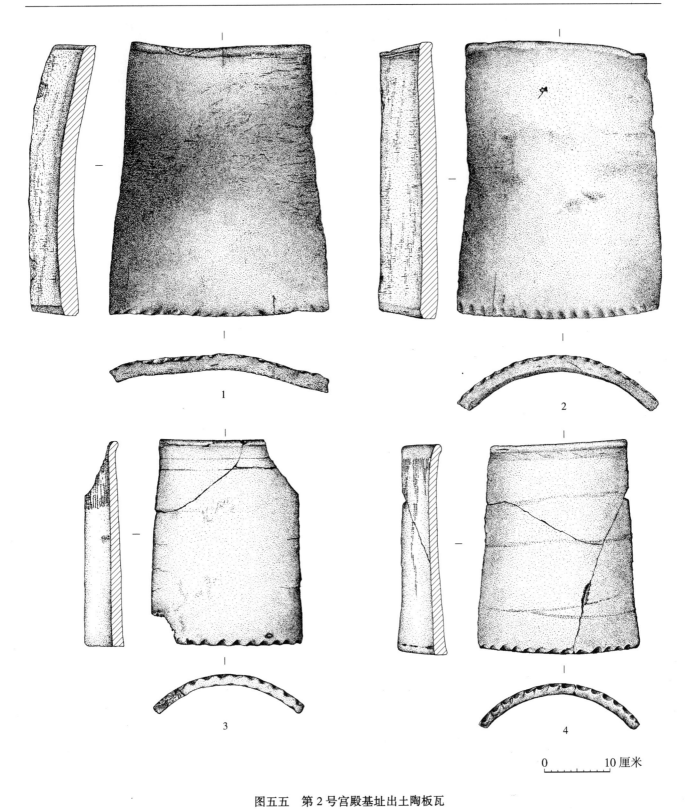

图五五 第 2 号宫殿基址出土陶板瓦

1. 99NSGⅣT009004②：66 2. 99NSGⅣT003001②：22 3. 99NSGⅣT009004②：41 4. 99NSGⅣT010004②：15

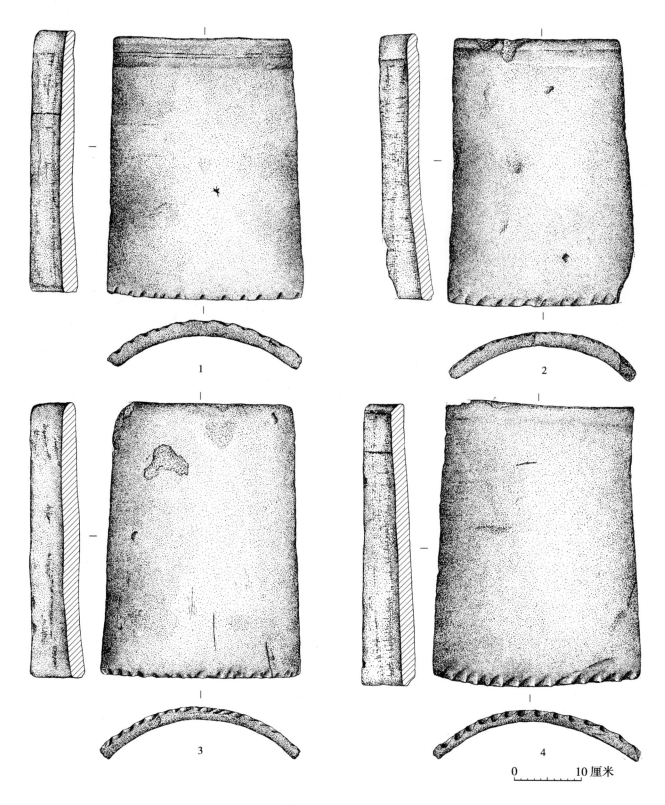

图五六　第2号宫殿基址出土陶板瓦

1. 04NSGⅢF1：23　2. 99NSGⅣT007004②：10　3. 99NSGⅣT003004②：9　4. 99NSGⅣT003001②：26

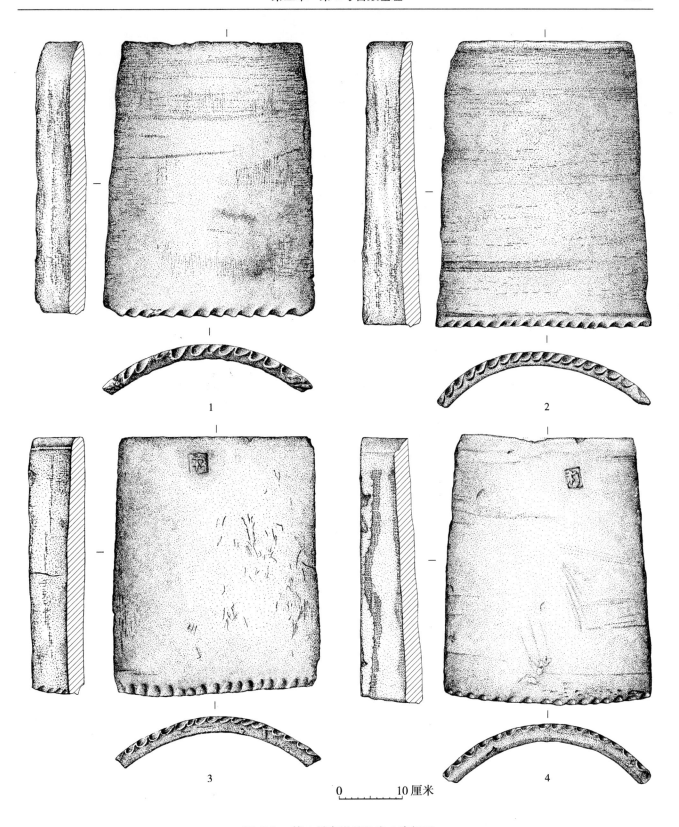

图五七　第2号宫殿基址出土陶板瓦

1. 04NSGⅣT001008②：5　2. 04NSGⅣT001008②：6　3. 04NSGⅣT001008②：7　4. 99NSGⅣT006001②：13

30～32、厚2～2.4厘米（图五七，3；图版一五四，3）。

标本99NSGⅣT006001②：13，完整，近前端有文字戳记，后端凸面施斜向指压纹。长41.5、宽28～34、厚2.6厘米（图五七，4；图版一五四，4）。

标本99NSGⅣT010002②：10，完整，后端凸面施斜向指压纹，较稀疏。长41、宽24～29、厚1～2.2厘米（图五八，1；图版一五四，5）。

标本99NSGⅣT011004②：3，完整，后端凸面施斜向指压纹。长43、宽24～31、后端厚3.2厘米（图五八，2；图版一五四，6）。

标本99NSGⅣT002004②：4，完整，后端凸面施斜向指压纹。长40、宽29～34、后端厚2厘米（图五八，3；图版一五五，1）。

标本99NSGⅣT010001②：31，完整，后端双面施斜向指压纹。长38、宽30～34、后端厚2.4厘米（图五八，4；图版一五五，2）。

标本04NSGⅣT001009②：13，前端残，后端双面施斜向指压纹。长42、后端宽34、厚2.8厘米（图五九，1；图版一五五，3）。

标本99NSGⅣT007001②：31，后端残，双面施斜向指压纹。长40、后端宽33、厚2.6厘米（图五九，2；图版一五五，4）。

标本04NSGⅣT001009②：14，完整，无指压纹。长42、宽26～31、厚2.2厘米（图五九，3；图版一五五，5）。

标本04NSGⅣT001009②：15，完整，无指压纹。长42、宽31～34、厚2.2厘米（图五九，4；图版一五五，6）。

檐头板瓦

在形态上与普通板瓦相反，前宽后窄，前端厚后端薄。前端施以斜向划纹和戳印圆点纹组成的组合纹饰。后端凹面抹制加工后向下抹斜，亦修整的较为圆润。按形态可分为普通檐头板瓦和异形檐头板瓦2种。

渤海上京城出土的檐头板瓦前端纹饰，其构成分上、中、下三部分，其间以凹槽分隔，三部分宽窄基本相同。上、下分别施以分布不甚均匀的同向或异向的斜线纹，中间部分用工具戳成连珠纹。按中间部分纹饰的不同，可将纹饰分为4种。

第1种，中间部分以前端有钝头圆锥状尖的工具戳出连续的孔洞组成纹饰（图六〇，1、2；图版一五六，1、2）。

第2种，中间部分以圆管状工具戳出连续的中心凸起的圆环组成纹饰。一些圆环由于戳入较深，其中心部分往往被折断（图六〇，3、4；图版一五六，3、4）。

第3种，中间部分以中心部分有锥的圆环状工具戳出连续的中心凹下的圆环组成纹饰（图六〇，5、6；图版一五六，5、6）。

第4种，中间部分以孔内有"X"形工具戳出连续的圆孔组成，此种纹饰少见，未见完整者，仅见碎片（图六〇，7、8；图版一五六，7、8）。

普通檐头板瓦

标本99NSGⅣT002003②：39，前端施第2种纹饰，无垫支痕迹，一侧略残。长42、前宽31、

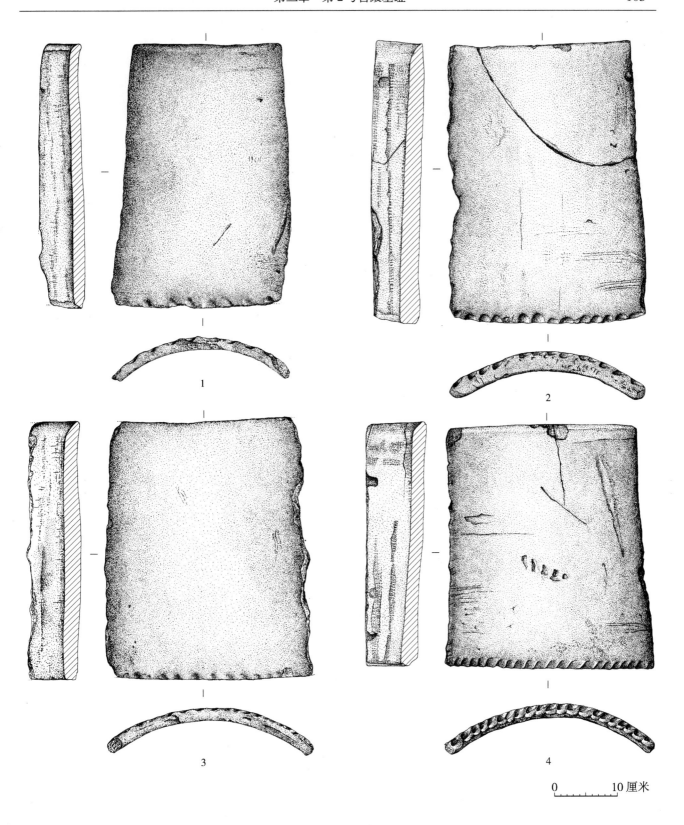

图五八　第2号宫殿基址出土陶板瓦

1. 99NSGⅣT010002②：10　2. 99NSGⅣT011004②：3　3. 99NSGⅣT002004②：4　4. 99NSGⅣT010001②：31

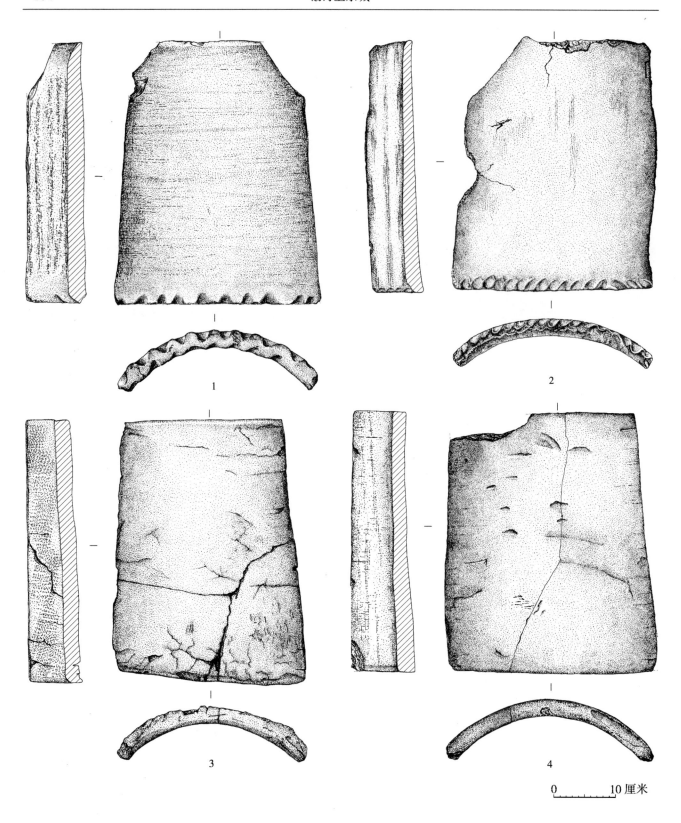

图五九　第 2 号宫殿基址出土陶板瓦

1. 04NSGⅣ T001009② : 13　　2. 99NSGⅣ T007001② : 31　　3. 04NSGⅣ T001009② : 14　　4. 04NSGⅣ T001009② : 15

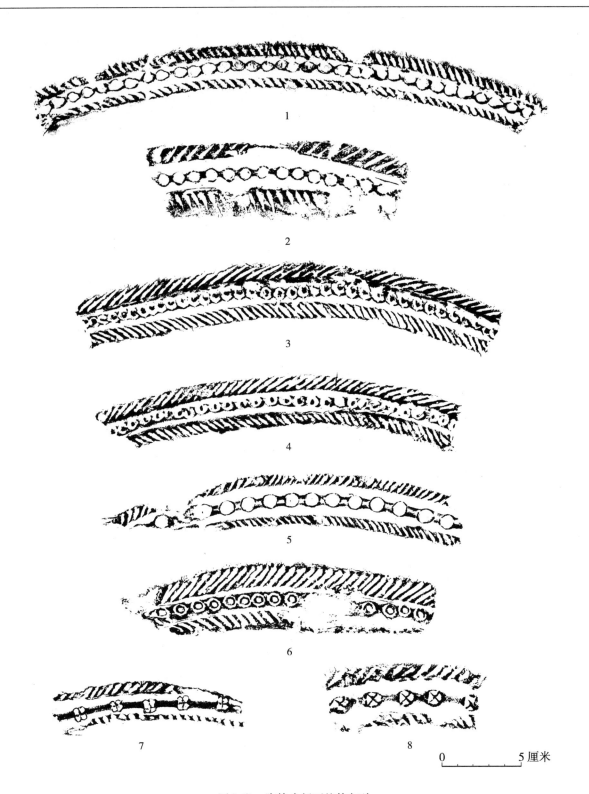

图六〇　陶檐头板瓦纹饰拓片

1. 99NSGⅣ T002003②：27　2. 04NSGⅣ T012011②：2　3. 04NSGⅣ T001009②：19
4. 04NSGⅣ T013005②：2　5. 04NSGⅣ T001009②：20　6. 99NSGⅣ T012005②：5
7. 01NSGⅣ T007025②：25　8. 99NSGⅣ T009004②：44

厚2.9～3.3厘米（图六一，1；图版一五七，1）。

　　标本04NSGⅢF1：24，前端残，施第3种纹饰。长40、后宽31、厚2.6厘米（图六一，2；图版一五七，2）。

　　标本99NSGⅣT009004②：67，前端施第3种纹饰，半块，似有意为之。长41、宽16～22、厚2～2.6厘米（图六一，3；图版一五七，3）。

　　标本99NSGⅣT006004②：40，前端施第1种纹饰，无垫支痕迹，后端一侧略残。通长40、前宽31.5、厚1.2～2.5厘米（图六一，4；图版一五七，4）。

　　异形檐头板瓦

　　与普通檐头板瓦不同的是其前端斜向一侧，两侧边不等长。

　　标本99NSGⅣT009004②：68，残，前端施第2种纹饰。残长32、残宽20、厚2.4厘米（图六二，1；图版一五七，5）。

　　标本99NSGⅣT010004②：38，残，前端施第2种纹饰，后端亦修整的较为圆润。长33、残宽22、厚2.2厘米（图六二，2；图版一五七，6）。

　　麻面板瓦

　　形制与普通板瓦相同，凸面满布用工具戳点出的凹坑，估计此类瓦是用于屋顶较陡的部位，戳点是为了加大瓦的附着力而为之。

　　标本04NSGⅣT001008②：8，瓦的前半部分残块（图六三，1、3；图版一五八，1）。

　　标本04NSGⅣT001008②：9，残块（图六三，2、4；图版一五八，2）。

　　4）条瓦

　　标本99NSGⅣT008004②：15，残，背有粗布纹。长39、宽16.5、厚1.2厘米（图六二，3）。

　　标本99NSGⅣT003001②：41，残，背有粗布纹。残长36、宽17.5、厚1.2～2.8厘米（图六二，4；图版一五八，4）。

　　5）当沟　安装于屋脊前后两坡，正脊筒压带条之下的博脊或围脊脊根部位，起防水作用，第2号宫殿基址出土的均为正当沟。

　　标本99NSGⅣT010004②：39，完整，背有粗布纹，形似伸出的舌头。宽24.5、高17、厚2厘米（图六四，1；图版一五八，5）。

　　标本99NSGⅣT009004②：34，一端残，背有细布纹，形似伸出的舌头。残宽24、高16、厚1.5厘米（图六四，2；图版一五八，3）。

　　标本99NSGⅣT009004②：35，上部残，背有细布纹，形似伸出的舌头。残宽16、残高10、厚2厘米（图六四，3；图版一五八，6）。

　　6）瓦当　檐头筒瓦的一部分，位于瓦前端，其作用是保护檐头，与筒瓦分离后即为瓦当，渤海上京城出土的瓦当，均为圆形模制，当面均装饰有凸起的纹饰，其直径大小不一，用于等级不同的建筑和不同建筑部位。根据当面纹饰构成的不同，可分莲花纹、莲蕾纹、宝相花纹3种，所见类型特征，在此一并叙述，其中部分类型第2号宫殿基址未见。

　　第2号宫殿基址只出土第1种，第2、3种图案瓦当未见。

　　第1种当面为凸起的莲花纹饰，由外向内分别是莲瓣、莲瓣间装饰花纹、圈和点等组成的莲实。

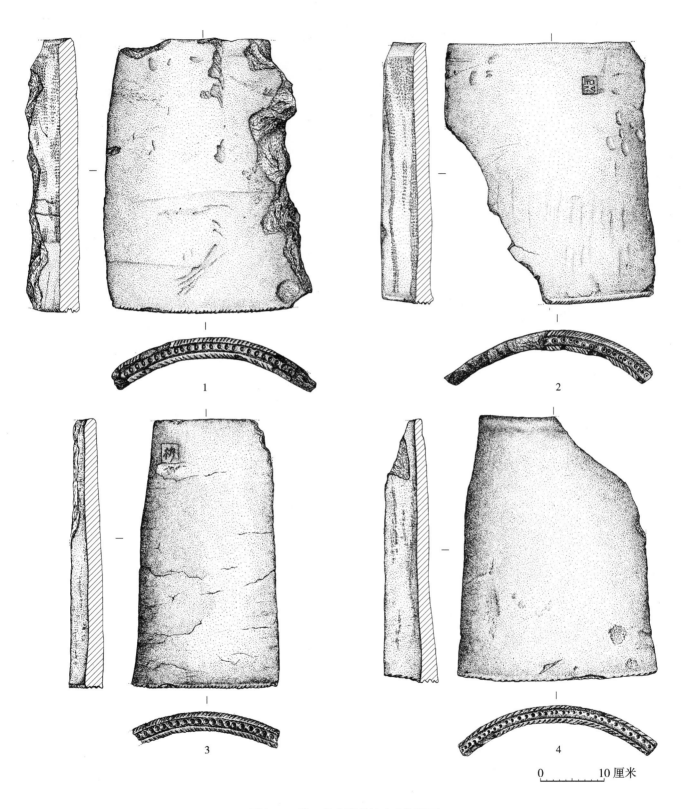

图六一　第2号宫殿基址出土陶板瓦

1. 99NSGⅣT002003②：39　2. 04NSGⅢF1：24　3. 99NSGⅣT009004②：67　4. 99NSGⅣT006004②：40

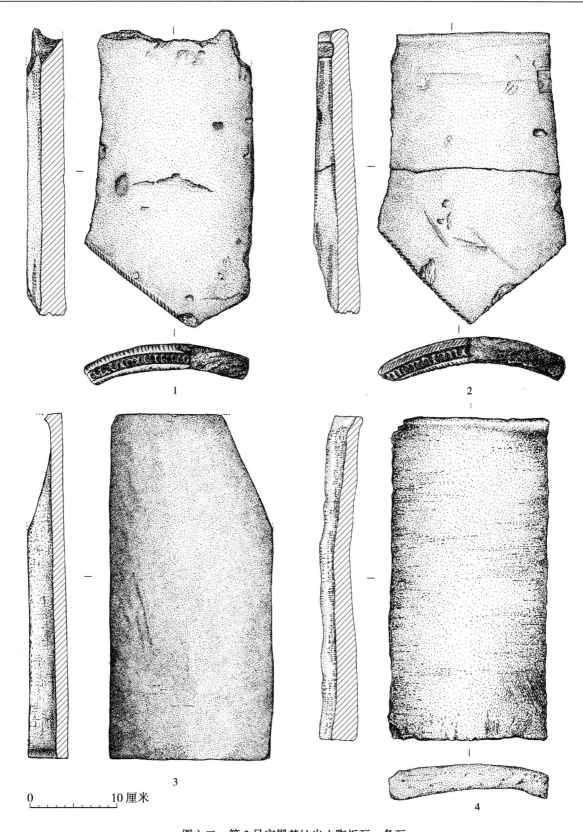

0   10厘米

图六二　第 2 号宫殿基址出土陶板瓦、条瓦

1. 99NSGⅣT009004②：68　2. 99NSGⅣT010004②：38　3. 99NSGⅣT008004②：15　4. 99NSGⅣT003001②：41

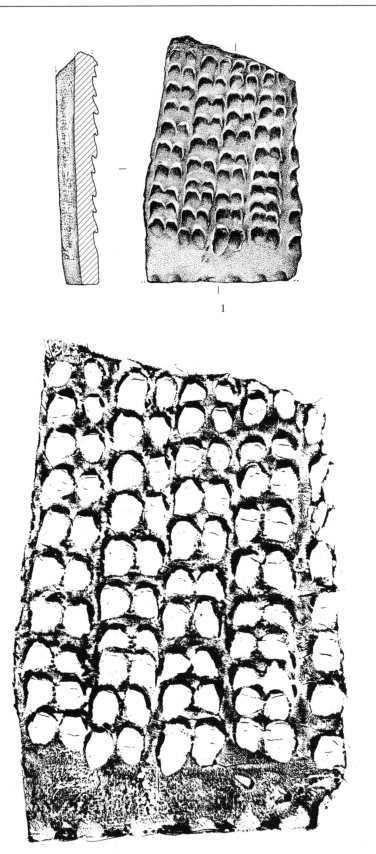

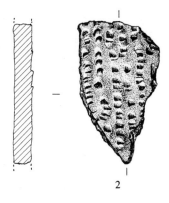

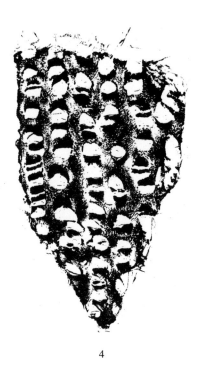

1、2. $\underline{\quad 0 \quad\quad\quad 10 \; 厘米}$

3、4. $\underline{\quad 0 \quad\quad\quad\quad 10 \; 厘米}$

图六三　第 2 号宫殿基址出土
陶麻面板瓦及拓片

1、3. 04NSG Ⅳ T001008②：8

2、4. 04NSG Ⅳ T001008②：9

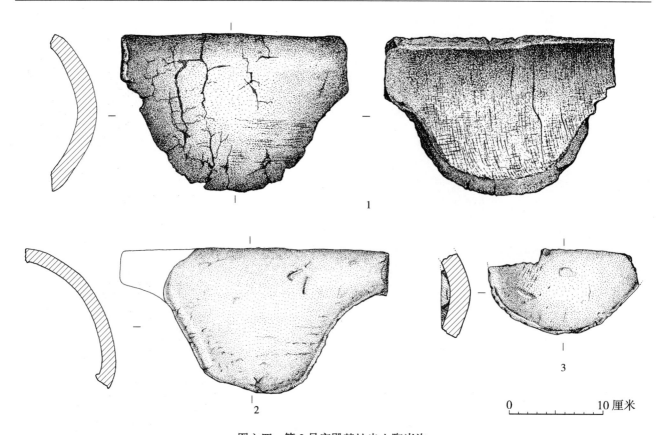

图六四　第 2 号宫殿基址出土陶当沟

1. 99NSGⅣT010004②：39　2. 99NSGⅣT009004②：34　3. 99NSGⅣT009004②：35

分为七瓣、六瓣、五瓣、四瓣四类。

七瓣莲花纹瓦当　莲瓣之间均装饰有细长的萼形纹，根据莲实组合的不同，分为 2 亚型。数量较多，殿、廊庑的堆积中均可见到。

Aa 型　莲瓣呈凸起的心形，瓣尖向外，内填莲肉。莲实由外向内由同心圆环、等弧度分布的 9 颗小圆珠和中心的半球状凸起组成。

标本 99NSGⅣT009004②：7，完整。当面直径 17 厘米（图六五，1；图六六，1；图版一五九，1）。

标本 99NSGⅣT009004②：33，略残。当面直径 17 厘米（图六五，2；图六六 2，；图版一五九，2）。

标本 99NSGⅣT004001②：11，完整。当面直径 16.8 厘米（图六五，3；图六六，3；图版一五九，3）。

标本 99NSGⅣT011003②：10，完整。当面直径 17 厘米（图六五，4；图六六，4；图版一五九，4）。

标本 99NSGⅣT002003②：33，完整。当面直径 16.5 厘米（图六五，5；图六六，5；图版一五九，5）。

标本 99NSGⅣT009004②：80，略残。当面直径 16.8 厘米（图六五，6；图六六，6；图版一五九，6）。

Ab 型　莲实由外向内由同心圆环、等弧度分布的 7 颗小圆珠和中心的半球状凸起组成。

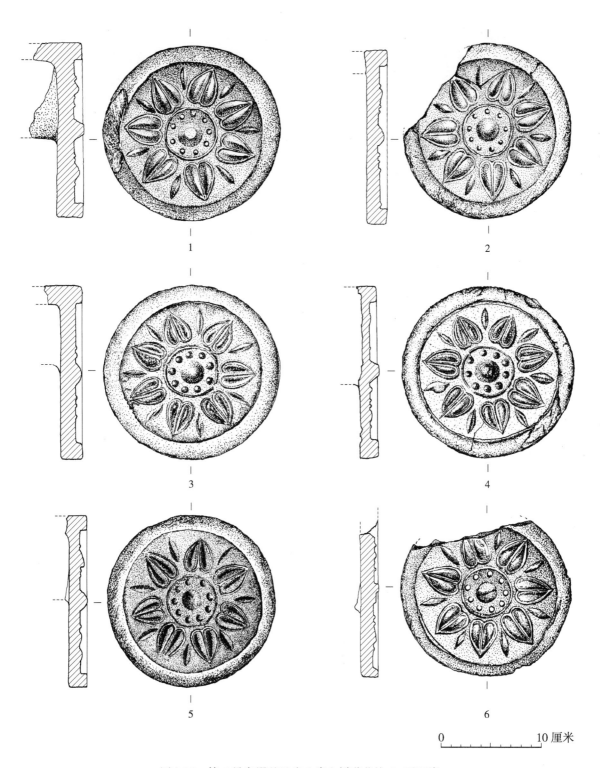

图六五　第 2 号宫殿基址出土陶七瓣莲花纹 Aa 型瓦当

1. 99NSGⅣT009004②：7　2. 99NSGⅣT009004②：33　3. 99NSGⅣT004001②：11

4. 99NSGⅣT011003②：10　5. 99NSGⅣT002003②：33　6. 99NSGⅣT009004②：80

图六六　第2号宫殿基址出土陶七瓣莲花纹 Aa 型瓦当纹饰拓片

1. 99NSGⅣT009004②：7　2. 99NSGⅣT009004②：33　3. 99NSGⅣT004001②：11
4. 99NSGⅣT011003②：10　5. 99NSGⅣT002003②：33　6. 99NSGⅣT009004②：80

标本 99NSGⅣT001002②：31，完整。当面直径 17 厘米（图六七，1；图六八，1；图版一六〇，1）。

标本 99NSGⅣT009004②：81，完整。当面直径 15 厘米（图六七，2；图六八，2；图版一六〇，2）。

标本 99NSGⅣT004004②：19，略残。当面直径 15.5 厘米（图六七，3；图六八，3；图版一六〇，3）。

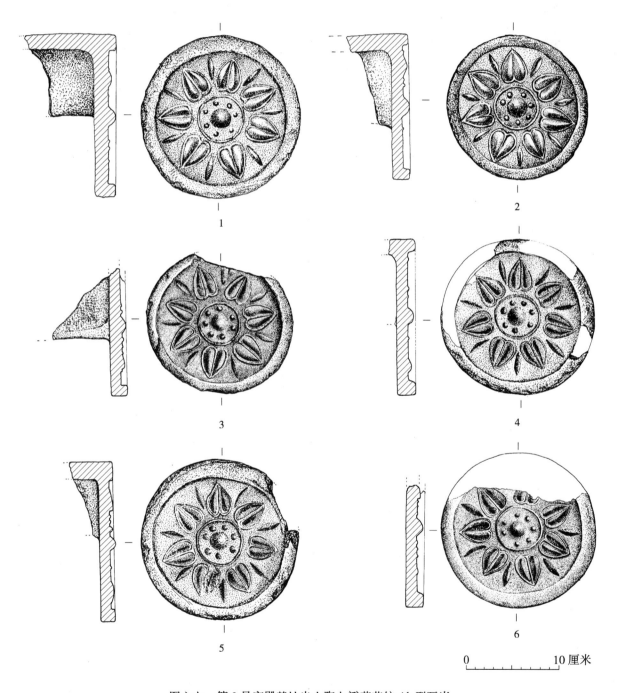

图六七　第 2 号宫殿基址出土陶七瓣莲花纹 Ab 型瓦当

1. 99NSGⅣT001002②：31　2. 99NSGⅣT009004②：81　3. 99NSGⅣT004004②：19

4. 99NSGⅣT008004②：12　5. 99NSGⅣT001003②：23　6. 99NSGⅣT002004②：6

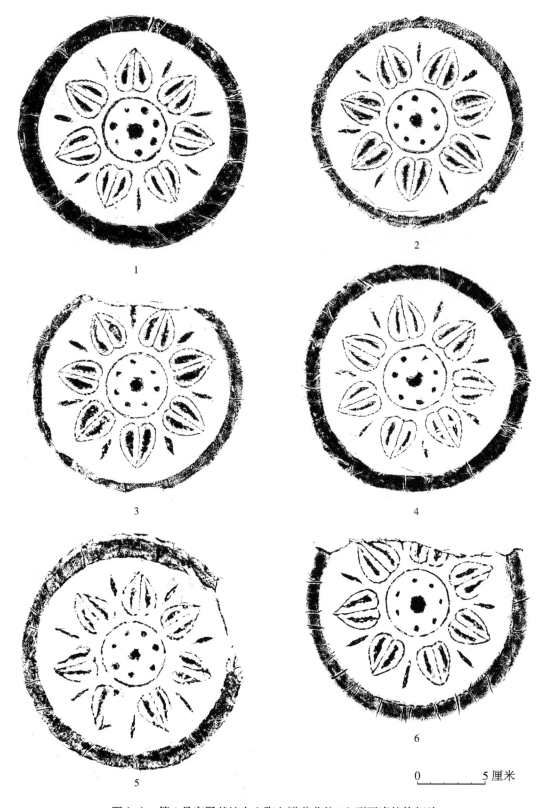

图六八　第 2 号宫殿基址出土陶七瓣莲花纹 Ab 型瓦当纹饰拓片
1. 99NSGⅣT001002②：31　2. 99NSGⅣT009004②：81　3. 99NSGⅣT004004②：19
4. 99NSGⅣT008004②：12　5. 99NSGⅣT001003②：23　6. 99NSGⅣT002004②：6

标本99NSGⅣT008004②：12，完整。当面直径16.5厘米（图六七，4；图六八，4；图版一六〇，4）。

标本99NSGⅣT001003②：23，略残。当面直径17厘米（图六七，5；图六八，5；图版一六〇，5）。

标本99NSGⅣT002004②：6，略残。当面直径16.8厘米（图六七，6；图六八，6；图版一六〇，6）。

Ac型，莲实由外向内，由同心圆环和中心半球状凸起组成。此型第2号宫殿未见。

六瓣莲花纹瓦当　根据莲瓣间装饰花纹的不同，分为7型。数量多，殿、廊庑均有出土。

A型　莲瓣间均装饰有细长的萼形纹，根据莲实组合的不同，分为11亚型。

Aa型　莲瓣轮廓呈凸起的心形，瓣尖向外，内填莲肉，莲实由外向内由同心圆环、等弧度分布的10颗小圆珠和中心的半球状凸起组成，此型数量最多。

标本99NSGⅣT006004②：26，完整。当面直径16厘米（图六九，1；图七〇，1；图版一六一，1）。

标本99NSGⅣT006001②：28，完整。当面直径16.5厘米（图六九，2；图七〇，2；图版一六一，2）。

标本99NSGⅣT011003②：1，完整。当面直径16.5厘米（图六九，3；图七〇，3；图版一六一，3）。

标本04NSGⅣT003013②：2，完整。当面直径16厘米（图六九，4；图七〇，4；图版一六一，4）。

标本99NSGⅣT004001②：33，略残。当面直径16厘米（图六九，5；图七〇，5；图版一六一，5）。

标本99NSGⅣT002003②：45，完整。当面直径17厘米（图六九，6；图七〇，6；图版一六一，6）。

Ab型　莲瓣轮廓呈凸起的心形，瓣尖向外，内填莲肉。莲实由外向内以同心圆环、等弧度分布的9颗小圆珠和中心的半球状凸起组成。

标本99NSGⅣT011003②：1，完整。当面直径17.5厘米（图七一，1；图七二，1；图版一六二，1）。

标本99NSGⅣT002004②：9，完整。当面直径16.5厘米（图七一，2；图七二，2；图版一六二，2）。

标本99NSGⅣT002004②：10，完整。当面直径16.5厘米（图七一，3；图七二，3；图版一六二，3）。

标本99NSGⅣT011003②：37，略残。当面直径16.5厘米（图七一，4；图七二，4；图版一六二，4）。

Ac型　莲瓣轮廓呈凸起的心形，瓣尖向外，内填莲肉。莲实由外向内由同心圆环、等弧度分布的8颗小圆珠和中心的半球状凸起组成。

标本99NSGⅣT002003②：35，略残。当面直径15厘米（图七一,5；图七二,5；图版一六二,5）。

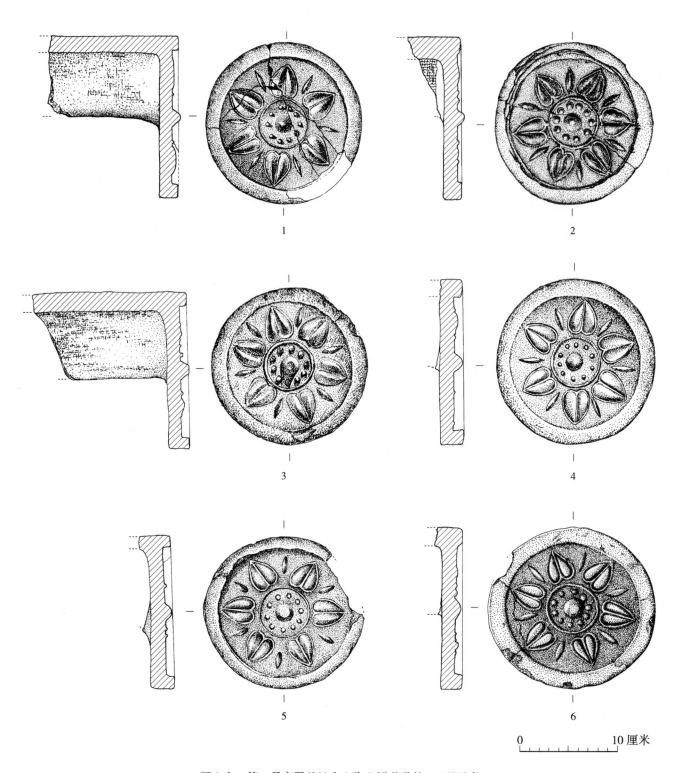

图六九　第 2 号宫殿基址出土陶六瓣莲花纹 Aa 型瓦当

1. 99NSGⅣT006004②：26　　2. 99NSGⅣT006001②：28　　3. 99NSGⅣT011003②：1
4. 04NSGⅣT003013②：2　　5. 99NSGⅣT004001②：33　　6. 99NSGⅣT002003②：45

图七〇　第 2 号宫殿基址出土陶六瓣莲花纹 Aa 型瓦当纹饰拓片

1. 99NSGⅣ T006004②：26　2. 99NSGⅣ T006001②：28　3. 99NSGⅣ T011003②：1

4. 04NSGⅣ T003013②：2　5. 99NSGⅣ T004001②：33　6. 99NSGⅣ T002003②：45

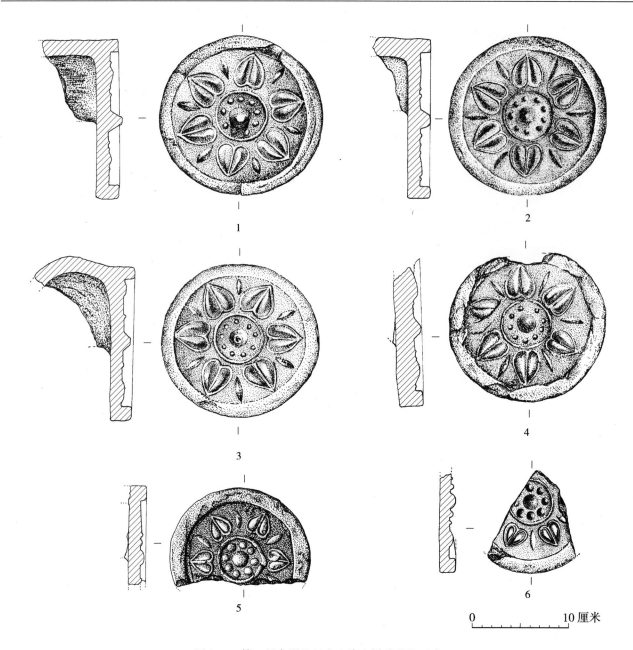

图七一　第 2 号宫殿基址出土陶六瓣莲花纹瓦当

1～4. Ab 型（99NSGⅣT011003②：1、99NSGⅣT002004②：9、99NSGⅣT002004②：10、99NSGⅣT011003②：37）

5、6. Ac 型（99NSGⅣT002003②：35、99NSGⅣT009002②：2）

　　标本 99NSGⅣT009002②：2，残。当面直径 15 厘米（图七一，6；图七二，6；图版一六二，6）。

　　Ad 型　莲实由外向内以同心圆环、等弧度分布的 7 颗小圆珠和中心的半球状凸起组成。

　　第 2 号宫殿基址未见此型瓦当。

　　Ae 型　莲瓣轮廓呈凸起的心形，瓣尖向外，内填莲肉。莲实由外向内由同心圆环、等弧度分布的 6 颗小圆珠和中心的半球状凸起组成。

图七二　第2号宫殿基址出土陶六瓣莲花纹瓦当纹饰拓片

1~4. Ab 型（99NSGⅣT011003②：1、99NSGⅣT002004②：9、99NSGⅣT002004②：10、99NSGⅣT011003②：37）

5、6. Ac 型（99NSGⅣT002003②：35、99NSGⅣT009002②：2）

标本 99NSGⅣT006004②：27，完整。当面直径 15.5 厘米（图七三，1；图七四，1；图版一六三，1）。

标本 99NSGⅣT001003②：7，完整。当面直径 16 厘米（图七三，2；图七四，2；图版一六三，2）。

标本 99NSGⅣT004001②：34，完整。当面直径 15 厘米（图七三，3；图七四，3；图版一六三，3）。

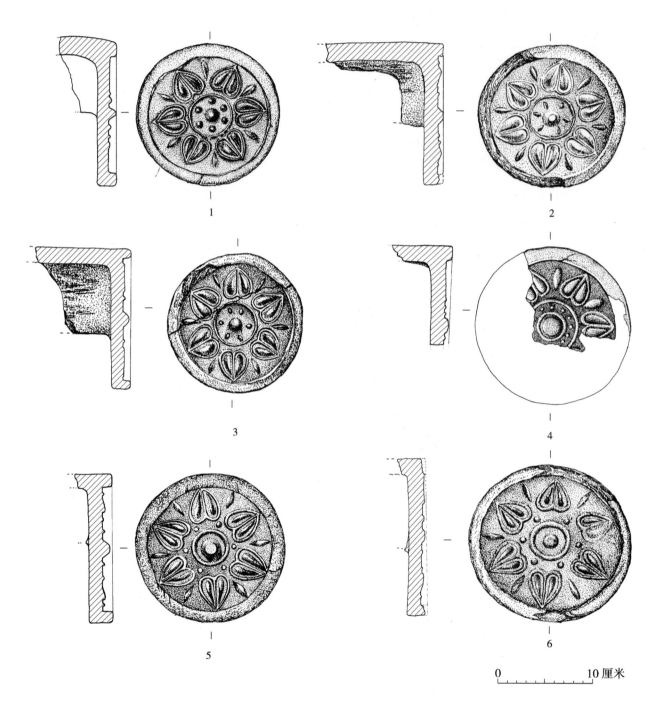

图七三　第 2 号宫殿基址出土陶六瓣莲花纹瓦当

1～3. Ae 型（99NSGⅣT006004②：27、99NSGⅣT001003②：7、99NSGⅣT004001②：34）

4. Af 型（99NSGⅣT004002②：1）　　5、6. Ag 型（04NSGⅣT013004②：5、99NSGⅣT008004②：13）

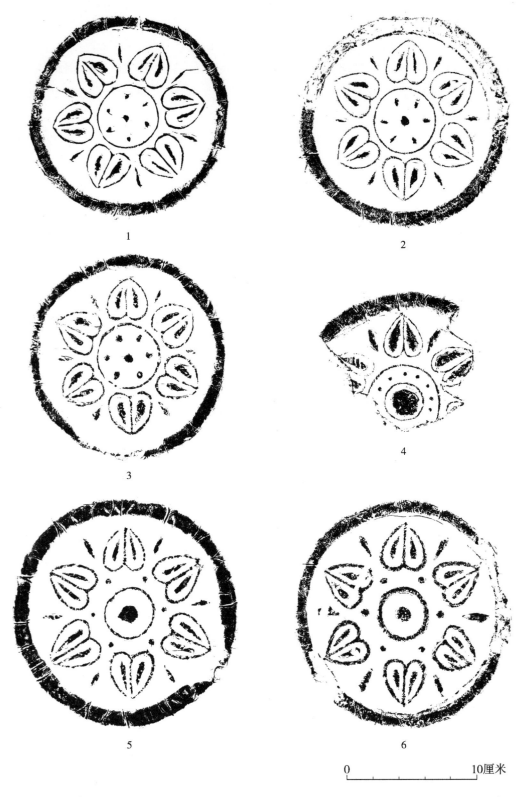

图七四　第 2 号宫殿基址出土陶六瓣莲花纹瓦当纹饰拓片

1~3. Ae 型 （99NSGⅣT006004②：27、99NSGⅣT001003②：7、99NSGⅣT004001②：34）

4. Af型 （99NSGⅣT004002②：1）　　5、6. Ag 型 （04NSGⅣT013004②：5、99NSGⅣT008004②：13）

Af 型　莲瓣呈凸起的心形，瓣尖向外，内填莲肉。莲实由外向内由外同心圆环、等弧度分布的12颗小圆珠、内同心圆环和中心的半球状凸起组成，此型少见，仅见一残品。

99NSGⅣT004002②：1，残。当面直径 17 厘米（图七三，4；图七四，4；图版一六三，4）。

Ag 型　莲瓣呈凸起的心形，瓣尖向外，内填莲肉。莲实由外向内，由等弧度交替分布的6颗小圆珠、同心圆环和中心的半球状凸起组成。

标本 04NSGⅣT013004②：5，完整。当面直径 16 厘米（图七三，5；图七四，5；图版一六三，5）。

标本 99NSGⅣT008004②：13，完整。当面直径 17 厘米（图七三，6；图七四，6；图版一六三，6）。

标本 99NSGⅣT011004②：27，完整。当面直径 17 厘米（图七五，1；图七六，1；图版一六四，1）。

标本 99NSGⅣT005002②：2，略残。当面直径 17 厘米（图七五，2；图七六，2；图版一六四，2）。

标本 99NSGⅣT006004②：28，完整。当面直径 17.5 厘米（图七五，3；图七六，3；图版一六四，3）。

标本 99NSGⅣT009004②：82，残。当面直径 16 厘米（图七五，4；图七六，4；图版一六四，4）。

标本 99NSGⅣT006001②：29，完整。当面直径 17 厘米（图七五，5；图七六，5；图版一六四，5）。

标本 99NSGⅣT009004②：83，完整。当面直径 17.5 厘米（图七五，6；图七六，6；图版一六四，6）。

Ah 型　莲瓣轮廓呈凸起的心形，瓣尖向外，内填莲肉。莲实由外向内，由等弧度交替分布的6颗小圆珠和6个"＋"形凸起、同心圆环和中心的半球状凸起组成。此型数量不多。

标本 99NSGⅣT001002②：32，完整。当面直径 16.8 厘米（图七七，1；图七八，1；图版一六五，1）。

标本 99NSGⅣT001002②：4，完整。当面直径 17 厘米（图七七，2；图七八，2；图版一六五，2）。

标本 04NSGⅣT013006②：1，略残。当面直径 16.5 厘米（图七七，3；图七八，3；图版一六五，3）。

Ai 型　莲瓣轮廓呈凸起的心形，瓣尖向外，内填莲肉。莲实由外向内由等弧度交替分布的6颗小圆珠和6个"⌒"形凸起、同心圆环和中心的半球状凸起组成。仅见1件。

99NSGⅣT001002②：43，残。当面直径 17.5 厘米（图七七，4；图七八，4；图版一六五，4）。

Aj 型　莲瓣轮廓呈凸起的心形，瓣尖向外，花瓣短，内填莲肉。莲实由外向内由同心圆环和中心的半球状凸起组成。此型在第2号宫殿基址只见碎片。

标本 04NSGⅣT012005②：15，残。当面直径 10.7 厘米（图七七 5；图七八，5；图版一六五，5）。另1件标本见釉陶瓦当。

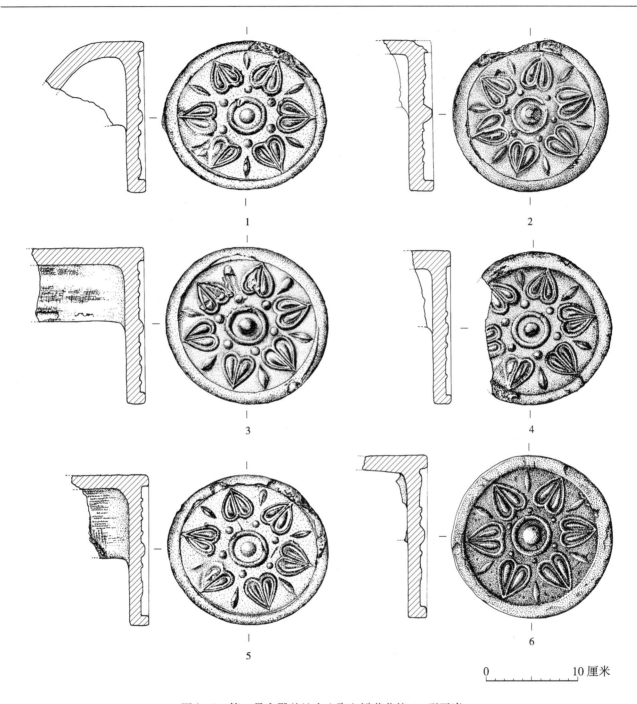

图七五　第 2 号宫殿基址出土陶六瓣莲花纹 Ag 型瓦当

1. 99NSGⅣT011004②：27　　2. 99NSGⅣT005002②：2　　3. 99NSGⅣT006004②：28
4. 99NSGⅣT009004②：82　　5. 99NSGⅣT006001②：29　　6. 99NSGⅣT009004②：83

　　Ak 型　莲实由外向内由同心圆环和中心的花状凸起组成。见釉陶瓦当。

　　B 型　莲瓣之间均装饰有"＋"形凸起，根据莲实组合的不同，分为 2 亚型。

　　Ba 型　莲瓣轮廓呈凸起的心形，瓣尖向外，内填莲肉。莲实由外向内由等弧度分布的 6 颗小圆珠、同心圆环和中心的半球状凸起组成。

1   2

3   4

5   6

0   5厘米

图七六　第 2 号宫殿基址出土陶六瓣莲花纹 Ag 型瓦当纹饰拓片

1. 99NSGⅣT011004②：27　2. 99NSGⅣT005002②：2　3. 99NSGⅣT006004②：28
4. 99NSGⅣT009004②：82　5. 99NSGⅣT006001②：29　6. 99NSGⅣT009004②：83

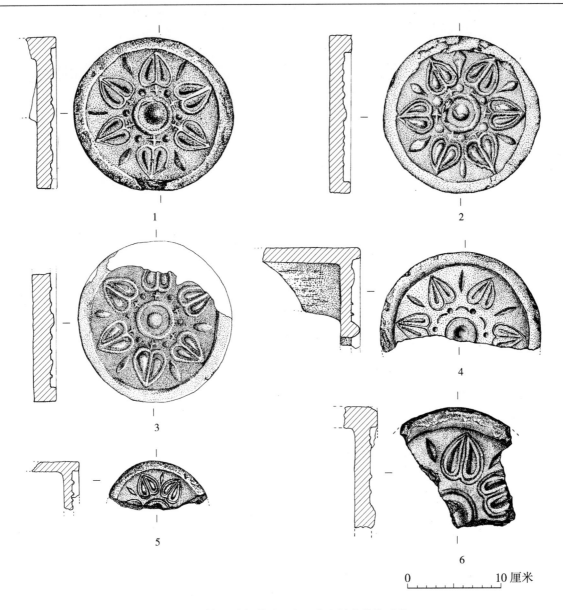

图七七　第 2 号宫殿基址出土陶六瓣莲花纹瓦当

1～3. Ah 型（99NSGⅣT001002②：32、99NSGⅣT001002②：4、04NSGⅣT013006②：1）　4. Ai 型（99NSGⅣT001002②：43）

5. Aj 型（04NSGⅣT012005②：5）　6. Aj 型（釉陶，99NSGⅣT011003②：11）

标本 99NSGⅣT006004②：2，完整。当面直径 16.8 厘米（图七九，1；图八〇，1；图版一六六，1）。

标本 99NSGⅣT006004②：29，完整。当面直径 16 厘米（图七九，2；图八〇，2；图版一六六，2）。

标本 99NSGⅣT010004②：40，完整。当面直径 16 厘米（图七九，3；图八〇，3；图版一六六，3）。

标本 99NSGⅣT006001②：40，完整。当面直径 15.6 厘米（图七九，4；图八〇，4；图版一六六，4）。

标本 99NSGⅣT009004②：84，略残。当面直径 15 厘米（图七九，5；图八〇，5；图版一六六，5）。

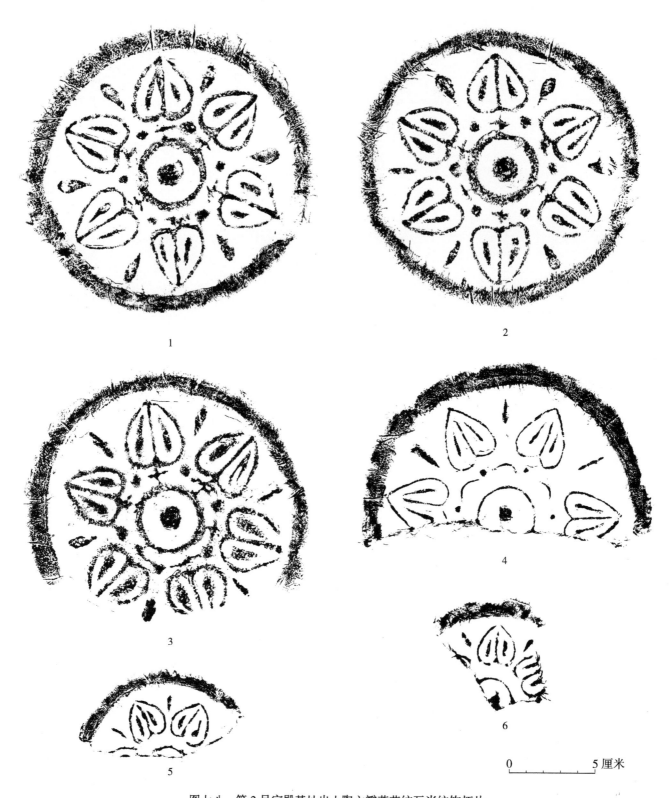

图七八　第 2 号宫殿基址出土陶六瓣莲花纹瓦当纹饰拓片

1～3. Ah 型（99NSGⅣT001002②：32、99NSGⅣT001002②：4、04NSGⅣT013006②：1）　4. Ai 型（99NSGⅣT001002②：43）

5. Aj 型（04NSGⅣT012005②：5）　6. Aj 型（釉陶，99NSGⅣT011003②：11）

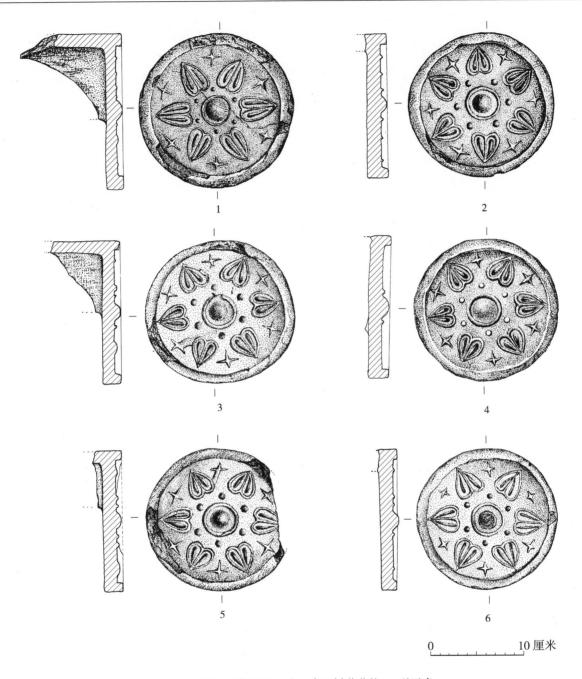

图七九 第 2 号宫殿基址出土陶六瓣莲花纹 Ba 型瓦当
1. 99NSGⅣ T006004②：2　2. 99NSGⅣ T006004②：29　3. 99NSGⅣ T010004②：40
4. 99NSGⅣ T006001②：40　5. 99NSGⅣ T009004②：84　6. 04NSGⅣ T003016②：1

　　标本 04NSGⅣ T003016②：1，完整。当面直径 15 厘米（图七九，6；图八〇，6；图版一六六，6）。

　　Bb 型　莲瓣轮廓呈凸起的心形，瓣尖向外，内填莲肉。莲实由外向内由同心圆环和中心的半球状凸起组成。

　　标本 99NSGⅣ T002003②：37，完整。当面直径 16.5 厘米（图八一，1；图八二，1；图版一六

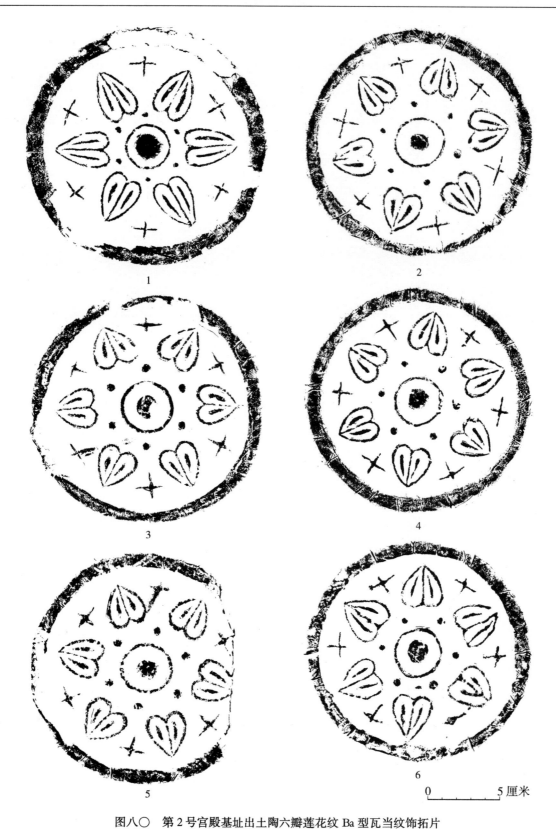

图八〇　第 2 号宫殿基址出土陶六瓣莲花纹 Ba 型瓦当纹饰拓片

1. 99NSGⅣT006004②：2　2. 99NSGⅣT006004②：29　3. 99NSGⅣT010004②：40

4. 99NSGⅣT006001②：40　5. 99NSGⅣT009004②：84　6. 04NSGⅣT003016②：1

七，1）。

标本 99NSGⅣT006001②：31，完整。当面直径 16.5 厘米（图八一，2；图八二，2；图版一六七，2）。

标本 99NSGⅣT002004②：11，完整。当面直径 16 厘米（图八一，3；图八二，3；图版一六七，3）。

标本 99NSGⅣT009004②：85，完整。当面直径 15.6 厘米（图八一，4；图八二，4；图版一六七，4）。

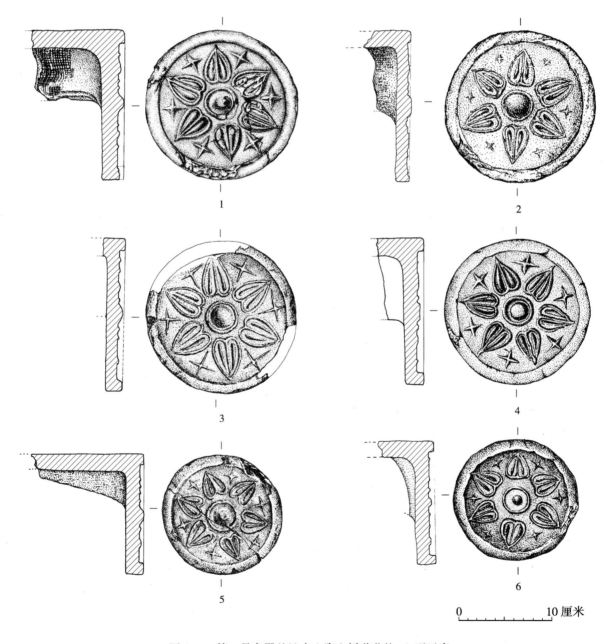

0　　　　　　　　　　　10 厘米

图八一　第 2 号宫殿基址出土陶六瓣莲花纹 Bb 型瓦当

1. 99NSGⅣT002003②：37　2. 99NSGⅣT006001②：31　3. 99NSGⅣT002004②：11
4. 99NSGⅣT009004②：85　5. 04NSGⅣT003015②：1　6. 99NSGⅣT005001②：5

1
2
3
4
5
6

0 _____ 5 厘米

图八二　第 2 号宫殿基址出土陶六瓣莲花纹 Bb 型瓦当纹饰拓片

1. 99NSGⅣT002003②：37　2. 99NSGⅣT006001②：31　3. 99NSGⅣT002004②：11
4. 99NSGⅣT009004②：85　5. 04NSGⅣT003015②：1　6. 99NSGⅣT005001②：5

标本 04NSGⅣ T003015②：1，完整。当面直径 12.8 厘米（图八一，5；图八二，5；图版一六七，5）。

标本 99NSGⅣ T005001②：5，完整。当面直径 13.5 厘米（图八一，6；图八二，6；图版一六七，6）。

C 型　莲瓣轮廓凸起的心形，瓣尖向外，其中心连线伸出瓣尖，内填莲肉。莲瓣之间均装饰有"Ψ"形凸起。莲实由外向内由等弧度分布的 6 颗小圆珠、同心圆环和中心的半球状凸起组成。少见，仅见碎片。

标本 99NSGⅣ T006004②：30，残。当面直径 17 厘米（图八三，1；图八四，1；图版一六八，1）。

D 型　莲瓣轮廓呈凸起的心形，瓣尖向外，内填莲肉。莲瓣之间均装饰有 6 种形状不同的装饰花纹。莲实由外向内由等弧度分布的 6 颗小圆珠、同心圆环和中心的半球状凸起组成。少见，仅见

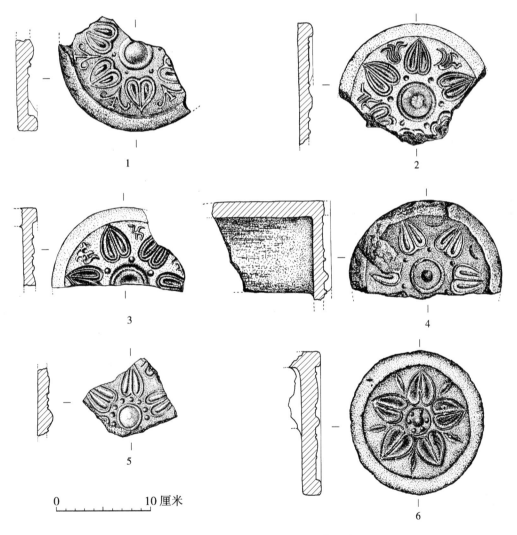

图八三　第 2 号宫殿基址出土陶瓦当

1. 六瓣莲花纹 C 型（99NSGⅣ T006004②：30）　2、3. 六瓣莲花纹 D 型（99NSGⅣ T009002②：6、
99NSGⅣ T006004②：31）　4. 六瓣莲花纹 E 型（99NSGⅣ T007001②：17）　5. 六瓣莲花纹 G 型
（04NSGⅣ T001015②：1）　6. 五瓣莲花纹 Aa 型（99NSGⅣ T005001②：5）

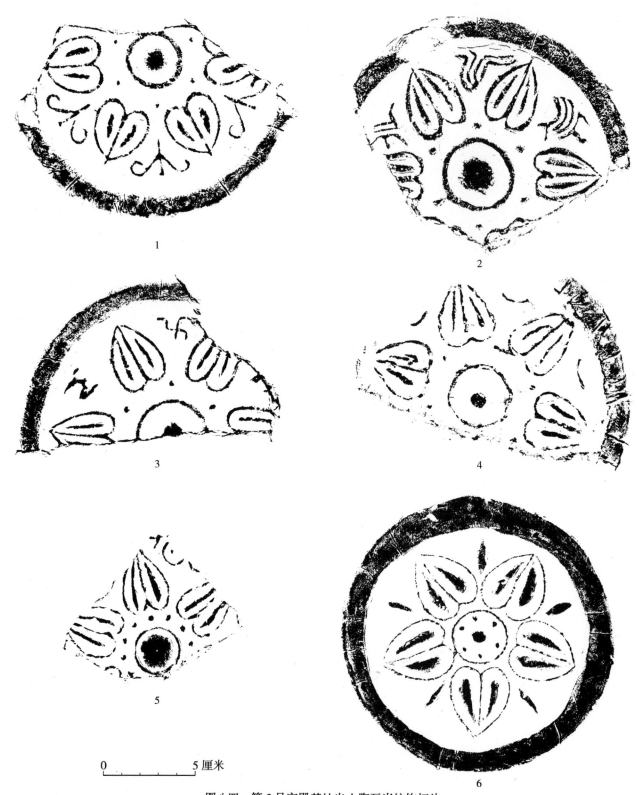

图八四　第2号宫殿基址出土陶瓦当纹饰拓片

1. 六瓣莲花纹 C 型（99NSGⅣT006004②：30）　　2、3. 六瓣莲花纹 D 型（99NSGⅣT009002②：6、

99NSGⅣT006004②：31）　　4. 六瓣莲花纹 E 型（99NSGⅣT007001②：17）　　5. 六瓣莲花纹 G 型

（04NSGⅣT001015②：1）　　6. 五瓣莲花纹 Aa 型（99NSGⅣT005001②：5）

残块。

标本 99NSGⅣT009002②：6，残。当面直径 17 厘米（图八三，2；图八四，2；图版一六八，2）。

标本 99NSGⅣT006004②：31，残。当面直径 17 厘米（图八三，3；图八四，3；图版一六八，3）。

E 型　莲瓣呈凸起的心形，瓣尖向外，内填莲肉。莲瓣之间装饰花纹为仰月形。莲实由外向内由等弧度分布的 6 颗小圆珠、同心圆环和中心的圆台状凸起组成。仅见碎片。

标本 99NSGⅣT007001②：17，残缺。当面直径 16 厘米（图八三，4；图八四，4；图版一六八，4）。

F 型　莲瓣间装饰花纹为"T"形，第 2 号宫殿基址未见出土。

G 形　此型较为特殊，仅见一不能看出完整结构的碎片。

04NSGⅣT001015②：1，莲瓣呈凸起的心形，瓣尖向外，内填莲肉。瓣间装饰有小型莲瓣，其左右各有一纹饰，可能为十字形。莲实由外向内由等弧度分布的 14 颗小圆珠、同心圆环和中心的圆台状凸起组成（图八三，5；图八四，5；图版；一六八，5）。

五瓣莲花纹瓦当　根据莲瓣间装饰花纹的不同，分为 4 型。

A 型　莲瓣间装饰有细长的萼形纹，分为 3 亚型。数量不多，仅见几件个体。

Aa 型　莲瓣呈凸起的心形，瓣尖向外，内填莲肉。莲实由外向内由同心圆环、等弧度分布的 6 颗小圆珠和中心的半球状凸起组成。

标本 99NSGⅣT010004②：41，完整。当面直径 15 厘米（图八三，6；图八四，6；图版一六八，6）。

标本 99NSGⅣT010004②：42，略残。当面直径 15 厘米（图八五，1；图八六，1；图版一六九，1）。

Ab 型　莲瓣呈凸起的心形，瓣尖向外，内填莲肉。莲实由外向内由同心圆环和中心的半球状凸起组成。

第 2 号宫殿基址未见出土。

B 型　瓣间饰俯月纹，分为 2 亚型。

Ba 型　莲瓣呈凸起的心形，瓣尖向外，内填莲肉。莲实由外向内由同心圆环、等弧度分布的 5 颗小圆珠和中心的半球状凸起组成。

Bb 型　莲瓣呈凸起的心形，瓣尖向外，内填莲肉。莲实由外向内由同心圆环和中心的半球状凸起组成。

此 2 型第 2 号宫殿基址均未见出土。

C 型　莲瓣呈凸起的心形，瓣尖向外，内填莲肉。瓣间饰"T"形纹。莲实只有中心的半球状凸起。

标本 99NSGⅣT001002②：44，略残。当面直径 15 厘米（图八五，2；图八六，2；图版一六九，2）。

D 型　莲瓣呈凸起的心形，瓣尖向外，内填莲肉。瓣间饰由 1 个细长的萼形纹和 2 个仰月纹组成的草形纹。莲实由外向内由同心圆环、等弧度分布的 7 颗小圆珠和中心的圆台状凸起组成。仅见一不完整个体。

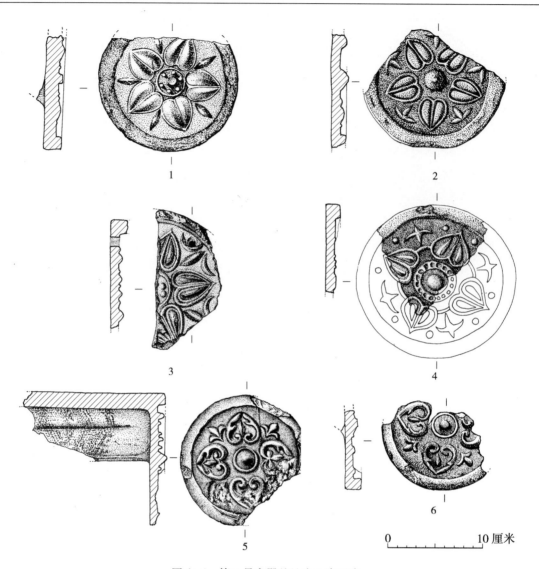

图八五　第2号宫殿基址出土陶瓦当

1. 五瓣莲花纹 Aa 型（99NSGⅣT010004②：42）　2. 五瓣莲花纹 C 型（99NSGⅣT001002②：44）

3. 五瓣莲花纹 D 型（99NSGⅣT002001②：7）　4. 四瓣莲花纹 A 型（99NSGⅣT004004②：18）

5、6. 四瓣莲花纹 B 型（04NSGⅣT013005②：1、99NSGⅣT001002②：2）

　　99NSGⅣT002001②：7，莲瓣轮廓呈凸起的心形，瓣尖向外，内填莲肉。残缺，在 1 个仰月纹上，有 1 个直径 0.9 厘米的圆孔。当面直径 16 厘米（图八五，3；图八六，3；图版一六九，3）。

　　四瓣莲花纹瓦当　分为 2 型。

　　A 型　瓣间以略弧的横纹相连，其上为鸟状星形纹，其两侧各有一圆珠。莲实只有一种，由外向内由同心圆环、中心凸起的台状纽组成，圆环上面有连珠状排列 16 个凹点，台纽上隐约可见十字纹，端点分别指向四个莲瓣的中心线。

　　标本 99NSGⅣT004004②：18，残缺。当面直径 16.2 厘米（图八五，4；图八六，4；图版一六九，4）。

　　B 型　瓣间饰长大的枝形纹，莲实只有中心的半球状凸起。第 2 号宫殿基址未见出土。

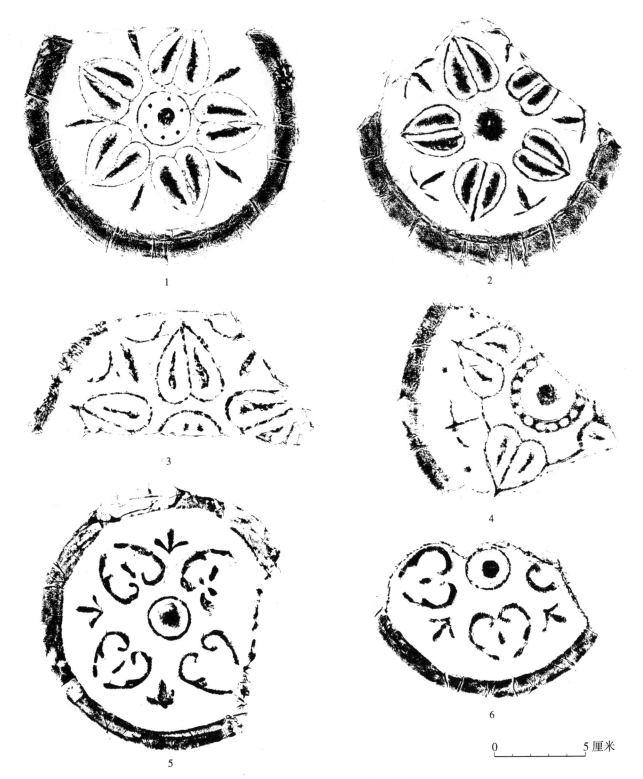

图八六　第2号宫殿基址出土陶瓦当纹饰拓片

1. 五瓣莲花纹 Aa 型（99NSGⅣT010004②：42）　2. 五瓣莲花纹 C 型（99NSGⅣT001002②：44）

3. 五瓣莲花纹 D 型（99NSGⅣT002001②：7）　4. 四瓣莲花纹 A 型（99NSGⅣT004004②：18）

5、6. 四瓣莲花纹 B 型（04NSGⅣT013005②：1、99NSGⅣT001002②：2）

第2种莲蕾纹，由4个侧视的莲蕾作为花瓣组成莲花图案，花瓣内装饰有蕾芯纹，莲实由外向内由同心圆环和中心的圆台形凸起组成。数量很少，仅见1件近完整个体和2残件。

标本 04NSGⅣT013005②：1，残。当面直径13.5厘米（图八五,5；图八六,5；图版一六九,5）。

标本 99NSGⅣT001002②：2，残。当面直径13.8厘米（图八五,6；图八六,6；图版一六九,6）。

（2）砖

第2号宫殿出土的砖均为模制，分为方砖和长方砖，均有素面、花纹2种。其制法经对残砖观察，是先在底面衬麻布，然后沿模具底和四周用陶泥按实，顶部再用陶泥抹平，花纹砖另用阴刻的模板从上部压出花纹，故砖底多有绳纹，损坏的砖亦多有从顶部先脱落的。

1）方砖

花纹方砖　图案正中为一大朵以牡丹花为主体的宝相花，四角饰各饰一朵侧视的宝相花，四边各饰一朵六瓣小宝相花，边角间衬双连花叶。

标本 04NSGⅣT006015②：1，左侧经修整，右边小朵宝相花处有花押，背有粗绳纹。残长36.5、宽38.5、厚6厘米（图八七,1；图八八,1；图版一七〇,1）。

标本 04NSGⅣT006015②：2，上边经修整，因使用受磨损，图案已不清晰。长37.5、残宽34、厚6厘米（图八七,2；图八八,2；图版一七〇,2）。

标本 04NSGⅣT006015②：3，完整，下部图案有残。右上角凸起，有反书的"典和毛"3字，最后1字残。背有粗绳纹。长38.5、宽38.5、厚6厘米（图八九,1；图九〇,1；图版一七一,1）。

标本 04NSGⅣT006015②：4，完整。背有粗绳纹。长37.5、宽37.5、厚6厘米（图八九,2；图九〇,2；图版一七一,2）。

素面方砖

标本 99NSGⅣT009004②：86，完整。背有细绳纹。长37.5、宽37.5、厚5.6厘米（图九一,1；图版一七二,2）。

标本 99NSGⅣT010004②：43，完整。背有细绳纹。长36、宽34、厚6厘米（图九一,2；图版一七二,1）。

标本 99NSGⅣT010002②：11，基本完整，一边的棱被琢去。背有粗绳纹。长39、宽38、厚5.6厘米（图九一,3；图版一七二,3）。

2）长方砖

素面长方砖

标本 99NSGⅣT005001②：50，残，一长边的两角被砍斫。背有纵向粗绳纹。长31、宽18、厚4.5厘米（图九二,1；图版一七二,4）。

标本 99NSGⅣT004003②：2，残，一长边的两角被砍斫。背有斜向粗绳纹。长34、宽15.5、厚6厘米（图九二,2；图版一七二,5）。

标本 99NSGⅣT005001②：51，残，一长边的两角被砍斫。长34.5、宽16、厚6厘米（图九二,3；图版一七二,6）。

标本 99NSGⅣT010002②：12，残，一长边的两角被砍斫。长34.5、宽16、厚6厘米（图九二,4；图版一七三,1）。

图八七　第 2 号宫殿基址出土陶花纹方砖

1. 04NSGⅣT006015②：1　2. 04NSGⅣT006015②：2

1

2

0   10厘米

图八八　第2号宫殿基址出土陶花纹方砖纹饰拓片

1. 04NSGⅣT006015②：1　2. 04NSGⅣT006015②：2

图八九　第 2 号宫殿基址出土陶花纹方砖

1. 04NSGⅣ T006015②：3　2. 04NSGⅣ T006015②：4

1

2

0　　　　　　　　10厘米

图九○　第2号宫殿基址出土陶花纹方砖纹饰拓片

1. 04NSGⅣT006015②：3　2. 04NSGⅣT006015②：4

图九一

第 2 号宫殿基址出土陶素面方砖

1. 99NSGⅣT009004②：86

2. 99NSGⅣT010004②：43

3. 99NSGⅣT010002②：11

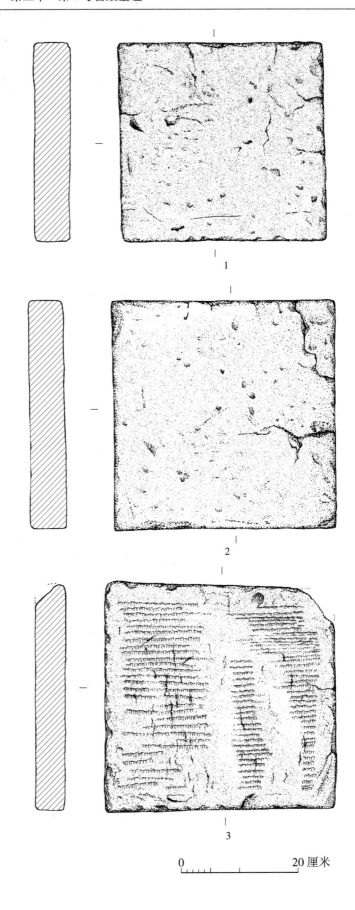

0　　　　　　　　20 厘米

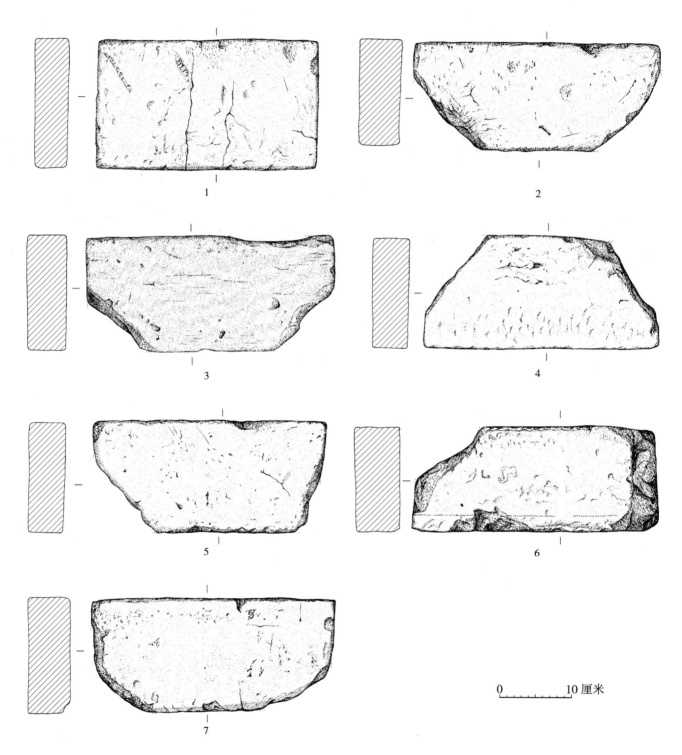

图九二　第 2 号宫殿基址出土陶素面长方砖

1. 99NSGⅣT005001②：50　2. 99NSGⅣT004003②：2　3. 99NSGⅣT005001②：51　4. 99NSGⅣT010002②：12

5. 99NSGⅣT002001②：7　6. 99NSGⅣT011003②：5　7. 99NSGⅣT010002②：13

标本99NSGⅣT002001②：7，残，一角被砍斫。长33、宽16、厚5厘米（图九二，5；图版一七三，2）。

标本99NSGⅣT011003②：5，残，两短边各被砍去一角。长33、宽16.5、厚5.5厘米（图九二，6；图版一七三，3）。

标本99NSGⅣT010002②：13，残，一长边被砍斫。背有斜向粗绳纹。长34、宽13.5、厚5.5厘米（图九二，7；图版一七三，4）。

花纹长方砖

标本99NSGⅣT006004：32，残。顶面素面，一侧面饰缠枝忍冬纹。背面布满粗绳纹。残长20、宽16、厚6.5厘米（图九四，2；图版一七三，5）。

标本99NSGⅣT009004②：87，完整。一侧面饰缠枝忍冬纹。长36、宽17、厚6.5厘米（图九四，1；图版一七三，6）。

3）砖构件　用砖改制加工。

门转　标本99NSGⅣT010004②：11，长方形，一角残。顶部有凹窝。长16、宽15、厚5、凹窝直径9、深3.7厘米（图九三，1；图版一七四，1）。

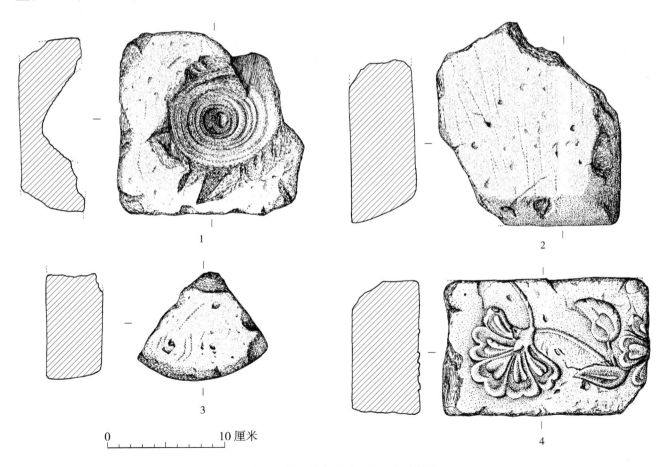

0　　　　　　　　10厘米

图九三　第2号宫殿基址出土陶砖构件

1. 门转（99NSGⅣT010004②：11）　2. 角砖（99NSGⅣT011003②：1）

3、4. 构件（99NSGⅣT010002②：14、99NSGⅣT010004②：44）

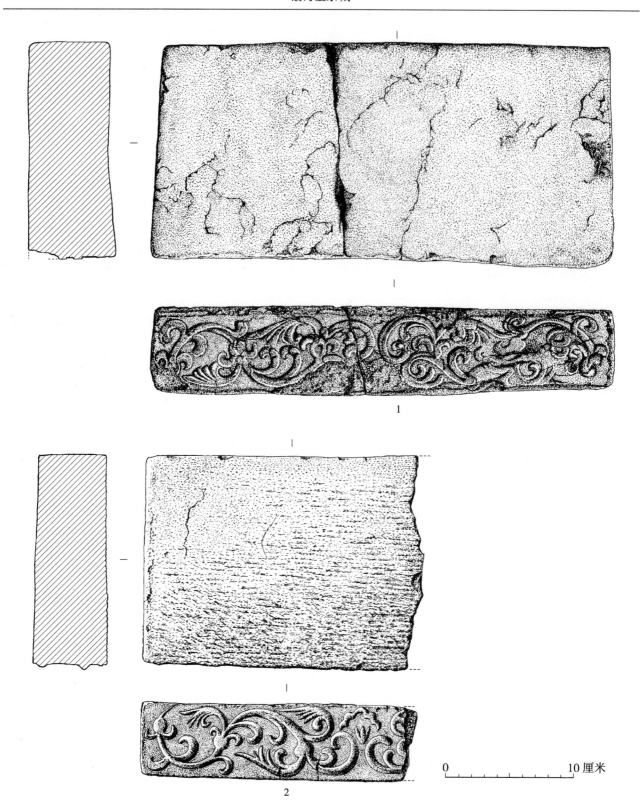

图九四　第 2 号宫殿基址出土陶花纹长方砖

1. 99NSGⅣT009004②：87　2. 99NSGⅣT006004②：32

角砖　标本 99NSGⅣT011003②：1，长条形，一端被磨制成圆边、中间起脊的三角形。长 20、宽 14、厚 5 厘米（图九三，2；图版一七四，2）。

构件

标本 99NSGⅣT010002②：14，长方形，残。呈四分之一圆台状。半径 9、厚 4.7 厘米（图九三，3）。

标本 99NSGⅣT010004②：44，长方形，完整。花纹砖改制。长 17、宽 11.5、厚 6 厘米（图九三，4；图版一七四，3）。

2. 生活用具

（1）完整及可复原器物

1）壶　为大型陶壶残片，手制，泥质灰陶，质地坚硬，表面渗炭后磨光处理，呈黝黑色。均饰有繁复的阴刻花纹。

标本 99NSGⅣT011002②：2，残，壶颈部（图九五，1；图版一七五，1）。

标本 99NSGⅣT011002②：3，残，陶壶下半部。器底向上凸起，沿底边有一小孔。底径 20 厘米（图九五，2；图版一七五，2）。

2）器盖

标本 99NSGⅣT005001②：52，轮制，灰陶。顶部中心有纽，下为子口。直径 14 厘米（图九六，1；图版一七六，1）。

标本 05NSGⅣT001003②：4，轮制，灰陶。纽情况不详。直径 11 厘米（图九六，4）。

3）盅　标本 04NSGⅣT014007②：1，手制，泥质红褐陶，素面。直口，身筒形，底残。直径 4.5、残高 4 厘米（图九六，2；图版一七六，2）。

4）罐　标本 99NSGⅣT005001②：53，手制，灰陶，素面。敛口，鼓腹。口径 6、腹径 12、底径 6、高 7 厘米（图九六，3；图版一七六，3）。

5）砚台　标本 04NSGⅣT013004②：7，轮制，灰陶。顶部缺失，圈足。直径 10 厘米（图九六，5）。

6）口沿　标本 04NSGⅣT001009②：16，陶罐口沿残片，轮制，泥质灰陶。侈口，圆尖唇。器表有一阳文"信"字（图九七，5、6；图版一七六，5）。

7）纺轮　标本 99NSGⅣT009004②：88，圆形，灰瓦当中心部分改制。直径 6、最厚处 2.5 厘米（图九六，6；图版一七六，6）。

8）珠　标本 04NSGⅢT002009②：3，环状，手制、灰陶。外径 3.4、孔径 0.9、厚 1.1 厘米（图九六，7）。

（2）纹饰陶片

遗址中出土有一些大型陶器碎片，上有凸起的横带状纹饰。

标本 99NSGⅣT008003②：1，手制，夹砂红褐陶。饰繁复的不规则纹（图九七，1；图九八，1；图版一七六，4）。

标本 04NSGⅣT001008②：12，手制，夹砂灰陶。饰连续的"×"形纹（图九七，2；图九八，2）。

标本 99NSGⅣT009004②：5，手制，夹砂灰陶。饰连续的"×"形纹（图九七，3；图九八，3）。

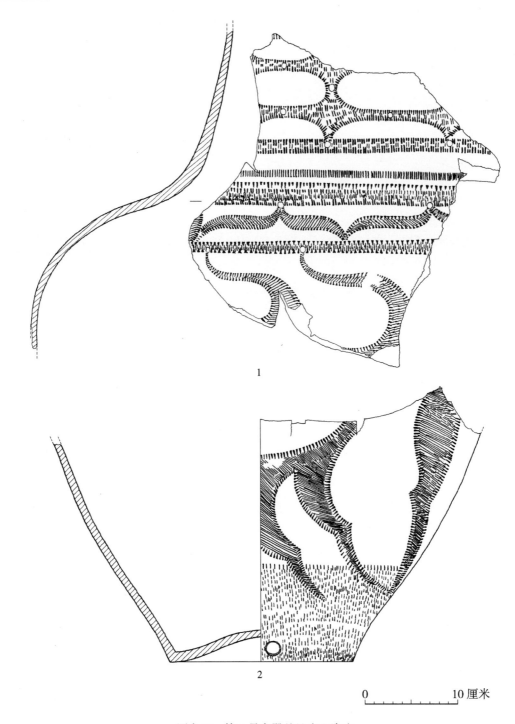

图九五　第 2 号宫殿基址出土陶壶
1. 99NSGⅣT011002②：2　2. 99NSGⅣT011002②：3

标本 04NSGⅣT012012②：8，手制，夹砂灰陶。饰连续的"×"形纹（图九七，4；图九八，4）。

（3）版位

均为青砖所制，残缺不全。

标本 99NSGⅣT011003②：31，正面素面，背面饰绳纹。背面阴刻楷书"品位"，其上还有

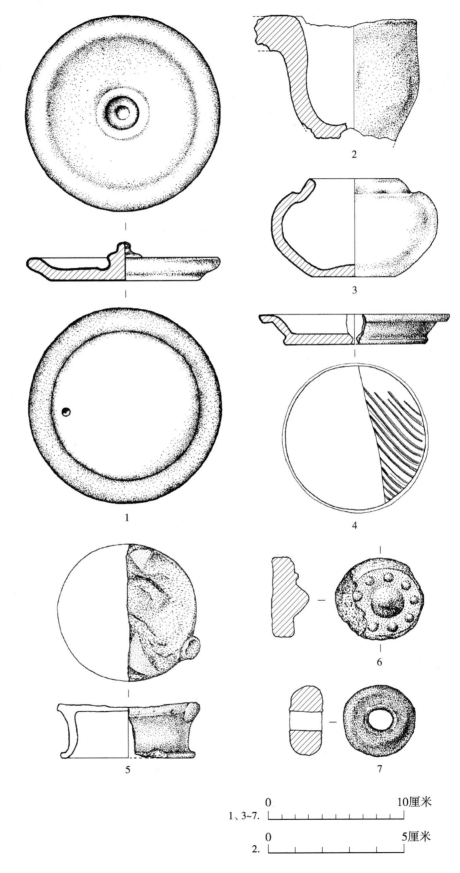

图九六　第2号宫殿基址出土陶器

1、4. 器盖（99NSGⅣT005001②：52、
05NSGⅣT001003②：4）

2. 盅（04NSGⅣT014007②：1）

3. 罐（99NSGⅣT005001②：53）

5. 砚台（04NSGⅣT013004②：7）

6. 纺轮（99NSGⅣT009004②：88）

7. 陶珠（04NSGⅢT002009②：3）

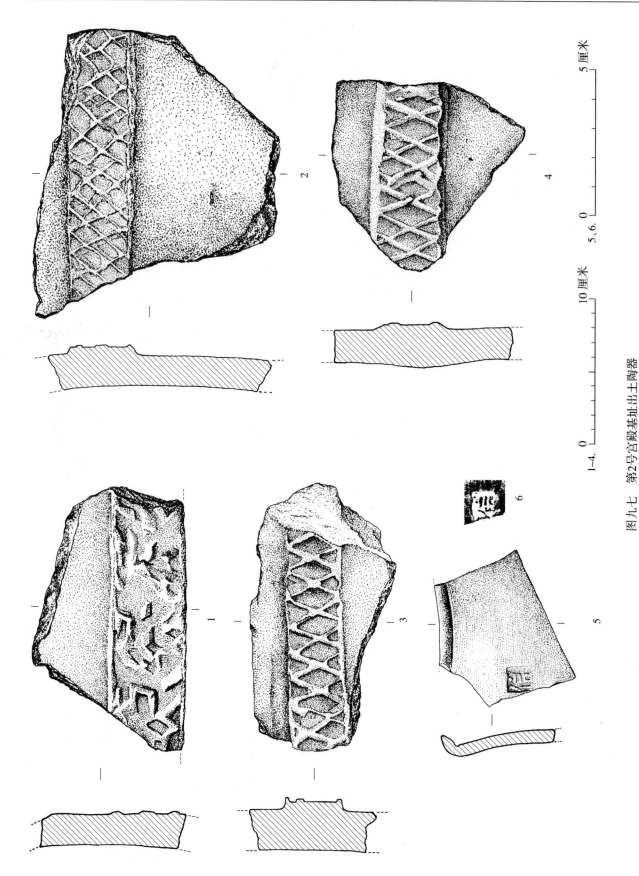

图九七　第2号宫殿基址出土陶器

1~4. 纹饰陶片（99NSGⅣT008003②：1、04NSGⅣT001008②：12、99NSGⅣT009004②：5、04NSGⅣT012012②：8）　5、6. 口沿及文字拓片（04NSGⅣT012012②：5、04NSGⅣT001009②：16）

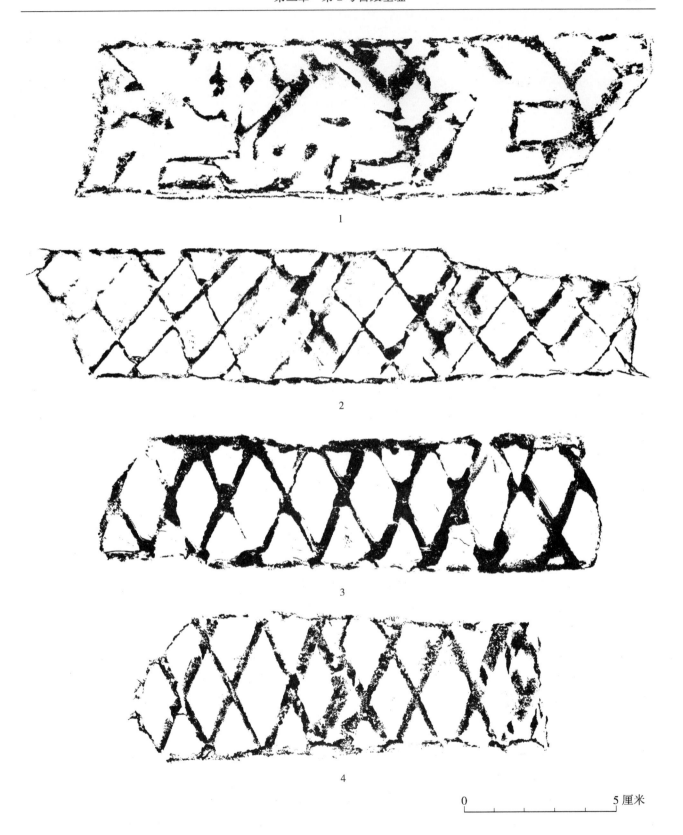

图九八　第2号宫殿基址出土纹饰陶片拓片

1. 99NSGⅣT008003②：1　2. 04NSGⅣT001008②：12　3. 99NSGⅣT009004②：5　4. 04NSGⅣT012012②：8

一"乚"残笔，疑为"四"字。残长 18、宽 16、厚 5.4 厘米（图九九，1；图一〇〇，1；图版一七七，1）。

标本 99NSGⅣT011003②：30，正、背面均素面，一面阴刻楷书"客"字。残长 16.5、宽 16.7、厚 5.4 厘米（图九九，2；图一〇〇，2；图版一七七，2）。

标本 99NSGⅣT011003②：32，正、背面均素面，刻字的面较粗糙，未刻字的面较光滑。阴刻楷书"未"字。残长 9、残宽 15、厚 5.3 厘米（图九九，3；图一〇〇，3；图版一七七，3）。

（二）釉陶器

第 2 号宫殿基址出土的釉陶器，分为建筑材料和生活用品两大类。建筑材料数量较多，分为瓦件和装饰件 2 种。瓦件有筒瓦、板瓦、压当条和当沟等，其中以普通筒瓦居多；板瓦、压当条、当沟和瓦当仅见碎片和个体。装饰件有屋脊装饰和柱脚装饰等，其中屋脊装饰有鸱尾、兽头、套兽；柱脚装饰有覆盆。生活用品数量很少，仅见个别可复原器物和少量碎片。

1. **建筑材料**

（1）瓦

1）筒瓦　均为普通筒瓦，夹砂质，有红胎和白胎 2 种，前者居多，后者偶见（下述标本未加说明者均为红胎）。由瓦身和瓦唇构成，瓦身均前宽后窄，厚度较均匀，瓦身与瓦唇结合部厚度大于瓦身约 1 厘米，瓦唇最薄。瓦唇亦前端宽于后端，上部由前向后渐低，下部由前向后微上扬，有带横向凹槽、带横向凸棱和光面 3 种。瓦内有布纹。筒瓦均为二分瓦，一模 2 块，故两侧有脱模时留下的工具痕，为片状锐器，由前端向瓦唇剖割。

第 2 号宫殿基址出土的釉陶筒瓦，未见有当筒瓦，瓦当亦未见大型的，只见小型，但也只是 1 件完整个体和几件碎片。

有槽瓦唇

标本 99NSGⅣT006001②：32，略残。瓦内为细布纹，通长 46.5 厘米。瓦身前宽后窄。长 41、宽 23.3～24.5、厚 2.1～3.7 厘米，瓦唇残，横向凹槽位于后部边缘，宽 0.6 厘米。瓦身绿釉，瓦唇无釉（图一〇一，1；图版一七八，1）。

标本 99NSGⅣT004001②：36，左侧残。瓦内为细布纹，通长 38 厘米。瓦身长 33.5、后端宽 17.5、厚 2 厘米。瓦唇部分长 4.5、宽 12～14 厘米。横向凹槽位于后部边缘，宽 1.3 厘米。瓦身绿釉，现已呈斑驳状，瓦唇有从瓦身流淌下来的釉（图一〇二，1；图版一七八，3）。

标本 99NSGⅣT003004②：38，复原。瓦内为细布纹，通长 38 厘米。瓦身前宽后窄，长 33.5、宽 18～18.5、厚 2.2～3.5 厘米。瓦唇长 4.8、宽 12.8～13.2 厘米。横向凹槽位后部边缘，宽 0.3 厘米。瓦身绿釉，瓦唇无釉（图一〇二，2；图版一七八，4）。

标本 99NSGⅣT011003②：34，基本完整。瓦内为细布纹，通长 37 厘米。瓦身前宽后窄，前部略薄于后部，长 33、宽 27.5～28、厚 2.1～3.3 厘米。瓦唇长 4、宽 10～13 厘米，横向凹槽位于后部边缘，宽 1 厘米。瓦身绿釉，瓦唇无釉（图一〇二，3；图版一七八，5）。

标本 99NSGⅣT001009②：17，残。筒瓦的后半部分，瓦身残长 32、后端宽 18、厚 2.5 厘米。

图九九
第 2 号宫殿基址出土陶版位
1. 99NSGⅣT011003②：31
2. 99NSGⅣT011003②：30
3. 99NSGⅣT011003②：32

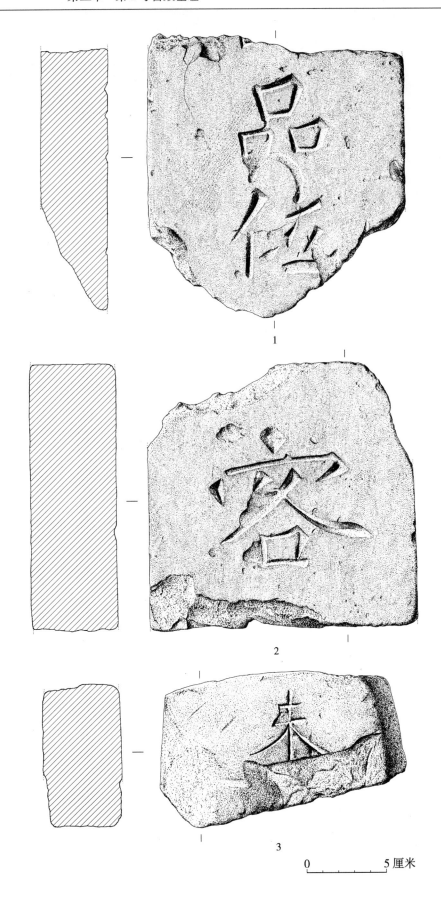

0 _____ 5厘米

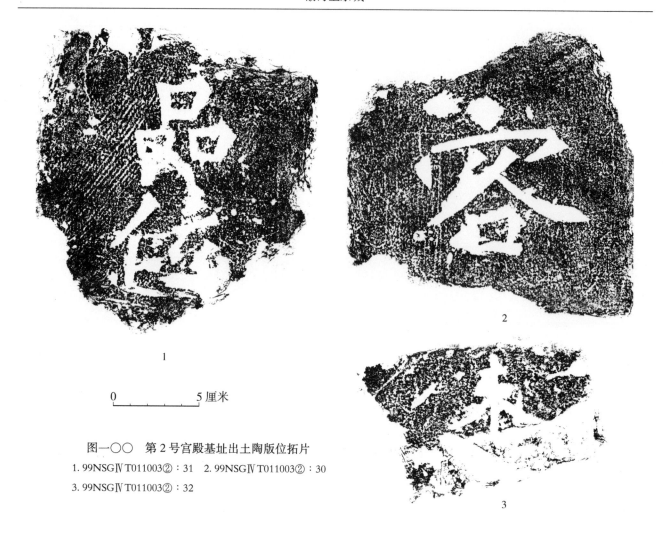

图一〇〇　第 2 号宫殿基址出土陶版位拓片
1. 99NSGⅣT011003②：31　　2. 99NSGⅣT011003②：30
3. 99NSGⅣT011003②：32

瓦唇部分长 4.2、宽 12.5 厘米。横向凹槽位于后部边缘，很浅，宽 0.8 厘米。瓦身绿釉，瓦唇有大片从瓦身流淌下来的釉（图一〇二，4；图版一七八，6）。

标本 99NSGⅣT006001②：33，残。筒瓦的后半部分，瓦身残长 19、后端宽 20、厚 3 厘米。瓦唇部分长 6、后端宽 12～15 厘米。横向凹槽位于后部边缘，宽 1 厘米。瓦身绿釉，瓦唇无釉（图一〇三，2；图版一七九，2）。

标本 99NSGⅣT006001②：2，残。筒瓦的后半部分，瓦身残长 24、后端宽 22、厚 3.6 厘米。瓦唇部分长 6、后端宽 17 厘米。横向凹槽位于后部边缘，宽 1 厘米。瓦身绿釉，瓦唇无釉（图一〇三，3；图版一七九，3）。

标本 99NSGⅣT007001②：29，残。筒瓦的后半部分，瓦身残长 21、后端宽 18、厚 2.1 厘米。瓦唇部分长 4.5、前端宽 12.5～14 厘米，横向凹槽位于后部边缘，宽 1 厘米。瓦身绿釉，瓦唇有从瓦身流淌下来的釉。身、唇结合部有 1.8 厘米宽的白色印痕（图一〇三，4；图版一七九，4）。

光面瓦唇

标本 99NSGⅣT007001②：9，基本完整。瓦内为细布纹，通长 45 厘米。瓦身前宽后窄，前部略薄于后部。瓦身长 41、宽 23～25、厚 2.5～3.5 厘米。瓦唇部分长 4、后端宽 19 厘米。瓦身绿釉，现

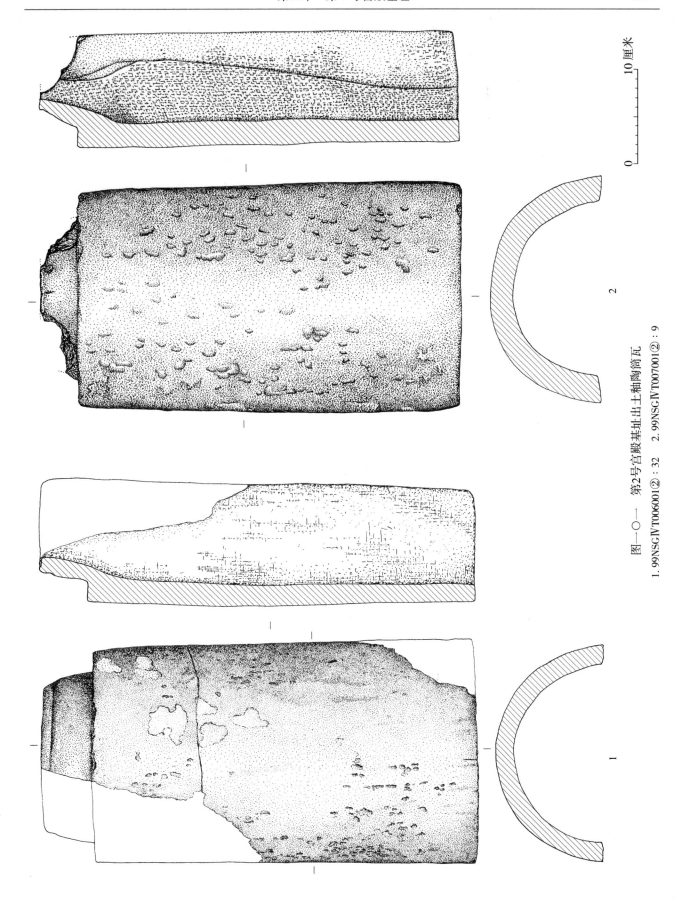

图一〇一　第 2 号宫殿基址出土釉陶筒瓦

1. 99NSGⅣT006001② : 32　　2. 99NSGⅣT007001② : 9

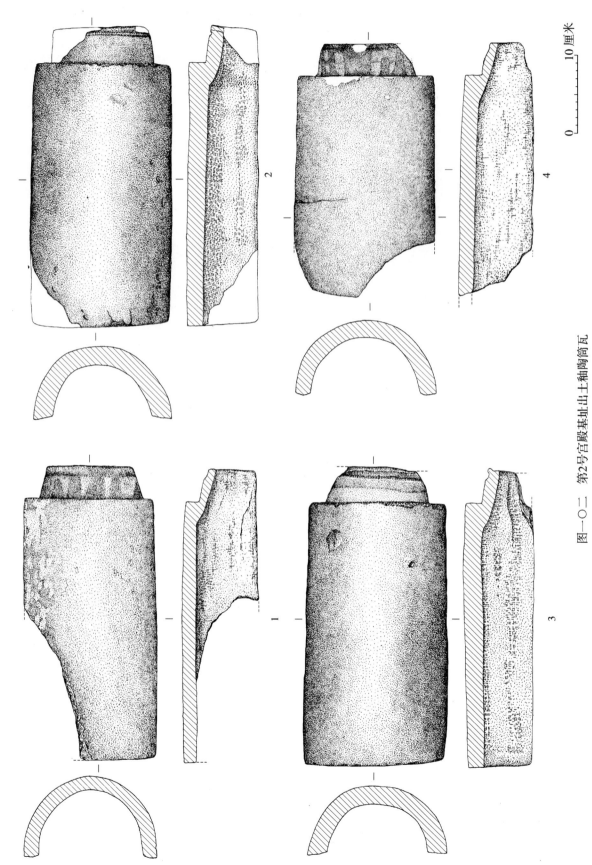

10厘米

图一〇二 第2号宫殿基址出土釉陶筒瓦
1.99NSGⅣT004001②：36 2.99NSGⅣT003004②：38 3.99NSGⅣT011003②：34 4.99NSGⅣT001009②：17

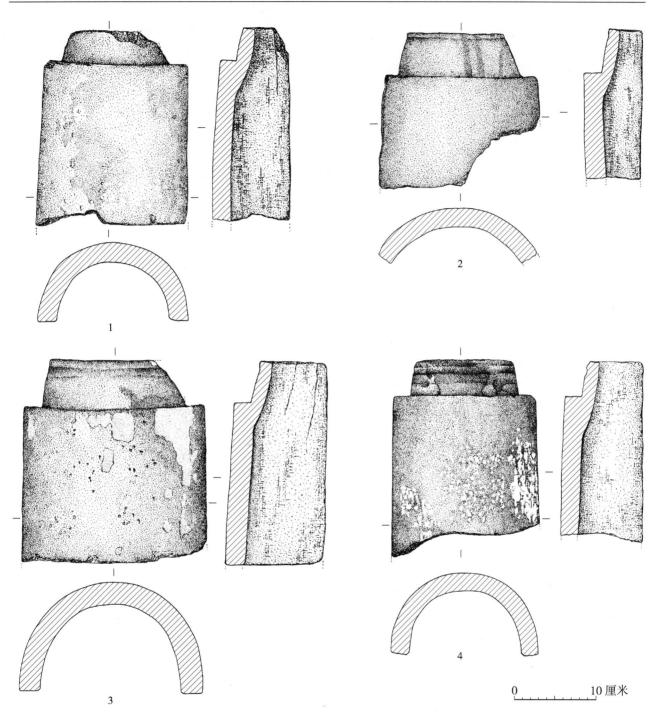

图一○三　第2号宫殿基址出土釉陶筒瓦

1. 99NSGⅣT003002②：17　2. 99NSGⅣT006001②：33　3. 99NSGⅣT006001②：2　4. 99NSGⅣT007001②：29

已呈斑驳状、瓦唇无釉（图一○一，2；图版一七八，2）。

标本99NSGⅣT003002②：17，残。筒瓦的后半部分。瓦身残长23、后端宽18、厚2.3厘米。瓦唇部分长4.1、宽13.1～14厘米。瓦身为黄、绿釉，瓦唇无釉（图一○三，1；图版一七九，1）。

瓦片

　　标本 99NSGⅣT008002②：2，残。筒瓦的前半部分，断边呈弧形，似有意为之。瓦身残长 17、残宽 14、厚 1.2 厘米。绿釉（图版一八〇，1）。

　　标本 04NSGⅣT013005②：1，残。小型筒瓦。瓦身残长 15、宽 10、厚 1.2 厘米。绿釉（图版一七九，6）。

　　标本 99NSGⅣT001009②：1，残，白胎。瓦身残长 13、残宽 10.6、厚 1.2 厘米。绿釉（图版一八〇，2）。

　　标本 99NSGⅣT003001②：32，残。筒瓦的前半部分，残长 29、宽 18、厚 2 厘米。绿釉（图一〇四，1；图版一七九，5）。

　　2）板瓦

　　标本 99NSGⅣT009004②：89，红胎。檐头施第 1 种图案，凹面上有绿釉。残长 7、宽 10、厚 2

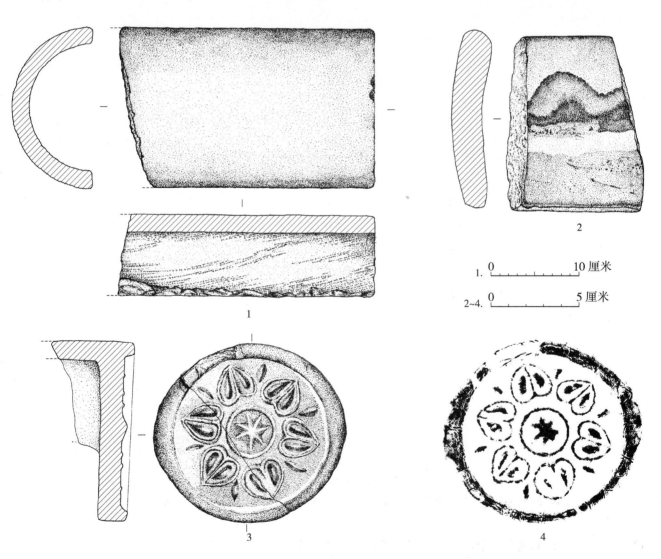

1. ⎹0⎹⎹⎹⎹⎹⎹⎹⎹⎹⎹⎹ 10 厘米

2~4. ⎹0⎹⎹⎹⎹⎹⎹⎹⎹⎹⎹⎹ 5 厘米

图一〇四　第 2 号宫殿基址出土釉陶器

1. 筒瓦（99NSGⅣT003001②：32）　2. 压当条（99NSGⅣT009003②：1）

3、4. 六瓣莲花纹 Ak 型瓦当及拓片（04NSGⅣT014006②：3）

厘米（图版一八〇，3）。

3）压当条　均为红胎。凹面向下，顶面一侧有绿釉。

标本99NSGⅣT009003②：1，残长7、宽10、厚1.5厘米（图一〇四，2）。

标本99NSGⅣT001003②：24，残长8.5、宽8.5、厚2厘米（图版一八〇，5）。

4）正当沟

标本99NSGⅣT008002②：3，完整，红胎。形似伸出的舌头，宽17.5、高10、厚1.5厘米。瓦背黄绿釉（图版一八〇，4）。

5）瓦当　只1件完整个体和几件碎片。

Aj型　标本04NSGⅣT011003②：11，残。当面直径10.4厘米。绿釉（图七七，6；图七八，6；图版一六五，6）。

Ak型　标本04NSGⅣT014006②：3，完整。莲瓣之间装饰有细长的萼形纹，莲瓣轮廓明显，呈凸起的心形，花瓣较短，瓣尖向外，莲实由外向内由同心圆环和中心的花朵状凸起组成。当面直径12厘米。绿釉（图一〇四，3、4；图版一八〇，6）。

（2）鸱尾

建筑正脊装饰物，《营造法式》规定其高度有若干种，根据建筑的等级和类型分别使用。渤海上京城出土的鸱尾，形如鱼尾，鳍部较宽，刺明显。鳍部内侧一排圆孔，插入连珠状装饰。系分片分段塑制，然后粘接而成[5]。

第2号宫殿基址出土的鸱尾，均为白胎，仅见残片，无可复原者，根据其细部、纹饰和尺寸，可知分属若干不同个体。

标本99NSGⅣT006004②：13，鳍部内侧有连珠状装饰的部位，长34、宽15、厚3厘米。保留了连珠状装饰和贴塑痕迹各1个，二者相距3厘米。连珠状装饰直径12厘米，呈半圆状凸起，边缘环绕24珠。黄绿釉（图版一八一，1）。

标本99NSGⅣT006004②：14，鳍刺底、内侧部位，边缘平直，长26、宽21、厚4厘米。鳍刺为向上的弧形，其间距6厘米。黄、绿、褐三彩釉（图版一八一，2）。

标本99NSGⅣT001003②：18，鳍刺内侧部位，边缘直，一侧有分片手塑的凹槽，另一侧有钉孔，长19、宽11、厚2.4厘米。绿釉（图版一八一，6）。

标本99NSGⅣT006004②：21，鳍刺内侧部位，边缘直，一端有分片手塑的凸棱。长20、宽22、厚2.4厘米。鳍刺为向上的弧形，其间距3.5厘米。绿釉（图版一八二，1）。

标本99NSGⅣT006004②：10，鳍刺内侧部位，长24、宽14、厚2.6厘米。鳍刺已脱落，仅存贴塑的痕迹，其间相距5厘米。绿釉（图版一八一，5）。

标本99NSGⅣT006004②：11，鳍刺内侧部位，边缘直，长20、宽22、厚2.4厘米。鳍刺为向上的弧形，其间距4厘米。绿釉（图版一八一，3）。

标本99NSGⅣT006004②：33，鳍刺内侧部位，边缘为弧线，长24、宽19、厚2.4厘米。鳍刺为另行贴塑的向上弧形，有其间距2.5厘米。黄绿釉（图版一八一，4）。

标本04NSGⅣT001008②：2，背部，长21、宽15、厚2.8厘米。斜向成排戳有通透的方孔。绿釉（图版一八二，2）。

标本99NSGⅣT006004②：34，背部，纵长18、横宽18、厚2厘米。横向戳有一排通透的圆孔。绿釉（图版一八二，3）。

标本04NSGⅣT009016②：13，背部，纵长18、横宽18、厚2厘米。戳有一排通透的方孔。绿釉（图版一八二，4）。

标本99NSGⅣT006001②：34，建筑饰件。一端有旋涡状装饰花纹。长13、宽10、高15、厚2.6厘米。白胎，绿釉（图版一八二，5）。

标本99NSGⅣT011004②：48，残建筑饰件。剖视呈"∟"形，长13、宽10、高15、厚2.5厘米。白胎，绿釉（图版一八二，6）。

标本99NSGⅣT009004②：90，鳍部内侧脱落下的贴塑装饰物。椭圆形，长轴直径9、短轴直径8厘米。其图案分3层，中心为乳丁状凸起，周围缠绕旋转菊纹，最外圈为16枚珠子构成的连珠纹。背平，有多条不规则的条痕，系安装时所留痕迹。绿釉（图一〇五，1；图版一八三，1）。

标本04NSGⅣT009016②：14，鳍部内侧脱落下的贴塑装饰物。椭圆形，长轴直径8、短轴直径6厘米。其图案分2层，中心为乳丁状凸起，其外圈凸起的圆环，其上有横向等距离戳印痕迹。背凹，有纵横交错的条纹，系安装时所留痕迹。黄绿釉（图一〇五，2；图版一八三，2）。

标本99NSGⅣT006004②：36，鳍部内侧脱落下的贴塑装饰物。下部有残缺，圆形，直径8厘米。其图案分2层，中心为乳丁状凸起，其外残留10枚珠子，构成连珠纹。背平，有凸起的条痕，系安装时所留痕迹。绿釉（图一〇五，3）。

标本99NSGⅣT006004②：35临1，鳍部内侧脱落下的贴塑装饰物。圆形，直径9厘米，其图案分2层，中心为乳丁状凸起，其外为15枚珠子构成的连珠纹。背平。绿釉（图一〇五，4；图版一八三，3）。

标本99NSGⅣT006004②：37，鳍部内侧脱落下的贴塑装饰物。残。圆形，直径7厘米。其图案分2层，中心为乳丁状凸起，其外残留5枚珠子，构成连珠纹。中心凸起与连珠纹分两片塑成。背平。绿釉（图一〇五，5）。

标本99NSGⅣT003004②：2，鳍部内侧脱落下的贴塑装饰物。圆形，长轴直径8厘米。其图案分2层，中心为乳丁状凸起，其外为16枚珠子构成的连珠纹。背平，有多条不规则的条痕，系安装时所留痕迹。绿釉（图一〇五，6）。

（3）兽头

脊端安置的兽状瓦件，《营造法式》规定的兽头有7种规格，其高度分别是4尺、3尺、2.5尺、2尺、1.8尺、1.6尺、1.4尺，依建筑的不同类型及等级分别使用。

第2号宫殿基址出土有几件接近完整的个体和大量碎块，均为塑制，细部各异。有白胎和红胎2种（下述标本未加说明者均为白胎），形象为狰狞的怪兽。朝天鼻，鼻孔置于左、右。张口，上、下颌骨各有2枚犬齿。舌前伸。两眼鼓出，上眼睑后有两层眼皮。眼、鼻后有竖起的耳朵，耳上环鬣前斜交于下颌。脑后有3根竖起的粗壮鬣毛，其下为圆饼状饰，鬣毛与圆饼交汇处左、右各置1泥丸。底座略上凹，弧度与板瓦接近。鼻后部与底座间有斜向贯通的孔，安装时将铁条穿入孔中，将兽头固定于脊端。

标本99NSGⅣT003004②：28，较完整。鳃及耳尖缺损，竖鬣下2根及圆饼状饰缺失，但尚存一

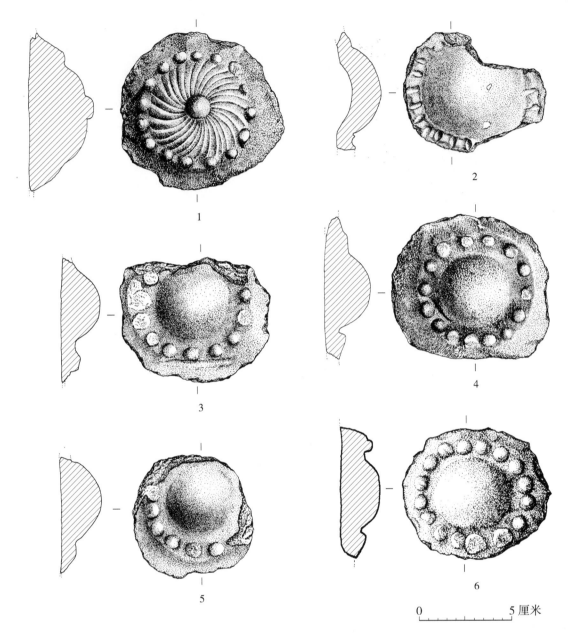

图一〇五　第 2 号宫殿基址出土釉陶鸱尾

1. 99NSGⅣT009004②：90　2. 04NSGⅣT009016②：14　3. 99NSGⅣT006004②：36
4. 99NSGⅣT006004②：35　5. 99NSGⅣT006004②：37　6. 99NSGⅣT003004②：2

泥丸。上、下犬齿间有单独安装的门齿，鼻中间有楞凸起，鼻孔不通透。舌根置于口内下部，中间微凸起，舌尖微翘向后卷。眼珠施黑釉，眼巩膜、犬齿施淡黄釉，臼齿及舌施褐釉，其余部位施深、浅绿相间的釉。长 48、宽 44、高 42 厘米（图一〇六；图版一八四，1、2）。

标本 99NSGⅣT011003②：33，较完整。鳃及耳尖缺损，竖鬃下的圆饼状饰缺失，上、下犬齿间有单独安装的门齿，已脱落，已复原。鼻中间有楞凸起，鼻孔不通透。舌根置于口内下部，中间微凸起，舌尖微翘向后卷。眼珠施黑釉，眼巩膜、犬齿施淡黄釉，臼齿及舌施褐釉，其余部位施深、浅绿

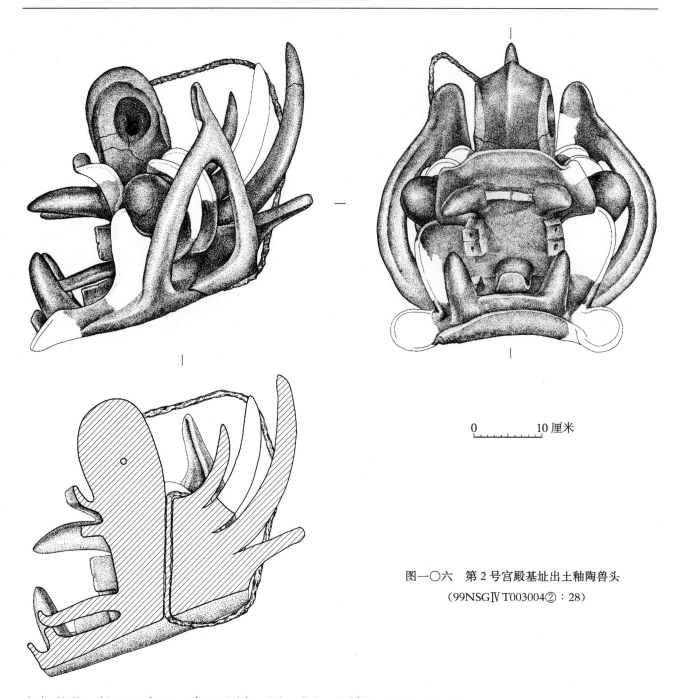

0 _____ 10 厘米

图一〇六　第 2 号宫殿基址出土釉陶兽头
（99NSGⅣT003004②：28）

相间的釉。长 44、宽 38、高 68 厘米（图一〇七；图版一八五，1、2）。

　　标本 99NSGⅣT012004②：1，残。口、眼、鼻以外的部分缺失。上、下颌的犬齿及门齿一体塑成。鼻中间有楞凸起，鼻孔通透。舌根置于口内下部，中间微凸起，舌尖残。眼巩膜施浅绿釉，齿施淡黄釉，其余部位施绿釉。残长 26、残宽 29、残高 30 厘米。右眼下附着较大的白灰块（图一〇八；图版一八六，1、2）。

　　标本 99NSGⅣT010003②：5，较完整。鳃及耳尖缺损，竖鬃及其下的圆饼状饰缺失，已复原。上、下颌的犬齿及门齿一体塑成。鼻中间有楞，微凸起，鼻孔不通透。舌根置于口内下部，中间微凸起，舌尖微翘向后卷。眼珠施深绿釉，眼巩膜施浅绿釉、齿施淡黄釉，上唇及右眼后第一层眼皮施褐色釉，其余部位施绿釉。长34、残宽25、高25厘米（图一〇九；图版一八六，3）。

标本99NSGⅣT010004②：43，已残，仅存口、眼、鼻，其余部位缺失，已复原。上、下颌的犬齿及门齿一体塑成。鼻中间有楞凸起较高，鼻孔通透。舌根置于口内上部，已脱落，仅留安装痕迹。眼珠施黑釉，眼巩膜、犬齿施淡黄釉，施绿釉。残长26、残宽24、残高26厘米（图一一〇；图版一八六，4）。

标本99NSGⅣT009004②：40，已残。仅存口、左眼、鼻及竖鬃下的圆饼状饰，已复原。上、下颌的犬齿及门齿一体塑成。鼻中间有楞凸起较高，鼻孔通透。舌根置于口内上部，已脱落，仅留安装痕

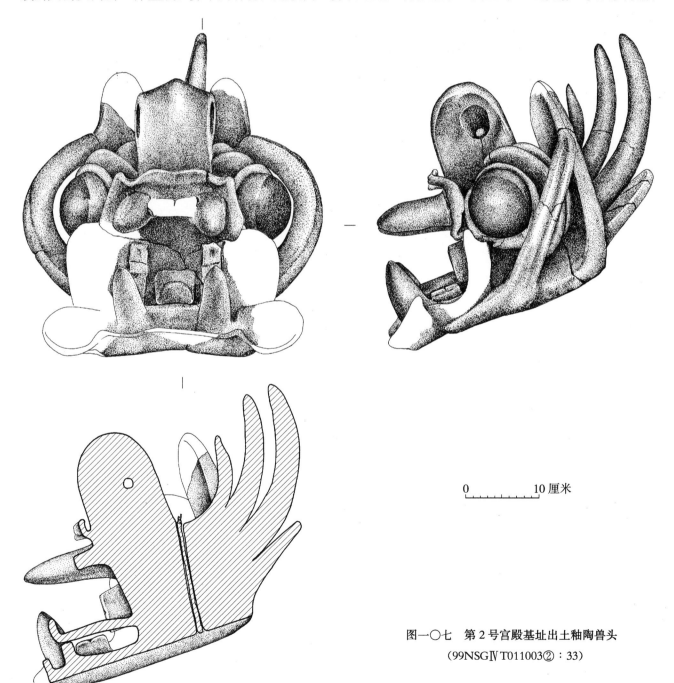

0 　　　　　10 厘米

图一〇七　第2号宫殿基址出土釉陶兽头

（99NSGⅣT011003②：33）

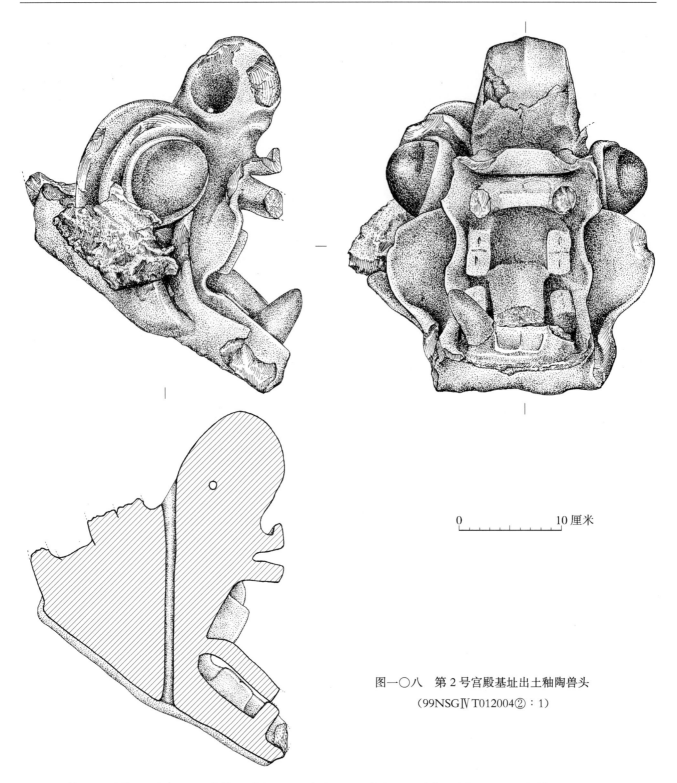

图一〇八　第 2 号宫殿基址出土釉陶兽头
（99NSGⅣT012004②∶1）

迹。整体经过火烧，釉色已不清楚。残长 29、残宽 34、残高 30 厘米（图一一一；图版一八七，1）。

标本 04NSGⅣT001005②∶1，已残。仅存眼、鼻，其余部位缺失。鼻中间有楞平缓向中间凸起，鼻孔通透。眼珠及眼睑施墨绿釉，眼巩膜施浅绿釉，其余部位施黄绿釉。残长 32、残宽 19、残高 33 厘米（图一一二；图版一八七，2）。

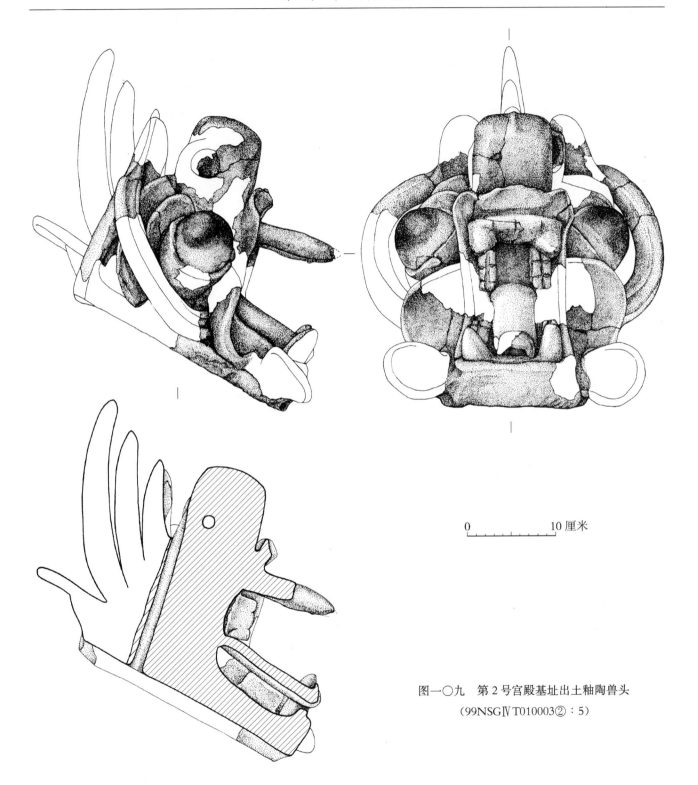

0 ————— 10 厘米

图一〇九　第 2 号宫殿基址出土釉陶兽头
（99NSGⅣT010003②：5）

标本 99NSGⅣT012003②：2，残。仅存眼、鼻，其余部位缺失。鼻中间有楞凸起，鼻孔通透。鼻施绿釉，鼻孔内施黄釉，其余部位釉色保存不好。残长 33、残宽 20、残高 30 厘米（图一一三；图版一八七，3）。

标本 04NSGⅣT009016②：15，残，胎特殊，前端灰色，后端红色。下颌以下部位，舌根置于口

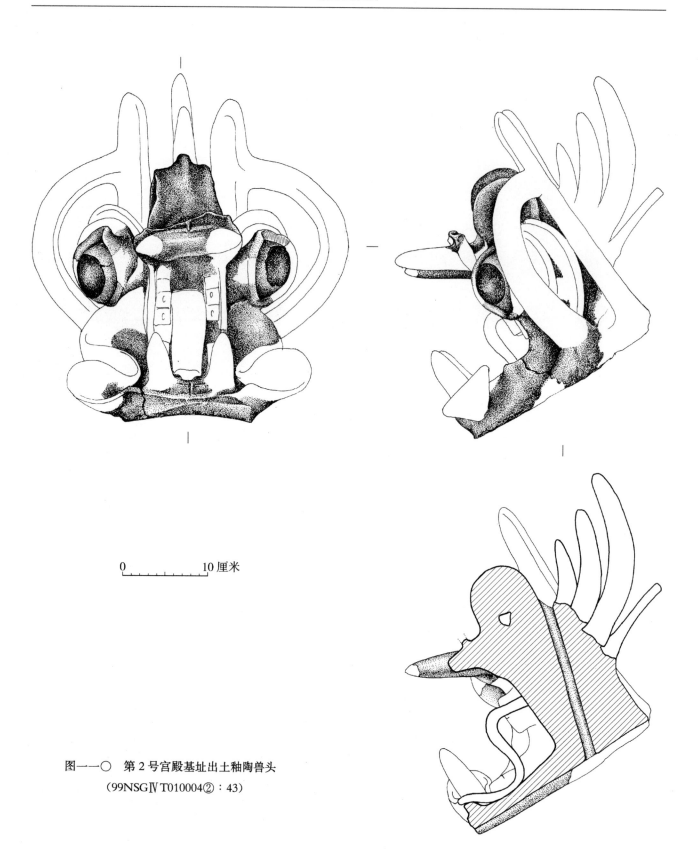

0 _____ 10 厘米

图一一〇　第2号宫殿基址出土釉陶兽头
（99NSGⅣT010004②：43）

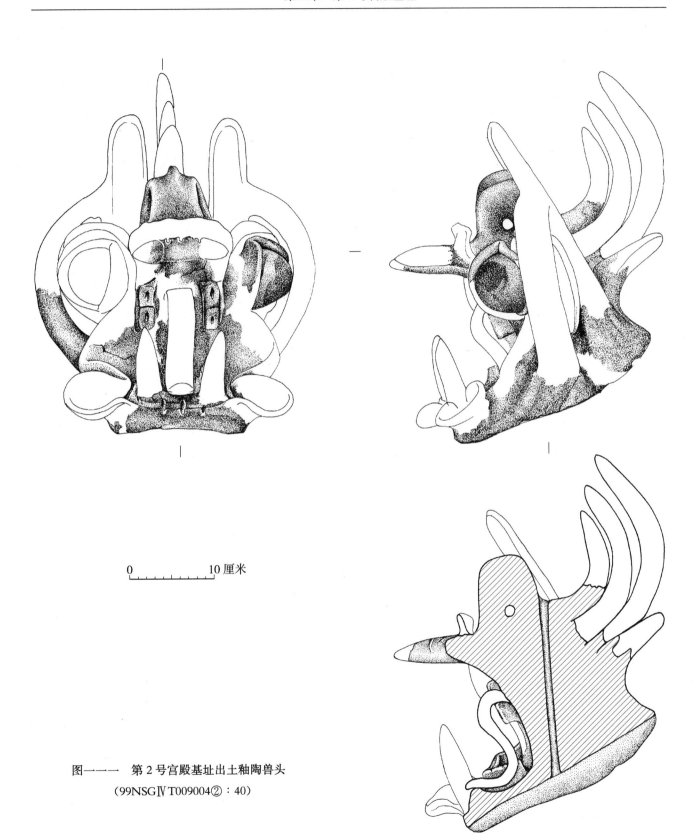

0 ⊢—————⊣ 10 厘米

图一一一　第 2 号宫殿基址出土釉陶兽头
（99NSGⅣT009004②：40）

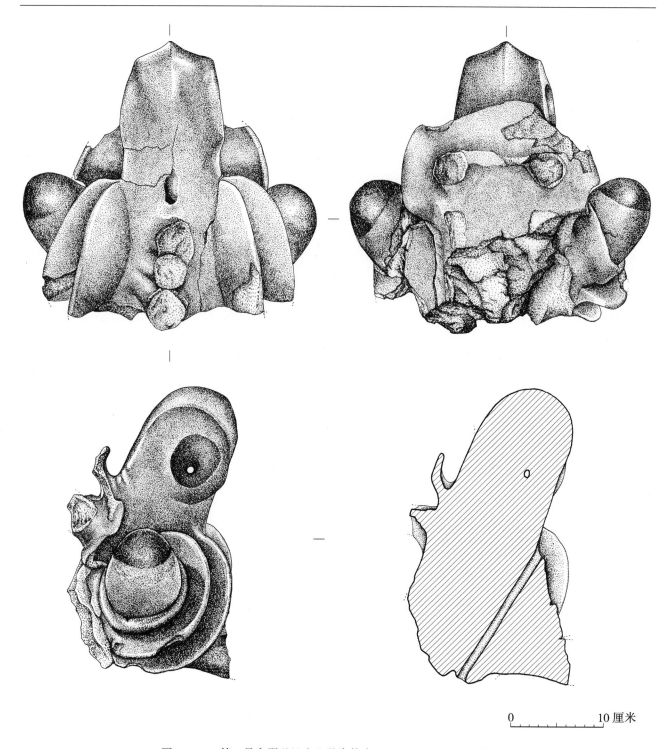

0　　　　　　　　10厘米

图一一二　第2号宫殿基址出土釉陶兽头（04NSGⅣT001005②：1）

内下部，中间微凸起，舌尖微翘向后卷。残长23、残宽24、残高17厘米。釉多不存，仅可见舌黄釉，局部绿釉（图一一四；图版一八七，4）。

标本99NSGⅣT003001②：33，残。眼睛及其后的两层眼皮。长14、宽13.4、厚15.2厘米。眼球黑色，眼睑黄色，其余均为绿色（图一一五，1）。

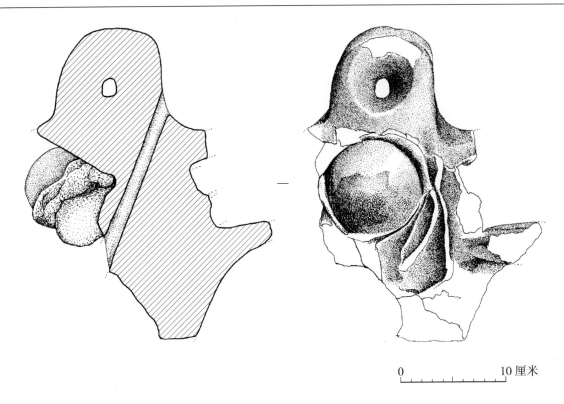

0   10 厘米

图一一三 第 2 号宫殿基址出土釉陶兽头（99NSGⅣT012003②：2）

标本 04NSGⅣT008017②：2，残。眼睛及其后的两层眼皮。长 6、宽 5.2、厚 10 厘米。眼睑局部黄色，其余均为绿色（图一一五，2）。

标本 04NSGⅣT008016②：16，残。小型兽头的下颌前端。残长 18、残宽 12、残高 10 厘米。釉色不清，局部可见绿釉（图一一五，3；图版一八七，5）。

标本 99NSGⅣT011004②：46，残。小型兽头的下颌前端左侧。残长 11、残宽 6、残高 6 厘米。黄釉为主，局部可见绿釉（图一一五，4；图版一八七，6）。

（4）套兽

屋顶防水构件，套在翼角的仔角梁前端。《营造法式》规定有 5 种规格，直径分别为 1.2 尺、1 尺、0.8 尺、0.6 尺、0.4 尺。根据建筑的等级和类型分别使用。

第 2 号宫殿基址出土了大量套兽残片，分属若干个体，出土于正殿东、西侧；殿前东、西踏道；南廊中央门址等部位。其形象为威猛的怪兽头部，可分为有凸出獠牙的雄性和无獠牙的雌性 2 种。白胎，手工塑制。

标本 99NSGⅣT011004②：28，残，右脸及头顶得以保存，其余部位缺损，根据同类器物复原。顶部中央有一条中分的凹线，左、右各有一角的根部，双眉阴刻斜向的平行线，眼球缺失。脸腮部可见上下对咬的白齿，牙齿的上部和后部是隆起的肌肉。口唇的下部和整体后部饰有卷曲的鬃毛，以头顶中分线为界，分别向左、右卷曲。长 34、宽 46、高 40、壁厚 3 厘米。中空，后部装榫位置为椭圆形，宽 40、高 34 厘米。头顶中分线鬃毛前和右耳下有钉孔，直径 1.2 厘米。三彩釉，双眉经火烧釉色已不清晰，口唇褐色，其余部位黄绿釉（图一一六；图版一八八，1、2）。

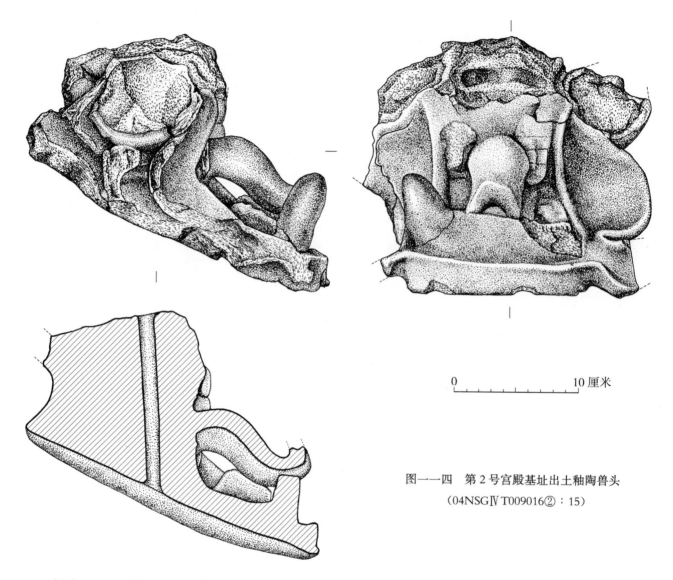

图一一四　第2号宫殿基址出土釉陶兽头
（04NSGⅣT009016②：15）

　　标本99NSGⅣT011004②：29，残，左吻、左脸及头顶得以保存，其余部位缺损，根据同类器物复原。顶部中央有一条中分的凹线，左、右各有一安装角的痕迹，双眉阴刻斜向的平行线，眼球缺失。吻部前端突出2枚獠牙，上长下短，其后为上下咬合的犬齿和对咬的臼齿，牙齿的上部和后部是隆起的肌肉。口唇的下部和整体后部饰有卷曲的鬃毛，以头顶中分线为界，分别向左、右卷曲。长45、宽40、高34、壁厚5厘米。中空，后部装榫位置为椭圆形，宽30、高24厘米。头顶中分线鬃毛前和左耳下有钉孔，直径1.2厘米。三彩釉，右侧白齿、门牙为褐绿色，口唇为棕红色，两眉为黄绿色。右耳褐色，右下棕毛棕绿色，顶部棕毛为绿色，其间夹杂深褐色（图一一七；图版一八八，3、4）。

　　标本99NSGⅣT002003②：42，残，右脸、左额及整个后部得以保存，其余部位缺损，根据同类器物复原。顶部中央有一条中分的凹线，其左侧有角的根部，残高3.5厘米。左眉阴刻斜向的平行线，眼球完好。眼神下视。左脸保留了对咬的臼齿，牙齿的上部和后部是隆起的肌肉。口唇的下部和整体后部饰有卷曲的鬃毛，以头顶中分线为界，分别向左、右卷曲。残长39、宽44、高36、壁厚3厘米。中空，后部装榫位置为椭圆形，宽38、高32厘米。头顶中分线鬃毛前和右耳下有钉孔，直径1.6厘米。三彩釉，左侧白齿、口唇为褐色；左额及棕毛黄绿色，其间夹杂褐色。右眉黄绿色，右耳黄色（图一一八；图版一八九，1～3）。

　　眼

　　标本99NSGⅣT006001②：36，左眼及左眉残片。眼前端残，眼眶弧形。眼球直径6厘米，系单独塑成，安入眼眶内，已脱落。残长17、残宽11厘米。通体绿釉（图一一九，1；图版一九〇，1）。

　　标本99NSGⅣT006001②：37，左眼及左眉残片。眼下端残，眼眶弧形，眼球用阴刻线勾勒，直径6厘米。残长17、残宽10厘米。眼眉绿釉，眼眶褐釉，眼睛绿中带褐（图一一九，2；图版一九〇，4）。

　　标本99NSGⅣT003004②：39，左眼残片。眼眶平直，眼球用颜色勾勒，直径5.5厘米。残长21、残宽11厘米。眼眶绿釉，眼白黄釉，眼球褐釉，边缘微绿色（图一一九，3；图版一九〇，5）。

　　标本99NSGⅣT009004②：91，左眼残片。眼前端残，眼眶平直，整个眼睛一次塑成。残长13、残宽12厘米。眼眶以绿釉为主，局部有小块黄釉，眼眶内均为黄釉，局部有从眼眶上流淌下来的绿

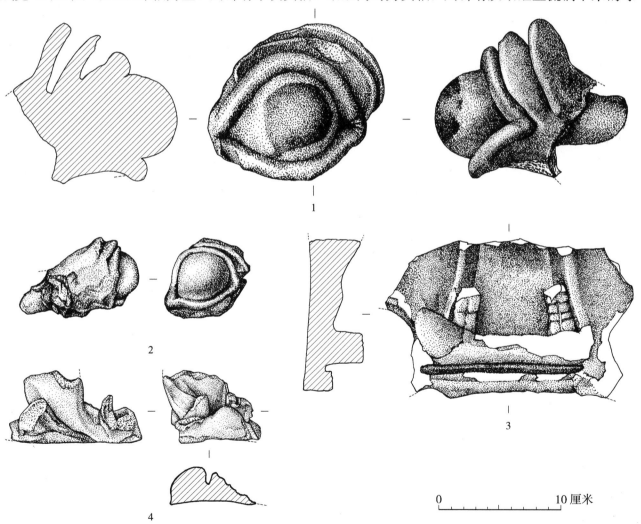

0　　　　　　　　　　10厘米

图一一五　第2号宫殿基址出土釉陶兽头

1. 99NSGⅣT003001②：33　2. 04NSGⅣT008017②：2　3. 04NSGⅣT008016②：16　4. 99NSGⅣT011004②：46

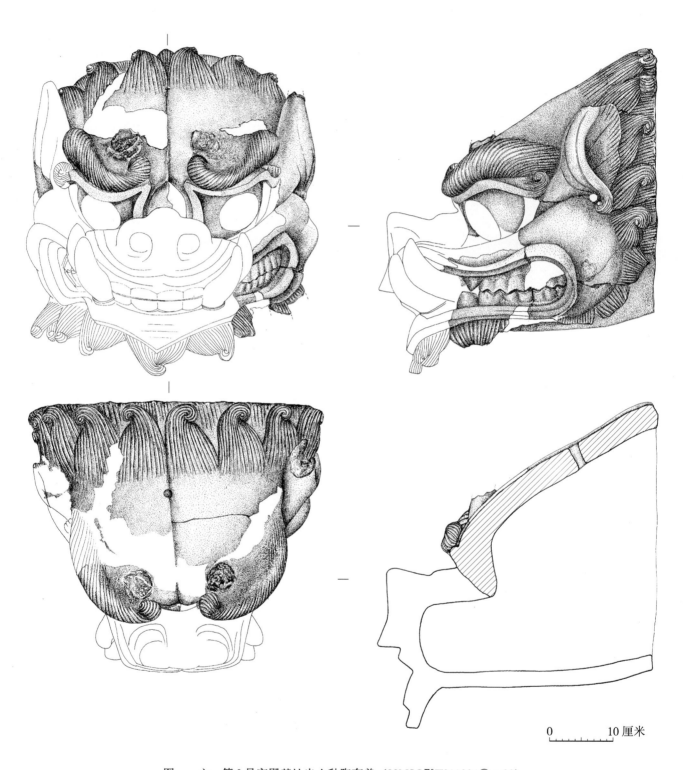

0   10 厘米

图一一六　第 2 号宫殿基址出土釉陶套兽（99NSGⅣT011004②：28）

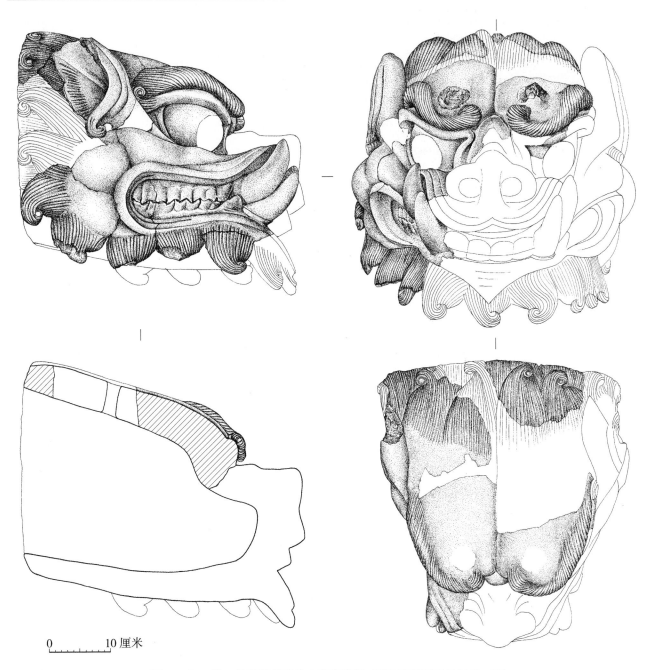

0　　　　10厘米

图一一七　第 2 号宫殿基址出土釉陶套兽（99NSGⅣT011004②：29）

釉。眼球直径 5 厘米，黑釉（图一一九，4；图版一九〇，2）。

标本 04NSGⅣT008016②：9，白胎，眼珠黑釉，眼眶黄釉（图一一九，5；图版一九〇，6）。

标本 99NSGⅣT001003②：20，眼眶上、下边近平直，左、右边呈右向的弧形，眼球凸起，沿边阴刻线条。眼眶长 8、宽 5、眼珠直径 3.5 厘米。通体黄釉（图一一九，6；图版一九〇，3）。

标本 04NSGⅣT008017②：3，左眼残片，整眼一次塑成。残长 8、残宽 5.5 厘米。眼眶内均为黄釉，眼球用阴刻线勾勒，直径 4 厘米。绿釉（图一一九，7）。

耳　大小不同，分属 5 个个体。

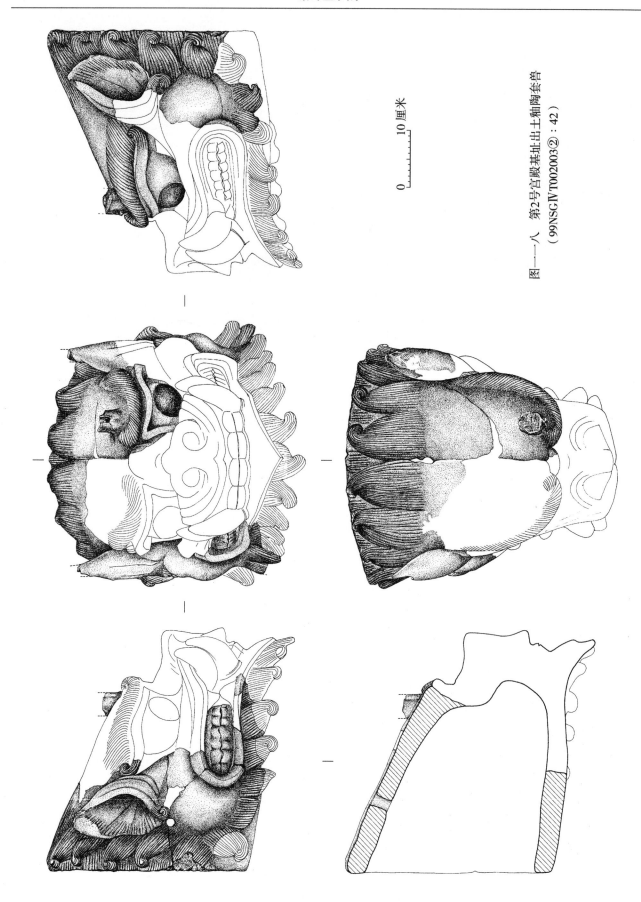

图一一八　第2号宫殿基址出土釉陶套兽
（99NSGⅣT002003②∶42）

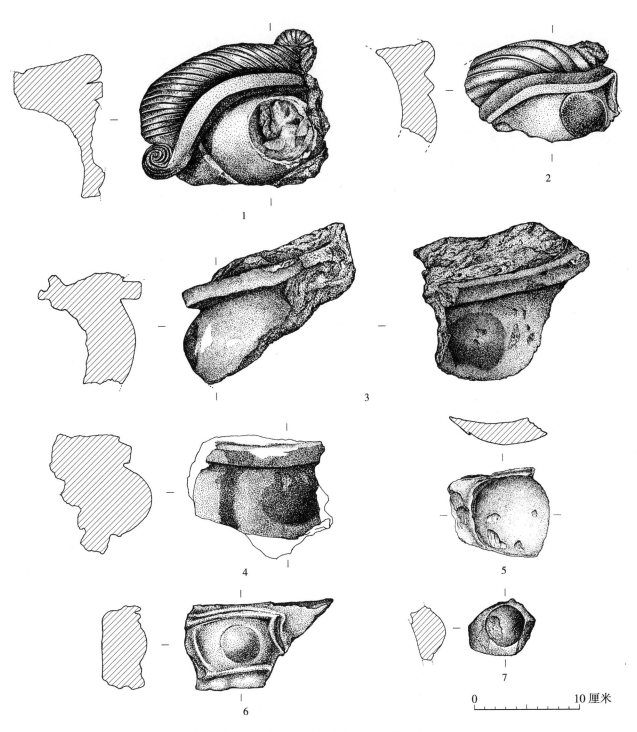

图一一九 第2号宫殿基址出土釉陶套兽眼残片

1. 99NSGⅣT006001②：36　2. 99NSGⅣT006001②：37　3. 99NSGⅣT003004②：39　4. 99NSGⅣT009004②：91

5. 04NSGⅣT008016②：9　6. 99NSGⅣT001003②：20　7. 04NSGⅣT008017②：3

标本99NSGⅣT006001②：38，左耳和及其后的一组鬃毛，耳尖残，宽8、残高14厘米。耳背绿釉，耳内褐釉。鬃毛较粗疏，绿釉，局部带有褐色（图一二〇，1；图版一九一，4）。

标本99NSGⅣT011004②：2，右耳和部分头顶的鬃毛，弧状。残长24、残宽20、厚2～3厘米。耳尖残，宽12、残高14厘米。三彩釉，耳背黄色，耳内褐色，鬃毛为黄绿色（图一二〇，2；图版一九一，1）。

标本99NSGⅣT011004②：32，左耳，耳尖略残。宽10、残高17厘米。耳背绿釉，耳内褐釉，鬃毛绿釉，局部带有褐釉（图一二〇，3；图版一九一，5）。

标本99NSGⅣT011004②：31，右耳和及其后的两组鬃毛，耳右下残。宽7、高14、壁厚3厘米。三彩釉，耳背黄绿色，耳内褐色（图一二〇，4；图版一九一，3）。

标本99NSGⅣT005001②：44，左耳残部及其后卷曲的鬃毛，刻画细致。长16、宽14、厚3厘米。耳淡黄釉，鬃毛绿釉（图一二〇，5；图版一九一，6）。

标本99NSGⅣT005001②：46，右耳和及其后的两组鬃毛，耳右下残。残宽15、高18、壁厚2.5厘米。三彩釉，耳背黄色，耳内褐色，鬃毛较细密，黄绿色（图一二〇，6；图版一九一，2）。

鼻　仅见2个个体。

标本99NSGⅣT003004②：40，蒜头形。鼻高9、鼻翼宽14厘米。正面黄绿釉，鼻孔内黄釉（图一二一，1；图版一九二，1）。

标本99NSGⅣT005001②：39，鼻、左上唇及左犬齿部位。高9、鼻翼残宽13厘米。上唇及鼻孔内黄釉，其余部位绿釉（图一二一，2；图版一九二，2）。

上唇　形制不同，分属3个个体。

标本99NSGⅣT011004②：33，呈向上卷曲状，包含了一部分鼻子，只露出鼻孔。高11、宽14厘米。通体黄绿釉（图一二一，3；图版一九二，3）。

标本99NSGⅣT010004②：14，向上伸展后回卷状。高10、宽11厘米。正面黄褐釉，背面绿釉（图一二一，4；图版一九二，4）。

标本99NSGⅣT006001②：39，呈向上伸展状，高12、宽8厘米。正面褐釉，背面无釉（图一二一，5；图版一九二，5）。

角　仅发现4碎块。

标本99NSGⅣT002007②：1，角后端，呈圆身弧状，其上有鱼背鳍样纹饰。长17、宽7、厚3.5厘米。绿黄釉（图一二二，2；图版一九三，1）。

标本99NSGⅣT010004②：46，角后端，呈圆身弧状，分两部分上下并列。长14、宽8、厚3.5厘米。绿黄釉（图一二二，1；图版一九三，2）。

标本04NSGⅣT008016②：10，角的前端与头部衔接处，呈圆身弧状，其上有鱼背鳍样纹饰。长14、宽7、厚3.5厘米。黄绿釉（图一二二，3；图版一九三，3）。

标本99NSGⅣT010004②：47，右角的根部与右眉的一部分，角根部系另行塑制后插入头顶。残长9、直径3厘米（图一二二，4；图版一九三，4）。

牙

标本99NSGⅣT003004②：41，上唇侧面，包含獠牙和犬齿。绿釉（图一二二，5；图版一

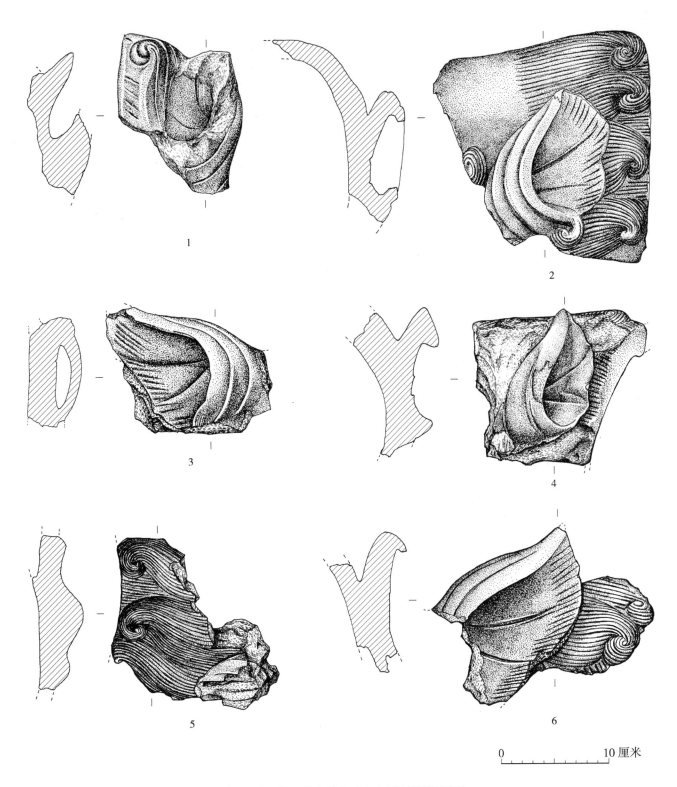

图一二〇　第 2 号宫殿基址出土釉陶套兽耳残片

1. 99NSGⅣT006001②：38　2. 99NSGⅣT011004②：2　3. 99NSGⅣT011004②：32

4. 99NSGⅣT011004②：31　5. 99NSGⅣT005001②：44　6. 99NSGⅣT005001②：46

九三，5）。

标本 99NSGⅣT002007②：8，雌性套兽上唇侧面，包含两枚犬齿。黄绿釉相间（图一二二，6；图版一九三，6）。

唇部　大小不同，分属 4 个个体。

标本 99NSGⅣT005002②：43，上、下左獠牙，上、下门齿各 4 枚及下唇。上、下獠牙分别长 12、9 厘米。门牙长 19、高 6 厘米。齿黄釉，下唇褐釉（图一二三，1；图版一九四，2）。

标本 99NSGⅣT011004②：49，白胎，手工塑制。上、下门齿各 4 枚及下唇部位。长 15、高 4 厘米。门齿黄釉，下唇褐釉（图一二三，2；图版一九四，1）。

标本 99NSGⅣT011004②：50，上、下门齿各 3 枚及下唇部位。长 11、高 6 厘米。门齿黄釉，下唇褐釉（图一二三，3；图版一九四，3）。

标本 04NSGⅣT008017②：4，上、下门齿各 4 枚及下唇部位。长 9、高 2.5 厘米。釉色不清晰，均呈淡黄色（图一二三，5）。

腮部　分属 3 个个体。

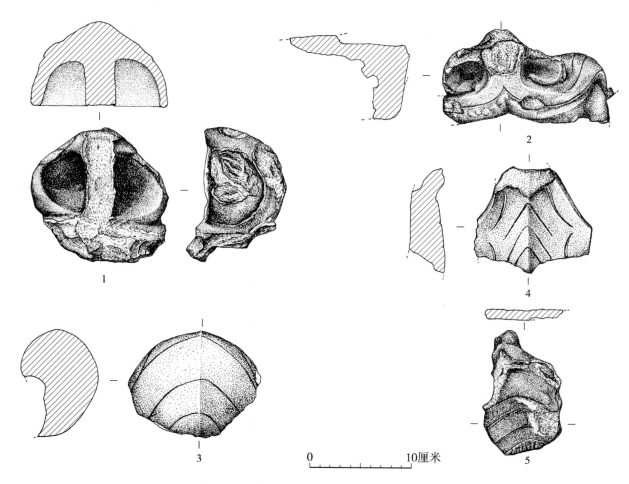

图一二一　第 2 号宫殿基址出土釉陶套兽残片

1、2. 鼻（99NSGⅣT003004②：40、99NSGⅣT005001②：39）　3～5. 上唇（99NSGⅣT011004②：33、99NSGⅣT010004②：14、99NSGⅣT006001②：39）

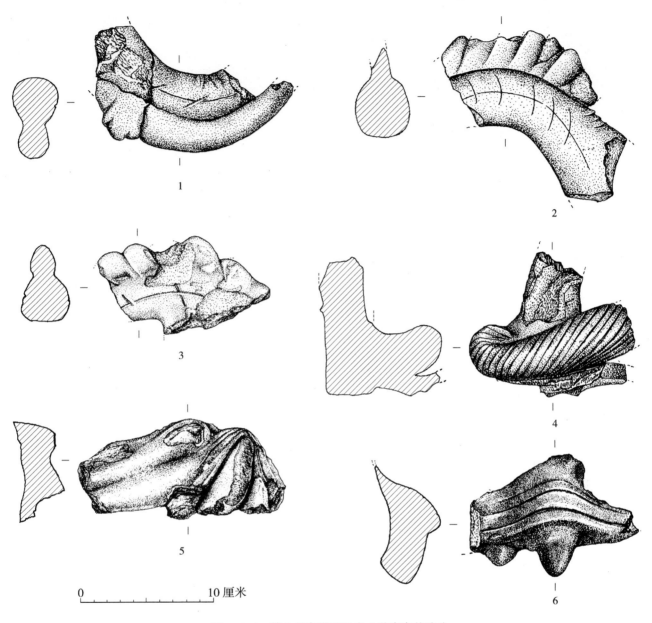

图一二二　第 2 号宫殿基址出土釉陶套兽残片

1~4. 角（99NSGⅣT010004②：46、99NSGⅣT002007②：1、04NSGⅣT008016②：10、99NSGⅣT010004②：47）

5、6. 牙（99NSGⅣT003004②：41、99NSGⅣT002007②：8）

　　标本 99NSGⅣT003004②：42，残存左耳下及口唇以后部位，后部饰有 2 圈组卷曲的鬃毛，通长 29、高 30、厚 3 厘米。整体绿釉。口唇后有直径 1.5 厘米的钉孔（图一二四，1；图版一九四，4）。

　　标本 99NSGⅣT011004②：30，左腮部，有 3 枚上下对咬的臼齿，牙齿的后部和下部是隆起的肌肉。再后部饰有 1 组卷曲的鬃毛，通长 22、高 19 厘米。口唇残长 13、高 10 厘米。经过火烧釉色已不清晰，口唇褐色，其余部位黄绿色（图一二四，3；图版一九四，5）。

　　标本 04NSGⅣT008016②：11，左腮后部。长、高均 16 厘米。均黄釉（图一二四，2；图版一九四，6）。

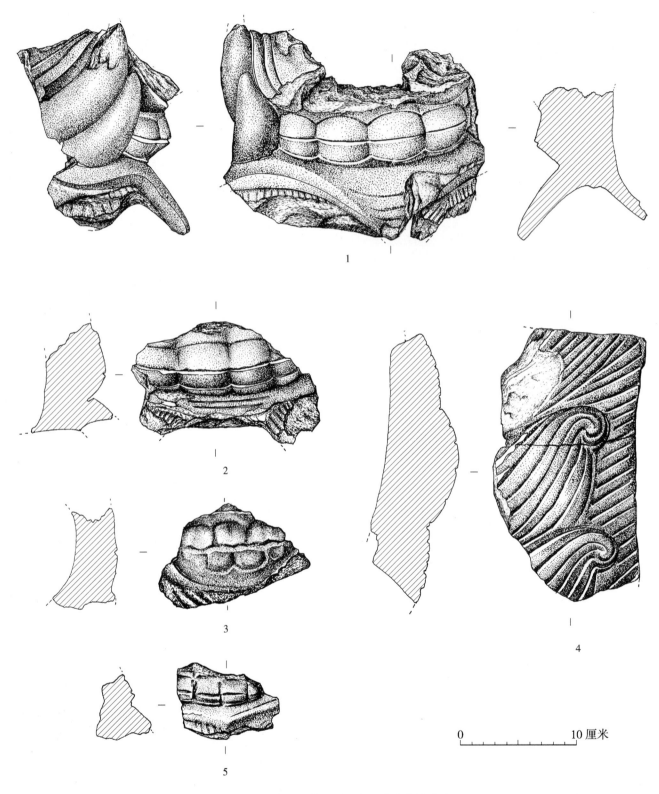

图一二三　第 2 号宫殿基址出土釉陶套兽残片

1～3、5. 唇部（99NSGⅣT005002②：43、99NSGⅣT011004②：49、99NSGⅣT011004②：50、04NSGⅣT008017②：4）

4. 鬃毛（99NSGⅣT010004②：45）

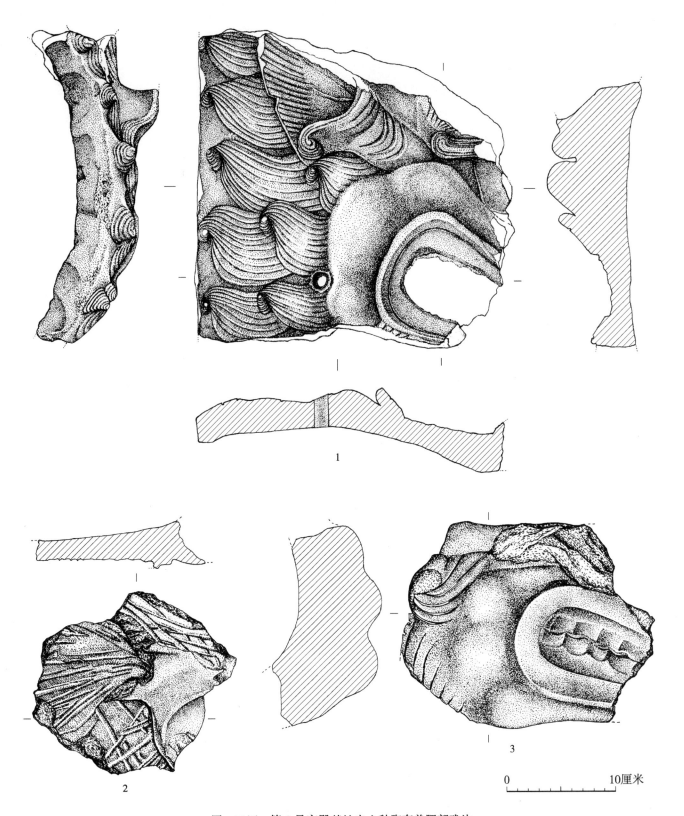

图一二四　第 2 号宫殿基址出土釉陶套兽腮部残片

1. 99NSGⅣ T003004②：42　2. 04NSGⅣ T008016②：11　3. 99NSGⅣ T011004②：30

鬃毛

标本 99NSGⅣT010004②：45，建筑饰件后部饰有的鬃毛，后、下部有平整的边，通宽 12、高 22、厚 4 厘米。整体绿釉，其中 2 根鬃毛黄褐釉（图一二三，4；图版一九二，6）。

（5）覆盆

是围绕在柱脚，起保护作用的建筑构件。圆环形，由若干块拼接而成，其内面边缘多有拼接符号。有红胎、白胎 2 种，以前者居多（下述标本未加说明者均为红胎）。表面有素面和莲瓣纹 2 种，前者居多，均为碎块，大多无法测量其直径。

素面覆盆

标本 99NSGⅣT006001②：40，底部有收束的凹槽。外径 62.4、内径 42、高 12、厚 5.2 厘米。绿釉（图一二五，1；图版一九六，1）。

标本 99NSGⅣT004001②：21，背面有刻划的"┳"形符号。外径 62.4、内径 42、高 9.8、厚 5.2 厘米。绿釉（图一二五，2；图版一九五，1、2）。

标本 99NSGⅣT009004②：92，底部有收束的印痕。背面有一条纵向通长的刻划线，其左右各有一刻划的三角形符。高 11、厚 1.8 厘米。黄绿釉（图版一九五，3、4）。

标本 99NSGⅣT009002②：7，底部有收束的凹槽。背面有白色的大字形和刻划的"┳┳"形符。高 11、厚 4 厘米。黄绿釉（图版一九六，5、6）。

标本 99NSGⅣT008004②：16，剖面侧视弧度很大，底部有收束的凹槽。高 12、厚 4 厘米。绿釉（图版一九六，4）。

标本 99NSGⅣT009004②：93，底部有收束的印痕。高 11、厚 1.8 厘米。黄绿釉（图版一九六，2）。

莲瓣覆盆

标本 04NSGⅣT001008②：13，背面有刻划的"┤角"字符。高 7.5、厚 2.3 厘米。白胎，绿色釉（图版一九五，5、6）。

标本 04NSGⅢT002008②：5，表面饰一层莲瓣。外径 46、内径 32、高 9、厚 6.9 厘米。白胎，绿釉（图版一九六，3）。

2. 生活用具

数量很少，均不完整，可复原的只有缸和盏，可辨识的器形为器盖，其余均为口沿、器底、陶片和建筑材料改制的用具。有白胎和红胎 2 种。

（1）可复原器物

缸　标本 04NSGⅢT002007②：1，残，可复原。大口，卷唇，弧腹，器身较矮，腹部两侧各附一横耳，凹底。唇下有横置的麦穗状纹，肩、腹部各有一条附加的装饰带，其上有连续的忍冬纹，约 100 厘米间隔一朵宝相花纹。口径 138.5、高 46.3、底径 108 厘米，两耳间距 140.5 厘米。白胎，内、外施黄绿釉（图一二六；图版一九七，1）。

盏　标本 04NSGⅢT001008②：1，口残，可复原。喇叭口，束颈，鼓腹，圈足。口径 8.6、颈径 3.2、腹径 5.2、圈足径 4.4、高 4.6 厘米。白胎，黄绿釉（图一二七；图版一九七，2）。

器盖　标本 04NSGⅣT001003②：26，残。白胎，表面黄绿釉，背面无釉（图一二八，5；图版一九八，4）。

图一二五　第 2 号宫殿基址出土釉陶覆盆

1. 99NSGⅣT006001②：40　　2. 99NSGⅣT004001②：21

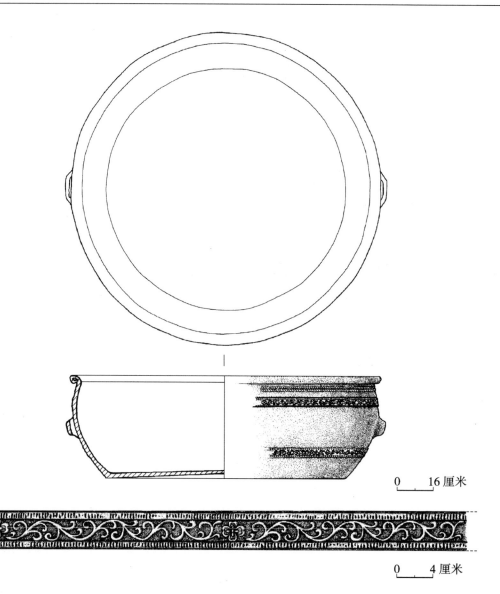

图一二六　第2号宫殿基址出土釉陶缸及局部纹饰（04NSGⅢT002007②：1）

（2）口沿

标本 99NSGⅣT007001②：7，口部残片。侈口，方唇，鼓腹。白胎，表面绿釉，背面黄釉（图一二八，6；图版一九八，5）。

标本 99NSGⅣT011004②：51，口部残片。侈口，方唇，鼓腹。白胎，表面绿釉，背面黄釉（图一二八，8；图版一九九，1）。

（3）器底

标本 99NSGⅣT013002②：1，器底残片。白胎，黄绿釉（图一二八，9；图版一九九，2）。

标本 04NSGⅣT001003②：25，圈足器底残片。白胎，黄绿釉（图一二八，4；图版一九八，3）。

（4）釉陶片　为黄绿釉缸腹部浅浮雕纹饰带的残片。

标本 99NSGⅣT002002②：8，纹饰带装饰忍冬纹，图案清晰，宽4.2厘米。红胎，双面施釉

（图一二八，1、2；图版一九八，1）。

标本 99NSGⅣT003004②：30，红胎，双面施釉。纹饰带装饰忍冬纹，图案模糊，宽4.2厘米（图一二八，3；图版一九八，2）。

标本 99NSGⅣT005001②：10，白胎，表面施绿、黄、褐釉。素面，厚0.6厘米（图一二八，7；图版一九八，6）。

（5）纺轮

标本 04NSGⅣT001008②：10，筑饰件残块制成。椭圆形。长轴直径10.5、短轴直径9.5、厚2.3厘米。白胎，绿釉（图一二八，10；图版一九九，3）。

（三）瓷器

数量很少，仅见碎片。

标本 04NSGⅣT014004②：1，器底部，圈足。断裂处修整过，可能曾被当作纺轮使用。底部偏上位置有阳文"合"字。圈足直径6厘米。黄褐胎，绛黑釉（图一二九，1、2；图版一九九，5、6）。

标本 99NSGⅣT001002②：45，瓶口部，侈口，方唇。口径6.9厘米。黄褐胎，褐釉（图一二九，3；图版一九九，4）。

（四）铁器

第2号宫殿基址出土的铁器分为建筑材料和生活用品两类。建筑材料有钉、门环、门鼻、门枢、门转、合页、环、泡、页、垫、包角、铁饰、铁条、铁件等。生活用具分为生活用具和武器2种，生活用具有带具、火镰、钥匙、牛蹄铁等，武器有刀、镞、甲片等。种类复杂，数量亦较多，但多数为铁钉。

铁器的保存情况不好，均已经锈蚀，表面呈锈红色，除另行说明者外，均为锻制。

1. 建筑材料

（1）钉

均为煅制，除N型钉表面涂漆，保存较好外，

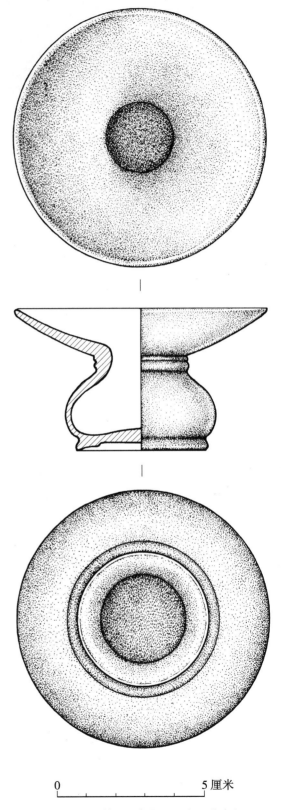

0　　　　　　　　　　　　5厘米

图一二七　第2号宫殿基址出土釉陶盏
（04NSGⅢT001008②：1）

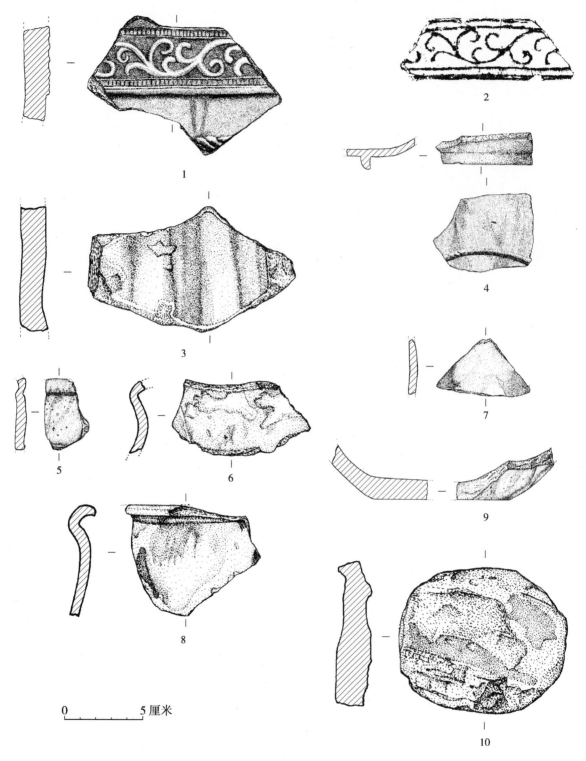

0 _____ 5 厘米

图一二八　第 2 号宫殿基址出土釉陶器

1、3、7. 釉陶片（99NSGⅣT002002②：8、99NSGⅣT003004②：30、99NSGⅣT005001②：10）　2. 釉陶片
纹饰拓片（99NSGⅣT002002②：8）　4、9. 器底（04NSGⅣT001003②：25、99NSGⅣT013002②：1）　5. 器盖
（04NSGⅣT001003②：26）　6、8. 口沿（99NSGⅣT007001②：7、99NSGⅣT011004②：51）　10. 纺轮
（04NSGⅣT001008②：10）

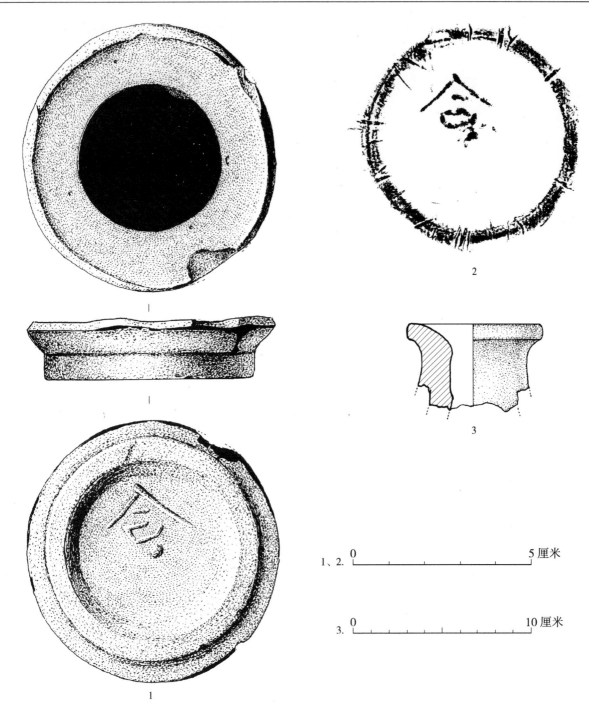

图一二九　第 2 号宫殿基址出土瓷器

1、2. 器底及拓片（04NSGⅣT014004②：1、04NSGⅣT014004②：1）　3. 器口沿（99NSGⅣT001002②：45）

其余保存状况均不甚好，多呈锈红色，有不同程度的剥落。根据钉帽的形状和顶部制作方法可分为 14 型，每型中又有大小不同的尺寸，其中 H、I 型中有部分铁钉形制较特殊，也起钉的作用，可视作特形钉，在此一并叙述。钉身有方锥形和圆锥形 2 种，方锥形钉身横截面多为长方形，在叙述中将长边所在的面称为前后面，短边所在的面称为侧面。

A 型　钉帽是将钉身顶部由前后两面或单面锻打呈扁平状,然后制成顶视呈梯形的钉帽,帽、身相接处折痕明显。钉身均为方锥形,向下渐聚成尖。此型在第 2 号宫殿基址出土最多。

标本 99NSGⅣT003002②:18,完整。钉身弯曲。长 12.4、上部最大截面长 0.7、宽 0.6 厘米(图一三〇,1;图版二〇〇,1)。

标本 04NSGⅣT009016②:17,完整。长 12.6、上部最大截面长 0.6、宽 0.4 厘米(图一三〇,2)。

标本 99NSGⅣT011004②:33,完整。长 23.2、上部最大截面长 1、宽 0.8 厘米(图一三〇,3;图版二〇〇,2)。

标本 04NSGⅣT003006②:13,完整。长 19.8、上部最大截面长 1、宽 0.8 厘米(图一三〇,4)。

标本 04NSGⅣT007016②:8,完整。钉身弯曲。长 16.8、上部最大截面长 0.8、宽 0.6 厘米(图一三〇,5)。

标本 99NSGⅣT003002②:9,完整。钉尖直角折回。长 8、上部最大截面长 0.6、宽 0.5 厘米(图一三〇,6;图版二〇〇,3)。

B 型　钉帽是将钉身顶部由前后两面或单面锻打呈扁平状,然后直接向一侧内折后制成,顶视呈前宽的铲形或近长方形,一般帽、身相接处折痕明显。钉身均为方锥形,向下渐聚成尖。

标本 99NSGⅣT011004②:39,完整。长 10.8、上部最大截面长 0.7、宽 0.5 厘米(图一三一,4;图版二〇〇,4)。

标本 04NSGⅣT009016②:18,钉尖残。长 14、上部最大截面长 0.8、宽 0.5 厘米(图一三一,5)。

标本 99NSGⅣT002002②:26,完整。钉尖直角折回钉身弯曲。长 6.1、上部最大截面长 0.5、宽 0.2 厘米(图一三一,7;图版二〇〇,6)。

标本 99NSGⅣT003003②:23,完整。长 8、上部最大截面长 0.5、宽 0.4 厘米(图一三一,8;图版二〇〇,7)。

标本 99NSGⅣT003003②:56,完整。长 6、上部最大截面长 0.5、宽 0.4 厘米(图一三一,9;图版二〇〇,8)。

C 型　钉帽是将钉身顶部由前后两面或单面锻打呈扁平状,再向前弯卷靠近钉身后制成,顶视长方或长条形。钉身方锥形,向下渐细成尖。

标本 99NSGⅣT011004②:43,完整。钉身弯曲。长 10.8、上部最大截面长 0.5、宽 0.4 厘米(图一三一,3;图版二〇〇,9)。

D 型　钉帽将钉身顶部由前后两面或单面锻打呈刃状,亦可能是制造时断开形成的。钉身方锥形,向下渐细成尖。

标本 99NSGⅣT010002②:38,完整。长 22.5、上部最大截面长 2、宽 1 厘米(图一三一,1)。

标本 04NSGⅣT009016②:19,完整。钉身弯曲。长 15、上部最大截面长 0.8、宽 0.5 厘米(图一三一,2)。

标本 99NSGⅣT002002②:20,完整。长 8.8、上部最大截面长 0.5、宽 0.4 厘米(图一三一,6;图版二〇一,1)。

E 型　钉帽是由直接将钉身顶部向前弯折制成,有些钉帽各面经过锻打,顶视近长方形。钉身方锥形,向下渐细成尖。

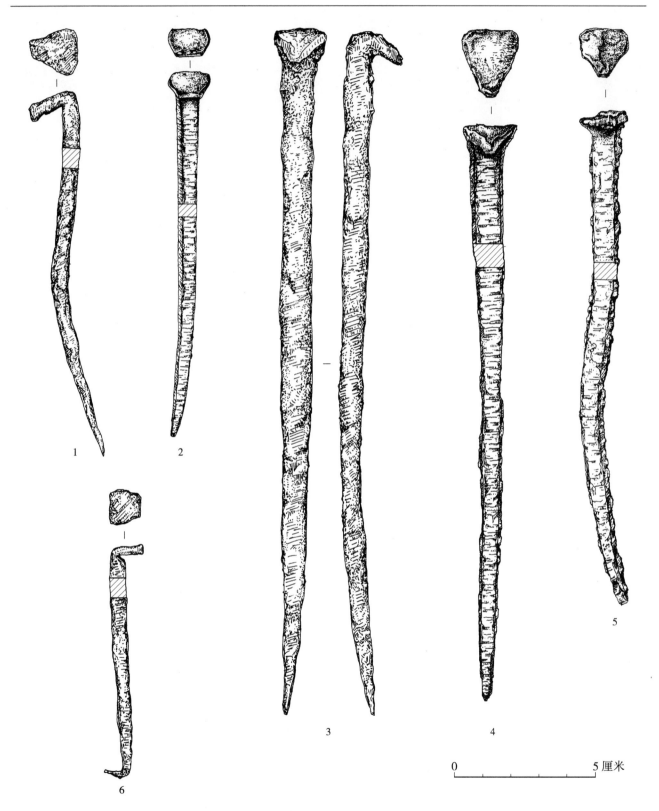

图一三〇 第 2 号宫殿基址出土 A 型铁钉

1. 99NSGⅣT003002②：18 2. 04NSGⅣT009016②：17 3. 99NSGⅣT011004②：33
4. 04NSGⅣT003006②：13 5. 04NSGⅣT007016②：8 6. 99NSGⅣT003002②：9

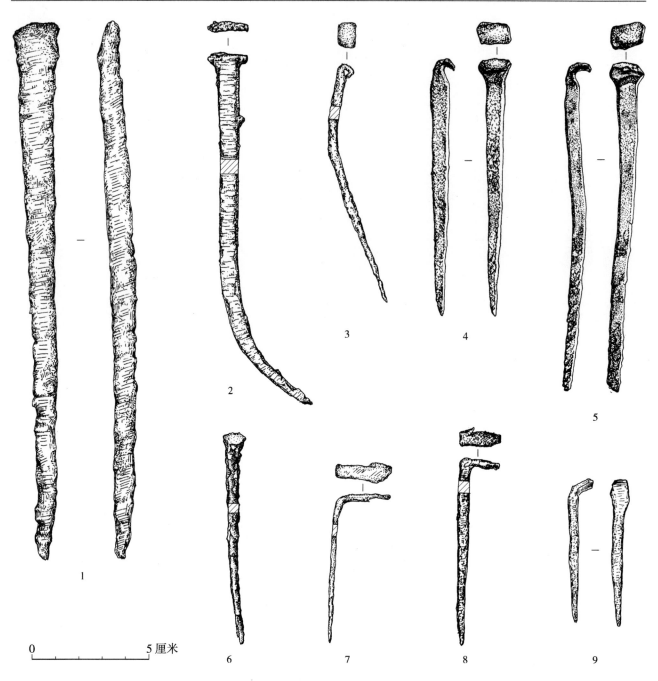

0   5 厘米

图一三一　第 2 号宫殿基址出土铁钉

1、2、6. D 型（99NSGⅣT010002②：38、04NSGⅣT009016②：19、99NSGⅣT002002②：20）　3. C 型
（99NSGⅣT011004②：43）　4、5、7~9. B 型（99NSGⅣT011004②：39、04NSGⅣT009016②：18、
99NSGⅣT002002②：26、99NSGⅣT003003②：23、99NSGⅣT003003②：56）

　　标本 99NSGⅣT011004②：42，完整。长 11.5、上部最大截面长 0.5、宽 0.4 厘米（图一三二，
4；图版二〇一，2）。

　　标本 99NSGⅣT011004②：41，完整。长 11.7、上部最大截面长 0.4、宽 0.3 厘米（图一三二，
5；图版二〇一，3）。

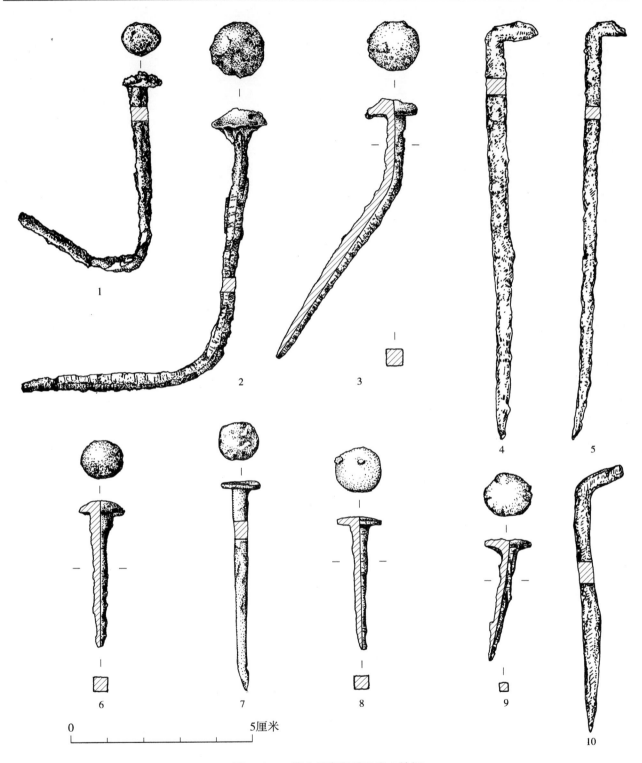

图一三二　第 2 号宫殿基址出土铁钉

1～3、6～9. F 型（99NSGⅣT002002②：8、99NSGⅣT001002②：6、04NSGⅢT002008②：6、04NSGⅢT002008②：7、
99NSGⅣT002002②：41、　04NSGⅣT007016②：5、04NSGⅢT002008②：14）　　4、5、10. E 型（99NSGⅣT011004②：42、
99NSGⅣT011004②：41、99NSGⅣT003003②：14）

标本 99NSGⅣT003003②：14，完整。长 7.5、上部最大截面长 0.6、宽 0.4 厘米（图一三二，10）。

F 型　钉帽俯视呈圆形。钉身有圆锥形和方锥形 2 种，均向下渐细成尖。此型铁钉在第 2 号宫殿出土较多。

1）方锥形钉身

标本 99NSGⅣT002002②：8，完整。钉身弯曲，钉帽侧视球缺状。直径 1、钉长 8.5、上部最大截面长 0.5、宽 0.4 厘米（图一三二，1；图版二〇一，4）。

标本 99NSGⅣT001002②：6，完整。钉身弯曲，钉帽侧视球缺状。直径 1.5、钉长 12、上部最大截面长 0.4、宽 0.3 厘米（图一三二，2；图版二〇一，5）。

标本 04NSGⅢT002008②：6，完整。钉身弯曲，钉帽侧视球缺状。直径 1.4、钉长 8、上部最大截面长 0.5、宽 0.4 厘米（图一三二，3；图版二〇一，6）。

标本 04NSGⅢT002008②：7，完整。钉帽侧视球缺状。直径 1.2、钉长 4、上部最大截面长 0.5、宽 0.4 厘米（图一三二，6；图版二〇一，7）。

标本 99NSGⅣT002002②：41，完整。钉帽侧视片状。直径 1.1、钉长 5.7、上部最大截面长 0.4、宽 0.3 厘米（图一三二，7；图版二〇〇，5）。

标本 04NSGⅣT007016②：5，完整。钉帽侧视片状。直径 1、钉长 3.6、上部最大截面边长 0.3 厘米（图一三二，8；图版二〇一，8）。

标本 04NSGⅢT002008②：14，完整。钉帽侧视片状。直径 1.4、钉长 3.5、上部最大截面边长 0.4 厘米（图一三二，9）。

标本 99NSGⅣT003004②：24，完整。钉帽侧视片状。直径 2.7、钉长 7、上部最大截面长 0.4、宽 0.3 厘米（图一三三，6；图版二〇二，5）。

标本 99NSGⅣT009004②：94，钉尖略残。钉帽侧视球缺状。直径 2.2、钉残长 4.9、上部最大截面长 0.7、宽 0.5 厘米（图一三三，7；图版二〇二，6）。

标本 99NSGⅣT002002②：11，完整。钉帽侧视球缺状。直径 2.3、钉长 4.5、上部最大截面边长 0.4 厘米（图一三三，8；图版二〇二，7）。

标本 99NSGⅣT002002②：40，完整。钉帽侧视球缺状。直径 2、钉长 4、上部最大截面边长 0.6 厘米（图一三三，9；图版二〇二，8）。

标本 04NSGⅢT002009②：4，完整。钉帽呈不规则椭圆形，侧视片状。钉帽长径 1.8、短径 1.3、钉长 2.8、上部最大截面边长 0.4 厘米（图一三三，10）。

标本 04NSGⅢT002008②：8，完整。钉帽侧视球缺状。直径 1.7、钉长 3.3、上部最大截面边长 0.3 厘米（图一三四，1；图版二〇二，9）。

标本 04NSGⅣT003007②：3，完整。钉帽侧视片状。直径 2.2、钉长 4.2、上部最大截面边长 0.3 厘米（图一三四，2；图版二〇三，1）。

标本 04NSGⅢT002008②：9，完整。钉帽侧视球缺状。直径 1.8、钉长 5.7、上部最大截面边长 0.5 厘米（图一三四，3；图版二〇三，2）。

标本 04NSGⅣT008017②：5，完整。钉尖弯曲，钉帽侧视片状。直径 2、钉长 5、上部最大截面边长 0.3 厘米（图一三四，4）。

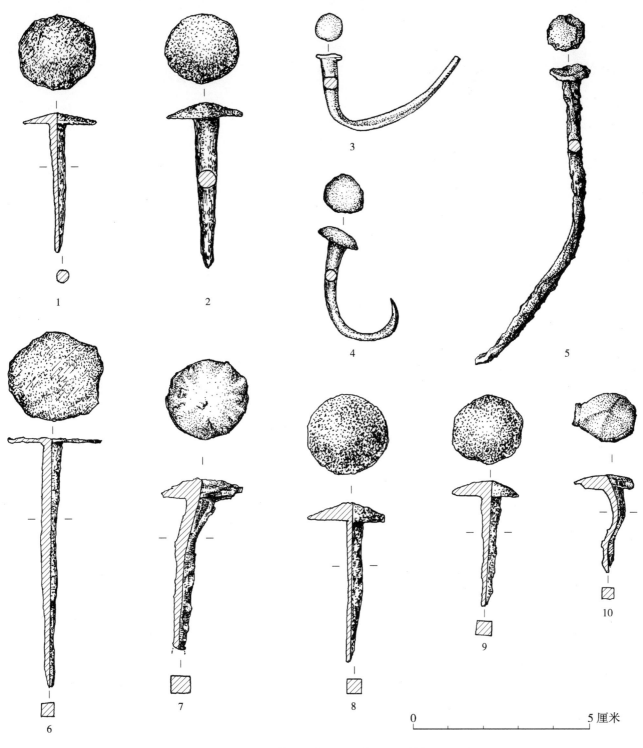

图一三三　第 2 号宫殿基址出土 F 型铁钉

1. 99NSGⅣT011004②：29　2. 99NSGⅣT004001②：24　3. 99NSGⅣT003003②：40

4. 99NSGⅣT003003②：49　5. 99NSGⅣT002002②：21　6. 99NSGⅣT003004②：24

7. 99NSGⅣT009004②：94　8. 99NSGⅣT002002②：11　9. 99NSGⅣT002002②：40

10. 04NSGⅢT002009②：4

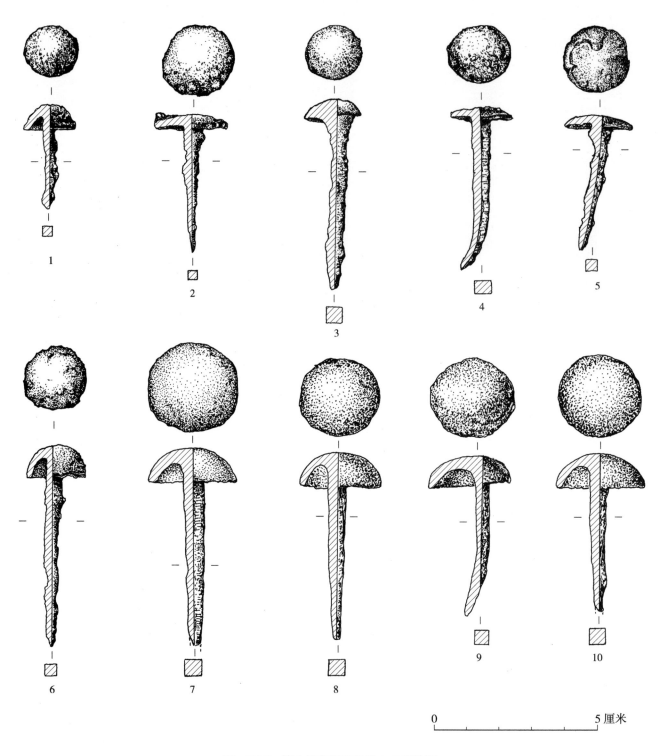

图一三四　第 2 号宫殿基址出土 F 型铁钉

1．04NSGⅢT002008②：8　2．04NSGⅣT003007②：3　3．04NSGⅢT002008②：9

4．04NSGⅣT008017②：5　5．04NSGⅢT002009②：5　6．04NSGⅣT007016②：9

7．99NSGⅣT011003②：39　8．99NSGⅣT003003②：55　9．99NSGⅣT001003②：9

10．99NSGⅣT007001②：1

标本04NSGⅢT002009②：5，完整。钉帽侧视片状。直径2、钉长4.2、上部最大截面边长0.35厘米（图一三四，5）。

标本04NSGⅣT007016②：9，完整。钉帽侧视球缺状。直径1.9、钉长6.2、上部最大截面边长0.3厘米（图一三四，6；图版二〇三，3）。

标本99NSGⅣT011003②：39，完整。钉帽侧视球缺状。直径2.8、钉长6、上部最大截面边长0.5厘米（图一三四，7；图版二〇三，4）。

标本99NSGⅣT003003②：55，完整。钉帽侧视球缺状。直径2.5、钉长5.8、上部最大截面边长0.5厘米（图一三四，8）。

标本99NSGⅣT001003②：9，完整。钉帽侧视球缺状。直径2.5、钉长5、上部最大截面边长0.4厘米（图一三四，9）。

标本99NSGⅣT007001②：1，完整。钉帽侧视球缺状。直径2.8、钉长5、上部最大截面边长0.5厘米（图一三四，10；图版二〇三，5）。

2）钉身圆锥形

标本99NSGⅣT011004②：29，完整。钉帽侧视上凸底平。直径2.1、钉长3.9、直径0.3厘米（图一三三，1；图版二〇一，9）。

标本99NSGⅣT004001②：24，完整。钉帽侧视上凸底平。直径2.1、钉长4.5、直径0.5厘米（图一三三，2；图版二〇二，1）。

标本99NSGⅣT003003②：40，完整。钉身弯曲，钉帽侧视片状。直径0.7、钉长5.5、直径0.4厘米（图一三三，3；图版二〇二，2）。

标本99NSGⅣT003003②：49，完整。钉身弯曲，钉帽上凸底平。直径1.1、钉长4.5、直径0.3厘米（图一三三，4；图版二〇二，3）。

标本99NSGⅣT002002②：21，完整。钉身弯曲，钉帽侧视片状。直径1、钉长8、直径0.3厘米（图一三三，5；图版二〇二，4）。

G型　钉帽俯视呈橄榄形。此型钉第2号宫殿基址未见。

H型　由帽、身和垫三部分组成，帽略呈不明显的花朵状，上部凸起底面平，身为截面方形的铁条，铁垫均脱落或残，应为圆形。

标本99NSGⅣT001007②：1，垫脱落。帽径5、身长5.8、截面边长1厘米（图一三五，2）。

标本99NSGⅣT005004②：20，垫脱落。帽径3.2、身长3.2、截面边长0.9厘米（图一三五，3；图版二〇三，7）。

标本04NSGⅣT008017②：6，垫脱落。帽径1.5、身长4.7、截面边长0.3厘米（图一三五，4）。

标本99NSGⅣT008004②：14，垫脱落。帽径2.8、身长5.2、截面边长0.9厘米（图一三五，5；图版二〇三，8）。

I型　钉帽立面基本看呈圆形或方形，中心有圆形或长方形孔。

99NSGⅣT011004②：35，完整。钉帽盘曲后制成圆形，钉身圆锥形。长1、最大直径1厘米（图一三五，1；图版二〇三，6）。

J型　钉帽由3根或2根扁平状铁条，三向或两向近直角外折后形成的，顶视呈丁字形或一字形。

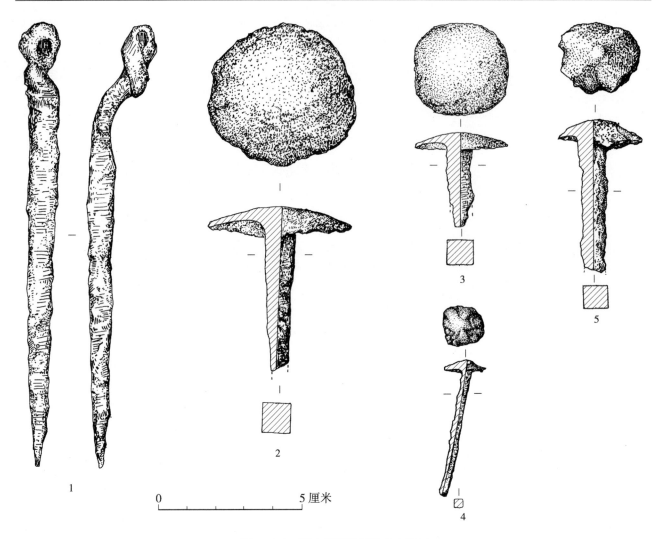

图一三五　第2号宫殿基址出土铁钉

1. I型（99NSGⅣT011004②：35）　2～5. H型（99NSGⅣT001007②：1、99NSGⅣT005004②：20、

04NSGⅣT008017②：6、99NSGⅣT008004②：14）

部分钉身上部有复合痕迹，可能钉身下端是3根或2根铁条合体锻打后形成的。钉身均为截面正方形的方锥形，向下渐细成尖。

标本04NSGⅣT002005②：15，完整。钉帽3股。钉身通长11.4、截面边长0.5厘米（图一三六，1；图版二〇四，1）。

标本04NSGⅢT002008②：10，完整。钉帽3股。钉身通长12.5、截面边长0.7厘米（图一三六，2；图版二〇四，2）。

标本99NSGⅣT002002②：47，完整。钉帽3股。钉身直折，通长13、截面边长0.7厘米（图一三六，3；图版二〇四，3）。

标本04NSGⅣT003013②：3，完整。钉帽2股。钉身通长6、截面边长0.5厘米（图一三六，4；图版二〇四，4）。

标本04NSGⅣT002005②：17，完整。钉帽3股，钉身弯曲。通长7.7、截面边长0.6厘米（图

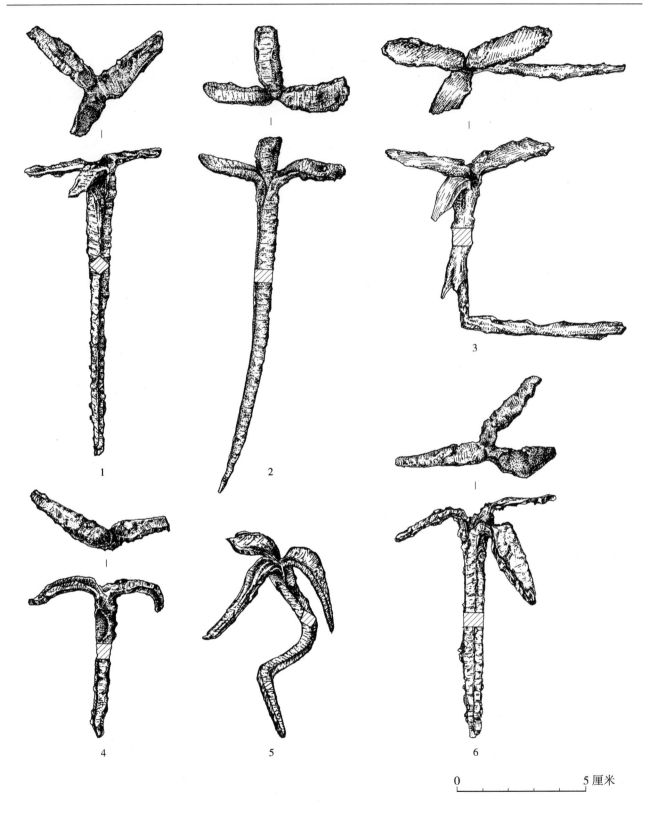

图一三六　第 2 号宫殿基址出土 J 型铁钉

1. 04NSGⅣT002005②：15　2. 04NSGⅢT002008②：10　3. 99NSGⅣT002002②：47

4. 04NSGⅣT003013②：3　5. 04NSGⅣT002005②：17　6. 04NSGⅣT002005②：16

一三六，5）。

标本 04NSGⅣT002005②：16，完整。钉帽3股。钉身通长9、截面边长0.6厘米（图一三六，6；图版二〇四，5）。

K型　无钉帽，顶视呈矩形，钉身顶端有击打痕迹，可能是使用时形成的。此型第2号宫殿基址未见。

L型　钉帽是先将钉身上部锻打成扁平状，再将两侧面锻打成顶部较窄的弧形。钉身方锥形，向下渐细成尖。

标本 04NSGⅢF1：25，完整。通长13.5、上部最大截面长0.6、宽0.5厘米（图一三七，1；图版二〇四，6）。

标本 04NSGⅣT010002②：1，完整。钉身弯曲。通长13.8、上部最大截面长0.9、宽0.5厘米（图一三七，2）。

标本 04NSGⅣT012010②：1，完整。钉身弯曲。通长20.7、上部最大截面长1.2、宽1厘米（图一三七，3；图版二〇四，7）。

标本 04NSGⅣT002009②：26，完整。通长7.6、上部最大截面边长0.4厘米（图一三七，4）。

标本 04NSGⅣT003013②：4，完整。钉身弯曲。通长14.7、上部最大截面边长0.9、宽0.5厘米（图一三七，5；图版二〇四，9）。

标本 04NSGⅢT001008②：11，尖残。通长6.3、上部最大截面边长0.5、宽0.4厘米（图一三七，6；图版二〇四，8）。

M型　是将"L"形钉帽向前弯折制成。此型第2号宫殿基址未见。

N型　只见方锥形钉身，顶面有折断痕迹，除顶面外皆涂漆。此型第2号宫殿基址未见。

（2）门环　分为2种。

第1种，先用断面圆形的铁条制成门环，再制门鼻对折结合于环上，门鼻由两部分组成，箍于门环的部分呈带状，其余部分为方锥形铁钉状。

标本 04NSGⅣG1：2，完整。门鼻弯曲，末端直角折回。门环直径6.7、门鼻箍宽1.2、门鼻长7.3厘米（图一三八，1；图版二〇五，1）。

标本 99NSGⅣT007004②：2，门鼻略残。门环直径5.3、门鼻箍宽1.3、门鼻长6.9厘米（图一三八，2）。

标本 99NSGⅣT007004②：1，门鼻残。门环直径5.1、门鼻箍宽0.9、门鼻残长3.5厘米（图一三八，4；图版二〇五，2）。

第2种，以环首铁钉作为门鼻，再用断面圆形的铁条穿入钉的环首制成门环。

标本 99NSGⅣT011004②：46，完整。门环直径3.9、门鼻钉长5.9厘米（图一三八，3；图版二〇五，4）。

标本 99NSGⅣT003002②：16，完整。门环直径3.1、门鼻钉长4.8厘米（图一三八，5；图版二〇五，3）。

（3）门鼻　分为2种。

第1种，门鼻和钉垫组成部分组成，门鼻前端呈箍状，后端为方锥形铁钉状。

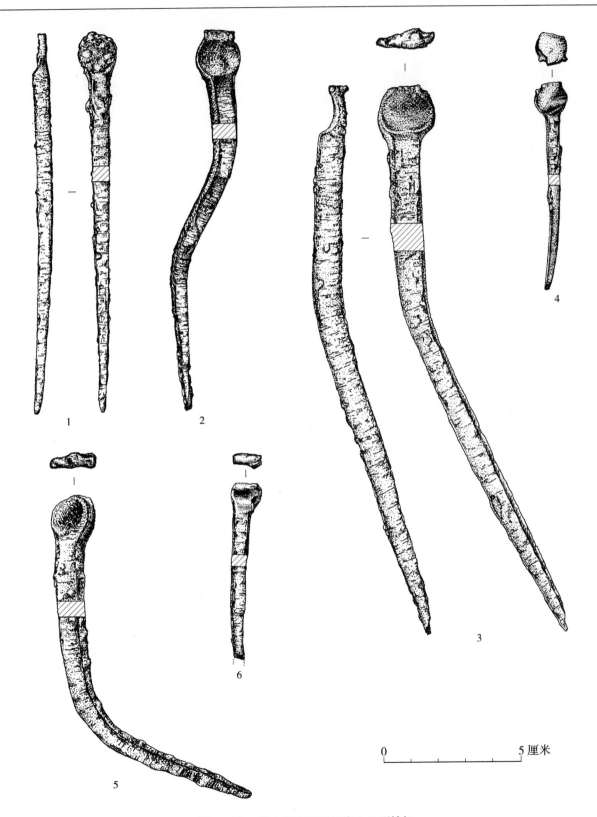

图一三七　第 2 号宫殿基址出土 L 型铁钉

1. 04NSGⅢF1：25　2. 04NSGⅣT010002②：1　3. 04NSGⅣT012010②：1

4. 04NSGⅣT002009②：26　5. 04NSGⅣT003013②：4　6. 04NSGⅢT001008②：11

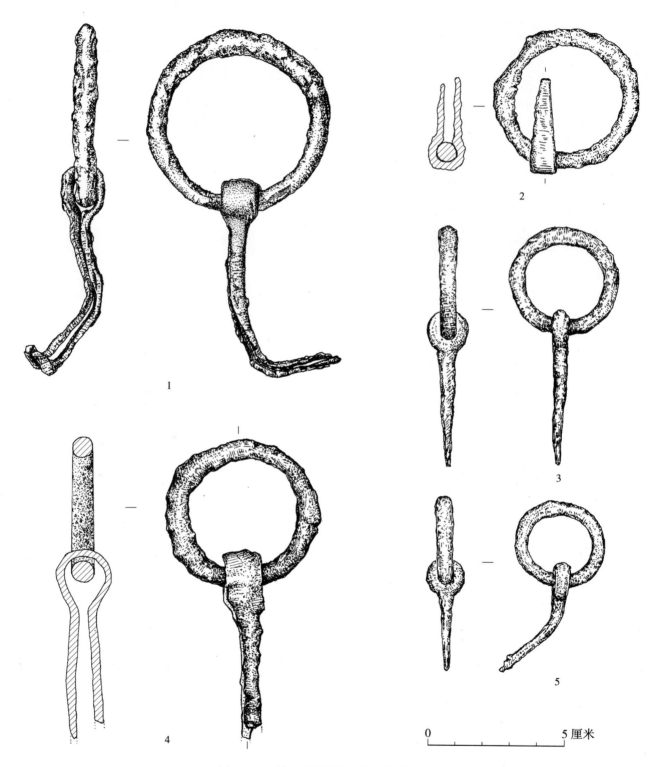

图一三八　第2号宫殿基址出土铁门环

1. 04NSGⅣG1：2　2. 99NSGⅣT007004②：2　3. 99NSGⅣT011004②：46

4. 99NSGⅣT007004②：1　5. 99NSGⅣT003002②：16

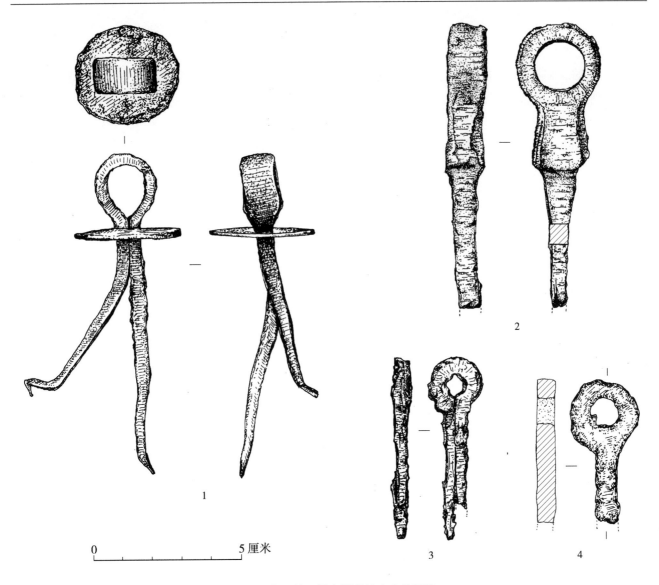

0　　　　　　　　　　5厘米

图一三九　第2号宫殿基址出土铁门鼻

1. 99NSGⅣT011004②：47　2. 04NSGⅢF1：26

3. 04NSGⅢT002008②：15　4. 99NSGⅣT003003②：60

标本99NSGⅣT011004②：47，完整。前端直径1.6、宽1.2、后端长8.6、钉垫圆形方孔直径3.3厘米（图一三九，1；图版二〇五，5）。

第2种，前端环首，后端为方锥形，整体一次制成。

标本04NSGⅢF1：26，后端略残。分为3部分，前端环首，中间有梯形界格，后端为方锥体。通长6.1、环首外径2.9、内径1.7、界格长2.2、宽1.6～1.9厘米（图一三九，2；图版二〇五，6）。

标本04NSGⅢT002008②：15，后端残。以方形铁条中间盘成环首，后端合体后制成。残长6.2、环首外径1.9、内径0.5厘米（图一三九，3）。

标本99NSGⅣT003003②：60，后端残。前端环首，后端断面正方形。残长4.8、环首外径2.2、内径1.1厘米（图一三九，4）。

（4）门枢　分为上、下两部分，上半部分镶嵌在门上，下半部分放置在门枕上。

门枢上半部分

标本 99NSGⅣT001003②：2，完整。模铸。立面基本呈方形。从其内部结构看可分为上、下两部分，上部俯视外观呈"U"形，外侧边缘有一条宽 4 厘米的收束痕迹。下部俯视呈封口的"U"形，从底面看靠近弧边的半面中间向内凹陷，形成一半球状的窝，靠近直边的半面中心为一与上部相通的长方形孔。上部的"U"形凹陷与下部的长方形孔等应是与门结合的结构部分，下部的半球状凹窝功能是与门枢下半部分的半球状凸起结合，便于门的开合。高 14.2、长 11.6、宽 6.6 厘米，下部长方形孔边长 4.2、宽 3.6 厘米，半球状凹窝直径 5、深 1.8 厘米（图一四〇；图版二〇六，1、2）。

门枢下半部分

标本 99NSGⅣT012003②：3，完整。模铸。长方形铁板，其上有半球状凸起。铁板长 14.8、宽 10.6、厚 3.1 厘米，半球状凸起底径 6.6、高 3.5 厘米（图一四一，1；图版二〇六，3）。

标本 04NSGⅣT014007②：3，完整。模铸。长方形铁板，其上有半球状凸起。铁板长 11、宽 6、厚 1 厘米，半球状凸起底径 3.8、高 2.6 厘米（图一四一，2；图版二〇六，4）。

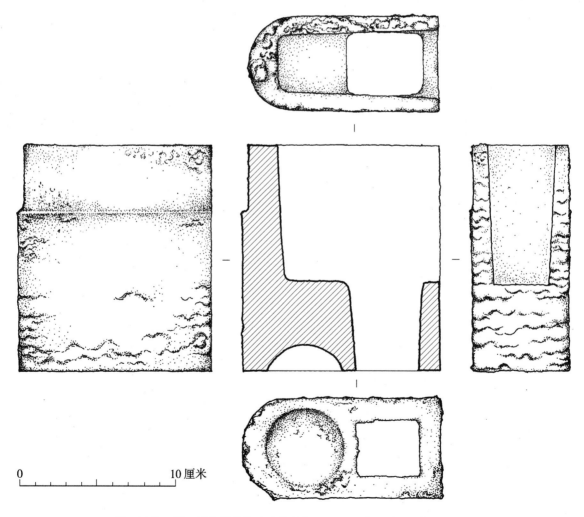

0 ├────────────────┤ 10 厘米

图一四〇　第 2 号宫殿基址出土铁门枢（99NSGⅣT001003②：2）

图一四一　第 2 号宫殿基址出土铁建筑材料

1～3. 门枢（99NSGⅣT012003②：3、04NSGⅣT014007②：3、04NSGⅣT014007②：4）

4. 门转（05NSGⅢT001003②：27）

标本 04NSGⅣT014007②：4，完整。模铸。长方形铁板，其上有半球状凸起。铁板长 12.3、宽 6.9、厚 1.5 厘米，半球状凸起底径 4.5、高 2.1 厘米（图一四一，3；图版二〇六，5）。

（5）门转

标本 05NSGⅢT001003②：27，完整。模制。整体呈箍状，箍体外有 2 个对称的、与箍等高、截面呈楔形的翼。外径 9.4、内径 7.6、高 4.3、翼长 1.4 厘米（图一四一，4；图版二〇六，6）。

（6）合叶　分为 2 种。

第 1 种，用铁片折叠加工，分为三部分，先各用中心开长方形孔和中心部位上、下开 2 个长方形缺口的两铁片各自对折，对折部分呈圆筒状，一凸一凹，凸凹结合后，再用圆柱形铁条穿入圆筒内。一边上、中部，另一边中、下部凿出钉孔。

标本 99NSGⅣT003003②：45，残，仅保留了中心结合部分。钉孔内铁钉尚存。长 9.7、残宽 3、单面厚 0.5 厘米（图一四二，1；图版二〇七，3）。

第 2 种，单片铁板回卷加工，一边用凹形铁板制成，将两突出部分回卷成圆筒状；另一边用凸形铁板将中心部分回卷成圆筒状，用圆形铁条将二者穿合。

标本 04NSGⅣT007016②：7，完整。凸形铁板将制成，上、下各有 1 钉孔。长 10、宽 3.2、圆

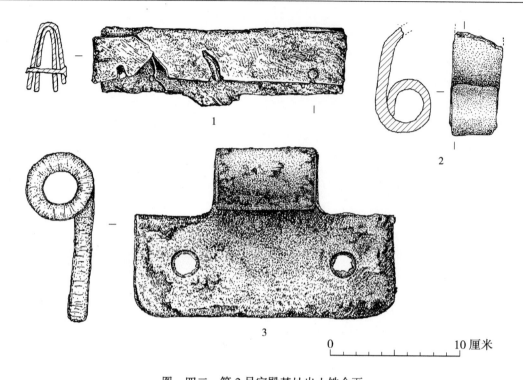

图一四二　第 2 号宫殿基址出土铁合页
1. 99NSGⅣT003003②：45　2. 99NSGⅣT005004②：11　3. 04NSGⅣT007016②：7

简外径 2.5、内径 1、厚 0.9 厘米（图一四二，3；图版二〇七，1）。

标本 99NSGⅣT005004②：11，残。凹形铁板一端的突出回卷部分。圆筒外径 2、内径 1.2、厚 0.4 厘米（图一四二，2；图版二〇七，2）。

（7）泡　呈半球形，顶部有钉孔，应是装在大门门扉上，类似后世的门钉。

标本 04NSGⅣT002005②：1，直径 7.5、高 3.8、钉孔长方形，长 1、宽 0.8 厘米（图一四三，1；图版二〇七，4）。

标本 99NSGⅣT002010②：31，直径 6.8、高 3.9 厘米。钉孔圆形。直径 0.6 厘米。钉孔内有 F 型铁钉，圆锥形钉身，帽直径 1.3、钉身长 8 厘米（图一四三，2；图版二〇七，5）。

标本 99NSGⅣT008002②：4，直径 7、高 3.8 厘米。顶部有孔，钉孔长方形钉。长 1、宽 0.8 厘米。内有 F 型铁钉，圆锥形钉身。帽直径 1.3、钉身长 6 厘米（图一四三，3；图版二〇七，6）。

（8）页

标本 99NSGⅣT002003②：15，残。略呈长方形，一端完整，横边略倾斜。现存 8 个钉孔，分为 3 排，第 1、3 排各 3 个，与第 2 排的 2 个错开 1 列，呈梅花状分布。残长 16.5、宽 6.1、厚 0.2 厘米。钉孔之间排距 5.2、列距 2.2 厘米。孔内均留有 F 型铁钉。钉帽直径 1 厘米。钉身圆锥形，长约 2 厘米（图一四四，1；图版二〇八，1）。

标本 99NSGⅣT005004②：22，残。长方形，横向有 2 钉孔，钉孔之间距离 3.3 厘米。残长 5、宽 3.2、厚 0.3 厘米，一孔内留有 A 型铁钉（图一四四，2）。

标本 04NSGⅢT002008②：16，残。长方形，横向有 2 钉孔，钉孔之间距离 1.2 厘米。残长 2.5、宽1.7、厚0.1厘米，孔内留有A型铁钉（图一四四，3）。

标本04NSGⅢT002008②：17，残。长方形，纵向有2钉孔，一孔内留有A型铁钉。残长2.3、宽3、厚0.2厘米，钉孔之间距离1.4厘米（图一四四，4）。

标本99NSGⅣT011004②：31，三角形，一角曲回，一角残。残长6.7、高3.9、厚0.2厘米（图一四四，5；图版二〇八，2）。

标本04NSGⅢT002008②：18，完整。长方形，横向有2钉孔。长4、宽1.2、厚0.2厘米，钉孔之间距离2.2厘米（图一四四，6）。

（9）包角

标本05NSGⅢT001003②：1，略残。用等腰三角形铁片直角折成，两斜边修整成曲线花边，底边角近中心位置留有铁钉。单边底宽8、高10、厚0.4厘米（图一四五，5；图版二〇八，5）。

（10）垫　皆为圆形，中间有孔。

标本04NSGⅢT002008②：19，直径4、厚0.1厘米。圆孔，直径0.5厘米（图一四五，1）。

标本04NSGⅣT007016②：10，直径3.5、厚0.1厘米。长方孔，长1.2、宽0.9厘米（图一四五，2）。

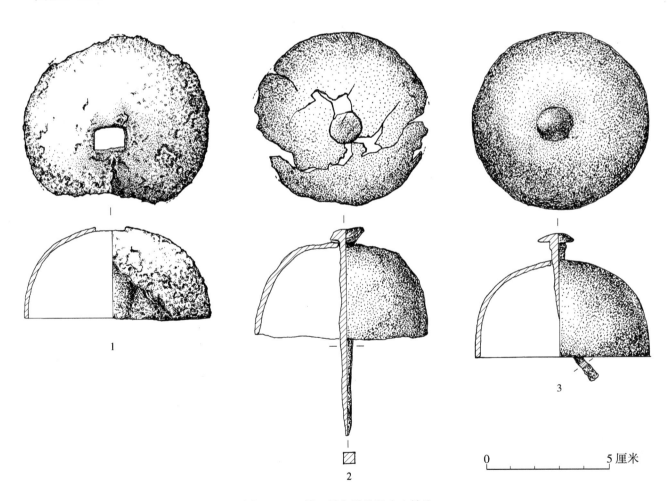

图一四三　第2号宫殿基址出土铁泡

1. 04NSGⅣT002005②：1　2. 99NSGⅣT002010②：31　3. 99NSGⅣT008002②：4

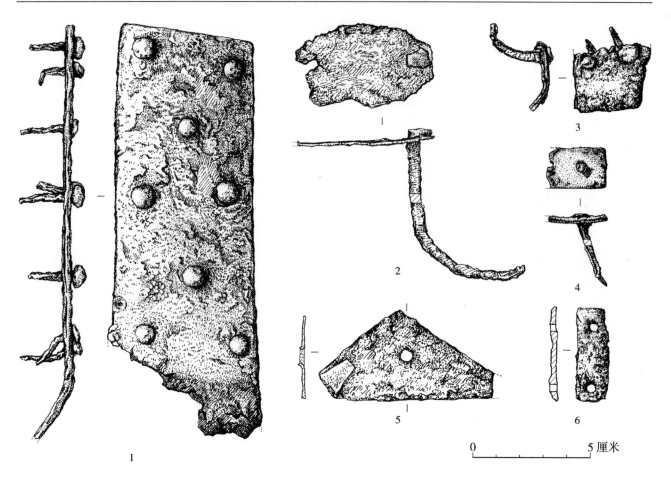

图一四四　第2号宫殿基址出土铁页

1. 99NSGⅣT002003②：15　2. 99NSGⅣT005004②：22　3. 04NSGⅢT002008②：16
4. 04NSGⅢT002008②：17　5. 99NSGⅣT011004②：31　6. 04NSGⅢT002008②：18

　　标本04NSGⅢT002008②：11，直径3.4、厚0.1厘米。长方孔，长0.8、宽0.4厘米（图一四五，3；图版二〇八，3）。

　　标本99NSGⅣT003003②：34，孔呈五边形。直径2.4、厚0.1厘米（图一四五，4；图版二〇八，4）。

　　（11）铁饰

　　标本04NSGⅢT002008②：12，残。在铁片上镂空出花纹。厚0.3厘米（图一四五，6；图版二〇八，6）。

　　（12）铁条　截面均接近正方形。

　　标本04NSGⅣT009016②：20，弯曲。长16、截面边长0.4厘米（图一四六，1）。

　　标本04NSGⅣT009016②：3，一端折成直角。长17、截面边长0.5厘米（图一四六，2；图版二〇九，2）。

　　标本04NSGⅣT009016②：44，一端折成直角。长17、截面边长0.5厘米（图一四六，3；图版二〇九，1）。

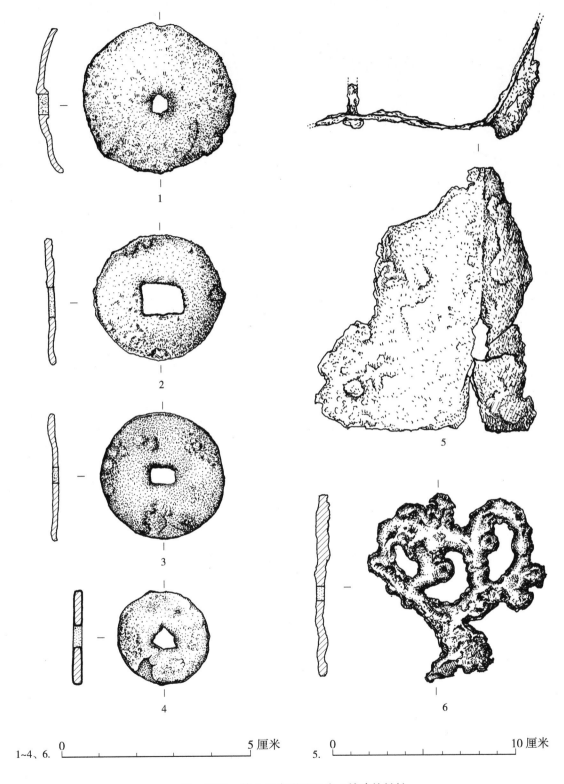

图一四五　第2号宫殿基址出土铁建筑材料

1~4. 铁垫（04NSGⅢT002008②：19、04NSGⅣT007016②：10、04NSGⅢT002008②：11、99NSGⅣT003003②：34）

5. 包角（05NSGⅢT001003②：1）　　6. 铁饰（04NSGⅢT002008②：12）

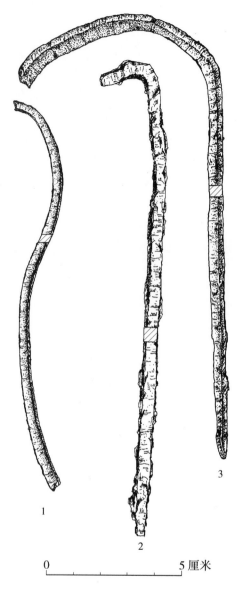

图一四六　第2号宫殿基址出土铁条
1. 04NSGⅣT009016②：20
2. 04NSGⅣT009016②：3
3. 04NSGⅣT009016②：44

（13）铁件

1）两头尖铁件　均用截面长方形铁条，两端自两面加工至末端成尖状。

标本99NSGⅣT003003②：54，直身。长12.2、宽0.6、厚0.4厘米（图一四七，1；图版二〇九，3）。

标本04NSGⅣT003006②：14，直身。长8.8、宽0.4、厚0.3厘米（图一四七，2）。

2）曲身铁件　用两头尖铁件于器身中间双曲身回卷而成。

标本99NSGⅣT003004②：22，通长9.6、最大截面长0.4、宽0.3厘米（图一四七，3；图版二〇九，4）。

标本99NSGⅣT003002②：10，通长9.6、最大截面边长0.4厘米（图一四七，4）。

标本99NSGⅣT002002②：22，通长8.8、最大截面长0.4、宽0.3厘米（图一四七，5；图版二〇九，5）。

标本99NSGⅣT009004②：95，通长7.6、最大截面长0.3、宽0.2厘米（图一四七，6；图版二〇九，6）。

标本99NSGⅣT001002②：47，通长12、最大截面长0.4、宽0.3厘米（图一四七，10；图版二〇九，7）。

3）异形铁件

标本04NSGⅢF1：27，器身方锥形，旁出一铁枝。长8厘米（图一四七，7；图版二〇九，8）。

标本04NSGⅢT002008②：20，分为两部分，前端长方形，单面起脊，后端从两面加工至末端成尖状回卷。通长9.2、前端长4.8、厚0.4厘米（图一四七，8）。

标本04NSGⅢF1：28，似未完成的铁器柄部，前端三角形，后端方锥形。通长9、前宽3.6、厚0.5厘米（图一四七，9；图版二〇九，9）。

2. 生活用具

（1）带具

带扣　标本04NSGⅣG1：3，先用铁条曲成"∩"形，在其两末端各凿一孔，穿入铁条为轴，在轴上盘曲方锥形铁条为别针（图一四八，3）。

带铐　标本04NSGⅢT002009②：18，完整，锻制。半圆形，穿孔略呈长方形。长4.1、宽3.7、厚0.4厘米（图一四八，2；图版二一〇，1）。

（2）火镰　分为2种。

第1种，由铁制的镰体和装火石的皮袋组成。

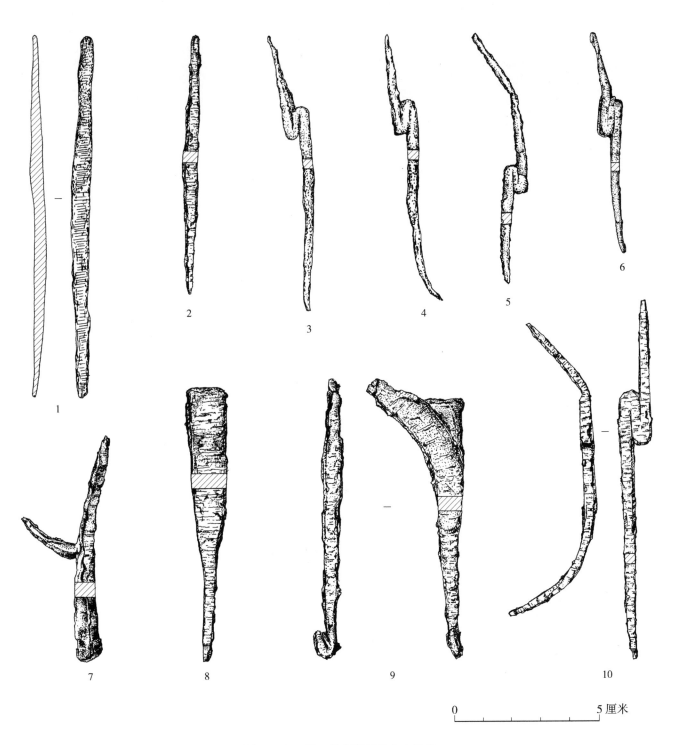

图一四七　第 2 号宫殿基址出土铁器

1、2. 两头尖铁件（99NSGⅣT003003②：54、04NSGⅣT003006②：14）　　3～6、10. 曲身铁件（99NSGⅣT003004②：22、
99NSGⅣT003002②：10、99NSGⅣT002002②：22、99NSGⅣT009004②：95、99NSGⅣT001002②：47）　　7～9. 铁件
（04NSGⅢF1：27、04NSGⅢT002008②：20、04NSGⅢF1：28）

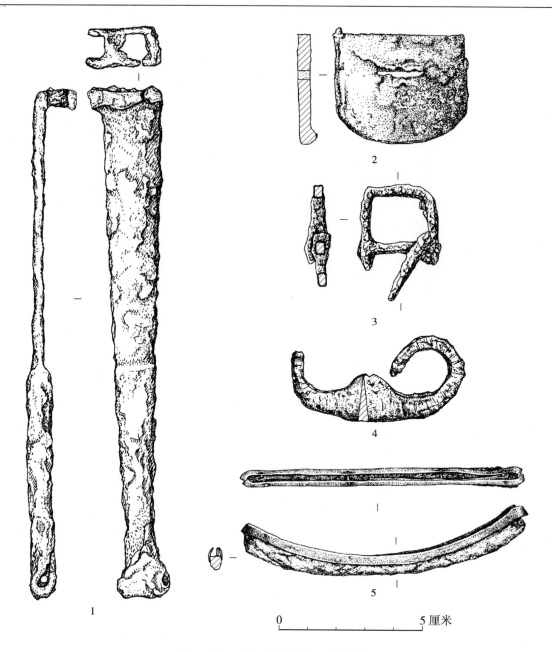

图一四八　第 2 号宫殿基址出土铁器

1. 钥匙（04NSGⅣT012010②∶2）　　2. 带铐（04NSGⅢT002009②∶18）　　3. 带扣（04NSGⅣG1∶3）
4、5. 火镰（04NSGⅢT002009②∶19、99NSGⅣT009004②∶96）

标本 99NSGⅣT009004②∶96，残。镰体和皮袋的结合部，镰体前端经长期使用已呈半圆状，后端弧状，沿弧边闭合镶嵌铜条，用铆钉固定在皮袋上，袋已不存。镰长 9.9、残宽 1.2、厚 0.7，铜条宽 0.4 厘米（图一四八，5；图版二一○，4）。

第 2 种，用铁条回卷而成，此种火镰在女真时代依然在使用[6]。

标本 04NSGⅢT002009②∶19，呈并列双环状，一端略残。长 5.6、宽 2.2、厚 0.4 厘米（图一四八，4；图版二一○，3）。

（3）钥匙

标本 04NSGⅣT012010②：2，匙身前宽后窄细长，前端附钥，柄部较宽，末端卷曲成孔。通长 17.6、柄长 8.1 厘米。匙长 3、宽 2.3、别针长 2.9 厘米（图一四八，1；图版二一〇，2）。

（4）牛蹄铁　半月形，上有 3 个圆形钉孔。

标本 99NSGⅣT011004②：30，完整。长 10.3、宽 3.2 厘米（图一四九，1；图版二一〇，5）。

标本 99NSGⅣT011003②：29，完整。半成品，无孔。长 10.5、宽 3.6 厘米（图一四九，2；图版二一〇，6）。

（5）车辋箍钉

标本 04NSGⅣT003006②：15，正视为长三角形，顶部有击打痕迹。长 7、顶宽 2、厚 0.5 厘米（图一四九，3）。

3. 武器

（1）刀　3 件。

标本 99NSGⅣT005004②：2，完整。直背、身呈长三角形，刃部断面呈楔形，柄前部可见铆钉痕迹。通长 18.3、身长 14.9、底宽 1.6、背厚 0.3、柄长 3.4 厘米（图一五〇，1；图版二一一，2）。

标本 04NSGⅢF1：3，完整。刀尖微翘，背从上到下渐厚，柄细长。通长 10.3、身长 6.1、柄长

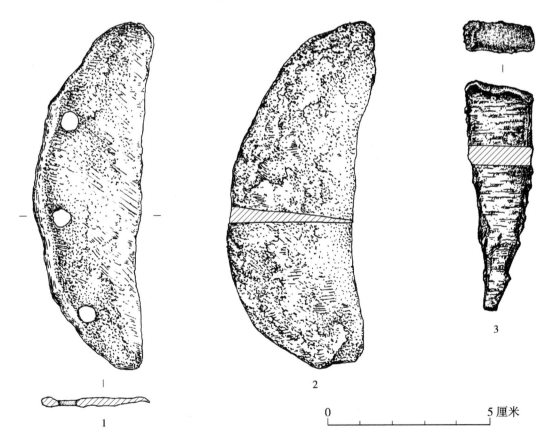

图一四九　第 2 号宫殿基址出土铁器

1、2. 牛蹄铁（99NSGⅣT011004②：30、99NSGⅣT011003②：29）　3. 车辋箍钉（04NSGⅣT003006②：15）

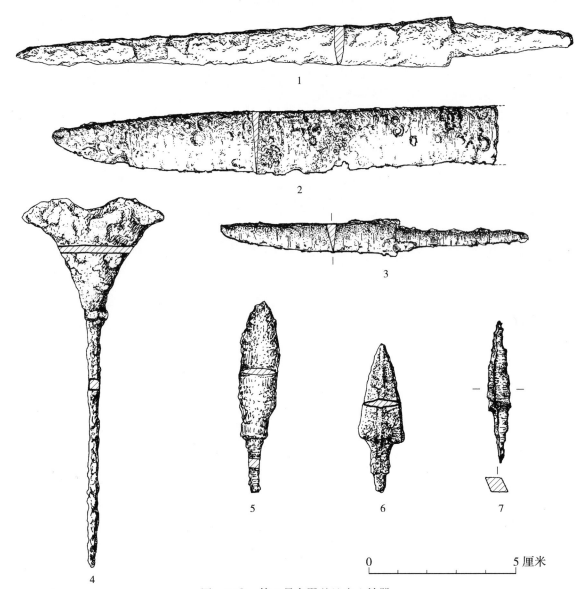

图一五〇   第 2 号宫殿基址出土铁器

1～3. 刀（99NSGⅣT005004②：2、04NSGⅣT012010②：3、04NSGⅢF1：3）   4～7. 镞（04NSGⅢF1：25、
99NSGⅣT003003②：59、04NSGⅣT009017②：1、04NSGⅣT008016②：12）

4.2 厘米（图一五〇，3；图版二一一，1）。

标本 04NSGⅣT012010②：3，残，只余刀前半部分，锻制。残长 11.5、底宽 2.1、背厚 0.2 厘米
（图一五〇，2）。

（2）镞   4 件。

标本 04NSGⅢF1：25，前锋一侧略残。身展阔，前锋如燕尾状。全长 12.6、锋宽 5、铤长 8.6
厘米（图一五〇，4；图版二一一，3）。

标本 99NSGⅣT003003②：59，完整。身柳叶形，前部中央起脊，两刃稍弧曲。全长 6.5、宽
1.3、铤长 1.9 厘米（图一五〇，5）。

标本 04NSGⅣT009017②：1，铤残。身前部呈三角形，后部收束略呈长方形，两刃上下错开。

残长5、身长4.5、宽1.5厘米（图一五〇，6；图版二一一，4）。

标本04NSGⅣT008016②：12，残。身呈方锥形。通长4.6、身长3、底部边长0.7、铤残长1.6厘米（图一五〇，7）。

（3）甲片　4片。略呈长方形，上端抹去两角，下端弧曲。

标本04NSGⅣT002002②：47，上端较下端稍宽，有穿孔6个，每2个一组，位于下端。其中4个分2组。长5.5、宽2.1～2.4、厚0.2厘米（图一五一，1；图版二一一，5）。

标本04NSGⅢT002008②：20，残，仅存下端。残存穿孔6个，分为3组。残长4.9、宽2、厚0.2厘米（图一五一，2）。

标本04NSGⅣT002002②：49，上端较下端稍窄，有穿孔有8个，上部2孔间距较大，另外6孔分3组分布于下端。长5.6、宽2.1～2.5、厚0.2厘米（图一五一，3）。

标本04NSGⅣT002002②：48，上端较下端稍宽，有穿孔8个，上、下边各有1孔。其余6个分3组，斜向平行分布于中部。长5.3、宽2.2～2.5、厚0.2厘米（图一五一，4；图版二一一，6）。

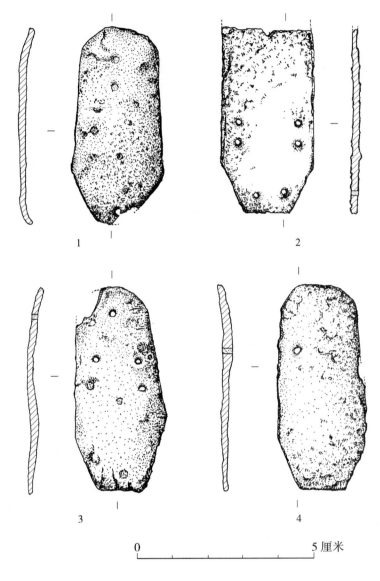

图一五一　第2号宫殿基址出土铁甲片

1. 04NSGⅣT002002②：47　2. 04NSGⅢT002008②：20
3. 04NSGⅣT002002②：49　4. 04NSGⅣT002002②：48

（五）铜器

有建筑材料和生活用具两大类。建筑材料有钉、泡、窗角、饰件、垫、片等。生活用具有带铐、铊尾、带饰、器物包边、器箍、刀鞘配件、佛像和钱币等。

1. 建筑材料

（1）钉　分为3种。

第1种，帽橄榄形，中间横向起脊，身呈方锥形。

标本 04NSGⅢF1②：18，帽长 4.1、宽 1.5、钉长 1.5 厘米（图一五二，1）。

标本 04NSGⅢF1②：19，钉已盘曲。帽长 4.1、宽 1.5 厘米（图一五二，2；图版二一二，1）。

第 2 种，帽圆形，身呈方锥形。

标本 04NSGⅣT001010②：3，钉已盘曲。帽径 1.5 厘米（图一五二，3）。

标本 04NSGⅢT002009②：1，帽径 1.5、钉长 1.3 厘米（图一五二，4）。

第 3 种，鎏金，帽圆形。

标本 04NSGⅣT014007②：2，身呈方锥形。帽径 1.8、钉长 1 厘米（图一五二，5；图版二一二，2）。

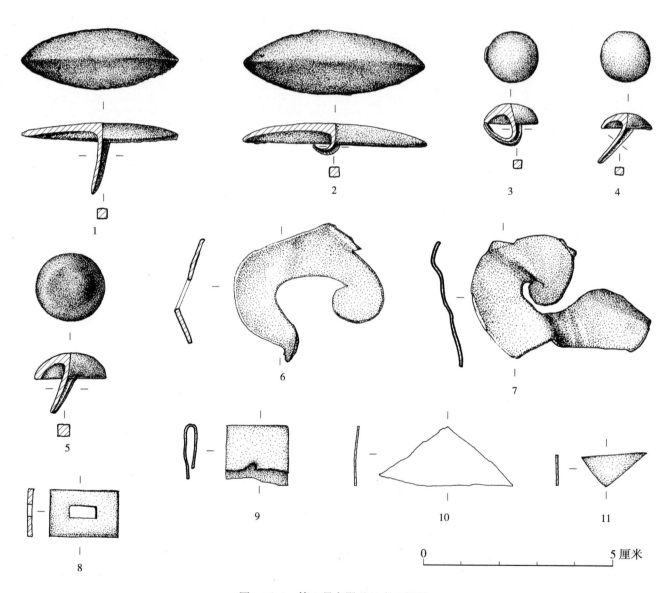

0　　　　　　　　　　　　　　　　　　　　　　5 厘米

图一五二　第 2 号宫殿基址出土铜器

1～5. 钉（04NSGⅢF1②：18、04NSGⅢF1②：19、04NSGⅣT001010②：3、04NSGⅢT002009②：1、04NSGⅣT014007②：2）

6、7. 饰件（99NSGⅣT003004②：27-1、99NSGⅣT003004②：27-2）　　8. 垫（04NSGⅢT001006②：6）　　9～11. 片

（04NSGⅣG1：4、04NSGⅣG1：5、04NSGⅢT002008②：1）

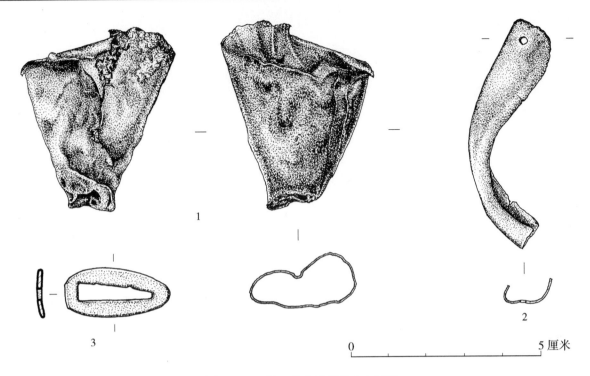

图一五三　第2号宫殿基址出土铜器

1. 器箍（04NSGⅣT015005②：5）　　2. 器物包边（04NSGⅢF1②：6）　　3. 刀鞘配件（99NSGⅣT004004②：3）

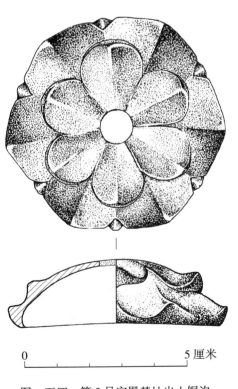

图一五四　第2号宫殿基址出土铜泡

（04NSGⅣT012007②：11）

（2）泡

标本04NSGⅣT012007②：11，完整。鎏金，略呈六角形，正面凸起，背面凹进，顶部有圆形钉孔。正面有浮雕的六瓣莲花图案。直径6.8、高2、钉孔直径1厘米（图一五四；图版二一三，1）。

（3）窗角　鎏金，呈"〈"形，在鱼子地上凿嵌出阴刻的花卉图案，其中心部分为一朵正视的的团花，右上、右下各有一朵侧视的团花，花间饰有展开的花叶。

标本00NSGⅣT010004②：49，沿边有10组钉孔，每组2孔。高16.2，上、下宽6，中间宽7.2，厚0.1厘米（图一五五，1；图版二一三，2）。

标本00NSGⅣT010004②：50，沿边有10组钉孔，每组2孔。高16.4，上、下宽6.2，中间宽7.4，厚0.1厘米（图一五五，2；图版二一三，3）。

（4）饰件　残。鎏金，呈勾云状，可能为建筑木件上的装饰。

标本99NSGⅣT003004②：27-1，残长3.6、残

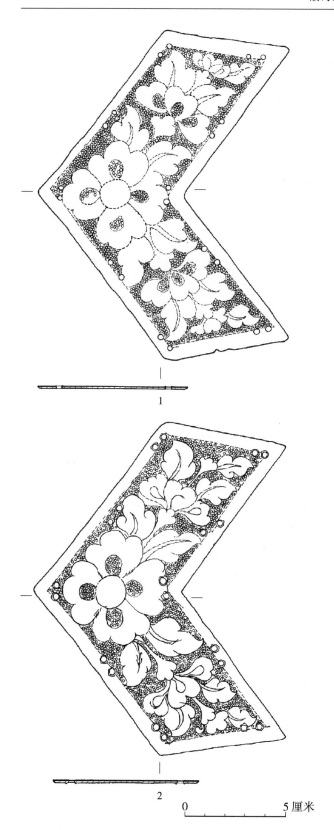

图一五五　第2号宫殿基址出土铜窗角
1. 00NSGⅣT010004②：49　2. 00NSGⅣT010004②：50

宽2.3、厚0.1厘米（图一五二，6；图版二一二，3）。

标本99NSGⅣT003004②：27－2，残长4.8、残宽3.2、厚0.1厘米（图一五二，7；图版二一二，4）。

（5）垫

标本04NSGⅢT001006②：6，长方形，中穿方孔。长1.8、宽1.2、穿长0.7、穿宽0.4、厚0.1厘米（图一五二，8）。

（6）片

标本04NSGⅣG1：4，长方形，从中间对折，一端有钉孔。折体长1.5、宽1.8、单片厚0.1厘米（图一五二，9）。

标本04NSGⅣG1：5，表面微凹，呈黄白色。厚不足0.1厘米（图一五二，10）。

标本04NSGⅢT002008②：1，表面微凹，鎏金，似为合金。厚0.1厘米（图一五二，11）。

2. 生活用具

（1）带具

1）带铐　分为2种。

第1种，长方形，镂孔亦长方形。

标本04NSGⅢT002008②：13，长3、宽2.2、厚0.2厘米（图一五六，8；图版二一四，5）。

标本04NSGⅢT001006②：12，下部残。长2.4、宽2.2、厚0.1厘米（图一五六，9）。

第2种，半圆形。上部呈半圆形，下部呈方形，镂孔长方形。

标本99NSGⅣT003002②：1，长3.6、宽2.5、厚0.1厘米（图一五六，7）。

标本04NSGⅣT001006②：5，长2.4、宽1.7、厚0.1厘米（图一五六，10；图版二一四，6）。

标本04NSGⅢT001006②：9，下部残。长2.4、宽1.7、厚0.1厘米（图一五六，11）。

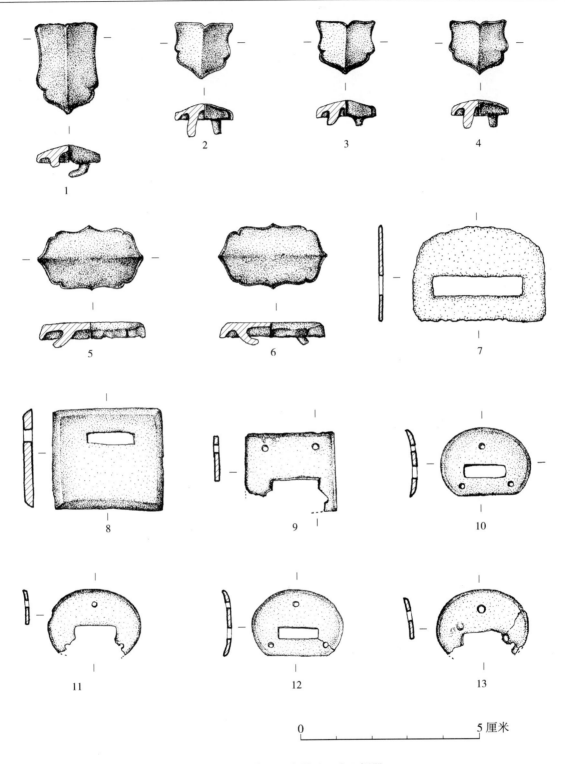

图一五六　第 2 号宫殿基址出土铜器

1～4. 带头（04NSGⅢT001006②：2、04NSGⅢT001006②：6、04NSGⅢT001006②：7、04NSGⅢT001006②：3）

5、6. 带饰（04NSGⅢT001006②：4、04NSGⅢT001006②：8）　　7～13. 带铐（99NSGⅣT003002②：1、

04NSGⅢT002008②：13、04NSGⅢT001006②：12、04NSGⅣT001006②：5、04NSGⅢT001006②：9、

04NSGⅢT001006②：10、04NSGⅢT001006②：11）

标本 04NSGⅢT001006②：10，长 2.4、宽 1.7、厚 0.1 厘米（图一五六，12）。

标本 04NSGⅢT001006②：11，下残。长 2.4、宽 1.7、厚 0.1 厘米（图一五六，13）。

2）带头

大型　1件，标本 04NSGⅢT001006②：2，两侧呈弧曲的几何形，下端弧线聚成尖角，上端微呈燕尾形，正面中间纵向起脊，边缘内折，背面有 2 枚小钉，横向排列。纵长 1.5、宽 1.5、厚 0.4 厘米（图一五六，1；图版二一四，1）。

小型　3件，两侧呈弧曲的几何形，下端弧线聚成尖角，上端微呈燕尾形，正面中间纵向起脊，边缘内折，背面有 3 枚小钉，呈倒品字形排列。纵长 2.3、宽 1.6、厚 0.4 厘米。

标本 04NSGⅢT001006②：6（图一五六，2）。

标本 04NSGⅢT001006②：7（图一五六，3）。

标本 04NSGⅢT001006②：3（图一五六，4；图版二一四，2）。

3）带饰　橄榄形，上下边作弧曲的几何形，正面中间横向起脊，边缘内折，背面有两枚小钉，横向排列。长 2.6、宽 1.6、厚 0.4 厘米。

标本 04NSGⅢT001006②：4（图一五六，5；图版二一四，3）。

标本 04NSGⅢT001006②：8（图一五六，6）。

（2）器物包边

标本 04NSGⅢF1②：6，残。表面鎏金，断面呈“Π”形，已扭曲变形，残长 5.8 厘米。一端完整，有直径 0.2 厘米的钉孔（图一五三，2；图版二一二，6）。

（3）器箍

标本 04NSGⅣT015005②：5，完整。用铜片制成，截顶原为圆锥形，已被压扁。现为不甚规则的梯形。上边长 1.5、下边长 3.9、高 4.8 厘米（图一五三，1；图版二一二，5）。

（4）刀鞘配件

标本 99NSGⅣT004004②：3，完整。为刀鞘上端顶面的配件，呈一端稍窄的长椭圆形，中间有长楔形孔。长 2.6、宽 1.2、厚 0.15 厘米（图一五三，3）。

（5）鎏金佛像

标本 99NSGⅣT005004②：1。螺发，结跏趺坐，上穿僧祇支，外罩通肩僧伽梨，下着泥缚些那。模制，下有安装用的铁铤，底面从前向后有向上倾斜，安插时使佛像前倾。右手缺失，左手覆于左膝，手指下垂，施降魔印。通高 7.8、头高 2、身高 5.8、底宽 3.5、底厚 2、铤长 2.8 厘米（图一五七，1；图版二一五，1）。

标本 04NSGⅣT001008②：2，双手交叉，覆于上腹。通高 6.6、头高 2.3、身高 4.3、底宽 4.3、底厚 2.3、铤残长 1.7 厘米（图一五七，2；图版二一五，2）。

（6）钱币　1枚，出土于北屋地面上。

标本 04NSGⅢF1：17，圆形，方穿，楷书“开元通宝”，背面穿上有仰月状掐文。径 2.4、郭宽 0.1、穿径 0.7、厚 0.2 厘米（图一五八；图版二一二，7、8）。

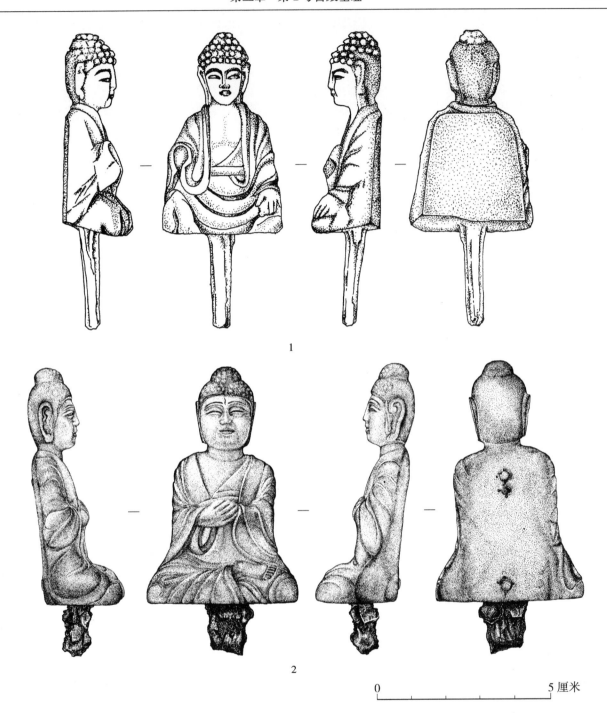

1

2

图一五七　第2号宫殿基址出土鎏金铜佛像
1. 99NSGⅣT005004②：1　2. 04NSGⅣT001008②：2

图一五八　第2号宫殿基址出土铜钱币拓片
（04NSGⅢF1：17）

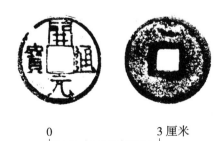

（六）石器

第 2 号宫殿基址出土的石器有建筑材料和生活用具 2 种。建筑材料有散水钉、散水牙子和包壁石，皆为玄武岩所制。生活用具仅发现 1 块磨石。

1. 建筑材料

（1）包壁石

标本 99NSGⅣD①：1，立面经修琢，长方形。长 43、宽 15 厘米。从顶面观察，左、右两边均向内稍截，左边呈弧状，右边呈斜线状。底边长 16、高 32 厘米（图一六二，1；图版二一七，1）。

标本 99NSGⅣD①：2，应用于特殊部位，有正、侧两个立面，均经修琢。正立面呈长方形，侧立面在其右侧 45°角向内转折，亦呈规整长方形。从顶面观察，左、右两边均被截，左边呈弧状，右边截角也约呈 45°。正立面长 35、侧立面长 18.5、宽均 15 厘米（图一六二，3；图版二一七，3）。

标本 99NSGⅣD①：3，立面经修琢，较规整，呈长方形，右边有损，残长 56、宽 15 厘米。顶面观察，左、右两边均向内稍截，左边呈斜线状，右边呈弧状，底边长 16、高 32 厘米（图一六二，4；图版二一七，4）。

标本 04NSGⅣT013004②：6，包壁石，立面和左边经修琢过，较规整，立面呈长方形，长 26、宽 10 厘米。顶面观察，左、右两边平直，底边凸出。此类包壁石用于廊庑台基（图一六二，5；图版二一七，5）。

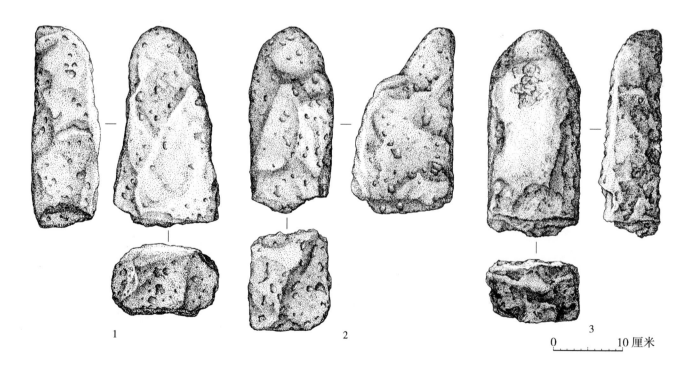

图一五九　第 2 号宫殿基址出土石散水钉

1. 99NSGⅣT005004②：16　2. 99NSGⅣT007001②：33　3. 99NSGⅣT007001②：23

图一六〇　第 2 号宫殿基址出土石散水钉

1. 99NSGⅣT004001②：37　2. 99NSGⅣT004001②：39

3. 99NSGⅣT001002②：48

图一六一　第 2 号宫殿基址出土石散水钉

1. 99NSGⅣT004001②：38　2. 99NSGⅣT007001②：34　3. 99NSGⅣT007001②：24

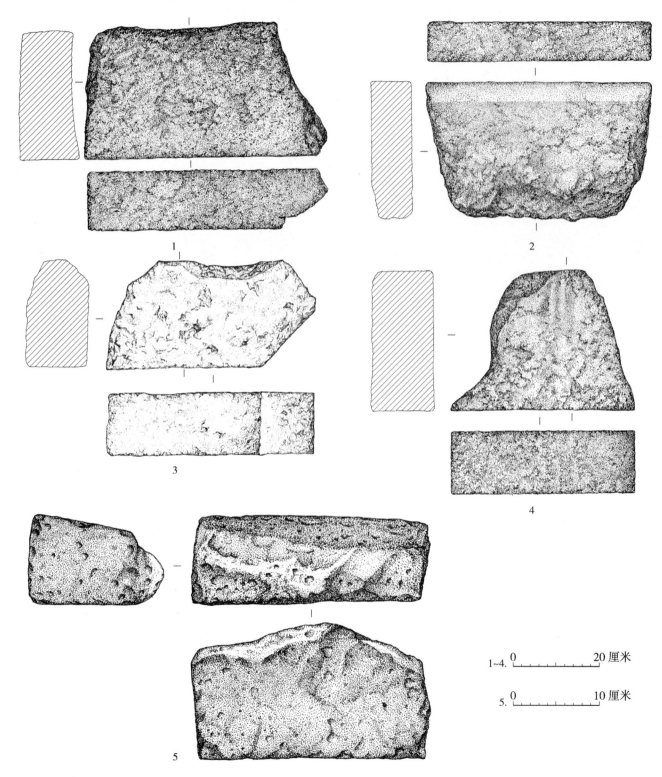

图一六二　第 2 号宫殿基址出土石器

1、3~5. 包壁石（99NSGⅣD①：1、99NSGⅣD①：2、99NSGⅣD①：3、04NSGⅣT013004②：6）

2. 散水牙子（99NSGⅣD①：4）

（2）散水牙子

标本 99NSGⅣD①：4，顶面经修琢，呈规整长方形。长 52、宽 10 厘米。侧面呈倒置的梯形，底边长 40、高 32 厘米。一侧有宽 2 厘米浅色痕迹，应是埋设时外漏被风雨侵蚀造成的（图一六二，2；图版二一七，2）。

（3）散水钉　使用时一部分埋设于地下，一部分地上两部分，地下部分不甚规整，仅靠近散水牙子的一侧端部较平整，地上部分多呈四分之一球状。

标本 99NSGⅣT005004②：16，长 29、底宽 16、厚 10 厘米（图一五九，1；图版二一六，1）。

标本 99NSGⅣT007001②：33，长 27、底宽 12、厚 14 厘米（图一五九，2；图版二一六，2）。

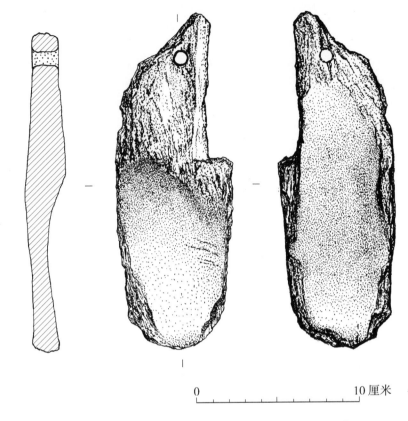

图一六三　第 2 号宫殿基址出土砺石（04NSGⅢT002009②：2）

标本 99NSGⅣT007001②：23，长 30、底宽 13、厚 8 厘米（图一五九，3；图版二一六，3）。

标本 99NSGⅣT004001②：37，长 26、底宽 8、厚 15 厘米（图一六〇，1；图版二一六，4）。

标本 99NSGⅣT004001②：39，长 32、底宽 10、厚 12 厘米（图一六〇，2；图版二一六，5）。

标本 99NSGⅣT001002②：48，长 12、底宽 10、厚 7 厘米（图一六〇，3；图版二一六，6）。

标本 99NSGⅣT004001②：38，长 22、底宽 11、厚 11 厘米（图一六一，1；图版二一六，7）。

标本 99NSGⅣT007001②：34，长 20、底宽 11、厚 10 厘米（图一六一，2；图版二一六，8）。

标本 99NSGⅣT007001②：24，长 24、底宽 12、厚 7 厘米（图一六一，3；图版二一六，9）。

2. 生活用具

砺石

标本 04NSGⅢT002009②：2，曲尺形，由柄和身组成，柄端三角形，钻有 1 孔，身前端呈半圆状。正、背两面均有使用痕迹，正面使用较甚，已出现半圆形凹槽。通长 19.4、身长 11.1、身宽 5.8、柄宽 4.7、最厚处 2.2 厘米（图一六三；图版二一七，6）。

（七）其他

1. 玉器

（1）罐　05NSGⅢT001003②：5，残。为口沿，软玉质，现存部分由两片粘接而成，一片保持原来的淡黄色，另一片呈黄褐色。母口，器表有浮雕的莲瓣花纹，现可见2层。口径14厘米（图一六五，2；图版二一八，3）。

（2）杖首 04NSGⅢT002006②：1，淡黄色软玉质。管箍状，上为母口，下为子口，中间圆孔呈喇叭形。表面有透雕的图案，由3条首尾相逐的龙组成。直径10.4、高8厘米（图一六四；图版二一八，1）。

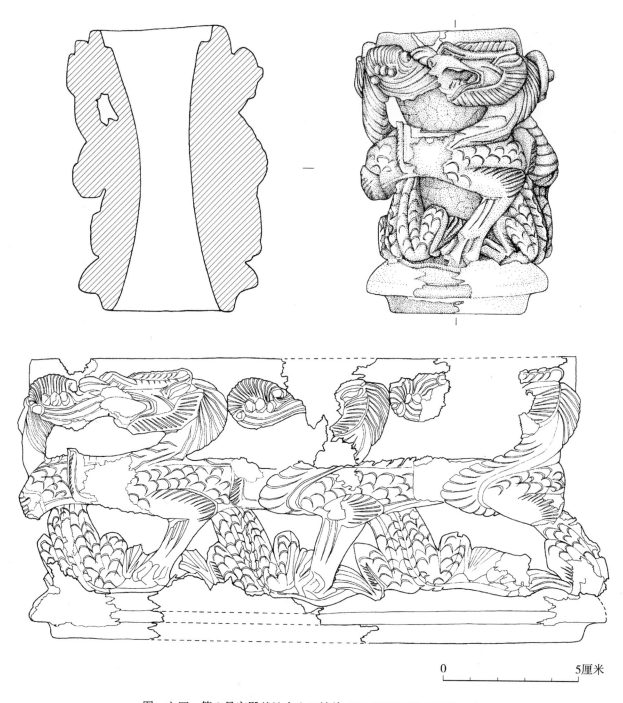

0 ————————— 5厘米

图一六四 第2号宫殿基址出土玉杖首（04NSGⅢT002006②：1）

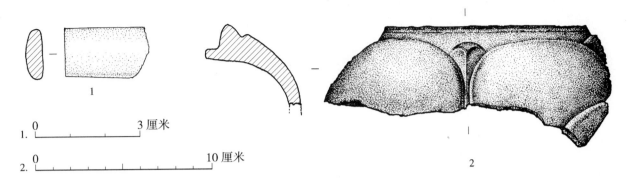

图一六五　第2号宫殿基址出土玉器

1. 饰件（04NSGⅣT015005②：6）　2. 罐（05NSGⅢT001003②：5）

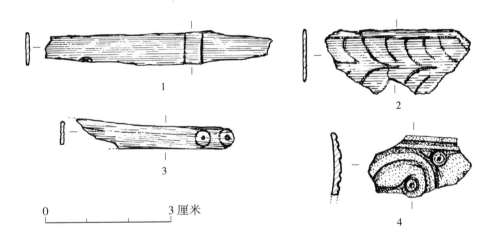

图一六六　第2号宫殿基址出土骨器

1. 04NSGⅣG1：3　2. 04NSGⅣG1：4　3. 04NSGⅣG1：5　4. 04NSGⅢF1：20

（3）饰件　04NSGⅣT015005②：6，淡青色软玉质。条形，两端均残，断面呈长椭圆形。残长2.4、最厚处0.4厘米（图一六五，1；图版二一八，2）。

2. 骨器

均残。雕花。

标本04NSGⅣG1：3，表面粗糙，淡黄色。四边均不完整，不知其本来形状，现为长条形。一端阴刻由一组平行线。残长5.2、残宽1.1、厚0.1厘米（图一六六，1；图版二一九，1）。

标本04NSGⅣG1：4，表面粗糙，淡黄色。一边完整。沿边阴刻直线，中心部位阴刻由弧线组成的"丫"形纹饰。残长3.5、残宽1.7、厚0.1厘米（图一六六，2；图版二一九，2）。

标本04NSGⅣG1：5，表面粗糙，淡黄色。四边均不完整，不知其本来形状，现为长条形。一端阴刻由2组中心有孔的圆环图案。残长4、残宽5.7、厚0.1厘米（图一六六，3；图版二一九，3）。

标本04NSGⅢF1：20，表面光滑，黑色。背面淡黄色。阴刻由弧线和圆环组成的图案，残长2.4、残宽1.4、厚0.1厘米（图一六六，4；图版二一九，4）。

3. 蚌壳

在宫殿址的堆积中，发现一些海蚌壳，大多朽甚呈粉末状，以往曾发现，在此类蚌壳中有些装

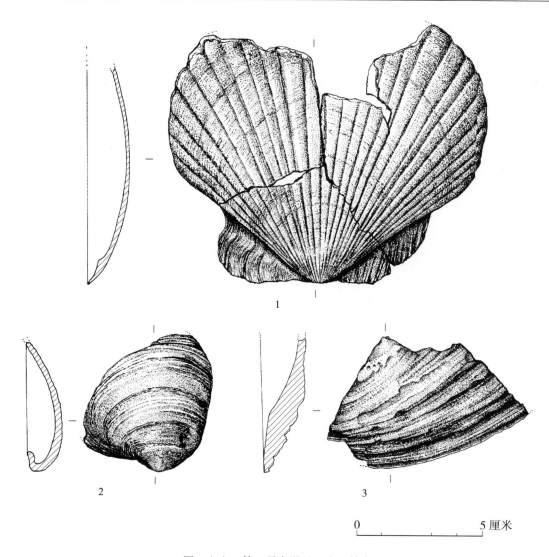

图一六七　第 2 号宫殿基址出土蚌壳

1. 99NSGⅣT009004②：97　2. 04NSGⅣT012012②：1　3. 99NSGⅣT009004②：98

有颜料，一些较厚的蚌壳，被加工成相对规整的块状，偶见有钻孔的痕迹。

标本 04NSGⅣT012012②：1，完整。扇径 6.5 厘米（图一六七，2；图版二一九，5）。

标本 99NSGⅣT009004②：97，完整。扇径 13 厘米（图一六七，1；图版二一九，6）。

标本 99NSGⅣT009004②：98，残。长 7、宽 5、厚 0.9 厘米（图一六七，3）。

（八）建筑遗迹、遗物

在发掘过程中，发现一些从建筑上脱落下来的墙壁碎块，其所附痕迹与当时的建筑工艺有关。

1. 墙体

在西廊庑西侧房址的倒塌堆积中，发现若干墙体碎块，其上平行分布木条痕迹，表明宫城内小型建筑可能没有采用土坯构筑墙体，而是采用了类似后世的"拉合墙"工艺。其具体方法是在距离较近的木柱间，平行钉有较密集的木条，然后将"草拌泥"填入抹平。

标本04NSGⅢF1：1，两面均平行分布宽3、厚2厘米的木条的痕迹。长26、宽18、厚10厘米（图版二二〇，5）。

2. 墙面残片

在倒塌堆积中，发现数量较多的白灰墙皮，厚约1厘米，说明在部分墙壁上抹有白灰面，其中有相当部分涂有赭红色，少数绘有几何形图案。表明当时宫殿的墙体可能大部涂朱，并在某些位置绘有装饰图案。还有一些墙体墙面平滑，其上涂有白灰颜色，应是墙壁的另一种处理方式。

（1）彩绘墙面残片

标本99NSGⅣT011004②：52，残块。上有赭红色图案，呈三角形，以阴刻线界定边框，框内填色。长15、宽9、厚1.5厘米（图版二二〇，1）。

标本99NSGⅣT011004②：53，残块。其上涂有宽9厘米的赭红色带，有彩绘的一侧边缘平整，下部以阴刻线界定边框，框内填色。长20、宽13、厚3厘米（图版二二〇，2）。

（2）白灰墙面残片

标本04NSGⅣT001009②：6，背面平整。分为3层，底层为厚3.4厘米的草拌泥墙体，其上有2层黄沙土抹成的墙面，分别厚0.7、1厘米。最外层墙面上有白灰刷墙的痕迹。长16、宽12厘米（图版二二〇，3、4）。

3. 土坯

在础石附近的堆积中，发现数量较多的土坯碎块，大多破碎过甚，仅少数可辨形状，均用草拌泥制成，经火烧已呈红色。后述的第3号宫殿台基上，可见用土坯构筑的墙体。因此，第2号宫殿的墙体，也应该使用了与之相同的建筑方法。

标本99NSGⅣT009004②：28，残长11、宽15、厚4.3厘米（图版二二〇，6）。

第五节　小　结

第2号宫殿址是宫城内规模最大的建筑，也是已知渤海国时期规模最大的宫殿，其正殿单体建筑的长度也是同时期宫殿建筑中最长的，它的发掘，为研究渤海国的建筑规模、建筑形制、技法乃至相关的历史、文化提供了新资料，也提出了新课题。

1. 第2号宫殿遗址毁坏的直接原因

第2号宫殿遗址在毁弃后至发掘前，顶部曾遭到严重的破坏，其时间和原因一直不明。通过本次发掘，可以判明其被损毁，主要是因清末民初之际建瓦窑所致。制瓦的土直接取自于台基，窑工的住房建造在殿基东南部，致使台基严重受损，几乎不辨形制[7]。

2. 第2号宫殿正殿形制的探讨

以往学术界对第2宫殿的形制颇多猜测，对于殿、廊庑的组合关系有多种复原。发掘证明，第2宫殿以殿堂为中心，两掖各设一门，殿堂、掖门、廊庑由石墙衔接组合到一起。

第 2 号宫殿台基上柱网遗迹破坏严重，仅在西侧有保留，但也只是水平跌落后保留了相对的位置关系，不是原来的高度。可测量的础石间距，面阔和进深均为 4.5 米，踏道的宽度应为 1 间的宽度，第 2 号宫殿的 3 个踏道，不计散水，宽度均在 4.5 米左右。所以，可以认定第 2 号宫殿的柱距为 4.5 米。但其整体的柱网情况，只能参考其他渤海宫殿和唐代宫殿的情况予以复原。

渤海上京城的宫殿式建筑，殿身面阔有两种不同的形制，第 1 种目前仅见于宫城正门，其中间为宫殿，两侧各附建一门，宫殿面阔 9 间，当心间最大，次间、稍间次之，尽间又次之，两侧副廊开间最小。第 2 种是渤海建筑的主流，以第 1 号宫殿、第 3 号宫殿和东半城 1 号佛寺正殿为代表，面阔均采用相同的开间。在唐代建筑中，大明宫含元殿面阔 11 间，中间的 9 个开间相同，两个稍间稍窄。

综合以上情况，第 2 号宫殿似可复原为面阔 19 间、进深 4 间的大型建筑，中心部分同遗迹现象基本吻合，殿南的东、西踏道对应于第 6 间和第 14 间，殿北踏道正对中心位置的第 10 间。但宫殿柱网外侧南北两边为 2.1 米，东西两边则为 3.2 米，呈不对称状，图一九所反映的既是此种情况。

在唐代建筑中，面阔开间最大为 11 间，大明宫的正殿含元殿面阔也只有 11 间，渤海上京宫城的正殿第 1 号宫殿也是面阔 11 间，第 2 号宫殿的 19 间面阔，不仅僭越了礼制，在建筑上亦成为了一种特殊现象。

通过观察第 2 号宫殿南侧踏道的特殊位置，揭示了其面阔开间的实际内涵。

唐代建筑中，大明宫含元殿面阔 11 间，其"左右阶"设于殿后，正对第 3 间和第 9 间的位置。在渤海建筑中，第 2 号宫殿以外的宫殿级别的建筑，其殿前东、西踏道均正对第一间和最后一间，第 1 号宫殿、第 3 号宫殿，以及东半城 1 号佛寺正殿均如此，有学者认为，渤海建筑这样的设置，可能是受含元殿龙尾道的影响[8]。

第 2 号宫殿的设置，与唐代和渤海建筑不甚相同。东、西踏道设于殿前，对应于第 6 间和第 14 间，殿后踏道位于中心，正对第 10 间，位置偏中，不利于向宫殿两侧通行。

如果将殿前东、西踏道所对的位置设定为宫殿的第 1 间和最后 1 间，则第 2 号宫殿中心部分自成单元，为一面阔 9 间、进深 4 间建筑，两侧各余 5 间。这样一来，可以将第 2 号宫殿视作由一个主体建筑和两个附属建筑组成的建筑群。此类建筑，在唐代建筑中，没有保存下来的实例，在敦煌建筑壁画可以得到佐证，隋代第 423 窟窟顶弥勒经变的佛寺，既是此种样式，大殿左右各立一座三层的楼阁作为陪衬，被称为"一殿二楼"的布局[9]。在渤海建筑中，渤海上京城第 4 号宫殿和龙西古城二号宫殿，均是由主体建筑和两侧附属建筑组成的建筑群组[10]。

如果不将第 2 号宫殿台基上的建筑视为一体，考虑到中心建筑与附属建筑之间的衔接关系，设定主体建筑和两侧附属建筑间隔为 1 米，复原出的柱网更为合理，宫殿柱网外侧南北两边为 2.1 米，东西两边为 2.2 米，基本对称，图二〇复原的柱网，可能更接近实际情况。

这种布局还可得到出土遗物的证明，第 2 号宫殿正殿址出土正脊装饰物——鸱尾，至少可以分为大、小两种；脊端装饰物——兽头，出土数量较多，且规格有大、小不同的几种，虽然不能全部复原，但按眼球的数量统计，近 30 个，从柱网排列来看，第 2 号宫殿应该不是重檐建筑，但即使考虑第 2 号宫殿有重檐建筑的可能，二者的数量和规格，也大大超出了一个单体宫殿的需要。

另外，渤海上京城宫城中心区院落的规模自南向北逐渐缩小，中轴线上的主体建筑台基高度依次降低，是其建筑群的显著特征，设定第 2 号宫殿中心部分面阔为 9 间，则与第 1 号宫殿面阔 11 间，第 3 号宫殿面阔 7 间形成了 11、9、7 的 "递减" 的关系,在建筑风格上达到了协调一致。

3. 出土遗物反映出的建筑装饰风格

第 2 号宫殿基址出土了数量较多的釉陶建筑装饰,主要有鸱尾、兽头和套兽。有学者认为渤海宫殿屋盖大约是敦煌唐壁画所表示的绿琉璃剪边做法[11]。值得注意的是,第 2 号宫殿基址所见瓦当绝大多数为灰陶制品,釉陶瓦当数量极少,仅见个体,几乎不见釉陶板瓦,这说明釉陶只用来装饰屋脊。因此,第 2 号宫殿的剪边做法尚未完备或被有意缩减。

4. 出土遗物反映出的唐代文化影响

版位是古代朝会、祭祀等活动时的替导之物[12],明清时代演变为 "品级山",以往的发掘中,曾见有 "六品" 字样的版位。据文献记载,渤海仿唐建立了官制[13],版位的出土,反映出渤海也引进了唐的朝仪制度。

[1] 中国古代宫殿的基础部分,宋代《营造法式》称之为 "殿阶基",清代法式称之为 "台明" 或 "台基"。中国科学院考古研究所编著的《唐长安大明宫》报告中,使用了 "台基" 的概念。中国社会科学院考古研究所西安唐城工作队《唐大明宫含元殿遗址 1995～1996 年发掘报告》、《隋仁寿宫、唐九成宫——考古发掘报告》中,均使用了 "殿阶基" 的概念。在本报告中,因涉及宫城内诸多的建筑,许多建筑属性难以界定,故对建筑的基础部分一律称之为 "台基"。

[2] 梁思成:《营造法式注释》卷上,第 69 页,中国建筑工业出版社,1983 年。

[3] 渤海上京城的建筑,础石下有起稳定作用的碎石构筑的结构,《营造法式》中无相关记载,唐长安大明宫含元殿亦有此种结构。中国社会科学院考古研究所西安唐城工作队《唐大明宫含元殿遗址 1995～1996 年发掘报告》中,借用了清人王森文对此类现象的称呼 "承础石(?)"。此类结构晚近才被称为 "磉墩",南方用灰土,北方用石块构筑。故本报告按功用称之为 "础石基础"。

[4] 中国社会科学院考古研究所西安唐城工作队:《唐大明宫含元殿遗址 1995～1996 年发掘报告》,《考古学报》1997 年第 3 期。

[5] 中国社会科学院考古研究所研究所:《六顶山与渤海镇——唐代渤海国的贵族墓地与都城遗址》,第 107 页,中国大百科全书出版社,1997 年。

[6] (俄)В·Е·麦德维杰夫著、姚凤译:《女真人的军事装备与军事艺术》,图八,纳杰日金斯基墓地出土同样火镰,《历史与考古信息·东北亚》1987 年第 2 期。

[7] 黑龙江省文物考古研究所等:《渤海国上京龙泉府宫城第二宫殿遗址发掘简报》,《文物》2000 年第 11 期,简报中对晚期遗迹和破坏原因予以介绍,本报告中不再涉及。

[8] 中国社会科学院考古研究所西安唐城工作队:《唐大明宫含元殿遗址 1995～1996 年发掘报告》,《考古学报》1997 年第 3 期。

[9] 萧默:《敦煌建筑研究》,第 37 页,机械工业出版社,2003 年。

[10] 吉林省文物考古研究所等:《西古城——2000～2005 年渤海国中京显德府故址田野考古报告》,第 160 页,文物出版社,2007 年。

[11] 杨鸿勋:《宫殿考古通论》,紫禁城出版社,2001 年。

[12] 《宋本大唐六典》,中华书局,1991 年。

[13] 《新唐书·渤海传》。

第三章　第3、4号宫殿建筑群基址

第一节　发掘经过

上京城的宫城可分为东、西、中三区，第3、4号宫殿是宫城中区南起第三、四重宫殿。两殿之间有过廊相连，从功用和布局看应为同一座宫殿的前后两部分。为工作方便及以往历次对上京城工作中的习惯，仍将其自南向北编号为第3、4号宫殿基址。其相应的建筑群落应包括第3、4号宫殿及位于第4号宫殿两侧并与之相连的两座宫殿。第4号宫殿两侧的宫殿在以往的工作中未曾有过编号，考虑到它们与第4号宫殿的关系，此次发掘中将这两座宫殿自东向西分别编号为4-1、4-2号宫殿。第3、4号宫殿建筑群南面为第2号宫殿，北面有墙与第5号宫殿相隔。

2000～2001年两个年度中，黑龙江省文物考古研究所在吉林大学考古学系和牡丹江市文物管理站的协助配合下，对建筑群中的第3号宫殿主殿及其两侧的飞廊、东西廊庑的北部和第4号宫殿的主殿及其东西配殿、东西两侧厢房的基址进行了发掘；2004年黑龙江省文物考古研究所对第4号宫殿东侧厢房和第4-1号宫殿西侧厢房的北段进行了揭露；2005～2006年，黑龙江省文物考古研究所又组织人员对建筑群中的第3号宫殿东侧廊庑、第4号宫殿的东侧厢房及第4-1号宫殿的未发掘部分进行了清理。此项发掘系渤海国上京龙泉府宫城遗址保护规划的一部分。为便于操作，使发掘科学有序进行，1998年，在第2号宫殿基址的西北侧设立了永久性考古发掘布方坐标基点，采用象限法，在整个宫城遗址内布设了10×10平方米的探方网，将宫城内所有的遗迹单位纳入了坐标控制。

第3、4号宫殿群位于宫城探方网横坐标Ⅰ象限001～017、Ⅱ象限001、Ⅳ象限003～012，纵坐标Ⅰ象限001～015、Ⅱ象限012～014、Ⅳ象限01区域内（图一六八）。此项工作布设探方97个，发掘面积9700平方米，弄清了遗址的层位堆积情况及地层成因，究明了第3、4号宫殿群落的形制结构和平面布局，清理了宫殿基址、院落隔墙、水沟等重要遗迹，出土了一批珍贵文物。

2000～2001年参加发掘的工作人员有黑龙江省文物考古研究所李陈奇、赵虹光、赵哲夫、刘晓东、霍东峰、王广文、吴英才；吉林大学考古学系教师苏海波及研究生何景成、郑小炉、邸向平、张全超、王乐文、周润垦、方启，九七级本科生齐晓亮、周高亮、王义学、赵明星；牡丹江市文物管理站陶刚、王祥滨、申佐军；黑龙江省渤海上京遗址博物馆张庆国；宁安市文物管理所黄景林。

2005～2006年参加发掘的工作人员有黑龙江省文物考古研究所李陈奇、赵哲夫、刘晓东、尤洪才、赵湘萍；牡丹江市文物管理站刘同乐；黑龙江省渤海上京遗址博物馆朱春雨、曹伟、刘伟；宁安

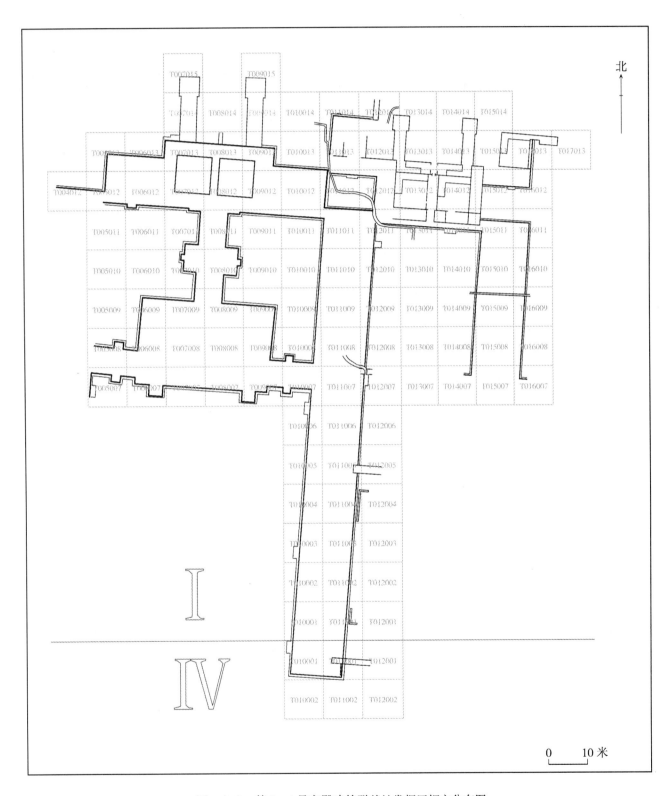

图一六八　第 3、4 号宫殿建筑群基址发掘区探方分布图

市文物管理所邱柏涵、李铁强；肇东市文物管理所单丽丽。

<h1>第二节　保存状况与地层堆积</h1>

　　第3、4号宫殿建筑群保存相对较好，但由于20世纪30年代日本东亚考古学会的挖掘，加之近年来人类活动日益频繁，使遗址遭到了较多的损毁。其中，第4号宫殿基址破坏较严重，地表础石裸露，主殿的房间中部已成凹坑，低于础石表面近半米，室内结构和地面状况已基本不可察。第3号宫殿基址则保存相对较为完好。第4-1号宫殿遗址上有一些清代和民国时期的遗迹，第4-2号宫殿遗址的中央部分在20世纪30年代曾被日本东亚考古学会清理。

　　发掘区的地层堆积较为简单，可分为2层，即表土层和坍塌堆积层。而表土层又可根据成因分为两层。一层是地表的腐殖土，由于植物的长期生长形成；另一层是扰动堆积，内含大量的渤海时期的遗物，但堆积杂乱无序。后者的分布不完整，仅部分存在，据其内涵和分布的特征可以推断，此层主要为日本东亚考古学会挖掘时留下的堆土堆积。下面以00NSGⅠT006014南壁、西壁剖面（图一六九）为例进行说明。

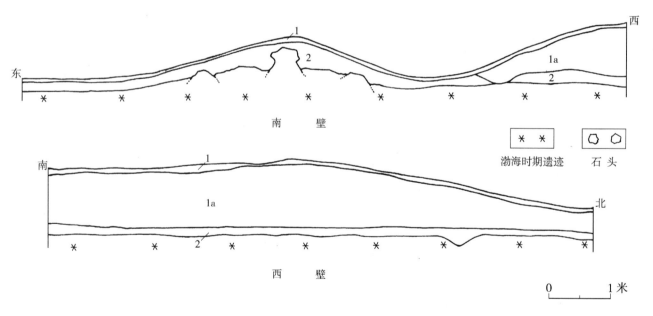

图一六九　第3、4号宫殿00NSGⅠT006014南壁、西壁剖面图

　　第1层，表土层，黑褐色土，土质疏松。包含物较少，有少量瓦砾、红烧土块、炭渣等物，厚约0.05～0.1米。

　　第1a层，扰土层，黑褐色土，土质疏松。内含大量瓦砾、红烧土块和炭渣，另外，有少量的近现代铁器和瓷片等物，厚约0～0.45米。此层只在遗址的部分区域有分布。

　　第2层，坍塌堆积层，黄褐色土，土质紧密，黏度较大。内含有红烧土块、炭渣、大量的瓦砾及少量的器物残片，厚约0～0.2米。此层在遗址中也非连续分布，有些部分受到破坏。

第2层下为渤海时期的地面和建筑基址。由于遗址的破坏，基址有些部位已暴露于地表或直接叠压于第1层堆积之下。

在第4－1号宫殿主殿基址的北侧，清理出一片殿顶倒塌的遗迹，筒瓦、板瓦基本保持了原结构关系，对我们了解当时的瓦作有一定意义。其具体层次结构从下到上依次是沙性草拌泥、草拌泥、黄沙土、黑土、板瓦、筒瓦，前4层应是与殿顶灰背结构有关，板瓦间纵向互相叠搭，筒瓦扣于板瓦间瓦缝之上（图一七〇；图版四〇，1、2）。

第三节　遗　迹

此次发掘揭露了第3、4号宫殿建筑群的建筑台基，清理了其上的建筑遗迹，同时对院落布局中的一些遗迹现象进行了揭露和清理。

第3、4号宫殿建筑群落由第3号宫殿、第4号宫殿、第3号和第4号宫殿间的建筑、第4－1号宫殿、第4－2号宫殿及其周边的廊庑等附属建筑构成，这些建筑的台基连接在一起，构成了第3、4号宫殿的建筑群落（图一七一［见本报告附图］；图版四一，1）。本次发掘中，第3号宫殿西侧廊庑、第4号宫殿西侧厢房、第4－2号宫殿均只揭露了一小部分。20世纪30年代日本东亚考古学会对上京城进行发掘和考察时曾对第4－2号宫殿进行发掘，称其为第五宫殿西殿址，材料见于日本东亚考古学会发表的报告《东京城》。从其位置看，应是以宫城中轴线为对称轴与第4－1号宫殿相对称的建筑。与第4－1号宫殿相对照，东亚考古学会揭露的第4－2号宫殿基址只是建筑的主殿部分。根据目前已发掘部分和上京城轴对称的建筑特点可对第3、4号宫殿建筑群落的布局做一复原（图一七三）。

（一）第3号宫殿基址

第3号宫殿位于宫城的中轴线上，是除宫城南门外中轴线上南起第三座宫殿，系宫城中轴线上最北的高台基建筑，由主殿、主殿两侧的飞廊和东西两侧的廊庑构成。主殿方向南偏西4°（图一七二；图版四一，2）。

1. 台基

主殿台基的包壁已破坏无存，现存墩体东西32.75、南北21、高1.6米；台基四周保存有散水钉或散水牙子，据其测量，台基包括散水在内东西长35.25、南北宽23.3米。

台基南侧有东西两个踏道，分别与宫殿最东和最西两个开间相对。根据残余散水的边缘测量，东侧踏道南北3.5、东西4.4米，西侧踏道南北3.5、东西4.6米。东侧踏道上面中间有一条南北向浅沟。台基北侧正中部位与通向第3、4号宫殿间建筑的廊的台基相连，东西最南开间的部位与两侧飞廊台基相连。

台基四壁的包砌物已被后人移走它用，仅留有环绕台基的沟痕，在本身建筑用材方面未存留可

图一七〇 第 4-1 号宫殿主殿北侧殿顶坍塌堆积平、剖面及侧视图

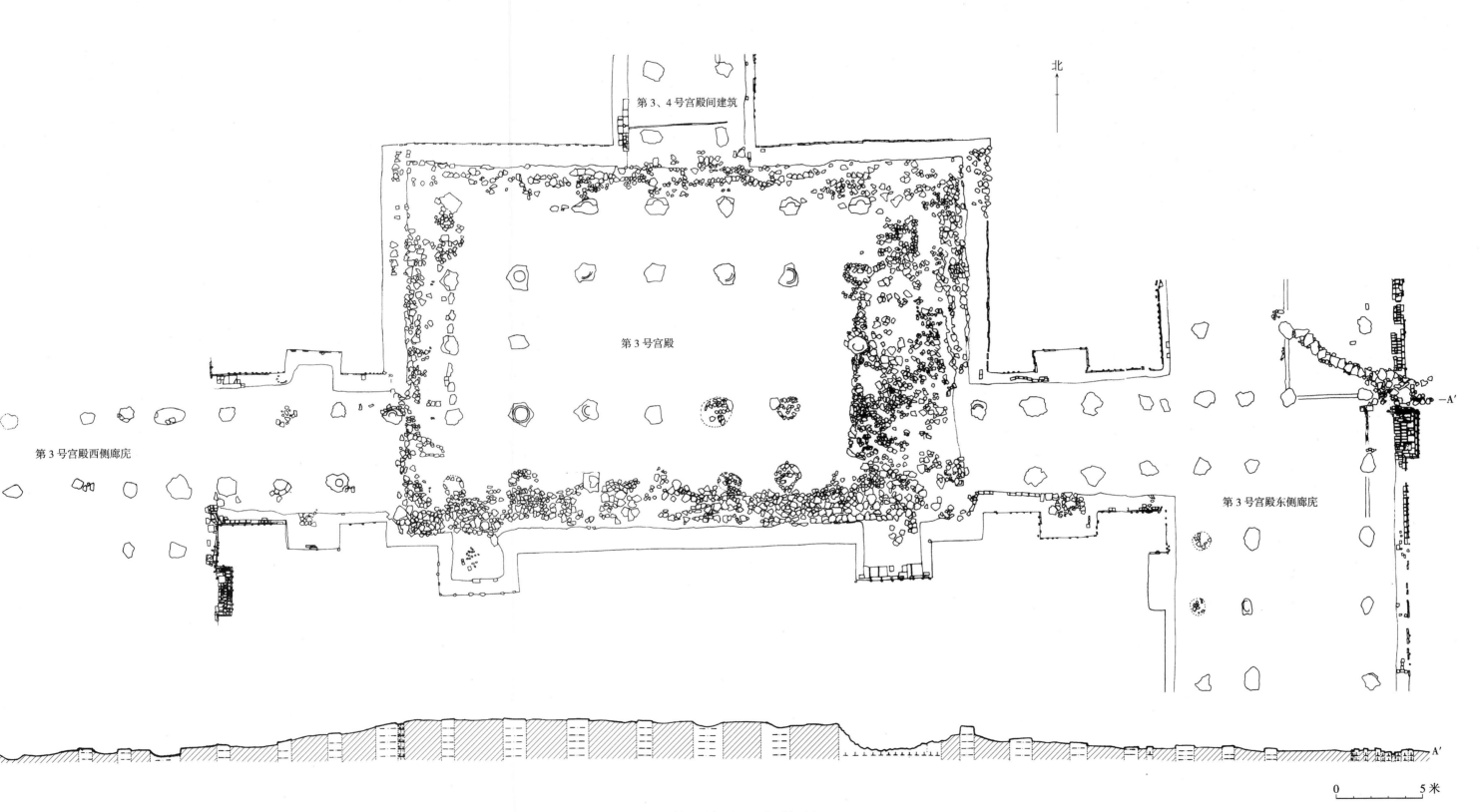

第3、4号宫殿间建筑

北

第3号宫殿

第3号宫殿西侧廊庑

第3号宫殿东侧廊庑

A'

A'

0 　　　　　5 米

图一七二　第 3 号宫殿基址平、剖面图

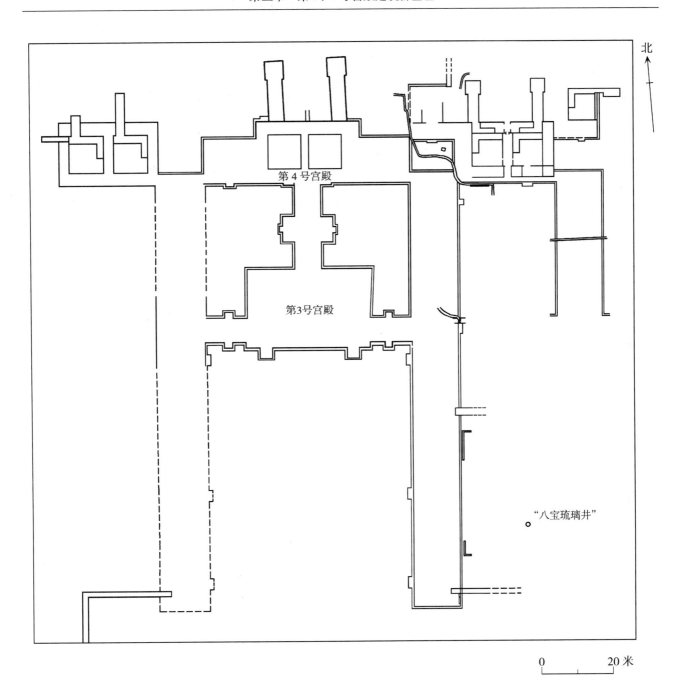

图一七三　第 3、4 号宫殿建筑群平面布局复原图

参照的遗迹，仅能根据其附近的散水及一些其他出土物品进行推断。台基南侧的堆积中出土了为数不少的雕花阶沿石碎块，且南侧的东西两个踏道使用了石制的散水，故推断主殿的南包壁系用玄武岩条石砌成，台基边缘以雕花阶沿石铺面并作为包壁的封顶。台基的东、北两侧发现有砖制的散水牙子，故推测台基的东、西、北三壁系用青砖包壁和砖制的散水。由于包壁已不存，故台基四壁的收分情况不详。

从侧面观察，主殿台基下半部用黄褐土堆垒，上半部以玄武岩石块垒砌，近顶部用夹杂少量白灰颗粒质地较纯净的黄褐土铺垫。其向外结构依次应是包壁和包壁下的散水。

　　为具体了解第3号宫殿台基的建筑结构，利用原东沙公路的路边沟形成的断面，对台基进行了解剖。该路边沟原略呈东南——西北走向，解剖时为避免更大的破坏，在其上布设了南北向探沟，位于台基东起第二列础石位置东侧（图一七四）。

　　从探沟剖面观察，台基可分为6层。第1层为黄土层，是为台基表面土层，土质细密坚硬，厚约0.2米；第2层为石块层，是用未经雕琢的玄武岩石块垒砌而成，厚0.5～0.7米；第3层为黄土层，土质细密坚硬，厚约0.15米；第4层为黑褐土层，厚不足1厘米，在剖面上几呈一条线状；第5层为黄土层，土质细密坚硬，厚约0.1米；第6层为石块层，与第3层同，剖面可见厚度0.4～1米。在探沟北部局部向下解剖，在超过原渤海地面0.5米后该层向下延伸，因安全问题未继续工作，故其具体厚度不知，据以往发掘所得资料，台基地下部分一般深约2米。

　　第1层为现存第3号宫殿的使用面，基本水平，局部尚保存有数层草拌泥地面及其上的白灰地面，第3～5层厚度较为均匀，上面亦较为平整，均与第1层基本平行。第2层石块南北两侧的范围大于第6层石块，超出部分的下面依次是黄土层和黑土层。

　　探沟南部为第3号宫殿南侧东踏道，踏道仅余下部结构，为土制，从剖面看，剩余部分可分为2层，下层为黑褐土，上层为黄土，黄土层为台基第5层黄土的延伸。

　　台基东起第二列础石共5块，仅余南起第3、5两块，其他已佚失，所处位置存有础石基础。据解剖可知，柱础的制作方法是先在低于台基面的相应位置用玄武岩块铺垫础石基础，然后再在其上摆放大块的础石。础石基础由未经雕琢的玄武岩块逐层垒砌而成，石块间接触较台基石块更为紧密，其内包含黄土，与台基的其他部分砌石有较为清楚的分界。其中南起第1～3块础石的基础压于第3层黄土之上，而第4、5块的基础则打破并穿透了台基的第3～5层，第5块的础石基础甚至打破了第6层。根据上述情况可以推断，台基的础石基础可能是台基整体制作完成后再挖坑铺垫石块做成的。

　　根据解剖可知，第3号宫殿台基整体为玄武岩石块垒砌，垒砌方式为干摆，未发现有使用黏合剂的迹象，石块缝隙间有零星散落的黄褐土。台基上面铺以一层细密坚硬的黄土，形成台基的上面。

　　从探沟剖面观察，整个台基并非为一体垒就，而是被中间的土层隔为上、下2层。这种结构的出现有两种可能。第1种是台基的砌筑工艺如此。宫城内中轴线上的高台基建筑有宫城南门和第1～3号宫殿，其中第2号宫殿台基为黄土筑就，无可比之处。宫城南门和第1号宫殿的台基整体均为玄武岩垒砌，顶部铺以较纯的黄土平整压实形成顶面，却未发现有如第3号宫殿台基的玄武岩层中间夹以土层的结构。第2种可能就是此台基经过了2次或3次的修缮和垒筑。宫城高台建筑的台基顶面的典

南

图一七四　第3号宫殿台基解剖探沟西壁剖面图

型做法是在石砌的台基上部铺以较纯的黄土平整压实形成。探沟的第 5 层和第 6 层非常类似这种结构，如此台基经过了二次垒筑，这可能就是第 3 号宫殿最初的台基。而第 4 层的黑土层极薄，不似制作台基时有意铺垫，可能是第 5 层在作为使用面时人们在其上活动所形成的。第 3 层黄土的形成则有 2 种可能的因素。一是在第 5 层作为台基使用面一段时间后，宫殿维修时在其上又铺垫一层黄土重新制作的使用面，若此，则此台基经过一次修缮和一次增筑过程；二是在第二次砌筑时先铺垫此层黄土，然后在其上再砌筑石块和制作使用面，这样，则此台基经过两次的砌筑，而第 3 层黄土则是一种工艺上的做法。

另外，据探沟剖面显示，台基南侧东踏道台基应是在台基砌筑完毕后，再在设计位置上以土堆砌制成，而从踏道现存部分的剖面可看到台基第 5 层黄土覆压于制成踏道的黑褐土之上。第 2 层砌石范围大于第 6 层，这也造成了从台基侧面观察台基下半部以黄褐土堆垒而上半部是由玄武岩石块垒砌的现象，而剖面上南北两端超出部分下面为台基的第 5 层黄土和制成踏道的黑褐土。这两点或可为台基曾经过增筑的推测提供佐证。

主殿台基的散水保存不好，许多部分只存有沟痕，只有东踏道南侧存有石制散水，西踏道南侧和西侧存有石制散水钉（图版四二，1），东壁和北壁保存有砖制的散水牙子。包壁及散水残留的沟痕一般在 1.1～1.5 米之间，踏道两侧的较窄，约 0.6～0.8 米。

东踏道南侧散水宽 0.8 米，其自内向外由散水铺石、散水牙子、散水钉组成。散水铺石是以石板铺成，石板宽度不等。西数第二块上刻有装饰线，距外侧 0.48 米，是散水内的实际宽度。踏道中部的两块散水石板，在其北部凿有一"凹"形槽，正对踏道中间的南北向浅沟，此迹象说明这一踏道中间有类似"御路"的结构。散水牙子宽度有 0.09 和 0.1 米两种，长度不等。最外侧的散水钉，其顶端露出部分向外的一侧修琢成二分之一半球状，向内的一侧则呈平面贴于散水牙子（图版四二，2）。台基东、北两侧的散水牙子为长条形青砖沿台基边缘方向横向立置，一侧面朝上，大部分埋于地面以下。散水牙子外侧未发现散水钉。

飞廊台基是由较纯净的黄褐土堆垒而成，其东西分别与东侧廊庑和主殿的台基相连，南北两侧由内而外有砖制包壁和砖制散水。

东侧飞廊台基东西 11.5、南北 6.4 米，现存呈坡状。西高东低，东西分别与东侧廊庑和主殿的台基相连，东西两端的高度也分别与上述两部分台基相同。因其东西两侧分别与东侧廊庑和主殿的台基相连，故上述东西长度是主殿台基现存东壁到东侧廊庑台基现存西壁的距离，而其宽度则是据南、北两壁均保存有的一些砖制包壁测得，是台基本来的宽度。

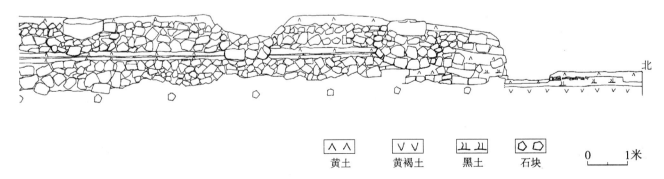

∧ ∧	∨ ∨	⊥ ⊥	⬠ ⬠		0　　　1米
黄土	黄褐土	黑土	石块		

台基的南北两侧各有一砖制踏道，位于台基中间的位置。北侧踏道长 1.9、宽 3 米，南侧踏道长 2.8、宽 3.4 米。踏道的南北长度分别是踏道南北两端的散水牙子到台基现存南北两壁的距离，其南北两端的散水牙子距台基南北两侧的散水牙子距离是相同的，约 1.4 米；其宽度是各自东西两侧散水牙子间的距离。两踏道破坏严重，其具体形制无法得知。

包壁是用长方形青砖沿台基边缘横向垒砌。保存不好，在南北两侧均只保留极少部分，大多只余沟痕。散水由内而外的结构分别是散水铺砖、散水牙子、散水砖钉。保存也不好，但大多数的散水牙子和散水砖钉尚存，在南侧东部尚保留有部分散水铺砖，但铺砖的具体结构已不得而知。散水牙子为长方形青砖横向立置，一侧面向上，大部分埋于地下。散水钉用砖改制而成，取料不规范，一般为半砖或砖条，埋于地下，露于地上的部分向外部分磨成半球状或不经加工，向内面较平直，贴于散水牙子外侧（图版四三，1、2）。

西侧飞廊台基与东侧的基本相同。东西 11.3、南北 6.9 米，现存呈坡状。东高西低，东西分别与主殿和西侧廊庑的台基相连，东西两端的高度也分别与上述两部分台基相同。因其东西两侧分别与主殿和西侧廊庑的台基相连，故东西长度是主殿台基现存东壁到东侧廊庑台基现存西壁的距离，其南、北两侧包壁均已无存，故所得南北宽度是台基现存两壁的距离。

台基的南北两侧各有一砖制踏道，位于台基中间的位置。北侧踏道长 2.2、宽 3.3 米，南侧踏道长 2、宽 3 米。踏道的南北长度分别是踏道南北两端的散水牙子到台基现存南北两壁的距离，其南北两端的散水牙子距台基南北两侧的散水牙子距离是相同的，约 1.4 米，因其内部结构均已无存，仅余略凹下的痕迹，故东西宽度是据残余凹痕测量所得宽度。两踏道破坏严重，其具体形制无法得知。

包壁无存，只余沟痕。估计与东侧飞廊相类，是用长方形青砖沿台基边缘横向垒砌。散水由内而外的结构分别是散水铺砖、散水牙子、散水砖钉。保存也不好，但散水铺砖、散水牙子和散水砖钉均有存留。散水铺砖已无完整结构可寻，但可看出有两种，一种是长方形青砖紧贴散水牙子内侧横向铺排，再向内结构不清楚，发现在南侧西段散水中；另一种是方形青砖夹杂纵向长方形青砖紧贴散水牙子铺排，再向内结构也不清楚，发现在北侧西段散水中。散水牙子为长方形青砖横向立置，一侧面向上，大部分埋于地下。散水钉用砖改制而成，取料不规范，一般为半砖或砖条，埋于地下，露于地上的部分向外部分磨成半球状或不经加工，向内面较平直，贴于散水牙子外侧。

东侧廊庑台基是以夹杂有白灰颗粒的较为纯净的黄褐土堆垒而成。其东、南、西三面有砖制的包壁和散水结构，由内向外依次是包壁和散水（图一七五；图版四三，3）。

台基呈长条状，东西 13.2、南北 78.3、现高 0.3 米。北端与第 4 号宫殿东侧厢房和第 4-1 号宫殿西侧厢房共用的台基相连，北部西侧与第 3 号宫殿东侧飞廊的台基相连。

台基设有 4 个砖制踏道。

东侧 1 个踏道。位于台基北部第 1 个开间中偏南的位置，踏道南侧散水边缘基本正对开间的南侧柱础，北侧散水贴于第 3 号宫殿东侧廊庑台基与第 4 号宫殿东侧厢房和第 4-1 号宫殿西侧厢房共用的台基间向东延伸的石砌隔墙南壁。踏道东西长 1.3、南北宽 3.1 米。所测踏道东西长度是东侧散水牙子到台基现存东壁的距离；因其北侧紧贴隔墙，故所测南北宽度是南侧散水牙子到北侧隔墙的距离。此踏道保存较好，尚不完整地存有两侧垂带和踏道阶级的结构。两侧垂带结构相同，呈坡状，由内向外是由斜向立置的青砖和斜向平铺的方形青砖构成，立置的青砖向上的侧面饰忍冬缠枝纹。

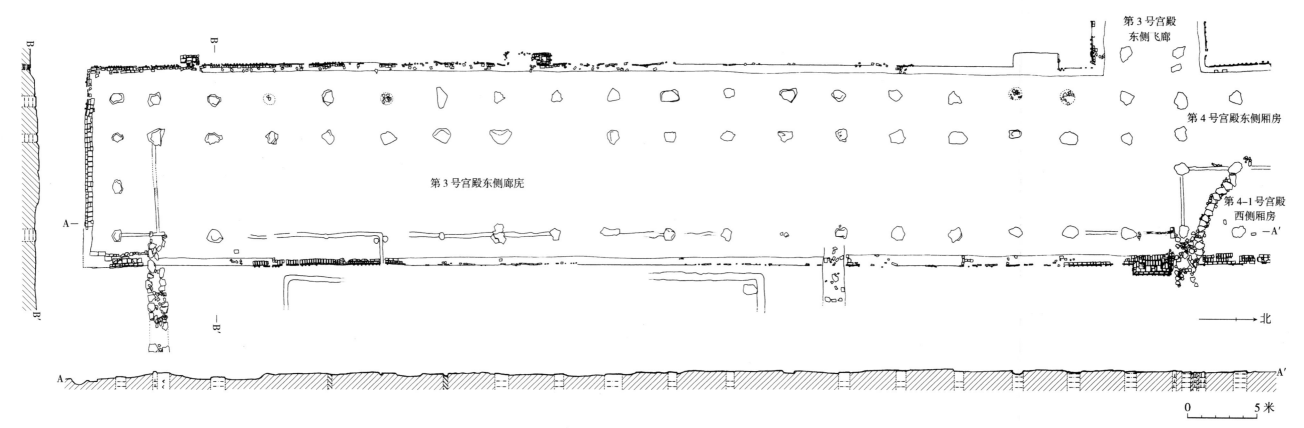

第3号宫殿
东侧飞廊

第4号宫殿东侧厢房

第3号宫殿东侧廊庑

第4-1号宫殿
西侧厢房

北

0　　　　　5米

图一七五　第3号宫殿东侧廊庑基址平、剖面图

踏道垂带之内宽度约 1.1 米，以一层纵向铺排的长方形青砖制成踏道阶级，南北并排有 6 块青砖（图一七六；图版四四，1、2）。

台基西侧 3 个踏道。最北 1 个位于台基北起第 3 个开间中间的位置，其基本已破坏殆尽，只余有其北侧的散水牙子的迹象，宫殿西侧廊庑台基的对应位置有踏道，故推测此散水牙子是一踏道的遗迹。中间的踏道位于台基北起第 12 开间的中间位置，东西长 1.4、南北宽 3 米。所测踏道东西长度是西侧散水牙子到台基现存西壁的距离，南北宽度是南侧散水牙子到北侧散水牙子的距离。此踏道南半部已基本损毁，只余零星砖制散水钉和散水牙子。北半部保存较好，尚存有散水的结构，在北部散水和西部散水相交的位置有一块方形的散水铺砖，其东南角上面凿有边长约 0.01 米的凹口应是与垂带相交的结构，说明这一踏道两侧应有垂带。此踏道西端的散水牙子上面有忍冬缠枝纹（图一七八；图版四五，1、2）。最南踏道位于台基南起第 2 开间的中间位置，东西长 0.9、南北宽 1.3 米。因其东侧台基保存有包壁青砖压于踏道之上，西侧散水牙子之外铺有方形青砖，故所测南北长度是台基包壁青砖外壁到西侧散水牙子外铺砖的西侧边缘的距离；其南北未发现散水的痕迹，故所测南北宽度是西侧现存散水牙子的南端到西侧散水牙子外铺砖的北侧边缘的距离。此踏道保存不好，其内部结构基本遭到破坏，仅西端保存有部分散水牙子，且已向西倾斜，所余最南 1 块散水牙子上有忍冬缠枝纹。这部分散水牙子的西侧地面上铺有 3 块方形青砖，或可能是此踏道的修补迹象（图版四六，1、2）。

包壁和散水的结构大部分遭到破坏，有些部位留有散水牙子和散水钉，有些部位则只有沟痕。台基南侧和东侧北段、南段的散水保存较好，部分位置尚存有包壁的青砖。现存包壁均是以长方形青砖沿台基边缘的方向横向垒砌，现存包壁均压于散水铺砖之上。东侧南段留存的包壁结构较为特殊，包壁青砖之下尚存有一层条石，高于当时地面，现存散水内缘未与此包壁相接，距离约 0.2 米。条石暴露在外的石面均雕琢平整，最南 1 块的上面靠近台基的一小部分被雕琢的略低于外部，类似台基底部的土衬石（图一七七；图版四七，1、2）。这种结构的形成可能是此处最初是石制包壁，后修整时改用青砖所致。散水结构由内向外依次是散水铺砖、散水牙子、散水钉。现存的散水铺砖结构有两种。一种是紧贴散水牙子内侧横向铺长方形青砖，其内再铺方形青砖，一般包壁砖压于方形青砖内侧的半部之上；另一种是紧贴散水牙子内侧纵向铺长方形青砖，包壁砖直接压于其内侧半部之上，这种铺砖结构的散水露于包壁之外的部分较窄。散水牙子为长方形青砖横向立置，一侧面向上，大部分埋于地下。散水钉用砖改制而成，取料不规范，一般为半砖或砖条，埋于地下，露于地上的部分向外部分磨成半球状或不经加工，向内面较平直，贴于散水牙子外侧。

西侧廊庑遗迹未作全面揭露，只清理出北段长约 15 米的一部分。这部分台基是以夹杂有白灰颗粒的较为纯净的黄褐土堆垒而成。揭露部分西侧残存有一小部分包壁的结构，但未发现散水。东侧保存有部分包壁、散水，由内而外依次是包壁、散水。这部分台基北侧继续向北延伸，应是与东侧廊庑情况相类，与第 4 号宫殿西侧厢房和第 4-2 号宫殿东侧厢房共用的台基相连；北部东侧与第 3 号宫殿的西侧飞廊台基相连。在台基与西侧飞廊相交的位置，发现一小段散水伸入飞廊南侧散水和包壁残留沟痕的迹象，推测此结构是因先制西侧廊庑的包壁和散水，并预留其与西侧飞廊接口，但所留接口较窄所致（图一七九；图版四八，1）。

台基整体形制不清楚，推测与东侧廊庑相类。揭露部分东西宽约 12.4、残高约 0.2 米。

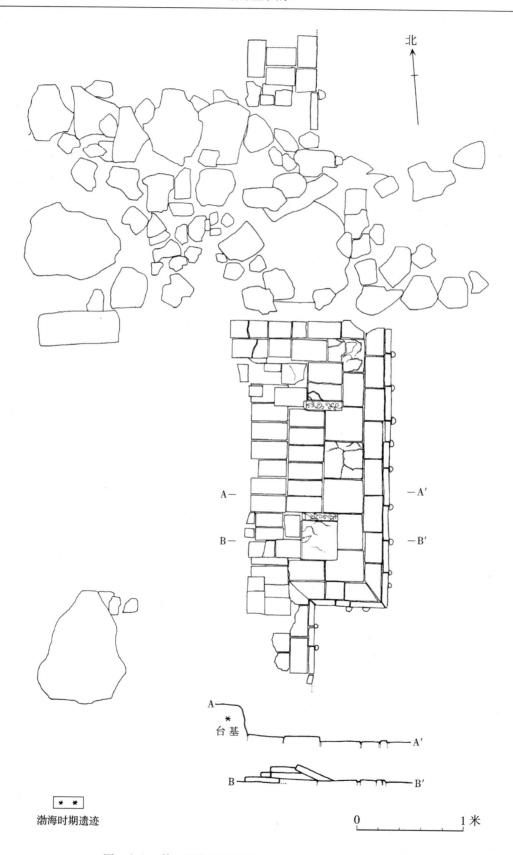

北

A —　　　— A′

B —　　　— B′

A

台基

— A′

B —　　　— B′

渤海时期遗迹

0　　　　　　　　　1 米

图一七六　第 3 号宫殿东侧廊庑东侧踏道遗迹平、剖面图

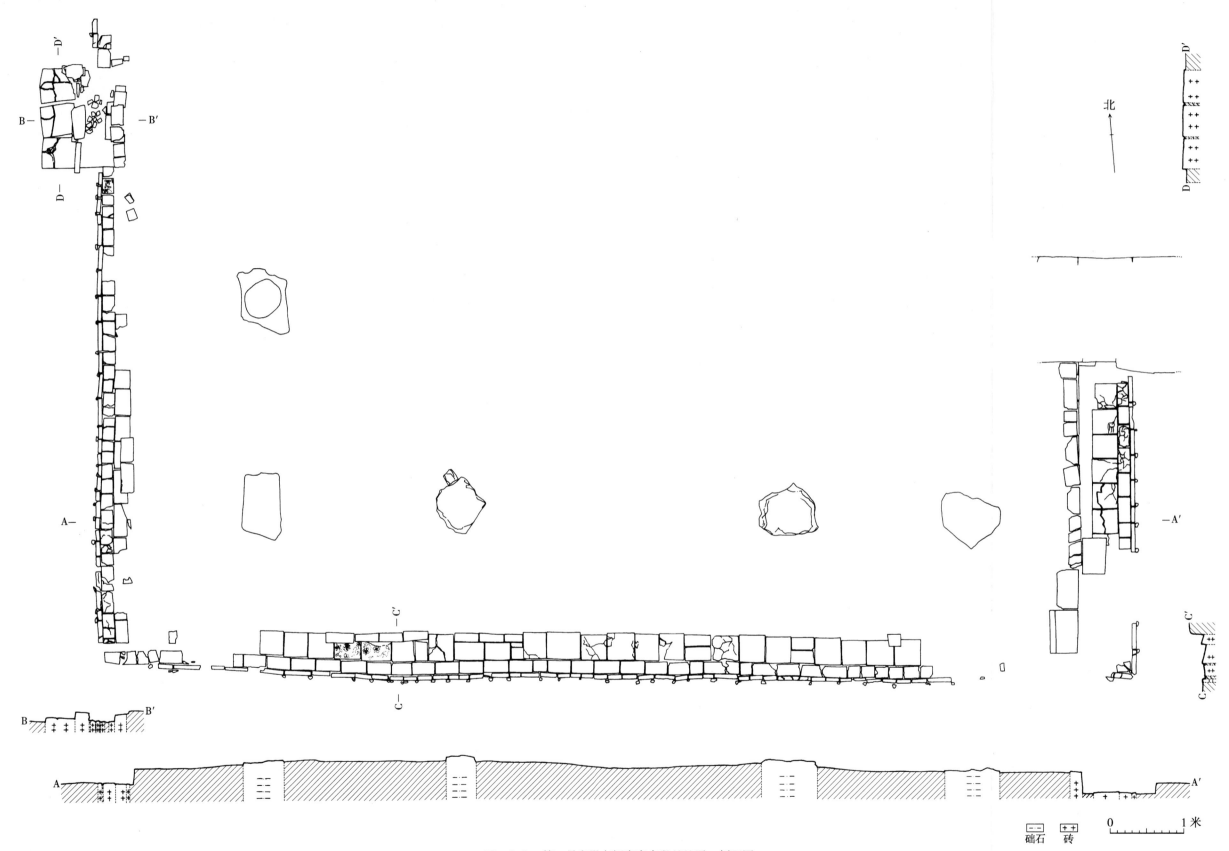

北

础石　砖

0　　　　　　1 米

图一七七　第 3 号宫殿东侧廊庑南段基址平、剖面图

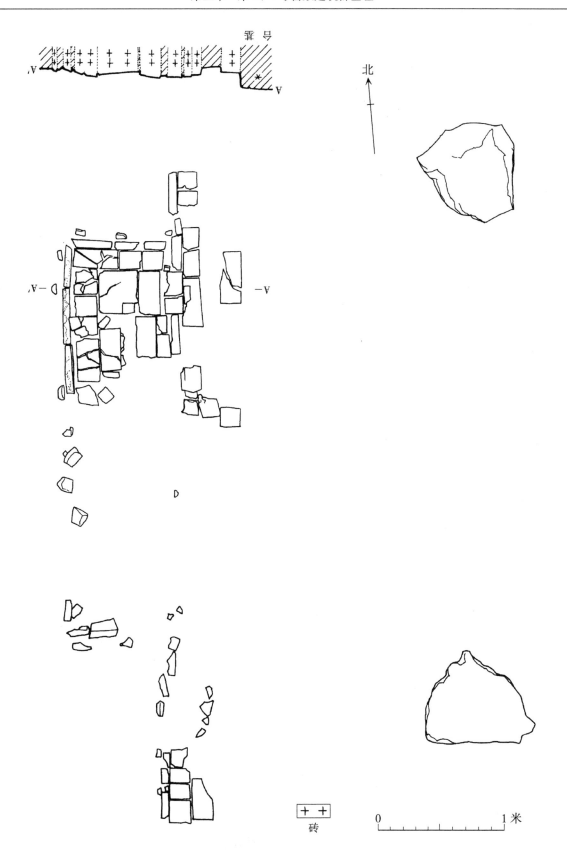

图一七八　第 3 号宫殿东侧廊庑西侧中部踏道遗迹平、剖面图

　　在台基已揭露部分的东侧设有一砖制的踏道，位于台基北起第 3 开间的中间位置。踏道东西长
1.6、南北宽 2.9 米。所测东西长度是东侧散水牙子到台基现存东壁的距离，南北宽度是南北两侧散
水牙子外缘的距离。此踏道保存较好，尚不完整地存有两侧垂带和踏道阶级的结构，但平面只保存
了最底部的一层铺砖。两侧垂带结构相同，呈坡状，由内向外是由斜向立置的青砖和斜向平铺的方
形青砖构成。踏道垂带之内宽度约 1.1 米，现存一层铺砖，皆为长方形青砖，由内向外一排横铺，一
排纵铺，再向外为散水的结构，东部一排纵向铺砖的东半部伸于垂带之外，也应属散水结构的一部
分（图版四八，2）。

　　现存包壁均是以长方形青砖沿台基边缘的方向横向垒砌，现存包壁均压于散水铺砖之上。散水

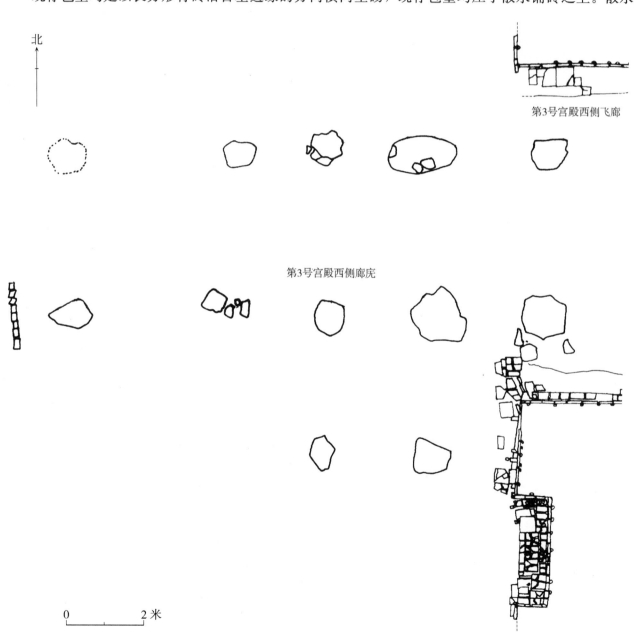

北

第3号宫殿西侧飞廊

第3号宫殿西侧廊庑

0　　　　2 米

图一七九　第 3 号宫殿西侧廊庑基址揭露部分平面图

结构由内向外依次是散水铺砖、散水牙子、散水钉。散水铺砖的结构紧贴散水牙子内侧横向铺长方形青砖，其内再纵向铺长方形青砖，一般包壁砖压于纵向长方形青砖内侧的半部之上。散水牙子为长方形青砖横向立置，一侧面向上，大部分埋于地下。散水钉用砖改制而成，取料不规范，一般为半砖或砖条，埋于地下，露于地上的部分向外部分磨成半球状或不经加工，向内面较平直，贴于散水牙子外侧。

在东侧飞廊南、北两侧和东侧廊庑东、西、南三侧台基外的地面之上铺有一层黄沙土，厚薄不均，但上面较平，厚薄与其下地面的形态有关，一般厚在0.2～0.4米之间。台基这些部位的散水结构基本埋于此层黄沙土之下，现见散水为在其位置作探沟所得。

2. 建筑结构

主殿

台基上大部分结构已破坏殆尽，现存有柱础及础石基础、倒塌的墙体和宫殿地面等遗迹。

台基上现存础石20块。从础石被移走后的印痕分析，其上原应有础石36块，排列为东西向5排，南北向8列，中间的一排中部减4柱。根据础石排列可以确定该殿为一面阔7间，进深4间，开间均为4米的大型建筑。

台基上础石有4种情况。外侧周边的础石，均雕琢出向外凸起的半圆（图版四九，1）；其余础石有雕琢出半圆又在弧顶处连有石条的，应是对应殿中间墙（图版四九，2）；有雕琢出圆台的，应是殿内明础（图版五○，1）；也有使用自然石面的础石，应是使用过程中曾有更换。础石上雕琢的圆台直径大小不等，有0.4、0.6、0.8米几种尺寸。台基上西、北外侧的础石之间，均有3块等距排列的小石板处于础石半圆内侧直径延长线上，应为础石之间的墙壁中立加固小柱的基石。由此可知第3号宫殿的墙设在最外层。

台基的东北部，西起第3开间最北一排础石的南侧，保留了倒塌的宫殿北墙的部分墙体。墙体用土坯垒砌，土坯用草拌泥制成，草段长0.2～0.3厘米。从保存完整的土坯测得，其长25.5、宽9.5、厚4.5～6厘米。土坯墙的残迹从西向东断开为3部分，西段东西宽0.5、南北长1.5米，与中段距离为0.57米；中段东西宽0.7、南北长1.9米，与东段南端间距离0.32、北端距离0.27米；东段长、宽均为0.7米。三段残墙中间断开部分的北端均与北侧础石之间的小基石相对应，墙体断开部位的断面整齐，尚存少量残方木棱角的痕迹（图版五○，2）。

在台基的中部和东部尚有部分保留着已被火烧烤成砖红色的地面。经解剖得知其具体的作法是，将草铡成长度在1.2～4.1厘米之间不等的小段和入泥中，然后用这种草拌泥分数层抹于台基黄土之上，最上面一层有些部位的上面粘有斑驳的白灰，其上应曾有一层白灰面（图版五一，1）。从台基南侧残余地面的断面清晰可辨台基黄土之上有三层草拌泥。第1层，厚1.6～2.1厘米，上下面均不甚平整；第2层，厚1～1.4厘米，上面平整，下面不甚平整；第3层，厚0.5厘米，上下面均平整。最上面的白灰层已缺失，但从附近出土的残块可知，该层厚1厘米，上面压光。

东侧飞廊

台基存8块础石，呈南北2排分布。南排靠近主殿台基的一块已脱离原位，落于台基之下，原位置上存有碎石铺成的础石基础。从础石分布看，飞廊为一面阔3间的建筑，因其中间开间位置南北两侧各设一踏道，故推测建筑的这一开间内的地面为平面，而其东西两侧的开间内的地面为西高东低的坡状。

西侧飞廊

础石分布与东侧飞廊一样，故其建筑的形制也应相同，为面阔3间的建筑，中间开间内地面为平面，两侧开间的地面为东高西低的坡状。

东侧廊庑

台基上尚存有础石和一些墙的迹象。础石呈东西3排、南北20列分布，其中间1排间础石距西排础石较近而距东排础石较远。最北一列为与第4号宫殿东侧厢房和第4-1号宫殿西侧厢房共用，在东部和中间础石之间加一础，与第4号宫殿东侧厢房和第4-1号宫殿西侧厢房共用的台基中排础石对齐。最南一列在东部础石和中间础石之间也加一础，基本位于两础的中间位置，可能与南侧廊的结构有关。在北起第14列础石的东侧础石位置上保存有一略呈圆形红烧土痕迹，直径约0.3米，可能是立柱损毁后残留的迹象（图版五一，2）。

从现存迹象看，东侧廊庑是一面阔19间、进深2间的建筑，其最北开间西侧与东侧的飞廊相连，东侧设一东向的踏道与其东侧区域相通。东侧廊庑开间的南北宽度除最南一间外大致相同，础石中心点距约4米，最南一间宽约2.6米。进深两间长度不同，前面一间进深较浅，约2.6米；后面一间较深，约6.5米。根据这样的开间结构看，前进和南端开间应是廊，后进是庑。

在最北一列础石的东侧础石和加础之间发现残留有墙的痕迹，厚约0.2米，是第4-1号宫殿西侧厢房与第3号宫殿东侧廊庑之间的间隔墙，也是共用的墙壁。在东排础石最北开间的两块础石之间靠近北侧础石的位置，有一东西向较长的长方形坑，长0.8、宽0.3米，其南壁中间部位向南连有一宽约0.1米的炭痕，这应是门枕安置坑和门槛的遗迹，说明此处曾设有一门，通向其东的踏道。在北起第2、9、10、12～17和最南开间的东排础石及南起第2列础石的东础和中间础石之间发现有墙的痕迹。保存不好，基本与台基面平齐，墙厚0.2～0.3米。在南起第6列础石东侧，有向东的隔墙痕迹，延伸至台基边缘，此处的包壁和散水结构也有断口，此墙可能延伸至台基之外。

西侧廊庑

仅揭露了靠近西侧飞廊的一小部分，揭露部分存有9块础石，呈4排3列分布。最北一列存3块础石，间距基本相同，础石中心点距约3米。对照北起第2列础石看，其最西应还有1块，但已遭破坏。北起第2列存4块础石，东部3块距离较近，且间距基本相同，础石中心点距约3米。西侧一块距其东的础石距离较远，础石中心点距约4米。北起第3列础石仅余2块，与前2列的东部2础成排。在这一列础石南部的台基东侧，有一东向踏道。推测西侧廊庑的建筑结构应与东侧廊庑相同，但在北起第2列础石中也存在加础的情况。

（二）第3、4号宫殿之间的建筑基址

第3、4号宫殿之间的建筑位于宫城中轴线上，是从中间沟通第3、4号宫殿主殿的结构，由中间的房屋建筑和南北两侧分别与第3号宫殿和第4号宫殿相通的过廊构成（图一八〇；图版五二，1）。

1. 台基

均以夹杂有白灰颗粒的较为纯净的黄褐土堆垒而成。其外侧边缘均应有砖制的包壁和散水结构，

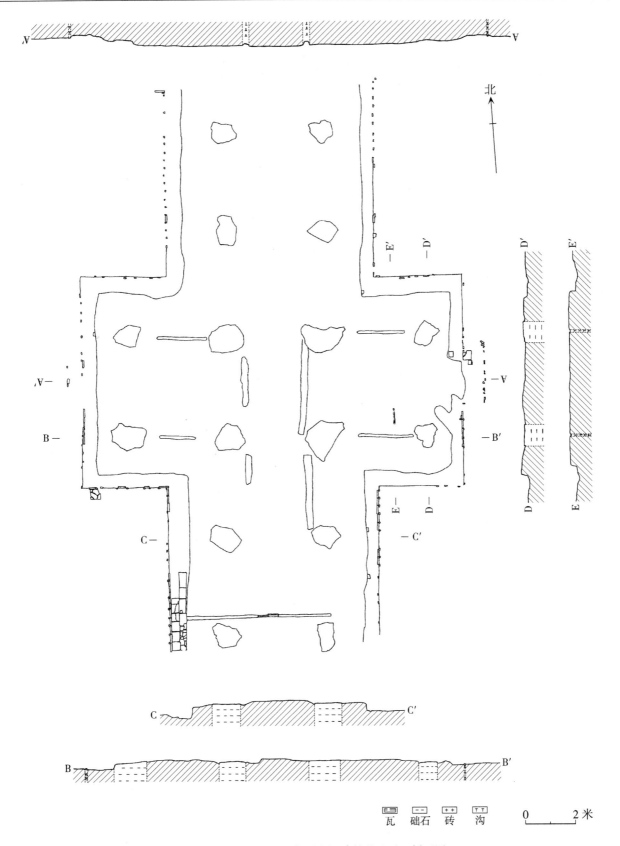

图一八〇　第 3、4 号宫殿之间建筑基址平、剖面图

但大部分已被破坏，多数只余散水钉和沟痕，只在南过廊西侧保存了一段完整结构。其结构由内向外依次是包壁和散水。

房屋建筑台基居中，东西13.6、南北6.8米，残存高度与第4号宫殿主殿台基基本相等，约0.3米。因其四面的包壁结构皆已无存，故其东西、南北的长宽距离是现存台基外壁之间的距离。台基东西两侧各设有一砖制踏道，保存状况不好，其内阶级皆已无存，东侧踏道东端尚存有部分散水钉，西侧踏道则只余沟痕，仅可根据残存的沟痕、散水钉和现存基壁测得东侧踏道东西长1.5、南北宽2.3米。西侧踏道从现存沟痕看，大小、形制应与东侧的相同。

南过廊台基东西6.7、南北8米。南侧过廊西侧保存有部分砖制包壁，故所得东西宽度是西侧包壁外壁到台基现存东壁外壁的距离，而南北长度则是中间房屋建筑台基的现存南壁到第3号宫殿主殿台基现存北壁间的距离。台基整体呈缓坡状。其南北两端分别与第3号宫殿主殿和中间建筑的台基相连，基本正对上述两台基的中间部位。南部较高，但现存高度低于第3号宫殿主殿台基，且低于台基上最南础石的上面颇多，与第3号宫殿主殿台基相接部较陡，可能是台基有些破坏所致。向北渐低，北端高度与中间房屋建筑台基高度相等。

北过廊台基东西6.9、南北8.6米。其东西宽度是台基现存两东西壁间的距离，而南北长度是中间房屋建筑台基的现存北壁到第4号宫殿主殿台基现存南壁间的距离。台基残存高度基本与中间房屋建筑和第4号宫殿主殿台基相等，约0.3米。其南北两端分别与中间房屋建筑和第4号宫殿主殿的台基相连，基本正对上述两台基的中间部位。

包壁和散水破坏严重，大多只余砖制的散水钉或散水牙子，只南过廊西侧保存了一段较完整的结构。南过廊西侧保存的包壁和散水结构很特别，包壁是由长方形青砖沿台基边缘横向垒砌，其下铺有一层东西宽约0.3米的土衬石，包壁砌于其内侧的一半上，外侧的一半露于包壁之外，与其外的散水结构共同构成散水。散水结构由内向外依次是散水铺砖、散水牙子和散水钉。散水铺砖是由土衬石露于包壁之外的部分和紧贴土衬石外侧铺设方形青砖构成，可以说是砖石混用的结构。散水牙子为长方形青砖横向立置，一侧面向上，大部分埋于地下。散水钉用砖改制而成，取料不规范，一般为半砖或砖条，埋于地下，露于地上的部分向外部分磨成半球状或不经加工，向内面较平直，贴于散水牙子外侧（图版五二，2）。

2. 建筑结构

中间房屋建筑的台基上共有8块础石，呈南北2排、东西4列分布，应是一面阔3间的建筑。中间开间与南北两侧与第3、4号宫殿主殿台基相通的过廊相连，且分别与之共用南北两侧的础石。四面础石之间皆存留有沟痕，应是墙的痕迹，根据布局看，四壁皆应有门分别通向南北过廊和东西两侧的房间。东侧开间东、南、西三面础石间存有沟痕，应是墙的痕迹，与西侧开间和踏道遗迹相对照，其东侧也应有墙，而且可能有门通向东侧的踏道。西侧墙应是与中间开间共用。西侧开间四面础石间皆存有沟痕，应是墙的痕迹，其西侧墙壁可能有门通向西侧的踏道。东侧墙应是与中间开间共用。沟痕宽约0.2米。建筑之上未发现其他设施。

南过廊向北正对中间房屋建筑的中间开间，从础石分布看南北进深2间，北侧两础为与中间房屋建筑共用。其北进东西两侧和北侧础石之间存有沟痕，应是墙的痕迹。其南北两端应设有门分别通向第3号宫殿主殿和中间房屋建筑。其南侧两础石的北侧有立置的残瓦片，瓦片断开处呈沟状痕迹，东西向成条，西端贯通至现存台基的边缘。

北过廊向南正对中间房屋建筑的中间开间，从础石分布看南北进深 2 间，南侧两础为与中间房屋建筑共用。其南进东侧和南侧础石之间存有沟痕，应是墙的痕迹。其南北两端应设有门分别通向中间房屋建筑和第 4 号宫殿主殿。台基上未发现其他设施。

（三）第 4 号宫殿基址

第 4 号宫殿位于宫城的中轴线上，是除宫城南门外中轴线上南起第四座宫殿。第 4 号宫殿建在一低矮的台基上，由主殿、东西配殿和东西两侧的厢房构成，主殿方向南偏西 4°（图一八一；图版五三，1）。

1. 台基

第 4 号宫殿的台基是以较纯净但夹杂少量白灰颗粒的黄褐土堆垒而成，其外以青砖包壁，包壁外有砖制散水。

主殿台基东西约 28、南北 17.4、残高约 0.3 米。因台基东西两侧南部分别与东西配殿台基相连，且东侧北部和南侧包壁已无存，故所测东西宽度是台基西侧北段残存包壁的外壁到台基现存东壁的距离，南北则是台基北侧残存包壁外壁到台基现存南壁的距离。台基南北两侧中部的散水分别向南北突出一部分。南侧向南伸出约 0.5、突出部分东西宽 14 米。因台基已遭破坏，故所测这一部分的东西宽度是东西两侧散水牙子外缘之间的距离；南伸的长度是南侧散水牙子外缘延长线与台基南侧散水牙子外缘之间的距离。其中间部位与第 3、4 号宫殿之间建筑的北过廊相连。北侧向北伸出部分基本破坏，仅余沟痕及其边缘的一些砖制散水钉。伸出部分约 1.2 米，东西宽 2.7 米。因台基已遭破坏，故所测这一部分的东西宽度是沟痕两壁之间的距离；北伸的长度是北侧残存散水钉与台基北侧残存散水牙子外缘连线之间的距离。其中间部位与一条向北延伸的小路相连，故推测可能是一个北向的踏道，但具体结构已不可知。台基北面向北伸出两座烟囱，二者间距离 13.5 米。

东配殿台基东西 14.6、南北 12.6、残高约 0.3 米。因东配殿台基东、北两侧损毁严重，台基边缘已难以辨别，故其东西宽度是主殿台基现存东壁到其东侧残存散水牙子的距离，南北是台基现存南壁到根据西配殿北壁延长线的距离。台基东侧南部与西侧厢房台基相连，北部从方位上看可能与第 4-1 号宫殿 F2 台基相连，但这一部分为现有一水沟穿过，其具体结构已不可知。

西配殿台基东西 14.8、南北 12.3、残高约 0.3 米。西配殿台基西、北两侧损毁严重，台基边缘已难以辨别，故所测东西宽度是主殿台基现存西壁到其西侧残存散水牙子的距离，南北是台基现存南壁到北侧残存的散水铺砖内缘的距离。台基南侧中间部位设有一踏道，据残余散水牙子、沟痕及现存基壁测得其南北长 1.2、东西宽 3.3 米。此踏道保存不好，除南侧存有部分散水结构外，基本只余沟痕，其内阶级结构已不可知。台基西侧南部与东侧厢房台基相连，北部可能与东配殿的结构相似，与第 4-2 号宫殿的某建筑相靠或相连，但第 4-2 号宫殿部分未作揭露，台基东北角也已破坏，此处的建筑结构已无法得知。

东侧厢房与第 4-1 号宫殿西侧厢房共用一个台基，整个台基与第 4-1 号宫殿 F2 台基南北相对。台基北段东侧边缘保存有一层铺面青砖。台基东西宽 13.3、南北长 41.5、高 0.4 米（图一八二）。因台基南部与第 3 号宫殿东侧廊庑的台基相连，东侧第 4－1 号宫殿西侧厢房部分与之以墙间隔，故所测南北长度是此间墙内壁到北侧包壁外侧的距离，而东西宽度则是东西两侧残存包壁外壁的距离；台基北段东侧边缘保存有一层铺面青砖，故所测台基高度是铺砖上面到其下散水上面的距离。台基中间以南北向厚约 0.25 米的墙间隔成西部略宽、东部略窄的两部分。西部宽 6.85 米，为第 4 号宫殿的东厢房；东部宽 6.2 米，为第 4－1 号宫殿的西厢房。这里的东西部宽度分别是间墙内壁到两侧包壁外侧的距离。

西侧厢房仅揭露了北部的长约 7.3 米的一小部分，因其台基西北角向西北有转折延伸的迹象，已揭露的延伸部分台基上存有四块础石，极似东侧厢房台基与第 4－1 号宫殿主殿台基相连部位相对应的结构，故推测此部分应为第 4－2 号宫殿主殿台基的东南角。据此推测第 4－2 号宫殿可能是一组以宫城中轴线为轴与第 4－1 号宫殿相对称的建筑。故推测第 4 号宫殿西侧厢房的台基与东侧厢房台基结构类似，为与第 4－2 号宫殿东侧厢房所共用。东西宽 13.4 米（图一八三）。

主殿包壁和散水大部分遭到破坏，除西北角处尚保存有较为完整的包壁和散水结构外，一般只余沟痕或散水钉，有些部位还有散水牙子。东侧厢房台基的包壁和散水保存相对较好，东侧尚有部分包壁和散水存留，北侧也有部分散水保留下来（图版五三，2）。从现存遗迹看，包壁是以长条形青砖沿台基堆土的边缘横向叠砌而成。散水一般宽约 0.5 米，结构由内而外依次是散水铺砖、散水牙子、散水钉。散水铺砖是贴散水牙子内侧横铺长条形青砖，其内再铺方形青砖。散水牙子为长方形青砖横向立置，一侧面向上，大部分埋于地下。散水钉一般为半砖或砖条，埋于地下，露于地上的部分向外部分磨成半球状或不经加工，向内面较平直，贴于散水牙子外侧。

2. 建筑结构

主殿

由东西两室、中间过廊、周围附廊和台基北部的附属结构组成。

东室　整体呈长方形，室内约东西宽 8、南北长 8.7 米。因房间四周墙壁皆已无存，只余有础石，故其长宽皆是据础石中心点测量的。四周础石排列较密且均匀。在西侧础石南部和南侧础石中间部位各有一缺口，可能曾设门，分别通向中间过廊和南侧附廊。室内破坏较严重，已成低于础石上面的坑状，室内所有设施结构均已无存。

西室　形制大小均与东室同。在东侧础石南部和南侧础石中间部位各有一缺口，可能曾设门，分别通向中间过廊和南侧附廊。室内情况也与东室相差不多，已成低于础石上面的坑状，室内所有设施结构均已无存。

中间过廊　是东室西侧础石和西室东侧础石之间的部分，东西两侧应与东西两室共用墙壁，东西两壁的南部应设门分别通向东西两室。其南北两端皆有缺口，可能曾设门通往南北两侧的附廊。

周围附廊　在主殿东西两室的四周环有附廊，从础石分布情况看，南北两侧的附廊是面阔 9 间的结构，东西附廊分别正对南北附廊的最东和最西 2 个开间，皆为五进的结构。附廊的东西南北内侧分别与东室东壁、西室西壁和东西两室的南北两壁共用础石。南北两侧附廊的内壁应分别设有门与中间过廊相通。南侧附廊南侧中部有一向南突出的部分，其中部与第 3、4 号宫殿之间的建筑的北过廊相连。北侧附廊的北侧中部有一向北突出的部分，其中部与向北延伸的一条小路相连，应是一踏道基础，推测此处应曾设门相通。

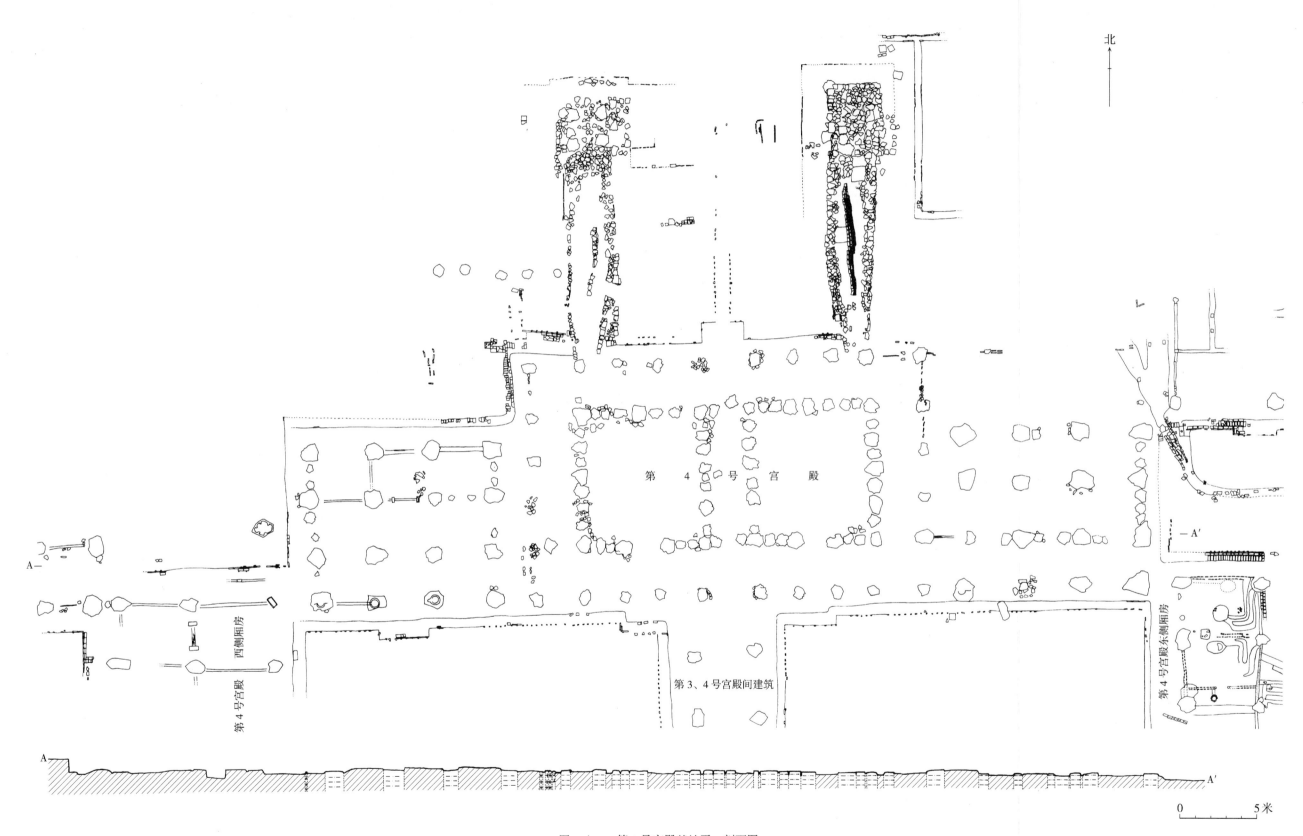

北

第 4 号 宫 殿

第 3、4 号宫殿间建筑

第 4 号宫殿 西侧厢房

第 4 号宫殿 东侧厢房

A

A'

A

A'

0   5米

图一八一 第 4 号宫殿基址平、剖面图

台基北部的附属结构　包括2条从台基北壁向北延伸的烟道及分别与之相连的烟囱和1条与台基北侧中间踏道相连的向北延伸的小路。

在第4号宫殿的北部，有两条形制相同的长大烟道并列着向北延伸，以主殿附廊北部础石为参照，其位置分别在主殿附廊东起第2、3和西起第2、3块础石间。

烟道的保存状况一般，西侧的仅略凸出于地表，残余的石块也仅为一层（图版五四，1）。东侧的相对稍好一些，但已无当时烟炙火烤的痕迹。

保存较好的东侧烟道长11.4、宽3.1、残高约0.52米。烟道的做法是先以石砌两壁，然后在其内侧底部实以黄土，再在黄土之上、两壁之间，用青砖纵向砌筑一道隔墙，将其等分成两条出烟道，每道宽约0.8米。现存砖制隔墙已倒向一侧，仅余6层。

烟道自主殿台基北壁向北延伸，北端与烟囱基座相连。烟囱基座基本呈方形，边长6米。四角以大石为础，底部铺石。铺石在基座南部距北侧外边缘4.5米处结束。经解剖得知铺石共有3层，南侧边缘为东西向排列整齐的石块，每层3块。从剖面看，上面2层较整齐，成一垂直的立面，最下1层则向南突出，本身的立面也参差不齐。

在东侧烟囱基座北侧有一堆瓦砾堆积，应系建筑毁弃时形成，故推测烟囱上面可能曾是有顶的结构。

据烟道和烟囱内缘测量，两烟道间距约13.7、两烟囱间距约9.5米。

宫殿的北部正中位置，正对主殿过廊有一条约1米宽的小路，与主殿北侧附廊的踏道相接。此路破坏严重，仅其两侧所余两排歪扭的砖钉（图版五四，2）。

东配殿

台基破坏较严重，但础石还大多保存于原位，仅有一础虽已无却仍可见础石下基础。东配殿础石呈南北4排、东西4列分布，是一面阔3间，进深3间的建筑。其开间宽度基本相同，础石中心点距约4米，进深长度也相差无几，约3.5米。在东侧、北侧和南起第2排的一些础石两侧或两础之间有放置小石板的结构，应是这些位置曾有木骨泥墙，小石板则是墙间夹柱的柱脚石。最南进的开间与主殿南侧附廊相通，最西侧础石与主殿南侧附廊最东侧础石中心点距约2.5米。根据南起第

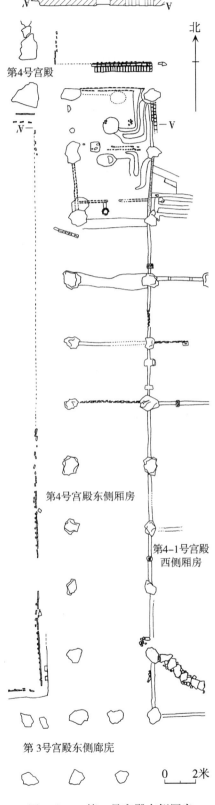

图一八二　第4号宫殿东侧厢房
基址平、剖面图

北

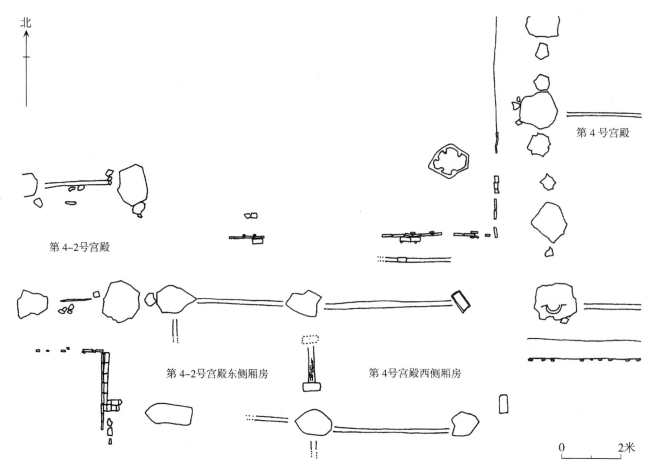

第 4 号宫殿

第 4-2 号宫殿

第 4-2 号宫殿东侧厢房

第 4 号宫殿西侧厢房

0   2 米

图一八三　第 4 号宫殿西侧厢房遗迹揭露部分平面图

2 排础石位置有墙的情况看，最南进开间在功能上可能起着廊的作用。在南起第 2 排最西础石与主殿东侧附廊东侧南起第 2 块础石之间有一宽约 0.1 米的墙，仅余根部，两侧抹有白灰面，中间有木质结构烧毁后遗留的炭迹。在南排最西侧础石上面雕琢有半圆形覆盆，弧边向南，侧面呈弧形，北侧刻出较直的立面向东延伸，这一结构表明最南排础石间可能曾有墙。在南进开间西侧与主殿南侧附廊之间的位置保存有一小部分白灰地面。由当年日本东亚考古学会挖掘寻找础石时留下的断面可以观察此处地面的结构：最下层为烧烤而致的红色砂质地面、其上为一层砂质较坚硬的黄褐土面、再上是白灰地面，至少有 3 层白灰面。多层白灰抹于其上，说明此建筑地面在使用过程中曾经过数次修补。

西配殿

与东配殿的础石分布相同，建筑形制也应相类，为面阔、进深皆为 3 间的建筑，其开间宽度以础石中心点距计约 4、进深长约 3.5 米。西配殿保存相对较好，在东部和中部开间最北排、西部开间最南和北起第 2、3 排础石间尚可见到墙壁残留的沟痕，地面烧痕宛然。在中部开间北起第 2 排的 2 块础石的内侧各有一南北较长的长方形坑，大小基本相同，长 0.3、宽 0.15 米，两坑内侧间距约 1.4 米。两坑之间是一条宽约 0.1 米的沟槽，沟槽内有木质物品烧毁后残留的炭迹。这一迹象应是门枕和门槛的遗留，表明这一位置曾有一门（图版五五，1）。最南排西侧 3 块础石上雕琢有覆盆的结构。中间 2 块础石之上为呈圆形的覆盆，上面平、侧面弧，下面直径 0.6、上面直径 0.45 米。最西侧础石之上为俯视呈半圆形的覆盆，弧边向南，侧面呈弧形，北侧刻出较直的立面向东西延伸，东侧与其东侧残存墙壁的沟痕相对。此种现象与东配殿相同，应是此殿建筑的最初设计。

在西配殿中间开间的南侧，设有一个通往南侧庭院的踏道。东配殿则无此踏道，致使第 4 号宫殿在整体上形成不完全对称的格局。

在东西两配殿西东两侧础石分别与主殿东西附廊的外侧础石之间存在以础石中心点距计约 2.5 米的距离，表明这 3 座建筑主体并不相连。但在东配殿与主殿东侧附廊之间有东西向的墙，表明这三座建筑之间又存在某种连接的结构，但仅据现保留的迹象已难以得知其具体形制。

东侧厢房

与第 4-1 号宫殿西侧厢房共用一个台基。台基西北角与东配殿台基相连。台基上有东西 3 排、南北 11 列础石。中间 1 排础石间皆残留有间隔墙的痕迹，墙东侧为第 4 号宫殿东侧厢房，西侧为第 4-1 号宫殿西侧厢房。间墙厚约 0.15~0.2 米。最南侧的一列柱础为与第 3 号宫殿东侧廊庑共用，西侧两础间加一础，与第 3 号宫殿的础石排列相对应。最南列东侧两础间有东西向的墙的痕迹，推测西侧础石间也有，将第 3 号宫殿东侧廊庑与这部分的建筑隔开（图版五五，2）。

厢房为一面阔 10 间的建筑，开间宽度基本相等，根据柱础中心点测量，一般开间约为 4、进深约为 5 米。地面较平，但均未经特别加工。

从现存迹象看被间隔成 7 个单元。或有其他间隔，但迹象已无存。

最北开间为一独立单元，南、北、东三面存有墙的痕迹，西侧两础间有加柱的迹象，可能也有墙。从迹象上看，南侧墙并未贯通两础，而是止于中部略偏西的位置，西端连有 1 个南北向长的长方形浅坑，坑内有东西 2 个柱洞，东侧柱洞紧贴墙壁西端，直径约 0.1 米，西侧柱洞直径略小，位置略偏南。在西侧础石东侧南壁向东的延长线上有 1 柱洞，大小与坑内东侧柱洞一样，且与之东西相对，两柱间距约 0.8 米。推测这一位置上的结构是一通向其南侧单元的 1 个小门。室内有灶和火炕设施。灶位于中部偏东南的位置，现存迹象为一内堆灰烬的圜底坑，坑底为红烧土面，灶向东与火炕相连。火炕为曲尺形，贴于南壁和东壁，为双烟道，以夹有颗粒的黑褐土垒筑炕壁和其间的隔墙，现只余底部，其上结构已无法得知。炕洞在东北角略东转，伸向东北角础石的位置。未发现其出烟结构。推测应在东北角附近有直立伸出屋顶或转折伸出壁外的烟囱。

北起第 2 开间的北部长约 3.1 米的部分为一单元，四面皆保存有墙壁痕迹。其南侧隔墙的并不位于开间南侧两础之间，而是向北偏约 1.1 米，起点是第 2 开间东侧的墙壁，开间西南角础石的北侧有 1 坑痕，与单元南部隔墙相连，可能是加础被移走而留的痕迹。南侧隔墙中部断开，断开的两侧端头分别有直径约 0.1 米的圆形浅坑，间距约 0.6 米。疑此处曾有 1 小门与其南单元相通，这两个小坑应是两侧曾立门柱的痕迹。北侧与其北单元共用一壁，如前述，可能有门与其北单元相通。室内有灶和火炕设施。灶位于北部略偏东的位置，现存为一底部为红烧土面的圜底坑，其内堆积有灰烬，向东与火炕相连。火炕为曲尺形，贴于北壁和东壁，为双烟道，以夹有颗粒的黑褐土垒筑炕壁和其间的隔墙，东部火炕南部已损毁，其余部分也只余底部，其上结构已无法得知。未发现其出烟结构。

北起第 2 开间的南部长约 1.1 米的部分为一单元，四面皆保存有墙壁痕迹。其南壁位于开间南侧两础之间，北侧与其北单元共用一壁，如前述，可能有 1 小门与其北单元相通。室内偏西位置，埋有

1 件陶瓮，瓮内填黄沙土。从结构上看，这一单元可能是其北单元储物间或南壁的复壁（图一八四；图版五六，1）。

北起第 3 开间为一单元，北侧与其北单元共用一壁，西侧未发现墙壁痕迹。东侧墙壁偏南有一东西向较长的长方形坑，其内有与之等大的木炭，应是门枕的迹象，判断这处有一门与第 4－1 号宫殿西侧厢房相通。室内未发现任何设施。

北起第 4 开间被隔成一个单独的单元，北侧与其北单元共用一壁，西侧未发现墙的痕迹。东壁中部有一条南北向木炭的痕迹，长约 1 米，炭痕两侧与土制的墙壁连接，或可能是与第 4－1 号宫殿西侧厢房相通的门的迹象（图版五六，2）。南壁只保存了西侧一段。这一单元内部未发现任何设施。

北起第 5 间为一独立单元，北侧与其北单元共用一壁，西侧未发现墙的痕迹。东壁有 2 个东西向较长的长方形坑，北侧坑较大，东西 0.8、南北 0.4 米；南侧坑较小，东西 0.5、南北 0.25 米，两坑间距约 1.3 米，基本位于东壁的中间位置。这两坑应是放置门枕所用，这一结构应是一通向第 4－1 号宫殿西侧厢房的门（图版五七，1）。其南壁仅余墙下木质地栿烧毁后的炭迹。室内未发现任何设施。

从北起第 6 开间向南所有开间均未发现间隔，为一个单元，北侧与其北单元共用一壁，西侧未发现墙的痕迹。在南起第 3 开间东壁中间，存有一墙间加柱的遗迹，柱为圆形，直径约 0.3 米。其内未发现任何设施。

西侧厢房

只揭露了北部长约 7.5 米的一小部分，根据遗迹并对照东侧厢房的结构，其应与第 4－2 号宫殿东侧厢房同处于一座台基之上。台基上有东西 3 排础石，中间 1 排础石之间有隔墙，且以南侧础石为起点，还有墙向南延伸。墙东侧为第 4 号宫殿西侧厢房。

西侧厢房揭露部分只有最北一个开间，南北两侧皆有墙的痕迹，墙厚约 0.1 米。东侧未发现墙的迹象。西侧应为与第 4－2 号宫殿东侧厢房共用的墙壁，但墙壁迹象已不清楚。在南北两础之间有 2 个东西向较长的长方形坑，两坑大小相同，东西 0.6、南北 0.3 米。南侧坑内有烧毁的木炭痕迹，两坑间距约 1.3 米。两坑之间有一宽约 0.2 米的沟痕，沟痕内有烧毁木炭的痕迹，两端分别接于两坑中间部位。这两坑应是放置门枕所用，中间沟痕应是门槛的遗迹。这一结构基本位于西壁的中间位置，应是一通向第 4－2 号宫殿西侧厢房的门（图版五七，2）。开间内未发现任何设施。

（四）第 4－1 号宫殿基址

是第 4 号宫殿东侧的一座建筑，由主殿及其东北和西北部的 2 座建筑、东侧廊庑和西侧厢房组成（图一八五；图版五八，1、2）。为叙述方便，我们将主殿东北和西北部的 2 座建筑分别称为 F1 和 F2。遗址保存较好，其主殿和 F1、F2 的台基之上尚保存有高约 0.2～0.3 米的矮墙。

1. 台基

是以较纯净但夹杂少量白灰颗粒的黄褐土堆垒而成，其外以青砖包壁，包壁外有砖制散水。在西侧厢房北段台基的边缘保存有长约 1.7 米的台基面铺砖，为长条形的青砖沿台基边缘纵向铺设，其外缘与包壁外壁平齐。由此可知，台基边缘可能有青砖铺制的面，只不过大多数已无存。

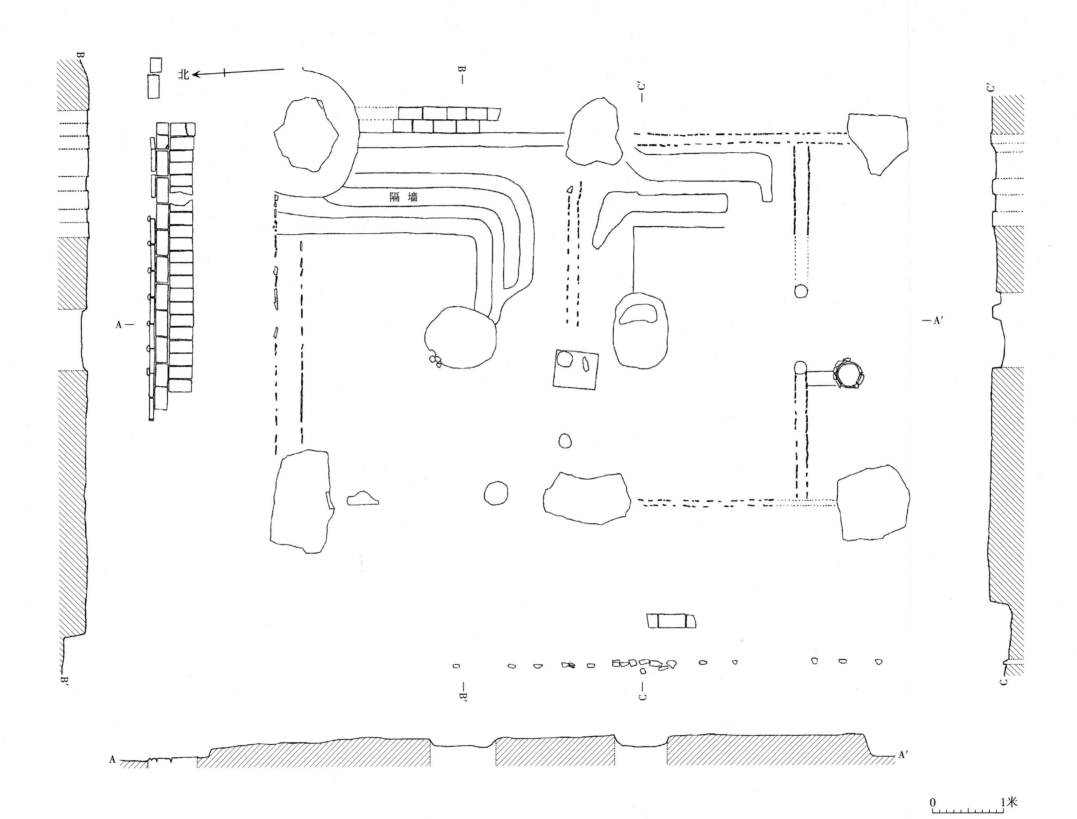

北

隔墙

0 ⸻ 1米

图一八四　第4号宫殿东侧厢房北起第1、2开间内遗迹平、剖面图

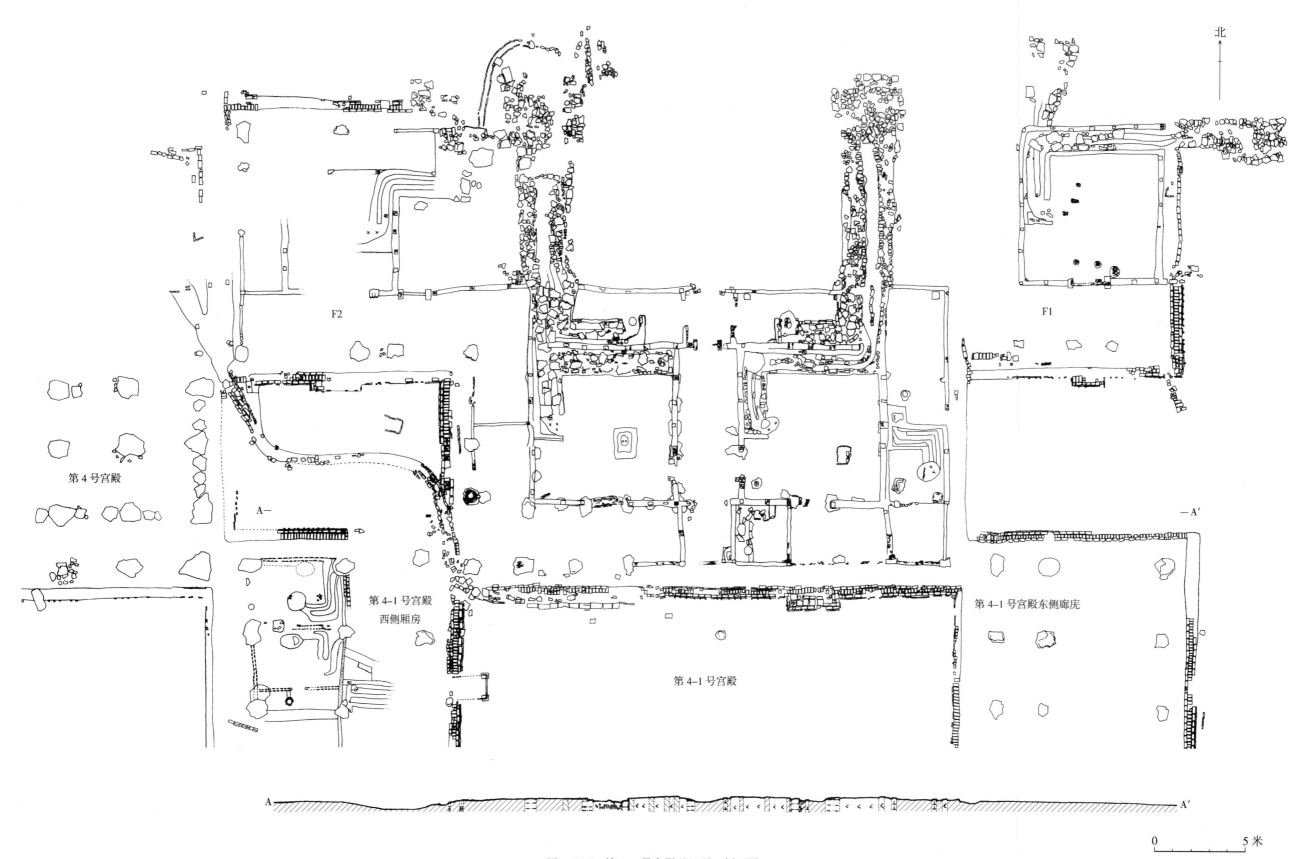

北

F2

F1

第 4 号宫殿

第 4-1 号宫殿
西侧厢房

第 4-1 号宫殿东侧廊庑

第 4-1 号宫殿

A

A'

0 ____ 5 米

图一八五　第 4-1 号宫殿基址平、剖面图

主殿及 F1、F2 的台基整体呈倒"品"字形分布，是由 3 个高 0.3 米的长方形矮台构成，角部相连。南部矮台为主殿台基，另 2 个矮台分别位于其东北和西北，是 F1 和 F2 的台基。

主殿台基东西 28.7、南北 16.4 米。因其北面未发现包壁和散水的结构，故其南北长度是其最北面墙外壁到南面包壁外侧的距离（图版五九，1）。台基南侧偏东部位有一砖制踏道，其正对主殿东侧室的南门（图版五九，2）。破坏严重，阶级已无存，长 1.2、宽 2.9 米。踏道因破坏严重，不知具体结构，所以是以台基南侧包壁外壁和东、西、南三侧的散水牙子外缘来测量的。台基北面向北伸出两烟囱，二者间距离 15 米。

F1 台基东西 15.3、南北 13.4 米。因其西面与主殿东侧烟囱相接，故所测东西宽度是东侧包壁外侧到主殿东侧烟囱西壁的距离，而其北面未发现包壁和散水的结构，故所测南北长度是其最北面墙外壁到南面包壁外侧的距离。台基南侧中间部位有一砖制踏道，破坏严重，阶级已无存。据台基南侧包壁外壁和东、西、南三侧的散水牙子外缘测量，长 0.9、宽 1.8 米。东北角向东伸出 1 条烟道（图版六〇，1）。

F2 台基东西 17.2、南北 14.5 米。因其西面被 1 条水沟破坏，东面与主殿西侧烟囱西壁相接，故所测东西宽度是水沟东边沿到主殿西侧烟囱西壁的距离。台基南侧中间部位有一砖制踏道，破坏严重，阶级已无存。据台基南侧包壁外壁和东、西、南三侧的散水牙子外缘测量，长 0.9、宽 2.4 米（图版六〇，2）。

东侧廊庑的台基呈长条状，西北角与主殿台基的东南角相连，与 F1 台基南北相对。其南部两侧的包壁和散水抵于第 3 号宫殿东侧廊庑与第 4-1 号宫殿西侧厢房间向东延伸的隔墙，但台基面继续向南延伸，可能其南尚有其他建筑，但已不属于第 4-1 号宫殿的范围。东西宽 12.6、南北 40.4、高 0.3 米。台基在南部与第 3、4 号宫殿东侧回廊间向东延伸的隔墙相交后继续向南伸展，其范围已超出第 4-1 号建筑的布局范围，应属于其他建筑的结构，故所测南北长度是北侧包壁外壁到南侧隔墙北壁的距离（图一八六；图版六一，1）。在台基上北起第五开间中间部位有一贯穿台基东西的水沟，其东西在台基之外继续向两方延伸，延伸部分未作发掘。沟口部与台基现存上面平齐，沟壁以条石垒砌，沟底铺石，沟壁竖直，口底宽度基本相同。沟宽 0.6、深约 0.5 米（图版六一，2）。

西侧厢房与第 4 号宫殿东侧厢房共用一个台基，整个台基与 F2 台基南北相对。台基东西宽 13.3、南北长 41.5、高 0.4 米（图一八七）。台基南部与第 3 号宫殿东侧廊庑的台基相连，中间隔以间墙，故所测南北长度是南部间墙内壁到北侧包壁外侧的距离，东西宽度则是东西两侧残存包壁外壁的距离。因台基北段东侧边缘保存有一层铺面青砖，故其高度是铺砖上面到其下散水上面的距离。台基中间以南北向厚约 0.25 米的墙间隔成西部略宽、东部略窄的两部分。西部宽 6.85 米，为第 4 号宫殿的东厢房；东部宽 6.2 米，为第 4-1 号宫殿的西厢房。这里东西部宽度分别是间墙内壁到两侧包壁外侧的距离。

在主殿和 F1 台基的北侧未发现包壁和散水的结构，其后为基本与台基等高的土色较纯净的黄褐土地面，但土质并不坚硬。F2 西侧和主殿南侧的西部有一条水沟，将这两部分的包壁散水结构破坏，其中 F2 西侧已基本无存，主殿南侧西部只余包壁部分。主殿东侧、西侧厢房中段和东侧廊庑东侧北段包壁和散水破坏殆尽。其他有些部位也存在一定程度的残损。在西侧厢房台基东侧北段尚保存有较好的散水和包壁结构，也使我们得以较为完整地了解此处的包壁散水结构（图一八八；图版六二，

1、2）。包壁一般压于散水铺砖之上，以长条形青砖沿台基堆土的边缘横向叠砌而成，有些部分已经里倾外倒，不甚整齐。包壁之上有一层长条形青砖，压于包壁之上，纵向铺于台基边缘。散水一般宽在 0.4～0.5 米之间。有两种结构：一种从包壁向外分别是散水铺砖、散水牙子、散水钉；另一种在其他部分与前一种相同，但散水牙子外无砖钉。散水铺砖一般使用长条形青砖，先沿台基边缘纵向铺设一排，其外再横向铺设一排，纵向铺砖部分压于包壁之下。但也有只纵向铺砖的情况，这种铺砖方式存在于东侧廊庑台基的西侧散水。两种结构的散水在使用上有不同的情况，即在建筑同一侧使用同一结构的散水和两种结构的散水并存。两种散水结构可能存在早晚的差异，混用的情况可能是后来修缮所致。散水牙子为长方形青砖横向立置，一侧面向上，大部分埋于地下。散水钉一般为半砖或砖条，埋于地下，露于地上的部分向外部分磨成半球状或不经加工，向内面较平直，贴于散水牙子外侧。

2. 建筑结构

主殿

由东西两室和中间过廊及周围的附属建筑构成。

东室 整体呈长方形，室内约东西宽 7.5、南北长 8.2 米。房间四周墙壁保存较好，以夹有较多颗粒状的黑褐土垒筑而成，两侧抹有沙性较强的黄褐土，其外又抹有白灰，但大部分已剥落不见，现存高 0.2～0.3、厚约 0.3～0.4 米。墙上有柱洞，其下应有础石，有些础石现已露出地表。柱洞呈方形或长方形，四壁为较坚硬的红烧土片，其内堆积红烧土块，可能是宫殿毁弃时房柱燃烧烧烤和塌落所致。柱间距不等，约 0.8～2.3 米。

在南壁正中有一缺口，正位于两柱之间，宽 2.2 米，应是通向南侧附属建筑的门。西壁偏南部有一缺口，正位于两柱之间，宽约 1.7 米，靠近南侧柱的地面有一条东西向较长的长方形木炭，长 0.6、宽 0.2 米，应是安置门枢的地栿（图版六三，1），可知这一缺口是通向中间过廊的门。

室内地面较为平整，但未见夯打痕迹。在室内西南角处有一臼状石器，口部基本与地面平齐。室内存有灶、火炕、火塘等设施。

灶位于室内西部，贴靠于西侧墙壁。灶南侧为直边的灶壁，以黄褐土垒成，向室内的立面抹有白灰；灶内部以自然石块砌成锅底形，呈半圆形向东突出于南灶壁和北侧与之相连的火炕；底部灶坑为圆形，灶坑中间还有一圆形小坑。灶向北与火炕相连。

火炕为曲尺形，高约 0.3、宽约 1.4 米。贴于西壁和北壁，北侧炕的东侧端头有炕壁抵于东侧墙壁。炕洞在房间东北角北转与北侧的烟囱相通。其结构是由中间的一道隔墙将两炕壁间的隔断成两条炕洞，再于其上覆以石板制成炕面。炕壁和隔墙用黄褐土垒成，其上砌有石块和一些青砖，向室内的炕壁立面抹有白灰。炕面大多塌陷，部分石板已佚失，有些石板上残留有沙性较强的黄褐土，应是炕面上曾以这种土抹平（图版六三，2；图版六四，1）。

火塘位于室内东南部，呈长方形，南北长 1、东西宽 0.8、深约 0.2～0.3 米。其做法是先在地面挖坑，然后以残瓦立置于坑边做成火塘四壁。火塘内堆积有瓦块、草木灰、木炭等，塘底不平，南部略呈锅底形，塘底为红烧土面（图一八九；图版六四，2）。

西室 形制、大小与东室基本相同。

四壁保存较好，墙壁的结构及柱洞的状况皆与东室同，柱距在 0.3～1.8 米之间（图版六

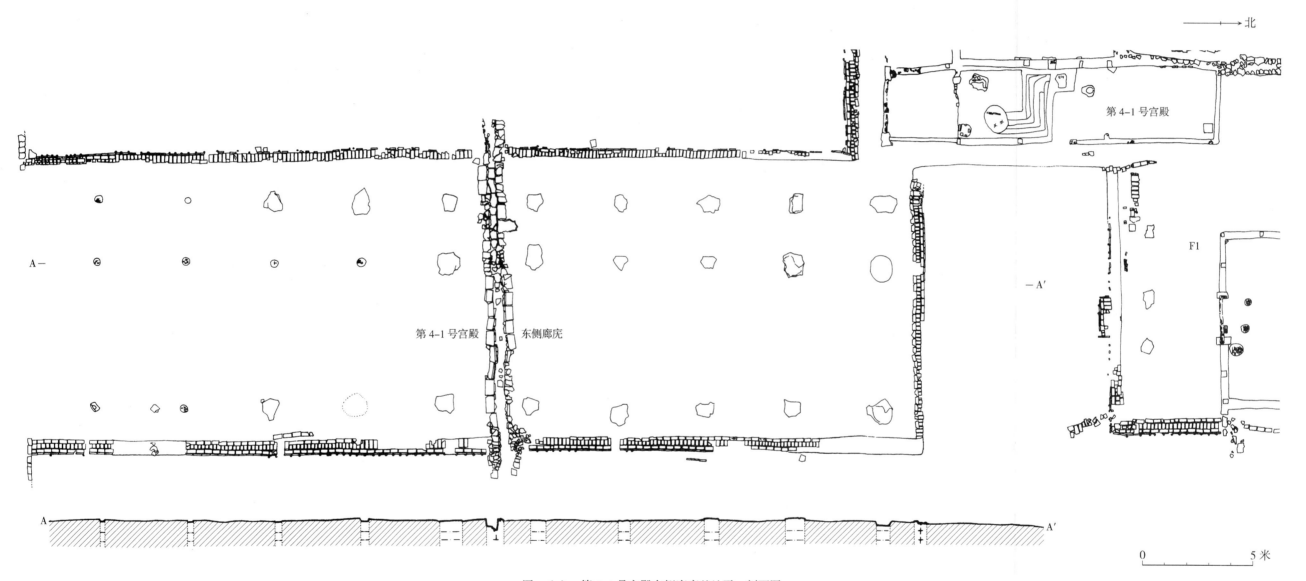

北

第4-1号宫殿

第4-1号宫殿   东侧廊庑

F1

A—   —A′

A   A′

0   5 米

图一八六　第 4-1 号宫殿东侧廊庑基址平、剖面图

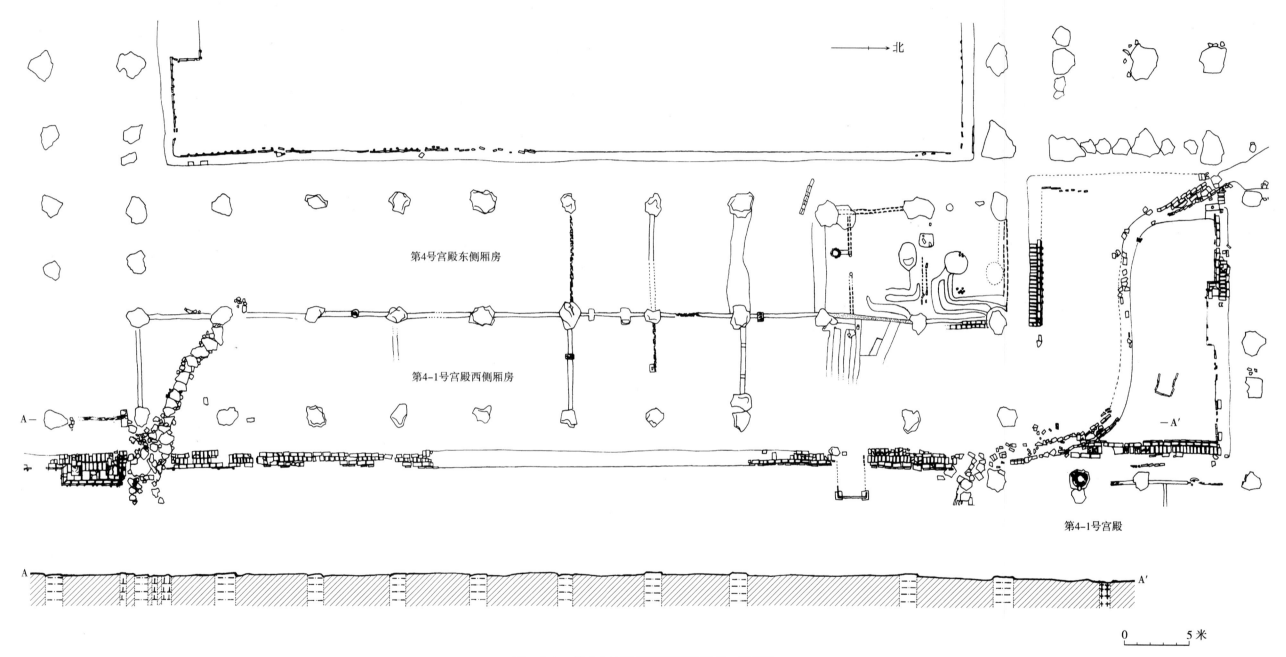

第4号宫殿东侧厢房

第4-1号宫殿西侧厢房

A —

— A′

第4-1号宫殿

A

A′

0 　　　 5 米

图一八七　第 4-1 号宫殿西侧厢房基址平、剖面图

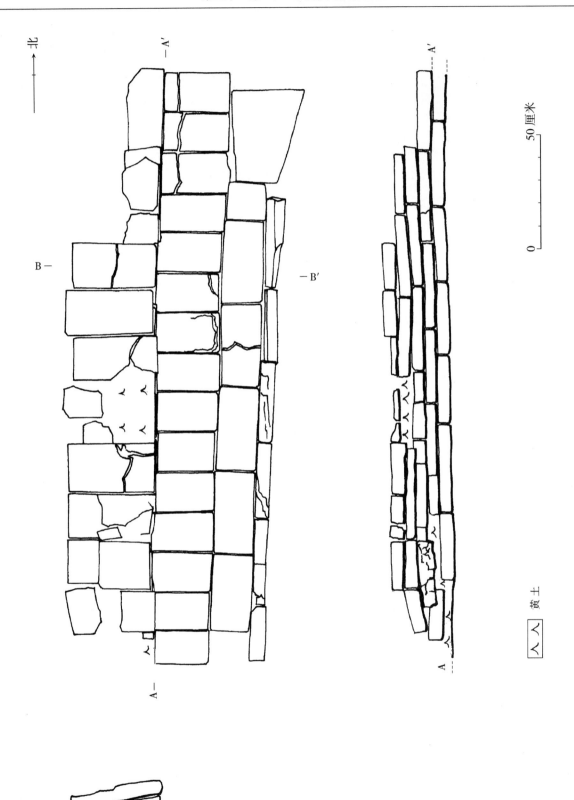

图一八八　第 4-1 号宫殿西侧丙厢房北段的包壁及散水结构平、剖面图

北 ←—+

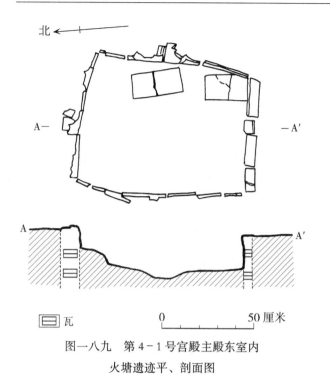

图一八九　第4-1号宫殿主殿东室内
火塘遗迹平、剖面图

五，1、2）。

南壁正中两础间有一缺口，宽2.4米，应是通向南侧附属建筑的门。其间地面有一贯于两础之间的长方形木炭，长1.6、宽0.5米，可能是门槛的痕迹。东壁偏南部有一缺口，宽1.5米，靠近南侧础石的地面上置有——侧有半球状突起的铁板式门枢，可知这一缺口是通向中间过廊的门。

室内地面较为平整，未见夯打痕迹。室内设施有灶、火炕、火塘。

灶形制与东室灶基本相同，贴于西侧墙壁，向北与火炕相连。

火炕也与东室的相类，呈曲尺形，贴于西壁和北壁，北侧炕的东侧端头有炕壁抵于东侧墙壁。但其炕洞转折与烟囱相通的位置在房间的西北角（图版六六，1）。

火塘与东室的略有不同，也呈长方形，但其位于地面之上，南北长1.7、东西宽1.3米。四壁以黄土垒砌，高0.2~0.3米，厚0.2~0.4米。壁外抹有白灰。火塘内堆积瓦砾、灰烬等，塘底较平，因使用而形成红烧土面（图一九○）。

中间过廊

长与东西两室的南北长度相同，东西宽3.2米，南北置墙，将过廊与正殿南北两侧的附属建筑隔开，形成独立的单元。北墙设一门通向北部的附属建筑，门址保存较好，可见门的形制。门位于墙的正中，门址两侧各有一长方形坑，两坑皆为长方形，大小基本相同，南北长0.6、东西宽0.2米。坑内镶嵌地栿，现已烧为炭，这两坑应与门枢的安置有关。两坑间距离1.1米。南墙在中间两块础石之间有一缺口，推测亦曾设门。过廊与东西两室有门相通。

周围附属建筑

包括台基上环筑于东西两室一些建筑结构和北部台基外侧的2个出烟结构。从布局上看，环于东西两室建筑结构的位置应是主殿的附廊，但其被间隔成一些小单元，四面以墙封闭，在功能上并不担负廊的作用。东南西三面宽约3~3.1米，北面略窄，宽约2.7米。地面均未经过特别的加工。对于这些附属建筑按照东西南北四个方位表述。南北部分长26.2、东西部分长15.2米。

南侧附属建筑

位于主殿南侧附廊的位置，面阔9间，从残存的柱洞观察，中间开间和东西两端的开间较宽，中间开间宽约3.4、两端开间约3.1、其余开间宽2.2~2.5米。

从现存迹象看，北侧与东西两室相倚，共用墙壁，东侧和东部6间的南侧残存有墙，高度已经很低，几乎接近地面，有些部位已经只剩墙下木质地栿炭迹，墙厚约0.2米。此部分建筑被隔墙分成5个部分，隔墙厚度约0.2米。其他或有间隔，但未能存留迹象。

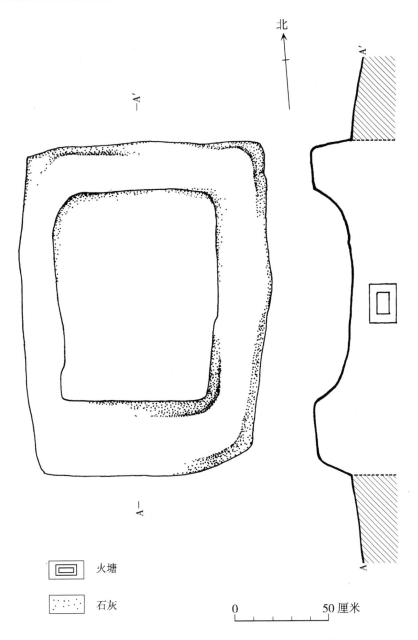

图一九〇　第 4-1 号宫殿主殿西室内火塘遗迹平、剖面图

　　最东一间为单独的部分，四壁皆存有痕迹，但未发现有门的迹象，可能门的设置高于地面。室内未发现任何设施。

　　东起第 2、3 间为一部分，室内未发现任何设施。

　　东起第 4 间为一单独部分，四面皆残存有墙壁的痕迹，未发现门的迹象，可能门高于地面。这一部分略宽于开间的宽度，宽约 2.8 米。其西壁北端起点不是开间西侧的立柱，而是中间过廊的北壁。室内有灶和火炕，其形制与东西两室的基本相同。灶贴于北壁，向西与火炕相连，火炕为曲尺形，贴于北、西两壁，西部炕的南端炕壁抵于南壁，炕洞西转。烟囱设置于最中开间的东南角，未发现炕洞与烟囱相通，可能相通的位置高于地面（图版六六，2）。

最中开间为一单独部分，北壁有门通向中间过廊，南壁处有木质地栿的炭迹，是门或墙已无法辨别。东西两壁间的距离窄于开间两柱间的距离，宽约 2.6 米。两壁的北侧起点不是开间的 2 根立柱，而是中间过廊的北壁。室内东南角有一烟囱，应是其东侧开间内的灶炕结构的出烟设施。其平面呈长方形，约南北长 0.7、东西宽 0.4 米。仅有西、北两壁，东、南分别借用建筑的墙壁。中间有一长方形的坑，南北长 0.4、东西宽 0.2 米。这种烟囱可能是直立于壁角，出烟孔在屋顶或转折出于壁外的样式。

西侧的 4 个开间未发现有间隔的痕迹，也未发现有任何设施。

东侧附属建筑

位于主殿东附廊的位置，正对南侧附属建筑的最东开间。西侧与东室相倚，共用墙壁，东侧残存有墙的痕迹，残存高度几与地面平齐，厚约 0.2 米。

从现存迹象看，此部分建筑被间隔成四部分，间隔墙厚约 0.2 米。或有其他间隔，但未能存留迹象。

最南侧有一单元，即南侧附属建筑的最东开间位置，前已述。

向北有一单元，南北长约 4 米。室内有灶和火炕。灶位于室内东部，为圜底坑状，其内为红烧土面。灶向北与火炕相连。火炕为曲尺形，双烟道，炕壁及烟道间隔墙皆为土垒。贴于东壁和北壁，北部炕的西端炕壁抵于西壁，炕洞北转。烟囱设置于其北单元的西南角，未发现炕洞与烟囱相通，可能相通的位置高于地面。室内东南角有一不甚规则的圜底坑，坑底为红烧土面，烧灼程度较轻。室内西南部有一斜向的略呈长方形的坑，底壁不甚规则，有轻度烧灼的红烧土面。其内有碎砖瓦等物。这两个坑可能与室内临时用火有关。

再向北有一单元，南北长约 2.4 米。其北壁保存不好，基本无存，仅在东侧留有一端头。室内西北部有一臼形石器，口部基本与地面平齐。有一烟囱，位于室内西南角，应是其南单元内灶炕结构的出烟设施。基本成方形，边长约 1 米。紧贴西壁和南壁，其南借用建筑的南壁。其中间有一长方形坑，东西长 0.6、南北宽 0.4 米。这种烟囱可能是直立于壁角，出烟孔在屋顶或转折出于壁外的样式。

再向北为一单元。这一部分基本是主殿台基与 F1 台基相连的部分，也是东部附属建筑与北部附属建筑相连的位置。其内未发现任何设施。其西侧墙壁与主殿东侧烟囱东壁相靠。

西侧附属建筑

位于主殿西附廊的位置，正对南侧附属建筑的最西开间。东侧与西室相倚，共用墙壁，西侧残存有长约 5.1 米长的墙的痕迹，高度已经很低，几乎接近地面，有些部位已经只剩墙下木质地栿炭迹，墙厚约 0.15 米。

从现存迹象看，此部分建筑被间隔成南北两部分。

隔墙并不位于两柱之间，其西端直接接于西侧墙壁，东端起于东壁的一立柱，但此柱也非主柱，而是两主柱间的一个加柱。间隔墙厚约 0.15 米。其他或有间隔，但未能存留迹象。

南部单元南北长 7.6 米，南部与南侧附属建筑最西开间重叠。未发现与南侧附属建筑有间隔的迹象，二者相通。其内未发现任何设施。与东西两室南侧墙壁下柱础成排的最西侧础石上发现有莲花覆盆，其内填充有白灰块。

北部单元南北长约 7.2 米。这一部分的北部基本是主殿台基与 F1 台基相叠的部分，也是西部附属建筑与北部附属建筑相叠的位置。其内未发现任何设施。其北部东侧墙壁与主殿西侧烟囱上西壁相靠。

北侧附属建筑

是主殿北附廊的位置。南侧与东西两室相倚，共用墙壁。北侧残存有墙的痕迹，由于室外地面较高，从外侧看，墙的高度已经很低，几乎接近地面，但从内侧看，高度却有 0.2～0.3 米，厚约 0.2 米。这种现象说明至少在废弃时此处室外地面高于室内（图版六七，1）。

从现存迹象看，北部附属建筑有 5 个单元。

最东和最西 2 个单元与东西两侧的附属建筑的北部重叠，其内无任何设施。剩余部分被分成 3 个单元，最中单元与主殿过廊相对，其两侧分别是东西长、南北窄、形制相类的长条形的房间，为方便叙述，分别称之为东侧间和西侧间。

东侧间西壁的起点是东室北壁延伸于中间过廊的墙壁，比主殿东室的西壁更偏于西侧，故其东西长度也略大，长约 8.1、南北宽约 2.7 米。其西壁设有一门与中间的单元相通，门北侧的地面置有一——侧有半球状突起的铁板式门枢，另一侧有木炭的痕迹（图版六七，2）。室内有灶和火炕等设施。灶形制与东西两室的基本相同，贴于南侧墙壁，向东与火炕相连。灶西壁砌以青砖，外壁抹有白灰。灶门两侧铸有缠枝花纹的铁板，立于两块青砖之上。灶底有坚硬的红烧土面。火炕为曲尺形，宽约 1.3 米。炕壁砌有青砖，向室内侧抹有白灰。形制与东西两室的基本相同。贴于南东两壁，东部炕北端炕壁抵于北壁，炕洞向北与主殿北部的烟囱相通，与东室的灶、炕共用一个烟囱。炕洞之上搭有作为炕面的石板（图版六八，1）。

西侧间东壁的起点是西室北壁延伸于中间过廊的墙壁，比主殿东室的西壁更偏于东侧，故其东西长度也略大，长约 8.2、南北宽约 2.7 米。其东壁中部略偏北有一缺口，应是设有一门与中间的单元相通，但未发现具体迹象。室内有灶和火炕等设施。灶形制与东西两室的基本相同，贴于南侧墙壁，向东与火炕相连。灶壁砌以青砖，东南两壁的内壁略砌成弧形，东侧外壁抹有白灰。灶底有坚硬的红烧土面。火炕为曲尺形，宽约 1.3 米。炕壁砌有青砖，向室内的立面抹有白灰。形制与东西两室的基本相同。贴于南西两壁，西部炕北端炕壁抵于北壁，炕洞向北与主殿北部的西侧烟囱相通，与西室的灶、炕共用一个烟囱。炕洞之上搭有作为炕面的石板（图版六八，2）。

中间单元应是起过廊的作用，东西两壁的起点分别是东西两室北壁向过廊延伸的部分，故略窄于主殿过廊，东西宽约 2.5 米。其四壁皆有门，分别通向主殿过廊、东西两侧间和殿北，其中前三门在前已有叙述。在现存迹象中，这一部分的北壁无缺口，也未发现门的迹象。但在室内紧贴北壁的地面上置有东西两块青砖，砖皆残断，在其上面各有一半球状凹坑，应是砖制的门转。亦因此结构判断此处为一通向殿北的门（图版六九，1）。

出烟结构

主殿的北部的台基外侧有两个烟道，其北端分别与烟囱相连。是以未经雕琢的玄武岩石块垒砌而成，从主殿北侧的墙壁开始向北延伸，东侧烟道东壁与主殿东室东壁相对，西侧烟道西壁与主殿西室西壁相对，两烟道间距离约 14.8 米。保存状况不好，基本只余最下层的石块。从现存迹象看，两处出烟结构形制基本相同。由烟道和烟囱两部分构成。烟道约长 7.9、宽 2.7 米，由玄武岩块砌成两壁，中间为出烟孔，出烟孔中间未发现有间隔的迹象，宽约 0.6～0.8 米。烟囱部分只余基座底部，平面基本呈方形，边长约 3.9 米。宽于烟道的两侧基本对称，使得整个烟囱平面看呈铲形。未发现烟道出烟孔与烟囱基座相通的结构，可能这种结构高于现存基座，已被破坏。

F1

台基上的建筑只发现 1 个房间，位于台基的东北部，其南距房间南壁约 3 米处有东西向排列的 3 块础石。台基东北角有一向东延伸的烟囱，与房间相连，伸出台基。

在台基的西南部与主殿台基相接的部位有 1 列基本呈东南—西北向的覆置的筒瓦和青砖残块，青砖位于南部，已伸出台基，长约 2.5 米。台基西南部有 1 排东西向排列的纵向铺砖，其略低于台基表面，长约 2.3 米。这两处遗迹皆未能辨识其功能。

F1 的房间呈长方形，东西宽 7.8、南北长 8.8 米。

房间四周墙壁保存较好，以夹有较多颗粒状的黑褐土垒筑而成，两侧抹有沙性较强的黄褐土，其外又抹有白灰，但大部分已剥落不见，现高 0.2～0.3、厚约 0.2～0.3 米。墙上有柱洞，其下应有础石。柱洞呈方形或长方形，四壁为较坚硬的红烧土片，其内堆积红烧土块或红烧土渣，可能是房屋毁弃时房柱燃烧烧烤和塌落所致。柱间距不等，约 0.8～2.7 米。

在南壁正中有一缺口，缺口两侧墙下各有一南北向长的长方形坑，地面上有一条横贯缺口的木炭痕迹，可能是门枕和门槛遗留的迹象。这一缺口正对台基南侧的踏道，宽 1.7 米，应是通向南侧附属建筑的门。

室内地面较为平整，但未见夯打痕迹。室内存有灶、火炕等设施。灶和火炕的形制与主殿东西两室的基本相同。

灶位于室内西部，贴靠于西侧墙壁。灶南侧为直边的灶壁，以黄褐土垒成，向室内的立面抹有白灰；灶内部以自然石块砌成锅底形，呈半圆形向东突出于南灶壁和北侧与之相连的火炕；灶坑为圆形，底部结构遭到破坏。灶向北与火炕相连。

火炕为曲尺形，高 0.2～0.3 米。贴于西壁和北壁，北侧炕的东侧端头有炕壁抵于东侧墙壁。炕洞在房间东北角伸向东侧的出烟结构，与出烟结构相通处在室外台基边缘的位置，略高于台基，低于炕面。西部火炕较宽，约 1.5 米；北部火炕较窄，约 1.2 米。其结构是由中间的一道隔墙将两炕壁间的隔断成两条炕洞，再于其上覆以石板制成炕面。炕壁和隔墙用黄褐土垒成，向室内的炕壁立面抹有白灰。炕面大多塌陷，部分石板已佚失，有些石板上残留有沙性较强的黄褐土，应是炕面上曾以这种土抹平。

东侧出烟结构由烟道和烟囱两部分构成，是以未经雕琢的玄武岩石块垒砌而成，从房间东侧的墙壁开始向东延伸，烟道北壁与房间北壁相对。保存状况不好，基本只余最下层的石块。烟道长约 4.2、宽约 1.5 米，由玄武岩块砌成两壁，中间为出烟孔，略弧，宽约 0.5 米，中间未发现间隔的迹象。烟囱部分只余基座底部，平面基本呈方形，边长约 2.4 米。其北壁与烟道北壁平齐，使得整个烟囱平面看呈"刀"形。未发现烟道出烟孔与烟囱基座相通的结构，可能这种结构高于现存基座，已被破坏（图版六九，2）。

F2

建筑由东西两室和周围的附属建筑构成。保存不甚好，所有遗迹几乎都与台基础石在同一平面上。

F2 的东西两室与主殿不同，主殿两室间是以过廊分隔的，而 F2 的东西两室间只有一道间墙。

东室 整体略呈长方形，约南北长 6.3、东西宽 6.5 米。

房间东壁借用主殿西侧烟囱的西壁。北壁保存不好，只余西部一段。东南两壁破坏也较严重，但均有迹象保留。墙厚约 0.2~0.4 米。南壁与主殿北侧附属建筑的北壁基本在一线上。墙上有柱洞，柱洞呈方形或长方形。柱间距不等，约 0.8~1.8 米。

在南壁偏西部有一缺口，宽约 1.9 米。缺口两侧有南北较长的长方形土坑，应是放置门枕的结构。两坑间有一浅沟，可能是设置门槛的结构。因此判定此缺口是通向其南侧附属建筑的门。

室内地面较为平整，但未见夯打痕迹。室内存有火炕。

火炕位于室北，贴于北壁，仅存西半部，向东迹象无存。炕内结构为双烟道，由中间隔墙将两侧炕壁间的空间隔成两条而成。这一火炕与西室火炕相通，共用西室的灶。因向东的迹象遭到破坏，故无法判定其出烟孔和烟囱的结构，但其北附属建筑相对应位置有些石块，其结构已无法辨认，疑其为此炕北转后向主殿西侧烟囱相通的过渡结构。

西室 东室整体略呈长方形，约南北长 6.3、东西宽 5.8 米。

墙壁保存不好。四壁虽皆有迹象，但仅东壁较连贯，此墙为与东室的间墙。南壁与东室南壁相连。墙上有柱洞，柱洞呈方形或长方形。柱间距不等，在 0.8~2.3 米之间。

因迹象保存较差，未发现门的迹象。但此间南壁中部正对台基南侧的踏道，据其南壁迹象推断，应有一门。

室内地面较为平整，但未见夯打痕迹。室内存有灶和火炕等设施。

灶位于东部，紧贴东壁。现仅存一略有红烧土面的圜底坑。其向北与火炕相连。

火炕位于室内东北部，贴于东壁，北端沿北壁东转，伸入东室，估计在炕面之上有将东西两室隔断的间墙。炕内结构为双烟道，由中间隔墙将两侧炕壁间的空间隔成两条而成。炕壁和中间隔墙的高度已基本与地面平齐。

附属建筑

环东西两室的南、北和西侧。从布局上看，应是东西两室南、北、西三侧附廊的位置，但其间有间隔，外面似有墙封闭，在功能上并不担负廊的作用。

南侧附属建筑北侧借用东西两室南壁，南侧未发现封闭墙的痕迹，或已破坏，其相应位置排列有四块柱础，之间距离不等，其间或还有柱础已遗失。东部是 F1 台基与主殿台基相连的部分。西侧有墙的痕迹，厚约 0.1 米。南侧附属建筑未发现有间隔的迹象。其西部与西侧附属建筑相连的位置北侧有墙将其与西侧附属建筑隔开，隔墙厚约 0.2 米。

西侧附属建筑东侧借用西室西壁，西侧南段发现封闭墙的迹象，北段或已破坏。南部与南侧附属建筑相叠的部位与其他部分间有隔墙，前已述。其他部分未发现间隔现象，与北侧附属建筑相通。

北侧附属建筑南侧借用东西两室的北壁，东侧抵于主殿北部西侧烟囱的西壁。北侧仅发现东段封闭墙，其他部分或已破坏。东部约 4.5 米的部分北封闭为一个单元，其内有些石块，但具体结构已无法辨清，疑其为东西两室内的灶和火炕通往主殿北部西侧烟囱的过渡结构。其向西的部分再未发现间隔的痕迹，与西侧附属建筑相通，西部与西部附属建筑相连。

东侧廊庑

台基上面具体结构已无存，仅余柱础和一些立柱的痕迹。现存柱础和立柱呈东西 3 排、南北 10 列排列，从残存的一些立柱痕迹可以看出立柱截面基本为圆形，柱径一般为 0.3 米（图版七〇，1、2）。

从现存迹象看，东侧廊庑是一面阔 9 间、进深 2 间的建筑。因其南部继续南延，也有可能是与西侧厢房相类的结构，即与南面的建筑共用端侧柱础，如是，该建筑应有 10 个开间。

建筑开间基本等宽，根据南部存留的立柱的痕迹测算，开间南北宽约 3.5 米。但进深 2 间不同，前面 1 间进深较浅，约 2.4 米；后面 1 间较深，约 6.1 米。根据这样的开间结构看，东侧廊庑应是前廊后庑的建筑形式。

西侧厢房

与第 4 号宫殿东侧厢房共用一个台基。台基东北角应与主殿台基相连，但为一水沟打破。台基上有东西 3 排、南北 11 列柱础。中间 1 排柱础间皆残留有间隔墙的痕迹，墙西侧为第 4 号宫殿东侧厢房，西侧为第 4-1 号宫殿西侧厢房。间墙厚约 0.15～0.2 米。最南侧的一列柱础为与第 3 号宫殿东侧廊庑共用，西侧两础间加一础，与第 3 号宫殿的础石排列相对应。最南列东侧两础间有东西向的墙的痕迹，推测西侧础石间也有，将第 3 号宫殿东侧廊庑与这部分的建筑隔开。

厢房为一面阔 10 间的建筑，开间宽度基本相等，根据柱础中心点测量，一般开间约 4、进深约 4.5 米。地面较平，但均未经特别加工。

从现存迹象看被间隔成 6 个单元。或有其他间隔，但迹象已无存。

最北 2 个开间为一部分，但其南侧隔墙并不位于两础之间，而是向北偏约 1.3 米，起点是第 2 开间西侧的墙壁。隔墙痕迹只余西部一段，东段已无存。其北、东两侧未发现墙的痕迹。室内西南角紧贴两壁有一俯视呈直角梯形的坑，其内边长东侧 0.6、西侧 1.3、南侧 1.6、北侧 1.7 米。东侧壁已残，北壁厚约 0.4 米。功能不清楚。

其向南有一单元，包括北起第 2 开间的南部和第 3 开间，北侧与其北单元共用一壁，东侧未发现墙壁的痕迹。西侧墙壁偏南有一东西向较长的长方形坑，其内有与之等大的木炭，应是门枕的迹象，判断这处有一门与第 4 号宫殿东侧厢房相通。其南壁上有 2 个柱洞，应是墙内加柱的迹象，柱距 1.2 米。这一单元中有火炕设施。火炕贴于北壁，主要位于北起第 2 开间的南部，仅存西半部，其整体形制已不得而知。火炕为双烟道，炕壁及其间隔墙均为较纯净的黄褐土垒砌，未发现与其相连的灶。在火炕烟道延伸方向相对应的台基东壁之外的位置，有一平面基本呈长方形的遗迹，这一位置台基的东侧包壁和散水也是断开的。遗迹高度基本已与地面平齐，南、北、东三面的外侧抹有白灰面，西侧无壁，似与台基相连。疑其为前述火炕出烟结构的遗迹（图版七一，1）。

北起第 4 开间被隔成一个单独的单元，北侧与其北单元共用一壁，东侧未发现墙的痕迹。西壁中部有 1 条南北向木炭的痕迹，长约 1 米，炭痕两侧与土制的墙壁连接，或可能是与第 4 号宫殿东侧厢房相通的门的迹象。南壁东段已无存，西段为一长条形木炭。在南壁东西两础中间的位置有一东西向横置长方形青砖，砖基本贴于墙壁南侧，其靠近墙壁的一侧凿有长方形孔，长边与砖的长边平行，此砖可能与南壁的结构有关（图版七一，2）。这一单元内部未发现任何设施。

北起第 5 间为一独立单元，北侧与其北单元共用一壁，东侧未发现墙的痕迹。西壁有 2 个东西向较长的长方形坑，北侧坑较大，东西 0.8、南北 0.4 米，南侧坑较小，东西 0.5、南北 0.25 米，两坑间距约 1.3 米，基本位于西壁的中间位置。这两坑应是放置门枕所用，这一结构应是一通向第 4 号宫殿东侧厢房的门。南壁偏西位置有一南北向较长的长方形坑，其内有与之等大的木炭，应是门枕的迹象，判断这处有一门与其南的单元相通。室内未发现任何设施。

北起第 6、7 开间为一单元，北侧与其北单元共用一壁，东侧未发现墙的痕迹。南壁仅余一小段。其内未发现任何设施。

南部的 3 个开间为一单元，北侧与其北单元共用一壁，东侧未发现墙的痕迹。在南起第 3 开间西壁中间，存有一墙间加柱的遗迹，柱为圆形，直径约 0.3 米。最南侧开间内有一略弧的西北—东南向的沟，沟上覆有石板，石板上面低于台基面，其上覆以黄褐土。沟西北端起于这一开间的西北角柱础，向东南斜向延伸至第 3 号宫殿东侧廊庑与第 4-1 号宫殿西侧厢房间向东延伸的隔墙。沟直壁平底，长 7.9、宽 0.4、深 0.3 米，应是建筑时预留的排水暗沟。除此，这一单元内未发现任何设施。

（五）第 4-2 号宫殿基址的部分迹象

第 4-2 号宫殿基址只揭露了靠近第 4 号宫殿西侧厢房的一部分。若第 4-2 号宫殿结构与第 4-1 号宫殿相似，揭露部分应分别属于其主殿和东侧厢房（图一九一）。

1. 台基

与第 4-1 号宫殿布局对照，第 4-2 号宫殿台基已揭露部分台基应分别属于主殿东、南两侧附属

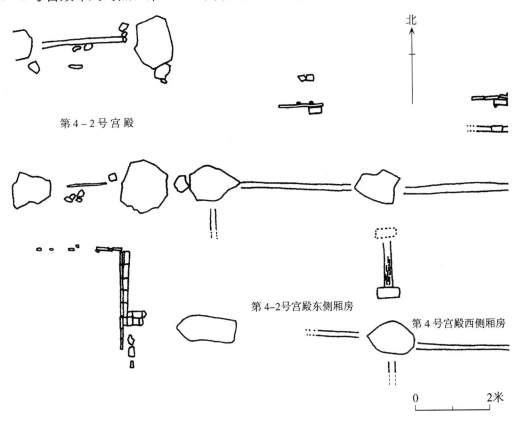

图一九一　第 4-2 号宫殿基址揭露部分平面图

建筑相交叠的部位和东侧厢房最北开间的部位。东侧厢房与第 4 号宫殿西侧厢房共用一个台基，台基西部为第 4－2 号宫殿东侧厢房。

第 4－2 号宫殿台基已揭露部分台基是以较纯净但夹杂少量白灰颗粒的黄褐土堆垒而成，其外应以青砖包壁，包壁外有砖制散水。包壁和散水大多已破坏，仅东侧厢房台基西壁存有部分结构不完整的散水，其他部位或只余散水牙子或已无存。散水结构由内而外依次是散水铺砖、散水牙子和散水钉，所见部分散水铺砖只余紧贴散水牙子内侧的横向铺设的长方形青砖。散水牙子为长方形青砖横向立置，一侧面向上，大部分埋于地下。散水钉一般为半砖或砖条，埋于地下，露于地上的部分向外部分磨成半球状或不经加工，向内面较平直，贴于散水牙子外侧。

2. 建筑结构

主殿台基之上只揭露了东、南两侧附属建筑相交叠的部分，这一位置有 4 块础石，础石之间发现有东西向墙的痕迹，墙厚约 0.1 米。此部位之内未发现任何设施。

东侧厢房只揭露了北部长约 7.5 米的一小部分，根据遗迹并对照第 4－1 号宫殿西侧厢房的结构，其应与第 4 号宫殿西侧厢房同处于一座台基之上。台基上有呈东西 3 排、南北 2 列分布的础石，中间 1 排础石之间有隔墙，且以南侧础石为起点，还有墙向南延伸。墙东侧为第 4 号宫殿西侧厢房。

揭露部分是最北开间，这一开间北间隔成独立的单元，南、北、西三侧础石间均残存有墙的迹象，墙厚约 0.1 米。东壁墙的迹象不清楚，但在南北两础之间有两个东西向较长的长方形坑，两坑大小相同，东西 0.6、南北 0.3 米，南侧坑内有烧毁的木炭痕迹，两坑间距约 1.3 米。两坑之间有一宽约 0.2 米的沟痕，沟痕内有烧毁木炭的痕迹，两端分别接于两坑中间部位。这两坑应是放置门枕所用，中间沟痕应是门槛的遗迹。这一结构基本位于东壁的中间位置，应是一通向第 4 号宫殿西侧厢房的门。开间内部未发现任何设施。

（六）其他遗迹

除上述的建筑遗迹外，在揭露范围内还发现了一些其他建筑和设施的遗迹，主要有第 3 号宫殿东侧廊庑南部、第 3 号宫殿东侧廊庑中部和第 3 号宫殿东侧廊庑与第 4－1 号西侧厢房之间的 3 条向东延伸的墙、第 3 号宫殿东侧廊庑东侧的建筑台基、第 4 号宫殿北部和第 4、4－1 号宫殿间的 2 条水沟、第 4 号宫殿西侧的石槽、第 4－1 号宫殿主殿西侧的砖函、第 4 号宫殿北侧西侧烟囱西侧的一排柱础和东侧的一排铺砖。

墙

第 3 号宫殿东侧廊庑南部墙

在第 3 号宫殿东侧廊庑台基东侧，与南起第 2 列础石相对的位置有 1 条向东延伸的墙，西端建于台基之上，抵于最东础石东侧，向东保存不甚好，有些部位已断，揭露范围内东部已无存。墙体以玄武岩石块垒砌而成，有些石块似略经雕琢。墙两侧的堆积中包含有较多的白灰，可能曾以白灰抹壁。残高约 0.7 米，墙体南北宽 1.5 米，长度不清，揭露范围内残存 12.6 米（图版七二，1）。

第 3 号宫殿东侧廊庑中部墙

在第 3 号宫殿东侧廊庑东侧北起第 7 列础石略偏南的位置，对着这列础石有 1 条向东延伸的墙，西端建于台基之上，抵于最东础石东侧，向东仅揭露了长约 4.5 米长的一段。墙体以较为纯净的黄褐土为主，其内夹有一些玄武岩石块，应是土石混筑的结构。南北两壁抹有白灰墙面。残高约 0.7 米，墙体南北宽 1.5 米，长度不清（图版七二，2）。

第 3 号宫殿东侧廊庑与第 4-1 号西侧厢房之间墙

在第 3 号宫殿东侧廊庑与第 4-1 号西侧厢房台基的东侧，与两建筑共用的一列础石相对的位置有一条向东延伸的墙，西端建于台基之上，抵于最东础石东侧，向东仅揭露了长约 3.5 米的一段（图版七二，3）。在其向东的延长线上进行了钻探，此墙一直向东延伸至第 4-1 号宫殿东侧廊庑台基的西壁，第 4-1 号宫殿东侧廊庑台基东壁相对位置也有石墙的迹象。在到第 4-1 号宫殿东侧廊庑台基的西壁之间的中间位置墙体有缺口，推测可能设有门。此墙应是起将第 4-1 号宫殿与其南建筑单元隔断的作用。墙体以玄武岩石块垒砌而成。残高约 0.6 米，墙体南北宽 1.4、推测长约 31 米。

建筑台基

在第 3 号宫殿东侧廊庑东侧北起第 8 到第 16 开间之间的位置，有 1 条与台基散水基本平行的南北向的沟痕。沟底较平，宽约 0.5 米，深约 0.4 米。沟的南北两端皆呈直角东转，在沟痕东侧半环的范围内为较纯净的黄褐土，其西北角有一础石。这一部分黄褐土的上面有些部位残存有较碎的瓦砾堆积，从其中可辨瓦的排列方向看，应是沟东侧建筑的顶部结构，而与第 3 号宫殿东侧廊庑无关，故予以保留。根据上述迹象推测，沟痕东侧半环的范围为一建筑的台基的西部边缘部位，沟痕为其包壁和散水等结构遭到破坏所留存（图版七三，1）。

水沟

第 4 号宫殿北部的水沟

位于第 4 号宫殿北部东侧烟囱的东侧，揭露部分主体位南北向，较直，基本与其西侧烟道壁平行。沟底不甚平整，沟约宽 0.5、深 0.2 米。北端与一东西向沟呈"丁"字形相连，南端呈直角东转。沟主体部分的沟壁应是用立置的残砖和瓦片制成，有些部位尚存有此种结构。北端东西向沟只余与其连接部位的一小段，东西皆已破坏无存，沟壁应是用立置的残砖制成，有些部位尚存有残砖。南侧东转的部分只揭露了约 2.8 米长的一段，其结构与主体部分相同。向东部分未作发掘，从位置上看，其有可能东与第 4、4-1 号宫殿间的水沟相连为一体。

第 4、4-1 号宫殿间的水沟

此沟较为曲折，整体呈西北—东南走向（图一九二）。水沟在第 4 号宫殿东配殿北侧只余东侧长约 2.7 米一小部分，其西已遭破坏。现存迹象从第 4 号宫殿东配殿北侧开始，向东延伸至第 4-1 号宫殿 F2 西侧，并沿台基边缘向南延伸穿过第 4 号宫殿东配殿台基与第 4-1 号宫殿 F2 台基相连的部位。这一段沟的北部沟壁结构是以长方形青砖及其残块沿沟壁横向平铺制成，南段沟壁遭破坏，只余土质沟壁，且有一小段东侧沟壁已无存，与第 4-1 号宫殿 F2 台基包壁散水被破坏后残留的沟痕并在一起。水沟在穿过第 4 号宫殿东配殿台基与第 4-1 号宫殿 F2 台基相连的部位后在第 4 号宫殿东配殿台基、第 4-1 号宫殿 F2 台基、第 4-1 号宫殿主殿台基、第 4 号宫殿东侧厢房与第 4-1 号宫殿西侧厢房共用的台基围成的小院落内曲折向东南延伸，并穿过第 4-1 号宫殿主殿台基、第 4 号宫殿东侧厢房与第 4-1 号宫殿西侧厢房共用的台基相连的部位。这一段水沟保存较好，有些部位较完整地保存有沟的底壁结构，沟壁是以长方形青砖斜向侧立置制成，形成上宽下窄的状态，沟的边缘和底部平铺青砖。沟口约宽0.4、沟底宽0.2、深0.25米。水沟在穿过第4-1号宫殿主殿台基第4号宫殿东侧厢房与第4-1号宫殿西侧厢房共用的台基相连的部位后东转，并沿第4-1号宫殿主殿台基南壁延伸，至第4-1号宫殿主殿南侧附属建筑西起第三开间位置南转，其向南部分未作发掘。这一段水沟西段结构与前一段基本相同，从与第4-1号宫殿主殿西室西壁相对的位置开始向东部分，沟北壁与前述相同，南壁为一排横向铺设的条石，沟壁也随之而为直壁（图一九三）。其南转部分沟底壁结构已无存，只余土质的底壁。

石槽

第4号宫殿西配殿和西侧厢房台基相连处西北角散水附近有一石槽，为一大块玄武岩雕琢而成，埋于地下，口部与地面平齐。其俯视略呈不规则的六边形，约东西长1.3、南北宽1.1米。周围有宽约0.07米的边，其中五边雕琢有向内突出的球状结构。其底较平，底角呈弧状，深约0.016米。其下部埋于地下（图一九四；图版七三，2）。

砖函

第3、4号宫殿建筑群落的布局范围内有3处砖函遗迹，分布于第3号宫殿东北、西北和第4-1号宫殿西侧（编号：ZH1、ZH2、ZH3）。其中ZH1和ZH2在第3号宫殿北部基本处于对称的位置。

ZH1　位于第3号宫殿东北部。整体略呈刀形，南北向较长，北端为窄端。边缘主要为长方形青砖横向侧立制成，少部为长条形石块制成，有些部位砖石已失。边缘砖石略外斜，底部较平。函内堆积土极杂，主要呈灰白色，夹杂有黑土、烧土、白灰渣、河卵石，靠近函底部还有少部分沙性较强且细腻的白色土。函内出土物品主要为细小的兽骨及少量的陶片、瓦片。长约2.2、宽端宽0.8、窄端宽0.5米。

ZH2　位于第3号宫殿西北部。整体为长方形，呈东北—西南方向。边缘为长方形青砖横向侧立制成，东北部已遭破坏。西南边缘为两块青砖制成，从两块青砖接缝处起，又向东北方向延伸有一列横向侧立的长方形青砖与两侧边缘平行，将砖函分成两部分。函内堆积土较杂，主要为黄色土、灰白色土相杂，其内包含大量的木炭和一些白灰块。函内出土物品主要为几块兽骨及少量的陶片。现存长0.86、宽0.64米。

ZH3　位于第4号宫殿东配殿台基、第4-1号宫殿F2台基、第4-1号宫殿主殿台基、第4号宫殿东侧厢房与第4-1号宫殿西侧厢房共用的台基围成的小院落内的东北部，靠近第4-1号宫殿F2台基、第4-1号宫殿主殿台基相交部位的散水，是一长方形青砖横向侧立围成的长方形，长边呈西北—东南方向，埋于地下，其西北部被破坏。其内为黄沙土。现存长1.1、宽0.7米。

第4号宫殿北侧的础石

在第4号宫殿西侧烟道以西的地面上有五块东西向排列的础石，距第4号宫殿主殿北侧散水牙子外缘约3.5米。以础石中心点距计，础石间距1.7～2.3米，该础石小于宫殿台基上的础石。其具体为何建筑不详。

第4号宫殿北侧的铺砖

在第4号宫殿北侧西侧烟囱和中间小路之间的地面上有一排东西向排列的铺砖，方形青砖和长方形青砖交杂，有的为残块。其具体为何已不可知，推测此处曾有建筑或曾铺有砖质地面。

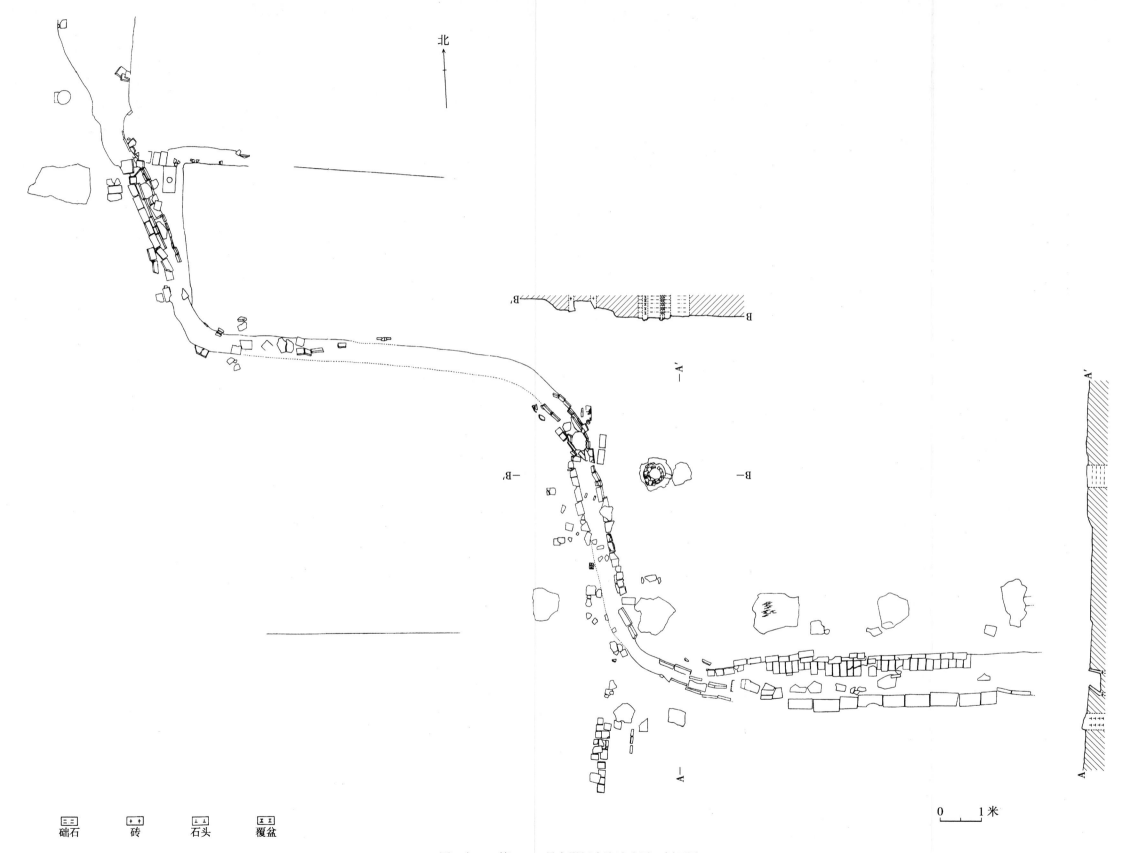

北

砌石　砖　石头　覆盆

0 ____ 1 米

图一九二　第4、4-1号宫殿间水沟遗迹平、剖面图

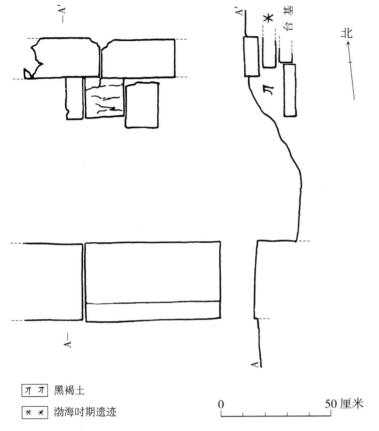

黑褐土

渤海时期遗迹

0 —————— 50 厘米

图一九三　第 4、4-1 号宫殿间水沟在第 4-1 号
宫殿主殿南侧部分结构平、剖面图

遗物主要为陶器，有瓦、砖等建筑材料，也有
罐、瓮等生活用具。其中建筑材料为大宗。

1. 建筑材料

有瓦、砖、鸱尾、兽头和一些用途、名称
不清的其他建筑材料。

（1）瓦

第 3、4 号宫殿建筑群基址出土的瓦类建
筑材料主要有文字瓦、筒瓦、板瓦、条瓦、当
沟、瓦当。在瓦当以外的瓦类构件内面一般留
有布纹，有些较粗，有些极细（图一九五；图
一九六）。这些痕迹对当时的制瓦、纺织等工
艺的研究有一定意义。

1) 文字瓦　第 3、4 号宫殿出土的文字瓦
可分为戳记和刻划符号两类。

戳记文字瓦　戳记一般为低于瓦面的长方

第四节　出土遗物

第 3、4 号宫殿建筑群基址遗物丰
富，出土了数量较多的砖、瓦、瓦当、
铁钉、兽头、门枢等建筑材料及少量
陶质器皿、佛像等生活物品。需要说
明的是，前文曾提到日本东亚考古学
会进行挖掘时形成了一层堆土扰乱堆
积，堆积中包含有大量遗物，我们将
这些器物作为采集品。

（一）陶器

第 3、4 号宫殿建筑群基址出土的

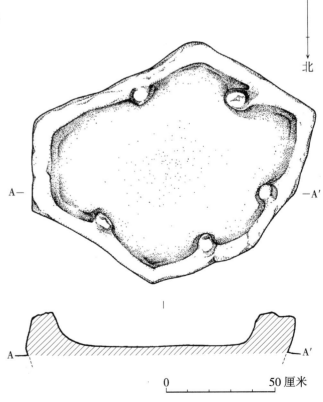

0 —————— 50 厘米

图一九四　第 4 号宫殿西侧石槽遗迹平、剖面图

1

2

0   5 厘米

图一九五　第 3、4 号宫殿建筑群基址出土陶瓦布纹拓片

1. 00NSGⅠT007009②：18　2. 00NSGⅠT007009②：26

图一九六　第3、4号宫殿建筑群基址出土陶瓦布纹拓片

1. 00NSGⅠT005008②：25　2. 00NSGⅠT008014①a：1　3. 06NSGⅠT010001②：8

形凹坑，大小、深浅不一，坑内有阳文。戳记内文字数量不同，此次发掘采集的标本中有1字、2字和3字的，其中以1字为大宗。共采集508件，有99种戳记。详见表三。

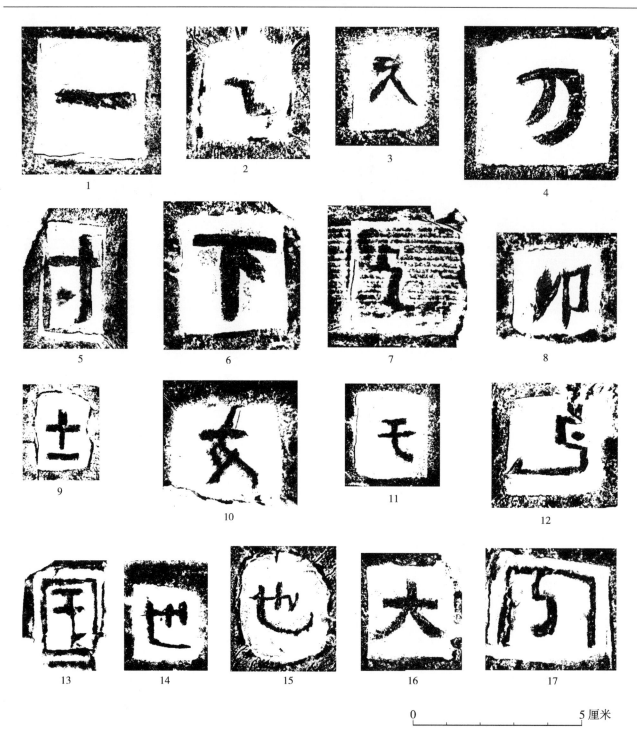

图一九七　第3、4号宫殿建筑群基址出土陶文字瓦拓片

1. 06NSGⅠT014012②：7　2. 00NSGⅠT010008②：20　3. 06NSGⅠT011004②：6　4. 00NSGⅠT008011②：19

5. 06NSGⅠT010001②：3　6. 00NSGⅠT008006②：15　7. 00NSGⅠT006011②：27　8. 06NSGⅠT011004②：1

9. 00NSGⅠT007009②：3　10. 06NSGⅠT014008②：2　11. 00NSGⅠT009011②：7　12. 06NSGⅠT015005②：6

13. 00NSGⅠT005011②：10　14. 06NSGⅠT010001②：14　15. 00NSGⅠT010008②：15　16. 00NSGⅠT009011②：14

17. 00NSGⅠT007012①a：7

图一九八　第 3、4 号宫殿建筑群基址出土陶文字瓦拓片

1. 00NSGⅠT007013②：3　2. 06NSGⅠT014008②：6　3. 06NSGⅠT011010②：12　4. 06NSGⅠT014009②：22
5. 00NSGⅠT008011①a：7　6. 01NSGⅠT009015②：47　7. 06NSGⅠT015009①a：3　8. 00NSGⅠT009011②：11
9. 06NSGⅠT011010②：17　10. 06NSGⅠT014011②：3　11. 00NSGⅠT008011①a：1　12. 00NSGⅠT007010①a：75
13. 06NSGⅠT015009①a：9　14. 00NSGⅠT003011②：13　15. 06NSGⅠT012012②：7　16. 06NSGⅠT015009①a：10
17. 06NSGⅠT009011②：19

图一九九　第 3、4 号宫殿建筑群基址出土陶文字瓦拓片

1. 00NSGⅠT004011②：23　2. 06NSGⅣT009001②：2　3. 00NSGⅠT009013②：17　4. 00NSGⅠT007009①a：10

5. 00NSGⅠT007009①a：13　6. 06NSGⅣT009001②：15　7. 06NSGⅠT011010②：28　8. 00NSGⅠT009011②：10

9. 06NSGⅠT012012②：8　10. 00NSGⅠT010014②：28　11. 06NSGⅠT011012②：3　12. 06NSGⅠT014009②：16

13. 00NSGⅠT008014①a：3　14. 06NSGⅠT012013①a：2　15. 00NSGⅠT006010①a：7　16. 06NSGⅠT014012①a：3

17. 06NSGⅣT009001②：18　18. 06NSGⅠT011012②：5　19. 06NSGⅠT011012②：2

图二〇〇 第3、4号宫殿建筑群基址出土陶文字瓦拓片

1. 06NSGⅣT009001②：13 2. 00NSGⅠT003011②：7 3. 06NSGⅠT010001②：2 4. 00NSGⅠT008011②：57
5. 00NSGⅠT007009②：38 6. 00NSGⅠT006006②：23 7. 00NSGⅠT003011②：9 8. 06NSGⅠT014012②：6
9. 00NSGⅠT010007②：20 10. 00NSGⅠT003011②：12 11. 06NSGⅠT011012②：1 12. 00NSGⅠT010008②：16
13. 00NSGⅠT009011①a：15 14. 06NSGⅣT009001②：7 15. 06NSGⅠT011010②：29 16. 00NSGⅠT008007②：9
17. 00NSGⅠT008011①a：11

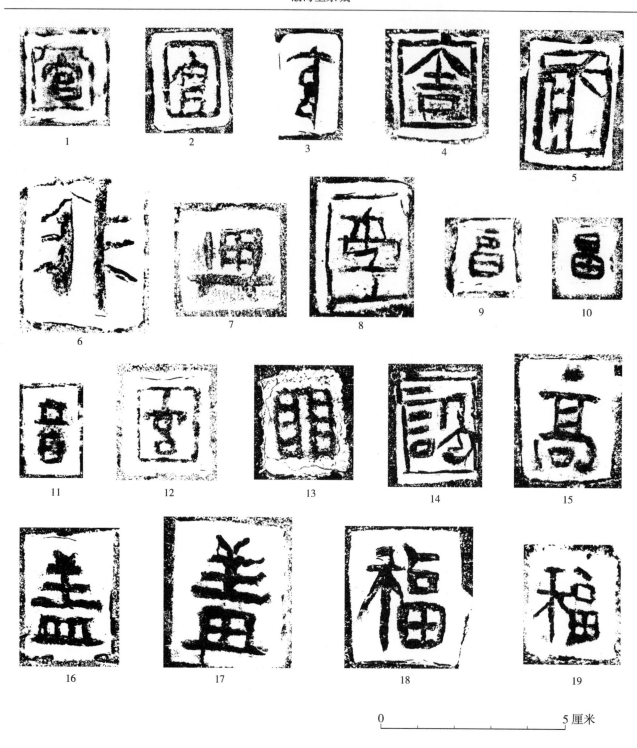

图二〇一　第 3、4 号宫殿建筑群基址出土陶文字瓦拓片

1. 00NSGⅠT011012②：4　2. 06NSGⅠT015011②：2　3. 06NSGⅠT011004②：8　4. 00NSGⅠT009011①a：10

5. 01NSGⅠT011011②：27　6. 00NSGⅠT009011②：13　7. 00NSGⅠT010008②：17　8. 00NSGⅠT006012②：2

9. 00NSGⅠT008006①a：30　10. 06NSGⅠT010003②：3　11. 06NSGⅠT014012②：8　12. 06NSGⅠT015009①a：13

13. 00NSGⅠT007014②：31　14. 06NSGⅠT011010②：19　15. 06NSGⅠT014008②：3　16. 06NSGⅠT015012②：1

17. 00NSGⅠT009011②：34　18. 05NSGⅠT010005②：1　19. 00NSGⅠT007004②：39

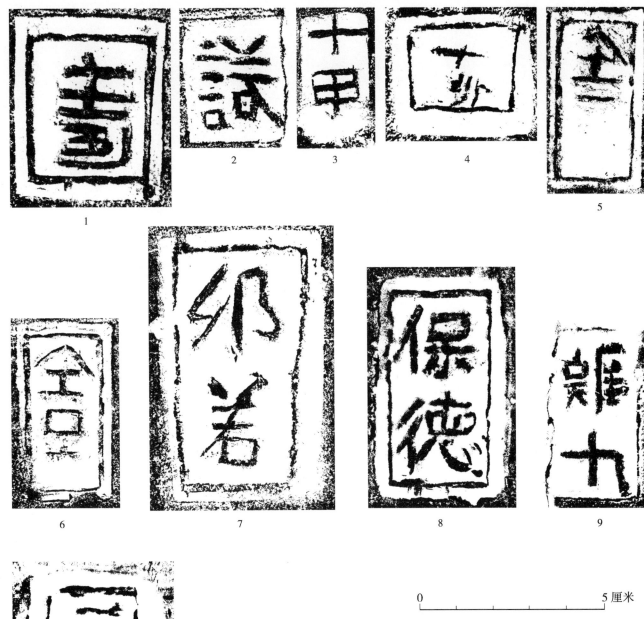

图二〇二　第3、4号宫殿建筑群基址出土陶文字瓦拓片

1. 06NSGⅠT014008②：7　2. 06NSGⅠT011004②：7

3. 06NSGⅠT013011②：32　4. 00NSGⅠT007011①a：2

5. 00NSGⅠT007014②：33　6. 06NSGⅠT011010②：21

7. 00NSGⅠT006013②：5　8. 06NSGⅠT010001②：6

9. 06NSGⅠT011010②：7　10. 01NSGⅠT011011②：28

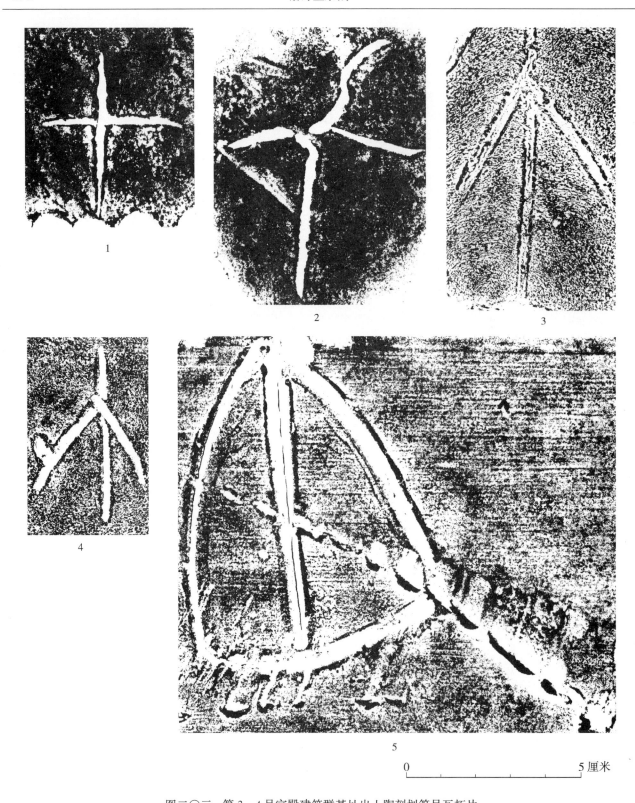

0   5 厘米

图二〇三　第 3、4 号宫殿建筑群基址出土陶刻划符号瓦拓片

1. 00NSG Ⅰ T009011②：33　2. 00NSG Ⅰ T008007①a：13　3. 00NSG Ⅰ T007006②：52

4. 00NSG Ⅰ T006009②：10　5. 00NSG Ⅰ T007010①a：10

0   5 厘米

图二〇四　第 3、4 号宫殿建筑群基址
出土陶刻划符号瓦拓片
1. 00NSG Ⅰ T007008①a：6
2. 06NSG Ⅰ T012013②：1

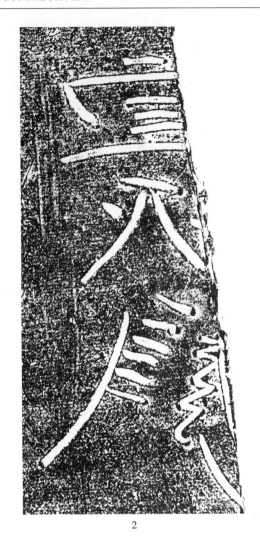

2

表三　　　　　　　　　　　第 3、4 号宫殿建筑群基址出土陶戳记文字瓦统计表

序号	瓦　文	数量	选登标本号	图　号
1		13	06NSG Ⅰ T014012②：7	图一九七，1 图版二二一，1
2		9	00NSG Ⅰ T010008②：20	图一九七，2 图版二二一，2
3		3	06NSG Ⅰ T011004②：6	图一九七，3 图版二二一，3
4		6	00NSG Ⅰ T008011②：19	图一九七，4 图版二二一，4

序号	瓦　文	数量	选登标本号	图　号
5		3	06NSGⅠT010001②：3	图一九七，5 图版二二一，5
6		3	00NSGⅠT008006②：15	图一九七，6 图版二二一，6
7		9	00NSGⅠT006011②：27	图一九七，7 图版二二二，1
8		7	06NSGⅠT011004②：1	图一九七，8 图版二二二，2
9		1	00NSGⅠT007009②：3	图一九七，9 图版二二二，3
10		11	06NSGⅠT014008②：2	图一九七，10 图版二二二，4
11		1	00NSGⅠT009011②：7	图一九七，11 图版二二二，5
12		1	06NSGⅠT015005②：6	图一九七，12 图版二二二，6
13		2	00NSGⅠT005011②：10	图一九七，13 图版二二三，1
14		1	06NSGⅠT010001②：14	图一九七，14 图版二二三，2
15		3	00NSGⅠT010008②：15	图一九七，15 图版二二三，3
16		2	00NSGⅠT009011②：14	图一九七，16 图版二二三，4
17		1	00NSGⅠT007012①a：7	图一九七，17 图版二二三，5

序号	瓦　文	数量	选登标本号	图　号
18		2	00NSGⅠT007013②：3	图一九八，1 图版二二三，6
19		3	06NSGⅠT014008②：6	图一九八，2 图版二二四，1
20		9	06NSGⅠT011010②：12	图一九八，3 图版二二四，2
21		8	06NSGⅠT014009②：22	图一九八，4 图版二二四，3
22		3	00NSGⅠT008011①a：7	图一九八，5 图版二二四，4
23		23	01NSGⅠT009015②：47	图一九八，6 图版二二四，5
24		6	06NSGⅠT015009①a：3	图一九八，7 图版二二四，6
25		8	00NSGⅠT009011②：11	图一九八，8 图版二二五，1
26		4	06NSGⅠT011010②：17	图一九八，9 图版二二五，2
27		21	06NSGⅠT014011②：3	图一九八，10 图版二二五，3
28		4	00NSGⅠT008011①a：1	图一九八，11 图版二二五，4
29		3	00NSGⅠT007010①a：75	图一九八，12 图版二二五，5

续表三

序号	瓦　文	数量	选登标本号	图　号
30		15	06NSGⅠT015009①a：9	图一九八，13 图版二二五，6
31		8	00NSGⅠT003011②：13	图一九八，14 图版二二六，1
32		1	06NSGⅠT012012②：7	图一九八，15 图版二二六，2
33		10	06NSGⅠT015009①a：10	图一九八，16 图版二二六，3
34		1	06NSGⅠT009011②：19	图一九八，17 图版二二六，4
35		1	00NSGⅠT004011②：23	图一九九，1 图版二二六，5
36		4	06NSGⅣT009001②：2	图一九九，2 图版二二六，6
37		2	00NSGⅠT009013②：17	图一九九，3 图版二二七，1
38		5	00NSGⅠT007009①a：10	图一九九，4 图版二二七，2
39		2	00NSGⅠT007009①a：13	图一九九，5 图版二二七，3
40		1	06NSGⅣT009001②：15	图一九九，6 图版二二七，4
41		3	06NSGⅠT011010②：28	图一九九，7 图版二二七，5

序号	瓦　文	数量	选登标本号	图　　号
42		7	00NSGⅠT009011②：10	图一九九，8 图版二二七，6
43		2	06NSGⅠT012012②：8	图一九九，9 图版二二八，1
44		18	00NSGⅠT010014②：28	图一九九，10 图版二二八，2
45		11	06NSGⅠT011012②：3	图一九九，11 图版二二八，3
46		5	06NSGⅠT014009②：16	图一九九，12 图版二二八，4
47		1	00NSGⅠT008014①a：3	图一九九，13 图版二二八，5
48		1	06NSGⅠT012013①a：2	图一九九，14 图版二二八，6
49		8	00NSGⅠT006010①a：7	图一九九，15 图版二二九，1
50		2	06NSGⅠT014012①a：3	图一九九，16 图版二二九，2
51		2	06NSGⅣT009001②：18	图一九九，17 图版二二九，3
52		15	06NSGⅠT011012②：5	图一九九，18 图版二二九，4
53		12	06NSGⅠT011012②：2	图一九九，19 图版二二九，5

序号	瓦 文	数量	选登标本号	图 号
54		5	06NSGⅣT009001②：13	图二〇〇，1 图版二二九，6
55		2	00NSGⅠT003011②：7	图二〇〇，2 图版二三〇，1
56		8	06NSGⅠT010001②：2	图二〇〇，3 图版二三〇，2
57		1	00NSGⅠT008011②：57	图二〇〇，4 图版二三〇，3
58		1	00NSGⅠT007009②：38	图二〇〇，5 图版二三〇，4
59		1	00NSGⅠT006006②：23	图二〇〇，6 图版二三〇，5
60		3	00NSGⅠT003011②：9	图二〇〇，7 图版二三〇，6
61		11	06NSGⅠT014012②：6	图二〇〇，8 图版二三一，1
62		13	00NSGⅠT010007②：20	图二〇〇，9 图版二三一，2
63		1	00NSGⅠT003011②：12	图二〇〇，10 图版二三一，3
64		8	06NSGⅠT011012②：1	图二〇〇，11 图版二三一，4
65		3	00NSGⅠT010008②：16	图二〇〇，12 图版二三一，5

序号	瓦　文	数量	选登标本号	图　号
66		9	00NSGⅠT009011①a：15	图二〇〇，13 图版二三一，6
67		6	06NSGⅣT009001②：7	图二〇〇，14 图版二三二，1
68		1	06NSGⅠT011010②：29	图二〇〇，15 图版二三二，2
69		7	00NSGⅠT008007②：9	图二〇〇，16 图版二三二，3
70		10	00NSGⅠT008011①a：11	图二〇〇，17 图版二三二，4
71		2	00NSGⅠT011012②：4	图二〇一，1 图版二三二，5
72		1	06NSGⅠT015011②：2	图二〇一，2 图版二三二，6
73		3	06NSGⅠT011004②：8	图二〇一，3 图版二三三，1
74		12	00NSGⅠT009011①a：10	图二〇一，4 图版二三三，2
75		3	01NSGⅠT011011②：27	图二〇一，5 图版二三三，3
76		4	00NSGⅠT009011②：13	图二〇一，6 图版二三三，4
77		6	00NSGⅠT010008②：17	图二〇一，7 图版二三三，5

序号	瓦　文	数量	选登标本号	图　号
78		8	00NSGⅠT006012②：2	图二〇一，8 图版二三三，6
79		1	00NSGⅠT008006①a：30	图二〇一，9 图版二三四，1
80		1	06NSGⅠT010003②：3	图二〇一，10 图版二三四，2
81		10	06NSGⅠT014012②：8	图二〇一，11 图版二三四，3
82		1	06NSGⅠT015009①a：13	图二〇一，12 图版二三四，4
83		1	00NSGⅠT007014②：31	图二〇一，13 图版二三四，5
84		2	06NSGⅠT011010②：19	图二〇一，14 图版二三四，6
85		10	06NSGⅠT014008②：3	图二〇一，15 图版二三五，1
86		6	06NSGⅠT015012②：1	图二〇一，16 图版二三五，2
87		7	00NSGⅠT009011②：34	图二〇一，17 图版二三五，3
88		5	05NSGⅠT010005②：1	图二〇一，18 图版二三五，4

序号	瓦　文	数量	选登标本号	图　号
89		3	00NSGⅠT007004②：39	图二〇一，19 图版二三五，5
90		4	06NSGⅠT014008②：7	图二〇二，1 图版二三五，6
91		5	06NSGⅠT011004②：7	图二〇二，2 图版二三六，1
92		1	06NSGⅠT013011②：32	图二〇二，3 图版二三六，2
93		1	00NSGⅠT007011①a：2	图二〇二，4 图版二三六，3
94		2	00NSGⅠT007014②：33	图二〇二，5 图版二三六，4
95		2	06NSGⅠT011010②：21	图二〇二，6 图版二三六，5
96		1	00NSGⅠT006013②：5	图二〇二，7 图版二三六，6
97		2	06NSGⅠT010001②：6	图二〇二，8 图版二三七，1
98		2	06NSGⅠT011010②：7	图二〇二，9 图版二三七，2
99		5	01NSGⅠT011011②：28	图二〇二，10 图版二三七，3

刻划符号瓦　数量较少，皆为阴文，一般是用带尖工具直接在瓦面刻划而成，笔画带锋，但也有1件似为戳印，但四边却没有戳记边框。共采集19件，有7种符号。详见表四。

表四　　　　　　　　　第3、4号宫殿建筑群基址出土陶刻划符号瓦统计表

序号	瓦文	数量	选登标本号	图号
1		5	00NSGⅠT009011②：33	图二〇三，1 图版二三七，4
2		1	00NSGⅠT008007①a：13	图二〇三，2 图版二三七，5
3		7	00NSGⅠT007006②：52	图二〇三，3 图版二三七，6
4		1	00NSGⅠT006009②：10	图二〇三，4 图版二三八，1
5		1	00NSGⅠT007010①a：10	图二〇三，5 图版二三八，2
6		3	00NSGⅠT007008①a：6	图二〇四，1 图版二三八，3
7		1	06NSGⅠT012013②：1	图二〇四，2 图版二三八，4

2）筒瓦　第3、4号宫殿建筑群基址出土的筒瓦有普通筒瓦、檐头筒瓦2种。皆为模制。

普通筒瓦　由瓦身和瓦唇两部分组成，内部有粗细不同的布纹，外表光滑，一般布纹面前部有抹斜加工。瓦唇上多有横向凹槽，一般瓦唇由与瓦身相接部位向后渐低，尾端略抹斜向下，瓦唇前部略宽于尾部。规格不一，大小不等，长24.8～37.1、宽11.5～19.5厘米。

标本06NSGⅠT012013②：8，略残。泥质，色呈青灰，瓦内为粗布纹。通长24.8厘米。瓦身前后基本等宽，前部略薄于后部。瓦身长20.1、宽13.4、厚1～1.7厘米。瓦唇上凹槽宽1.6厘米，较靠近瓦身。瓦唇部分长4.7厘米（图二〇五，1；图版二三八，5、6）。

标本00NSGⅠT005008②：25，略残。泥质，色呈青灰，瓦内为粗布纹。通长25.4厘米。瓦身前后基本等宽，前部略薄于后部。瓦身长21.2、宽13.3、厚1～1.8厘米。瓦唇一侧已残，尾端较平，其上凹槽宽1.5厘米，较靠近瓦身。瓦唇部分长4.2厘米（图二〇五，2；图版二三九，1）。

标本00NSGⅠT009013②：52，略残。泥质，色呈青灰，瓦内为粗布纹。通长26.4厘米。瓦身前部已残，可看出前宽后窄，且两侧边前部略上翘。瓦身长22.3、宽11.5～12.2、厚1.1～1.6厘米。瓦唇上凹槽宽1厘米，槽底为一条线状，使得从侧面看槽截面为三角形，基本位于瓦唇中部。瓦唇部分长4.1厘米（图二〇五，3；图版二三九，2）。

标本00NSGⅠT010007②：8，略残。夹细砂质，色呈青灰，瓦内为粗布纹。通长29厘米。瓦身前后基本等宽，前部略薄于后部，布纹面前部未经抹斜加工。瓦身长24.2、宽12.7、厚1.5～1.9厘米。瓦唇上凹槽极浅，宽1.3厘米，较靠近尾端。瓦唇尾部略上翘。瓦唇部分长4.8厘米（图二〇五，4；图版二三九，3）。

标本00NSGⅠT007011②：3，略残。夹细砂质，色呈青灰，瓦内为粗布纹。通长31.5厘米。瓦身前宽后窄，前部略薄于后部，布纹面前部未经抹斜加工。瓦身长26.7、宽12～12.3、厚1.2～1.5厘米。瓦唇上凹槽宽1.4厘米，较靠近尾端。瓦唇尾部略上翘。瓦唇部分长4.8厘米（图二〇六，1；图版二三九，4）。

标本00NSGⅠT009007②：6，略残。泥质，色呈红褐，瓦内为粗布纹。通长30.8厘米。瓦身前宽后窄，前部略薄于后部，布纹面前部未经抹斜加工。瓦身长26.5、宽12～12.3、厚1.1～1.6厘米。瓦唇上无凹槽，尾部略上翘。瓦唇部分长4.3厘米（图二〇六，2；图版二三九，5）。

标本00NSGⅠT007011②：5，略残，夹细砂质，色呈青灰，瓦内为粗布纹。通长31.5厘米。瓦身前后基本等宽，前部略薄于后部，布纹面前部未经抹斜加工。瓦身长27.3、宽13.6、厚1.7～2.3厘米。瓦唇上无凹槽，但有横向划痕，较靠近尾端。瓦唇尾部略上翘，尾端略有磨损。瓦唇部分长4.2厘米（图二〇六，3；图版二三九，6）。

标本00NSGⅠT005008②：24，略残。夹细砂质，色呈青灰，瓦内为粗布纹。通长32.6厘米。瓦身前后基本等宽，前部略薄于后部。瓦身长28、宽16.9、厚1.4～2.4厘米。瓦唇上凹槽宽1.2厘米，较靠近尾端。瓦唇部分长4.6厘米（图二〇六，4；图版二四〇，1）。

标本00NSGⅠT007014②：22，略残。夹细砂质，色呈青灰，瓦内为粗布纹。通长30.8厘米。瓦身前部略宽于后部，前部略薄于后部。瓦身略有扭曲。长26.3、宽14.5～15.2、厚1.2～1.7厘米。瓦唇上凹槽宽1.5厘米，较靠近瓦身。瓦唇部分长4.5厘米（图二〇七，1；图版二四〇，2）。

标本00NSGⅠT006006②：38，略残。夹细砂质，色呈青灰，瓦内为粗布纹。通长33.9厘米。

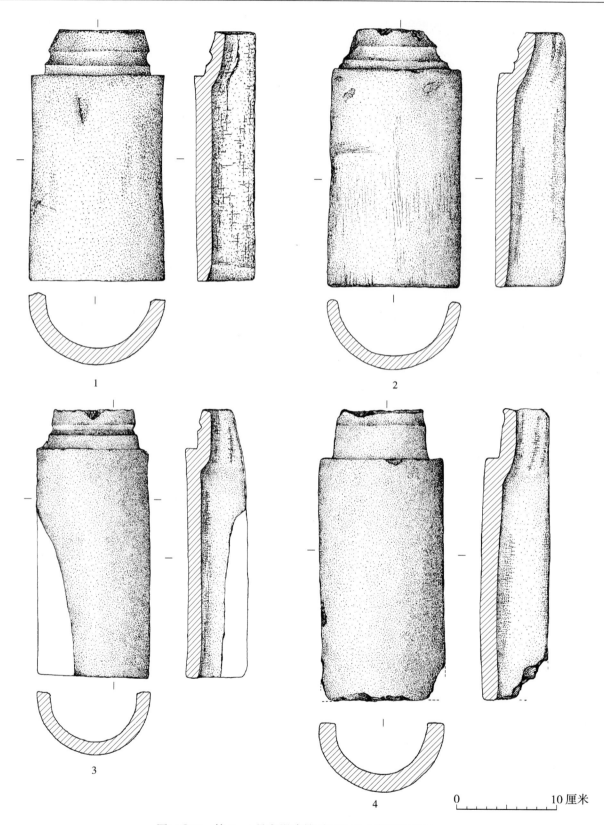

图二〇五　第 3、4 号宫殿建筑群基址出土陶普通筒瓦

1. 06NSGⅠT012013②：8　2. 00NSGⅠT005008②：25　3. 00NSGⅠT009013②：52　4. 00NSGⅠT010007②：8

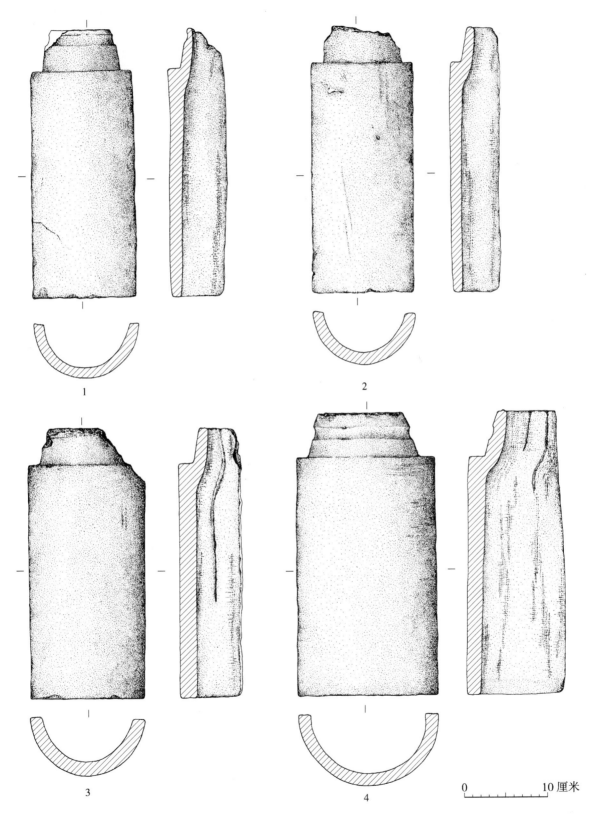

图二〇六　第3、4号宫殿建筑群基址出土陶普通筒瓦

1. 00NSGⅠT007011②：3　2. 00NSGⅠT009007②：6　3. 00NSGⅠT007011②：5　4. 00NSGⅠT005008②：24

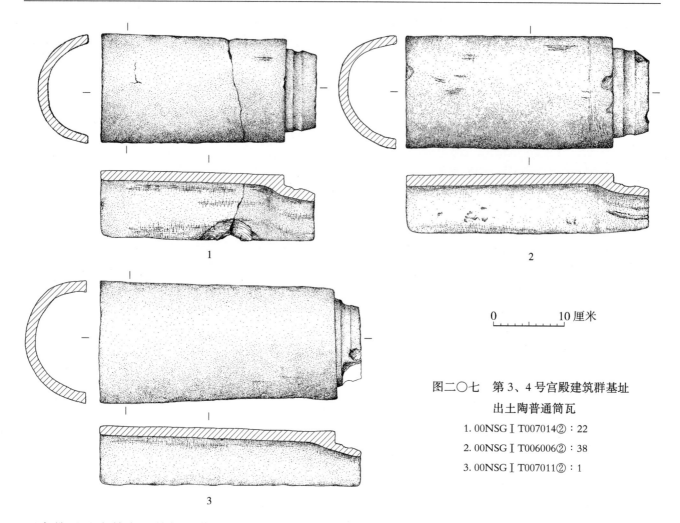

0　　　　　10厘米

图二〇七　第3、4号宫殿建筑群基址
出土陶普通筒瓦
1. 00NSGⅠT007014②：22
2. 00NSGⅠT006006②：38
3. 00NSGⅠT007011②：1

瓦身前后基本等宽，前部略薄于后部。瓦身长29、宽15.8、厚1.2～1.7厘米。瓦唇上凹槽较浅，宽1.8厘米，基本位于瓦唇中部。瓦唇部分长4.9厘米（图二〇七，2；图版二四〇，3）。

标本00NSGⅠT007011②：1，残。夹细砂质，色呈青灰，瓦内为粗布纹。通长36.9厘米。瓦身前部略宽于后部，前部略薄于后部。瓦身长32.6、宽15.9～17.3、厚1.3～1.6厘米。瓦唇上凹槽宽1.4厘米，较靠近瓦身。瓦唇部分长4.3厘米（图二〇七，3；图版二四〇，4）。

标本00NSGⅠT005006②：9，略残。夹细砂质，色呈青灰，表面粘有大量白灰，瓦内为粗布纹。通长35厘米。瓦身前部略宽于后部，接近后部两侧略凹，呈亚腰状，前部略薄于后部。瓦身长30.2、宽17.3～17.8、厚1.2～1.9厘米。瓦唇上无凹槽，但有横向折痕，尾部略下垂。瓦唇尾端上缘略向上堆起。瓦唇部分长4.8厘米（图二〇八，1；图版二四〇，5）。

标本00NSGⅠT006009②：37，略残。夹细砂质，色呈青灰，器表有些部位有纵向绳纹，瓦内为粗布纹。通长34.4厘米。瓦身前部略宽于后部，接近后部两侧凹，呈亚腰状，前部略薄于后部，布纹面前部未经抹斜加工。瓦身长29.5、宽16.4～17.2、厚1.5～1.9厘米。瓦唇两侧边长度不同，其上无凹槽。瓦唇尾端上缘略向上堆起。瓦唇部分长3.9厘米（图二〇八，2；图版二四〇，6）。

标本00NSGⅠT008006①a：28，略残。夹细砂质，色呈青灰，瓦内为粗布纹。通长35.1厘米。瓦身中部较宽，前、后略内收，前部略薄于后部，布纹面前部未经抹斜加工。瓦身长29.5、宽

图二〇八　第 3、4 号宫殿建筑群基址出土陶普通筒瓦

1. 00NSGⅠT005006②：9　2. 00NSGⅠT006009②：37　3. 00NSGⅠT008006①a：28　4. 00NSGⅠT007015①a：6

18.3～19.6、厚1.9～2.6厘米。瓦唇上无凹槽，两侧边长度不同，较短的一边内收较重。瓦唇尾端较平，上缘略向上堆起。瓦唇部分长4.6厘米（图二〇八，3；图版二四一，1）。

标本00NSGⅠT007015①a：6，略残。夹细砂质，色呈青灰，表面布满因烧灼而形成的皲裂，瓦内为粗布纹。通长34.4厘米。瓦身前部略宽于后部，接近后部两侧略凹，呈亚腰状，前端有一个指压的痕迹。瓦身长28.9、宽16.2～16.5、厚1.1～1.6厘米。瓦唇上凹槽宽1.5厘米，略接近瓦身。瓦唇尾端上缘略上堆。瓦唇部分长5.5厘米（图二〇八，4；图版二四一，2）。

标本00NSGⅠT009013②：53，略残。夹细砂质，色呈青灰，瓦内为粗布纹。通长35.7厘米。瓦身前后基本等宽，前部略薄于后部。瓦身长30.6、宽16.5、厚0.8～1.9厘米。瓦唇上凹槽宽1.5厘米，较接近瓦身。瓦唇部分长5.1厘米（图二〇九，1；图版二四一，3）。

标本00NSGⅠT010007①a：4，略残。夹细砂质，色呈青灰，瓦内为粗布纹。通长37.4厘米。瓦身前部略宽于后部，接近后部两侧略凹，呈亚腰状，前部略厚于后部。瓦身长32.3、宽16.8～17.7、厚1.4～1.7厘米。瓦唇上凹槽宽1.6厘米，基本位于瓦唇中部。瓦唇部分长5.1厘米（图二〇九，2；图版二四一，4）。

标本00NSGⅠT007006②：13，略残。夹细砂质，色呈青灰，瓦内为粗布纹。通长36厘米。瓦身中部略宽，前后较窄，前部略薄于后部，布纹面前部未经抹斜加工。瓦身长32、宽17～17.4、厚1.5～1.9厘米。瓦唇上无凹槽，两侧皆残，尾端较平，上缘略上堆。瓦唇部分长4厘米（图二〇九，3；图版二四一，5）。

标本00NSGⅠT009009②：1，残。夹细砂质，颜色为青灰红褐驳杂，瓦内为粗布纹。通长33.6厘米。瓦身前后基本等宽，厚薄较均匀，两侧边缘皆残，似由外边缘向内打击成刃状，不可知是否有意为之，布纹面前部未经抹斜加工。瓦身长28.6、宽17.6、厚2厘米。瓦唇上无凹槽，两侧皆残，残损较小的一侧情况与瓦身相同，呈刃状。瓦唇尾端上缘略上堆。瓦唇部分长5厘米（图二〇九，4；图版二四一，6）。

檐头筒瓦　　檐头筒瓦瓦唇上多有横向凹槽，一般瓦唇由与瓦身相接部位向后渐低，尾端略抹斜向下，瓦唇前部略宽于尾部。第3、4号宫殿建筑群基址出土的檐头筒瓦有2种，即一般檐头筒瓦和异形檐头筒瓦。

一般檐头筒瓦

标本00NSGⅠT009008②：17，完整。泥质，色呈青灰，瓦内为粗布纹。通长31.5厘米。瓦身有些扭曲，前部略窄于后部，前部略薄于后部，两个侧边的内侧边缘有抹制痕迹，且与瓦当相接处略向下弧。瓦身长27.6、宽12.4～13.9、厚1.1～1.6厘米。瓦唇上凹槽宽1.4厘米，较靠近瓦身。凹槽内有一圆孔，应是钉瓦钉所用。瓦唇尾端上缘向上堆起。瓦唇部分长3.9厘米。瓦前端为六瓣莲花纹Bb型瓦当（图二一〇，1；图版二四二，1）。

标本00NSGⅠT008011②：21，残。泥质，色呈青灰，瓦内为细布纹。通长41.3厘米。瓦身前后基本等宽，前部略薄于后部，两个侧边的内侧边缘有抹制痕迹。瓦身长36.1、宽17.4、厚1.5～1.9厘米。瓦唇残损较重，其上凹槽宽1.4厘米，较靠近尾端，靠近瓦身的边线不明显。因残难辨是否有钉瓦钉用的圆孔。瓦唇部分长5.2厘米。瓦前端为六瓣莲花纹Aa型瓦当（图二一〇，2；图版二四二，2）。

图二〇九　第 3、4 号宫殿建筑群基址出土陶普通筒瓦

1. 00NSGⅠT009013②：53　　2. 00NSGⅠT010007①a：4　　3. 00NSGⅠT007006②：13　　4. 00NSGⅠT009009②：1

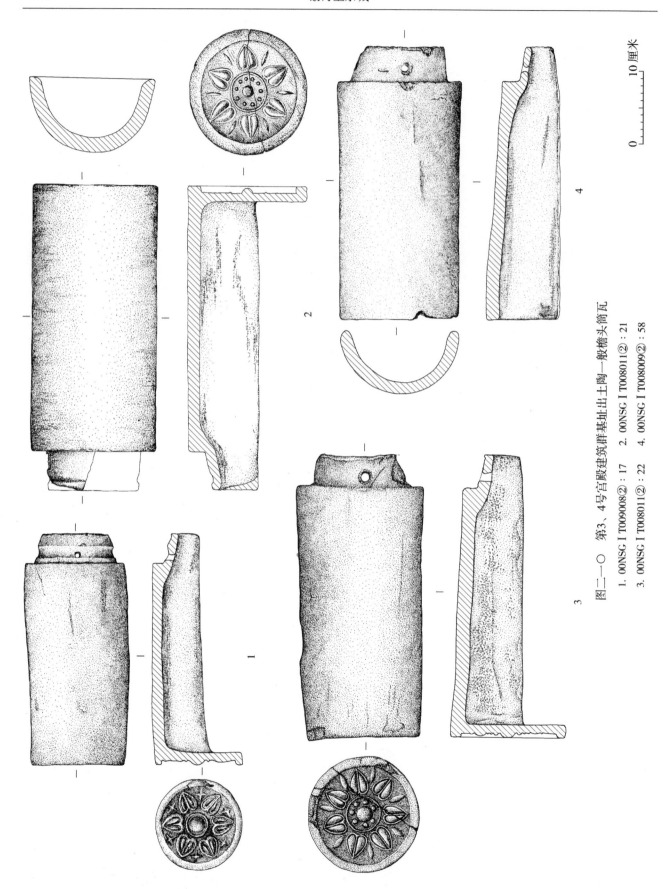

图二一〇　第3、4号宫殿建筑群基址出土陶—般檐头筒瓦

1. 00NSG I T009008② : 17　　2. 00NSG I T008011② : 21

3. 00NSG I T008011② : 22　　4. 00NSG I T008009② : 58

标本00NSGⅠT008011②：22，略残。泥质，色呈青灰，瓦内为细布纹。通长37.7厘米。瓦身前部略窄于后部，前部略薄于后部，两个侧边的内侧边缘有抹制痕迹。瓦身长33.5、宽16～17.6、厚1.5～1.9厘米。瓦唇上无凹槽，尾部有排列细密的横向划纹，一侧略残。瓦唇上有一圆孔，较靠近瓦身，应是钉瓦钉所用。瓦唇尾端不甚平整。瓦唇部分长4.2厘米。瓦前端为七瓣莲花纹Ab型瓦当（图二一〇，3；图版二四二，3）。

标本00NSGⅠT008009②：58，略残。泥质，色呈青灰，瓦内为细布纹。现存通长37.3厘米。瓦身前部略窄于后部，前部略薄于后部，两个侧边的内外边缘有抹制痕迹。瓦当已脱落不见，现存瓦身前端不平整。瓦身残长32.3、宽16.5～17、厚1.2～1.8厘米。瓦唇上无凹槽，前宽后窄，一侧边斜度大于另一侧。其上有一圆孔，基本位于中部，应是钉瓦钉所用。瓦唇尾端下缘略向内堆。瓦唇部分长5厘米。瓦当已无存（图二一〇，4；图版二四二，4）。

异型檐头筒瓦　第3、4号宫殿建筑群基址出土的异型檐头筒瓦有2种。1种前端部瓦当呈斜面的斜面瓦，这种瓦两个侧边一长一短，前端瓦当向一侧倾斜；另1种是瓦身呈曲线曲身瓦，这种瓦的瓦身和两个侧边侧视皆为曲线，瓦当略内扣。

斜面异型檐头筒瓦

标本00NSGⅠT009007②：5，瓦当已残。泥质，色呈青灰，瓦内为粗布纹。残长32.7厘米。瓦身有些扭曲，当面斜度较小，前部略窄于后部，前部略薄于后部，两个侧边的内外边缘有抹制痕迹，两侧边前端皆残。现存瓦身长28.2～28.5、宽11.7～12、厚1.5～1.8厘米。瓦唇上无凹槽，其上有一圆孔，较接近尾端，应是钉瓦钉所用。瓦唇尾端不甚平整，上缘略向上堆起。瓦唇部分长4厘米。前端瓦当可辨属七瓣莲花纹Ab型（图二一一，1；图版二四二，5）。

标本00NSGⅠT006009②：63，残。泥质，色呈青灰，瓦内为粗布纹。此瓦只余半侧，可测长度30.9厘米。当面斜度较大，前后厚薄基本相同，所余侧边的内缘有抹制痕迹。现存瓦身长23.8～26.3、残宽9.3、厚1.2厘米。瓦唇上无凹槽，尾端不甚平整，上缘略向上堆起。瓦唇部分长4.6厘米。前端瓦当似属七瓣莲花纹Ab型（图二一一，2；图版二四二，6）。

曲身异型檐头筒瓦

标本00NSGⅠT006011②：1，略残。泥质，色呈青灰，瓦内为粗布纹。通长23.2厘米。瓦身前部向上隆起，中部有亚腰，后部较平，前部窄且薄于后部，两个侧边的前部与瓦当相接的部位切割有两个略呈半圆的弧状凹口。瓦身长18.5、宽9.6～13.4、厚1.2～2厘米。瓦唇上凹槽宽1.4厘米，略靠近瓦身。凹槽内有一圆孔，应是钉瓦钉所用。瓦唇尾端较平但不光滑。瓦唇部分长4.7厘米。瓦前端为六瓣莲花纹Bb型瓦当（图二一二，1；图版二四三，1）。

标本00NSGⅠT008011②：2，略残。泥质，色呈青灰，瓦内为细布纹。通长29.9厘米。瓦身前部向上隆起，中部有亚腰，后部较平，前后宽窄基本相同，前部略薄于后部，两个侧边的前部与瓦当相接的部位切割有两个略呈半圆的弧状凹口。瓦身长23.8、宽16.8、厚1.5～2.1厘米。瓦唇上凹槽宽1.5厘米，较靠近瓦身，两侧皆残。凹槽内有一圆孔，应是钉瓦钉所用。瓦唇部分长6.1厘米。瓦前端为六瓣莲花纹Ba型瓦当（图二一二，2；图版二四三，2）。

异型筒瓦

器身曲度与筒瓦相同，但无瓦唇。此类瓦只有1件。

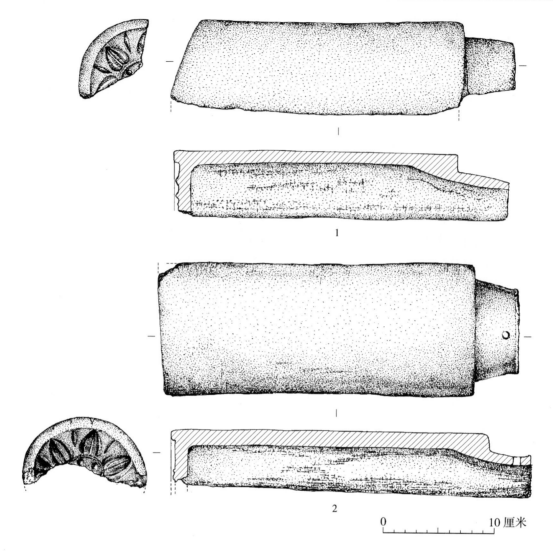

图二一一　第 3、4 号宫殿建筑群基址出土陶斜面异型檐头筒瓦

1. 00NSGⅠT009007②：5　2. 00NSGⅠT006009②：63

标本 00NSGⅠT009013②：54，完整。夹细砂质，色呈青灰，内部有粗布纹。此瓦一端宽，一端窄，器身由宽端向窄端渐薄，两侧边略弧。宽端端面较平，窄端端面略有斜度，上缘角度较圆滑，似经抹制。长 36、宽 11～17.4、厚 1～1.9 厘米（图二一三；图版二四三，3）。

3）板瓦　板瓦一般上面有粗细不同的布纹，背面光滑，一般布纹面前后部皆有抹制，尾部有抹斜较甚。

第 3、4 号宫殿建筑群基址出土的板瓦有普通板瓦、檐头板瓦 2 种，皆为模制。

普通板瓦　普通板瓦分为 2 种，形制相差不多，但 1 种背面以小棍状工具戳出坑状麻点，另 1 种背面则为光面，分别称之为麻面普通板瓦和光面普通板瓦。

麻面普通板瓦

标本 00NSGⅠT007009②：18，残。夹细砂质，色呈青灰，瓦内为细布纹。此瓦前窄后宽，前薄后厚。前端圆润，略下垂。背面麻坑分布不规则，前部长约 7 厘米部分无麻坑。尾端下缘施指压纹，端面平齐。通长 42、窄端宽约 25.6、宽端宽 33.1、厚 1.2～2.1 厘米（图二一四，1；图版二四三，4）。

　　标本 00NSGⅠT011007②：3，残。夹细砂质，色呈青灰，瓦内为粗布纹。此瓦前窄后宽，前薄后厚。前端圆润，略下垂。背面麻坑分布基本成列，前部长约 3.7 厘米部分无麻坑。尾端下缘施指压纹，端面平齐。通长 40、窄端宽约 27.6、宽端宽 28.2、厚 1.6～2.6 厘米（图二一四，2；图版二四

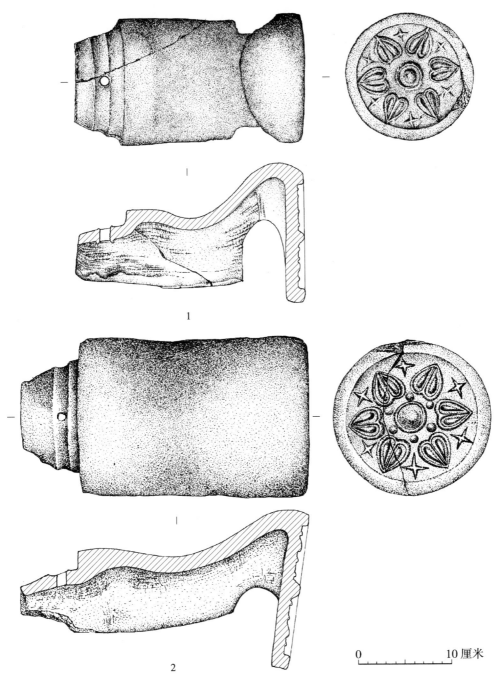

0　　　　　　　　10厘米

图二一二　第3、4号宫殿建筑群基址出土陶曲身异型檐头筒瓦

1. 00NSGⅠT006011②：1　2. 00NSGⅠT008011②：2

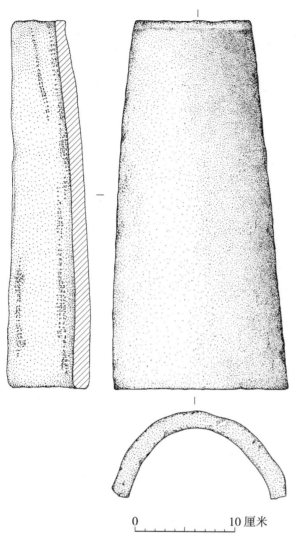

0　　　　　　　10厘米

图二一三　第3、4号宫殿建筑群基址出土
陶异型筒瓦（00NSGⅠT009013②：54）

三，5）。

标本05NSGⅠT011001②：21，残。夹细砂质，色呈黄褐，瓦内为粗布纹。此瓦只余很小的一块，厚薄不甚均匀，背面麻坑分布不规则。残长14.4、残宽17.4、厚1.5～2厘米（图二一四，3；图版二四三，6）。

标本00NSGⅠT006012②：3，残。夹细砂质，色呈黄褐，瓦内为粗布纹。此瓦只余很小的一块，厚薄不甚均匀，背面麻坑似由端部扁方的工具斜向戳成，基本成列，分布细密。残长10.2、残宽9.4、厚1.8～2厘米（图二一四，4；图版二四四，1）。

光面普通板瓦

标本00NSGⅠT007009②：8，残。夹细砂质，色呈青灰，瓦内为粗布纹。此瓦前窄后宽，前薄后厚。前端略呈刃状，尾端圆润。布纹面瓦身中间前后各有一凹窝，窝内也有布纹，可能是烧制时垫支的痕迹。瓦身下面前部靠近一侧边缘有阴线的十字形划纹。通长38.6、宽23～27.3、厚1.5～2.1厘米（图二一五，1；图版二四四，2）。

标本00NSGⅠT009011②：4，残。夹细砂质，色呈青灰，瓦内为粗布纹，布纹面经过抹制，只余很少量的布纹痕迹。此瓦前窄后宽，厚薄不甚均匀。前端较圆，略下垂。尾端上缘抹斜，下缘施以指压纹。尾部一侧已残。两侧边上缘应各有两个凹坑，坑内也有布纹，可能是烧制时垫支

的痕迹，现存三个，另一个应位于瓦身已残的部分。通长38、可测宽度29.2～31.6、厚2～2.5厘米（图二一五，2；图版二四四，3）。

标本00NSGⅠT008009①a：66，残。夹细砂质，色呈青灰，瓦内为粗布纹，布纹面经过抹制，只余很少量的布纹痕迹。此瓦前窄后宽，前部略薄于后部。前端略下垂，端面呈凹槽状，尾端端面不平整，下缘施以指压纹。尾部一侧已残。两侧边上缘应各有两个凹坑，坑内也有布纹，可能是烧制时垫支的痕迹。通长42.2、可测宽度29.9～32.5、厚1.7～2.1厘米（图二一五，3；图版二四四，4）。

标本00NSGⅠT009013②：56，残。夹细砂质，色呈青灰，瓦内为粗布纹，布纹面略经过抹制。此瓦前窄后宽，前薄后厚。前端呈刃状，略下垂。尾端面大部已残，可看出下缘施以指压纹。前部下面有很浅的宽约4厘米的凹槽。一侧边大部已残，是从侧边的端面向布纹面打成刃状，不能辨认是否有意为之。两侧边上缘分别在前部和后部各保存有一个凹坑，坑内也有布纹，可能是烧制时垫支的

痕迹。瓦身后部有"刃"字戳记。通长41、可测宽度28.2~30、厚1.6~2厘米（图二一五，4；图版二四四，5）。

标本00NSGⅠT008009②：50，残。夹细砂质，颜色以黑褐为主，后部有一部分呈黄褐色，瓦内为粗布纹，布纹面经过抹制，只余很少量的布纹痕迹。此瓦前窄后宽，前薄后厚。前端似先在端面上加工有凹槽，但因抹斜加工上面的槽边已无，端部较圆，略下垂。尾端端面较平，但一侧已残，残缺部分所余端面较平，似有意切割去除。两侧边皆有些部位似由侧端面向布纹面打制成刃

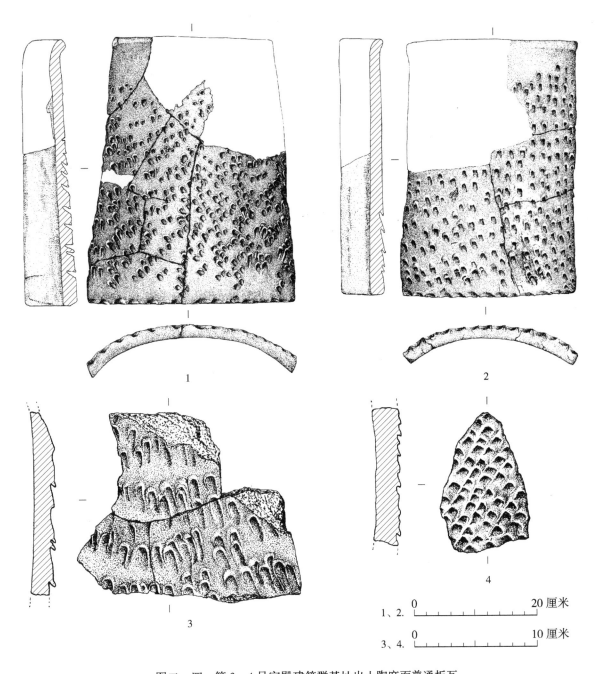

图二一四　第3、4号宫殿建筑群基址出土陶麻面普通板瓦

1. 00NSGⅠT007009②：18　2. 00NSGⅠT011007②：3　3. 05NSGⅠT011001②：21　4. 00NSGⅠT006012②：3

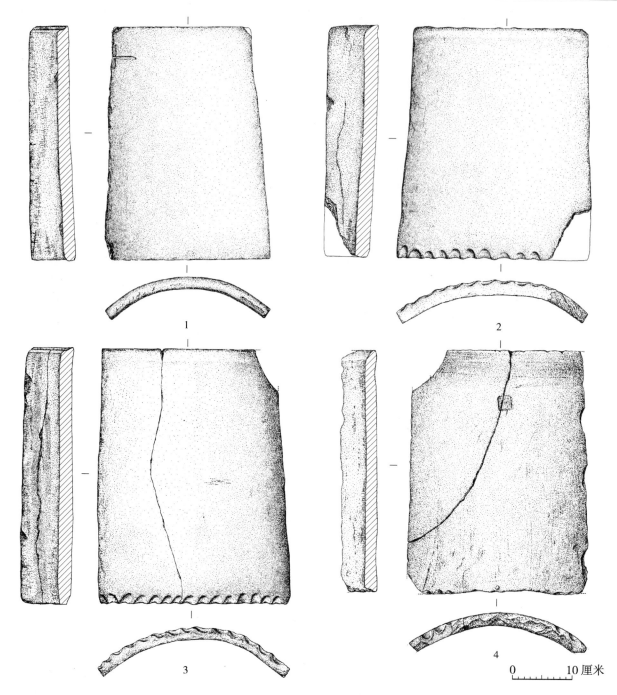

图二一五　第 3、4 号宫殿建筑群基址出土陶光面普通板瓦

1. 00NSGⅠT007009②：8　2. 00NSGⅠT009011②：4　3. 00NSGⅠT008009①a：66　4. 00NSGⅠT009013②：56

状的痕迹，不能分辨是否有意为之。一个侧边上缘前部有一个凹坑，坑内也有布纹，可能是烧制时垫支的痕迹。瓦身前部有"尹"字瓦文。通长 43、宽 26.6～30.2、厚 0.8～2.2 厘米（图二一六，1；图版二四四，6）。

标本 00NSGⅠT009008②：19，略残。夹细砂质，色呈青灰，瓦内为粗布纹，布纹面略经抹制。此瓦整体较薄，前窄后宽，前薄后厚。前端较圆，略下垂。尾端下缘施以指压纹。通长 38.8、宽

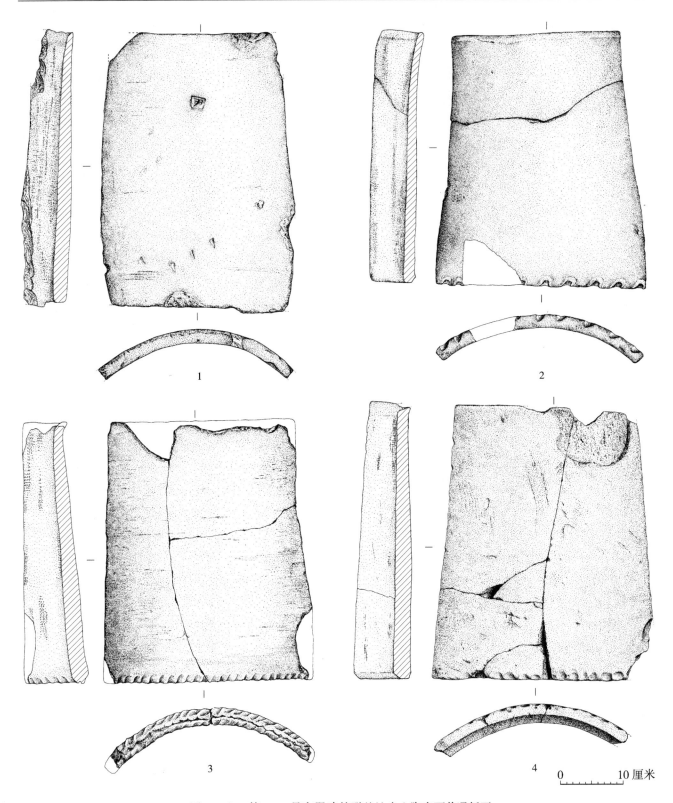

图二一六 第 3、4 号宫殿建筑群基址出土陶光面普通板瓦

1. 00NSGⅠT008009②∶50　2. 00NSGⅠT009008②∶19　3. 00NSGⅠT009013②∶57　4. 00NSGⅠT009011②∶3

26.6～33.2、厚0.8～1.8厘米（图二一六，2；图版二四五，1）。

标本00NSGⅠT009013②：57，残。夹细砂质，色呈青灰，瓦内为粗布纹，布纹面略经抹制。此瓦前窄后宽，前薄后厚。前端大部分残损，但可看出似先在端面上加工有凹槽，但因抹斜加工上面的槽边已无，端部较圆，略下垂。尾端上、下两缘皆施指压纹，致使两缘向端面堆起，然后再抹平端面，两缘堆起部分在端面结合的部位留有一条窄窄的沟痕，指压纹单个较窄，分布较密。通长40.2、宽29.4～32.2、厚1.4～2.6厘米（图二一六，3；图版二四五，2）。

标本00NSGⅠT009011②：3，残。夹细砂质，色呈青灰，瓦内为粗布纹，布纹面略经抹制。此瓦前窄后宽，前薄后厚。前端较圆，略下垂。尾端下缘施以指压纹。后部一侧已残。两侧边都有残缺，现存上缘各有一个凹坑，坑内也有布纹，可能是烧制时垫支的痕迹。通长42.2、可测宽度28.8～34、厚2～3厘米（图二一六，4；图版二四五，3）。

标本00NSGⅠT006009②：16，残。夹细砂质，色呈黄褐，瓦内为粗布纹，布纹面略经抹制。此瓦前窄后宽，前薄后厚。前端较圆。尾端上、下缘皆有抹斜。两侧边前部上缘各有一个凹坑，坑内有布纹，应是烧制时垫支的痕迹，下缘皆有由侧端面向下面打制的疤痕，不能辨认是否有意为之。前部下面有一阴线的勾弧形划纹。通长39、宽24.6～25.6、厚1～1.9厘米（图二一七，1；图版二四五，4）。

标本00NSGⅠT007009①a：17，残。夹细砂质，色呈青灰，瓦内为粗布纹，布纹面略经抹制。此瓦前窄后宽，前薄后厚。前端较圆。尾端上、下缘皆有抹斜，端面较圆滑。两侧边上缘各有两个凹坑，后部两个极浅，不甚明显，坑内有布纹，应是烧制时垫支的痕迹，下缘皆有由侧端面向下面打制的疤痕，不能辨认是否有意为之。前部下面靠近两侧各有一阴线的勾弧形划纹，勾弧的方向一致。通长36.4、宽21.6～23.8、厚1.6～2.3厘米（图二一七，2；图版二四五，5）。

标本06NSGⅠT014010②：6，残。夹细砂质，颜色以黄褐为主，夹杂有黑褐色，瓦内为粗布纹，布纹面略经抹制。此瓦只余半侧，宽窄无从得知，前薄后厚。前端大部分残损，但可看出似先在端面上加工有凹槽，但因抹斜加工上面的槽边已无，端部较圆，略下垂。尾端上、下两缘皆施指压纹，致使两缘略向端面堆起，两缘堆起部分在端面结合的部位留有一条窄窄的沟痕。所存侧边上缘有两个凹坑，坑内有布纹，应是烧制时垫支的痕迹。通长60、残宽24.2、厚1.6～2厘米（图二一七，3；图版二四五，6）。

檐头板瓦　形制上与普通板瓦相似，但前端不施指压纹，而是施以斜向划纹和戳印圆点纹组成的组合纹饰，这些组合纹饰在具体的组合方式和细节上又各有不同（图二一八）。分为一般檐头板瓦和异形檐头板瓦2种。

一般檐头板瓦

标本00NSGⅠT011008②：14，残。夹细砂质，色呈青灰，瓦内为粗布纹。此瓦整体前宽后窄，瓦身前后略有弧曲，瓦背面有某种工具刮划的痕迹。布纹面前部未经抹制。尾端圆润。前端施有组合的几何纹图案。图案分上、中、下三部分，其间以凹槽分隔，三部分宽窄基本相同。上、下两部分分别施以同向的斜线划纹，划纹分布不甚均匀，两部分的划纹方向相反。中间部分纹饰以有尖的圆锥状工具戳出孔洞而成，孔内有二层台。中部和上部纹饰一侧已残。残长41.8、宽28.4～33.8、厚1.2～3.2厘米（图二一九，1；图版二四六，1、2）。

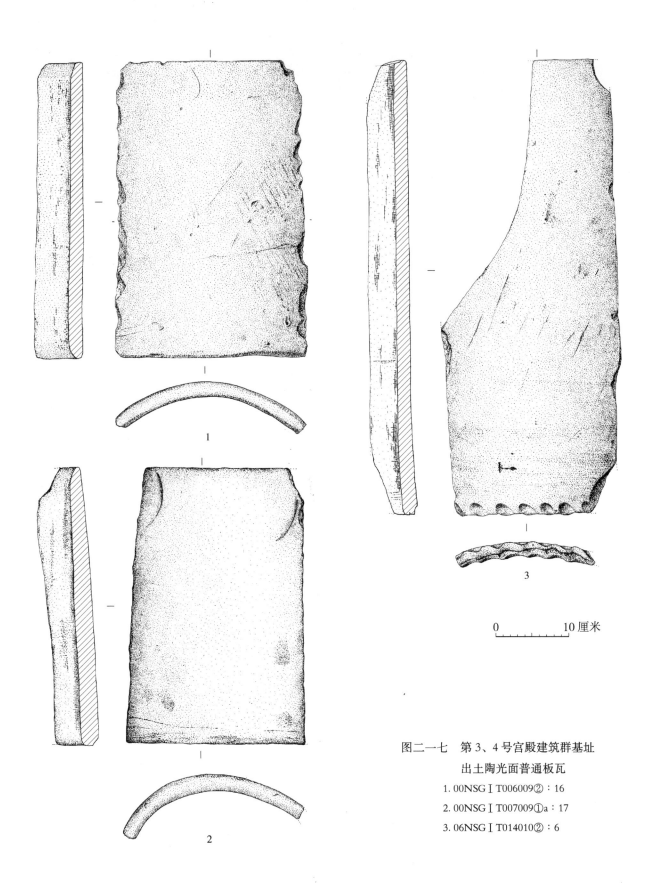

图二一七　第 3、4 号宫殿建筑群基址
出土陶光面普通板瓦
1. 00NSGⅠT006009②：16
2. 00NSGⅠT007009①a：17
3. 06NSGⅠT014010②：6

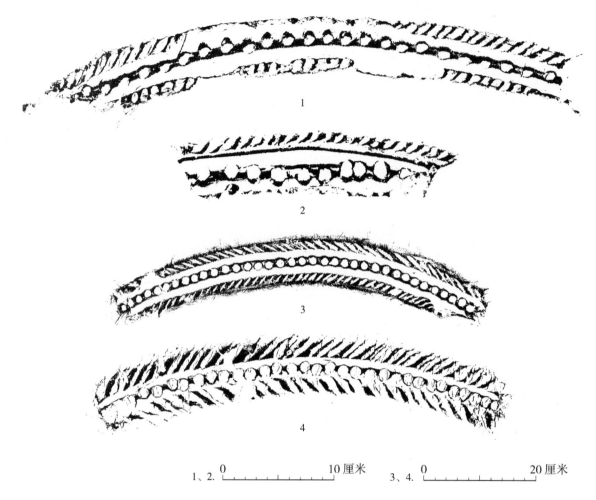

1、2. [0 ————— 10 厘米]　3、4. [0 ————— 20 厘米]

图二一八　第 3、4 号宫殿建筑群基址出土陶檐头板瓦纹饰拓片
1. 00NSGⅠT009013②：55　2. 00NSGⅠT006011②：21　3. 00NSGⅠT008011②：20　4. 00NSGⅠT009013①a：2

标本 00NSGⅠT009013①a：2，残。夹细砂质，色呈青灰，瓦内为粗布纹。此瓦整体前宽后窄，瓦身前后略有弧曲。布纹面前部未经抹制。尾端圆润。前端施有组合的几何纹图案。图案分上、中、下三部分，下、中两部分之间以凹槽分隔，上、中两部分则几乎连在一起，上部上钩，似堆在瓦的上面边缘，三部分宽窄基本相同。上、下两部分分别施以同向的斜线划纹，划纹分布不甚均匀，两部分的划纹方向相反。中间部分纹饰以有尖的圆锥状工具戳出孔洞而成，孔内有二层台。尾端一半有横向的凹槽，一半抹斜向下。长 42.8、宽 29.2～33.4、厚 0.8～3 厘米（图二一九，2；图版二四六，3、4）。

标本 00NSGⅠT007009②：26，残。夹细砂质，颜色以黑褐为主，前部有一部分呈黄褐色，瓦内为细布纹。此瓦前后大致等宽，后部略薄。尾端圆润，略下垂。前端施有组合的几何纹图案分上、中、下三部分，其间以凹槽分隔，三部分宽窄基本相同。上、下两部分分别施以同向的斜线划纹，划纹分布不甚均匀，两部分的划纹方向基本相同。中间部分纹饰为以圆管状工具戳出孔洞而成，孔内中心有圆柱状突起。上部纹饰一侧已残。长 44、宽 26、厚 0.9～2.6 厘米（图二一九，3；图版二四六，5、6）。

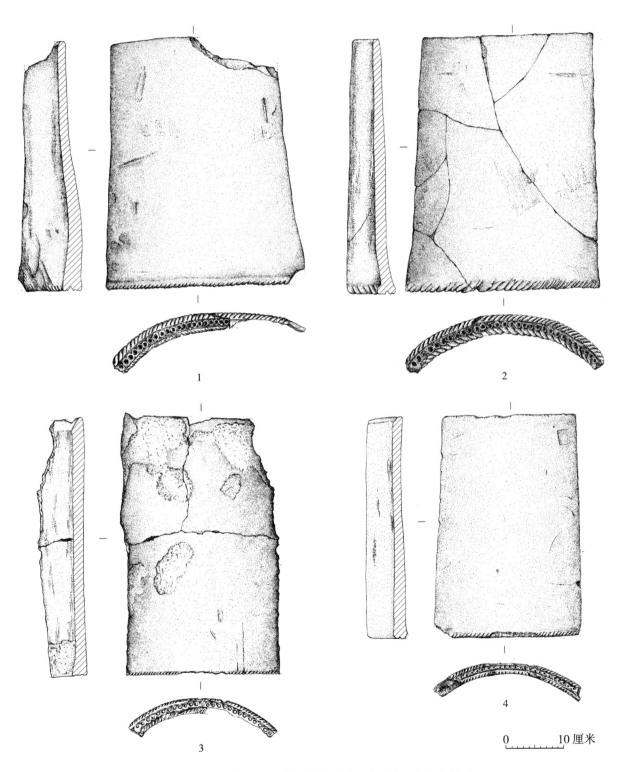

图二一九　第3、4号宫殿建筑群基址出土陶一般檐头板瓦

1. 00NSG ⅠT011008②：14　2. 00NSG ⅠT009013①a：2　3. 00NSG ⅠT007009②：26　4. 00NSG ⅠT009013②：55

标本 00NSGⅠT009013②：55，残。夹细砂质，色呈青灰，瓦内为粗布纹，布纹面有抹制痕迹。此瓦前宽后窄，后部略薄。尾端圆润，略下垂。前端施有组合的几何纹图案分上、中、下三部分，其间以凹槽分隔，三部分宽窄基本相同。上、下两部分分别施以同向的斜线划纹，划纹分布不甚均匀，两部分的划纹方向相同。中间部分纹饰以有尖的圆锥状工具戳出孔洞而成。光面靠近尾端处有一长方形戳记，其内文字极淡，难于辨认。长 37.2、宽 23.2～25.3、厚 0.9～2.4 厘米（图二一九，4；图版二四七，1、2）。

标本 00NSGⅠT008011②：20，残。夹细砂质，色呈青灰，瓦内为粗布纹，但布纹面经过抹制，所余布纹的痕迹很少。此瓦前部厚于后部，尾端和两侧皆残，一侧向两面打制成刃状，另一侧亦有两面打制的痕迹，但有些部位仍留有完整的边，不能辨认是否与使用方式有关。前端所施组合的几何纹图案分上、中、下三部分，其间以凹槽分隔，三部分宽窄基本相同。上、下两部分分别施以同向的斜线划纹，划纹分布不甚均匀，两部分的划纹方向相反。中间部分纹饰以有尖的圆锥状工具戳出孔洞而成，孔内有二层台。残长 34.7、残宽 32.3、厚 1.8～3.3 厘米（图版二四七，3、4）。

异形檐头板瓦

标本 00NSGⅠT006011②：21，残。夹细砂质，色呈青灰，瓦内为粗布纹。布纹面前部未经抹制。尾端圆润，略下垂。此瓦两侧皆残，前端不是平直的边，而是斜向一侧，即两侧边在完好时应是一长一短。前端所施组合的几何纹图案分上、中、下三部分，其间以凹槽分隔，中、下两部分宽窄基本相同，上部仅为极窄的一条。上、下两部分分别施以同向的斜线划纹，划纹分布不甚均匀，两部分的划纹方向相同。中间部分纹饰以平头的圆柱状工具戳出孔洞而成。瓦身后部有"田"字瓦文。残长 18.9～28.1、残宽 26、厚 1.1～2.2 厘米（图版二四七，5、6）。

4）条瓦 第 3、4 号宫殿建筑群基址出土的条瓦数量较少，只有筒条瓦 1 种。

标本 00NSGⅠT008014①a：1，完整。夹细砂质，色呈黄褐，内为粗布纹。器身较规整，两端部平齐。一端内部约 1.8 厘米宽的部分经抹制加工，略向上斜。器身一端较宽，一端略窄，两侧边不甚直。长 29.2、宽 11.7～12.7、厚 1.2～1.7 厘米（图二二〇，1；图版二四八，1）。

标本 00NSGⅠT005006②：12，残。夹细砂质，色呈青灰，内为粗布纹。器身只余大半，剩余一端可看出较器身略窄，且较薄，端部平齐但不甚平整，侧边略弧。残长 26.7、宽 11.5～13、厚 1.6～1.9 厘米（图二二〇，2；图版二四八，2）。

标本 00NSGⅠT009006②：5，残。夹细砂质，色呈青灰，内为粗布纹。器身只余大半，剩余部分器身宽窄基本一致，剩余端较薄，端部平齐。残长 23.6、宽 11.9、厚 1.1～1.5 厘米（图二二〇，3；图版二四八，3）。

5）压当条 第 3、4 号宫殿建筑群基址只出土 1 件压当条，是由专门的模具制成。

标本 06NSGⅠT010001②：8，残。夹细砂质，两侧颜色不同，一侧色呈青灰，另一侧色呈黑褐，内为粗布纹。器身只余中间一段，器身略弧，两侧呈钝角下折，使得截面呈上下底边略上弧的梯形，内侧边缘经抹制加工。剩余部分器身一端较宽，一端略窄，窄端较薄。残长 15.9、宽 11.7～12.6、厚 2～2.5 厘米（图二二〇，4；图版二四八，4）。

6）当沟 由 2 个侧翼和 1 个卷曲前伸舌构成，翼与舌呈弧线形连接，用于两列筒瓦之间。

标本 01NSGⅠT011011②：26，完整。夹细砂质，色呈青灰，内部有粗布纹。器身有变形，应是

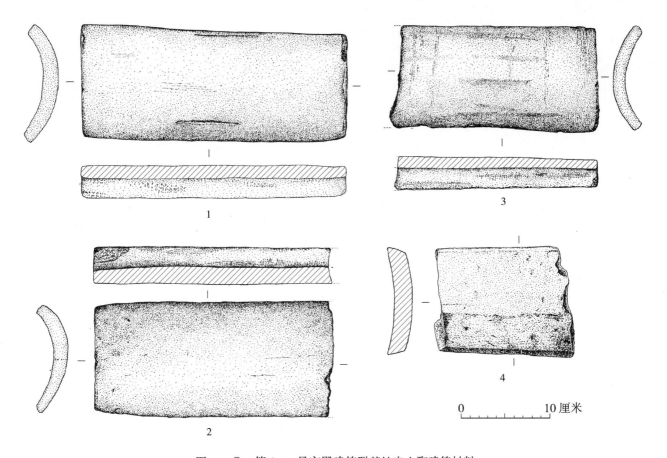

图二二〇　第3、4号宫殿建筑群基址出土陶建筑材料

1～3. 条瓦（00NSGⅠT008014①a：1、00NSGⅠT005006②：12、00NSGⅠT009006②：5）

4. 压当条（06NSGⅠT010001②：8）

烧制时形成气泡所致。两翼长度略有不同，其延伸至瓦舌的弧度也稍有差别。瓦舌呈弧形，弧线不甚圆滑。两翼伸向瓦舌及瓦舌的弧线前缘向内抹斜，形成单侧的刃状。长27.9、宽17.3、厚1.5厘米（图二二一；图版二四八，5）。

　　7）瓦当　第3、4号宫殿建筑群基址的瓦当皆为圆形，模制，一般有高于当面的当边，图案置于当面上。图案主要有莲花纹和莲蕾纹、宝相花纹3种。其中莲花纹瓦当占有绝大多数，而莲蕾纹和宝相花纹瓦当数量极少，而且皆残损较重。

　　莲花纹瓦当　分为七瓣、六瓣、五瓣、四瓣四类。

　　七瓣莲花纹瓦当　分为2亚型。

　　Aa型

　　标本01NSGⅠT006015②：10，完整。夹细砂质，色呈青灰。当边宽1、高于当面0.7厘米。其内、外缘皆较锐，内缘较直，外缘略经抹斜加工。图案莲瓣轮廓清晰，轮廓线较细，瓣肉及瓣间萼形纹较为宽厚。莲实圆环线条较细，小圆珠饱满圆润，中心突起呈圆台状，上面略鼓，高于当边。厚薄不甚均匀。直径15.5、厚1.5～2.1厘米（图二二二，1；图二二三，1；图版二四八，6）。

　　标本00NSGⅠT008006①a：4，完整。夹细砂质，色呈青灰。当边宽1、高于当面0.6厘米。其内、外缘皆较锐。图案莲瓣轮廓清晰，轮廓线较细，瓣肉及瓣间葶形纹较为宽厚。莲实圆环线条较细，小圆珠饱满圆润，中心突起呈圆台状，上面略鼓，略高于当边。直径 14.9、厚 2.2 厘米（图二二二，2；图二二三，2；图版二四九，1）。

标本 00NSGⅠT003007②：10，略残。夹细砂质，色呈青灰。当边宽 1.4、高于当面 0.8 厘米。其内、外缘皆较锐。图案莲瓣轮廓清晰，轮廓线较细，瓣肉及瓣间葶形纹略宽，较为高厚。莲实圆环线条较细，小圆珠饱满圆润，略高，中心突起呈半球状。直径 17、厚 2.1 厘米（图二二二，3；图二二三，3；图版二四九，2）。

标本 01NSGⅠT008015②：3，残。泥质，色呈青灰。当边宽

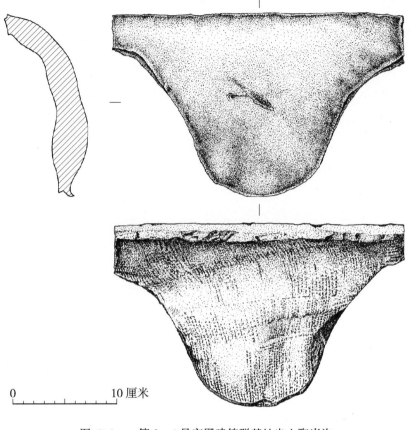

图二二一　第3、4号宫殿建筑群基址出土陶当沟
（01NSGⅠT011011②：26）

1.2、高于当面 0.6 厘米。其内缘较锐，外缘略圆。图案莲瓣轮廓模糊，轮廓线较细，瓣肉及瓣间葶形纹较高。莲实圆环线条较细，小圆珠高耸，中心突起呈圆台状，高于当边。直径 16.5、厚 1.9 厘米（图二二二，4；图二二三，4；图版二四九，3）。

Ab 型

标本 00NSGⅠT006011②：11，完整。夹细砂质，色呈青灰。当边宽 0.8、高于当面 0.6 厘米。其内、外缘皆较锐。瓦当侧边向背面略内收，使得背面直径小于当面直径。图案莲瓣轮廓清晰，轮廓线较细，瓣肉宽肥，瓣间葶形纹较高。莲实圆环线条较细，小圆珠饱满圆润，中心突起呈半球状。直径正面 15.2、背面 14.9、厚 1.9 厘米（图二二四，1；图二二五，1；图版二四九，4）。

标本 00NSGⅠT009013②：51，完整。夹细砂质，色呈青灰。当边宽 0.8、高于当面 0.6 厘米。其内、外缘皆较锐。瓦当侧边向背面略内收，使得背面直径小于当面直径。图案莲瓣轮廓清晰，轮廓线较细，瓣肉宽肥，瓣间葶形纹较高。莲实圆环线条较细，小圆珠饱满圆润，中心突起呈半球状，上部已残。直径正面 15.5、背面 15、厚 1.8 厘米（图二二四，2；图二二五，2；图版二四九，5）。

标本 00NSGⅠT009008①a：40，完整。夹细砂质，色呈青灰。当边宽 1.1、高于当面 0.6 厘米。其内、外缘皆较锐。图案莲瓣轮廓清晰，轮廓线较细，瓣肉较为宽肥，瓣间葶形纹较高。莲实圆环线条较细，小圆珠饱满圆润，中心突起呈半球状。直径 16.1、厚 2 厘米（图二二四，3；图二二五，3；

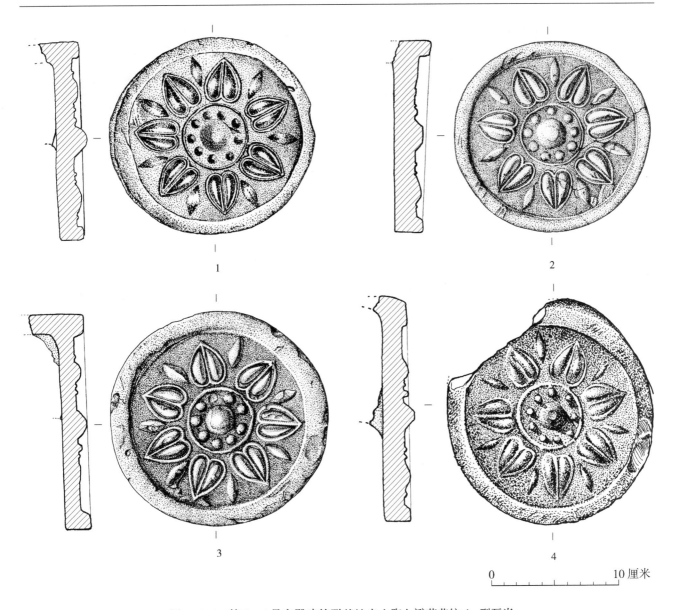

图二二二　第 3、4 号宫殿建筑群基址出土陶七瓣莲花纹 Aa 型瓦当

1. 01NSGⅠT006015②：10　2. 00NSGⅠT008006①a：4　3. 00NSGⅠT003007②：10　4. 01NSGⅠT008015②：3

图版二四九，6）。

　　标本 00NSGⅠT009007②：18，完整。泥质，色呈青灰。当边宽 0.8、高于当面 0.6 厘米。其内、外缘皆较锐。瓦当侧边向背面略内收，使得背面直径小于当面直径。图案莲瓣轮廓略觉模糊，轮廓线较细，无外轮廓线。瓣肉宽肥。莲实圆环线条较细，小圆珠饱满圆润，中心突起呈半球状。直径正面 11.5、背面 11.1、厚 1.8 厘米（图二二四，4；图二二五，4；图版二五〇，1）。

　　六瓣莲花纹瓦当　分为 5 型。

　　A 型　分为 8 亚型。

　　Aa 型　标本 00NSGⅠT004007②：15，完整。泥质，色呈青灰。当边宽 1.1、高于当面 0.7 厘米。其内、外缘皆较为直锐。图案莲瓣轮廓清晰，线条较细，瓣肉宽肥。莲实的同心圆环轮廓线较

1   2

3   4

0   5厘米

图二二三　第3、4号宫殿建筑群基址出土陶七瓣莲花纹 Aa 型瓦当纹饰拓片

1.01NSGⅠT006015②：10　　2.00NSGⅠT008006①a：4　　3.00NSGⅠT003007②：10　　4.01NSGⅠT008015②：3

细，小圆珠较鼓，中心突起呈半球状。直径 15.9、厚 1.8 厘米（图二二六，1；图二二七，1；图版二五〇，2）。

Ab 型　标本 00NSGⅠT003007②：9，略残。泥质，色呈青灰。当边宽 1.3、高于当面 1 厘米。其内、外缘皆较为直锐。图案莲瓣轮廓清晰，线条较细，瓣肉及瓣间萼形纹较肥厚。莲实中心突起呈半圆台状，周围壁较直立。直径 17、厚 2.3 厘米（图二二六，2；图二二七，2；图版二五〇，3）。

Ac 型　标本 00NSGⅠT006014②：2，略残。夹细砂质，色呈青灰。当边宽 1.3、高于当面 0.7 厘米。其内、外缘皆较直。图案莲瓣较小，轮廓清晰，线条较细，瓣肉宽厚。莲实内中心突起呈半球

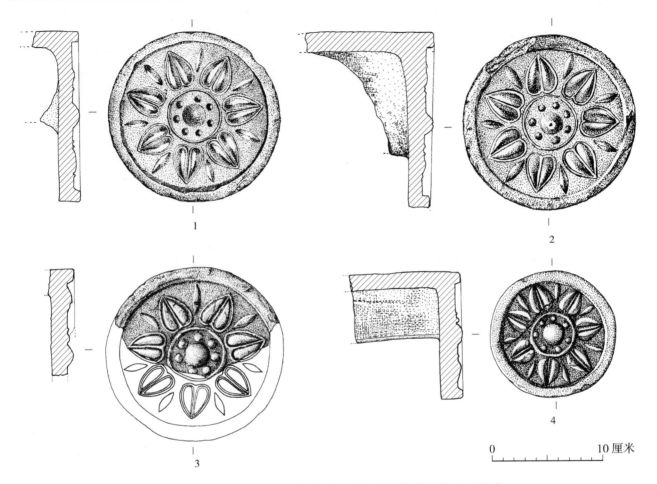

图二二四　第 3、4 号宫殿建筑群基址出土陶七瓣莲花纹 Ab 型瓦当

1. 00NSGⅠT006011②：11　2. 00NSGⅠT009013②：51　3. 00NSGⅠT009008①a：40　4. 00NSGⅠT009007②：18

状，8 颗小圆珠饱满圆润。直径 14.9、厚 1.9 厘米（图二二六，3；图二二七，3；图版二五〇，4）。

　　Ad 型　标本 00NSGⅠT005007①a：4，残。泥质，色呈青灰。当边宽 1、高于当面 0.5 厘米。其内、外缘皆较为直锐。图案莲瓣轮廓清晰，轮廓线较细，线条流畅。瓣肉及瓣间尊形纹宽肥高厚。莲实内中心突起呈较高陡的圆台状，高于当边，6 颗圆珠突起较高。直径 11.4、厚 1.6 厘米（图二二六，4；图二二七，4；图版二五〇，5）。

　　Ae 型

　　标本 01NSGⅠT007015②：1，残。泥质，色呈青灰。当边宽 1.1、高于当面 0.9 厘米。其内、外缘皆较为直锐。图案莲瓣轮廓清晰，线条流畅匀称。莲实内中心突起呈丘状，6 颗圆珠圆润饱满，布局匀称。直径 15.2、厚 2 厘米（图二二六，5；图二二七，5；图版二五〇，6）。

　　标本 00NSGⅠT009007②：3，残。泥质，色呈青灰。当边宽 1.4、高于当面 0.8 厘米。其内、外缘皆较为直锐，内边略外斜。图案莲瓣轮廓清晰，线条流畅匀称。莲实内中心突起呈较高陡的圆台状，6 颗圆珠圆润饱满，布局匀称。直径 14.8、厚 2 厘米（图二二六，6；图二二七，6；图版二五一，1）。

　　Af 型　标本 01NSGⅠT011011②：23，略残。泥质，色呈青灰。当边宽 1.5、高于当面 0.9 厘米。其内、外缘皆较直锐。瓦当侧边向上略内收，使得背面直径大于正面直径。图案莲瓣轮廓清晰，

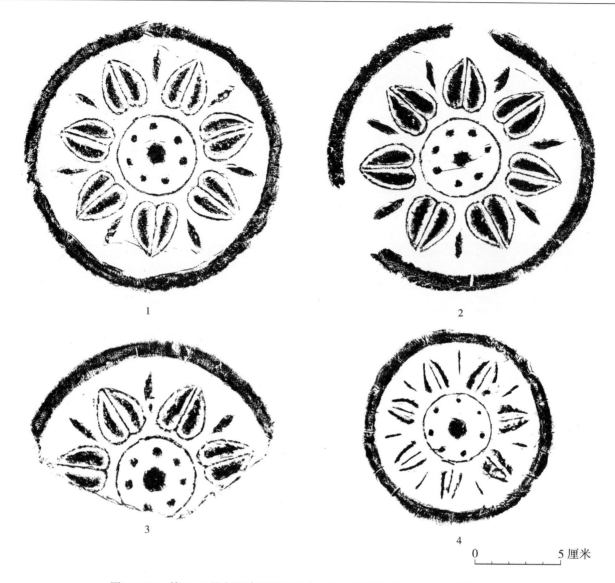

图二二五　第 3、4 号宫殿建筑群基址出土陶七瓣莲花纹 Ab 型瓦当纹饰拓片

1. 00NSGⅠT006011②：11　2. 00NSGⅠT009013②：51　3. 00NSGⅠT009008①a：40　4. 00NSGⅠT009007②：18

线条较细，瓣肉肥宽高厚。莲实内中心突起呈较陡的丘状，底部较大，几乎填满内同心圆环，12 颗小圆珠均较小，分布不甚均匀。直径正面 16.8、背面 17.2、厚 2.3 厘米（图二二六，7；图二二七，7；图版二五一，2）。

Ag 型

标本 00NSGⅠT006014②：3，残。泥质，色呈青灰。当边宽 0.6～1.1、高于当面 0.7 厘米。其内、外缘皆不甚规整。当面不规整，平鼓不一，整个当面有帚状工具扫划的痕迹。图案莲瓣轮廓清晰，线条较匀称。莲实内中心突起呈圆台状，上面略鼓。直径 16.6、厚 1.7 厘米（图二二八，1；图二二九，1；图版二五一，3）。

标本 00NSGⅠT009013②：50，完整。泥质，色呈青灰。当边宽 1.4、高于当面 1.2 厘米。其内、外缘皆较为直锐。图案莲瓣轮廓清晰，线条匀称，饱满流畅。莲实内中心突起呈高陡的丘状。直径

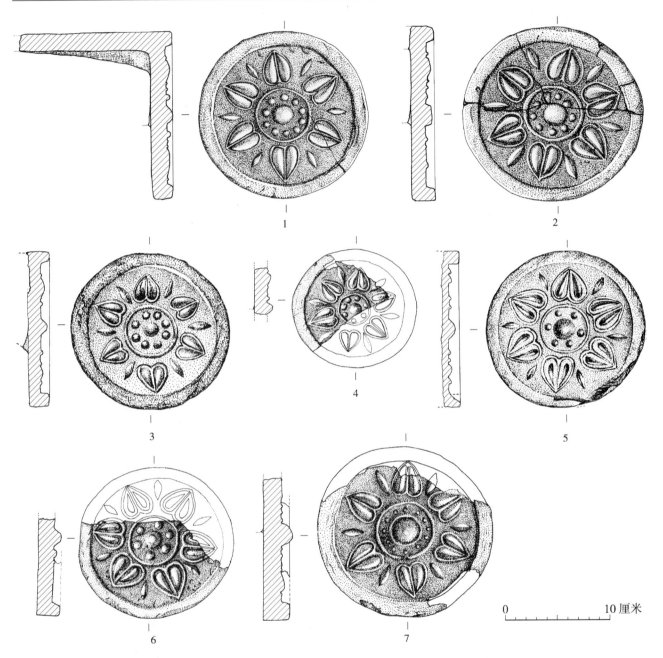

图二二六　第 3、4 号宫殿建筑群基址出土陶六瓣莲花纹瓦当

1. Aa 型（00NSGⅠT004007②：15）　2. Ab 型（00NSGⅠT003007②：9）　3. Ac 型（00NSGⅠT006014②：2）

4. Ad 型（00NSGⅠT005007①a：4）　5、6. Ae 型（01NSGⅠT007015②：1、00NSGⅠT009007②：3）

7. Af 型（01NSGⅠT011011②：23）

15.9、厚 2.2 厘米（图二二八，2；图二二九，2；图版二五一，4）。

标本 00NSGⅠT007006②：21，完整。泥质，色呈红褐。当边宽 1.3、高于当面 0.7 厘米。其内缘略经抹制，外缘较为直锐。图案莲瓣轮廓清晰，线条匀称，饱满流畅。莲实圆环轮廓线圆润，中心突起呈圆台状。直径 17、厚 2.3 厘米（图二二八，3；图二二九，3；图版二五一，5）。

标本 00NSGⅠT009011①a：4，残。泥质，整体色呈青灰，但当面呈黄褐，可能与埋藏环境有

0　　　　　　　　　　10厘米

图二二七　第3、4号宫殿建筑群基址出土陶六瓣莲花纹瓦当纹饰拓片

1. Aa 型（00NSGⅠT004007②：15）　2. Ab 型（00NSGⅠT003007②：9）　3. Ac 型（00NSGⅠT006014②：2）

4. Ad 型（00NSGⅠT005007①a：4）　5、6. Ae 型（01NSGⅠT007015②：1、00NSGⅠT009007②：3）

7. Af 型（01NSGⅠT011011②：23）

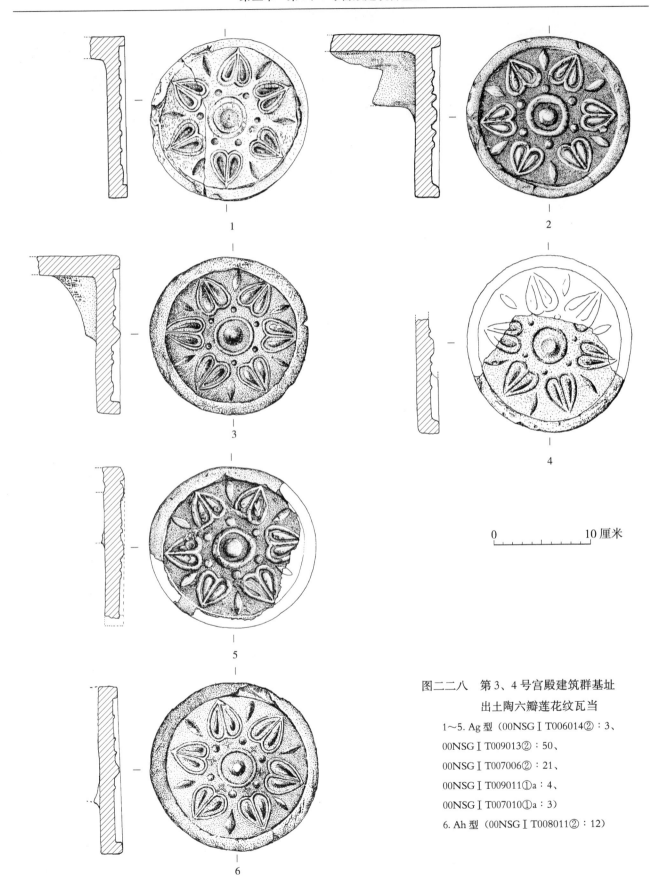

图二二八　第 3、4 号宫殿建筑群基址
出土陶六瓣莲花纹瓦当

1～5. Ag 型（00NSGⅠT006014②：3、
00NSGⅠT009013②：50、
00NSGⅠT007006②：21、
00NSGⅠT009011①a：4、
00NSGⅠT007010①a：3）

6. Ah 型（00NSGⅠT008011②：12）

图二二九　第3、4号宫殿建筑群基址出土陶六瓣莲花纹瓦当纹饰拓片

1~5. Ag 型（00NSGⅠT006014②：3、00NSGⅠT009013②：50、00NSGⅠT007006②：21、00NSGⅠT009011①a：4、
00NSGⅠT007010①a：3）　6. Ah 型（00NSGⅠT008011②：12）

关。当边宽1.1、高于当面0.8厘米。其内、外缘皆较为直锐。图案莲瓣轮廓清晰，线条匀称。莲实中心突起呈丘状，上面略平。直径17.8、厚2.4厘米（图二二八，4；图二二九，4；图版二五一，6）。

标本00NSGⅠT007010①a：3，残。泥质，色呈青灰。当边宽1.5、高于当面0.6厘米。其内、外缘皆较为直锐，当边上面不平，略外斜。图案整体感觉略扁。莲瓣轮廓略觉模糊，线条较匀称，瓣肉略宽，瓣间萼形纹较宽厚。莲实圆环线条较圆润，中心突起呈扁缓的丘状。直径17、厚1.8厘米（图二二八，5；图二二九，5；图版二五二，1）。

Ah型　标本00NSGⅠT008011②：12，完整。泥质，色呈青灰。当边宽1.2、高于当面0.8厘米。其内、外缘皆较为直锐。图案莲瓣轮廓清晰，线条匀称，饱满流畅。瓣间萼形纹线条高厚。莲实内中心突起呈圆台状，6颗圆珠圆润饱满，布局匀称，珠间"＋"形纹竖线连于瓣尾内凹部位和同心圆环。直径17、厚2.4厘米（图二二八，6；图二二九，6；图版二五二，2）。

B型　分为2亚型。

Ba型

标本00NSGⅠT008014②：28，完整。泥质，色呈青灰。当边宽1、高于当面0.7厘米。其内、外缘皆较为直锐。图案莲瓣轮廓清晰，线条流畅，圆润匀称。莲实内中心突起呈高陡的丘状，底部较大，几乎填满了同心圆环，环外6颗小圆珠饱满圆润。直径15.7、厚2厘米（图二三〇，1；图二三一，1；图版二五二，3）。

标本01NSGⅠT011011②：24，略残。泥质，色呈青灰。当边宽1.1、高于当面0.7厘米。其内、外缘皆较为直锐。图案莲瓣轮廓清晰，线条流畅匀称。莲实内中心突起呈圆台状，底部较大，几乎填满了同心圆环，环外6颗小圆珠饱满圆润。直径16.9、厚2.1厘米（图二三〇，2；图二三一，2；图版二五二，4）。

标本00NSGⅠT009011②：2，完整。夹细砂质，色呈青灰。当边宽1.3、高于当面0.5厘米。其内、外缘皆较为直锐。图案莲瓣略细长，轮廓清晰，线条较细。莲实内中心突起呈圆台状，上面略鼓。直径16.2、厚1.7厘米（图二三〇，3；图二三一，3；图版二五二，5）。

标本01NSGⅠT011011②：3。完整，夹细砂质，色呈青灰。当边宽1.2、高于当面0.5厘米。其内、外缘皆较为直锐。图案莲瓣略细长，轮廓略有模糊，线条较细。莲实内中心突起呈圆台状，略高于当边。直径16.5、厚1.7厘米（图二三〇，4；图二三一，4；图版二五二，6）。

标本00NSGⅠT007009②：33。残，夹细砂质，色呈青灰。当边宽1、高于当面0.5厘米。其内、外缘皆不甚规整。图案莲瓣略小，轮廓略有模糊，线条较匀称。莲实内中心突起呈缓丘状，上面略凹。直径15.9、厚1.9厘米（图二三〇，5；图二三一，5；图版二五三，1）。

Bb型

标本00NSGⅠT009008①a：33，残。泥质，色呈青灰。当边宽1.1、高于当面0.6厘米。其内、外缘皆较为直锐。图案莲瓣略显细瘦，瓣尖略上翘，轮廓清晰，线条流畅匀称，瓣肉较长。瓣间星形纹线条较宽大，突起也较高。莲实内中心突起呈较扁的圆台状。直径15.5、厚2.4厘米（图二三二，1；图二三三，1；图版二五三，2）。

标本01NSGⅠT011011②：25，残。泥质，色呈青灰。当边宽1.2、高于当面0.6厘米。其内、

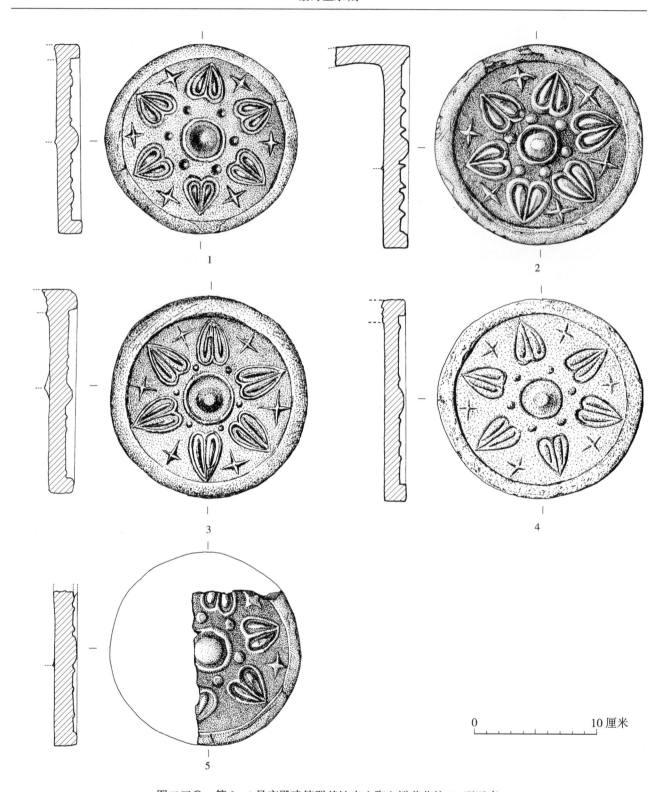

图二三〇 第3、4号宫殿建筑群基址出土陶六瓣莲花纹 Ba 型瓦当

1. 00NSGⅠT008014②：28 2. 01NSGⅠT011011②：24 3. 00NSGⅠT009011②：2

4. 01NSGⅠT011011②：3 5. 00NSGⅠT007009②：33

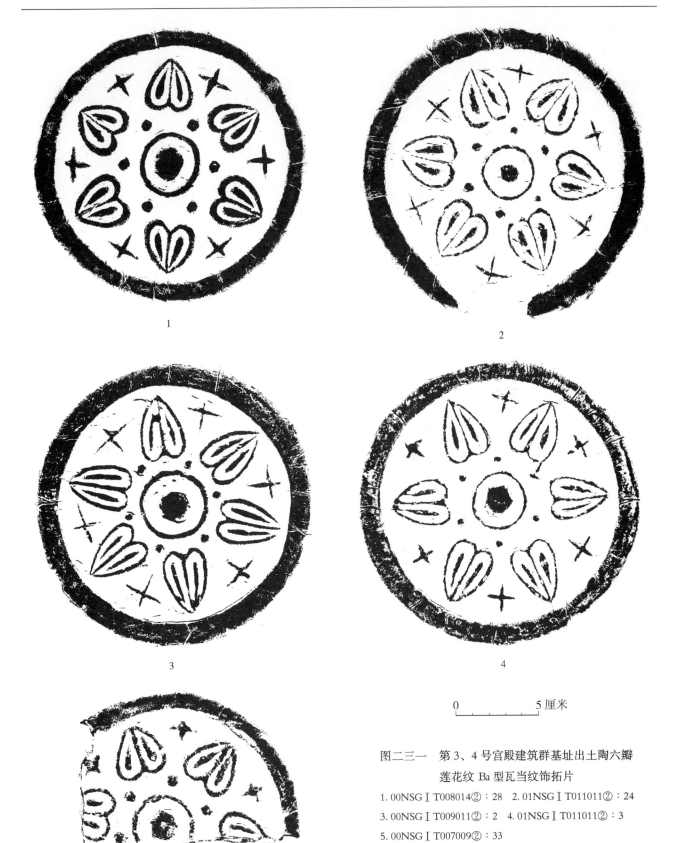

0   5 厘米

图二三一 第 3、4 号宫殿建筑群基址出土陶六瓣
莲花纹 Ba 型瓦当纹饰拓片

1. 00NSGⅠT008014②：28   2. 01NSGⅠT011011②：24

3. 00NSGⅠT009011②：2   4. 01NSGⅠT011011②：3

5. 00NSGⅠT007009②：33

图二三二　第 3、4 号宫殿建筑群基址出土陶六瓣莲花纹 Bb 型瓦当
1. 00NSGⅠT009008①a：33　2. 01NSGⅠT011011②：25　3. 00NSGⅠT008010①a：52
4. 00NSGⅠT007006②：12　5. 00NSGⅠT008010①a：59　6. 01NSGⅠT006015②：6

图二三三　第 3、4 号宫殿建筑群基址出土陶六瓣莲花纹 Bb 型瓦当纹饰拓片

1. 00NSGⅠT009008①a：33　　2. 01NSGⅠT011011②：25　　3. 00NSGⅠT008010①a：52
4. 00NSGⅠT007006②：12　　5. 00NSGⅠT008010①a：59　　6. 01NSGⅠT006015②：6

外缘皆较圆，当边有一部分变形，有些内斜。图案莲瓣略显细瘦，瓣尖略上翘，轮廓清晰，线条流畅匀称，瓣肉较长。瓣间星形纹线条较宽大，突起也较高。莲实内中心突起呈圆台状。直径 15.8、厚 1.7 厘米（图二三二，2；图二三三，2；图版二五三，3）。

标本 00NSGⅠT008010①a：52，完整。泥质，色呈黄褐。当边宽 1.3、高于当面 0.5 厘米。其外缘较圆，内缘较为直锐。图案莲瓣大小形态有些不一致，轮廓清晰，线条匀称，瓣肉较长。莲实内中心突起呈半球状。直径 13.4、厚 2.1 厘米（图二三二，3；图二三三，3；图版二五三，4）。

标本 00NSGⅠT007006②：12，略残。夹砂质，色呈黄褐。当边宽 0.9、高于当面 0.7 厘米。其内、外缘皆较圆，当面不甚规整。图案莲瓣大小形态有些不一致，外轮廓清晰，线条匀称，瓣肉间无竖向的轮廓线。瓣间星形纹突起较高，横向线条很短。莲实内中心突起呈较小的半球状。直径 13.5、厚 1.8 厘米（图二三二，4；图二三三，4；图版二五三，5）。

标本 00NSGⅠT008010①a：59，残。泥质，色呈青灰。当边宽 0.8、高于当面 0.6 厘米。其外缘较圆，内缘较为直锐。图案莲瓣大小形态有些不一致，外轮廓清晰，线条匀称，瓣肉间无竖向的轮廓线。瓣间星形纹突起较高，横向线条很短。莲实内中心突起呈较小的半球状。直径 13.6、厚 1.6 厘米（图二三二，5；图二三三，5；图版二五三，6）。

标本 01NSGⅠT006015②：6，略残。夹细砂质，色呈青灰。当边宽 1、高于当面 0.6 厘米。其内、外缘皆较直，当面略鼓，不甚规整。图案莲瓣轮廓清晰，线条匀称。莲实内中心突起呈圆台状，上面略鼓。直径 11.6、厚 1.6 厘米（图二三二，6；图二三三，6；图版二五四，1）。

标本 00NSGⅠT007010①a：4，完整。泥质，色呈青灰。当边宽 1、高于当面 0.6 厘米。其内、外缘皆较直，当面略凹，不甚规整。图案莲瓣轮廓清晰，线条匀称。莲实内中心突起呈圆台状，上面不甚平整。直径 12.3、厚 1.8 厘米（图二三四，1；图二三五，1；图版二五四，2）。

标本 00NSGⅠT006010②：3，略残。夹细砂质，色呈青灰。当边宽 1、高于当面 0.6 厘米。其内、外缘皆较直。图案整体略觉模糊。莲瓣轮廓清晰，线条匀称。瓣间星形纹较大。莲实内中心突起呈缓坡状。直径 12.6、厚 1.6 厘米（图二三四，2；图二三五，2；图版二五四，3）。

标本 00NSGⅠT005008②：28，完整。夹细砂质，色呈青灰。当边宽 1.6、高于当面 0.4 厘米。其内、外缘皆较直。图案整体略觉模糊。莲瓣轮廓清晰，线条匀称，瓣尾较平直。莲实内中心突起呈较扁的圆台状，上面不平整。直径 16.4、厚 1.2 厘米（图二三四，3；图二三五，3；图版二五四，4）。

标本 00NSGⅠT008013②：2，残。夹细砂质，色呈青灰。当边宽 1、高于当面 0.4 厘米。其内、外缘皆较直。图案莲瓣较为细长，瓣尾内收，轮廓清晰，线条匀称。莲实较小，中心突起呈较扁的圆台状。直径 16、厚 1.5 厘米（图二三四，4；图二三五，4；图版二五四，5）。

标本 00NSGⅠT004006①a：6，完整。泥质，色呈黄褐。当边宽 1.3、高于当面 0.6 厘米。其内、外缘皆较直。图案莲瓣略瘦，瓣肉较特别，花瓣的两片瓣肉在尖部相连，每一瓣肉中间有竖向的凹槽，瓣肉和瓣肉之间无轮廓线。莲瓣轮廓清晰，线条匀称。瓣间星形纹较大。莲实内中心突起呈圆台状，较扁。直径 16.3、厚 1.5 厘米（图二三四，5；图二三五，5；图版二五四，6）。

C 型　标本 00NSGⅠT009013②：2，残。夹细砂质，色呈青灰。当边宽 1.5、高于当面 0.8 厘米。其内、外缘皆经抹修，较圆滑。图案莲瓣整体感觉较圆鼓，轮廓清晰，线条匀称。瓣间的枝

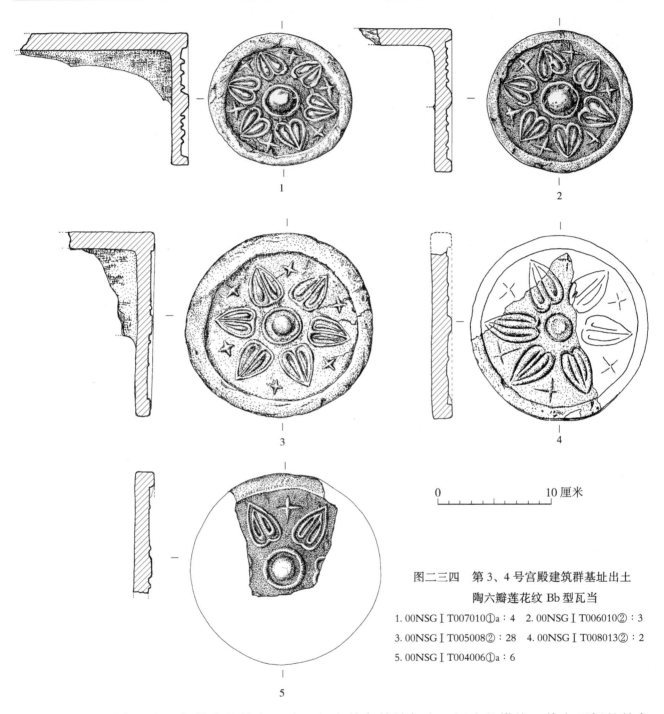

图二三四　第 3、4 号宫殿建筑群基址出土
陶六瓣莲花纹 Bb 型瓦当

1. 00NSGⅠT007010①a：4　2. 00NSGⅠT006010②：3
3. 00NSGⅠT005008②：28　4. 00NSGⅠT008013②：2
5. 00NSGⅠT004006①a：6

形纹由竖向的枝条和向两侧伸出的枝条组成，竖向枝条枝端都有一短小的横线，伸向两侧的枝条前半部向回卷曲。莲实由外而内由 6 颗小圆珠、同心圆环、中心突起组成，小圆珠状甚模糊，圆环线条圆滑，中心突起呈低矮的缓丘状。直径 16.4、厚 1.8 厘米（图二三六，1；图二三七，1；图版二五五，1）。

D 型　标本 01NSGⅠT011011②：4，略残。夹细砂质，色呈青灰。当边宽 1.5、高于当面 0.5 厘米。其内、外缘皆较为直锐。图案莲瓣轮廓清晰，线条匀称，仅个别瓣间饰纹线条较粗宽。莲实由外向内由 6 颗圆珠、同心圆环和中心的圆台状突起组成，同心圆环外的圆珠较小，状甚模糊，中心圆台

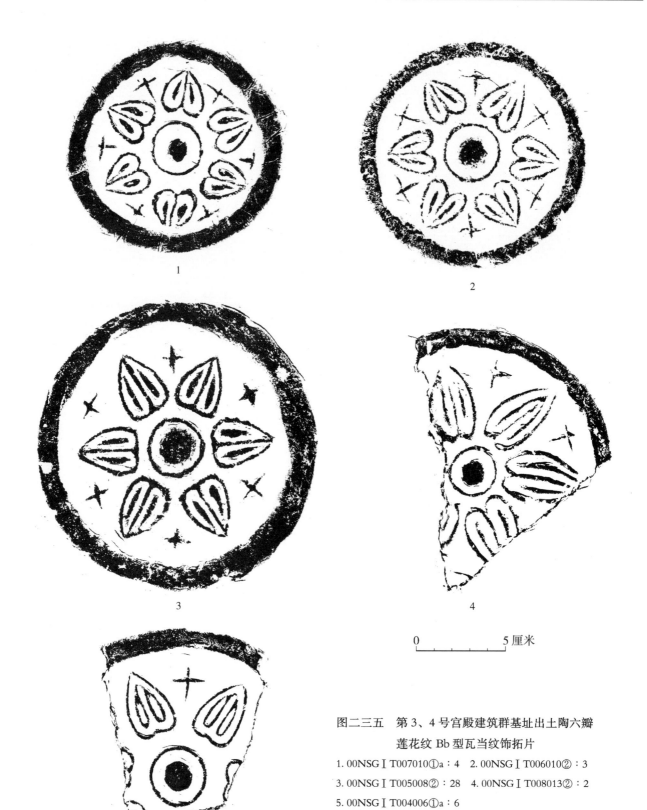

图二三五　第 3、4 号宫殿建筑群基址出土陶六瓣
莲花纹 Bb 型瓦当纹饰拓片
1. 00NSGⅠT007010①a：4　2. 00NSGⅠT006010②：3
3. 00NSGⅠT005008②：28　4. 00NSGⅠT008013②：2
5. 00NSGⅠT004006①a：6

0　　　　　　　　5厘米

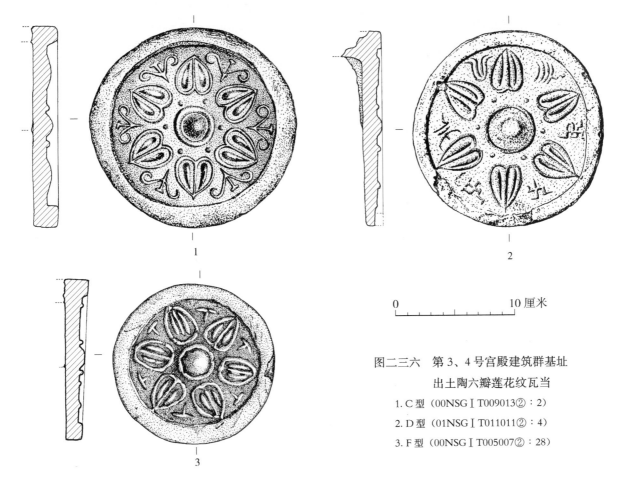

图二三六 第3、4号宫殿建筑群基址
出土陶六瓣莲花纹瓦当
1. C型 (00NSGⅠT009013②:2)
2. D型 (01NSGⅠT011011②:4)
3. F型 (00NSGⅠT005007②:28)

较扁,上面不甚平整。直径16、厚1.7厘米(图二三六,2;图二三七,2;图版二五五,2)。

F型 标本00NSGⅠT005007②:28,残。夹细砂质,色呈红褐。当边宽1.4、高于当面0.6厘米。其内、外缘皆较直锐。图案莲瓣整体感觉较圆鼓,轮廓清晰,线条匀称。瓣间的"T"形纹上部横线较直。莲实由外而内由同心圆环、中心突起组成,中心突起呈圆台状。直径13.4、厚1.4厘米(图二三六,3;图二三七,3;图版二五五,3)。

五瓣莲花纹瓦当 数量不多,分为4型。

A型 分为2亚型。

Aa型 标本01NSGⅠT008015②:4,残。泥质,色呈青灰。当边宽1、高于当面0.8厘米。其内、外缘皆较为直锐。图案莲瓣轮廓清晰,线条较细。莲实较小,中心突起,上面较平,6颗小珠儿与其外圆环相连。直径14.7、厚1.5厘米(图二三八,1;图二三九,1;图版二五五,4)。

Ab型 标本00NSGⅠT006011②:28,残。泥质,色呈青灰。当边宽1、高于当面0.8厘米。其内、外缘皆较为直锐。图案线条匀称,莲瓣轮廓清晰。莲实中心突起呈丘状,四周较陡,上部较圆。直径11.6、厚1.9厘米(图二三八,2;图二三九,2;图版二五五,5)。

B型 分为2亚型。

Ba型 标本00NSGⅠT009013②:3,残。泥质,色呈青灰。当边宽1.2、高于当面0.8厘米。其内、外缘皆较为直锐。图案线条匀称,莲瓣轮廓清晰。各莲瓣形态不同,有的较长,轮廓较圆鼓,

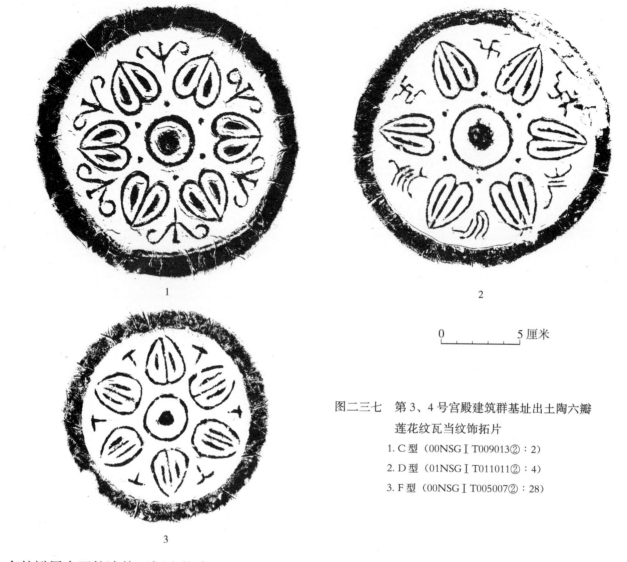

1

2

0 ————————— 5 厘米

3

图二三七　第 3、4 号宫殿建筑群基址出土陶六瓣
　　　　　莲花纹瓦当纹饰拓片
　　　1. C 型（00NSGⅠT009013②：2）
　　　2. D 型（01NSGⅠT011011②：4）
　　　3. F 型（00NSGⅠT005007②：28）

有的瓣尾内凹较清楚两侧边较直。莲实圆环轮廓线圆润，中心突起较小，呈丘状，上面略平。瓦当背面未与筒瓦相接的部分边缘用手指捏扁。直径 15.2、厚 1.7 厘米（图二三八，3；图二三九，3；图版二五五，6）。

Bb 型　标本 00NSGⅠT007010①a：1，残。泥质，色呈黄褐。当边宽 1.1、高于当面 0.7 厘米。其外缘较直，内缘较圆。当面不甚平整，有压磨的痕迹。图案线条匀称，莲瓣轮廓有些部位较模糊。莲实中心突起呈丘状，上面略平。瓦当背面已残。直径 10.9、残厚 1.4 厘米（图二三八，4；图二三九，4；图版二五六，1）。

C 型

标本 00NSGⅠT006011②：6，残。泥质，色青灰、黄褐斑驳。当边宽 1.6、高于当面 0.7 厘米。其内、外缘皆较为直锐。图案莲瓣轮廓较圆鼓，有些部位轮廓线略有模糊，瓣肉宽肥。瓣尾内凹较清楚两侧边较直。瓣间"T"形纹上部横线略内弧，竖线两端略尖，中间较宽厚。莲实部分只有瓦当中心的丘状突起，高于当边，上部略有磨损。直径 14.4、厚 1.6 厘米（图二三八，5；图二三九，5；图版二五六，2）。

标本 00NSGⅠT005008②：32，残。泥质，色呈黄褐。当边宽 1.4、高于当面 0.6 厘米。其内、外缘皆较为直锐。图案莲瓣轮廓较圆鼓，有些部位轮廓线略有模糊，瓣肉宽肥。瓣尾内凹较清楚两侧边较直。瓣间"T"形纹上部横线略内弧，竖线两端略尖，中间较宽厚。莲实部分只有瓦当中心的丘状突起，高于当边，上部略有磨损。当面及图案有用帚状工具扫划的印痕。直径 14.7、厚 1.5 厘米（图二三八，6；图二三九，6；图版二五六，3）。

D 型

标本 00NSGⅠT008011②：13，残。泥质，色呈黄褐。当边宽 1.3、高于当面 0.8 厘米。其外缘抹制，较圆，内缘较为直锐。图案莲瓣轮廓清晰，线条匀称，瓣肉较为高厚，有的被压扁，压扁部位有布纹痕迹。瓣间倒置的草形纹中间草叶线条较宽高，两端呈尖状，撇向两侧的草叶线条较细，两端也呈尖状。莲实由外而内由同心圆环、8 颗小圆珠和中心突起组成，中心突起呈圆台状。直径 17.1、厚 2 厘米（图二三八，7；图二三九，7；图版二五六，4）。

四瓣莲花纹瓦当　2 件，分为 2 型。

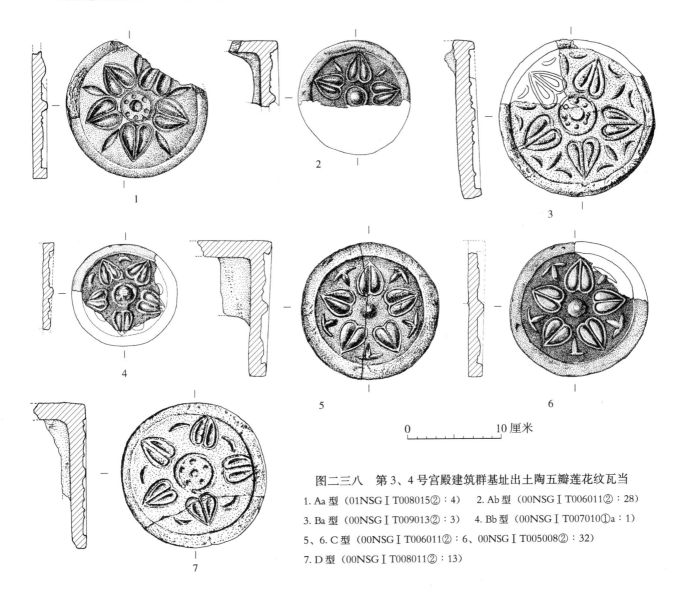

0　　　　　　　　10 厘米

图二三八　第 3、4 号宫殿建筑群基址出土陶五瓣莲花纹瓦当
1. Aa 型（01NSGⅠT008015②：4）　2. Ab 型（00NSGⅠT006011②：28）
3. Ba 型（00NSGⅠT009013②：3）　4. Bb 型（00NSGⅠT007010①a：1）
5、6. C 型（00NSGⅠT006011②：6、00NSGⅠT005008②：32）
7. D 型（00NSGⅠT008011②：13）

0   5厘米

图二三九　第3、4号宫殿建筑群基址出土陶五瓣莲花纹瓦当纹饰拓片

1. Aa 型（01NSGⅠT008015②：4）　　2. Ab 型（00NSGⅠT006011②：28）　　3. Ba 型（00NSGⅠT009013②：3）

4. Bb 型（00NSGⅠT007010①a：1）　　5、6. C 型（00NSGⅠT006011②：6、00NSGⅠT005008②：32）

7. D 型（00NSGⅠT008011②：13）

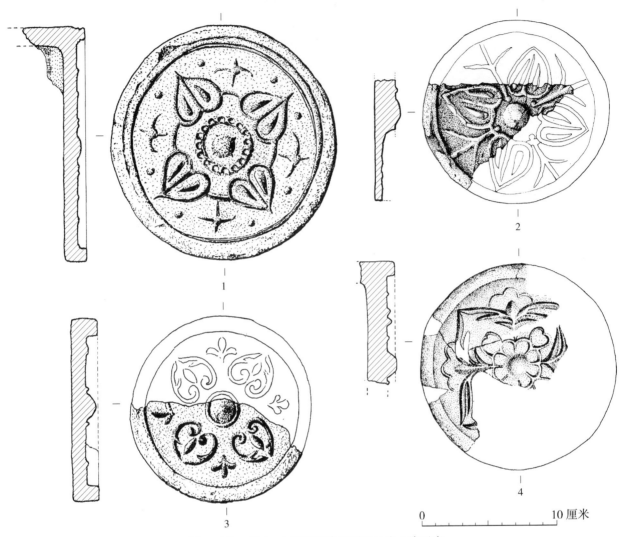

图二四〇　第 3、4 号宫殿建筑群基址出土陶瓦当

1. 四瓣莲花纹 A 型（06NSG I T013008②：1）　　2. 四瓣莲花纹 B 型（00NSG I T009006②：20）

3. 莲蕾纹（00NSG I T009013②：49）　　4. 宝相花纹（01NSG I T008015②：51）

A 型

标本 06NSG I T013008②：1，完整。泥质，色呈青灰。正面可看出泥条盘环的痕迹，应是以泥条的方式将泥下到模具中。当边宽 1、高于当面 0.6 厘米。其内、外缘皆较为直锐。图案为四瓣莲纹，莲瓣舒展大气，线条匀称，瓣肉丰满，瓣尖尖锐突出。莲瓣间以略弧的横纹相连，其上为呈小鸟状的星形纹，星纹两侧各有一圆珠。莲实由中心凸起的台状纽和其外的圆环组成，台纽上隐约可见十字纹，似为整个图案布局的坐标，两轴分别与四个莲瓣的中心线相对，圆环上以棍状工具戳有 16个小圆坑。整个图案布局工整，衔接自然，流畅美观。直径 16.8、厚 1.7 厘米（图二四〇，1；图二四一，1；图版二五六，5）。

B 型

标本 00NSG I T009006②：20，残。泥质，色呈青灰。当边宽 0.8、高于当面 0.5 厘米。其内、外缘皆略弧。图案莲瓣轮廓清晰，线条不甚规整，莲瓣轮廓线较匀称。瓣间枝形纹长大，枝尖抵于瓦当高起的边缘，枝尾伸于莲瓣间，略过瓣尾，枝尾部有小珠状突起，其中一枝由连于两个花瓣瓣尾的短线将枝尾小珠与枝条的其他部分隔开。莲实内中心为一丘状突起，丘顶略平。直径 13.6、厚 1.4 厘米（图二四○，2；图二四一，2；图版二五六，6）。

莲蕾纹瓦当

标本 00NSGⅠT009013②：49，残。泥质，色呈青灰。残余一小半，基本形制可辨。当边宽 1.1、高于当面 0.8 厘米。其内、外缘皆较为直锐。图案中有 4 个花瓣，花瓣状若莲蕾，瓣间饰枝状纹饰。线条高厚，清晰流畅。莲实由中心凸起和其外的圆环组成，圆环线条较细，中心突起呈较高陡的丘状，丘底部几乎填满圆环。直径约 13.5、厚 1.7 厘米（图二四○，3；图二四一，3；图版二五七，1）。

宝相花纹瓦当

标本 01NSGⅠT008015②：51，残。泥质，色呈青灰。残余一小半，基本形制可辨。当边宽

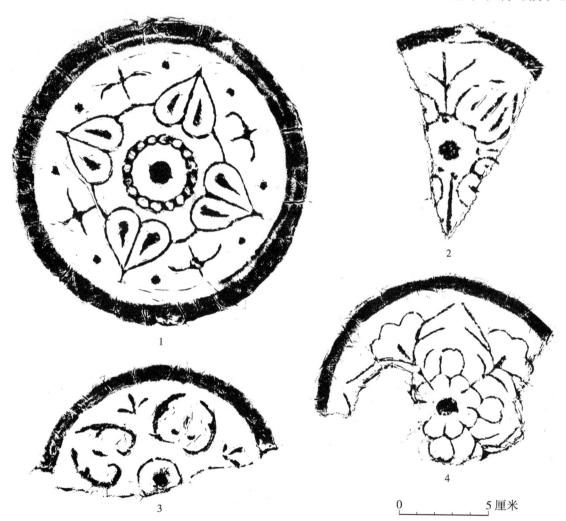

图二四一　第 3、4 号宫殿建筑群基址出土陶瓦当纹饰拓片

1. A 型四瓣莲花纹（06NSGⅠT013008②：1）　2. B 型四瓣莲花纹（00NSGⅠT009006②：20）

3. 莲蕾纹（00NSGⅠT009013②：49）　4. 宝相花纹（01NSGⅠT008015②：51）

0.9、高于当面 0.65 厘米。其外缘较为直锐，内缘经过抹制，略圆斜。图案整体呈宝相花状，中心为一个圆台状突起。整个图案以圆台状突起为中心向外辐射，外部由 4 个形状相同的花枝组成。花枝中间为竖直的枝条，枝条线条向内较细，与中心突起相连，端部呈芽状。枝芽向两侧基本对称的各斜向上伸出 3 个叶片，下部叶片较短。上两叶较长，且靠近枝条部位合在一起。各枝的最上叶片在近瓦当边缘处隐约相交，形成尖角状。枝条正上部位有由 3 条连在一起的弧线形成花状罩在枝芽上，两端连于最上面叶片中部。每两个花枝间有呈两内一外分布的 3 个连在一起的花瓣状的环，内部两个较小，连于中心突起，外面一个较大，两环边分别连在内部小环外边的中部，外弧的边中间略内凹，形成一向内的尖。直径约 14.6、厚 1.6 厘米（图二四〇，4；图二四一，4；图版二五七，2）。

（2）砖

第 3、4 号宫殿建筑群基址出土的砖类建筑材料有方砖、长方砖和砖制构件 3 种。

方砖和长方砖又分别有素面砖和花纹砖之分，均为模制，根据残损和外表剥落的标本观察，其制法为先在底面衬麻布，然后沿模具底和四周填以陶泥并按实，顶部再以陶泥抹平，故砖底多有绳纹，损坏的砖亦多有从顶部先脱落的，有的砖背面也有扫划的痕迹（图二四二，1～5）。花纹砖另用阴刻的模板将纹饰面压出花纹。

1）方砖　分为素面方砖和花纹方砖 2 种。

素面方砖

标本 00NSG I T008013②：40，略残。夹砂质，色呈黄褐。背面有粗绳纹。边长 42×42.8、厚 5.6 厘米（图二四三，1；图版二五七，3）。

标本 00NSG I T008013②：41，略残。夹砂质，色呈黄褐。背面有粗绳纹。边长 40.7×42.4、厚 5.9 厘米（图二四三，2；图版二五七，4）。

标本 00NSG I T007009②：2，略残。夹砂质，色呈黄褐。背面有粗绳纹，但大部已磨平。有 3 个侧面有凿琢痕迹，凿琢面较平，可能与使用有关。边长 32×33.3、厚 5.7 厘米（图二四三，3；图版二五七，5）。

标本 00NSG I T009008②：18，略残。夹砂质，色呈灰褐。背面无绳纹，但有扫划痕迹。厚薄不甚均匀。边长 33×33.3、厚 5.7～6.4 厘米（图二四三，4；图版二五七，6）。

标本 06NSG I T014014②：3，略残。夹砂质，色呈黄褐。背面有粗绳纹。边长 38.3×40.4、厚 5.6 厘米（图版二五八，1）。

花纹方砖　图案皆为宝相花纹，正中为一大朵的以牡丹花为主体的宝相花，角部各饰一朵侧视的宝相花，四边各施一朵六瓣的小宝相花，边角之间陪衬双连的花叶。

标本 00NSG I T007014②：12，略残。夹砂质，色呈黄褐。其一侧部分被凿掉，故其图案也不完整。凿琢面较平整，应是使用所致。在中间花朵与一边的花朵之间有不甚清晰的文字。背面有粗绳纹。边长 38.2、残宽 27.8、厚 5.2 厘米（图二四四，1；图二四五，1；图版二五八，2）。

标本 00NSG I T004006②：11，残。夹砂质，颜色青灰、黄褐驳杂。只余小半。可见图案面四周有边框，在框内一角竖书"典和毛"3 字。边长 40.2、残宽 20.4、厚 6.2 厘米（图二四四，2；图二四五，2；图版二五八，3）。

标本 01NSG I T008015①a：11，残。夹砂质，色呈青灰。只余一角。可见图案面一边有边框，

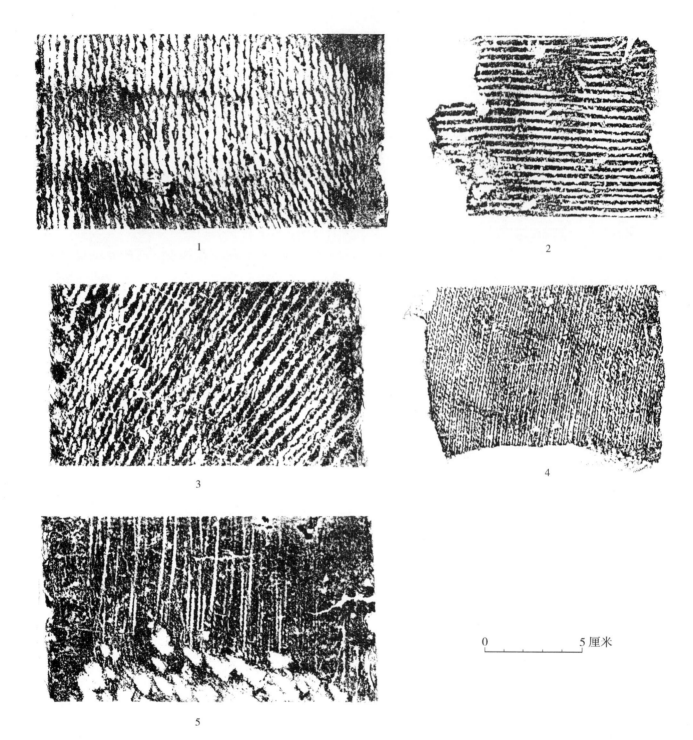

图二四二　第 3、4 号宫殿建筑群基址出土陶砖背面（局部）纹饰拓片

1. 纵向绳纹（00NSGⅠT009011②：111）　2. 横向绳纹（00NSGⅠT008009①a：99）

3. 斜向粗绳纹（06NSGⅠT012012②：87）　4. 斜向细绳纹（00NSGⅠT005008②：55）

5. 纵向划纹（06NSGⅠT015011①a：3）

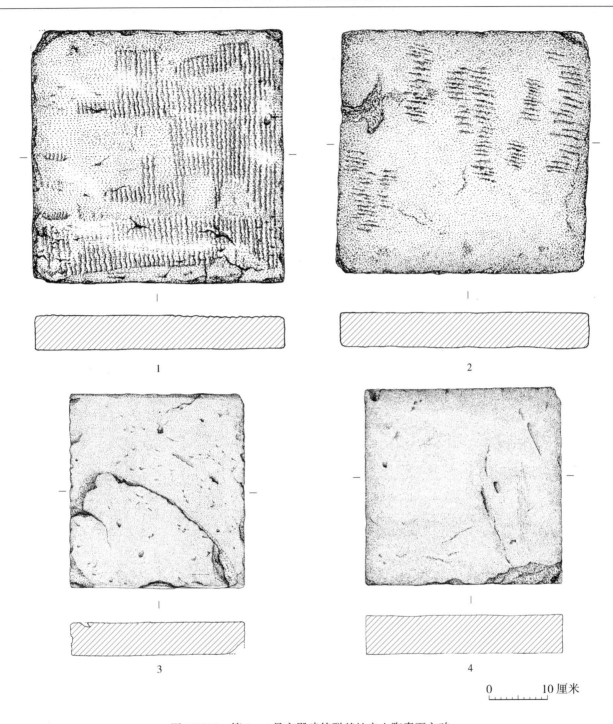

图二四三　第3、4号宫殿建筑群基址出土陶素面方砖

1. 00NSGⅠT008013②：40　2. 00NSGⅠT008013②：41　3. 00NSGⅠT007009②：2　4. 00NSGⅠT009008②：18

在中间花朵与边上的花朵之间有竖书的"相文"2字。残长29、残宽23.8、厚6厘米（图二四四，3；图二四五，3；图版二五八，4）。

2）长方砖　分为素面长方砖和花纹长方砖2种。

素面长方砖

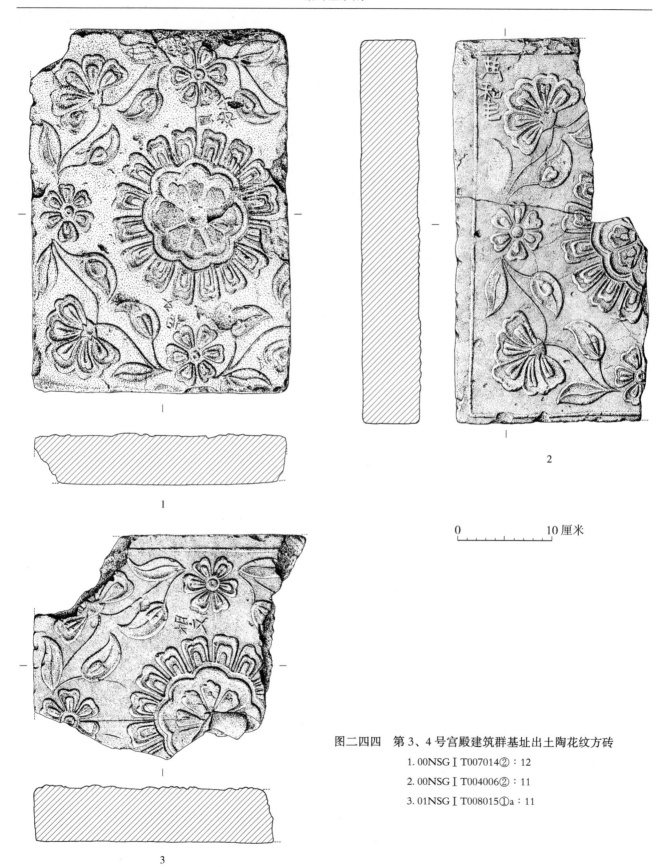

图二四四　第 3、4 号宫殿建筑群基址出土陶花纹方砖

1. 00NSG Ⅰ T007014②：12
2. 00NSG Ⅰ T004006②：11
3. 01NSG Ⅰ T008015①a：11

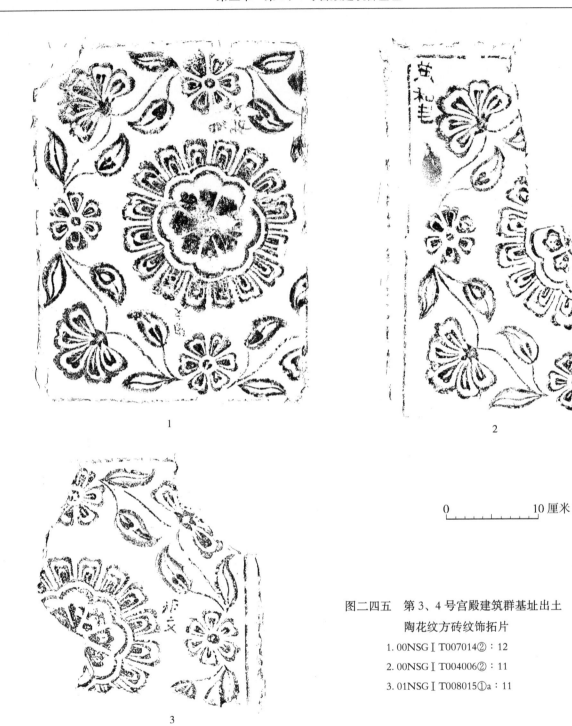

1

2

0 ————————— 10 厘米

3

图二四五　第3、4号宫殿建筑群基址出土
陶花纹方砖纹饰拓片
1. 00NSGⅠT007014②：12
2. 00NSGⅠT004006②：11
3. 01NSGⅠT008015①a：11

　　标本 00NSGⅠT005008②：55，略残。夹砂质，色呈青灰。背面有斜纵向的细绳纹，四边皆有残损。长32.7、宽16.6、厚5.8厘米（图二四六，1；图版二五八，5、6）。

　　标本 06NSGⅠT015011①a：3，略残。夹砂质，色呈青灰。背面有纵向的划纹。背面有些部位粘有白灰，一端有琢制的麻坑，两端面有纵向刨凿的细沟痕，同时也使端面略斜，这些应是使用过程中形成的痕迹，凿琢处有清晰的工具痕。长33.9、宽17、厚5.2厘米（图二四六，2；图版二五九，1、2）。

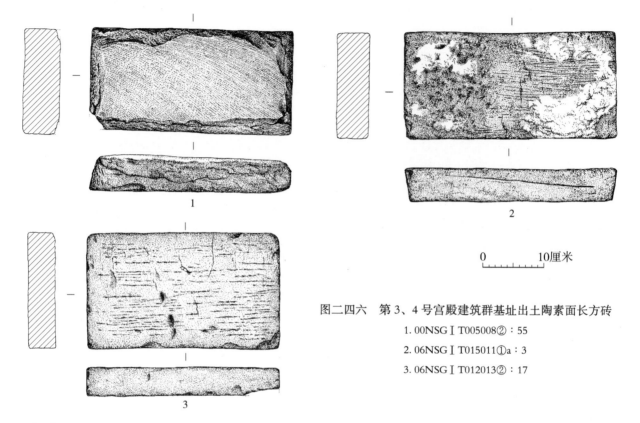

图二四六　第3、4号宫殿建筑群基址出土陶素面长方砖

1. 00NSGⅠT005008②：55
2. 06NSGⅠT015011①a：3
3. 06NSGⅠT012013②：17

标本06NSGⅠT012013②：17，略残。夹砂质，色呈青灰。背面有纵向的粗绳纹，绳纹不甚清晰。长31.3、宽18.5、厚4.6厘米（图二四六，3；图版二五九，3、4）。

标本06NSGⅠT012013②：87，略残。夹砂质，色呈青灰。背面有清晰的斜纵向粗绳纹。一侧面有琢制的麻坑，应是使用过程中形成的痕迹，凿琢处有清晰的工具痕。长34.6、宽16、厚6.3厘米（图二四七，1；图版二五九，5、6）。

标本00NSGⅠT009011②：111，略残。夹砂质，色呈青灰。背面有粗绳纹。长30、残宽17.9、厚4.9厘米（图二四七，2；图版二六〇，1、2）。

标本00NSGⅠT008009①a：40，略残。夹砂质，色呈青灰。背面有清晰的横向粗绳纹，四边皆有残损。侧面有纵向打磨的痕迹。长38、宽14.4、厚6.4厘米（图二四七，3；图版二六〇，3、4）。

标本00NSGⅠT008013②：39，略残。夹砂质，色呈青灰。背面有纵向的粗绳纹，有些部位绳纹已磨平。整体略呈平行四边形，应是制作时模具变形所致。长29.9、宽18.4、厚4.5厘米（图二四八，1；图版二六〇，5、6）。

标本00NSGⅠT009008②：17，略残。夹砂质，色呈青灰。背面有纵向粗绳纹。一侧面有切割打磨的痕迹，一端面及其一角经过凿琢，其上有工具痕。长34.6、宽16、厚6.3厘米（图二四八，2；图版二六一，1）。

标本00NSGⅠT005006②：44，略残。夹砂质，色呈青灰。背面有琢制的麻坑，一端面有纵向刨凿的细沟痕，一侧的两角和侧面被凿掉，使这一部分整体略呈圆弧状，这些应是使用过程中形成的痕迹，凿琢处有清晰的工具痕。长30.4、残宽15、厚5.2厘米（图二四八，3；图版二六一，2）。

标本00NSGⅠT009011②：113，略残。夹砂质，色呈青灰。背面无绳纹，有纵向扫划的痕

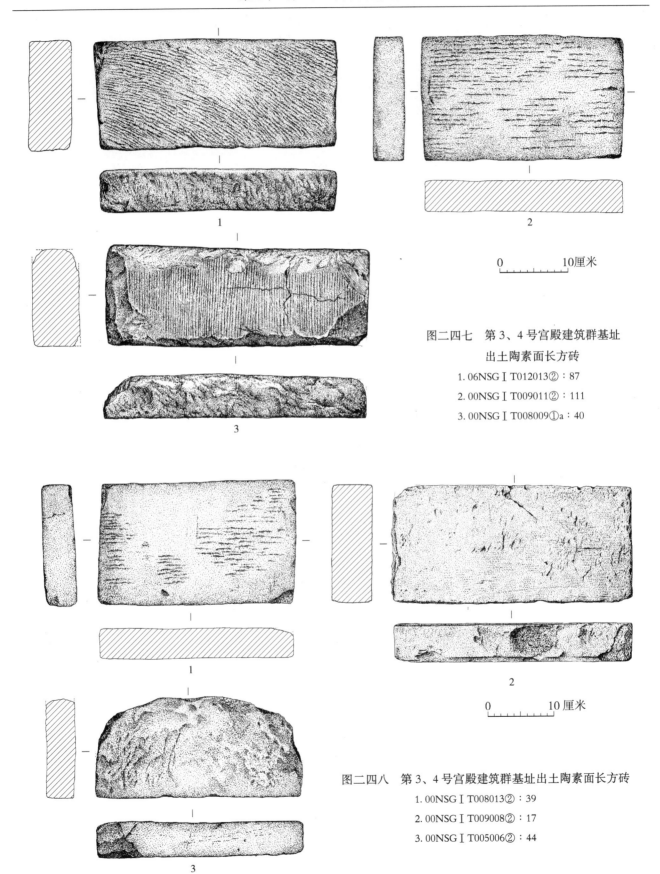

图二四七　第3、4号宫殿建筑群基址
出土陶素面长方砖
1. 06NSGⅠT012013②：87
2. 00NSGⅠT009011②：111
3. 00NSGⅠT008009①a：40

0　　　　　10厘米

图二四八　第3、4号宫殿建筑群基址出土陶素面长方砖
1. 00NSGⅠT008013②：39
2. 00NSGⅠT009008②：17
3. 00NSGⅠT005006②：44

0　　　　　10厘米

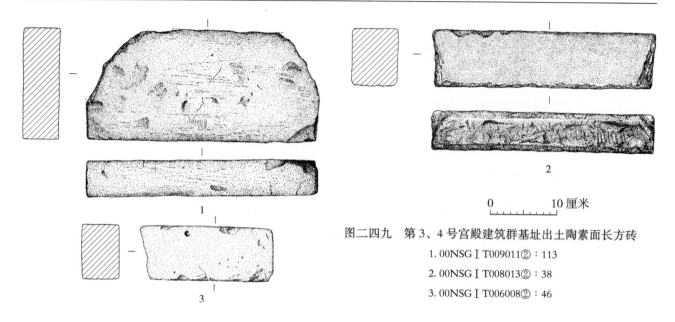

图二四九　第 3、4 号宫殿建筑群基址出土陶素面长方砖
1. 00NSGⅠT009011②：113
2. 00NSGⅠT008013②：38
3. 00NSGⅠT006008②：46

迹。一侧的两角被凿掉，应是使用所致。长 34.8、残宽 16.4、厚 5.4 厘米（图二四九，1；图版二六一，3）。

标本 00NSGⅠT008013②：38，略残。夹砂质，色呈青灰。背面无绳纹。此标本应是长方形砖凿掉一侧的剩余部分，凿琢面较为齐整，上下两边凿琢的较圆滑，两个端面也经凿琢，这些应是使用过程中形成的痕迹，凿琢处有清晰的工具痕。长 32.6、宽 8.3、厚 5.7 厘米（图二四九，2；图版二六一，4）。

标本 00NSGⅠT006008②：46，残。夹砂质，色呈青灰。背面无绳纹。此砖较其他长方形砖为窄，只余一半。残长 20、宽 8、厚 5.6 厘米（图二四九，3；图版二六一，5）。

花纹长方砖

标本 00NSGⅠT010007②：16，略残。夹砂质，色呈青灰。此标本一端凿掉，凿开面打磨成斜面，故侧视呈直角梯形。其一侧面饰有缠枝忍冬纹。上面长 20、下面长 27、宽 16.2、厚 6.5 厘米（图二五○，1；图二五一，1；图版二六一，6）。

标本 00NSGⅠT008013②：25，残。夹砂质，色呈青灰。此标本只为砖的一半。背面有些纵向的粗绳纹，一侧面饰有缠枝忍冬纹，其他面皆为素面。残长 18.5、宽 16.9、厚 6.9 厘米（图二五○，2；图二五一，2；图版二六二，1）。

标本 00NSGⅠT008013②：26，残。夹砂质，色呈青灰。此标本只为砖的一角。其残余的上、下两面和端面皆为素面，侧面饰有缠枝忍冬纹，纹饰面四周有高于砖面的边框。残长 15.5、残宽 8.2、厚 6.9 厘米（图二五○，3；图二五一，3；图版二六二，2）。

标本 01NSGⅠT010011②：1，残。夹砂质，色呈青灰。此标本只为砖的一小部分。其上、下两面皆为素面，残存侧面饰有缠枝忍冬纹。残长 13.2、残宽 10.7、厚 6.2 厘米（图二五○，4；图二五一，4；图版二六二，3）。

3）砖制构件　主要有门转、散水钉和其他构件。

门转　一般由残砖制成，其正面有立柱的圆形凹窝。

标本06NSGⅠT012012②：89，残。夹砂质，色呈青灰。凹窝呈半球状，偏向残砖的一侧。残长17、残宽12.2、厚5.8、凹窝口径7、深1.7厘米（图二五二，1；图版二六二，4）。

标本06NSGⅠT012012②：90，残。夹砂质，色呈青灰。凹窝呈半球状，在砖的背面，靠近一侧边。残长23.5、宽16.7、厚5.3、凹窝口径7、深2厘米（图二五二，2；图版二六二，5）。

标本06NSGⅠT014009①a：1，残。夹砂质，色呈青灰。凹窝平底斜壁，在残砖中间。残长11.4、残宽10.6、厚5.3、凹窝口径5.8、底径3.2、深1.9厘米（图二五二，3；图版二六二，6）。

标本00NSGⅠT007009②：6，残。夹砂质，色呈青灰。此标本背面一端磨成斜坡状。凹窝较浅，一侧边缘因磨损已不甚清晰，靠近一侧边。长14、宽9.9、厚5.3、凹窝口径约7、深1.2厘米（图二五二，4；图版二六三，1）。

散水钉　一般由残砖制成。

标本01NSGⅠT006015②：19，残。夹砂质，色呈黄褐。整体上薄下厚，底面凿琢使边较直，但不平整，顶面从外面打磨圆滑。两侧面为砖原面。贴牙面较直，外面则呈弧状，贴牙面借用砖的原

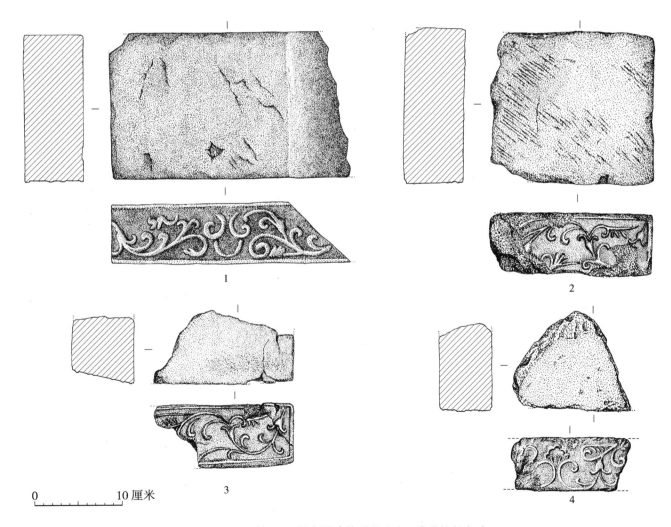

0　　　　10厘米

图二五〇　第3、4号宫殿建筑群基址出土陶花纹长方砖

1.00NSGⅠT010007②：16　2.00NSGⅠT008013②：25　3.00NSGⅠT008013②：26　4.01NSGⅠT010011②：1

侧面。高 18、宽 5.2、厚 8.3 厘米（图二五三，1；图版二六三，2）。

　　标本 01NSGⅠT006015①a：4，残。夹砂质，色呈黄褐。整体上薄下厚，底面凿琢较直，但不平整，顶面从外面打磨圆滑。两侧面为砖原面，贴牙面较直，外面则较斜，皆是打琢而成。高 18、宽5.4、厚 10 厘米（图二五三，2；图版二六三，3）。

　　标本 00NSGⅠT005006②：46，略残。夹砂质，色呈黄褐。整体琢磨，上薄下厚，上窄下宽，底面磨平，顶面从外面和两侧面打磨圆滑。上部外面和一侧面经过凿琢，从顶面的琢痕看应是磨后打琢。两侧面略斜，贴牙面较直，外面略斜。长 16.7、宽 7.5、厚 5.2 厘米（图二五三，3；图版二六三，4）。

　　标本 00NSGⅠT009013②：60，略残。夹砂质，色呈青灰。整体磨制，厚薄匀称，上窄下宽，贴牙面略宽于外面，底面较平，顶部从外面和两侧面打磨成尖状。两侧面略斜，贴牙面略鼓，外面较直。长 20.6、宽 14.5、厚 3.7 厘米（图二五三，4；图版二六三，5）。

　　标本 00NSGⅠT007008②：7，略残。夹砂质，色呈青灰。外面和一侧面磨制，贴牙面和另一侧面为借用砖的原面，厚薄、宽窄皆较匀称，底面为打断面，略平，顶部主要从两侧面打磨圆滑。贴牙

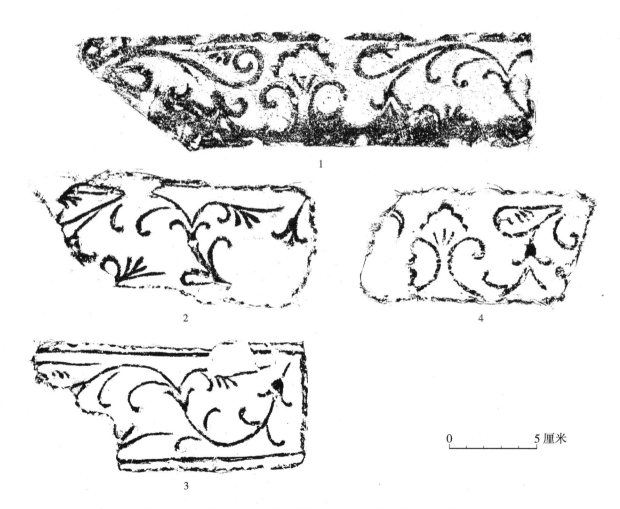

图二五一　第 3、4 号宫殿建筑群基址出土陶花纹长方砖纹饰拓片

1. 00NSGⅠT010007②：16　　2. 00NSGⅠT008013②：25　　3. 00NSGⅠT008013②：26　　4. 01NSGⅠT010011②：1

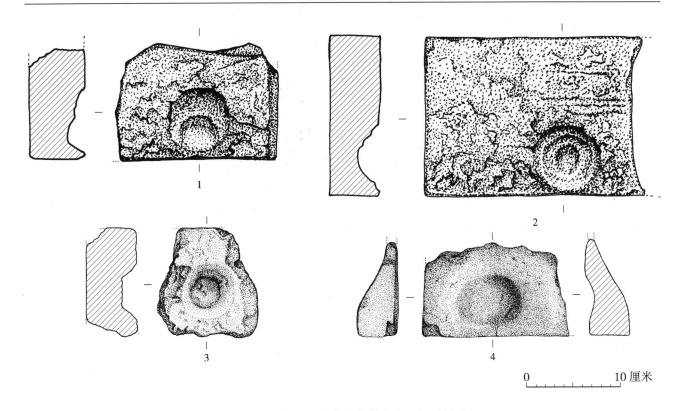

图二五二　第3、4号宫殿建筑群基址出土陶门转

1. 06NSGⅠT012012②：89　2. 06NSGⅠT012012②：90　3. 06NSGⅠT014009①a：1　4. 00NSGⅠT007009②：6

面较直，外面上部略斜。长19.8、宽9.4、厚3.8厘米（图二五三，5；图版二六三，6）。

标本00NSGⅠT005006②：80，略残。夹砂质，色呈青灰。外面大部和顶面磨制，一侧面和外面上部打琢制成，其他面皆借用砖的原面。厚薄、宽窄皆较匀称，底面平，顶部外面略琢，顶面打磨略呈鼓状。贴牙面直，外面上部略斜。长17.5、宽8.8、厚4.9厘米（图二五三，6；图版二六四，1）。

其他构件

标本00NSGⅠT006011②：3，残。夹砂质，色呈青灰。此标本是长方形砖制成的构件，其一侧面被剥掉，正面一端有横向刨凿的痕迹，端面亦被凿成略弧的斜面。基本从保留侧面的中部开始，其上边经凿琢，与上面间形成弧状斜面，中部偏向上面未刨凿面处磨出上面径较大、下面径略小的半圆形凹窝。长32.2、宽15.7、厚5.4厘米（图二五四，1；图版二六四，2）。

标本06NSGⅠT012011②：44，残。夹砂质，色呈青灰。此标本是砖制成的构件，整体略呈长方形，只保留了砖的一个原侧面，其他三个侧面皆琢制较平，原侧面上部经磨制与上面间形成弧状斜面。其中部凿有一方向与器身一致的长方形孔，可看出是两面对凿。长13、宽11.2、厚6、孔边长6.4×3.6厘米（图二五四，2；图版二六四，3）。

标本06NSGⅠT015009②：15，残。夹砂质，色呈青灰。此标本是由砖残块制成。背面和一端面打磨较圆滑，正面有基本呈三角形分布的一大两小三个凹坑，较大一个也较深。残长8.2、残宽7.3、厚5.6厘米（图二五四，3；图版二六四，4）。

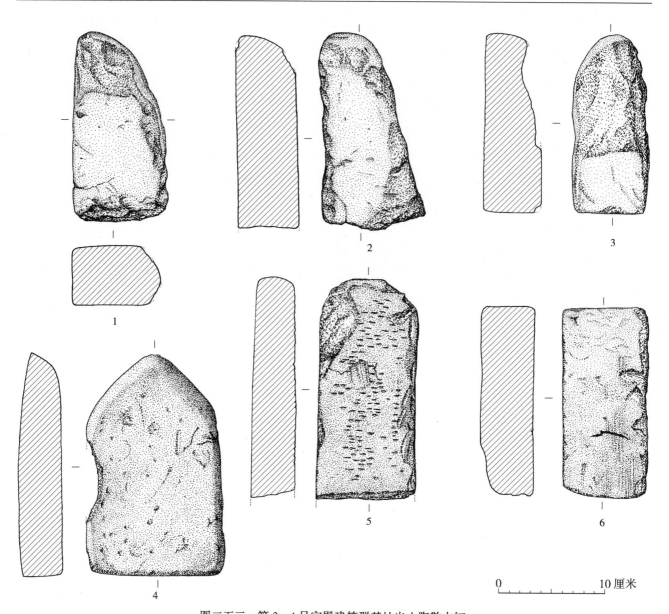

图二五三　第 3、4 号宫殿建筑群基址出土陶散水钉

1. 01NSGⅠT006015②：19　2. 01NSGⅠT006015①a：4　3. 00NSGⅠT005006②：46
4. 00NSGⅠT009013②：60　5. 00NSGⅠT007008②：7　6. 00NSGⅠT005006②：80

（3）鸱尾

标本 05NSGⅣT010001②：1，残。泥质，手制，色呈黄褐。这是一件贴饰于鸱尾表面的珠花，大部分已残损。正面整体呈圆形，中间呈半球状隆起，周边饰一圈凸起的半球状小珠，背面中间内凹。直径约 7.1、厚 1.4 厘米（图二五四，4；图版二六四，5）。

（4）兽头

标本 00NSGⅠT008015②：50，残。夹砂质，手制，器表黑褐色为主，驳杂有黄褐色。造型复杂，眼鼻朝天，嘴大张，眼暴突，咧腮翻唇，舌似残没，牙齿只余上颚处的 2 颗臼齿和下颌右侧的 1 颗獠牙犬齿，单层眼皮，脑后部残损。底部由两侧向中间弧起。在鼻后有一贯穿上下的圆孔，应是固定兽头的铁条穿过之处。残高 31.5、前后残长 26、左右残宽 25.6 厘米（图二五五，1；图版二六四，6）。

（5）其他建筑材料

标本 06NSGⅠT014013②：1，残。夹砂质，模制，色呈青灰。此标本呈板状，只存有一段原边，其整体形状已不可知。正、背两面皆为平面。正面施以缠枝忍冬纹，图案清晰，线条呈较宽的凸棱状，从所存原边处可以看出，正面的边缘有高于图案面 0.5 厘米的边。背面为素面。所存原边为由直边逐渐过渡到弧边，弧边端头有略向外转折的痕迹，其继续延伸的形状应还有变化。残长 24.6、残宽 14.4、厚 2.5 厘米（图二五五，2；图版二六五，1）。

标本 00NSGⅠT008014①a：1，残。夹砂质，色呈青灰。长方体，一端已残。背面有清晰的纵向粗绳纹，侧面上部略经抹制，稍上斜。正面饰有缠枝忍冬纹和宝相花组合的图案，纹饰面四周有边框。残长 33.6、宽 13.4、厚 6.4 厘米（图二五五，3；图版二六五，2）。

2. 生活用具

可辨器形有瓮、罐、盆、钵、瓶、器盖、器纽、器足、纺轮，因有些器物残片较小，所辨器形有较多的推测成分，故除可确实认定之器外，所述标本均按口沿、器底、陶片分类。另外，还出土 1 件造像和 1 件牌饰。

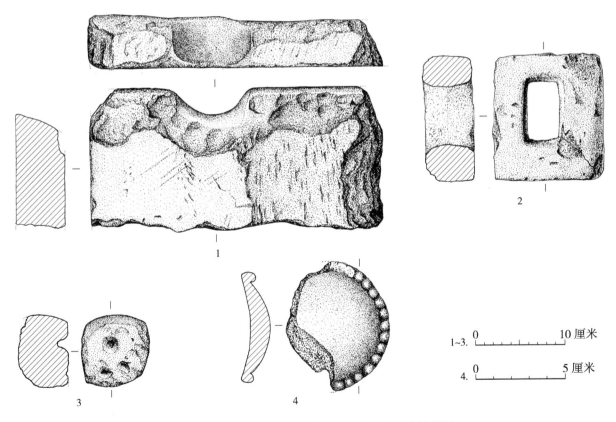

图二五四　第3、4号宫殿建筑群基址出土陶建筑材料

1～3. 构件（00NSGⅠT006011②：3、06NSGⅠT012011②：44、06NSGⅠT015009②：15）

4. 鸱尾（05NSGⅣT010001②：1）

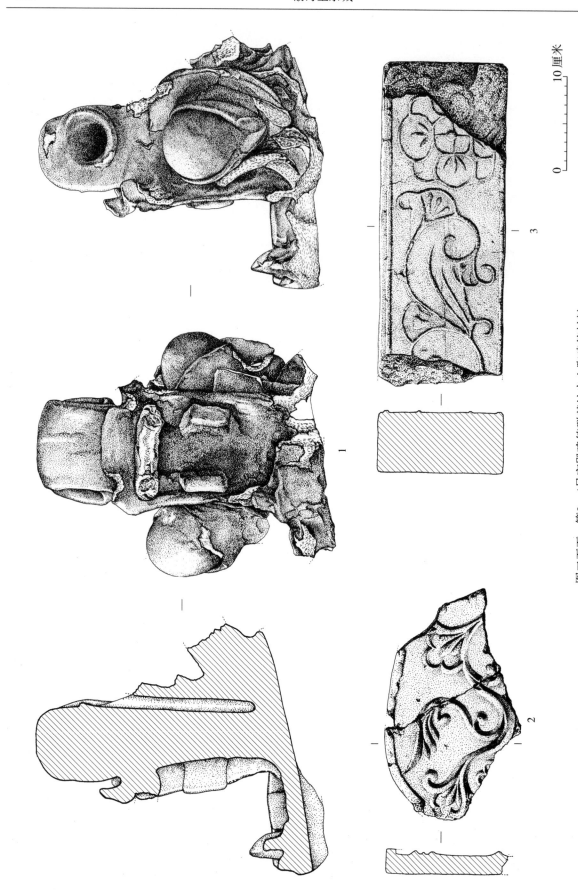

图二五五　第3、4号宫殿建筑群基址出土陶建筑材料

1. 兽头（00NSG ⅠT008015②：50）　2、3. 构件（06NSG ⅠT014013②：1、00NSG ⅠT008014①a：1）

瓮

标本00NSGⅠT011009②：1，可复原，泥质。轮制，素面，色呈黄褐。侈口，圆唇，颈略束，弧腹，下腹较直，平底。器底有一阳文"H"形符号。高36.8、口径33.5、底径21.5厘米（图二五六，1；图版二六五，3、4）。

罐

标本00NSGⅠT011007②：1，可复原，泥质。轮制，素面，色呈灰褐。翻沿，尖唇，颈略束，弧腹，下腹较直，平底。底部边缘有一周抹痕。高15.3、口径14.3、底径8.8厘米（图二五六，2；

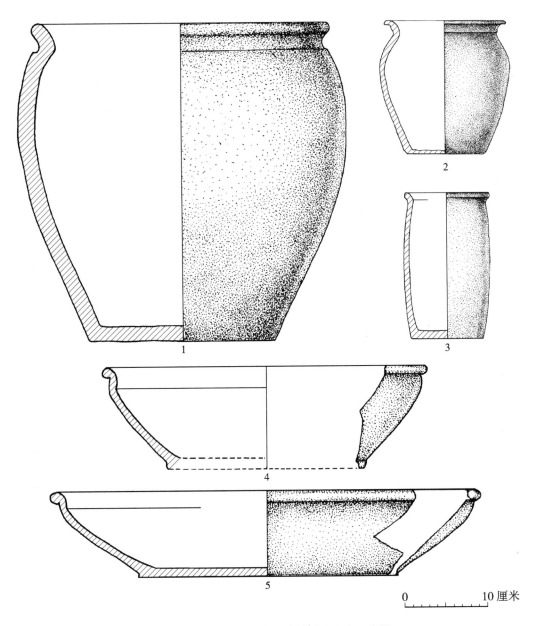

图二五六　第3、4号宫殿建筑群基址出土陶器

1. 瓮（00NSGⅠT011009②：1）　　2、3. 罐（00NSGⅠT011007②：1、00NSGⅠT009013②：58）

4、5. 盆（05NSGⅣT010001②：14、05NSGⅣT010001②：15）

图版二六五，5）。

标本 00NSGⅠT009013②：58，可复原，泥质。轮制，素面，色呈灰褐。侈口，尖圆唇，颈略束，弧腹，腹较直，平底。底部有扫划痕迹。高 17、口径 9.8、底径 8.8 厘米（图二五六，3；图版二六五，6）。

盆

标本 05NSGⅣT010001②：14，可复原，泥质。轮制，素面，色呈灰褐。侈口，圆唇，颈略束，斜直腹，台底。上腹略内敛，使得沿腹相交处呈一周明显的凹折痕迹。高 11.9、口径 39.3、底径 23.5 厘米（图二五六，4；图版二六六，1）。

标本 05NSGⅣT010001②：15，可复原，泥质。轮制，素面，色呈青灰。侈口，圆唇，斜直腹，平底。上腹略内敛，使得沿腹相交处呈一周明显的凹折痕迹。高 10、口径 50.3、底径 32.1 厘米（图二五六，5；图版二六六，2）。

钵

标本 05NSGⅣT010001②：16，可复原，泥质。轮制，素面，色呈青灰。侈口，尖圆唇，弧腹，下腹斜直，小台底。上腹部内敛，使得沿腹相交处呈一周明显的凹折痕迹。高 8.6、口径 19.3、底径 7 厘米（图二五七，1；图版二六六，3）。

标本 06NSGⅠT015009②：17，可复原，泥质。轮制，素面，色呈黄褐。器形不甚规整，侈口，尖唇，弧腹，下腹斜直，台底。上腹部内敛，使得沿腹相交处呈一周明显的凹痕。台底制作粗陋，底部略上凹，有扫划痕迹。高 6.6、口径 14.4、底径 7.8 厘米（图二五七，2；图版二六六，4）。

标本 06NSGⅠT015009②：18，可复原，泥质。轮制，素面，色呈青灰。器形不甚规整，侈口，尖圆唇，口沿外缘略上翘，弧腹，下腹斜直，平底。上腹部内敛，使得沿腹相交处呈一周明显的凹痕。底部有扫划痕迹。高 6.2、口径 14.2、底径 9.1 厘米（图二五七，3；图版二六六，5）。

标本 06NSGⅠT010001②：37，可复原，泥质。轮制，素面，色呈黑褐。敞口，方唇，弧腹，平底。口沿内缘有一周向内凸痕。高 6.2、口径 14.2、底径 9.1 厘米（图二五七，4；图版二六六，6）。

标本 00NSGⅠT008013②：37，可复原，泥质。轮制，素面，陶色不纯，为黄褐、红褐、黑褐相驳杂。敞口，方唇，弧腹，下腹近底部较直，平底。高 5.3、口径 11.5、底径 5.9 厘米（图二五七，5；图版二六七，1）。

标本 05NSGⅣT010001②：12，可复原，泥质。轮制，素面，色呈青灰。敞口，方唇，弧腹，中腹略内弧，底部略上凹。高 4.8、口径 11.7、底径 8、壁厚 0.6、底厚 1 厘米（图二五七，6；图版二六七，2）。

瓶

标本 06NSGⅠT013013②：1，残，泥质。大体可复原，但口部缺损，泥质。轮制，素面，色呈青灰。现存可辨侈口，长颈，颈上部较细，下部略粗，斜肩，弧腹，下腹斜直，平底。颈部中间和肩部各有一周凸弦纹，底部有扫划的痕迹。残高 25.9、底径 6.1、底、壁厚皆 0.7 厘米（图二五七，7；图版二六七，3）。

器盖

标本 06NSGⅠT014008②：11，可复原，泥质。轮制，色呈青灰。整体呈覆置的圈足盘状，器表

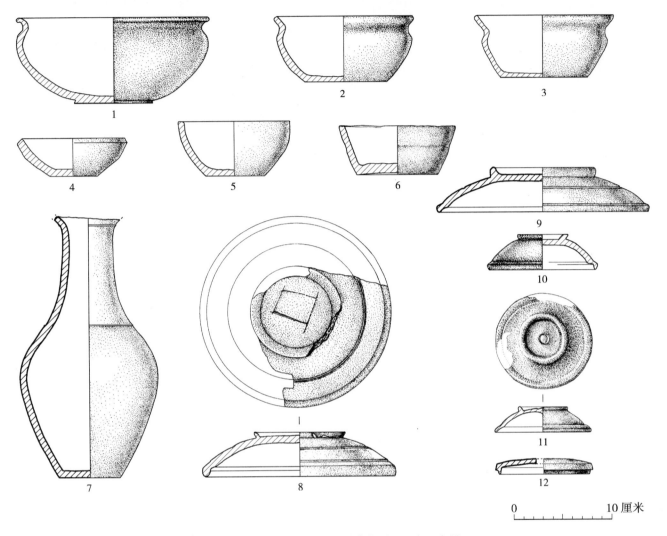

图二五七　第 3、4 号宫殿建筑群基址出土陶器

1～6. 钵（05NSGⅣT010001②：16、06NSGⅠT015009②：17、06NSGⅠT015009②：18、06NSGⅠT010001②：37、
00NSGⅠT008013②：37、05NSGⅣT010001②：12）　7. 瓶（06NSGⅠT013013②：1）　8～12. 器盖（06NSGⅠT014008②：11、
00NSGⅠT011007②：4、05NSGⅣT010001②：13、00NSGⅠT011007②：2、00NSGⅠT007009②：17）

中部有一周凹弦纹，器口向外略折，从外侧看起来较平，其内部有一周底、壁皆弧的凹槽。器顶圈
外侈，其内顶部为略隆起，中部有一近长方形的划纹。高 4.4、口径 18.8、顶径 9、底、壁均厚 0.7
厘米（图二五七，8；图版二六七，4）。

　　标本 00NSGⅠT011007②：4，可复原，泥质。轮制，色呈青灰。整体呈覆置的圈足盘状，器表
中部有一周凸弦纹，器口向外略折，从外侧看起来较平，其内部有一圈底壁皆弧的凹槽。器顶圈略
外侈，其内顶部为平顶。高 4.3、口径 21.2、顶径 10.3、底、壁均厚 0.7 厘米（图二五七，9；图版
二六七，5）。

　　标本 05NSGⅣT010001②：13，可复原，泥质。轮制，素面，色呈黑褐。整体呈覆置的圈足碟
状，器口向外略折，从外侧看起来略平，器口沿下折，在其口内部形成一周直壁尖底的凹槽。器顶
圈略外侈，其内顶部为平顶。高 3.2、口径 11.8、顶径 5.3、底、壁均厚 0.6 厘米（图二五七，10；

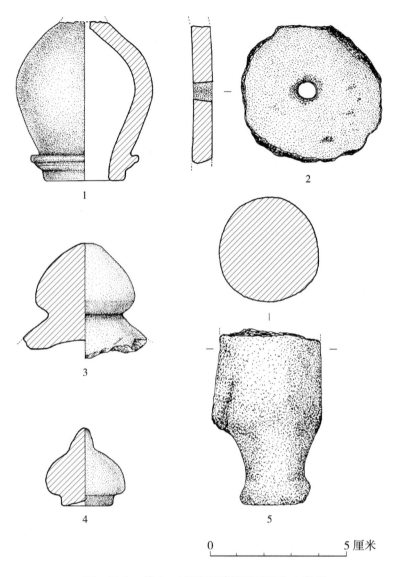

图二五八　第 3、4 号宫殿建筑群基址出土陶器

1. 器盖（06NSGⅠT010001②：16）　2. 纺轮（00NSGⅠT005013①a：2）

3、4. 器纽（01NSGⅠT010012②：8、06NSGⅠT012011②：67）

5. 器足（00NSGⅠT008012②：27）

图版二六七，6）。

标本 00NSGⅠT011007②：2，可复原，泥质。轮制，素面，色呈青灰。整体呈覆置的圈足碟状，器口向外略折，从外侧看起来略平，器口沿下折，在其口内部形成一周平台。器顶圈略外侈，其内顶部略隆起，中间有一与顶圈同心的凸弦纹圆环，圆心突起呈尖状。高 2.6、口径 10、顶径 5.2、底、壁均厚 0.3 厘米（图二五七，11；图版二六八，1）。

标本 00NSGⅠT007009②：17，残，泥质。大致可复原，但顶部中心缺损，泥质。轮制，素面，色呈青灰。俯视呈圆形，顶面略隆起，周边下折，子母口，内口与器顶内面基本呈直角。残高 3.2、口径 20、壁厚约 1 厘米（图二五七，12；图版二六八，2）。

标本 06NSGⅠT010001②：16，残，泥质。轮制，素面，器表颜色青灰、黄褐驳杂。上部为整体略呈带尖的空心球状纽，尖顶残损，纽下连接子母口，内口下垂，外口沿略上翘。残高 5.5、口径 2.9、壁厚约 0.5 厘米（图二五八，1；图版二六八，3）。

纺轮　标本 00NSGⅠT005013①a：2，残，泥质。手制，色呈灰褐。由陶器残片制作，略呈圆片状，但边缘不整齐，中间钻有一孔。直径约 4.7 厘米（图二五八，2；图版二六八，4）。

器纽　标本 01NSGⅠT010012②：8，残，夹砂质。轮制，素面，色呈灰褐。上部呈尖丘状，向下陡然内收与其下部分连接，其下已残。残高 3.5、丘底直径 3.4 厘米（图二五八，3；图版二六八，5）。

标本 06NSGⅠT012011②：67，残，泥质。轮制，素面，色呈灰褐。整体略呈倒置的陀螺状，下部陡然内收，与其下的圆柱状部分相连，其下已残。残高 2.7、最大直径 2.5 厘米（图二五八，4；图版二六八，6）。

器足　标本 00NSGⅠT008012②：27，残，泥质。陶质与兽头、鸱尾相同。手制，素面，色呈灰白。上部略呈圆柱状，下部内收，至足部再略向周围延展，足底较平。残高 6.1、最大直径 3.7、足底径 2.1 厘米（图二五八，5；图版二六九，1）。

口沿

标本 01NSGⅠT008015②：16，残，泥质。轮制，火候一般。外面抹光。翻沿，圆唇，直腹。沿部应是向外翻卷至颈部粘合制成，从截面尚可看到粘合的痕迹。上腹部有一周高于器壁的纹饰带，宽 5.3 厘米。其上是由线条突起的正向、斜向方格纹构成的组合纹饰。从口沿形制看，此器体形较大，可能为缸一类器物。残高 42.7、厚 1.9 厘米（图二五九，1；图二六六，1；图版二六九，2）。

标本 05NSGⅣT010001②：18，残，泥质。轮制，火候一般。素面，外面横向抹光。侈口，圆唇，束颈，弧腹。沿部应是向外翻卷至颈部粘合制成，从截面尚可看到粘合的痕迹。器壁厚薄不均，中部较厚，上下较薄。从口沿形制看，此器体形较大，可能为瓮一类器物。残高 27.6、口径 30、厚 0.5～1 厘米（图二五九，2；图版二六九，3）。

标本 06NSGⅠT012012②：14，残，泥质。轮制，火候较高。素面，外面横向抹光。侈口，圆唇，束颈，弧腹。沿部应是向外翻卷至颈部粘合制成，从截面尚可看到粘合的痕迹。器壁厚薄不均，上部较厚，下部较薄。从口沿形制看，此器体形较大，可能为瓮一类器

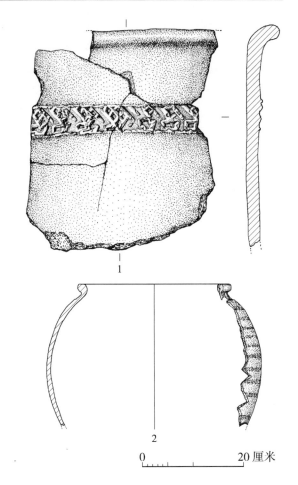

图二五九　第 3、4 号宫殿建筑群
基址出土陶器口沿
1. 01NSGⅠT008015②：16
2. 05NSGⅣT010001②：18

物。残高 8.7、口径 39.6、厚 0.4～0.7 厘米（图二六〇，1；图版二六九，4）。

标本 06NSGⅠT015008②：17，残，泥质。轮制，火候较高。外面抹光，色呈黄褐。侈口，方圆唇，束颈，弧腹。腹部有连在一起的一宽一窄两道凹弦纹，弦纹附近有器耳或纽残损痕迹。器壁上厚下薄。从口沿形制看，此器体形较大，可能为瓮一类器物。残高 11.5、口径 35、厚 0.6～1 厘米（图二六〇，2；图版二六九，5）。

标本 06NSGⅠT014012②：1，残，泥质。轮制，火候较高。素面，外面抹光，色呈灰褐。侈口，圆唇，束颈，弧腹。器壁上厚下薄。从口沿形态看，此器体形较大，可能是瓮一类器物。残高 6.9、口径 24.8、厚 0.6～0.9 厘米（图二六〇，3；图版二六九，6）。

标本 05NSGⅠT011010②：1，残，泥质。轮制，火候较高。素面，色呈青灰。器物内外皆可清晰看到轮制的痕迹。侈口，方唇，束颈，弧腹。器壁厚薄不均，上部较厚，下部较薄。从口沿形制看，此器可能是罐一类器物。残高 7.5、口径 15.6、厚 0.5～0.7 厘米（图二六〇，4；图版二七〇，1）。

　　标本05NSGⅣT010001②：20，残，泥质。轮制，火候较高。色呈灰褐。侈口，圆唇，束颈，弧腹。颈部有一圈凸弦纹，在上腹近口沿处有一内有倒置的"呆"字长方形戳记。器壁厚薄不均。从口沿形制看，此器可能是一罐类器物。残高10.7、口径14、厚0.6～0.8厘米（图二六〇，5；图版二七〇，2）。

　　标本06NSGⅠT015008②：4，残，泥质。轮制，火候较高。素面，外面抹光，器表颜色灰褐、黄褐驳杂。器物内外皆可清晰看到轮制的痕迹。翻沿，尖圆唇，弧腹。从口沿形制看，此器可能是罐一类器物。残高8.8、口径13.6、壁厚0.7厘米（图二六〇，6；图版二七〇，3）。

　　标本06NSGⅠT015008②：8，残，泥质。轮制，火候较高。素面，外面抹光，色呈灰褐。器物内外皆可清晰看到轮制的痕迹。侈口，尖圆唇，弧腹。从口沿形制看，此器可能是罐一类器物。残高6.7、口径13.6、壁厚0.8厘米（图二六〇，7；图版二七〇，4）。

　　标本06NSGⅠT014012②：18，残，夹砂质。轮制，火候一般。外面抹光，色呈黑褐。侈口，尖圆唇，束颈，腹部残损。沿上有一周凹槽，唇下有一周凸棱，颈部饰两周凹弦纹。从口沿形制看，此器可能是罐一类器物。残高4.1、口径8.7、壁厚0.5厘米（图二六一，1；图版二七〇，5）。

　　标本06NSGⅠT012012②：15，残，泥质。手制轮修，火候较高。素面，外面略抹光，色呈灰褐。器内壁可看出制作时手指的捏痕。敛口，尖圆唇，束颈，弧腹。器壁上厚下薄。从口沿形制看，此器可能是罐一类器物。残高12.6、口径15、厚0.7～0.9厘米（图二六一，2；图版二七〇，6）。

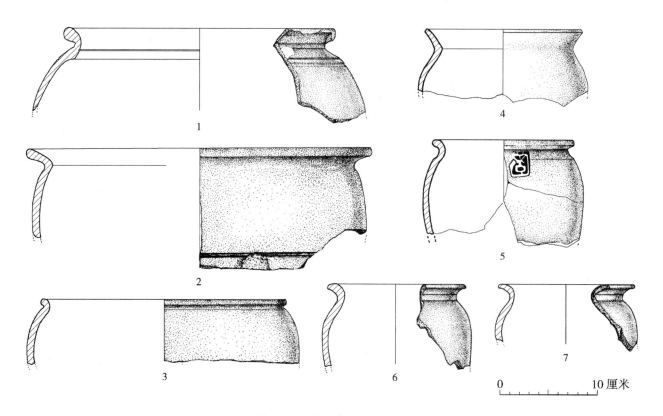

图二六〇　第3、4号宫殿建筑群基址出土陶器口沿

1. 06NSGⅠT012012②：14　2. 06NSGⅠT015008②：17　3. 06NSGⅠT014012②：1　4. 05NSGⅠT011010②：1
5. 05NSGⅣT010001②：20　6. 06NSGⅠT015008②：4　7. 06NSGⅠT015008②：8

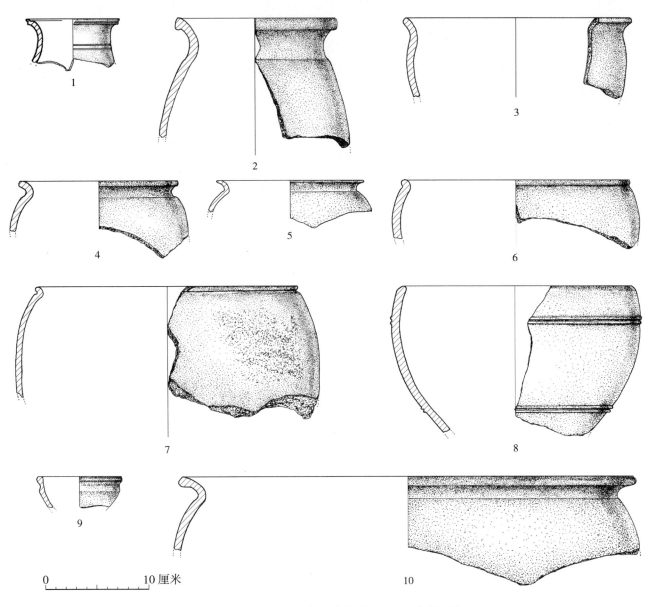

图二六一　第 3、4 号宫殿建筑群基址出土陶器口沿

1. 06NSGⅠT014012②：18　2. 06NSGⅠT012012②：15　3. 06NSGⅠT014012②：14　4. 06NSGⅠT015008②：10

5. 06NSGⅠT012011②：62　6. 06NSGⅠT015008②：11　7. 06NSGⅠT015008②：6　8. 00NSGⅠT004007②：23

9. 00NSGⅠT005008②：53　10. 06NSGⅠT015008②：2

　　标本 06NSGⅠT014012②：14，残，泥质。轮制，火候一般。素面，外面抹光，色呈青灰。器表略有剥落。侈口，方唇，束颈，弧腹。从口沿形制看，此器可能是罐一类器物。残高 7.7、口径 21.6、厚 0.65 厘米（图二六一，3；图版二七一，1）。

　　标本 06NSGⅠT015008②：10，残，泥质。轮制，火候较高。素面，外面略抹光，器表颜色青灰、灰白驳杂。器物内外皆可清晰看到轮制的痕迹。侈口，圆唇，束颈，弧腹。器壁上厚下薄。从口沿形制看，此器可能是罐一类器物。残高 5.3、口径 15、厚 0.5～0.75 厘米（图二六一，4；图版二七一，2）。

标本 06NSGⅠT012011②：62，残，泥质。轮制，火候较高。素面，外面略抹光，色呈青灰。侈口，尖唇，束颈，弧腹。器内表面大多剥落。器壁上厚下薄。从口沿形制看，此器可能是罐一类器物。残高 3.8、口径 14、厚 0.6～0.8 厘米（图二六一，5；图版二七一，3）。

标本 06NSGⅠT015008②：11，残，泥质。轮制，火候较高。素面，外面略抹光，色呈灰褐。敛口，方圆唇，口唇外缘外突，与腹壁间形成一周凹痕，弧腹。器物内外皆可清晰看到轮制的痕迹。从口沿形制看，此器可能是罐一类器物。残高 6.5、口径 21.6、厚 0.8 厘米（图二六一，6；图版二七一，4）。

标本 06NSGⅠT015008②：6，残，泥质。手制轮修，火候较高。素面，外面略抹光，色呈灰褐。器表剥落较重，器内壁可看出制作时手指的捏痕。敛口，圆唇，口唇外缘外突，与腹壁间形成一周凹痕，弧腹。从口沿形制看，此器可能是罐一类器物。残高 8.9、口径 25、厚 0.6 厘米（图二六一，7；图版二七一，5）。

标本 00NSGⅠT004007②：23，残，泥质。轮制，火候较高。外面略抹光，色呈黄褐。敛口，尖圆唇，鼓腹。腹部上、下各有两周相连的凸弦纹，是在一道较宽的凸弦纹之上压出一周凹弦纹而成。器物内外皆可清晰看到轮制的痕迹。器壁上薄下厚。从口沿形制看，此器可能是罐一类器物。残高 13.5、口径 22.4、厚 0.8～1.2 厘米（图二六一，8；图版二七一，6）。

标本 00NSGⅠT005008②：53，残，泥质。轮制，火候较高。素面，外面略抹光，色呈红褐。直口，方唇，口唇外缘外突，与腹壁间形成一周凹痕，弧腹，下腹内收较剧，口径大于腹径。器物内外皆可清晰看到轮制的痕迹。器壁上薄下厚。从口沿形制看，此器可能是钵一类器物。残高 2.9、口径 8、厚 0.3～0.45 厘米（图二六一，9；图版二七二，1）。

标本 06NSGⅠT015008②：2，残，泥质。轮制，火候较高。素面，外面略抹光，色呈青灰。翻沿，方唇，颈略束，弧腹。器壁上厚下薄。残高 7、口径 43、厚 0.5～0.7 厘米（图二六一，10；图版二七二，2）。

标本 06NSGⅠT015008②：5，残，泥质。轮制，火候较高。素面，外面略抹光，色呈黑褐。折沿，口沿上部边缘有一周凹痕，方唇，束颈，弧腹。器壁上厚下薄。残高 10、口径 33、厚 0.4～0.6 厘米（图二六二，1；图版二七二，3）。

标本 06NSGⅠT015008②：7，残，泥质。轮制，火候一般。外面抹光，色呈黑褐。翻沿，圆唇，沿下缘有一周较圆滑的凸棱，束颈，弧腹。残高 11.5、口径 39.6、厚 0.6 厘米（图二六二，2；图版二七二，4）。

标本 05NSGⅠT012011②：63，残，泥质。轮制，火候较高。外面抹光，色呈黄灰。器物内外皆可清晰看到轮制的痕迹。折沿，凹唇，斜直腹。器壁厚薄不均，上部较厚，下部较薄。陶片下部残存有抹划的组合纹饰。残高 11.8、口径 38、厚 0.8～1 厘米（图二六二，3；图版二七二，5）。

标本 00NSGⅠT004007①a：16，残，泥质。轮制，火候较高。素面，外面略抹光，色呈灰褐。盘口，尖圆唇，唇部上缘附加了一周泥条，形成了口边的一条凸棱，弧腹，弧度较小，向下内收较剧，口径大于腹径。器物内外皆可清晰看到轮制的痕迹。器壁上厚下薄。残高 5.7、口径 27.6、厚 0.7～0.9 厘米（图二六二，4；图版二七二，6）。

标本 06NSGⅠT014012②：16，残，泥质。轮制，火候较高。外面抹光，色呈灰褐。翻沿，尖圆

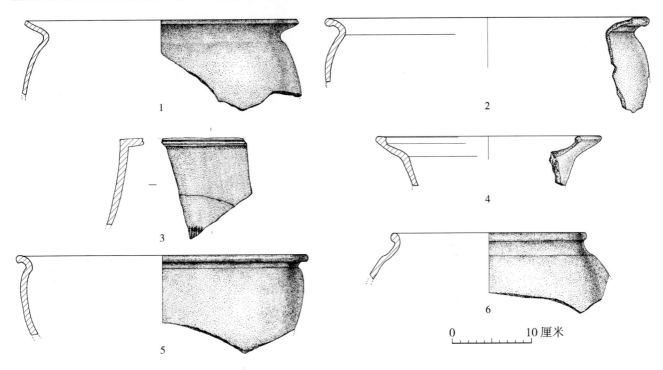

图二六二　第3、4号宫殿建筑群基址出土陶器口沿

1. 06NSGⅠT015008②：5　2. 06NSGⅠT015008②：7　3. 05NSGⅠT012011②：63

4. 00NSGⅠT004007①a：16　5. 06NSGⅠT014012②：16　6. 06NSGⅠT012011②：66

唇，束颈，略端肩，弧腹。器壁厚薄不均。残高10、口径36、厚0.8~1.2厘米（图二六二，5；图版二七三，1）。

标本06NSGⅠT012011②：66，残，泥质。轮制，火候较高。素面，外面略抹光，器表颜色为黑褐、红褐相驳杂。侈口，圆唇，束颈，弧腹，腹、颈相交处呈棱状。残高6.6、口径24、厚0.7厘米（图二六二，6；图版二七三，2）。

标本05NSGⅠT012011②：65，残，泥质。轮制，火候较高。素面，外面略抹光，色呈灰褐。侈口，圆唇，束颈，弧腹。腹壁残留有器耳残损的痕迹。残高7.5、厚1厘米（图二六三，1；图版二七三，3）。

标本06NSGⅠT014012②：15，残，泥质。轮制，火候较高。素面，外面略抹光，色呈青灰。翻沿，方圆唇，束颈，弧腹。器壁上厚下薄。残高6.7、厚0.6~0.9厘米（图二六三，2；图版二七三，4）。

标本05NSGⅣT010001②：19，残，泥质。轮制，火候较高。素面，外面抹光，色呈灰褐。器物内外皆可清晰看到轮制的痕迹。折沿，圆唇，斜直腹。沿上面靠近内口处有一周凹弦纹。残高6.6、壁厚0.9厘米（图二六三，3；图版二七三，5）。

器底

标本06NSGⅠT015008②：11，残，泥质。轮制，火候较高。此标本为器底的一部分，底较平，其上残存有不完整的圆形和椭圆形的孔。应为甑底部残片。残长17.2、残宽9.4、厚0.8厘米（图二六三，4；图版二七三，6）。

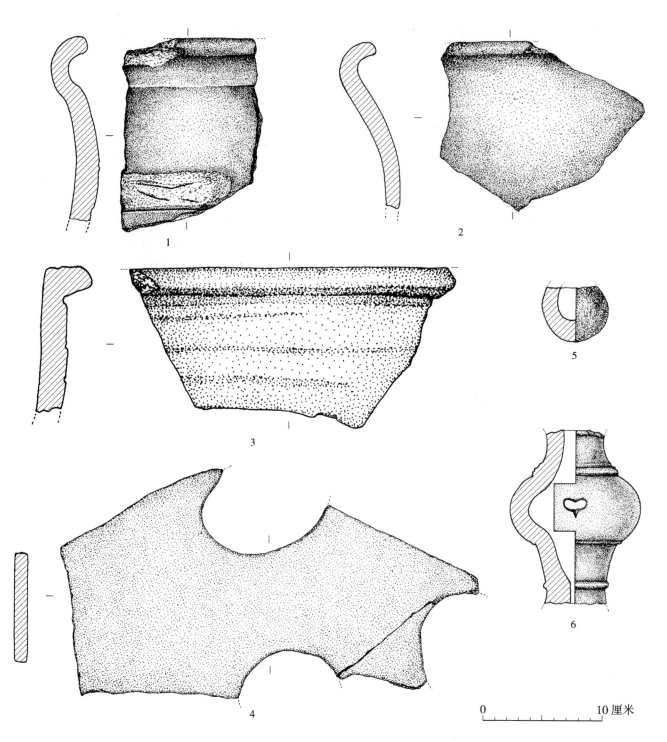

图二六三　第3、4号宫殿建筑群基址出土陶器

1～3. 口沿（05NSGⅠT012011②：65、06NSGⅠT014012②：15、05NSGⅣT010001②：19）

4、5. 器底（06NSGⅠT015008②：11、00NSGⅠT007009②：16）　6. 陶片（06NSGⅠT013012②：7）

标本 00NSGⅠT007009②：16，残，夹细砂质。手制，火候较低。色呈黑褐。此标本整体略呈大半的空心球状，器表略有剥落。残高 1.9、球径 2.45、壁厚 0.25 厘米（图二六三，5；图版二七四，1）。

陶片

标本 06NSGⅠT013012②：7，残，泥质。轮制，火候一般。此标本应是一中间有柱器物的柱中间部分。残存部分整体中空，中部略呈球形，上下皆呈较细的管状，且粗细不同。球状部分器壁有 2 个心形孔，可对望。器表球状部分上下和管身各有一周凸弦纹。残长 7.2、球径 5.4 厘米（图二六三，6；图版二七四，2）。

标本 00NSGⅠT006006②：41，残，泥质。轮制，火候较高。外面抹光，色呈黄褐。此标本是壶或瓶的颈部，口部和器身皆已残损。可看出颈部上部较细，下部略粗，外表面有两条截面较圆滑的凸弦纹，内面上部有竖向刮划的痕迹。残高 17.5、壁厚 1.1 厘米（图二六四，1；图版二七四，3）。

标本 01NSGⅠT006015①a：8，残，泥质。轮制，火候较高。陶片外表抹光，色呈青灰，内面色呈黄褐。陶片外壁有一周高于器表的纹饰带，宽 3.8 厘米，其上是由线条较宽且突起的斜向方格纹、钩状线条和斜向线条构成的组合纹饰。残长 30、残宽 18.6、厚 2 厘米（图二六四，2；图二六六，3；图版二七四，4）。

标本 01NSGⅠT006015①a：9，残，泥质。轮制，火候较高。陶片外表抹光，色呈青灰。陶片外壁有一周高于器表的纹饰带，宽 4.4 厘米，其上是由线条较宽且突起的斜向方格纹、草叶纹和斜向线条构成的组合纹饰。残长 22.2、残宽 15.1、厚 1.9 厘米（图二六四，3；图二六六，2；图版二七四，5）。

标本 06NSGⅠT011012②：13，残，泥质。轮制，火候一般。一边略平，应是陶器的原边，此边两角处有呈四分之一圆的弧状结构。陶片上部有一周高于器表的纹饰带，宽 3.8 厘米，其上是由线条较宽且突起的斜向线条交叉形成的菱形和三角形构成的组合纹饰。从陶片的形状看，应是陶仓下腹部的残片，且其底径大于腹径，下部壁厚于腹壁。残高 40、底径、腹径、壁厚 1.6～3.4 厘米（图二六四，4；图二六六，5；图版二七四，6）。

标本 00NSGⅠT009013②：59，残，夹砂质。轮制，火候较高。陶片外表抹光，色呈黄褐。外壁有一周高于器表的纹饰带，宽 5 厘米，其上是由线条较宽且突起的“古”字形纹、菱形纹、三角形纹、钩状线条和斜向线条构成的组合纹饰。残长 23.1、残宽 26.4、厚 1.7 厘米（图二六五，1；图二六六，7；图版二七五，1）。

标本 00NSGⅠT007006①a：9，残，泥质。轮制，火候较高。陶片外表抹光，色呈黄褐。外壁有一周高于器表的纹饰带，宽 4.6 厘米，其上是由突起的斜向线条交叉形成的菱形和三角形构成的组合纹饰。器壁有纹饰带部分略外张。残长 13、残宽 15.8、厚 2 厘米（图二六五，6；图二六六，8；图版二七五，2）。

标本 00NSGⅠT010008②：22，残，泥质。轮制，火候较高。陶片外表抹光，色呈灰褐，内面色呈黄褐。外壁有一周高于器表的纹饰带，宽 4.6 厘米，其上是由突起的斜向线条交叉形成的菱形和三角形构成的组合纹饰，其上线条较模糊。残长 7.4、残宽 16.2、厚 1.7 厘米（图二六五，3；图二六六，9；图版二七五，3）。

　　标本00NSGⅠT003007②：11，残，泥质。轮制，火候一般。陶片外表抹光，色呈灰褐。外壁有一周高于器表的纹饰带，宽6.1厘米，其上是由突起但较扁的斜向线条交叉形成的菱形和三角形构成的组合纹饰，其上线条较模糊。残长11.5、残宽8.1、厚2.5厘米（图二六五，4；图二六六，4；图版二七五，4）。

　　标本00NSGⅠT004007②：27，残，泥质。轮制，火候较高。陶片外表抹光，色呈灰褐。此标本保存有一段器物的原边。外壁有一周高于器表的纹饰带，宽5厘米，其上是由较宽且突起的斜向线条

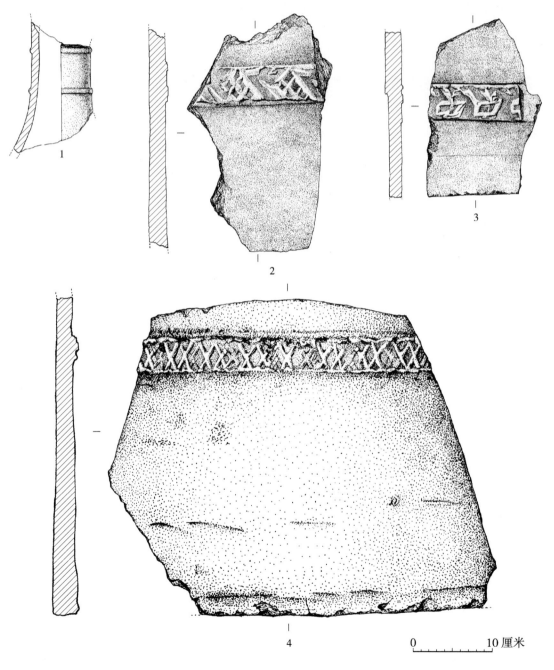

図二六四　第3、4号宫殿建筑群基址出土陶器残片

1. 00NSGⅠT006006②：41　2. 01NSGⅠT006015①a：8　3. 01NSGⅠT006015①a：9　4. 06NSGⅠT011012②：13

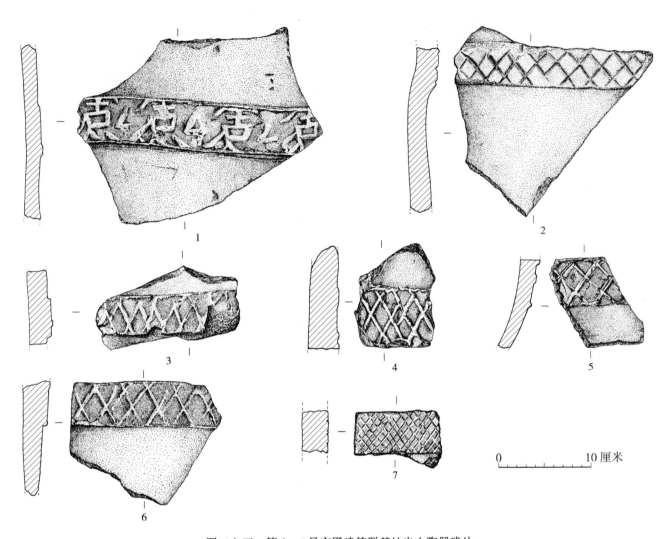

图二六五　第 3、4 号宫殿建筑群基址出土陶器残片

1. 00NSGⅠT009013②：59　2. 00NSGⅠT006013①a：3　3. 00NSGⅠT010008②：22　4. 00NSGⅠT003007②：11
5. 00NSGⅠT004007②：27　6. 00NSGⅠT007006①a：9　7. 00NSGⅠT007008②：8

交叉形成的菱形和三角形构成的组合纹饰。纹饰带的一边与陶片的原边平齐。残长 10.5、残宽 9.8、厚 1.8 厘米（图二六五，5；图二六六，6；图版二七五，5）。

标本 00NSGⅠT006013①a：3，残，泥质。轮制，火候较高。陶片外表抹光，色呈黄褐。外壁有一周高于器表的纹饰带，宽 4.4 厘米，其上是由斜向阴线交叉划割成的菱形、正反三角形构成的组合纹饰。器壁有纹饰带部分略外张。残长 19.4、残宽 21.2、厚 2.4 厘米（图二六五，2；图二六六，10；图版二七五，6）。

标本 00NSGⅠT007008②：8，残，夹砂质。轮制，火候较高。陶片外表抹光，色呈灰褐。外壁有一周高于器表的纹饰带，宽 4.4 厘米，其上先由同向的较密的斜向排列的指甲纹将纹饰带分割成一个个斜向的条带，然后再施以与指甲纹反向的阴线划纹，形成一个个小菱形，构成组合纹饰。残长 6.2、残宽 9.7、壁厚 1.7 厘米（图二六五，7；图二六六，11；图版二七六，1）。

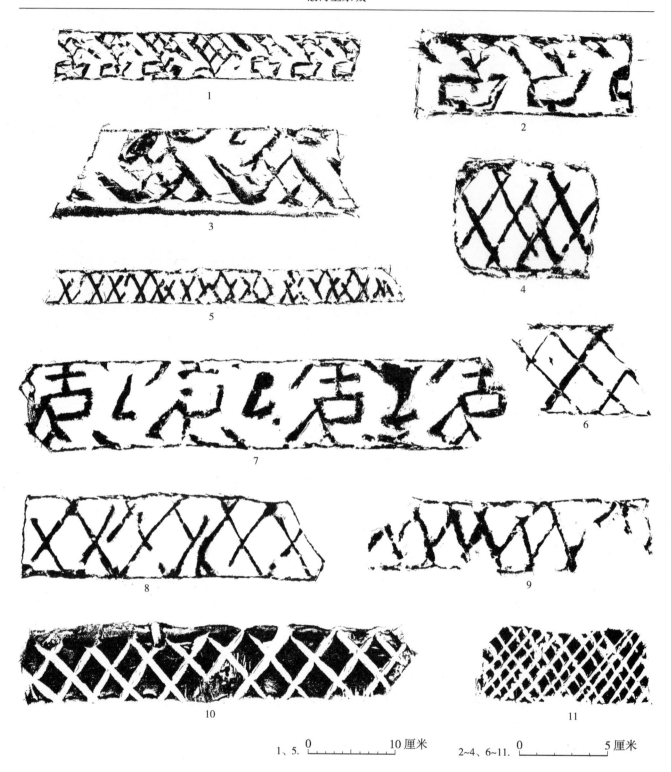

图二六六　第 3、4 号宫殿建筑群基址出土陶器残片纹饰拓片

1. 01NSGⅠT008015②：16　2. 01NSGⅠT006015①a：9　3. 01NSGⅠT006015①a：8　4. 00NSGⅠT003007②：11
5. 06NSGⅠT011012②：13　6. 00NSGⅠT004007②：27　7. 00NSGⅠT009013②：59　8. 00NSGⅠT007006①a：9
9. 00NSGⅠT010008②：22　10. 00NSGⅠT006013①a：3　11. 00NSGⅠT007008②：8

造像

标本 00NSGⅠT008010①a：7，残。模制，泥质，与兽头胎质类似，色呈黄白。前部是人物造像，头部缺失。身着天衣，颈戴璎珞。右手掩心，左手下垂。从其服饰看，应是菩萨像。后部是形状与前部人物造像形体接近的托，背面较光滑。底部有长方形孔。残高 7、宽 3.3、厚 2.1 厘米（图二六七，1；图版二七六，2）。

牌饰

标本 06NSGⅠT015008②：18，略残。通体磨制，色灰。俯视略呈长方形，四角略圆。正面中心为一菱形图案，菱形四角均向外伸出 3 片叶瓣。菱形图案的周围阴刻有月牙铲、宝剑等。背面为平面，无图案。长 8、宽 6.3、厚 1.1 厘米（图二六七，2；图版二七六，3）。

（二）釉陶器

第 3、4 号宫殿建筑群基址出土的釉陶器有瓦、砖等建筑材料，也有一些生活器皿的残片。其中建筑材料较多。

1. 建筑材料

有瓦、覆盆、兽头和鸱吻，还有 2 件名称、用途不明的装饰构件。

（1）瓦　有筒瓦和瓦当 2 种。

1）筒瓦　均为普通筒瓦。

标本 00NSGⅠT008011②：7，残。红褐胎，器表和前端挂墨绿釉，瓦唇部无釉，靠近器身部为黄褐色，尾部为灰褐色，瓦内为细布纹。通长 40.8 厘米。瓦身前宽后窄，厚薄较均匀，前部一侧已残。瓦身长 35.2、宽 19.4～21.5、厚 1.8 厘米。瓦唇前部略宽于尾部，其上有横向凹槽，宽 1.8 厘米，略接近瓦身。瓦唇由与瓦身相接部位向后渐低，尾端略抹斜向下。瓦唇部分长 5.6 厘米（图二六八，3；图版二七六，4）。

标本 00NSGⅠT004007②：21，残。白胎，器表半侧和前端挂黄绿釉，瓦唇部无釉，器表无釉处和唇部为黄白色，瓦内为粗布纹。通长 37.9 厘米。瓦身中部略宽，厚薄不甚均匀。瓦身长 33.3、宽 16.9～17.4、厚 1～1.4 厘米。瓦唇前部略宽于尾部，其上有横向凹槽，宽 1.6 厘米，略接近尾端。瓦唇由与瓦身相接部位向后渐低，尾端略抹斜向下。瓦唇部分长 4.6 厘米（图二六八，4；图版二七六，5）。

标本 00NSGⅠT009006②：2，残。红褐胎，器表挂草绿釉，瓦唇部无釉，靠近器身部为黄白色，尾部为红褐色，瓦内为粗布纹。通长 37.9 厘米。瓦身基本等宽，前薄后厚。瓦身长 33.2、宽 17.4、厚 1.2～1.6 厘米。瓦唇前部两侧皆残，由与瓦身相接部位向后渐低，尾端略抹斜向下。瓦唇部分长 4.7 厘米（图二六八，1；图版二七六，6）。

标本 05NSGⅠT009001②：1，残。红褐胎，器表挂浅绿釉，瓦唇部无釉，红褐色，瓦内为粗布纹。通长 39.8 厘米。瓦身基本等宽，前薄后厚。瓦身长 35.4、宽 18.6、厚 2.1～2.6 厘米。瓦唇前宽后窄，由与瓦身相接部位向后渐低，尾端略抹斜向下。瓦唇部分长 4.4 厘米（图二六八，2；图版二七七，1）。

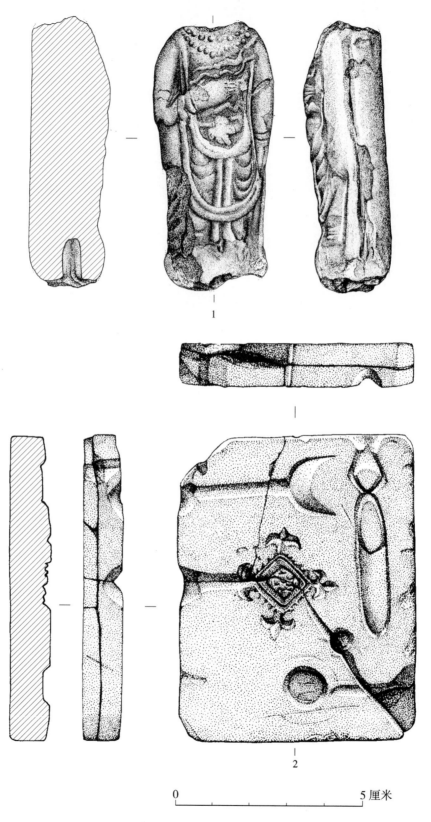

0   5厘米

图二六七 第 3、4 号宫殿建筑群基址出土陶器

1. 造像（00NSGⅠT008010①a：7）   2. 牌饰（06NSGⅠT015008②：18）

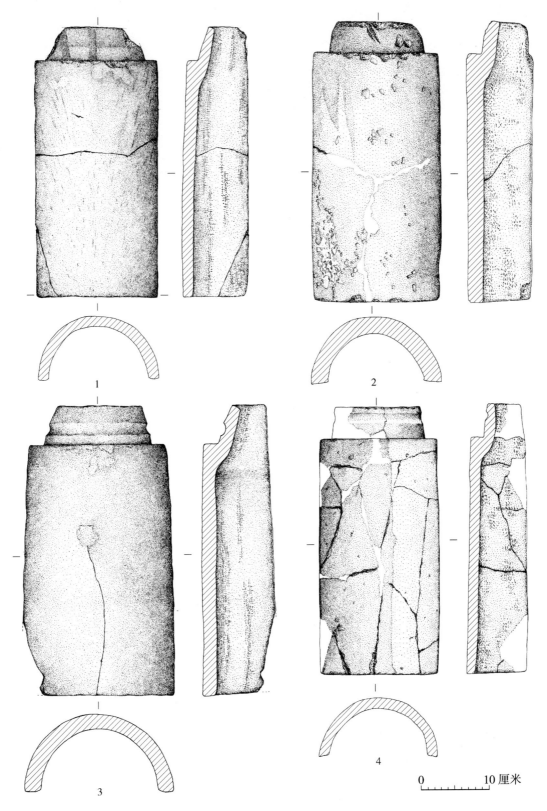

图二六八　第3、4号宫殿建筑群基址出土釉陶筒瓦

1. 00NSGⅠT009006②：2　2. 05NSGⅠT009001②：1　3. 00NSGⅠT008011②：7　4. 00NSGⅠT004007②：21

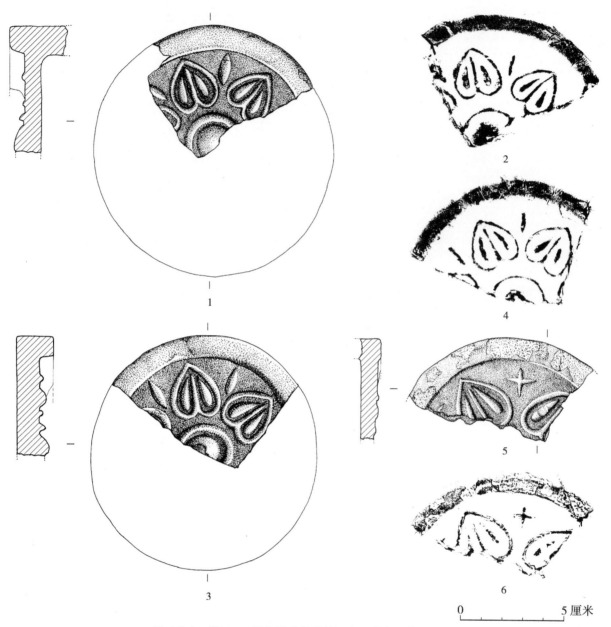

图二六九　第 3、4 号宫殿建筑群基址出土釉陶瓦当及拓片
1、2. 七瓣莲花纹 Ac 型（00NSGⅠT007006①a：4）　　3、4. 六瓣莲花纹 Ae 型（05NSGⅣT010001②：11）
5、6. 六瓣莲花纹 B 型（00NSGⅠT004007①a：15）

2）瓦当　3 件，皆为莲花纹瓦当残件。

七瓣莲花纹 Ac 型

标本 00NSGⅠT007006①a：4，残，夹细砂质，红胎，绿釉，从残存部分看为全釉。当边宽 0.8 厘米，高于当面 0.5 厘米，其内、外缘皆较锐。图案莲瓣轮廓清晰，线条匀称。莲实中心突起呈半球状。直径 12、厚 1.5 厘米（图二六九，1、2；图版二七七，2）。

六瓣莲花纹 Ae 型

标本 05NSGⅣT010001②：11，残，泥质，红胎，绿釉，从残存部分看为全釉。当边宽 0.9 厘米，高于当面 0.7 厘米，其内缘较圆、外缘较直锐。图案莲瓣轮廓清晰，线条匀称。莲实中心突起呈半球状。直径 11.2、厚 1.7 厘米（图二六九，3、4；图版二七七，3）。

六瓣莲花纹 B 型

标本 00NSGⅠT004007①a：15，残，夹细砂质，红胎，绿釉，从残存部分看背面无釉。当边宽 0.8 厘米，高于当面 0.3 厘米，其内缘较锐，外缘较直。图案莲瓣轮廓清晰，线条匀称。直径约 12.7、厚 1.5 厘米（图二六九，5、6；图版二七七，4）。

（2）鸱吻　无可复原鸱吻，只有一些残片。

标本 00NSGⅠT008006②：1，残。手制，白胎，黄、绿、褐三色彩釉，釉色较亮。此标本呈外面略鼓的弧状，系鸱吻下部结构，不能复原。现存部位可看出是一兽的嘴部，唇张开，牙齿咬合，陶片的其余部分皆为环嘴的鬃毛。残长 26、宽 24、厚 1.5～3 厘米（图二七〇，2；图版二七七，5）。

（3）兽头　出土有数量较多的兽头残片，可复原标本 2 件。

标本 00NSGⅠT010007②：12，残。手制，白胎，黄、绿、褐三色彩釉，釉色较暗，底面无釉。造型复杂，整体形态较瘦小。鼻上部残损，嘴张开，唇外翻，腮侧咧，舌已残，齿外呲，眼斜向前伸，双层眼皮，器耳及脑后部残损。底部由两侧向中间弧起。在鼻后有一贯穿上下的圆孔，应是固

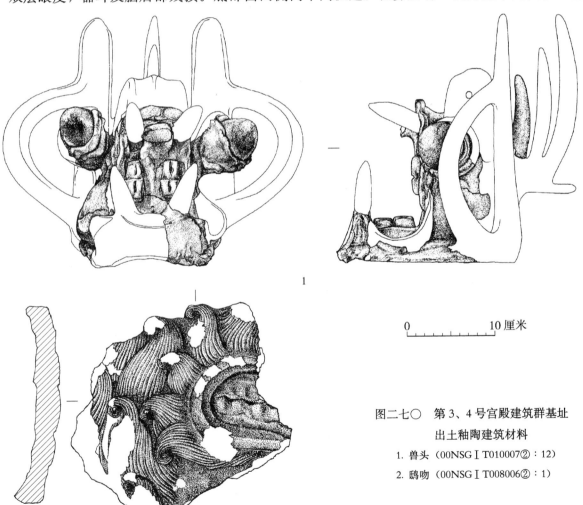

0　　　　　　　　10 厘米

图二七〇　第 3、4 号宫殿建筑群基址
出土釉陶建筑材料

1. 兽头（00NSGⅠT010007②：12）
2. 鸱吻（00NSGⅠT008006②：1）

定兽头的铁条穿过之处。残高 18.2、前后残长 19.5、左右残宽 23.2 厘米（图二七〇，1；图版二七七，6）。

标本 00NSGⅠT008013②：7，残。手制，白胎，黄、绿、褐三色彩釉，釉色光亮，底面无釉。造型复杂，鼻朝天，嘴大张，唇外翻，腮大咧，舌卷曲，齿外呲，眼暴突，双层眼皮，耳环眼部上竖，脑后部残损。底部由两侧向中间弧起。在鼻上有一贯穿上下的圆孔，应是固定兽头的铁条穿过之处。残高 33.5、前后残长 29.7、左右残宽 39.7 厘米（图二七一；图版二七八，1、2）。

（4）套兽　只出土于第 3 号宫殿的范围，多为一些残片，可复原标本 1 件。

标本 00NSGⅠT005006②：1，残。手制，白胎，黄绿、墨绿双色釉，釉色较暗。额圆隆，眉部突起，呈鬃状，眉头紧皱，眼窝较深，眼珠前部已残，口鼻较长且前伸，嘴合拢，唇侧有一犬齿伸出。脑后、嘴后和颌侧有鬃毛。整个器物为空心，后视呈方圆形管状。长 33、宽 33.1、高 23 厘米（图二七二；图版二七八，3、4）。

（5）覆盆　是围绕在柱脚起保护和装饰作用的建筑构件。俯视呈圆环形。截面从下到上呈弧状内敛，至上部内壁上折，与外壁相交形成向内的尖唇，底面较平。近底外壁有收束的凹痕。一般由若干块拼接而成，其内面边缘多有拼接符号。皆为轮制，有光面和莲瓣纹两种，前者居多，大多为残块。

光面覆盆

标本 00NSGⅠT006009②：53，残。红褐胎，器表挂绿釉，粘有较多颗粒状烧土，内壁和底部无釉。此器一端为拼接面，一端已残。内壁紧贴拼接面有刻划的横枝形纹。高 10.4、外径、内径、厚 3.6 厘米（图二七三，1；图版二七九，1、2）。

标本 00NSGⅠT006006②：9，残。红褐胎，器表和底部外半挂绿釉，粘有较多颗粒状烧土，内壁和底部内半无釉。此器两端皆残，向内的唇略内凸。内壁有刻划的"H"形纹。高 10.4、外径、内径、厚 4.8 厘米（图二七三，2；图版二七九，3、4）。

标本 00NSGⅠT005008②：43，残。红褐胎，器表大部分挂绿釉，靠近一端部分无釉，呈黄白色，粘有较多颗粒状烧土，内壁和底部无釉。此器两端皆残。内壁有白粉书写的倒"五"字。高 10.7、外径、内径、厚 4.6 厘米（图二七四，1；图版二七九，5、6）。

标本 00NSGⅠT005008②：46，残。红褐胎，器表挂绿釉，内壁和底部无釉。此器一端为拼接面，一端已残。内壁紧贴拼接面有刻划的横枝形纹。高 10.2、外径、内径、厚 4.2 厘米（图二七四，2；图版二七九，7、8）。

标本 00NSGⅠT005008②：45，残。红褐胎，器表挂绿釉，釉色不匀，略似西瓜皮，内壁和底部无釉。此器一端为拼接面，一端已残。内壁紧贴拼接面有刻划"╠"形纹。高 10.6、外径、内径、厚 3.2 厘米（图二七五，1；图版二八〇，1、2）。

标本 00NSGⅠT005006②：56，残。红褐胎，器表挂绿釉，内壁和底部无釉。此器一端为拼接面，一端已残。内壁紧贴拼接面有刻划钩形纹。高 13、外径、内径、厚 4.6 厘米（图二七五，2；图版二八〇，3、4）。

标本 00NSGⅠT009008②：16，残。红褐胎，器表挂绿釉，釉色不匀，略似西瓜皮，器表粘有较多的白灰，内壁和底部无釉。此器一端为拼接面，一端已残。内壁紧贴拼接面有两条横向的刻划纹。

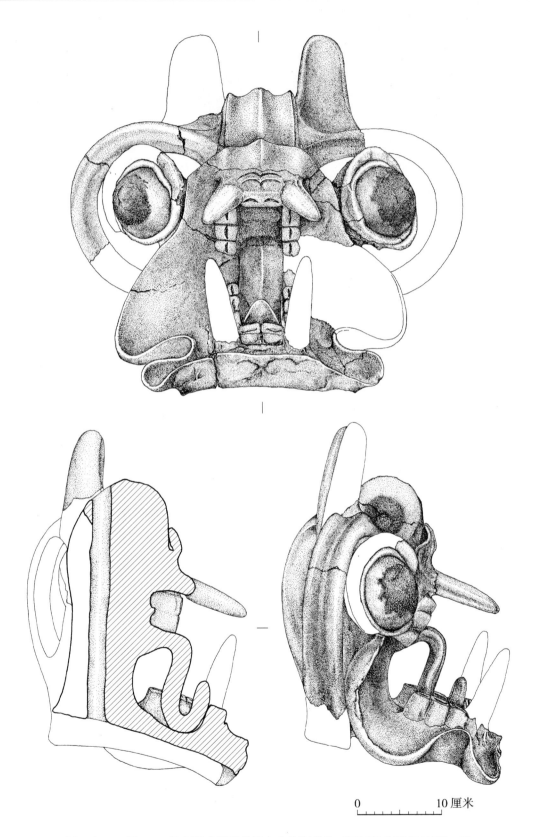

0 ⊢——————┤ 10厘米

图二七一　第 3、4 号宫殿建筑群基址出土釉陶兽头（00NSGⅠT008013②：7）

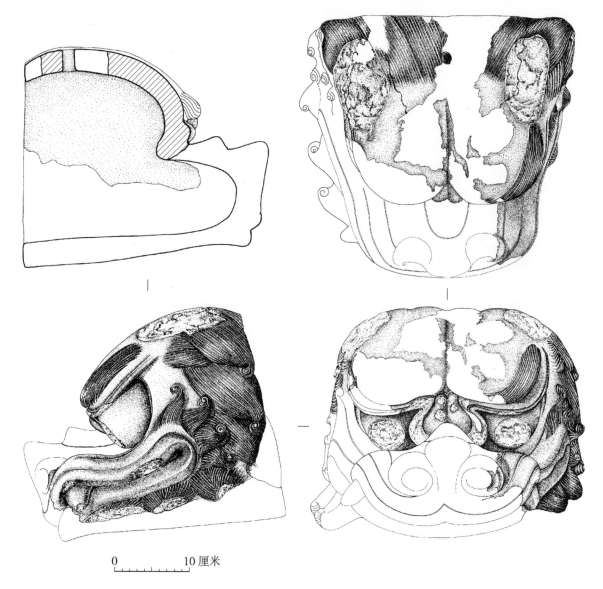

图二七二　第 3、4 号宫殿建筑群基址出土釉陶套兽（00NSGⅠT005006②：1）

高 10、外径、内径、厚 3.2 厘米（图二七六，1；图版二八〇，5、6）。

　　标本 00NSGⅠT007007②：3，残。红褐胎，器表挂绿釉，内壁和底部无釉。此器一端为拼接面，一端已残。内壁紧贴拼接面有两道很短的斜向刻划纹。高 13、外径、内径、厚 3.4 厘米（图二七六，2；图版二八一，1、2）。

　　标本 00NSGⅠT006009②：91，残。红褐胎，器表挂绿釉，粘有较多颗粒状烧土，内壁和底部无釉。此器两端皆残。内壁有白粉书写的"王"字。高 9.8、外径、内径、厚 4.4 厘米（图二七七，1；图版二八一，3、4）。

　　标本 00NSGⅠT006009②：90，残。红褐胎，器表和底部外半挂绿釉，粘有较多颗粒状烧土和白灰，内壁和底部内半无釉。此器两端皆残。高 10、外径、内径、厚 4.5 厘米（图二七七，2；图版二八一，5）。

标本00NSGⅠT008009①a：37，残。红褐胎，器表挂绿釉，内壁和底部无釉。此器两端皆残。高11、外径、内径、厚4.4厘米（图二七八，1；图版二八一，6）。

标本00NSGⅠT006009②：54，残。红褐胎，器表挂绿釉，内壁和底部无釉。此器两端皆残，内壁上折处有两圈凹弦纹。高13、外径、内径、厚5厘米（图二七八，2；图版二八二，1）。

标本00NSGⅠT005006②：55，残。红褐胎，器表挂绿釉，釉色不匀，略似西瓜皮，内壁和底部

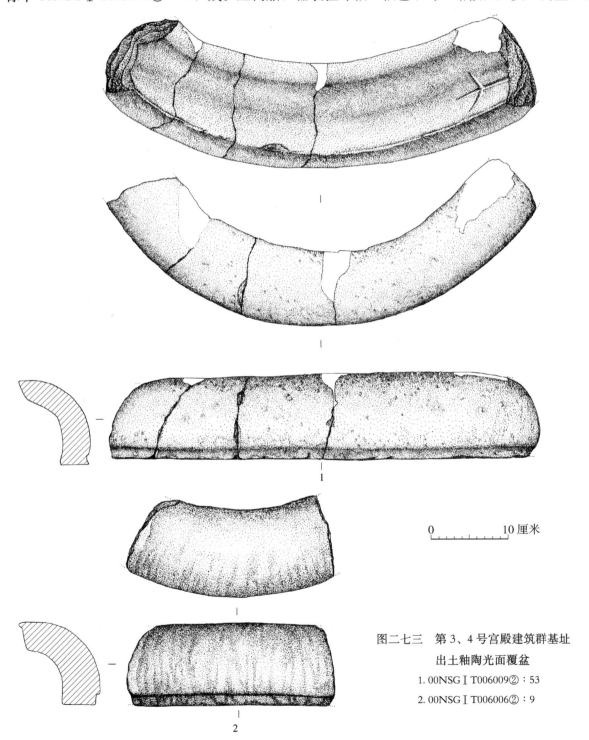

0　　　　　10厘米

图二七三　第3、4号宫殿建筑群基址
出土釉陶光面覆盆
1. 00NSGⅠT006009②：53
2. 00NSGⅠT006006②：9

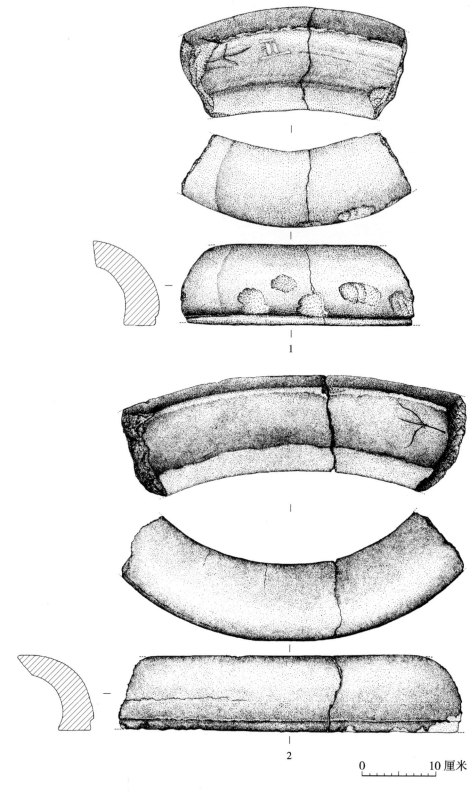

图二七四　第 3、4 号宫殿建筑群基址出土釉陶光面覆盆

1. 00NSGⅠT005008②：43　2. 00NSGⅠT005008②：46

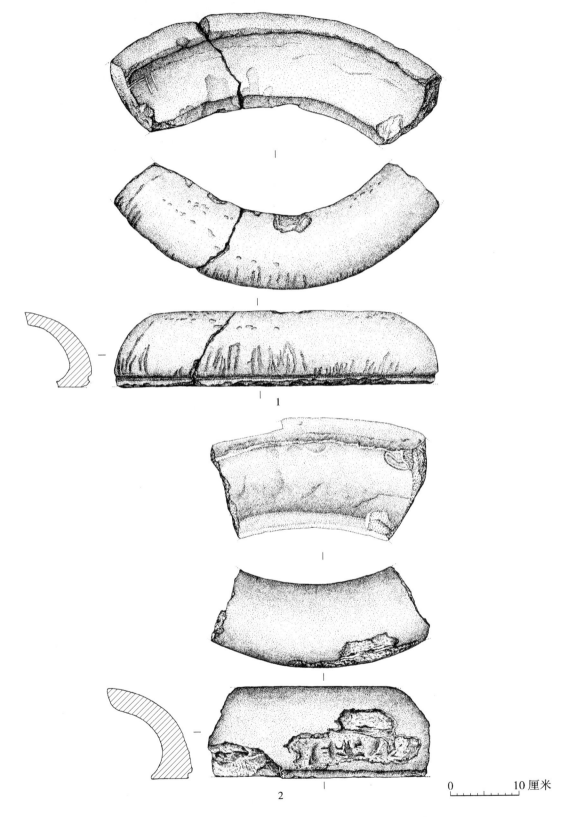

0 　　　　　10厘米

图二七五　第3、4号宫殿建筑群基址出土釉陶光面覆盆

1. 00NSGⅠT005008②：45　2. 00NSGⅠT005006②：56

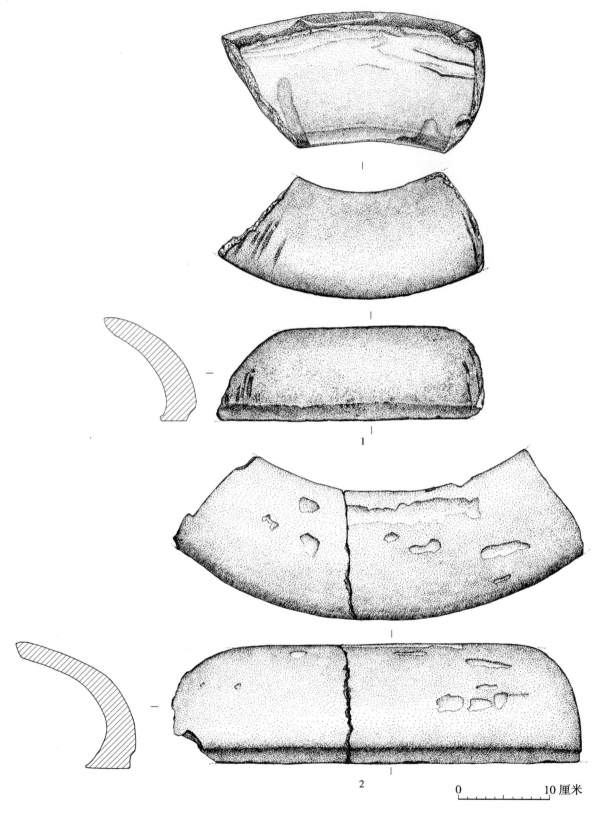

图二七六　第3、4号宫殿建筑群基址出土釉陶光面覆盆

1. 00NSG I T009008②：16　2. 00NSG I T007007②：3

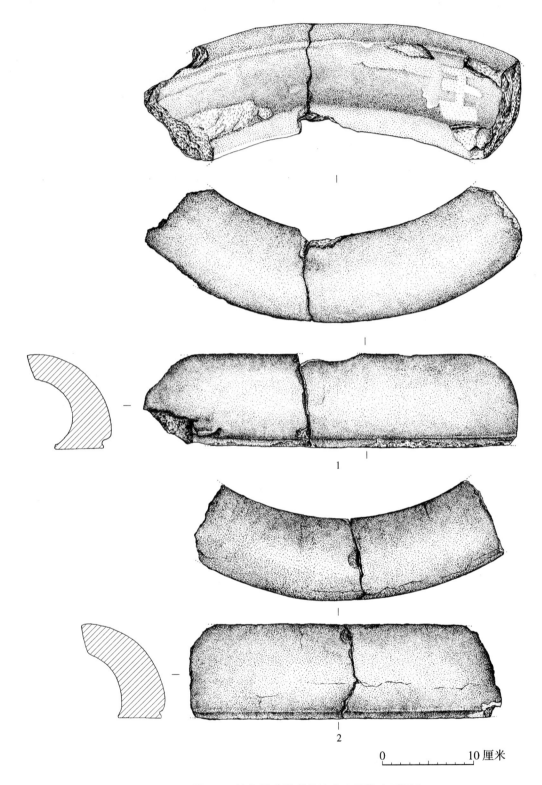

图二七七　第3、4号宫殿建筑群基址出土釉陶光面覆盆

1. 00NSGⅠT006009②：91　2. 00NSGⅠT006009②：90

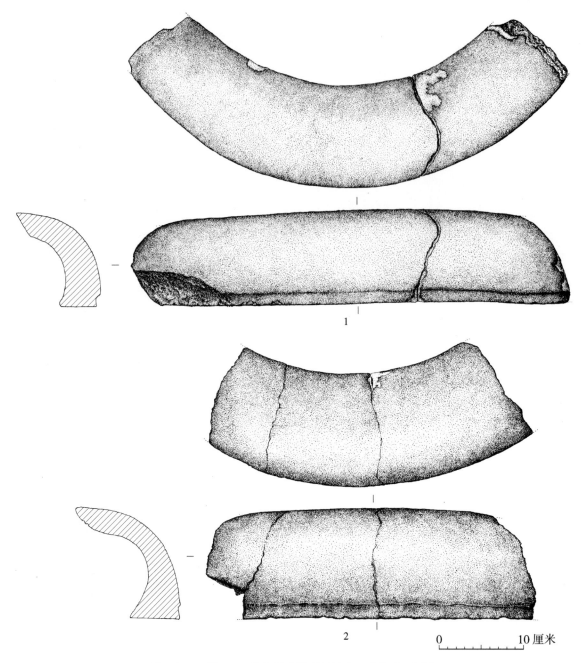

图二七八　第 3、4 号宫殿建筑群基址出土釉陶光面覆盆
1. 00NSGⅠT008009①a：37　2. 00NSGⅠT006009②：54

无釉。此器两端皆残。高 11.6、外径、内径、厚 3.4 厘米（图二七九，1；图版二八二，2）。

　　标本 00NSGⅠT005006②：57，残。红褐胎，器表挂绿釉，釉色不匀，略似西瓜皮，内壁和底部无釉。此器一端为拼接面，一端已残。内壁较靠近残端处刻划 "－" 形纹。高 10.8、外径、内径、厚 3.6 厘米（图二七九，2；图版二八二，3）。

　　莲瓣覆盆

　　标本 00NSGⅠT011011②：22，略残。白胎，器表挂绿釉。整体呈半圆形，两端皆是拼接面，应是与另一半合在一起使用。覆盆外部饰以四个莲瓣，瓣尖上翘，瓣翼圆润，瓣间以小沟槽相隔，向下至瓣的圆翼位置则变为向上翘起的三角。莲瓣之下是约 2 厘米高的向下直面，瓣尖和瓣间三角的部分则较高，抹制平滑。高 8.5、内径 30、外径 50、厚 4.6 厘米（图二八○；图版二八二，4）。

（6）其他建筑材料

标本 00NSGⅠT008011①a：2，残。模制，白胎，正面和边缘挂绿釉，器表粘满颗粒状烧土，背面无釉，呈红褐色。此标本现存部分呈板状，只存有一段原边，其整体形状已不可知，现存部分原

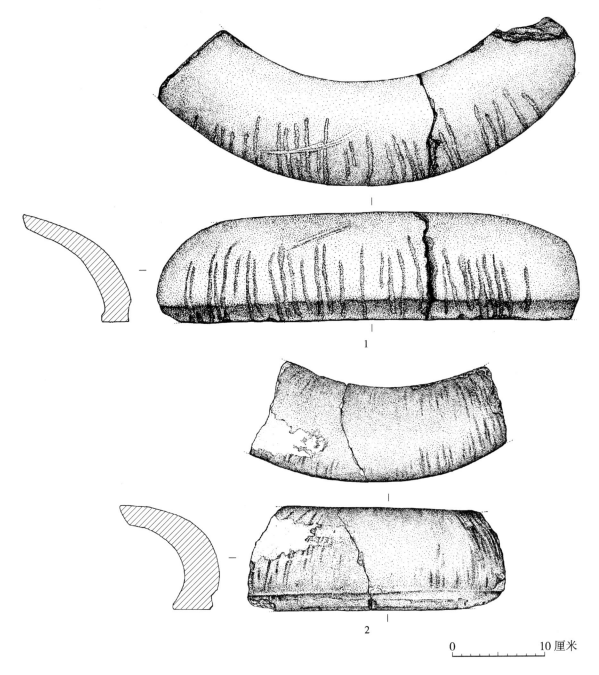

0　　　　　　　　　　　10 厘米

图二七九　第 3、4 号宫殿建筑群基址出土釉陶光面覆盆

1. 00NSGⅠT005006②：55　2. 00NSGⅠT005006②：57

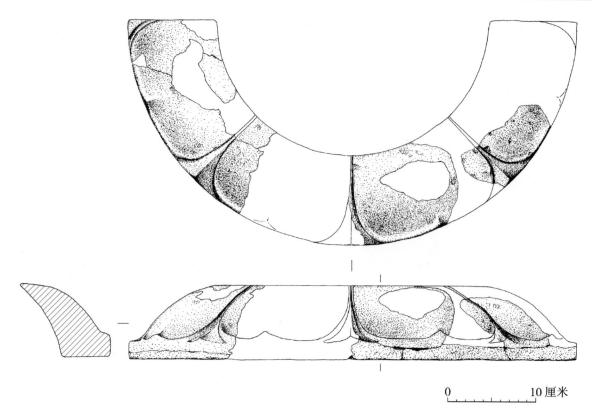

0 _____ 10 厘米

图二八○　第 3、4 号宫殿建筑群基址出土釉陶莲瓣覆盆（00NSGⅠT011011②：22）

边呈弧形。正、背两面皆为平面。正面施有纹饰，因所余较小，难以准确辨识，似缠枝忍冬纹。从所存原边处可以看出，正面的边缘有高于图案面 0.3 厘米的边。背面为素面。所存原边为弧形。残长 12.8、残宽 6.5、厚 1.8 厘米（图二八一，1；图版二八二，5）。

标本 00NSGⅠT008011①a：19，残。模制，白胎，正面和边缘挂绿釉，器表粘满颗粒状烧土，背面无釉，呈红褐色。此标本现存部分呈板状，只存有一段原边，其整体形状已不可知，现存部分原边略呈曲线形。正、背两面均为平面。正面施有纹饰，因所余较小，难以准确辨识，似缠枝忍冬纹。从所存原边处可以看出，正面的边缘有高于图案面 0.3 厘米的边。背面为素面。所存原边为弧形。残长 9.8、残宽 7.2、厚 1.8 厘米（图二八一，2；图版二八二，6）。

2. 生活用具

第 3、4 号宫殿出土的釉陶器很少，有口沿和陶片，无可复原器物。均为较小的残片。

1）口沿

标本 00NSGⅠT010007②：114，残。这是一件口底皆具的器物，但底边较直，可能为非规整器形，整体形状无法推测复原。白胎，内外皆挂绿釉，釉色深浅不匀，底部釉色较淡。平底斜壁，内底、壁呈寰状。高 1.6 厘米（图二八一，3；图版二八三，1）。

标本 00NSGⅠT006007②：7，残。白胎，器表挂绿釉，内壁和口沿上面挂浅黄釉，内壁釉色较亮。折沿，方唇，弧腹。残高 4.6、残宽 11.5、壁厚 1.3 厘米（图二八一，4；图版二八三，2）。

标本 00NSGⅠT007007②：8，残。黄褐陶胎，器表挂绿釉，内壁和口沿上面挂浅黄釉，内壁釉

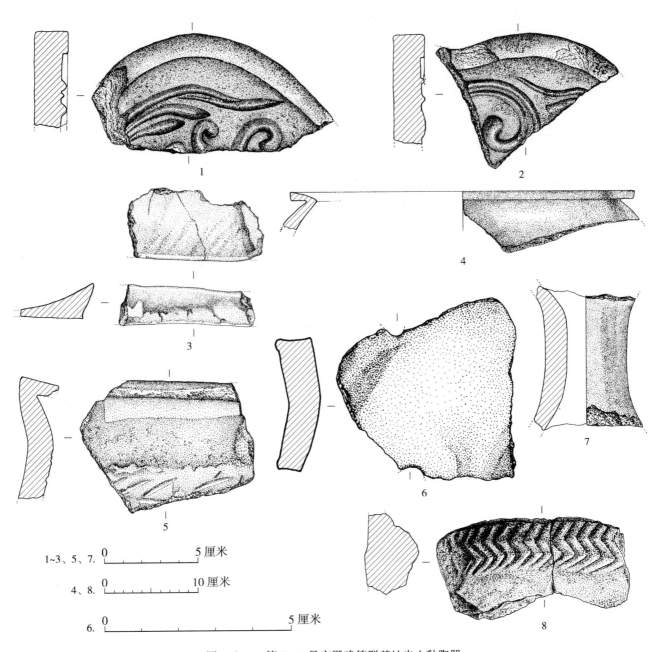

图二八一　第3、4号宫殿建筑群基址出土釉陶器

1、2. 建筑材料（00NSGⅠT008011①a：2、00NSGⅠT008011①a：19）　3～5. 口沿（00NSGⅠT010007②：114、
00NSGⅠT006007②：7、00NSGⅠT007007②：8）　6～8. 陶片（05NSGⅠT012011①a：1、05NSGⅠT012010①a：2、
00NSGⅠT008013②：27）

色较亮。折沿，唇已残，弧腹。器表有一条环带状剥落，露出陶胎，应是器壁上原有一周纹饰带。残
高6.2、残宽9、壁厚1.2厘米（图二八一，5；图版二八三，3）。

2）陶片

标本00NSGⅠT010007②：62，残。为器物腹部残片。白胎，器表挂黄、绿两色釉，黄、绿色釉
间施，色似瓜皮，内壁无釉。残长10.5、残宽19.4、壁厚1.1厘米（图版二八三，4）。

标本00NSGⅠT010007②：63，残。为器物腹部残片。白胎，器表挂黄、绿、褐三彩釉，内壁无釉。器表有一条横向的剥落带，应是器表曾饰有纹饰带。残长9、残宽11.8、壁厚1.2厘米（图版二八三，5）。

标本05NSGⅠT012011①a：1，残。为器物腹部残片。白胎，器表挂黄、绿、褐三彩釉，内壁挂浅黄釉，釉色较亮。器壁厚薄不甚均匀，其上残存有两个孔的痕迹，孔痕内也挂釉。故推测可能是熏类器物。残长5.2、残宽5.6、壁厚0.5~0.8厘米（图二八一，6；图版二八三，6）。

标本06NSGⅠT014012②：17，残。为器物腹部残片。轮制，白胎，器表挂黄、绿、褐三彩釉，釉色较亮，内壁无釉。器外壁可见有两条相距较近的凹弦纹。残长4.4、残宽5、壁厚0.4厘米（图版二八四，1）。

标本06NSGⅠT014012②：18，残。为器物颈、腹部残片。轮制，白胎，器表挂黄、绿、褐三彩釉，釉色较亮，内壁无釉。器外壁可见颈、腹相交处有棱状折痕。残长2、残宽2、壁厚0.3厘米（图版二八四，2）。

标本05NSGⅠT012010①a：2，残。为中间有柱器物的柱中间部分。白胎，器壁内外皆挂黄、绿、褐三彩釉，釉色较亮。整体呈两头粗中间细的管状，只余一半。外壁光滑，内壁较皱。器壁厚薄不甚均匀。残长8.4、残宽5.4、壁厚0.8~1厘米（图二八一，7；图版二八四，3）。

标本00NSGⅠT008013②：27，残。为大型器物外壁上的纹饰条带的一部分。黄褐陶胎，器表粘满颗粒状烧土，可见绿、褐色釉，内壁无釉。纹饰带向外凸起，由排列整齐且较密的两次弯折的阳线条组成纹饰，其中一折的角构成纹饰带的凸棱。残高10.3、残宽19.5、壁厚3.8厘米（图二八一，8；图版二八四，4）。

（三）铁器

主要有建筑材件、生活用具和武器防具三类。

1. 建筑材料

有钉、门鼻、门环、门枢、门转、门轮、合页、环、页、垫、包角、灶口立板以及一些名称、用途不明的构件。

（1）钉　分为14型。均为锻打而成。保存状况不好，除极少数涂有漆皮外，均呈锈红色，有不同程度的剥落。

A型

标本00NSGⅠT008006①a：42，略残。钉帽斜向一侧，窄端似乎经过锻打，形成一个斜向的平面。钉身呈弧形弯向一侧，可能与使用有关。钉身截面上部呈长方形，向下渐细，且截面渐成方形，最后成尖。长23.1厘米，钉身上部最粗处截面为1.2×0.7厘米，下部为0.7×0.7厘米（图二八二，1；图版二八四，5）。

标本00NSGⅠT010008②：4，略残。钉帽窄端似乎经过锻打，形成一个斜向的平面。钉身呈弧形弯向一侧，可能与使用有关。钉身截面基本呈方形，向下渐细成尖。长18.9厘米，钉身上部最粗处截面为0.9×0.9厘米（图二八二，2；图版二八四，6）。

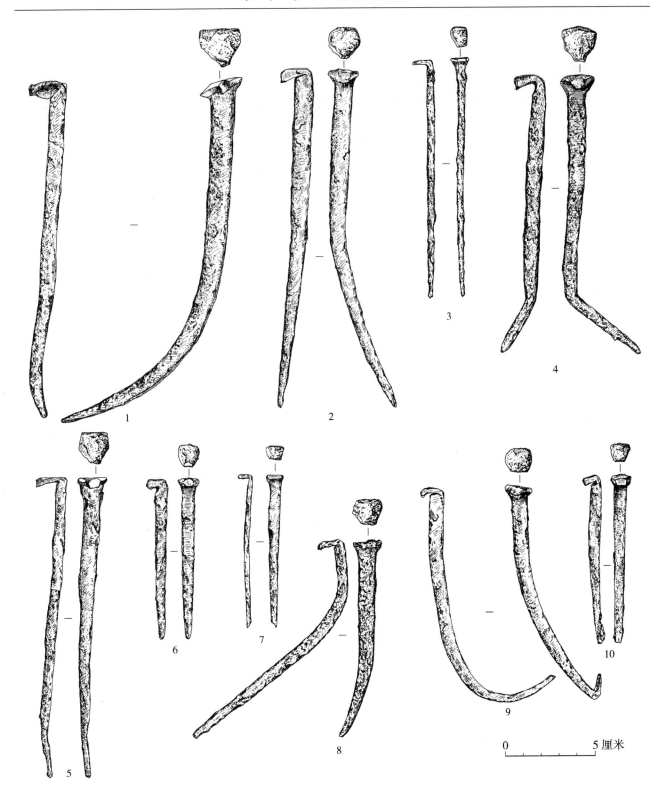

图二八二　第 3、4 号宫殿建筑群基址出土 A 型铁钉

1. 00NSGⅠT008006①a：42　2. 00NSGⅠT010008②：4　3. 00NSGⅠT007011①a：1　4. 00NSGⅠT008010①a：54

5. 00NSGⅠT007011①a：7　6. 00NSGⅠT008009①a：19　7. 00NSGⅠT008009①a：93　8. 00NSGⅠT009008①a：3

9. 00NSGⅠT008009①a：107　10. 00NSGⅠT010008②：1

标本 00NSGⅠT008010①a：54，略残。钉帽窄端似乎经过锻打，形成一个斜向的平面。钉身弯折向一侧，可能与使用有关。钉身截面基本呈方形，向下渐细成尖。长 16.9 厘米，钉身上部最粗处截面为 0.8×0.8 厘米（图二八二，4；图版二八五，1）。

标本 00NSGⅠT007011①a：7，略残。钉帽窄端似乎经过锻打，形成一个斜向的平面。钉身略弯，可能与使用有关。钉身截面上部呈长方形，向下渐细，且截面渐成方形，最后成尖。长 16.5 厘米，钉身上部最粗处截面为 0.8×0.5 厘米，下部为 0.5×0.5 厘米（图二八二，5；图版二八五，2）。

标本 00NSGⅠT009008①a：3，略残。钉帽窄端似乎经过锻打，形成一个斜向的平面。钉身呈弧形前弯，可能与使用有关。钉身截面上部呈长方形，向下渐细，且截面渐成方形，最后成尖。长 14.7 厘米，钉身上部最粗处截面为 0.75×0.5 厘米，下部为 0.5×0.5 厘米（图二八二，8；图版二八五，3）。

标本 00NSGⅠT008009①a：107，略残。钉帽两侧边略弧，窄端似乎经过锻打，形成一个斜向的平面。钉身扭曲后弯，可能与使用有关。钉身截面基本呈方形，向下渐细成尖。长 16.9 厘米，钉身上部最粗处截面为 0.7×0.7 厘米（图二八二，9；图版二八五，4）。

标本 00NSGⅠT007011①a：1，略残。钉帽较薄，钉身接近钉帽处截面呈长方形，向下截面基本呈方形，向下渐细成尖，钉尖已残。残长 12.9 厘米，钉身上部截面为 0.5×0.2 厘米，下部最粗处截面为 0.3×0.3 厘米（图二八二，3；图版二八五，5）。

标本 00NSGⅠT008009①a：19，略残。钉帽窄端似乎经过锻打，形成一个斜向的平面。钉身截面基本呈方形，向下渐细成尖，尖部较钝。长 8.7 厘米，钉身最粗处截面为 0.55×0.55 厘米（图二八二，6；图版二八五，6）。

标本 00NSGⅠT010008②：1，略残。钉帽窄端似乎经过锻打，形成一个斜向的平面。钉身呈弧形略后弯，可能与使用有关。钉身截面基本呈方形，向下渐细成尖，尖部已残。残长 9.1 厘米，钉身上部最粗处截面为 0.5×0.5 厘米（图二八二，10；图版二八六，1）。

标本 00NSGⅠT008009①a：93，略残。钉帽较薄，钉身呈弧形略后弯，可能与使用有关。钉身截面呈长方形，向下渐细成尖，尖部已残。残长 8.2 厘米，钉身上部最粗处截面为 0.5×0.2 厘米（图二八二，7；图版二八六，2）。

B 型

标本 00NSGⅠT009007②：37，略残。钉身扭曲后弯，可能与使用有关。钉身截面基本呈方形，向下渐细成尖，尖部已残。残长 10.3 厘米，钉身上部最粗处截面为 0.7×0.7 厘米（图二八三，1；图版二八六，3）。

标本 00NSGⅠT009008①a：22，略残。钉身略弯，可能与使用有关。钉身截面上部呈长方形，向下渐细，且截面渐成方形，最后成尖，尖部略残。残长 8.2 厘米，钉身上部最粗处截面为 0.7×0.3 厘米，下部为 0.3×0.3 厘米（图二八三，2；图版二八六，4）。

标本 00NSGⅠT009008①a：72，钉帽与钉身相接处无明显的内折痕迹，且弯度较小。钉身扭曲侧弯，可能与使用有关。钉身截面基本呈长方形，向下渐细成尖，尖部已残。残长 10.6 厘米，钉身上部最粗处截面为 0.7×0.25 厘米（图二八三，3；图版二八六，5）。

标本 00NSGⅠT008007①a：11，钉帽与钉身相接处无明显的内折痕迹，且弯度较小。钉身略弯，

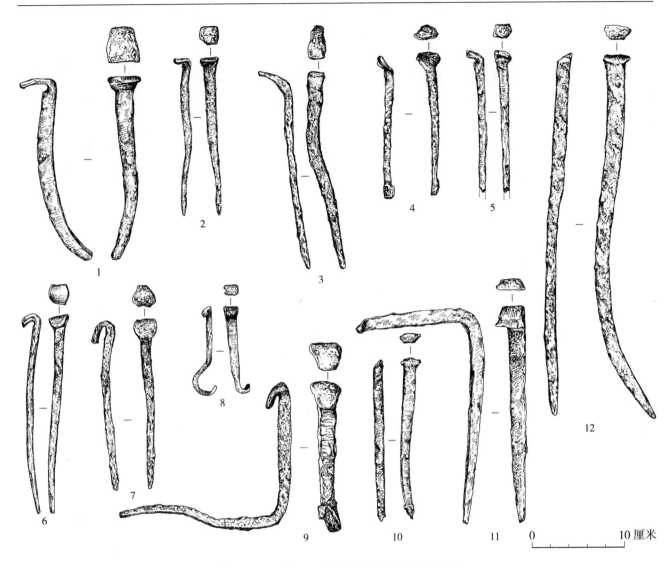

图二八三　第3、4号宫殿建筑群基址出土铁钉

1～5. B型（00NSGⅠT009007②：37、00NSGⅠT009008①a：22、00NSGⅠT009008①a：72、00NSGⅠT008007①a：11、
00NSGⅠT008007①a：5）　6～9. C型（00NSGⅠT008007①a：8、00NSGⅠT008009①a：98、06NSGⅠT014011②：23、
00NSGⅠT007008②：6）　10～12. D型（00NSGⅠT009008①a：7、00NSGⅠT006013①a：25、00NSGⅠT010008②：2）

可能与使用有关。钉身截面基本呈方形，向下渐细，尖部已残。残长7.5厘米，钉身上部最粗处截面
为0.5×0.5厘米（图二八三，4；图版二八六，6）。

标本00NSGⅠT008007①a：5，钉身截面基本呈方形，向下渐细，尖部已残。残长7.5厘米，钉
身上部最粗处截面为0.4×0.4厘米（图二八三，5；图版二八七，1）。

C型

标本00NSGⅠT008007①a：8，略残。钉身略弧形后弯，可能与使用有关。钉身截面上部呈长方
形，向下渐细，且截面渐成方形，最后成尖，尖部已残。器表涂有漆皮。残长10.6厘米，钉身上部
最粗处截面为0.5×0.3厘米，下部为0.3×0.3厘米（图二八三，6；图版二八七，2）。

标本00NSGⅠT008009①a：98，略残。钉身略弧形后弯，可能与使用有关。钉身截面上部呈长

方形，向下渐细，且截面渐成方形，最后成尖，尖部已残。长 9 厘米，钉身上部最粗处截面为 0.4×0.3 厘米，下部为 0.3×0.3 厘米（图二八三，7；图版二八七，3）。

标本 06NSGⅠT014011②：23，略残。钉身向前弯折，可能与使用有关。钉身截面上部呈长方形，向下渐细，且截面渐成方形，最后成尖，尖部已残。残长 16.2 厘米，钉身上部最粗处截面为 0.8×0.6 厘米，下部为 0.5×0.5 厘米（图二八三，8；图版二八七，4）。

标本 00NSGⅠT007008②：6，略残。钉身下部向后弯成钩状，可能与使用有关。钉身截面上部呈长方形，向下渐细成尖，尖部略残。器表涂有漆皮。残长 6 厘米，钉身上部最粗处截面为 0.5×0.2 厘米（图二八三，9；图版二八七，5）。

D 型

标本 00NSGⅠT010008②：2，略残。顶部一面锻打。钉身呈弧形弯向一侧，可能与使用有关。表皮略有剥落。钉身截面上部呈长方形，向下渐细，且截面渐成方形，最后成尖，尖部较钝。长 20.2 厘米，钉身最粗处截面为 0.9×0.6 厘米，下部为 0.4×0.4 厘米（图二八三，12；图版二八七，6）。

标本 00NSGⅠT006013①a：25，略残。顶部一面锻打。钉身向后弯折，可能与使用有关。表皮略有剥落。钉身截面上部呈长方形，向下渐细成尖，尖部较钝。长 17.6 厘米，钉身最粗处截面为 1×0.5厘米（图二八三，11；图版二八八，1）。

标本 00NSGⅠT009008①a：7，略残。顶部一面锻打。钉身呈弧形略弯向一侧，可能与使用有关。表皮略有剥落，粘有较多的白灰。钉身截面略呈平行四边形，向下渐细成尖，尖部略残。残长 8.5 厘米，钉身最粗处截面边长为 0.6×0.4 厘米（图二八三，10；图版二八八，2）。

E 型

标本 00NSGⅠT008009①a：11，略残。钉帽前端经锻打或是掐断形成凿刃状。钉身呈弧形略弯向一侧，可能与使用有关。钉身截面基本呈方形，向下渐细成尖，尖部已残。残长 9.5 厘米，钉身最粗处截面为 0.4×0.4 厘米（图二八四，1；图版二八八，3）。

标本 00NSGⅠT008009①a：101，略残。钉帽前部两侧经锻打，使钉帽前部俯视较扁。钉身截面呈长方形，但上部是前后面较宽，向下则变成两侧面较宽，向下渐细成尖，尖部已残。残长 9.6 厘米，钉身截面上部 0.35×0.2 厘米，下部 0.1×0.3 厘米（图二八四，2；图版二八八，4）。

标本 00NSGⅠT009008①a：68，略残。钉帽未经过再次的锻打加工。钉身截面基本呈长方形，向下渐细成尖，尖部已残。残长 8.4 厘米，钉身最粗处截面为 0.45×0.3 厘米（图二八四，3；图版二八八，5）。

F 型

标本 00NSGⅠT007014②：66，略残。钉帽上面隆起，下面为平面。钉身整体呈锥体，截面上部基本呈圆形，下部则呈长方形，尖部已残。残长 8.9 厘米，钉帽直径 3 厘米，上部最粗处截面直径 1 厘米，下部最粗处截面 1×0.6 厘米（图二八五，1；图版二八八，6）。

标本 06NSGⅠT012010②：6，略残。钉帽上面隆起，下面上凹。钉身略弯，可能与使用有关。钉身上下粗细较均匀，偏于钉帽一侧，截面基本呈圆形，尖部已残。残长 5.6、钉帽直径 3.8、上部最粗处截面直径 0.55 厘米（图二八五，2；图版二八九，1）。

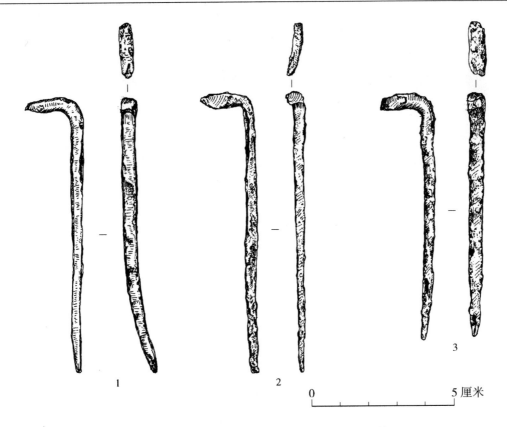

图二八四　第3、4号宫殿建筑群基址出土 E 型铁钉

1. 00NSGⅠT008009①a：11　2. 00NSGⅠT008009①a：101　3. 00NSGⅠT009008①a：68

　　标本 06NSGⅠT013011②：26，略残。钉帽上面隆起，下面上凹。钉身略偏于钉帽一侧，截面基本呈圆形，尖部较锐。长 5、钉帽直径 2.5、上部最粗处截面直径 0.65 厘米（图二八五，3；图版二八九，2）。

　　标本 06NSGⅠT013011②：25，略残。钉帽上面隆起，下面上凹。钉身略弯，可能与使用有关。钉身略偏于钉帽一侧，截面基本呈圆形，尖部已残。残长 6、钉帽直径 2.5、上部最粗处截面直径 0.6 厘米（图二八五，4；图版二八九，3）。

　　标本 05NSGⅠT010005②：2，略残。钉帽上面隆起，下面上凹。钉身略弯，可能与使用有关。钉身略偏于钉帽一侧，截面基本呈圆形，尖部较钝。长 5.2 厘米，钉帽直径 2.4 厘米，上部最粗处截面直径 0.6 厘米（图二八五，5；图版二八九，4）。

　　标本 00NSGⅠT009013②：30，略残。钉帽上面隆起，下面上凹。钉身略有扭曲，偏于钉帽一侧，截面上部基本呈圆形，下部则呈方形，尖部已残。残长 5.2 厘米，钉帽直径 2.1 厘米，上部最粗处截面直径 0.7 厘米，下部最粗处截面 0.4×0.4 厘米（图二八六，1；图版二八九，5）。

　　标本 00NSGⅠT008010①a：5，略残。钉帽上面隆起，下面上凹。钉身偏于钉帽一侧，截面上部基本呈圆形，下部则呈方形，尖部已残。残长 5.4 厘米，钉帽直径 2 厘米，上部最粗处截面直径 0.45 厘米，下部最粗处截面 0.4×0.4 厘米（图二八六，2；图版二八九，6）。

　　标本 00NSGⅠT009008①a：71，略残。钉帽上面隆起，下面上凹。钉身略弯，可能与使用有关。

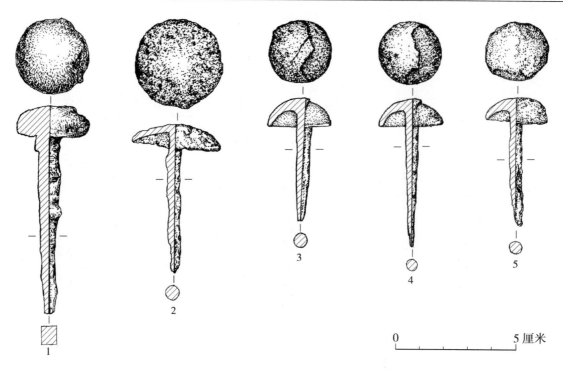

图二八五　第 3、4 号宫殿建筑群基址出土 F 型铁钉
1. 00NSGⅠT007014②：66　2. 06NSGⅠT012010②：6　3. 06NSGⅠT013011②：26
4. 06NSGⅠT013011②：25　5. 05NSGⅠT010005②：2

钉身略偏于钉帽一侧，截面上部基本呈圆形，下部则呈方形，尖部较锐。器表涂有漆皮。长 3.7 厘米，钉帽直径 1.35 厘米，上部最粗处截面直径 0.5 厘米，下部最粗处截面 0.25×0.25 厘米（图二八六，3；图版二九〇，1）。

标本 00NSGⅠT006007②：6，略残。钉帽上面略隆起，下面为平面。钉身略弯，整体呈锥体，截面上部基本呈圆形，下部则呈方形，尖部已残。残长 4.2 厘米，钉帽直径 1.6 厘米，上部最粗处截面直径 0.6 厘米，下部最粗处截面 0.4×0.4 厘米（图二八六，4；图版二九〇，2）。

标本 00NSGⅠT009007②：27，略残。钉帽上面略隆起，下面为平面。钉身弯曲，粗细不均，截面上部基本呈圆形，下部则呈方形，尖部已残。残长 10.2 厘米，钉帽直径 1.1 厘米，上部最粗处截面直径 0.6 厘米，下部最粗处截面 0.4×0.4 厘米（图二八六，5；图版二九〇，3）。

标本 00NSGⅠT010007①a：4，略残。钉帽上面略隆起，下面为平面。钉身向一侧弯折，弯折部分钉身的半侧已脱落，截面上部基本呈圆形，下部则呈方形，尖部已残。残长 9.6 厘米，钉帽直径 1.6 厘米，上部最粗处截面直径 0.8 厘米，下部最粗处截面 0.4×0.4 厘米（图二八六，6；图版二九〇，4）。

标本 00NSGⅠT008013①a：3，略残。钉帽上面略隆起，下面为平面。钉身略弯向一侧，截面上部基本呈圆形，下部则呈方形，尖部已残。残长 4.9 厘米，钉帽直径 1.1 厘米，上部最粗处截面直径 0.5 厘米，下部最粗处截面 0.4×0.4 厘米（图二八六，7；图版二九〇，5）。

标本 00NSGⅠT009006②：22，略残。钉帽上面略隆起，下面为平面。钉身截面上部基本呈圆形，下部则呈方形，尖部已残。残长 4.9 厘米，钉帽直径 1.1 厘米，上部最粗处截面直径 0.5 厘米，下部最粗处截面 0.4×0.4 厘米（图二八六，8；图版二九〇，6）。

标本00NSGⅠT009006②：28，略残。钉帽上面略隆起，下面为平面。钉身截面上部基本呈圆形，下部则呈方形，尖部已残。残长3.5厘米，钉帽直径1.3厘米，上部最粗处截面直径0.6厘米，下部最粗处截面0.3×0.3厘米（图二八六，9；图版二九一，1）。

标本00NSGⅠT008010①a：50，略残。钉帽上面略隆起，下面为平面。钉身扭曲，截面上部基本呈方形，尖部略残。残长3厘米，钉帽直径0.9厘米，上部最粗处截面0.3×0.3厘米（图二八六，10；图版二九一，2）。

标本00NSGⅠT005013②：3，略残。此标本钉帽的制法与上述标本的制法不同，是从钉的顶部锻打，使其向一侧延展逐渐形成圆形钉帽，钉帽前端略似帽檐。钉身截面上部基本呈圆形，下部从

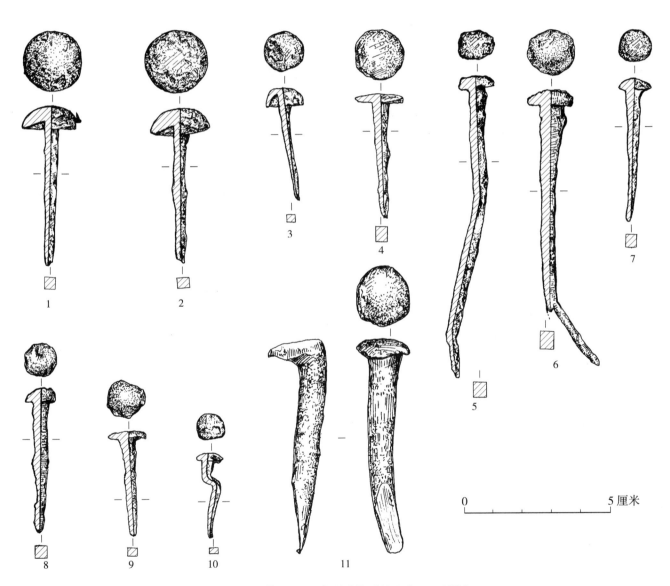

图二八六　第3、4号宫殿建筑群基址出土F型铁钉

1. 00NSGⅠT009013②：30　2. 00NSGⅠT008010①a：5　3. 00NSGⅠT009008①a：71　4. 00NSGⅠT006007②：6
5. 00NSGⅠT009007②：27　6. 00NSGⅠT010007①a：4　7. 00NSGⅠT008013①a：3　8. 00NSGⅠT009006②：22
9. 00NSGⅠT009006②：28　10. 00NSGⅠT008010①a：50　11. 00NSGⅠT005013②：3

前后两侧锻打，至尖部渐成弧形的凿刃状。长 7.2 厘米，钉帽直径 1.8 厘米，最粗处截面直径 1 厘米（图二八六，11；图版二九一，3）。

G 型

标本 00NSGⅠT004012②：2，残。钉帽是先将钉身上部从前后两面锻打成扁状，然后向前弯折制成。钉身截面基本呈方形，向下渐细成尖，尖部略残。残长 7.3 厘米，钉帽长径 4.3、短径 1.7 厘米，钉身最粗处截面 0.6×0.6 厘米（图二八七，1；图版二九一，4）。

H 型

标本 00NSGⅠT007014②：63，略残。钉帽似一六瓣花朵，花瓣间凹陷极小。钉身大部分已残，

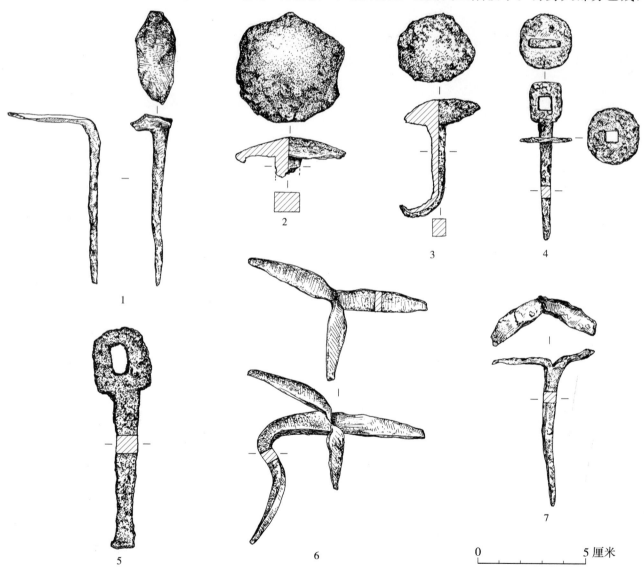

图二八七　第 3、4 号宫殿建筑群基址出土铁钉

1. G 型（00NSGⅠT004012②：2）　2、3. H 型（00NSGⅠT007014②：63、06NSGⅠT010001②：24）

4、5. I 型（00NSGⅠT004006①a：4、06NSGⅠT012011②：21）　6、7. J 型（00NSGⅠT007008②：3、

00NSGⅠT009008①a：73）

所余部分截面基本呈方形，对照其他遗址的此类钉，其应为上下等粗，无尖，下端部回砸致钉体向四周延出。残长 1.9、钉帽最大径 5.3、钉身截面 0.9×0.9 厘米（图二八七，2；图版二九一，5）。

标本 06NSGⅠT010001②：24，略残。钉帽形状不甚规则，略似花朵。钉身截面基本呈方形，向下渐细成尖。钉尖弯向一侧，略残。残长 5.9、钉帽最大径 3.6、钉身截面 0.6×0.6 厘米（图二八七，3；图版二九一，6）。

Ⅰ型

标本 00NSGⅠT004006①a：4，残。钉身截面上部呈长方形，向下渐细，且截面渐成方形，最后成尖。截面上部短边长度略大于钉帽厚度。长 7.2 厘米，钉身最粗处截面为 0.6×0.45 厘米，下部为 0.4×0.4 厘米。钉身套有一圆形方孔的铁垫，直径约 2.5、厚约 0.2 厘米，孔边长约 0.5 厘米（图二八七，4；图版二九二，1）。

标本 06NSGⅠT012011②：21，残。钉身截面基本呈长方形，向下略细，无尖，下端部回砸致钉体向四周延出。截面上部短边长度略大于钉帽厚度。长 9.9 厘米，钉身最粗处截面为 1.1×0.9 厘米（图二八七，5；图版二九二，2）。

J 型

标本 00NSGⅠT007008②：3，略残。钉帽为三叉。钉身扭曲，可能与使用有关，截面基本呈长方形，向下渐细成尖，尖部略残。残长 9.3 厘米，钉身最粗处截面为 0.8×0.8 厘米（图二八七，6；图版二九二，3）。

标本 00NSGⅠT009008①a：73，略残。钉帽为双叉。钉身弯向一侧，截面基本呈长方形，向下渐细成尖，尖部略残。残长 6.8 厘米，钉身最粗处截面为 0.6×0.6 厘米（图二八七，7；图版二九二，4）。

K 型

标本 00NSGⅠT007007①a：1，略残。钉帽略向上隆起，俯视基本呈方形。钉身略弯，钉身截面上部呈长方形，向下渐细，且截面渐成方形，最后成尖，尖部略残。残长 32.2 厘米，钉身上部最粗处截面为 1×0.8 厘米，下部为 0.7×0.7 厘米（图二八八，1；图版二九二，5）。

标本 00NSGⅠT010008②：5，略残。钉帽略向上隆起，俯视基本呈长方形。钉身截面基本呈长方形，向下渐细，尖部已残。残长 7.9 厘米，钉身上部最粗处截面为 1.2×0.8 厘米（图二八八，2；图版二九二，6）。

标本 00NSGⅠT005012②：7，略残。钉帽略向上隆起，向两侧延展较多，俯视基本呈长方形。钉身略弯向一侧，截面呈长方形，向下渐细，尖部已残。残长 10 厘米，钉身上部最粗处截面为 2.5×0.7 厘米（图二八八，3；图版二九三，1）。

L 型

标本 00NSGⅠT008009①a：45，略残。钉身略弯，钉身截面上部呈长方形，向下渐细，且截面渐成方形，最后成尖。钉身残留有涂漆的痕迹。残长 8.2 厘米，钉身上部最粗处截面为 0.4×0.3 厘米，下部为 0.3×0.3 厘米（图二八八，4；图版二九三，2）。

标本 00NSGⅠT009008①a：75，略残。钉尖弯向一侧，钉身截面上部呈长方形，向下渐细，且截面渐成方形，最后成尖。器身涂有漆皮。残长 8.7 厘米，钉身上部最粗处截面为 0.5×0.3 厘米，

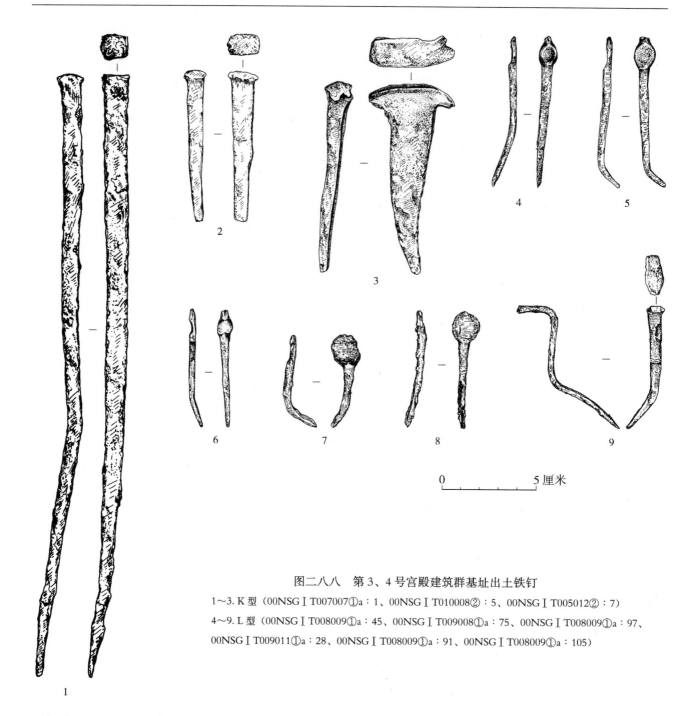

图二八八　第3、4号宫殿建筑群基址出土铁钉

1～3. K型（00NSGⅠT007007①a：1、00NSGⅠT010008②：5、00NSGⅠT005012②：7）

4～9. L型（00NSGⅠT008009①a：45、00NSGⅠT009008①a：75、00NSGⅠT008009①a：97、

00NSGⅠT009011①a：28、00NSGⅠT008009①a：91、00NSGⅠT008009①a：105）

下部为0.3×0.3厘米（图二八八，5；图版二九三，3）。

标本00NSGⅠT008009①a：97，略残。钉尖略弯向一侧，钉身截面上部呈长方形，向下渐细，且截面渐成方形，最后成尖，钉尖略残。钉身残留有涂漆的痕迹。残长6.2厘米，钉身上部最粗处截面为0.4×0.2厘米，下部为0.2×0.2厘米（图二八八，6；图版二九三，4）。

标本00NSGⅠT009011①a：28，略残。钉帽立面看较圆。钉尖略弯向一侧，钉身截面基本呈方形，向下渐细成尖，钉尖略残。残长6.2厘米，钉身上部最粗处截面为0.4×0.4厘米（图二八八，7；图版二九三，5）。

标本00NSGⅠT008009①a：91，略残。钉帽立面看较圆。钉身略弯，钉身截面基本呈长方形，向下渐细成尖，钉尖已残。残长6厘米，钉身上部最粗处截面为0.5×0.3厘米（图二八八，8；图版二九三，6）。

标本00NSGⅠT008009①a：105，略残。钉身前后两次弯折，钉身截面呈长方形，向下渐细成尖，钉尖略残。残长10厘米，钉身上部最粗处截面为0.6×0.2厘米（图二八八，9；图版二九四，1）。

M 型

标本00NSGⅠT008009①a：47，略残。钉尖略弯向一侧，钉身截面呈长方形，向下渐细成尖，靠近尖部两侧内收较急，钉尖略残。残长9.1厘米，钉身上部最粗处截面为0.6×0.3厘米（图二八九，1；图版二九四，2）。

标本00NSGⅠT008007①a：6，略残。钉身呈弧形略弯向一侧，钉身上部截面呈长方形，向下渐细，且截面渐成方形，最后成尖。残长6.8厘米，钉身上部最粗处截面为0.4×0.2厘米，下部为0.2×0.2厘米（图二八九，2；图版二九四，3）。

标本00NSGⅠT008009①a：106，略残。钉身扭曲后弯，钉身上部截面呈长方形，向下渐细，且截面渐成方形，最后成尖。残长14.3厘米，钉身上部最粗处截面为0.4×0.3厘米，下部为0.3×0.3厘米（图二八九，3；图版二九四，4）。

标本00NSGⅠT008010①a：43，残。钉身截面基本呈方形，向下渐细，钉尖已残。残长9.1厘米，钉身上部最粗处截面为0.4×0.4厘米（图二八九，4；图版二九四，5）。

标本00NSGⅠT008009①a：113，残。钉身截面基本呈方形，向下渐细，钉尖略残。残长12.1厘米，钉身上部最粗处截面为0.3×0.3厘米（图二八九，5；图版二九四，6）。

N 型

标本00NSGⅠT007014①a：17，残。钉身截面基本呈长方形，向下渐细成尖。残长5.9厘米，钉身上部最粗处截面为0.8×0.5厘米（图二八九，6；图版二九五，1）。

标本00NSGⅠT007013②：15，残。钉身截面基本呈长方形，向下渐细，且截面渐成方形，最后成尖，尖部已残。残长6厘米，钉身上部最粗处截面为0.95×0.65厘米，下部截面0.6×0.6厘米（图二八九，7；图版二九五，2）。

（2）门鼻　均为锻打制成，色呈锈红，形制各异，大小不同。

标本01NSGⅠT008015②：46，残。锈蚀较甚，器表剥落严重。由中部宽扁、向两端渐细成尖的铁料卷折而成。宽扁部分两边向上翘起，中间部分略隆，翘起的两边与中间隆起的部分之间有较明显的折痕。宽扁的部分卷曲制成门鼻上部的环状结构，两个尖端则向下合拢，形成两个分枝。环部与单枝截面皆呈长方形。两枝端皆残。残长5.2厘米，环部截面1.8×0.25厘米，单枝最粗处截面0.4×0.3厘米（图二九〇，1；图版二九五，3）。

标本06NSGⅠT010012②：1，残。锈蚀较甚，器表有剥落痕迹。由中部略宽扁、向两端渐细成尖的铁料卷折而成。宽扁部分卷曲制成门鼻上部的环状结构。两个尖端则向下，形成两个分枝。双枝并拢。环部和单枝截面皆呈长方形。环部与枝部有明显的分界，枝的内收使环部下面的周围形成小台边。一枝端略呈弧形弯向一侧，应是使用中形成。枝端已残。残长8.6厘米，环部截面1.3×

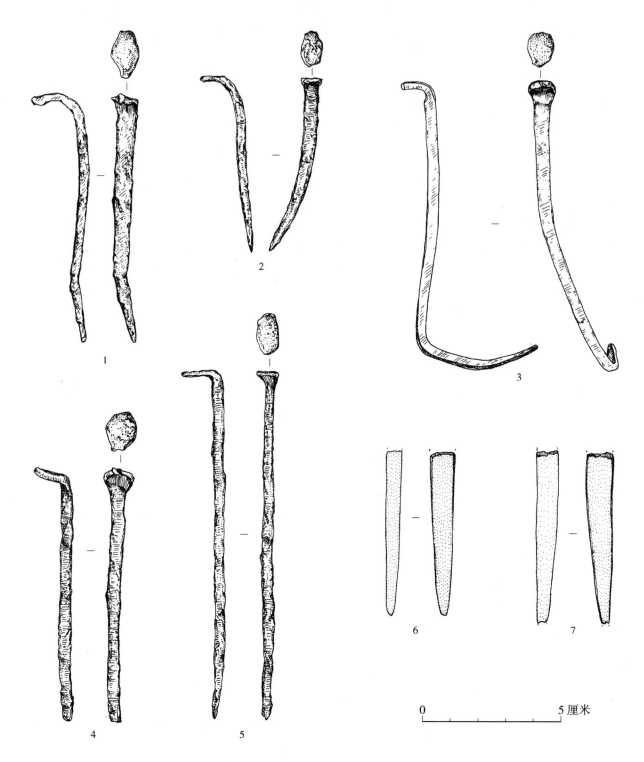

图二八九　第 3、4 号宫殿建筑群基址出土铁钉

1~5. M 型（00NSGⅠT008009①a：47、00NSGⅠT008007①a：6、00NSGⅠT008009①a：106、00NSGⅠT008010①a：43、

00NSGⅠT008009①a：113）　　6、7. N 型（00NSGⅠT007014①a：17、00NSGⅠT007013②：15）

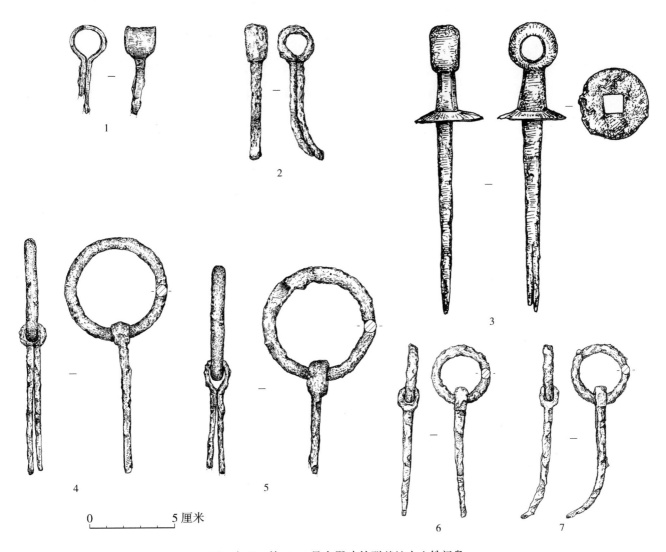

图二九〇　第 3、4 号宫殿建筑群基址出土铁门鼻

1. 01NSG Ⅰ T008015②：46　2. 06NSG Ⅰ T010012②：1　3. 00NSG Ⅰ T006011②：4　4. 00NSG Ⅰ T007010①a：8
5. 00NSG Ⅰ T004011②：5　6. 00NSG Ⅰ T004007②：11　7. 00NSG Ⅰ T004007②：12

0.35 厘米，单枝最粗处截面 0.6×0.4 厘米（图二九〇，2；图版二九五，4）。

　　标本 00NSG Ⅰ T006011②：4，略残。锈蚀较甚，器表剥落严重。此件门鼻上部为一圆环，其下部分为一正视呈梯形的台体，其四个侧边皆锻打成平面，也使其具有八个侧面，紧贴其下串有一略上隆的圆形铁垫，铁垫之下为截面呈方形的单枝，至下部分成单枝截面呈长方形两股，故判断枝的上部可能也是两股，但锈蚀在一起。长 17 厘米，圆环部分直径 2.8、内径 1.6、厚 1.8 厘米，台体部分上面宽 1.3、厚 1 厘米，下面宽 1.7、厚 1.3 厘米，枝体部分上部最粗处截面 0.95×0.95 厘米，分股后单枝最粗处截面 0.7×0.4 厘米，铁垫直径 4.1、厚 0.1 厘米（图二九〇，3；图版二九五，5）。

　　标本 00NSG Ⅰ T007010①a：8，残。锈蚀较甚，器表剥落严重。由中部略宽扁、向两端渐细成尖的铁料卷折而成。宽扁部分中部略向上隆起。宽扁的部分卷曲制成门鼻上部的环状结构，两个尖端则向下合拢，形成两个分枝。环部与单枝截面皆呈长方形。两枝端皆残。门鼻环端套有一截面基本呈圆形的圆环。残长8.9厘米，环部截面1×0.3厘米，单枝最粗处截面0.5×0.25厘米，圆环直径6、截面直径0.6厘米（图二九〇，4；图版二九五，6）。

标本00NSGⅠT004011②：5，残。锈蚀较甚，器表剥落严重。由中部略宽扁、向两端渐细成尖的铁料卷折而成。宽扁的部分卷曲制成门鼻上部的环状结构，两个尖端则向下合拢，形成两个分枝。环部与单枝截面皆呈长方形。两枝端皆残。门鼻环端套有一截面基本呈圆形的圆环，圆环因锈蚀而各处粗细不等。残长6.8厘米，环部截面1.1×0.2厘米，单枝最粗处截面0.6×0.4厘米，圆环直径6.6厘米（图二九〇，5；图版二九六，1）。

标本00NSGⅠT004007②：11，残。锈蚀较甚，器表剥落严重。顶部为一圆环，向下器身呈四棱锥状，器身截面基本为方形，尖部略残。顶部圆环内穿有截面基本呈圆形的门环。残长8.8、最粗处截面0.5×0.5、门环直径3.4厘米（图二九〇，6；图版二九六，2）。

标本00NSGⅠT004007②：12，残。锈蚀较甚，器表剥落严重。顶部为一圆环，向下器身呈四棱锥状，器身截面基本为方形，尖部略残。顶部圆环内穿有截面基本呈圆形的门环。残长7.7、最粗处截面0.5×0.5、门环直径3.4厘米（图二九〇，7；图版二九六，3）。

（3）门枢　为复合构件，一部分镶嵌在门的下部，另一部分则置于门下地面，为便于叙述，分别称为门枢下部和门枢上部。

门枢下部

标本06NSGⅠT012012②：88，略残。模铸，色呈锈红。此构件为一长方形的铁板，四角略圆。铁板上面靠近一窄端有半球状突起，背面为平面。长12.7、宽6.5、厚1、半球直径3.6厘米（图二九一，3；图版二九六，4）。

门枢上部　模铸。立面看基本呈方形。从其内部结构看可分为上下两部分，上部俯视呈"U"形。下部俯视外形呈封口的"U"形，从底面看靠近弧边的半面中间向内凹陷，形成一半球状的窝，靠近直边的半面中心为一与上部相同的长方形孔。上部的"U"形与下部的长方形孔等应是与门结合的结构部分，下部的半球状凹窝应是与镶嵌在门下地面内的带有半球状突起的铁板复合使用的结构。

标本06NSGⅠT013011②：35，完整，锈红色。高12、宽13.8、厚6.4厘米，下部长方形孔边长6.4×3.3厘米，半球状凹窝直径4.3厘米（图二九一，2；图版二九六，5、6）。

标本05NSGⅠT011005②：5，残。锈红色。高11.9、宽12、厚5.9厘米，下部长方形孔边长3.8×3.2厘米，半球状凹窝直径4厘米（图二九一，1；图版二九七，1、2）。

（4）门转

标本06NSGⅠT011012②：73，略残。模铸，色呈锈红。整体呈箍状，箍体外有与箍等高、截面呈楔形的5个翼。高3.7、直径7.8、内径6.1、翼长1.9厘米（图二九一，4；图版二九七，3）。

标本06NSGⅠT011012②：74，略残。模铸，色呈锈红。整体呈箍状，箍体外有与箍等高、截面呈楔形的5个翼。高4、直径7.2、内径5.6、翼长1厘米（图二九一，5；图版二九七，4）。

标本06NSGⅠT013011②：33，略残。模铸，色呈锈红。整体呈箍状，箍体外有与箍等高、截面呈楔形的6个翼。高4.7、直径11.1、内径9.3、翼长1.6厘米（图二九一，6；图版二九七，5）。

（5）门轮　为复合构件，一般是由中间有孔的圆形铁饼和孔中穿过的短铁条构成。铁饼两面平，周边直。铁条的两个端面经过锻打向四面略有延展。应是镶于拉门之下的滑动结构。器表皆呈锈

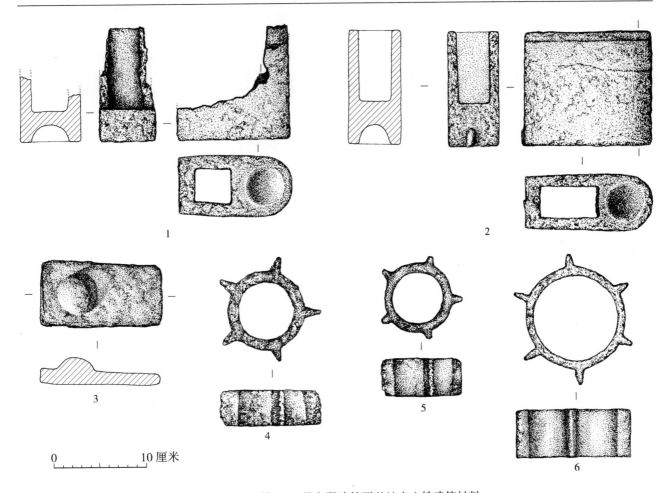

图二九一　第3、4号宫殿建筑群基址出土铁建筑材料

1、2. 门枢上部（05NSGⅠT011005②：5、06NSGⅠT013011②：35）　3. 门枢下部（06NSGⅠT012012②：88）

4～6. 门转（06NSGⅠT011012②：73、06NSGⅠT011012②：74、06NSGⅠT013011②：33）

红色。

　　标本00NSGⅠT007014②：64，完整，锻打制成。器表锈蚀剥落较重。孔中铁条截面基本呈圆形，略弯，一端已残，与铁饼结合紧密。在铁条的完整端靠近端头处串有一铁垫，其已残，不能辨其形状。铁饼直径6.2、厚0.55厘米，铁条残长2.7、直径0.7厘米（图二九二，1；图版二九七，6）。

　　标本00NSGⅠT007014②：65，完整，锻打制成。器表锈蚀剥落较重。孔中铁条截面基本呈圆形，与铁饼结合紧密。铁饼直径6.1、厚0.45厘米，铁条长3、直径0.6厘米（图二九二，2；图版二九八，1）。

　　标本00NSGⅠT007013①a：1，完整，锻打制成。器表锈蚀剥落较重。孔中铁条截面基本呈圆形，与铁饼结合紧密。铁条一端靠近端头处串有铁垫，因其已残，不能辨其形状；另一端紧贴铁饼串有一基本呈方形的铁垫，略残。铁饼直径4.7、厚0.5厘米，铁条长2.5、直径0.7厘米，铁垫边长约1.1厘米（图二九二，3；图版二九八，2）。

　　标本00NSGⅠT007013①a：2，完整，锻打制成。器表锈蚀剥落较重。孔中铁条截面基本呈圆形，与铁饼结合不紧，在孔中可以串动。铁条的两端靠近端头处皆串有圆形铁垫。铁饼直径5.1、厚

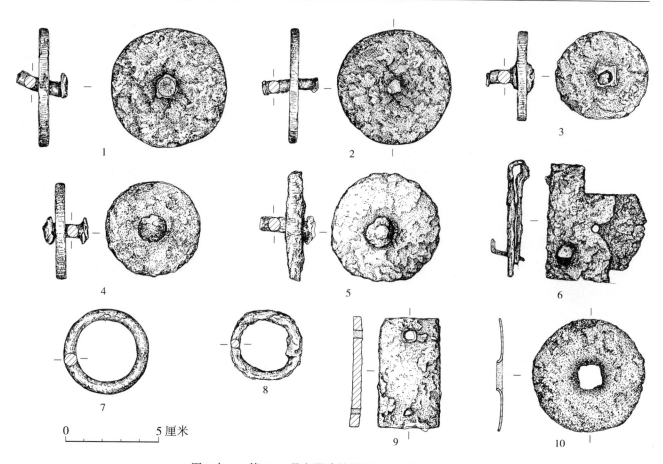

图二九二　第 3、4 号宫殿建筑群基址出土铁建筑材料

1～5. 门轮（00NSGⅠT007014②：64、00NSGⅠT007014②：65、00NSGⅠT007013①a：1、00NSGⅠT007013①a：2、
06NSGⅠT013011②：31）　6. 合页（06NSGⅠT011012②：70）　7、8. 环（00NSGⅠT005011②：1、00NSGⅠT007014②：72）
9. 页（06NSGⅠT014009②：42）　10. 垫（06NSGⅠT010001②：34）

0.5 厘米，铁条长 2.6、直径 0.7 厘米，铁垫直径约 1.5 厘米（图二九二，4；图版二九八，3）。

　　标本 06NSGⅠT013011②：31，完整，锻打制成。器表锈蚀剥落较重。孔中铁条截面基本呈圆形，略弯，与铁饼结合紧密。在铁条的一端靠近端头处串有一铁垫，其已残，不能辨其形状。铁饼直径 5.6、厚 0.55 厘米，铁条残长 2.8、直径 0.7 厘米（图二九二，5；图版二九八，4）。

　　（6）合页

　　标本 06NSGⅠT011012②：70，残，锻打制成，色呈锈红。是由一个中间有长方形孔的铁片弯折重叠而成，弯折处是长方形孔短边的中部，弯折时将长方形孔的两个长边和铁片上下的两个端边对齐，器身重叠，两片中的一片略宽，应是正面，长方形短边处的铁片折起后中间留有空隙，形成管状，且弯向背面。器身残存两个钉孔，其中一孔内残存有铁钉，从正面钉入。此器上半部已残。残长 5.2、宽 6.1、铁片厚 0.2 厘米（图二九二，6；图版二九八，5）。

　　（7）环

　　标本 00NSGⅠT005011②：1，完整。锻打制成，外表呈锈红色。外形略有不规，截面为圆形。外径 4.5、内径 3.2 厘米，截面直径 0.65 厘米（图二九二，7；图版二九八，6）。

标本00NSGⅠT007014②：72，完整。锻打制成，外表呈锈红色。外形不甚规整，截面基本为圆形，因锈蚀剥落较重而略显不规则。外径3.8、内径2.8厘米，截面直径约0.5厘米（图二九二，8；图版二九九，1）。

（8）页

标本06NSGⅠT014009②：42，略残。锻打制成，外表呈锈红色。整体是一长方形铁片，一面略凹，一面略凸，靠近两端各有一个钉孔。长5.8、宽3.2、厚0.2厘米（图二九二，9；图版二九九，2）。

（9）垫

标本06NSGⅠT010001②：34，完整，锻打制成，色呈锈红。整体为一圆形铁片，正面略凸，背面略凹。中心有略呈方形的孔，可看出是从正面钉向背面。直径5.8、厚0.15、孔边长约1.1厘米（图二九二，10；图版二九九，3）。

（10）包角

标本00NSGⅠT008011②：29，残，锻打制成，色呈锈红。是将一较大铁片呈直角弯折制成的构件，底边较平直，其余边因残形状不规则。器身上存有钉孔，两片上现存的钉孔分布基本对称，有两个钉孔中还钉有铁钉。残高14.4、弯折的单片残长最长处14.5、厚0.15厘米（图二九三；图版二九九，4）。

（11）灶口立板

出土有2件，立于同一灶口的两侧，皆为残件。因其出于原使用位置且残断，故推测其可能是其他用途的构件残损后用于此处。二者形制基本相同，皆为模铸，色呈锈红。整体为长条形铁板，两侧边向背面略折，正面有高出板面的边。正面有忍冬缠枝纹图案，图案因一端残断而不完整，完整

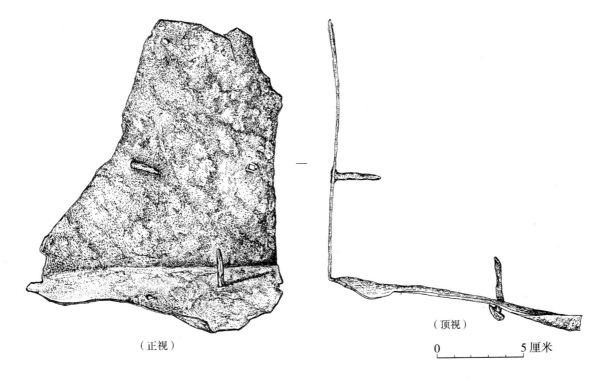

（正视）　　　　　　　　　　　　　　　（顶视）

0　　　　　　　5厘米

图二九三　第3、4号宫殿建筑群基址出土铁包角（00NSGⅠT008011②：29）

图二九四　第 3、4 号宫殿建筑群基址出土灶口立板
1.06NSGⅠT013012②：16　2.06NSGⅠT013012②：17

端有纹饰带。

标本 06NSGⅠT013012②：16，残。无纹饰带长约 6.2 厘米。残长 29.2、宽 14、厚 1.2 厘米（图二九四，1；图版二九九，5）。

标本 06NSGⅠT013012②：17，残。无纹饰带长约 7.6 厘米。残长 28、宽 14、厚 1.2 厘米（图二九四，2；图版二九九，6）。

（12）其他构件

标本 00NSGⅠT006009②：55，完整。锻打制成，锈蚀较重，外表呈锈红色。此器物是由截面呈长方形的铁条制成，其上部向窄侧呈直角弯折。弯折部分的端头从下缘向上锻打成弧形，且使上端略向上卷翘。下部从中间开始，向下部分由四面锻打，使之渐细，最后成尖，两窄侧锻打与未锻打部分有明显的内折凹痕作为分界。锻打部分铁条的宽面已窄于窄面。通长 10.7 厘米，铁条截面 0.95×0.5 厘米，锻打部分最粗处截面 0.6×0.5 厘米（图二九五，1；图版三〇〇，1）。

标本 00NSGⅠT005012②：6，完整。锻打制成，锈蚀较重，外表呈锈红色。此器物是由截面呈长方形的铁条制成，其上部向窄侧呈直角弯折。器身上部和下部皆有弯曲，可能与使用有关。弯折部分的端头从下缘向上锻打成弧形，且使上端略向上卷翘。下部从上至下渐细成尖。通长 12.4 厘米，最粗处截面 0.6×0.4 厘米（图二九五，2；图版三〇〇，2）。

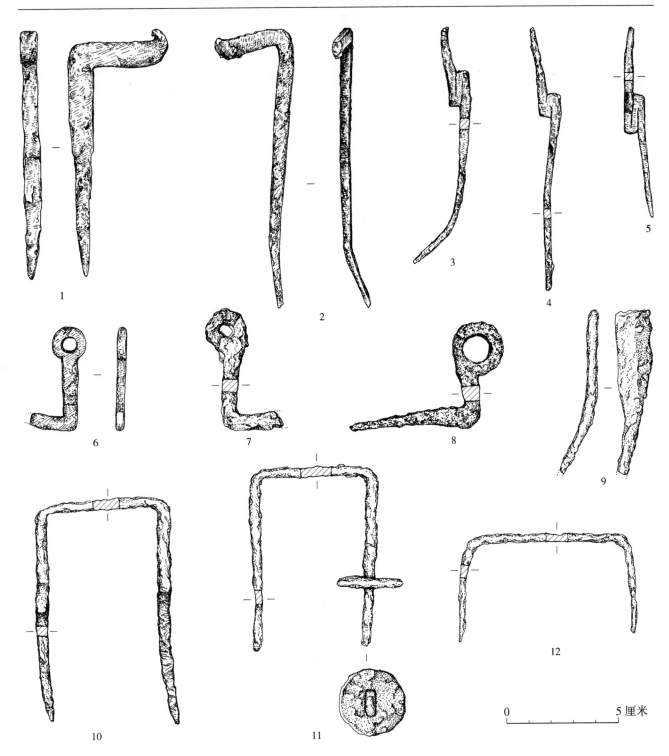

图二九五　第 3、4 号宫殿建筑群基址出土铁构件

1. 00NSG I T006009②：55　2. 00NSG I T005012②：6　3. 00NSG I T009008①a：12　4. 00NSG I T008009①a：25

5. 00NSG I T008009①a：108　6. 00NSG I T009012②：7　7. 06NSG I T1509①a：4　8. 06NSG I T013010②：45

9. 00NSG I T003011②：35　10. 00NSG I T008009①a：94　11. 06NSG I T014010②：13　12. 00NSG I T010002②：2

标本 00NSGⅠT009008①a：12，略残。锻打制成，色呈锈红。此器是两端皆尖的铁条由中部正反两次卷折而成，卷折部分紧贴在一起，以卷折部分为分界，两部分长短不同，较短的一端尖部已残。铁条截面基本呈方形。残长 11.3 厘米，铁条最粗处截面 0.4×0.4 厘米（图二九五，3；图版三〇〇，3）。

标本 00NSGⅠT008009①a：25，略残。锻打制成，色呈锈红。此器是两端皆尖的铁条由中部正反两次卷折而成，卷折部分紧贴在一起，以卷折部分为分界，两部分长短不同，两端尖部皆略残。铁条截面基本呈方形。残长 11.9 厘米，铁条最粗处截面 0.3×0.3 厘米（图二九五，4；图版三〇〇，4）。

标本 00NSGⅠT008009①a：108，略残。锻打制成，色呈锈红。此器是两端皆尖的铁条由中部正反两次卷折而成，卷折部分紧贴在一起，以卷折部分为分界，两部分长短不同，较长端尖部已残。铁条截面基本呈方形。残长 8.3 厘米，铁条最粗处截面 0.3×0.3 厘米（图二九五，5；图版三〇〇，5）。

标本 00NSGⅠT009012②：7，完整。锻打制成，器表曾涂漆，颜色青灰、锈红驳杂。其顶部为一圆环，圆环下部正中位置向下连接截面为长方形的铁条，铁条下部略呈直角向一窄侧弯折，弯折部分器身略窄。器长 4.45 厘米，弯折部分长 2.1 厘米，圆环直径 1.4 厘米，器身最粗处截面 0.7×0.35 厘米（图二九五，6；图版三〇〇，6）。

标本 06NSGⅠT1509①a：4，略残。锻打制成，色呈锈红。其顶部为一圆环，圆环下部偏向一侧的位置向下连接截面为长方形的铁条，铁条下部略呈直角向与圆环突出方向相反的窄侧弯折，弯折部分器身略窄。器长 5.8 厘米，弯折部分残长 2.7 厘米，圆环直径 1.8 厘米，器身最粗处截面 0.9×0.6 厘米（图二九五，7；图版三〇一，1）。

标本 06NSGⅠT013010②：45，略残。锻打制成，色呈锈红。其顶部为一圆环，圆环下部偏向一侧的位置向下连接截面基本为方形的铁条，圆环与铁条连接的一侧边缘较直，铁条下部略呈直角向与圆环突出方向相反的窄侧弯折，弯折部分器身经锻打渐细成尖。器长 4.5 厘米，弯折部分长 5.7 厘米，圆环直径 2.2 厘米，器身最粗处截面 0.7×0.7 厘米（图二九五，8；图版三〇一，2）。

标本 00NSGⅠT003011②：35，残。锻打制成，色呈锈红。此器前后两端皆残，现存部分前部宽扁，一面中部略起脊，向后渐窄渐厚，外形似带铤铁刀的后部，但两侧皆无刃。残长 7.4 厘米，前部截面 1.5×0.2 厘米，后部厚 0.3 厘米（图二九五，9；图版三〇一，3）。

标本 00NSGⅠT008009①a：94，略残。锻打制成，色呈锈红。由截面呈长方形的扁状铁条弯折制成，是在铁条中部留 5.8 厘米长的部分，两侧呈直角向下弯折形成两枝，两枝长短基本相同。两枝下部由两窄侧锻打，与其上部分形成明显的分界，向下成尖，尖部略残。宽 5.8、高 10.3 厘米（图二九五，10；图版三〇一，4）。

标本 06NSGⅠT014010②：13，略残。锻打制成，色呈锈红。由截面呈长方形的扁状铁条弯折制成，是在铁条中部留 5.6 厘米长的部分，两侧呈直角向下弯折形成两枝，两枝长短基本相同。两枝下部由两窄侧锻打，与其上部分形成明显的分界，向下成尖，尖部略残。其中一枝在分界处尚存有一铁垫。宽 5.6、高 8.1、铁垫直径 2.8 厘米（图二九五，11；图版三〇一，5）。

标本 00NSGⅠT010002②：2，略残。锻打制成，色呈锈红。由截面呈长方形的扁状铁条弯折制成，是在铁条中部留7厘米长的部分，两侧向下弯折形成两枝，两枝长短基本相同。弯折处略圆。两枝经四面锻打向下成尖，尖部略残。宽8.2、高4.6厘米（图二九五，12；图版三〇一，6）。

标本06NSGⅠT014009②：44，残。模铸，色呈锈红。此标本为一外侧带有侧视呈倒置梯形翼的铁圈的一小部分，铁圈的宽窄不均匀。残长9.1、宽2.5～3.2、厚1.6、翼长3厘米（图二九六，1；图版三〇二，1）。

标本06NSGⅠT014009②：45，残。模铸，色呈锈红。此标本为一外侧带有侧视呈倒置梯形翼的铁圈的一小部分，铁圈的宽窄、厚薄皆不甚均匀。残长11.8、宽2.8～3、厚0.8～1.7、翼长3厘米（图二九六，2；图版三〇二，2）。

标本06NSGⅠT013011②：34，残。锻打制成，色呈锈红。其俯视略呈等腰的弧边三角形，角亦较圆，三个角处各有一钉孔，可看出是从背面钉入。在三角形底边的中间连有一扁宽的柄，厚度与器身相同。柄基本呈直角上折，柄身略弧，柄尾向后卷曲，侧视呈孔状。器长10.5、最宽处6.2、柄长10.2、柄宽2.1、厚0.2厘米（图二九六，3；图版三〇二，3）。

2. 生活用具

有刀、穿、锛、凿、钩和耳锅。

（1）刀　主要有宽身刀和窄身刀2种。

宽身刀

标本00NSGⅠT005008①a：4，残。锻打制成，色呈锈红。残损较重，只余刀身的前半部，可看出刀身宽且薄，弧背直刃，尖部较圆。刀身一面较平，另一面从接近刀背的部位开始锻打，使刀身向刃部渐薄，经锻打的部分与未经锻打的部分之间形成较明显的棱状分界。刀身残长11.6、最宽处6.5、刀背厚0.3厘米（图二九六，5；图版三〇二，4）。

标本06NSGⅠT015008②：16，残。锻打制成，色呈锈红。锈蚀剥落较重。刀身宽且薄，弧背直刃，尖部较圆。刀身一面较平，另一面从接近刀背的部位开始锻打，使刀身向刃部渐薄，经锻打的部分与未经锻打的部分之间形成较明显的棱状分界，刀身刃尾处略呈锐角。刀身后部与铤相接，铤实际上是刀背向后的延伸，亦呈弧形，铤尾部已残。残长18厘米，刀身长12、最宽处6、刀背厚0.8厘米（图二九六，8；图版三〇二，5）。

窄身刀

标本00NSGⅠT006011②：32，略残。锻打制成，色呈锈红。直背弧刃，圆尖，刀身一面平直，一面为斜面，其截面为直角三角形。刀身后部与铤相接，铤明显窄于刀身，二者相接处上下两侧形成向外的直角。铤部截面基本呈长方形，向尾端渐细，尾部向一侧弯卷，可能是镶柄时起固定的作用。刀身和铤皆有弯曲，可能是使用所致。通长25.3厘米，刀身长13.9厘米，最宽处1.8厘米，刀背厚0.4厘米，铤长11.4厘米（图二九六，4；图版三〇二，6）。

标本06NSGⅠT014012②：13，略残。锻打制成，色呈锈红。刀尖部和铤部皆残。直背斜刃，刀身两面皆为斜面，其截面基本呈等腰三角形。刀身后部与铤相接，铤明显窄于刀身，上部略低于刀背，下部由刃尾部斜向上收渐成铤的下部。残长18.7厘米，刀身最宽处2.2厘米，刀背厚0.6厘米，铤长11.4厘米（图二九六，10；图版三〇三，1）。

标本05NSGⅣT010001②：3，略残。锻打制成，色呈锈红。铤部已残。直背弧刃，刀身两面皆

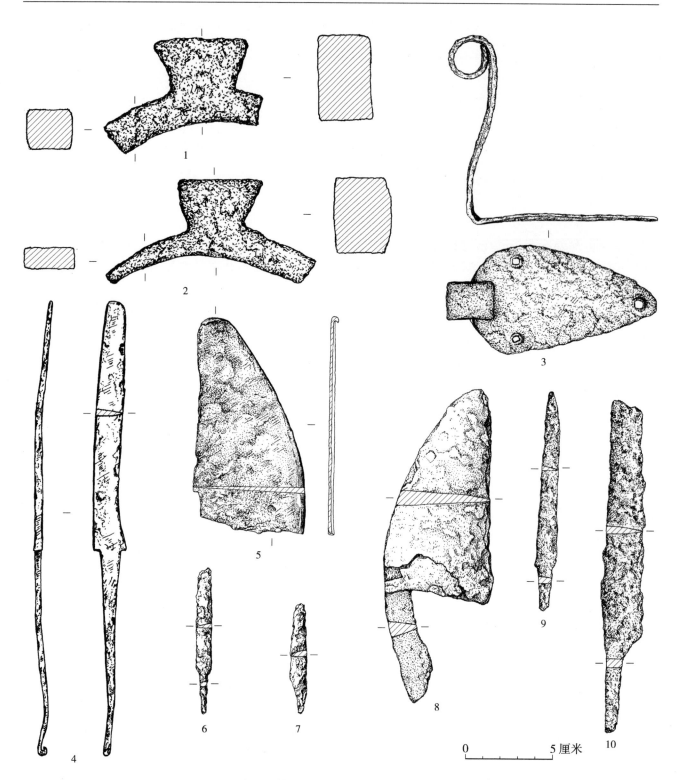

图二九六 第3、4号宫殿建筑群基址出土铁器

1~3. 构件（06NSGⅠT014009②：44、06NSGⅠT014009②：45、06NSGⅠT013011②：34）   4、6、7、9、10. 窄身刀
（00NSGⅠT006011②：32、06NSGⅠT013010②：40、06NSGⅠT015012②：8、05NSGⅣT010001②：3、06NSGⅠT014012②：13）
5、8. 宽身刀（00NSGⅠT005008①a：4、06NSGⅠT015008②：16）

为斜面，其截面基本呈等腰三角形。刀尖较圆钝，刀背至尖处略弧形下垂。刀身后部与铤相接，铤明显窄于刀身，由刃和背的尾部斜向陡然内收渐成铤。残长12.3、刀身长9.7、最宽处1.1，刀背厚0.4厘米（图二九六，9；图版三〇三，2）。

标本06NSGⅠT013010②：40，略残。锻打制成，色呈锈红。刀尖部和铤部皆残。直背斜刃，刀身两面皆为斜面，其截面基本呈等腰三角形。刀身后部与铤相接，铤明显窄于刀身，二者相接处上下两侧形成向外的直角。残长8.1厘米，刀身最宽处0.8厘米，刀背厚0.3厘米（图二九六，6；图版三〇三，3）。

标本06NSGⅠT015012②：8，略残。锻打制成，色呈锈红。刀尖部和铤部皆残。直背斜刃，刀身两面皆为斜面，其截面基本呈等腰三角形。刀身后部与铤相接，铤明显窄于刀身，上部与刀背平齐，下部由刃尾部斜向上收渐成铤的下部。残长6.1厘米，刀身最宽处0.9厘米，刀背厚0.2厘米（图二九六，7；图版三〇三，4）。

（2）穿　标本00NSGⅠT012012②：2，略残。锻打，锈红色。整体略呈圆锥状，尖端为实心，后部为銎。銎为将铁锻打成扁状再卷曲而成，卷曲后未合拢。尾部不平整。长8厘米，銎部最大径2.2厘米（图二九七，1；图版三〇三，5）。

（3）锛　标本00NSGⅠT006008②：2，略残。模铸，色呈锈红。正视基本呈长方形，刃端略宽于尾端，正面窄于背面。背面平直，正面由刃部向尾部斜起，侧视呈坡状，背面尾端略残，长于正面。刃部略弧，两角较圆。器尾有上角略圆的梯形銎，正面中部有圆角长方形的孔。残长9厘米，宽4.8~5.1厘米，器尾厚2.3厘米，銎孔高1.5厘米，正面孔边长约2.3×1.7厘米（图二九七，2；图版三〇三，6）。

（4）凿　标本00NSGⅠT005007②：31，略残。锻打制成，色呈锈红。整体呈长条形，上部较粗，截面基本为圆形，向下渐细，截面也渐呈方形。上端部较平，下端部单侧略斜向打磨成刃。通长17.3厘米，上部最粗处截面直径2.2、下部最粗处截面0.9×0.9厘米（图二九七，3；图版三〇四，1）。

（5）钩　标本00NSGⅠT009013②：27，略残。锻打制成，色呈锈红。是由截面基本呈圆形的铁条弯曲制成，整体线条流畅圆滑。钩尖部略下垂，尖已残。钩尾略从两侧锻打成扁状，其上有孔，孔内串有一椭圆形环，椭圆形环又串联有一圆环。环皆为截面基本呈圆形的铁条弯卷制成，有接缝。器长24、宽20.9、截面最粗处直径0.7厘米，椭圆形环长径2.9、短径2.2厘米，圆环直径3.4厘米（图二九七，4；图版三〇四，2）。

（6）耳锅　标本00NSGⅠT014009②：46，略残。锻打制成，色呈锈红。器型极小，用途不清。整体呈空心的半球状，一侧有横桥状柄，类似錾耳。口径4、高2.1、柄长1.9、壁厚0.4~0.5厘米（图二九七，5；图版三〇四，3）。

3. 武器防具

有镞和甲片。

（1）镞

标本05NSGⅠT011005②：1，略残，锻打制成，色呈锈红。镞身较扁，前端较宽，中心点内凹，从凹点向两侧弧形延伸与前端两侧相接成两个尖，其中一尖略残，中间凹点至两尖间为刃。镞身从两尖向后呈内弧形渐收窄，也逐渐变厚，直至铤部。镞身向后与铤相连，与铤间有一圈凸棱相隔。

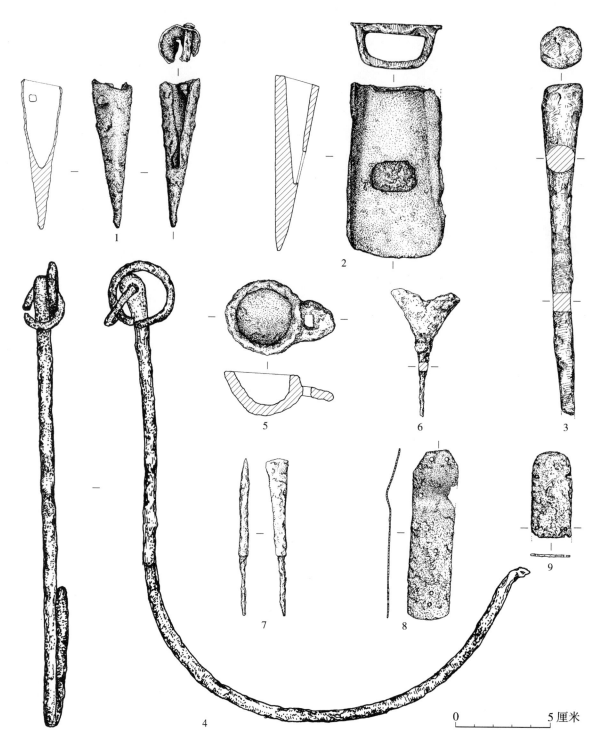

图二九七　第 3、4 号宫殿建筑群基址出土铁器

1. 穿（00NSGⅠT012012②：2）　2. 锛（00NSGⅠT006008②：2）　3. 凿（00NSGⅠT005007②：31）

4. 钩（00NSGⅠT009013②：27）　5. 耳锅（00NSGⅠT014009②：46）　6、7. 镞（05NSGⅠT011005②：1、

06NSGⅠT013011②：36）　8、9. 甲片（06NSGⅠT015010②：11、06NSGⅠT015010②：12）

铤截面略呈方形，向后渐细，铤尾略残。长 6.6、前端宽 3.7 厘米（图二九七，6；图版三〇四，4）。

标本 06NSGⅠT013011②：36，完整。锻打，锈红色。镞身截面基本呈长方形，但角略平。中部较细，略呈亚腰形，靠近铤部较粗且截面略圆，镞尖由两面锻打成扁凿状，较宽。铤部较细，与镞身有明显分界，铤尾呈尖状。长 8.3、铤长 3.2 厘米（图二九七，7；图版三〇四，5）。

（2）甲片

标本 06NSGⅠT015010②：11，略残。锻打制成，色呈锈红。俯视呈长条形。一端平一端弧，平端两角切掉，观之呈梯形台状。器身略有弯曲，其上规律地布有 7 个系孔。长 9.1、宽 1.2~2.2、厚 0.1 厘米（图二九七，8；图版三〇四，6）。

标本 06NSGⅠT015010②：12，残。锻打制成，色呈锈红。俯视呈长条形，现只余一半，残余端呈圆角弧形。其上现存有 4 个系孔。残长 4.5、宽 2.1、厚 0.1 厘米（图二九七，9；图版三〇五，1）。

（三）铜器

有建筑材料和生活用具两类。

1. 建筑材料

有钉、泡、环、牌饰、花饰、片状构件。

（1）钉　均为模制，有圆形帽和橄榄形帽 2 种。

圆形帽钉　钉帽俯视略呈圆形。

标本 00NSGⅠT007013①a：3，略残。钉帽上面隆起，下面较平。钉帽上面鎏金。钉身偏于钉帽一侧，上粗下细，截面呈方形，尖部略残。残长 2、钉帽直径 0.9、钉身最粗处截面边长 0.25 厘米（图二九八，1；图版三〇五，2）。

标本 06NSGⅠT014012②：12，略残。钉帽上面隆起，下面上凹。钉身偏于钉帽一侧，略斜，上粗下细，截面呈圆形，尖部略残。残长 1.95、钉帽直径 0.95、钉身最粗处截面直径 0.25 厘米（图二九八，2；图版三〇五，3）。

标本 05NSGⅠT009001②：3，略残。钉帽上面隆起，下面上凹。钉身偏于钉帽一侧，略斜，上粗下细，截面呈长方形，尖部较钝。残长 2.1、钉帽直径 1.3、钉身最粗处截面 0.25×0.2 厘米（图二九八，3；图版三〇五，4）。

标本 05NSGⅣT010001②：4，完整。钉帽上面隆起，下面上凹。钉帽上面鎏金。钉身略弯，上粗下细，截面呈方形，尖部略残。长 2.4、钉帽直径 1.8、钉身最粗处截面边长 0.3 厘米（图二九八，4；图版三〇五，5）。

标本 05NSGⅣT010001②：5，略残。钉帽上面隆起，下面上凹。钉帽上面鎏金。钉身略弯，上粗下细，截面呈方形，尖部略残。残长 2.1、钉帽直径 1.8、钉身最粗处截面边长 0.35 厘米（图二九八，5；图版三〇五，6）。

标本 06NSGⅠT010001②：33，完整。钉帽上面隆起，下面上凹。钉帽上面鎏金。钉身略弯，上粗下细，截面呈方形，尖部略残。长 2.3、钉帽直径 1.8、钉身最粗处截面边长 0.25 厘米（图二九八，6；图版三〇六，1）。

标本06NSGⅠT011012②：65，完整。钉帽上面略隆起，下面上凹。钉身略弯，上粗下细，截面呈圆形，尖部较锐。长1.9、钉帽直径2.3、钉身最粗处截面直径0.25厘米（图二九八，7；图版三〇六，2）。

橄榄形帽钉　钉帽俯视呈橄榄形。

标本06NSGⅠT011012②：64，完整。钉帽上面以长径为对称轴两侧下折，使长径呈脊状，下面上凹。钉身上粗下细，截面呈圆形，尖部较钝。长1.8、钉帽长径4.5、短径1.9、钉身最粗处截面直径0.3厘米（图二九八，8；图版三〇六，3、4）。

（2）泡

标本06NSGⅠT013012②：15，完整。模制，器表颜色略呈黑褐。整体略呈空心的半球状，顶部中心有一圆孔。外轮廓俯视呈略扁的圆形，一小半为圆滑的弧边，在剩余的大半边上雕捏有3个带尖的花瓣。高1.7、直径5.3、孔径1.3、壁厚0.1厘米（图二九九，1；图版三〇六，5）。

（3）环

标本06NSGⅠT015010②：10，残。模制，器表鎏金。是由两边饰有花形纹饰的铜片弯卷而成，圆形不甚规整。两端皆残。高1.25、径约2.3、壁厚0.07厘米（图二九九，2；图版三〇六，6）。

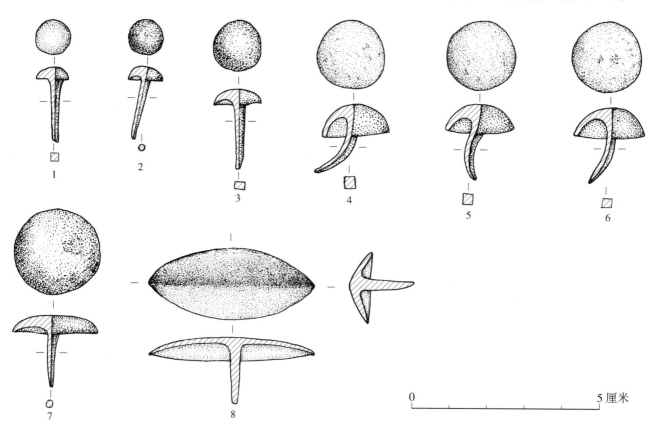

图二九八　第3、4号宫殿建筑群基址出土铜钉

1. 00NSGⅠT007013①a：3　2. 06NSGⅠT014012②：12　3. 05NSGⅠT009001②：3　4. 05NSGⅣT010001②：4
5. 05NSGⅣT010001②：5　6. 06NSGⅠT010001②：33　7. 06NSGⅠT011012②：65　8. 06NSGⅠT011012②：64

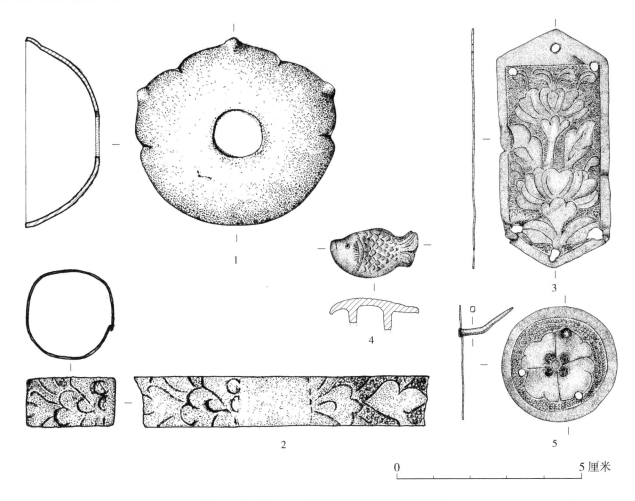

图二九九　第3、4号宫殿建筑群基址出土铜器

1. 泡（06NSGⅠT013012②：15）　　2. 环（06NSGⅠT015010②：10）　　3～5. 牌饰（00NSGⅠT006013②：7、
00NSGⅠT005013②：2、06NSGⅠT011012②：66）

（4）牌饰

标本00NSGⅠT006013②：7，略残。手制，正面鎏金。金漆基本脱落。正视呈两端为三角的长条形。上端三角形处无纹饰。从下端三角形的顶角处开始向上饰有两朵重叠的侧视花朵，花朵下衬有花叶。纹饰部分有边框，边框内无花、叶处填满鱼子纹。纹饰和边框皆为阴线刻划。两端三个角处各有一圆形钉孔，上端钉孔因残损已变形。长6.45、宽2.9、厚0.05厘米（图二九九，3；图版三〇七，2）。

标本06NSGⅠT011012②：66，完整。手制，正面鎏金。整体呈圆片状。中间为图案，图案周边有边框。图案中心为一四瓣花朵，花瓣上有鱼子纹，其向外环中心花朵为一十瓣花朵，花朵之上划有以圆心为交点的十字纹。边框之内无花朵处填满鱼子纹。纹饰和边框皆为阴线刻划。器身上有3个圆形钉孔，位于十瓣花朵的边缘，其中一钉孔内钉有一钉，钉帽为圆形，钉身上粗下细，截面呈圆形。直径3.1、厚0.4、钉长1.4、钉帽直径0.3、钉身最粗处截面直径0.17厘米（图二九九，5；图版三〇七，3）。

标本 00NSGⅠT005013②：2，略残。手制，正面鎏金。鱼形，正面鼓、背面凹，背面有两根垂直于器身的圆柱，皆已残断。长 2.3、宽 1.3、厚 0.14、背面圆柱残长 0.7、径 0.24 厘米（图二九九，4；图版三〇七，4）。

（5）花饰

标本 00NSGⅠT007014②：86，完整。手制，正面鎏金。整体呈片状，正面略鼓，背面略凹，其凹凸形状随图案的起伏而有不同。图案中心是一正视的八瓣花朵，瓣间有半露的花叶，花朵周围连接一八角星，八角星的每个内角与一个花瓣相连，每个外角向外皆连有一多侧视的花朵，每个侧视的花朵之下皆有三瓣叶片。中心花朵、八角星、侧视花朵之间镂空。器身上有两个圆形钉孔，分别在两个侧视花朵之间，位于八角星的一对相对内角的延长线上。最大径 15、厚约 0.07 厘米（图三〇〇，1；图版三〇七，1）。

标本 06NSGⅠT010008②：1，残。手制，双面鎏金。整体呈片状，是一圆片向四周等距伸出八片圭形的花瓣。花瓣的背面沿边缘打出一圈小圆坑，正面表现为凸点。铜花中间圆片的中心有一圆形的钉孔。中心圆片直径 2.2、瓣长 1.7、厚约 0.03 厘米（图三〇〇，2；图版三〇七，5）。

标本 05NSGⅣT010001②：8，完整。手制，正面鎏金。整体呈卷云状，云头朵大繁簇，云尾纤细飘逸。器物周边经锻打扣向背面，使正面向上突起，之上以凹线刻成花蕊、叶瓣等纹饰。在云头和云尾间尚有一小云朵。云头和中间小云朵的周边刻磨成花瓣状，大小不一。在云头右端和中间小朵中部各有一方形钉孔。此应为门窗或箱柜上的镶嵌之物。长 10.2、宽 3.5、厚 0.12 厘米（图三〇〇，3；图版三〇八，1）。

标本 05NSGⅣT010001②：6，残。手制，双面鎏金。这是两片叠钉在一起的花饰，相叠较紧密，其中一片已残，只余上部的一小部分。从完整的一片看，整体略呈底边较长、上部为尖角的五边形，周边为花边，中间有四边内弧形菱形的镂空，底边两侧和上部两边附近有弧边向内的扇形镂空，镂空分布匀称。在底部两角、底边中部和顶部尖角处有圆形钉孔，其中顶角的钉孔为两片一起钉透。在顶角钉孔稍下的部位有一小钉，将两片钉合在一起，钉可见处皆鎏金。高 2.1、宽 2.8、厚 0.04 厘米（图三〇〇，4；图版三〇八，2）。

标本 06NSGⅠT010002②：1，残。手制，双面鎏金。整体呈片状，整体是中心略呈圆形的片向四周等距伸出六片弧边的尖状花瓣，其中有两瓣已残损。中心和每个花瓣的尖部各有一圆形钉孔。中心圆片直径 0.7、瓣长 1、厚约 0.02 厘米（图三〇〇，5；图版三〇八，3）。

标本 05NSGⅣT010001②：12，残。手制，双面鎏金。整体呈片状，残损较重，其具体形状已不可知。据现存部分可看出正面略鼓，背面略凹，周边为花边状，中间有些部位镂空，沿周边和镂空周围从背面打出分布较密的小圆坑，在正面则表现为凸点。现存器身有两个圆形钉孔。残长 2.4、残宽 1.2、厚约 0.04 厘米（图三〇〇，6；图版三〇八，4）。

（6）片状构件

标本 05NSGⅣT010001②：2，完整。手制，正面鎏金。整体呈片状，俯视呈两端为三角的长条形。中部向正面折起呈凸棱状，一端略上翘。在两端部的三个角部和中部折棱的两侧靠近两边处皆有圆形钉孔。长 11.2、宽 2.8、厚 0.09 厘米（图三〇一，1；图版三〇八，5）。

标本 05NSGⅣT010001②：9，完整。手制，器表紫铜色和锈绿色相驳杂。整体呈片状，俯视呈

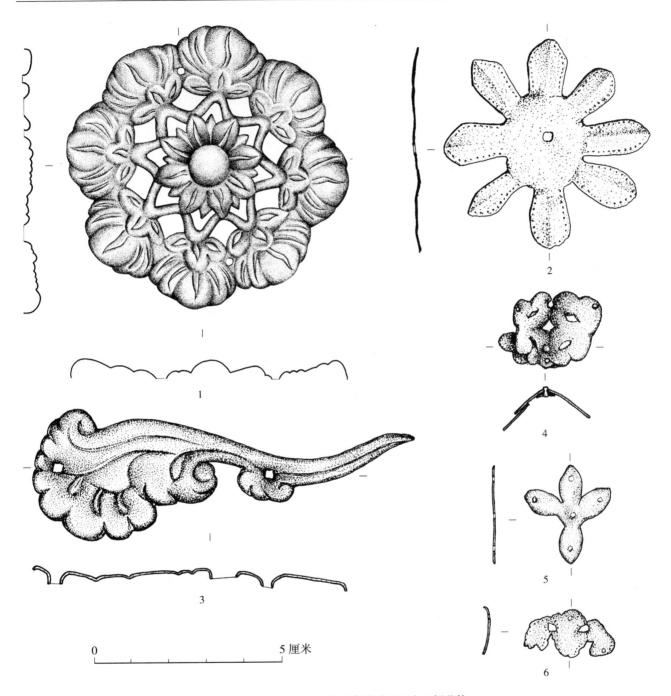

图三〇〇　第3、4号宫殿建筑群基址出土铜花饰

1. 00NSGⅠT007014②：86　2. 06NSGⅠT010008②：1　3. 05NSGⅣT010001②：8
4. 05NSGⅣT010001②：6　5. 06NSGⅠT010002②：1　6. 05NSGⅣT010001②：12

两端为三角的长条形。两端角部各有一圆形钉孔。长6.4、宽0.8、厚0.04厘米（图三〇一，2；图版三〇八，6）。

　　标本06NSGⅠT015010②：13，完整。手制，器表呈锈绿色。为两端略呈三角的长条形铜片，一端较宽，向另一端渐窄。两端角部各有一圆形钉孔。现存两端对弯，弯折处较圆滑，应是使用中形成。长 6.6、宽 0.9～1.1、厚 0.06 厘米（图三〇一，3；图版三〇八，7）。

标本 06NSGⅠT015010②：14，完整。手制，器表呈锈绿色。这是一件复合构件，由上下两片构成。上片略呈梯形，由距宽端约 0.6 厘米位置起到窄端，两侧边经锻打下扣，使得这部分宽度与下片相同。下片为一长方形铜片。上下两片的两端相对应的位置各有两个小钉孔。其中一孔中现存一枚小铜钉，将两片连在一起。长 3、宽 1.5～2.2、单片厚 0.05 厘米（图三〇一，4；图版三〇九，1）。

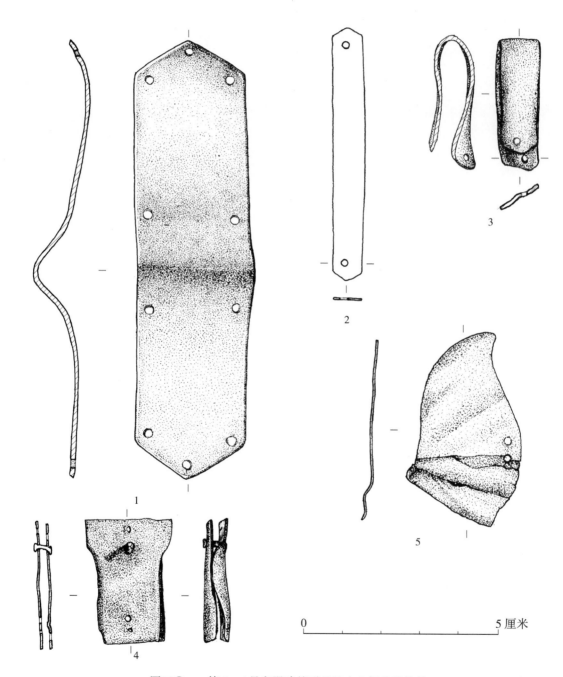

图三〇一　第 3、4 号宫殿建筑群基址出土铜片状构件

1. 05NSGⅣT010001②：2　2. 05NSGⅣT010001②：9　3. 06NSGⅠT015010②：13
4. 06NSGⅠT015010②：14　5. 05NSGⅣT010001②：8

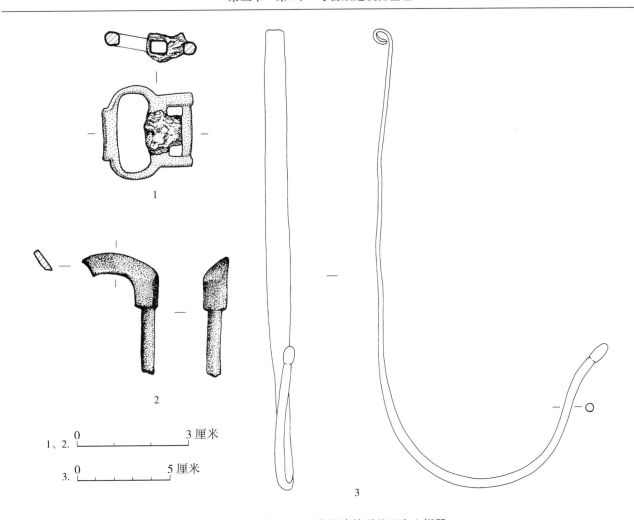

图三〇二　第3、4号宫殿建筑群基址出土铜器

1、2. 带具（06NSGⅠT014011②：24、06NSGⅠT013013②：1）　3. 帐钩（00NSGⅠT007014②：80）

标本05NSGⅣT010001②：8，残。手制，双面鎏金。整体呈片状，只余一端，其具体形状已不可知。根据现存残片可观察残存端呈勾起的尖角状，两侧边呈曲线。器身上存有两个圆形钉孔，位于器身中部边缘。残长4.1、宽2.9、厚0.05厘米（图三〇一，5；图版三〇九，2）。

2. 生活用具

有带具、帐钩、簪、镯、镊。

（1）带具　2件，其中1件只余很小一部分。

标本06NSGⅠT014011②：24，残。模制，器表呈锈绿色。此器可分前后两部分。前部为椭圆形环，环前端部分铜丝有一鞍状的突出部分。后部为一窄于前部的长方形环，两侧边向后略突出。两环相交的部分为一横梁，梁上镶有一段铁条，铁条已残，其具体的镶合方式因锈蚀已无法观察。长2.8、宽2.5厘米（图三〇二，1；图版三〇九，3）。

标本06NSGⅠT013013②：1，残。模制，器表鎏金。此器残损较重，只余一侧。可辨侧边直，截面略呈方形，外侧打磨得较圆滑，前端为弧形，似一斜置的铜片。侧边后部连有圆柱状的铤。残长3.1厘米（图三〇二，2；图版三〇九，4）。

（2）帐钩　标本 00NSGⅠT007014②：80，手制，器表鎏金。钩体可分两部分，钩头弧形弯曲，截面呈圆形，钩尖外侈。钩尖部截面直径略大于其他部位，呈弹头形，与钩头接痕明显，有一浅窄的沟痕；钩头向钩身逐渐变扁，至钩身已经变得扁且宽，钩尾部向外卷曲成管状。长 24.1、宽 12.5 厘米（图三〇二，3；图版三〇九，5）。

（3）簪

标本 00NSGⅠT004006①a：5，完整。手制，器表略呈黑褐色。整体为一端较粗、一端略细、截面呈方形的铜条，在靠近粗端端部的位置雕琢出两圈凹痕，端头略经打磨，制成簪尾。细端打磨成尖，尖部较钝。簪身一侧有细阴线的斜划纹。长 7、最粗处截面边长 0.25 厘米（图三〇三，1；图版三〇九，6）。

标本 06NSGⅠT011004②：10，残。模制，器表鎏金。这是一件簪的尾部，呈双重花状，每重花有花茎支起，上重花茎较细，每重花皆为六瓣。接近簪身部位截面呈圆形，比花茎略细，其上有两圈凸棱。残长 2.1 厘米（图三〇三，2；图版三一〇，1）。

（4）镯　标本 06NSGⅠT011013②：6，残。锻打制成，器表呈亮黑的锈色，夹杂有少量的锈

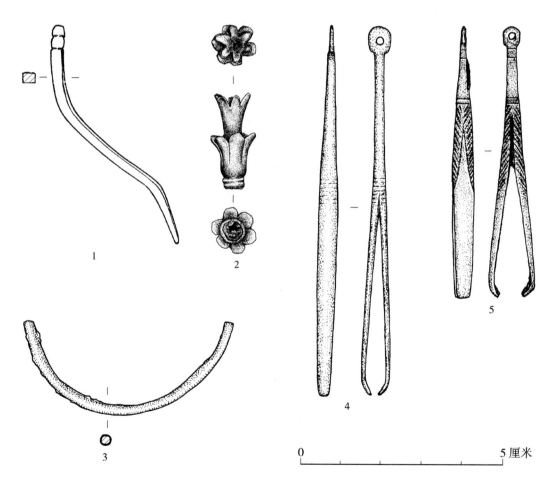

图三〇三　第 3、4 号宫殿建筑群基址出土铜器

1、2. 簪（00NSGⅠT004006①a：5、06NSGⅠT011004②：10）　3. 镯（06NSGⅠT011013②：6）

4、5. 镊（06NSGⅠT015012②：9、06NSGⅠT010009②：1）

绿色。由一段截面为圆形的铜丝弯卷制成。直径、铜丝截面直径0.3厘米（图三〇三，3；图版三一〇，2）。

（5）镊

标本06NSGⅠT015012②：9，完整。模制，色呈锈绿。扁环首，器身上部较细，向下渐厚、渐宽，至中部分成两叉，器身也渐薄，镊两尖对弯。长9.1厘米（图三〇三，4；图版三一〇，3）。

标本06NSGⅠT010009②：1，完整。模制，上部色呈锈绿，中、下部外表磨光，呈黑褐色。扁环首，器身上部较细，向下渐厚、渐宽，至距钉部约三分之一处开始分成两叉，器身中部较鼓，向下渐薄，镊两尖对弯。在分叉之上的部位有两圈凹弦纹，凹弦纹向下至器身最厚处的部分两叉皆有从上下两面向侧面刻划的斜向划纹，在两叉的侧面相交组成的图案。长6.6厘米（图三〇三，5；图版三一〇，4）。

（四）石器

有建筑材料和生活用具两类。

1. 建筑材料

有雕花阶沿、包壁条、散水钉和散水牙子。

（1）雕花阶沿

标本00NSGⅠT006006②：1，残。砂岩质，打磨雕琢，白色。雕刻采用"减地平钑"的手法，顶面外沿部分有15.5厘米的边，其内雕大朵的宝相花，立面雕连续的宝相花。长57、残宽43、厚9厘米（图三〇四，1；图版三一〇，5）。

（2）包壁条

标本00NSGⅠT009006②：21，残。玄武岩质，打磨，色呈青灰。俯视呈梯形，短边略厚。长边59、短边47.5、宽24.8、厚8.6～9.6厘米（图三〇四，2；图版三一一，1）。

（3）散水钉

标本00NSGⅠT009006②：3，残。玄武岩质，打磨，色呈青灰。下宽上窄，底面略平，顶部由两侧和外面打磨成较圆的尖。贴牙面和外面皆较直。高16、宽13、厚7.3厘米（图三〇四，3；图版三一一，2）。

（4）散水牙子

标本00NSGⅠT007009②：10，略残。玄武岩质，打磨，色呈青灰。整体呈长条体，上面和两个侧面打磨平整，一侧面向下略斜。两端面和底面保留剥裂面。长25.1、宽9.3、厚7.5厘米（图三〇四，4；图版三一一，3）。

2. 生活用具

第3、4号宫殿出土的生活用具有磨盘、砺石、器盖、珠和一些其他残件。

（1）磨盘　标本00NSGⅠT004006②：12，残。玄武岩质，通体打磨，色呈青灰。俯视略呈圆形，底面平，上面呈圆形凹窝，中心有圆形透孔。在其边缘有一呈半球状突出的柄，在有柄处的器身上有一个圆形孔。高11.8、直径37.2、上面凹窝直径28、中心孔径4.8、柄部孔径3.6、深4.4厘

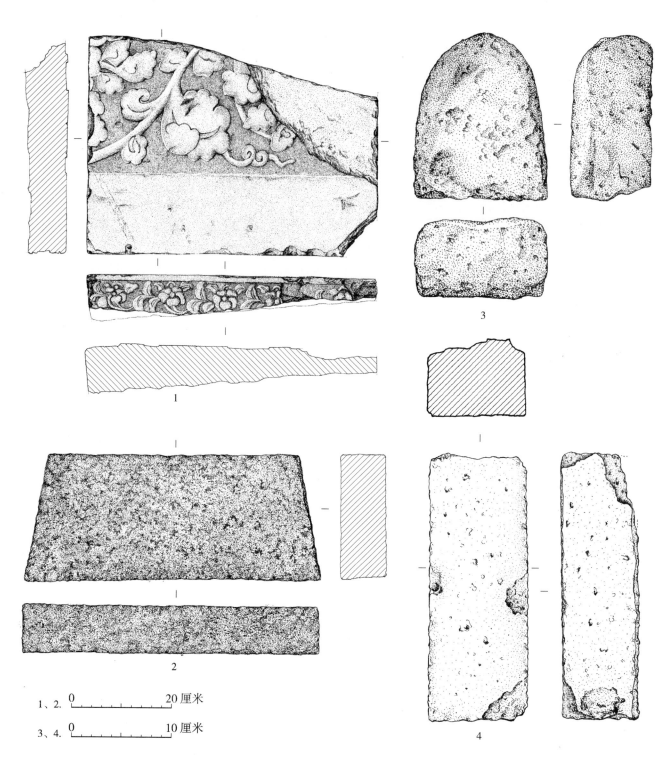

图三〇四　第 3、4 号宫殿建筑群基址出土石建筑材料

1. 雕花阶沿（00NSGⅠT006006②：1）　　2. 包壁条（00NSGⅠT009006②：21）

3. 散水钉（00NSGⅠT009006②：3）　　4. 散水牙子（00NSGⅠT007009②：10）

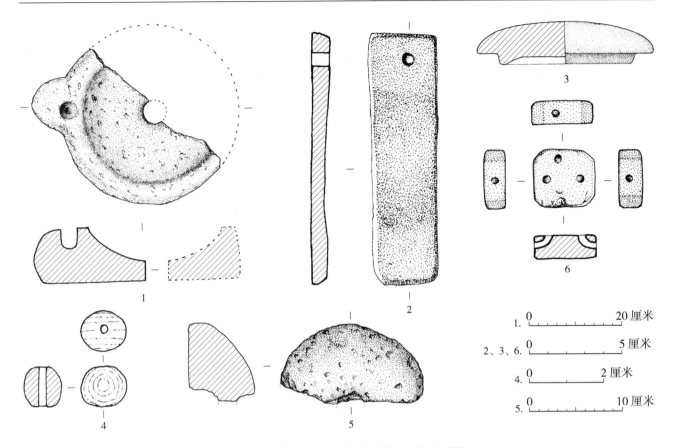

图三〇五　第 3、4 号宫殿建筑群基址出土石器

1. 磨盘（00NSGⅠT004006②：12）　2. 砺石（00NSGⅠT005008②：2）　3. 器盖（06NSGⅠT014008②：10）

4. 珠（00NSGⅠT006013②：8）　5、6. 残件（00NSGⅠT009013②：61、00NSGⅠT005008②：61）

米（图三〇五，1；图版三一一，4）。

　　（2）砺石　标本 00NSGⅠT005008②：2，完整。砾石质，通体磨制，色呈青灰。整体呈长条形，背面平整，正面因使用略凹，两底角略圆。上端有切割痕迹。靠近上端中部有一圆形系孔。长 13.3、宽 3.6、厚 0.9 厘米（图三〇五，2；图版三一一，5）。

　　（3）器盖　标本 06NSGⅠT014008②：10，残。页岩质，通体磨制，色呈青灰。俯视呈圆形。只余一小半，可观察上面隆起，中心有圆形突起，内面略凹。子母口，内口下垂，外口平直。高 1.2、直径 9.2 厘米（图三〇五，3；图版三一一，6）。

　　（4）珠　标本 00NSGⅠT006013②：8，完整。通体磨制，白色，呈半透明状。整体呈扁球状，器表可见一圈圈的同心圆石纹。器身长径方向钻有圆形透孔。长径 0.92、短径 0.8 厘米（图三〇五，4；图版三一二，1）。

　　（5）其他残件

　　标本 00NSGⅠT009013②：61，残。玄武岩质，打磨，色呈青灰。整体略呈半球状，只余一半。据现存部分可观察底面平，顶部和底面的中心皆有圆形凹坑，底部的较深，顶部的略浅。高 6.5、径 15.6、顶部凹坑口径 3.1、深 2、底部凹坑口径 4.3、深 3 厘米（图三〇五，5；图版三一二，2）。

　　标本 00NSGⅠT005008②：61，残。通体磨制，色呈黄白。俯视略呈正方形，四角磨平。上面略隆，底面为平面，底面靠近三个边处有三孔，分别钻透至三个侧面。边长 3、厚 1.1 厘米（图三〇五，6；图版三一二，3）。

（五）骨器

骨器很少，有簪、饰件、管和 1 件不知名器。皆属生活用具。

簪　只出土 1 件。

标本 06NSGⅠT015009②：19，残。器表呈骨黄色。器身整体略弧，正面鼓、背面平。正面靠近簪首处雕出一条横向凸起的楞，楞上面雕琢有一条横向的凸纹和五条竖向的短线凹纹。簪首侧视略呈楔形，上厚下薄，端部为平面，自后向前略斜起，前缘略抹斜向前下方形成一小平面，其下雕刻有四条竖向的短线凹纹。簪尖部已残。残长 10 厘米（图三〇六，1；图版三一二，4）。

饰件　只出土 1 件。

标本 06NSGⅠT014010②：14，残。器表呈骨黄色。这是一件片状骨饰，整体呈"心"形。正面分别从两侧向中间刻划出四条斜向的短线凹纹，线条靠近边缘较深，向中间愈浅，至中间形成锋，方向皆斜朝"心"形的尖部，两侧凹纹在中部或相交或相错。长 1.5、宽 1.3、厚 0.2 厘米（图三〇六，2；图版三一二，5）。

管　出土 4 件。均由动物的胫骨或肱骨切割而成，器表未经加工，粗细不均，随骨骼形状。两端的端面保留有切割痕迹。

标本 01NSGⅠT010011②：1，完整。器表黄、褐斑驳。长 8.8 厘米（图三〇六，3；图版三一

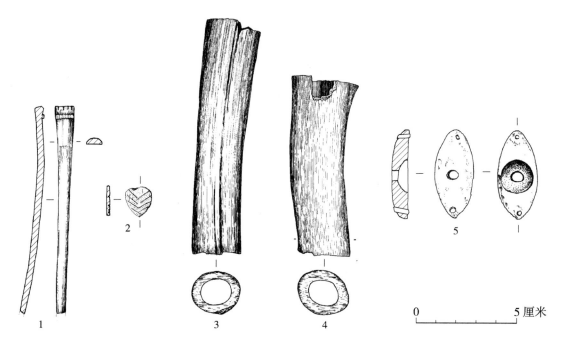

图三〇六　第 3、4 号宫殿建筑群基址出土骨器

1. 簪（06NSGⅠT015009②：19）　2. 饰件（06NSGⅠT014010②：14）　3、4. 管（01NSGⅠT010011②：1、01NSGⅠT010011②：2）　5. 其他残件（00NSGⅠT006014①a：1）

二，6)。

标本 01NSGⅠT010011②：2，完整。器表黄、褐斑驳。长 11.4 厘米（图三〇六，4；图版三一三，1）。

其他残件

标本 00NSGⅠT006014①a：1，略残。器表略呈黄白色。俯视呈橄榄形，上面隆起，下面为平面。上面磨光，下面保留有切割痕迹。下面中心有挖磨的圆形凹窝，凹窝中心钻有略呈圆形的透孔，可看出孔是由底面向上面钻成。在此器的两个尖部分别钉有小铁钉，上下面皆露头。长径 4.3、短径 2、厚 0.9、底面凹窝直径 1.6、孔径约 0.4 厘米（图三〇六，5；图版三一三，2）。

（六）建筑遗迹遗物

除上述的遗物外，第 3、4 号宫殿建筑群基址还出土了一些建筑墙体上剥落的材料，有土坯、墙体的白灰填充物、草拌泥墙皮、白灰墙皮，从这些物品及其上残留的痕迹中可以推断当时墙壁的建筑方式并了解当时的一些建筑工艺。

土坯

由沙性土掺杂草梗和泥，再放入模具制成。器表粗糙不平，留有大量的草梗和草梗残留的痕迹。土坯均经过烧烤，呈红褐色，其烧烤原因不能辨出是有意为之还是宫殿废弃时起火造成。第 3、4 号宫殿出土的土坯形制、大小各有不同。

标本 00NSGⅠT006006②：47，残。残长 24、宽 16、厚 6.5 厘米（图版三一三，3）。

标本 00NSGⅠT009008②：16，残。长 35.6、宽 12.7、厚 10 厘米（图版三一三，4）。

标本 00NSGⅠT009008②：15，略残。长 30、宽 8.9、厚 6.4 厘米（图版三一三，5）。

白灰填充物

将白灰填充于墙壁上的缝隙凝固后形成的物品，其大小、形状与所填充缝隙和部位有关。

标本 06NSGⅠT012012②：93，残。整体呈方柱形，外面较光滑，上、下两面较平，内面凹凸不平，外面和上面相交处呈侧视内弧的凹槽。上、下和内面都残留有草梗的痕迹，应都曾与土坯或草拌泥墙皮相贴。右侧端头上部右侈，下部较平。左侧端头向下抹斜。上部长 18.3、下部长 11.9、厚约 7.6、高 6.7 厘米（图版三一三，6）。

草拌泥墙皮

由沙性土掺杂草梗和泥，再抹于建筑墙壁的骨架之上形成。器表留有大量的草梗和草梗残留的痕迹。草拌泥墙皮均经过烧烤，呈红褐色，其烧烤原因不能辨出是有意为之还是宫殿废弃时起火造成。第 3、4 号宫殿出土的草拌泥墙皮形状各不相同，应是与其所处的建筑部位有关。

标本 06NSGⅠT012012②：92，残。正面较平，应是当时的墙面。两侧斜向相同的方向，也较平整，应是曾与建筑墙壁的骨架之上的木条接触的部位。一端已残，完整端为一弧面，应是与墙壁骨架的木柱接触的部位。内面为凹面，其上有草束痕迹，这说明此墙制作应采用了"挂拉"的工艺。残长 19.2、宽 12.8、厚约 3 厘米（图版三一四，1、2）。

白灰墙皮

有 2 种，1 种是较厚的板状白灰块，应是墙壁以木骨和草拌泥制成之后，在墙面上留有以木条或木板隔成的格，然后在其内抹以白灰形成，其内面还残留有草拌泥上的草梗痕迹；另 1 种是在草拌泥墙面上抹一层黄沙土，然后在其上抹一层白灰浆制成。

标本 00NSGⅠT007009②：19，残。此标本是较厚的板状白灰块，厚度不匀。一边存有一弧状凹口，应是曾与圆柱状构件相贴，另有一边由内面向外面抹斜伸出，应是与墙面上木条接触的部位。其他两边已残。残长 20.8、残宽 20、厚 2～4 厘米（图版三一四，3）。

标本 00NSGⅠT007009②：20，残。此标本是较厚的板状白灰块，厚度不匀。一边存有一浅弧状凹口，应是曾与圆柱状构件相贴，另有一边由内面向外面抹斜伸出，应是与墙面上木条接触的部位。其他两边已残。残长 23、残宽 20.7、厚 2～4.2 厘米（图版三一四，4）。

标本 00NSGⅠT010007②：115，残。此标本内面为草拌泥，草拌泥之上抹以黄沙土，再在沙土之上抹一层白灰浆。经过烧烤，呈红褐色，其烧烤原因不能辨出是有意为之还是宫殿废弃时起火造成。残长 8.3、宽 11.3、厚 1～2.5 厘米（图版三一四，5、6）。

第五节　小　结

通过发掘得知，第 3、4 号建筑群是一组前殿后寝的建筑形式。第 3 号宫殿是宫城中轴线上最北的一座高台建筑，从其柱网布置和两侧的廊庑建筑结构可看出，第 3 号宫殿应该是担负朝堂的功能。第 4 号宫殿在形制上与前面的三座宫殿有了明显的区别，已不是在台基上构建一座主体庞大的建筑，而是由主殿和东、西配殿三部分组成；台基也不如前面的宫殿之高大雄伟，而是建在一个低矮的台基上；其主殿室内也不再宏柱林立，而是采用了减柱的建筑形式，在室内见不到立柱的存在；在宫殿北部的烟囱结构，说明了取暖设施的完善。宫殿的整体风格、结构布局都表现了其与前面三座宫殿在功能上的改变。主殿的形制与 20 世纪 80 年代经过发掘的西寝殿[1]的形制基本相同，虽目前已不能见到其房间内的地面及室内结构，但据《东京城》报告可知，主殿的房间内原有灶和烟道的痕迹。以上种种迹象表明，第 4 号宫殿的功用可能不是朝堂，而是与日常起居有着密切关系的寝殿。第 4－1 号宫殿的内部结构与第 4 号宫殿接近，也是寝殿的布局，这说明第 4、4－1 号宫殿所在的区域已是渤海王宫的生活区。

第 4 号宫殿与第 3 号宫殿之间存在一座较小的建筑，与第 3、4 号宫殿以过廊相接，第 3、4 号宫殿实质上成为一组宫殿的前后两个部分，再加上环绕在这三座建筑周围的回廊，在建筑关系上构成了同一宫殿群体。这种建筑形式明显带有唐长安城大明宫麟德殿的风格。

对于渤海国上京城宫城建筑格局的认识，在考古学上经历了如下过程：20 世纪 30 年代日本东亚考古学会在发掘时，认为宫城中轴线上有六重宫殿，将之编为第一至第六宫殿[2]；20 世纪 60 年代的发掘和研究中把宫城中轴线最南端的城门——"五凤楼"，从宫殿中区分出来，将中轴线上其余的建筑编为第 1 号～第 5 号殿址，这一称呼至今仍为学术界所沿用。又将宫城中区分为四个部分，即第 1 号殿址及其两侧回廊所形成的范围为第一部分；第 2 号殿址及其两侧回廊所形成的范围为第二部分；

第 3 号殿址和第 4 号殿址所在范围为第三部分；第 5 号殿址所在范围为第四部分[3]。通过近年的调查和证明，第 5 号宫殿实际上独处于一个封闭的单元之内，而不似前面四座宫殿位于同一区域内。此次发掘又进一步确认了第 3 号宫殿与第 4 号宫殿共处于连成一体的台基之上，即可能为一座宫殿的前后部分。基于这样的认识，第 5 号宫殿以南的单元内，实有三座宫殿，即第 1 号宫殿、第 2 号宫殿和第 3、4 号宫殿组成的第三组宫殿。从而可推论渤海国上京龙泉府的宫城同唐长安城大明宫一样，是实行宫城三殿制的[4]。

　　第 3、4 号宫殿建筑群的整体布局与渤海国的早期都城吉林西古城、八连城的宫城内建筑布局基本相同，而这二者都没有之前的第 1 号和第 2 号宫殿建筑，这种情况可能说明了第 3、4 号宫殿建筑是渤海早期宫城的核心建筑。

　　此次发掘在第 4 号宫殿的正面出土了三彩釉兽头，而在北面的烟囱部位则出土无釉的青灰陶兽头。这使第 4 号宫殿在建筑饰件的使用上带有明显的等级色彩，也为我们在建筑等级和建筑饰件的对应关系的研究提供了珍贵资料。

[1]　中国社会科学院考古研究所：《六顶山与渤海镇——唐代渤海国的贵族墓地与都城遗址》，中国大百科全书出版社，1997 年。

[2]　《东京城——渤海国上京龙泉府址的发掘调查》，《东方考古学丛刊》第五册，东亚考古学会，1939 年，东京。

[3]　中国社会科学院考古研究所：《六顶山与渤海镇——唐代渤海国的贵族墓地与都城遗址》，中国大百科全书出版社，1997 年。

[4]　秦浩：《隋唐考古》，第 34 页，南京大学出版社，1992 年。

第四章　第5号宫殿基址

第一节　遗址概况和发掘经过

渤海上京城宫城中轴线上自南向北建有五座宫殿，并分别以第 1 号、第 2 号、第 3、4 号和第 5 号宫殿为中心，与其所属的门、廊庑和墙等组成各自相对独立的四个院落。第四院落位于宫城中区北部，由石墙围成，东西约 179.4、南北 84.8 米，第 5 号宫殿居于院内中轴线偏北处。该院落只在殿南设有一门，门、殿之间的距离 36.4 米（图三〇七）。

2000 年 10 月，黑龙江省文物考古研究所开始对第 5 号宫殿遗址进行试掘，共开探方 4 个（编号 00NSGⅠT008023 ～ T011023、T008024 ～ T011024、T006025 ～ T012025、T006026 ～ T007026、

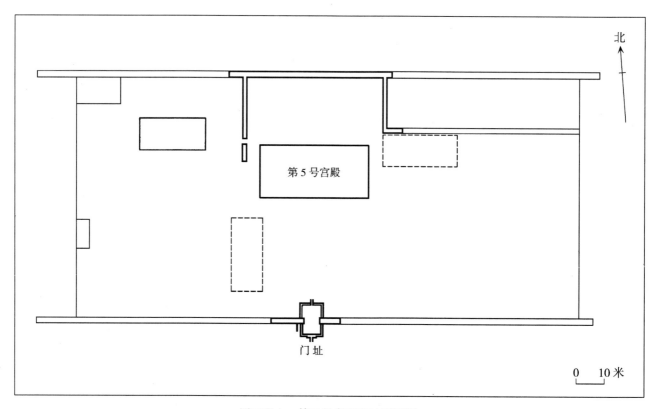

图三〇七　第 5 号宫殿基址平面图

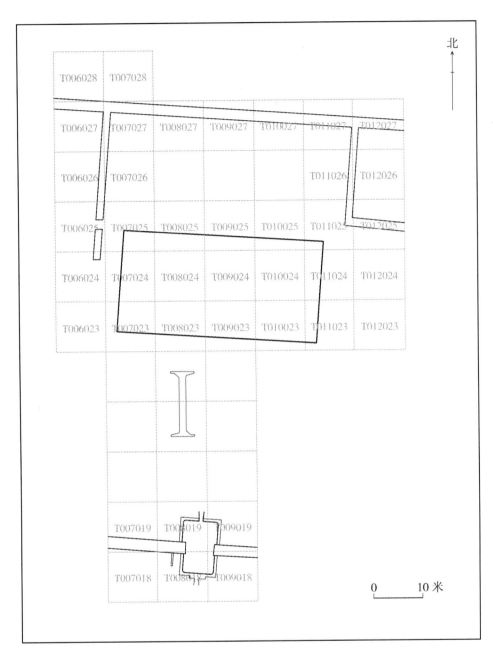

图三〇八　第 5 号宫殿基址发掘区探方分布图

T011026～T012026、T006027～T012027，其中"N"为宁安市、"S"为上京、"G"为宫城、"Ⅰ"为第Ⅰ象限区），发掘面积 400 平方米。在揭去表土，露出部分础石后停止工作。

2001 年 8～10 月，全面开展工作，共开探方 26 个（编号 00NSGⅠT008023～T011023、T008024～T011024、T006025～T012025、T006026～T007026、T011026～T012026、T006027～T012027），发掘面积 2600 平方米。发掘出的主要遗迹有第 5 号宫殿台基址、殿北侧的墙址，由于气候原因，发掘至倒塌堆积为止。

2002 年 7～9 月，在上年度工作基础上继续发掘，对台基包壁、踏道进行了清理。并对院落门址进行了发掘，共布 10×10 米探方 6 个（编号 T007018～T009018，T007019～T009019），清理面积约600 平方米（图三〇八）。

参加发掘人员 2000 年为黑龙江省文物考古研究所刘晓东，2001 年为黑龙江省文物考古研究所赵哲夫和吉林大学研究生卑琳、李梅、张玉霞，2002 年为黑龙江省文物考古研究所赵虹光、牡丹江市文物管理站王祥滨。

第 5 号宫殿及院落门址关系密切，但无直接建筑关联，故在此作为两个建筑单元分别予以介绍。

第二节　第 5 号宫殿院落门址

（一）门址概况

第 5 号宫殿的院落门址，由于相对低洼，因此成为早年通行的大车路，后又经长期碾压，破坏较严重。清理出的主要遗迹有门台基和其东西两侧的墙及附属的房址、柱础等。出土遗物多为建筑材料，少量生活用具。

（二）地层堆积

南门址的地层堆积较简单，仅有 3 层，以 T008018 西壁为例（图三〇九）。

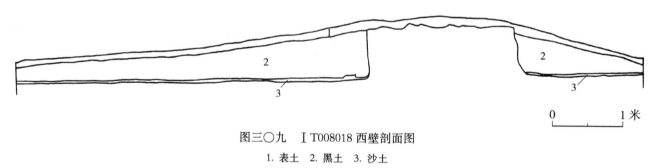

图三〇九　ⅠT008018 西壁剖面图
1. 表土　2. 黑土　3. 沙土

第 1 层，表土层，厚 0.1～0.25 米。

第 2 层，黑灰土层，厚 0.2～0.53 米。土质稍硬，包含物多为建筑瓦件，还有红烧土块、木炭、白灰块和陶器残片。

第 3 层，沙土层，厚 0.02～0.03 米。

（三）形制结构

1. 门址

台基平面呈长方形，东西宽约 6.15、南北长约 10.4、高 0.35 米，夯筑而成，其东西两侧中部有用玄武岩砌筑的墙与之相接（图三一〇［见本报告附图］；图版七四，1）。台基周边大部分已损毁，仅东侧北部尚有少部分砌砖和散水，余存零散的散水牙子和砖钉。从遗留的砌砖和散水可知门台基周边是用砖包砌，外侧是宽约 0.5 米砖铺的散水。包壁砖与散水的筑铺方法是先用长方砖横顺平铺，横砖内侧一半用来做台基包壁墙的土衬砖，其上顺砌的砖采用抹角对缝工艺筑成台基周边的包壁墙。外侧一半与顺铺的长方砖组合成散水，其东北转角处是用两块抹角砖拼对而成（图版七五，2）。

台基南、北侧散水的中部均有相互对应、左右对称向外凸起的地方。南部凸起处平面呈阶梯状，两阶各长 0.5、宽 0.15 米。外凸部分中间是门台基的南甬道，其与第 4 号宫殿北中部的甬道相通。北部凸起处长 1.5、宽 0.45 米，其中间的甬道与第 5 号宫殿南中部的甬道相通。台基南北部的甬道宽 0.85 米，其内的铺面砖已尽失，仅余部分散水牙子和砖钉（图版七四，2）。

此外，在南部散水东侧的北端有长 0.25、宽 1.25 米的曲尺形凸出部分，而西侧不见。

门台基的地面近四角处各设柱础石 1 块，相互对称，等距排列。础石东西中心点距 4.75、南北中心点距 6.25 米。台基中部有一条东西向，宽 0.2、长约 3 米的门槛，其两侧有宽 0.3、长 0.7、厚 0.04 米，放置门枢的长方形门枕，二者间距 2.5 米。门槛、门枕均已炭化。东部门枕与玄武岩石墙之间尚存有东西长 0.4、南北宽 0.5、残高 0.05 米的土墙。该门是面阔、进深各 1 间的建筑。

门台基东西中部两侧墙的南北壁用玄武岩石块垒砌而成，现存两层，墙内用乱石堆砌，宽 2、残高 0.5～0.7 米。东墙南壁抹有白灰面，东西两侧墙的北壁外堆积中有较多残断炭化的木柱和覆盖其上的瓦砾，说明该墙上部应有瓦顶建筑（图版七七，1）。

2. 房址

两处房址分别设在门南部东西两侧。

东侧房址（F1）位于门址和墙的夹角处，平面呈长方形，其地面堆积中可见部分梁柱被火焚毁倒塌后的炭迹。房址的东墙偏南部分和南墙已被破坏，东西两侧的墙底部是用长方形青砖砌出的基础，东墙现存 2.6 米，其近中部被一现代坑打破，墙基残留高度 0.05、宽 0.2 米。西墙现存 3.6 米，用三合土筑成，墙内外侧抹有厚 0.05～0.07 米的白灰面，墙基残留高度 0.15～0.35、宽 0.3 米。北墙东西长 4 米，从地面遗有的一条宽 0.1、长 3.3、厚 0.02 米的木炭可知该墙应是木质结构，其与门东墙的南壁相距仅 0.3 米左右。房址居住面是用厚 0.05～0.07 米的白灰抹成，坚实平整（图三一一；图版七六，2）。

西侧房址（F2）位于门址的西南部，平面呈长方形，东西长 5、南北宽 4 米。房址的墙用土坯砌成，其东南大部分已被破坏，墙基现存高度 0.05、宽 0.2 米。房址内的居住面用火烧烤后形成较坚实的硬面，厚 0.05～0.07 米。房址的西侧设有火炕，是由两条并行的南北走向烟道，上覆不规则的石板构成。炕的西北角向西凸出部分，是设立烟囱的地方，其南部偏东处大部分已残损，尚存的砖应是灶的遗迹（图三一二；图版七六，1）。

3. 柱础石

位于门西墙的南部。已清理出的 7 块柱础石中心点距为 3.5～3.95 米，用玄武岩经雕凿而成，平面呈圆形，直径 0.35～0.4 米。柱础石呈曲尺形排列，其中 6 块柱础石与西墙并行，二者相距 0.6 米，另 1 块垂直放置在东数第 1 块柱础石的南部。在东数第 2 块至第 4 块础石之间的中部，有一宽约 0.15 米，已朽的木板痕迹。第 5 块础石上残留有直径 0.15、残高 0.01 米，已炭化的木柱。柱

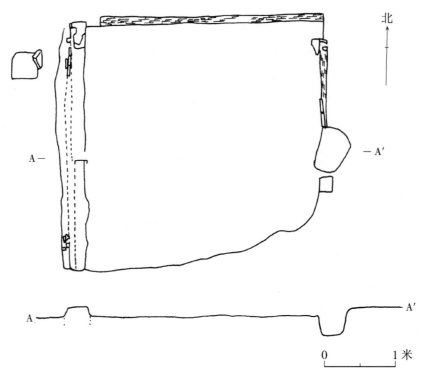

图三一一　第 5 号宫殿南门基址 F1 平、剖面图

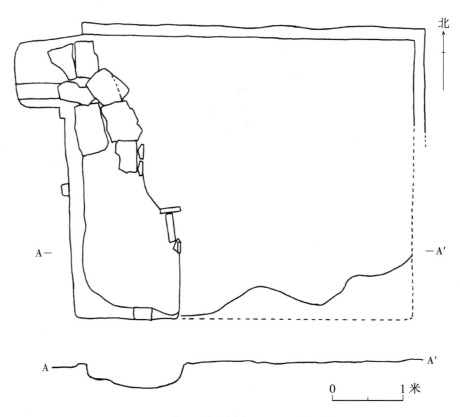

图三一二　第 5 号宫殿南门基址 F2 平、剖面图

础石东边有南北向排列的长方形条石 4 块，其北部压在墙址下，南端与垂直放置的础石平齐（图版七五，1）。

此外，在西墙和础石之间还发现一列与其并行，相互套接的筒瓦（图版七七，2）。在距门台基东南角约 1.7 米处，有一长 1.3、宽 0.6、现存深 0.05 米的长方形遗迹，其四壁抹有白灰面，内填细沙。

第三节　第 5 号宫殿基址

（一）保存状况与层位堆积

第 5 号宫殿基址上原有南北向乡路从西部通过，日本东亚考古学会 1934 年发掘时，东侧的保存情况好于西侧，后来在其东侧另行修筑西北—东南走向的东沙公路，东侧被覆盖在路基下。

台基顶部在日本东亚考古学会发掘时，所有础石面均在地面以下，现在所有础石或凸起在地面之上，或与地面持平，故础石以外的遗迹大多被破坏（图三一三［见本报告附图］）。

台基下和墙上的堆积可分为 2 层，以 T010023 东壁剖面为例加以介绍（图三一四）。

第 1 层，地表土，厚 0.1～0.15 米。黑色，较松软，包含少量瓦片。

第 2 层，堆积层，厚 0.25～0.4 米。瓦砾中包含黑褐土。

（二）建筑结构

1. 正殿基址

台基平面呈长方形，东西长 40.4、南北宽 20.4 米。用黄土筑成，现呈东高西低状，高出当时的地面 0.4～0.5 米（图三一五；图版七八，1、2）。

四壁用砖包砌，保存情况不好。东侧包壁砖无存，只见包壁外侧立砌长方砖，所用砖基本为残砖；西侧包壁南段保存相对较好，其余部分也只见包壁外侧立砌的长方砖，但所用砖基本为整砖。包壁下平铺一层长 0.43、宽 0.42 米的大型长方砖，短边向外，外侧立砌长 0.35、宽 0.16、厚 0.05 米的长方砖，长边向上。平铺的长方砖，露明 0.05 米，由于这层砖向内伸入台基，与地面持平，应

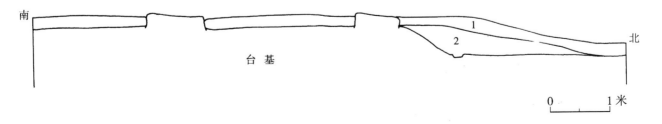

图三一四　Ⅰ T010023 东壁剖面图

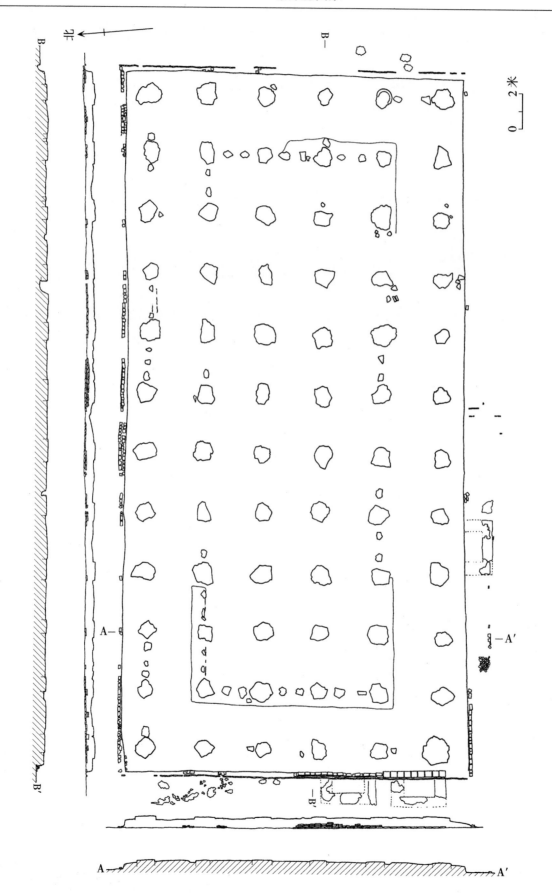

图三一五 第 5 号宫殿正殿基址平、剖面图

系与台基同筑，其功能相当于土衬石（图版七九，1）。其上用长 0.35、宽 0.16、厚 0.05 米的长方砖干摆包壁，所用砖均稍截左右两边，摆砌时没有明显的"错缝"关系（图三一六；图版六，2；图版八〇，1）。今存的包砖有三层，南壁包壁无最下层大型长方砖及外侧立砌长方砖，只在西南角保存了一层摆砌的长方砖，砖多残，但均较大；北壁亦无最下层大型长方砖及外侧立砌长方砖，只见摆砌长方砖构筑的包壁，砖多残，均较小，保存最好的部位可见三层，其余部位多为一层，东部和中部的包壁为双行结构，但只见最底部一层。

台基外围未见散水的痕迹。

距台基东南角 18.9 米处，可见两列相距 0.4 米的立砌长方砖，东列南北长 0.5 米，南端距台基边缘 0.8 米；西列南北长 1.8 米，中间被破坏，南端距台基边缘 2 米，其位置正对面阔第 6 间东列础石，故应系殿南踏道东部遗迹（图版八〇，2）。

台基上共有础石 72 块，由南向北 6 排，由东向西 12 列，排、列之间的础石间距均为 3.4 米，为一面阔 11 间，进深 5 间的建筑。

台基上的础石按功用，可分为三个单元，第 1、6 排和第 1、12 列础石组成第一个单元；第 2、5 排中间 10 块和第 2、11 列中间 4 块础石组成第二个单元；第 3、4 排中间 8 块和第 3、10 列中间 2 块础石组成第三个单元。三个单元均为长方形，由外向内，由大到小，三围相套。

第 1 围础石，第 6 排第 1、11 列础石间发现有墙间柱垫石，第 5 排第 9～11 列础石之间尚存宽 0.2 米的墙基，内、外均抹有 0.01 米厚的白灰面。参考东亚考古学会发掘图可知，除面阔第 6 间的位置外，其余柱间均有 3 块墙间柱垫石，由于后世破坏，现多缺失。

第 2 围础石间均发现有墙间柱垫石，第 2、11 列中间 4 块础石间保存较好，结构完整，均为 2 块（图版八一，1）。参考东亚考古学会发掘图可知，除面阔第 6 间的位置外，其余柱间均有 2 块墙间柱垫石，由于后世破坏，现多缺失。西南部的础石间，保留有部分墙基的痕迹（图版八一，2）。

第 3 围础石间未发现有墙间柱垫石。

另外，在台基西下，正对南侧面阔第 8 间、西侧进深第 1、第 2 间，发现了从建筑上跌落，呈"冂"状的廊墙上有白灰面遗迹，外边长 3.1、宽 1.5 米，内边长 1.7、宽 0.7～0.9 米，白灰面宽 0.6 米，其内边缘规整，有木构件留下的痕迹，表明在相当于廊心墙位置，应有木窗，可能该回廊为外墙四面有窗的明廊（图版八二，1）。

从础石迹象分析，四面皆有相当于廊的结构，但因外面均有墙，实际上形成了"回"字形的通道，此通道是全封闭的还是通透的矮墙尚不可知。

面阔第 6 间所在的进深各间础石间均无墙，从其对应南侧踏道来看，第 1、2 圈的对应位置应该有门，但由于破坏严重，未发现其遗迹。

第 5 排第 9～11 列础石南侧保存有小片用草拌泥分层修筑的地面（图版八二，2）。

2. 正殿北侧墙址

第 5 号宫殿遗址北部有一组"冂"形的墙，北墙距宫殿 20 米，东、西墙间距 50 米。

东墙长 18、宽 1.5～1.8 米，其南端转折向东，原有宽 6 米的缺口，为后世在该区域耕种破坏形成的。

西墙长 25.4、宽 1.5～2、残高 0.5 米，其南端正对正殿第 6 排础石，距台基西侧包壁 4 米，有

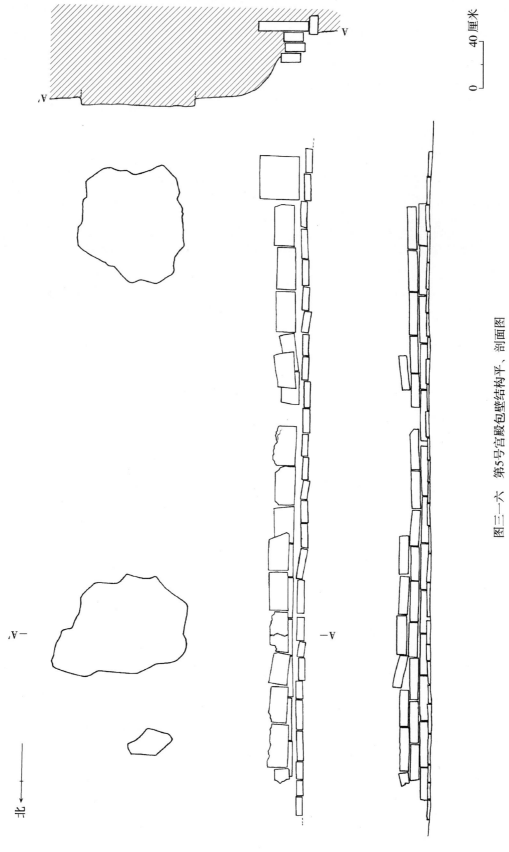

图三一六　第5号宫殿包壁结构平、剖面图

转折向西的痕迹，由于破坏严重，已不能确知。

距南端 4 米处，有宽 2 米的缺口，边缘整齐，推测为一门址，破坏严重，已无踪迹可寻。

北墙长 57、宽 2.5～3、残高 0.2～0.6 米。东侧有两个宽 2 米、相距 10 米的缺口，为东沙公路修筑路边沟形成的。该墙为宫城墙内北起第二条隔断墙之一部分，在发掘的区段内，未发现门的迹象。

墙均由玄武岩石块堆砌，主要部分用石长、宽均约 0.5 米，外侧摆砌的较为整齐，其间空隙用较小的石块填充。三道墙的衔接部分，没有明显的时间顺序，应系同时筑成，墙基内外两侧均有大量的瓦砾堆积，两转角衔接处出土有垂兽，表明该墙原来应是有瓦顶的。瓦砾堆积下，沿墙根有黄土堆成的护坡，墙内侧的护坡高、宽度均大于外侧。

第四节　出土遗物

（一）第 5 号宫殿南门出土遗物

1. 陶器

1）瓦　有板瓦、筒瓦、瓦当等。

板瓦　分为檐头板瓦和屋面板瓦 2 种。

檐头板瓦　2 件。宽边，顶端中间一组为戳印圆圈纹，上、下两组为压印斜线构成的组合纹，三组纹饰之间有压印出的凹槽。

标本 02NSGⅠM：13，前端宽 25、后端宽 22、身长 33 厘米（图三一七，4）。

屋面板瓦　6 件。前端有指捺纹。

标本 02NSGⅠM：22，前端宽 32、后端宽 28、身长 41 厘米（图三一七，3）。

筒瓦　分为檐头筒瓦和屋面筒瓦 2 种。

檐头筒瓦　3 件。其是将单独制作的瓦当粘接在筒瓦前端而成，瓦唇的中部存在一个横向压制凹槽。

标本 02NSGⅠM：10，瓦当内饰六瓣莲花纹，莲瓣间有细长的萼形纹。瓦当直径 16.5 厘米（图三一八，1）。

屋面筒瓦　25 件。瓦后端附有一个横向压制凹槽的瓦唇。

标本 02NSGⅠM：12，长 38、宽 16.4 厘米（图三一七，1）。

标本 02NSGⅠM：6，长 36、宽 16.4 厘米（图三一七，2）。

瓦当　6 件。当面饰六瓣浅浮雕莲花纹，莲瓣外轮廓线呈凸起心形，瓣尖朝外，内填莲肉。

Ag 型　2 件。莲瓣之间饰萼形纹。

标本 02NSGⅠM：15，当心凸起的莲实外绕同心圆，外有 6 个小圆珠。直径 17 厘米（图三一八，4）。

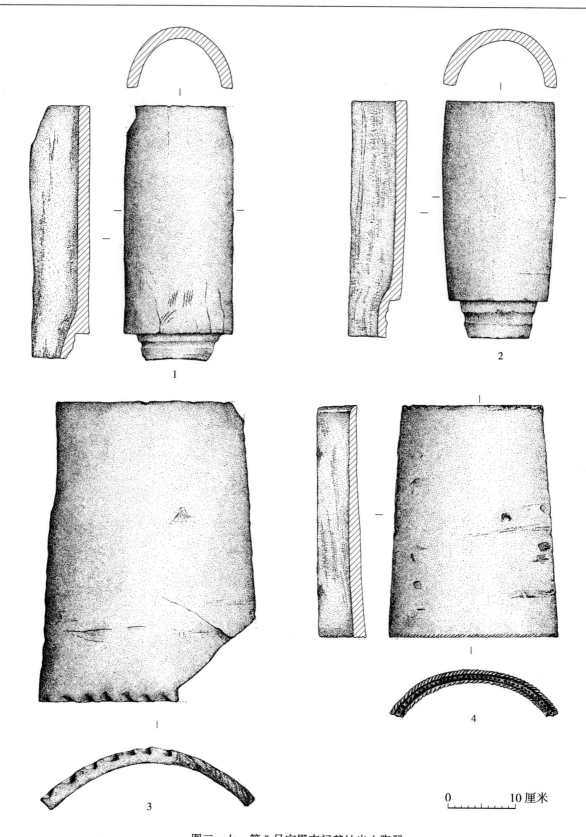

图三一七　第 5 号宫殿南门基址出土陶器

1、2. 屋面筒瓦（02NSGⅠM：12、02NSGⅠM：6）　3. 屋面板瓦（02NSGⅠM：22）　4. 檐头板瓦（02NSGⅠM：13）

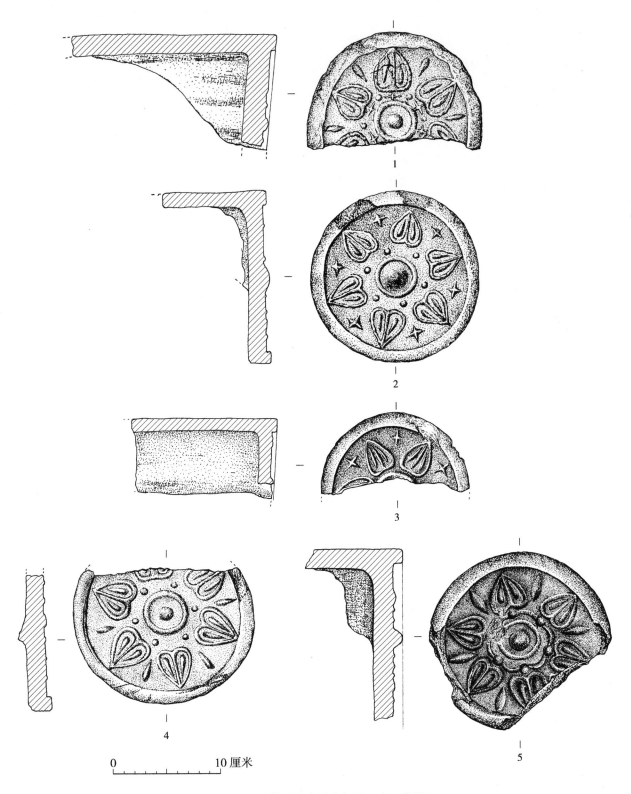

图三一八 第 5 号宫殿南门基址出土陶器

1. 檐头筒瓦（02NSGⅠM∶10）　　2. 六瓣莲花纹 Ba 型瓦当（02NSGⅠM∶5）　　3. 六瓣莲花纹 Bb 型瓦当（02NSGⅠM∶11）

4. 六瓣莲花纹 Ag 型瓦当（02NSGⅠM∶15）　　5. 六瓣莲花纹 Ai 型瓦当（02NSGⅠM∶14）

Ai 型　2 件。莲瓣之间饰萼形纹。

标本 02NSGⅠM：14，当心凸起莲实外绕的同心圆周围的 6 个小圆珠之间有月牙纹，莲肉丰满隆起，直径 17.2 厘米（图三一八，5）。

Ba 型　2 件。标本 02NSGⅠM：5，莲瓣之间有十字星形纹，当心凸起的莲实外绕同心圆，再外有 6 个小圆珠，莲瓣轮廓线、莲肉稍丰，凸出当面较浅。直径 16 厘米（图三一八，2）。

Bb 型

标本 02NSGⅠM：11，莲瓣之间饰十字纹。直径 14 厘米（图三一八，3）。

2）日用器皿

碗　1 件。

标本 02NSGⅠM：16，泥制灰陶。圆唇，沿外侈，敛口，斜鼓腹，实圈足底。口径 8.5、底径 5、高 4.4 厘米（图三一九，1）。

2. 铁器

门枢　1 件。镶嵌在门框底角部。

标本 02NSGⅠM：17，整体呈长方形，一端圆角，横剖面似拱桥形。门轴内部中空，外壁厚 0.6～1 厘米。上部有宽 1、深 0.1 厘米的浅槽，底部一侧有直径 3 厘米，呈半球形的内凹坑。高 10、宽 12.4、厚 3.8～4.1 厘米（图三二〇，1；图版三一五，6、7）。

门轴　2 件。有上下之分，上门轴穿在连楹眼护口内，下门轴置于门枕石的海窝内。整体呈圆筒形。

标本 02NSGⅠM：18，外侧有两个等距的齿，直径 11、高 5、壁厚 0.8～1 厘米（图三二〇，2；图版三一五，5）。

门钉　6 件。由圆帽锥形钉和空心呈半球形中心有穿钉孔的覆帽两部分复合而成。

标本 02NSGⅠM：7，钉帽直径 1.7、长 10 厘米。覆帽直径 10、高 4、壁厚 0.2 厘米（图三二一，15；图版三一六，9）。

门鼻　1 件。由两端带尖的铁条弯曲成环状。

标本 02NSGⅠM：19，长 7.7、环径 1.6 厘米（图三二一，13；图版三一六，7）。

合页　1 件。

标本 02NSGⅠM：1，仅存一页，用厚铁片弯折而成，整体呈三角形，有 3 个固定用的铁钉，连

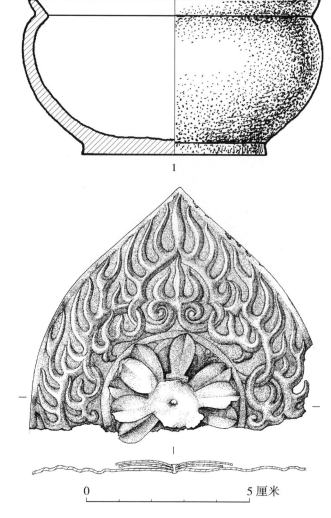

图三一九　第 5 号宫殿南门基址出土陶、铜器

1. 陶碗（02NSGⅠM：16）　　2. 铜佛像背光（02NSGⅠF2：5）

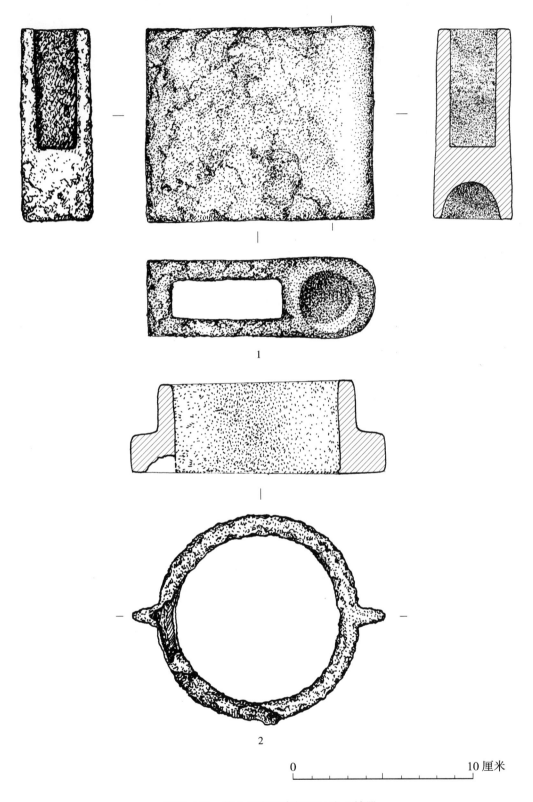

图三二〇　第 5 号宫殿南门基址出土铁器

1. 门枢（02NSGⅠM：17）　　2. 门轴（02NSGⅠM：18）

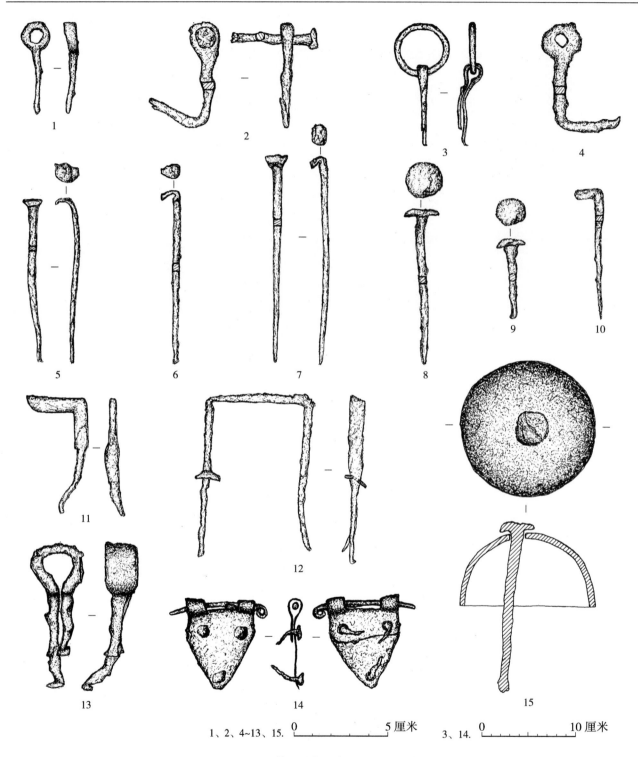

图三二一　第5号宫殿南门基址出土铁器

1、2、4. 环首钉（02NSGⅠM：23、02NSGⅠM：21、02NSGⅠM：20）　3. 环（02NSGⅠM：4）　5~7. A型普通
形钉（02NSGⅠF2：1、02NSGⅠF2：2、02NSGⅠF2：6）　8、9. F型普通形钉（02NSGⅠF2：3、02NSGⅠF2：4）
10、11. 曲尺形钉（02NSGⅠF1：5、02NSGⅠF1：2）　12. 门形钉（02NSGⅠF1：1）　13. 门鼻（02NSGⅠM：19）
14. 合页（02NSGⅠM：1）　15. 门钉（02NSGⅠM：7）

接部穿有铁轴。长9.7、宽7厘米（图三二一，14；图版三一五，4）。

环　1件。

标本02NSGⅠM：4，有钉箍于环上。钉长8.8、环外径5.8厘米（图三二一，3；图版三一六，6）。

钉　分为普通形钉和特殊形钉2种。

普通形钉　锻制。

A型　10件。钉帽勺形，使用打击后曲折，钉身长方形。

标本02NSGⅠF2：1，长22厘米（图三二一，5；图版三一六，4）。

标本02NSGⅠF2：2，长18.4厘米（图三二一，6；图版三一六，1）。

标本02NSGⅠF2：6，长8.7厘米（图三二一，7；图版三一六，2）。

F型　5件。钉帽圆形，钉身长方形。

标本02NSGⅠF2：3，帽直径2、长8.2厘米（图三二一，8；图版三一六，3）。

标本02NSGⅠF2：4，帽直径1.6、长4.3厘米（图三二一，9；图版三一六，8）。

特殊形钉

环首钉　3件。

标本02NSGⅠM：20，环首外径2、内径0.6、长9厘米（图三二一，4；图版三一五，1）。

标本02NSGⅠM：23，环首外径1.7、内径0.7、长4.8厘米（图三二一，1；图版三一六，11）。

标本02NSGⅠM：21，环首孔内穿有长6厘米的铁钉，环首外径1.5、长9厘米（图三二一，2；图版三一六，10）。

门形钉　1件。

标本02NSGⅠF1：1，钉中上部扁平，中部内收成钉，一侧内收处穿有垫片。长9、宽6厘米（图三二一，12；图版三一五，2）。

曲尺形钉　2件。折角一端内斜，另一端内收成钉尖。

标本02NSGⅠF1：2，折角长3.3、通长6厘米（图三二一，11；图版三一五，3）。

标本02NSGⅠF1：5，折角长1.5、通长6厘米（图三二一，10；图版三一六，5）。

3. 铜器

佛像背光　1件。鎏金，凿铆而成。

标本02NSGⅠF2：5，为佛像背光部分，八瓣似莲花形，凿出纹饰似火焰，其中部两层相叠用铆钉固定。宽9厘米（图三一九，2；图版三一七）。

（二）第5号宫殿基址出土遗物

1. 陶器

1）建筑材料　有瓦、砖和由砖制成的构件等。

瓦　有筒瓦、板瓦、条瓦和当沟等，其中文字瓦单独予以介绍。

文字瓦　28种，刻划字符1种，另有砖上戳印1种，不属于文字瓦，为了叙述方便，亦在此一并介绍。详见表五、六。

表五　　　　　　　　　　　　　　第 5 号宫殿基址出土陶文字瓦统计表

序号	瓦　文	数量	选登标本号	图　号
1		1	01NSGⅠT012025②：33	图三二二，1；图版三一八，1
2		20	01NSGⅠT007025②：7	图三二二，2；图版三一八，2
3		3	01NSGⅠT007025②：3	图三二二，3；图版三一八，3
4		2	01NSGⅠT010025②：42	图三二二，4；图版三一八，4
5		7	01NSGⅠT009024②：10	图三二二，5；图版三一八，5
6		25	01NSGⅠT007026②：3	图三二二，6；图版三一八，6
7		1	01NSGⅠT010023②：5	图三二二，7；图版三一九，1
8		1	01NSGⅠT012025②：34	图三二二，8；图版三一九，2
9		1	01NSGⅠT012025②：35	图三二二，9；图版三一九，3
10		39	01NSGⅠT007025②：4	图三二二，10；图版三一九，4
11		1	01NSGⅠT010025②：4	图三二二，11；图版三一九，5
12		1	01NSGⅠT012027②：2	图三二二，12；图版三一九，6

序号	瓦文	数量	选登标本号	图　号
13		5	01NSGⅠT010023②：4	图三二二，13；图版三二〇，1
14		25	01NSGⅠT007023②：3	图三二二，14；图版三二〇，2
15		1	01NSGⅠT007025②：38	图三二二，15；图版三二〇，3
16		1	01NSGⅠT007027②：4	图三二二，16；图版三二〇，4
17		7	01NSGⅠT007025②：6	图三二二，17；图版三二〇，5
18		2	01NSGⅠT007025②：8	图三二二，18；图版三二〇，6
19		14	01NSGⅠT007026②：5	图三二二，19；图版三二一，1
20		1	01NSGⅠT007023②：2	图三二二，20；图版三二一，2
21		2	01NSGⅠT007023②：7	图三二三，1；图版三二一，3
22		6	01NSGⅠT007025②：39	图三二三，2；图版三二一，4
23		27	01NSGⅠT007025②：5	图三二三，3；图版三二一，5
24		1	01NSGⅠT012025②：15	图三二三，4；图版三二一，6

序号	瓦　文	数量	选登标本号	图　号
25		1	01NSGⅠT012026②：19	图三二三，6；图版三二二，1
26		1	01NSGⅠT010025②：41	图三二三，9；图版三二二，2
27		1	01NSGⅠT010023②：3	图三二三，7；图版三二二，3
28		1	01NSGⅠT009027②：2	图三二三，8；图版三二二，4
29		1	01NSGⅠT012026②：15	图三二三，5；图版三二二，5

表六　　　　　　　　　第5号宫殿基址出土陶刻划字符瓦统计表

序号	瓦　文	数量	选登标本号	图　号
1		1	01NSGⅠT007027②：9	图三二四，1；图版三二二，6
2		1	01NSGⅠT008024②：1	图三二四，2；图版三二二，7

图三二二 第5号宫殿基址出土陶文字瓦拓片

1. 01NSGⅠT012025②：33　2. 01NSGⅠT007025②：7　3. 01NSGⅠT007025②：3　4. 01NSGⅠT010025②：42

5. 01NSGⅠT009024②：10　6. 01NSGⅠT007026②：3　7. 01NSGⅠT010023②：5　8. 01NSGⅠT012025②：34

9. 01NSGⅠT012025②：35　10. 01NSGⅠT007025②：4　11. 01NSGⅠT010025②：4　12. 01NSGⅠT012027②：2

13. 01NSGⅠT010023②：4　14. 01NSGⅠT007023②：3　15. 01NSGⅠT007025②：38　16. 01NSGⅠT007027②：4

17. 01NSGⅠT007025②：6　18. 01NSGⅠT007025②：8　19. 01NSGⅠT007026②：5　20. 01NSGⅠT007023②：2

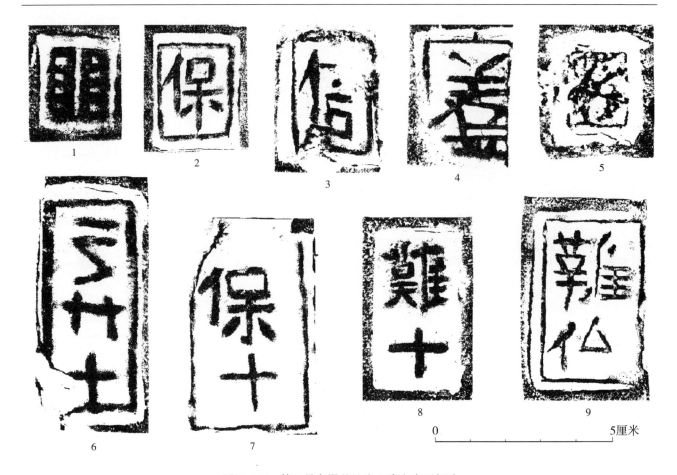

图三二三　第 5 号宫殿基址出土陶文字瓦拓片

1. 01NSGⅠT007023②：7　2. 01NSGⅠT007025②：39　3. 01NSGⅠT007025②：5
4. 01NSGⅠT012025②：15　5. 01NSGⅠT012026②：15　6. 01NSGⅠT012026②：19
7. 01NSGⅠT010023②：3　8. 01NSGⅠT009027②：2　9. 01NSGⅠT010025②：41

筒瓦　分普通筒瓦和檐头筒瓦 2 种。

普通筒瓦　均夹砂质，有青灰色和红褐色 2 种，第 5 号宫殿基址仅见前者。由瓦身和瓦唇两部分组成，瓦身有前后同宽和前后不同宽两种，前部内侧有斜向抹压的痕迹，因此厚度不一，前部略薄于后部。瓦身与瓦唇结合部厚度大于瓦身，瓦唇厚度最薄，约为瓦身的二分之一左右。瓦唇前端宽于后端，上部由前向后渐低，下部向后微上扬，第 5 号宫殿基址只有带横向凹槽的 1 种。瓦内有布纹。筒瓦均为二分瓦，一模两块，故两侧有脱模分体时留下的工具痕，为片状锐器，由前端向后剖割至瓦唇形成的。

标本 01NSGⅠT007025②：15，完整。瓦内为粗布纹，通长 38 厘米。瓦身前宽后窄，长 35、宽 18～19、厚 2 厘米。瓦唇长 5、宽 11～15 厘米，横向凹槽位于前部，宽 1.2 厘米（图三二五，1；图版三二三，1）。

标本 01NSGⅠT007025②：16，完整。通长 37.5 厘米。瓦身前后同宽，长 33.5、宽 16、厚 2 厘米。瓦唇长 4、宽 11～12 厘米，横向凹槽位于中部，宽 1.5 厘米（图三二五，2；图版三二三，2）。

标本 01NSGⅠT007025②：17，略残。瓦内为粗布纹，通长 38 厘米。瓦身前宽后窄，长 33、宽

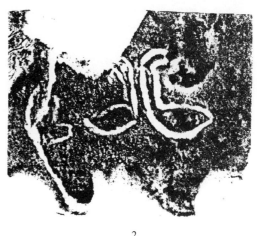

2

1

图三二四　第 5 号宫殿基址出土陶刻划字符瓦拓片
1. 01NSGⅠT007027②：9　2. 01NSGⅠT008024②：1

15～15.5、厚 1.2 厘米。瓦唇长 5、残宽 11 厘米，横向凹槽位于中部，宽 1.5 厘米（图三二五，3；图版三二三，3）。

标本 01NSGⅠT007025②：49，略残。瓦内为粗布纹，通长 37.5 厘米。瓦身前窄后宽，长 33、宽 16～16.5、厚 1.6 厘米。瓦唇长 6、残宽 12 厘米，横向凹槽位于后部，宽 1.5 厘米（图三二五，4；图版三二三，4）。

标本 01NSGⅠT007025②：22，略残。瓦内为粗布纹，通长 36.5 厘米。瓦身前后同宽，长 30.5、宽 16、厚 1.2 厘米。瓦唇长 5、残宽 12 厘米，横向凹槽位于中部，宽 1.5 厘米（图三二六，1；图版三二三，5）。

标本 01NSGⅠT007025②：33，完整。通长 37 厘米。瓦身前窄后宽，一侧边略呈"∽"状，长 32.5、宽 13.5～15、厚 1.6 厘米。瓦唇长 4.5、宽 9～11 厘米，横向凹槽位于中部，宽 1.6 厘米（图三二六，2；图版三二三，6）。

标本 01NSGⅠT007026②：7，略残。瓦内为粗布纹，通长 36 厘米。瓦身前后同宽，长 31、宽 16、厚 1.2 厘米。瓦唇长 5、残宽 9 厘米，横向凹槽位于前部，宽 1.5 厘米（图三二六，3；图版三二四，1）。

檐头筒瓦　数量不多，无完整者。分普通檐头筒瓦和异型檐头筒瓦2种。

普通檐头筒瓦

标本01NSGⅠT007024②：8，当残。仅存瓦的前半部分，瓦内为粗布纹。瓦当为Ah型（图三二七，2；图版三二四，4）。

标本01NSGⅠT007025②：44，当残。瓦内为粗布纹。瓦当为Ag型，通长37、瓦身32厘米，前宽后窄，宽14.5～16、厚1.2厘米。瓦唇长5、残宽11厘米，横向凹槽位于前部，宽1.2厘米，内有钉孔（图三二七，4；图版三二四，6）。

异型檐头筒瓦　与普通檐头筒瓦结构相同，形制有很大差异。前端隆起，凸面向上曲成马鞍形，靠近前端的两侧边缘各有一半圆形缺口。

标本01NSGⅠT007025②：24，瓦的后半部、瓦内为粗布纹。凸面向上曲起不大，瓦唇长5、残宽11～16厘米。横向凹槽位于前部，宽1.8厘米，内有钉孔（图三二六，4；图版三二四，2）。

标本01NSGⅠT011025②：2，前半部，当缺，当以上隆起较高。残长16、宽19、厚2厘米（图三二七，1；图版三二四，3）。

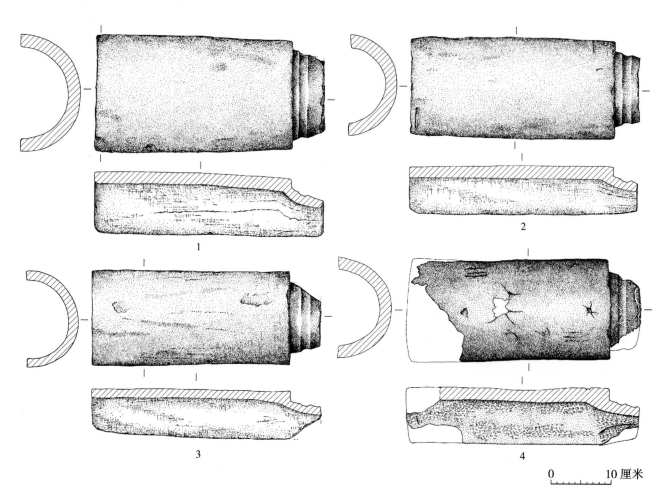

图三二五 第5号宫殿基址出土陶普通筒瓦

1. 01NSGⅠT007025②：15　2. 01NSGⅠT007025②：16　3. 01NSGⅠT007025②：17　4. 01NSGⅠT007025②：49

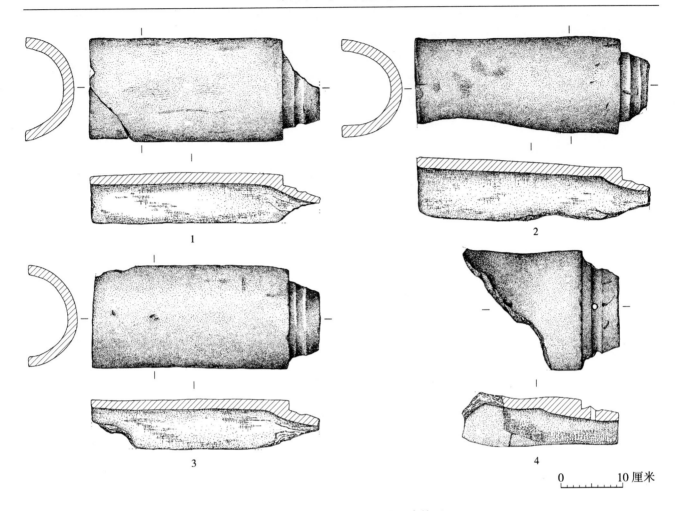

图三二六 第 5 号宫殿基址出土陶筒瓦

1~3. 普通筒瓦（01NSGⅠT007025②：22、01NSGⅠT007025②：33、01NSGⅠT007026②：7）

4. 檐头筒瓦（01NSGⅠT007025②：24）

标本 01NSGⅠT012026②：18，前半部，当残，瓦内为粗布纹。瓦当为 6Ag 型，直径 16 厘米（图三二七，3；图版三二四，5）。

板瓦　均为模制，凹面有布纹，夹细砂质，均为青灰色。有普通板瓦、檐头板瓦 2 种。

普通板瓦　多前窄后宽，偶见前后同宽者，前端薄后端厚。前端顶部及凹面经抹制修整，较为圆润。后端凹面抹制加工后向下抹斜，第 5 号宫殿基址所见均为单面指压纹。瓦身凹面中间前后或可见一凹窝，窝内也有布纹，可能是烧制时垫支的痕迹。

标本 01NSGⅠT007025②：45，前端一角残。一边略呈内凹的弧形，后端凸面施斜向指压纹，前端有一不甚清晰的戳印，通长 39、宽 28~33、厚 1.6~2.8 厘米（图三二八，1；图版三二五，1）。

标本 01NSGⅠT007024②：1，前端一角残。一边直、一边斜，后端凸面斜向施指压纹。通长 38、宽 26~32、厚 1.6~2.4 厘米（图三二八，2；图版三二五，2）。

标本 01NSGⅠT007025②：46，前端一角残。前后近同宽，后端凸面施斜向指压纹。通长 39、宽 31、厚 1.8~2.2 厘米（图三二八，3；图版三二五，3）。

标本 01NSGⅠT007024②：2，前端两角均残。后端凸面施指压纹。通长 40、宽 27.5～34.5、厚 1.6～2.8 厘米（图三二八，4；图版三二五，4）。

标本 01NSGⅠT007025②：27，略残。后端凸面施正向指压纹，有垫支痕迹。通长 39、宽 26～32、厚 1.2～2.4 厘米（图三二九，1；图版三二五，5）。

标本 01NSGⅠT007024②：3，略残。后端凸面施斜向指压纹，通长 39、宽 24～28、厚 2 厘米（图三二九，2；图版三二五，6）。

檐头板瓦　形制上与普通板瓦相反，前宽后窄，前端厚后端薄。前端施以斜向划纹和戳印圆点纹组成的组合纹饰。后端凹面抹制加工后向下抹斜，亦修整的较为圆润。第 5 号宫殿只见普通檐头板瓦，无完整者，只见碎块。

标本 01NSGⅠT010023②：7，残。前端施第 4 种图案，残宽 20、厚 2.8 厘米（图三二九，4；图版三二六，1）。

标本 01NSGⅠT007025②：25，残。前端施第 4 种图案，残宽 12、厚 2.2 厘米（图三二九，3；图版三二六，2）。

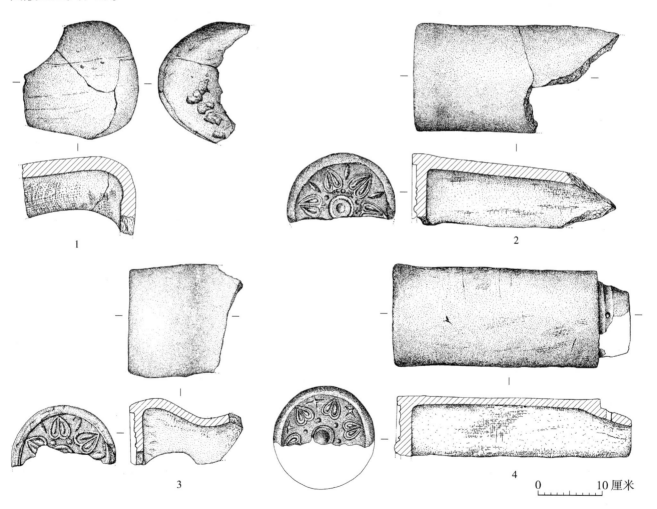

图三二七　第 5 号宫殿基址出土陶檐头筒瓦

1.01NSGⅠT011025②：2　2.01NSGⅠT007024②：8　3.01NSGⅠT012026②：18　4.01NSGⅠT007025②：44

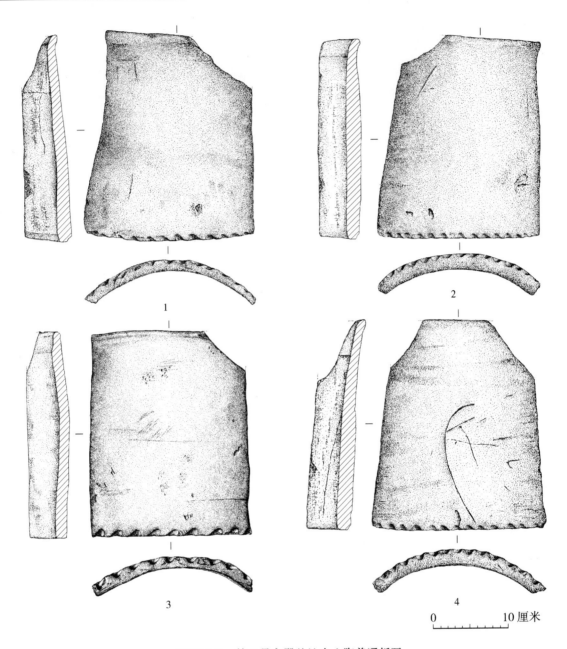

图三二八　第 5 号宫殿基址出土陶普通板瓦

1. 01NSGⅠT007025②：45　2. 01NSGⅠT007024②：1

3. 01NSGⅠT007025②：46　4. 01NSGⅠT007024②：2

　　麻面板瓦　形制与普通板瓦相同，凸面满布用工具戳点出的凹坑，估计此类瓦是用于屋顶较陡的部位，戳点是为了加大瓦的附着力而为之。

　　标本 01NSGⅠT007024②：9，残。凸面遍布戳印纹，后端施斜向指压纹，残长 32、后宽 30、厚 2 厘米（图三二九，5；图版三二六，3）。

　　条瓦

　　标本 01NSGⅠT007025②：20，完整。背有粗布纹，长 40、宽 13、厚 2 厘米（图三三〇，1；图

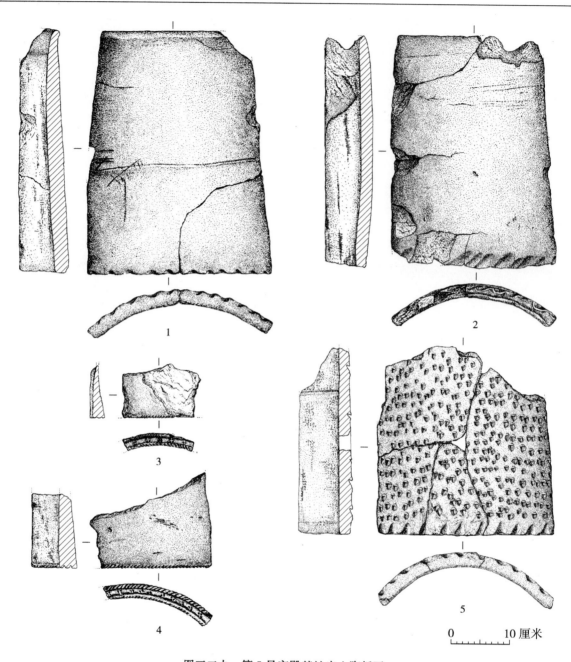

图三二九　第 5 号宫殿基址出土陶板瓦

1、2. 普通板瓦（01NSGⅠT007025②：27、01NSGⅠT007024②：3）　3、4. 檐头板瓦（01NSGⅠT007025②：25、01NSGⅠT010023②：7）　5. 麻面板瓦（01NSGⅠT007024②：9）

版三二六，4）。

标本 01NSGⅠT007025②：19，完整。背有粗布纹，长 40、宽 13、厚 2 厘米（图三三〇，2；图版三二六，5）。

标本 01NSGⅠT007025②：47，完整。一边直，一边弧形，背有细布纹，长 41、宽 12～14、厚 2 厘米（图三三〇，3；图版三二六，6）。

瓦当　分为莲花纹瓦当、莲蕾纹瓦当 2 种。

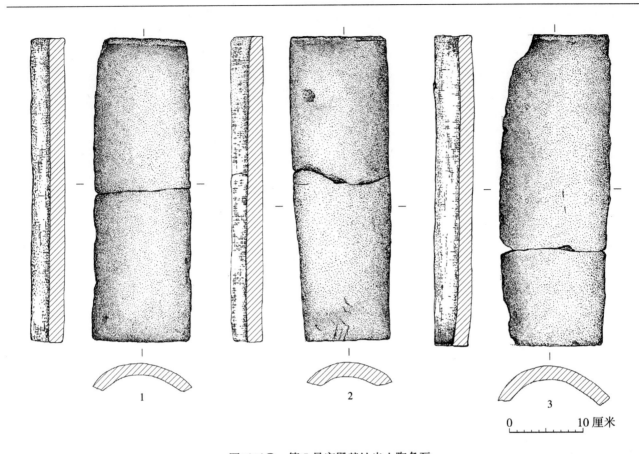

图三三〇 第 5 号宫殿基址出土陶条瓦

1. 01NSGⅠT007025②：20 2. 01NSGⅠT007025②：19 3. 01NSGⅠT007025②：47

莲花纹瓦当 分为七瓣莲花纹瓦当、六瓣莲花纹瓦当、四瓣莲花纹瓦当 3 种。

七瓣莲花纹瓦当

Aa 型

标本 01NSGⅠT007026②：9，残。当面直径 16 厘米（图三三一，1；图三三二，1；图版三二七，2）。

六瓣莲花纹瓦当

Aa 型

标本 01NSGⅠT008023②：1，残。当面直径 16.5 厘米（图三三一，2；图三三二，2；图版三二七，1）。

标本 01NSGⅠT007025②：48，完整。当面直径 16 厘米（图三三一，3；图三三二，3；图版三二七，3）。

标本 00NSGⅠT008023②：5，残。当面直径 16.5 厘米（图三三一，4；图三三二，4；图版三二七，4）。

Ae 型

标本 01NSGⅠT012025②：1，残。当面直径 15.5 厘米（图三三一，5；图三三二，5；图版三二

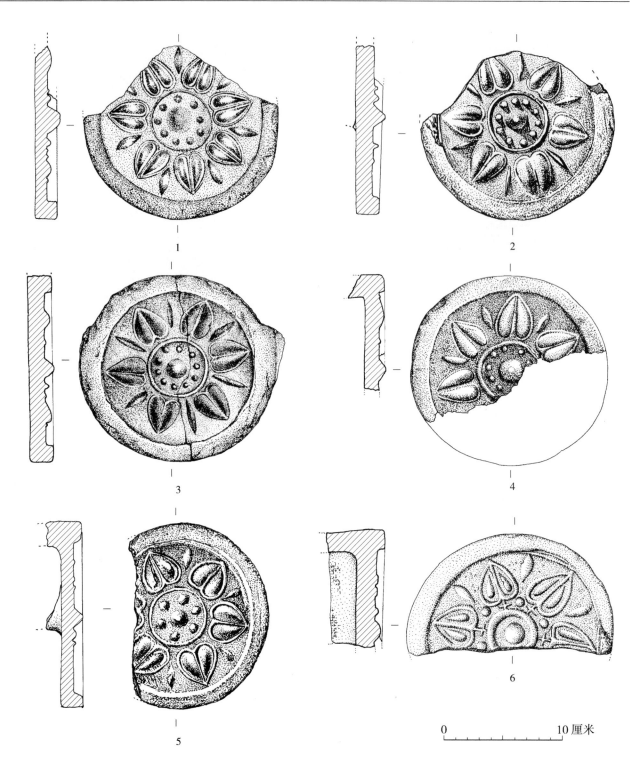

0 ⊢———————————⊣ 10 厘米

图三三一　第 5 号宫殿基址出土陶瓦当

1. 七瓣莲花纹 Aa 型（01NSGⅠT007026②：9）　　2～4. 六瓣莲花纹 Aa 型（01NSGⅠT008023②：1、
01NSGⅠT007025②：48、00NSGⅠT008023②：5）　　5. 六瓣莲花纹 Ae 型（01NSGⅠT012025②：1）
6. 六瓣莲花纹 Ag 型（01NSGⅠT007026②：8）

图三三二　第5号宫殿基址出土陶瓦当纹饰拓片

1. 七瓣莲花纹 Aa 型（01NSGⅠT007026②：9）　2～4. 六瓣莲花纹 Aa 型（01NSGⅠT008023②：1、
01NSGⅠT007025②：48、00NSGⅠT008023②：5）　5. 六瓣莲花纹 Ae 型（01NSGⅠT012025②：1）
6. 六瓣莲花纹 Ag 型（01NSGⅠT007026②：8）

七，5）。

Ag 型

标本 01NSGⅠT007026②：8，残缺。当面直径 17.5 厘米（图三三一，6；图三三二，6；图版三二七，6）。

Ba 型

标本 01NSGⅠT008023②：6，完整。当面直径 15.5 厘米（图三三三，1；图三三四，1；图版三二八，1）。

标本 01NSGⅠT012026②：18，完整。当面直径 16 厘米（图三三三，3；图三三四，3；图版三二八，3）。

Bb 型

标本 01NSGⅠT012026②：17，完整。当面直径 13 厘米（图三三三，2；图三三四，2；图版三二八，2）。

C 型

标本 01NSGⅠT007024②：10，残缺。当面直径 16.8 厘米（图三三三，4；图三三四，4；图版三二八，4）。

四瓣莲花纹瓦当

A 型

标本 01NSGⅠT007026②：1，残，可复原。当面直径 16.5 厘米（图三三三，5；图三三四，5；图版三二八，5）。

莲蕾纹瓦当

标本 01NSGⅠT012027②：3，残（图三三三，6；图三三四，6；图版三二八，6）。

砖　花纹砖数量很少，仅见少量碎块，多为青灰色，少量为黄褐色（以下标本如未说明均为青灰色）。

方砖　分为素面方砖和花纹方砖 2 种。

素面方砖

标本 01NSGⅠT007025②：27，残。正面为光面，背面不甚平整，呈斑驳状。残长 22、残宽 16、厚 7 厘米（图三三五，1；图版三二九，3）。

花纹方砖

标本 01NSGⅠT007027②：7，残。正面留有中心部分半朵及一边、角的小宝相花的图案，背面有很细的绳纹。残长 24、残宽 23、厚 6.7 厘米（图三三五，3；图三三七，1；图版三二九，4）。

标本 01NSGⅠT007024②：7，残。正面留有中心部分半朵及一边的小宝相花的图案，背面有很细的绳纹。残长 18、残宽 13、厚 6 厘米（图三三五，4；图三三七，2；图版三二九，5）。

长方砖　分为素面长方砖和花纹长方砖 2 种。

素面长方砖

标本 01NSGⅠT007024②：5，完整。背面布满斜向粗绳纹。残长 34.5、宽 16、厚 5.8 厘米（图三三五，2；图版三二九，1）。

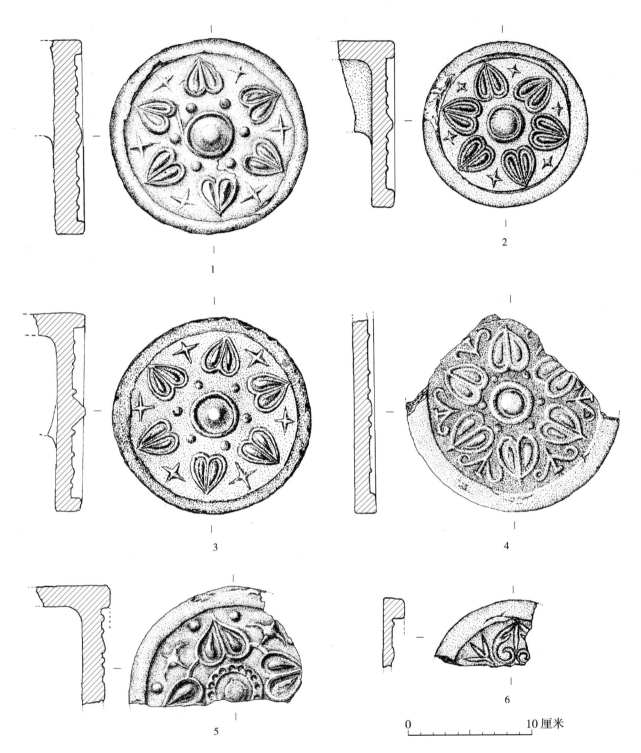

图三三三　第 5 号宫殿基址出土陶瓦当

1、3. 六瓣莲花纹 Ba 型（01NSGⅠT008023②：6、01NSGⅠT012026②：18）　2. 六瓣莲花纹 Bb 型
（01NSGⅠT012026②：17）　4. 六瓣莲花纹 C 型（01NSGⅠT007024②：10）　5. 四瓣莲花纹 A 型
（01NSGⅠT007026②：1）　6. 莲蕾纹（01NSGⅠT012027②：3）

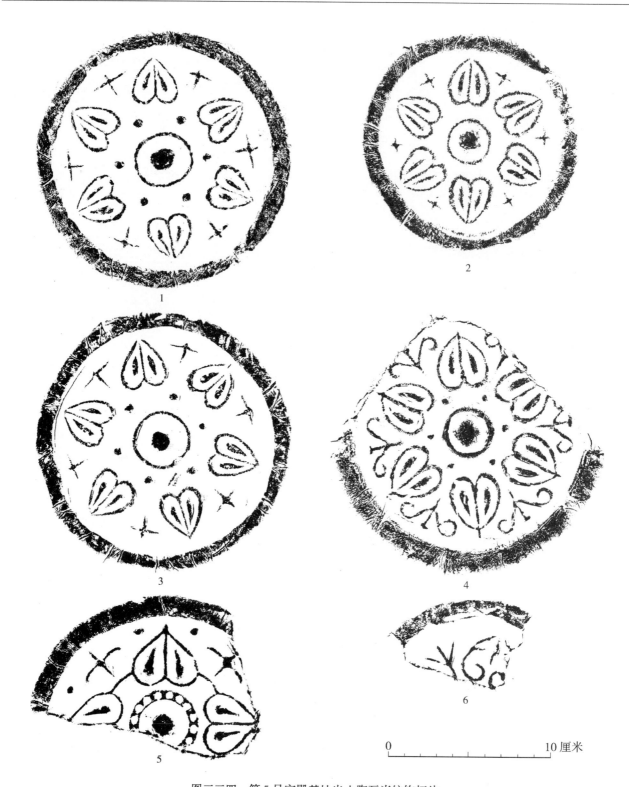

图三三四　第5号宫殿基址出土陶瓦当纹饰拓片

1、3. 六瓣莲花纹 Ba 型（01NSGⅠT008023②：6、01NSGⅠT012026②：18）　　2. 六瓣莲花纹 Bb 型
（01NSGⅠT012026②：17）　　4. 六瓣莲花纹 C 型（01NSGⅠT007024②：10）　　5. 四瓣莲花纹 A 型
（01NSGⅠT007026②：1）　　6. 莲蕾纹（01NSGⅠT012027②：3）

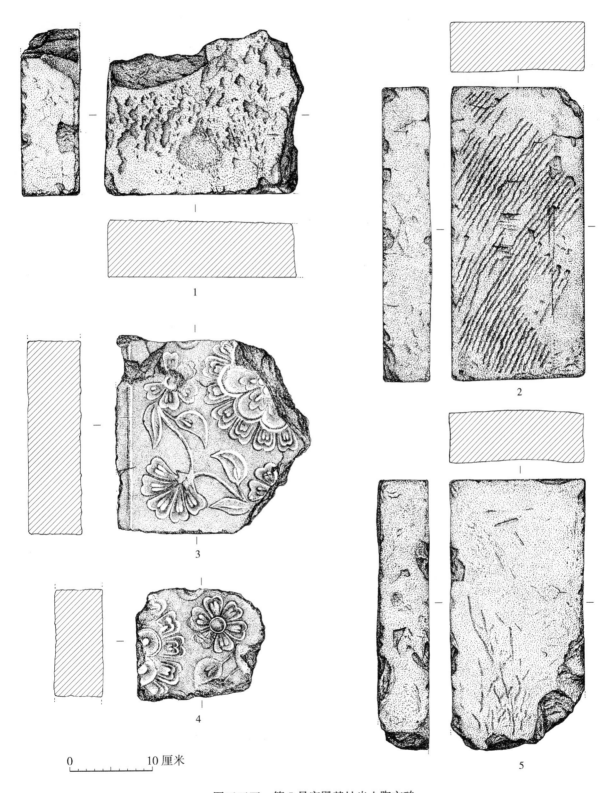

图三三五　第 5 号宫殿基址出土陶方砖

1. 素面方砖（01NSGⅠT007025②：27）　　2、5. 素面长方砖（01NSGⅠT007024②：5、01NSGⅠT007024②：6）

3、4. 花纹方砖（01NSGⅠT007027②：7、01NSGⅠT007024②：7）

标本 01NSGⅠT007024②：6，一角残。背面布满纵向粗绳纹。残长 32、宽 16、厚 6 厘米（图三三五，5；图版三二九，2）。

花纹长方砖

标本 01NSGⅠT007026②：6，残。顶面素面，背面有细绳纹，一侧面饰有缠枝忍冬纹。残长 20、残宽 13、厚 6.5 厘米（图三三六，1；图三三七，3；图版三二九，6）。

标本 01NSGⅠT007025②：10，残。顶面有很浅的规整凹痕，背面隐约有细绳纹，侧面饰有缠枝忍冬纹。残长 16、残宽 13、厚 6.5 厘米（图三三六，2；图三三七，4；图版三三〇，1）。

标本 01NSGⅠT007027②：5，黄褐色，残。顶、背面素面，背面有细绳纹，两侧面均饰缠枝忍冬纹。残长 15、残宽 15、厚 6.5 厘米（图三三六，4；图三三七，6；图版三三〇，2）。

标本 01NSGⅠT007025②：9，残。顶面素面，背面隐约有细绳纹，一侧面饰有缠枝忍冬纹。残长 13、残宽 7、厚 6.5 厘米（图三三六，7；图三三七，5；图版三三〇，3）。

砖制构件

标本 01NSGⅠT009025②：2，残砖改制，一端被截掉长方形的一小部分，整体呈"┘"形，长 16.5、宽 12、厚 5.5 厘米。被截掉部分长 8、宽 5 厘米（图三三六，5；图版三三〇，4）。

标本 01NSGⅠT007025②：11，黄褐色，一侧磨制成三角形。长 18、宽 16、厚 6.5 厘米（图三三六，6；图版三三〇，5）。

文字砖

标本 01NSGⅠT007025②：12，残砖的一端，长方形，砖正面素面，背面布满粗绳纹。残长 14、宽 16.9、厚 6.2 厘米。背面有一长方形阳文戳印，与绳纹混淆，字已不清，似为"舍"字。戳印长 2.9、宽 2 厘米（图三三六，3；图版三三〇，6）。

兽头 出土于宫殿及其北墙址的东、西转角处，有 3 个较大的个体和少量的碎块，均为青灰色，泥质，塑制，风格较为接近，细部略有差异。其形象为狰狞的怪兽。朝天鼻，顶部有明显的凸起，鼻孔置于左、右，均通透。张口，上、下颌骨各有两枚犬齿。舌呈"∽"形，卷曲前伸。两眼鼓出，上眼睑后有两层眼皮。脑后有三根竖起的粗壮鬃毛。底座略上凹，弧度与板瓦接近。鼻后部与底座间有斜向贯通的孔。

标本 01NSGⅠT011025②：1，残。鼻、眼完整，下颌大部保留，其余部分缺失。鼻孔横向贯通。上颌犬齿及其间的门齿脱落，从印痕可知为另行塑制装入。下颌的犬齿及门齿一体塑成，犬齿已无。舌完好，舌根置于口内下部。两眼鼓出，上眼睑后有两层眼皮的痕迹。脑后竖鬃毛缺失，从痕迹可知为 3 条。两腮间宽 29、自鼻至底座高 33 厘米（图三三八；图版三三一，1）。

标本 01NSGⅠT007027②：10，残。鼻、右眼及口部得以保留，其余部分缺失。左、右鼻孔斜向向下再贯通。上颌为另行塑制装入，犬齿脱落，其间 3 枚门齿用阴刻线条表示。口内臼齿分为 4 组，上、下颌各 2 组，另行安装。下颌的犬齿及门齿一体塑成，犬齿已无。舌仅存舌根，位于口内下部。左眼折断，从痕迹可知两眼为单独制造后插入。脑后竖鬃缺失，从痕迹可知为 3 条，上一根为椭圆状，下两根为圆柱状。竖鬃下有圆饼状装饰物折断的痕迹。残长 24、残宽 27、自鼻至底座高 33 厘米（图三三九；图版三三一，2）。

标本 01NSGⅠT007027②：11，残。鼻、眼部保留，其余部分缺失。鼻孔横向贯通。脑后竖鬃缺

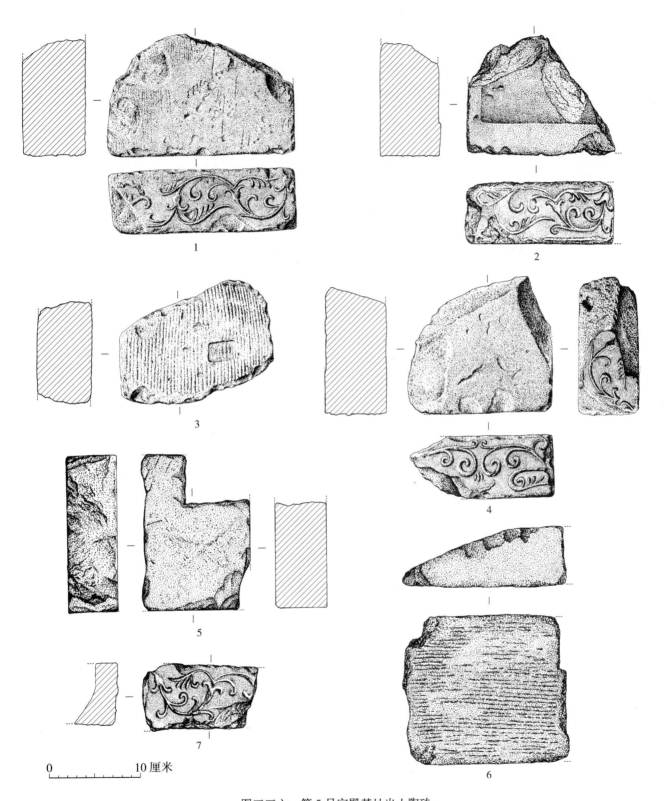

图三三六　第 5 号宫殿基址出土陶砖

1、2、4、7. 花纹长方砖（01NSGⅠT007026②：6、01NSGⅠT007025②：10、01NSGⅠT007027②：5、01NSGⅠT007025②：9）

3. 文字砖（01NSGⅠT007025②：12）　　5、6. 砖制构件（01NSGⅠT009025②：2、01NSGⅠT007025②：11）

图三三七　第5号宫殿基址出土陶花纹砖纹饰拓片

1、2. 花纹方砖（01NSGⅠT007027②：7、01NSGⅠT007024②：7）　　3～6. 花纹长方砖（01NSGⅠT007026②：6、
01NSGⅠT007025②：10、01NSGⅠT007025②：9、01NSGⅠT007027②：5）

失，从痕迹可知为单独制造后插入。两眼间宽 28、自鼻至底座高 31 厘米（图三四〇，1；图版三三
一，3）。

　　标本 01NSGⅠT008025②：3，残。底座右下颌部分，尺寸不大，应为较小的兽头。残长 13、残
宽 14 厘米（图三四〇，2；图版三三一，4）。

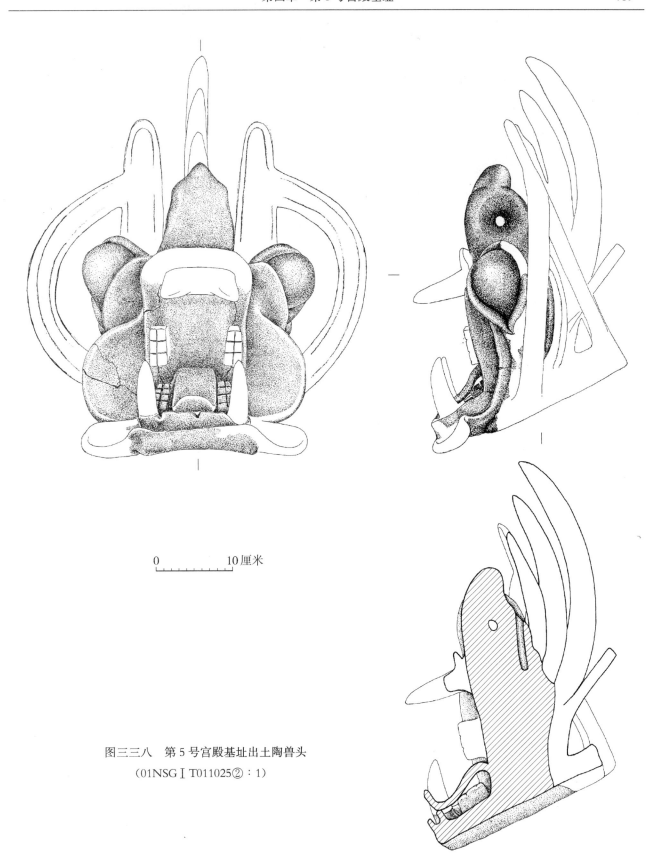

0 _____ 10厘米

图三三八　第 5 号宫殿基址出土陶兽头
（01NSGⅠT011025②：1）

2）生活用具

纺轮

标本 01NSGⅠT009025②：2，完整。圆形，瓦片改制，不甚规整，背面有布纹。直径 5.9、厚 1.8 厘米（图三四一，7；图版三三二，1）。

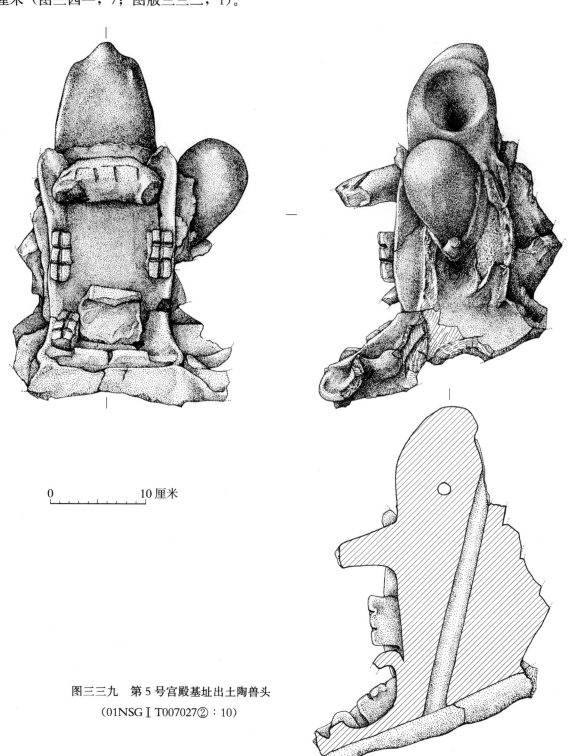

0 ⊢――――――⊣ 10 厘米

图三三九　第 5 号宫殿基址出土陶兽头
（01NSGⅠT007027②：10）

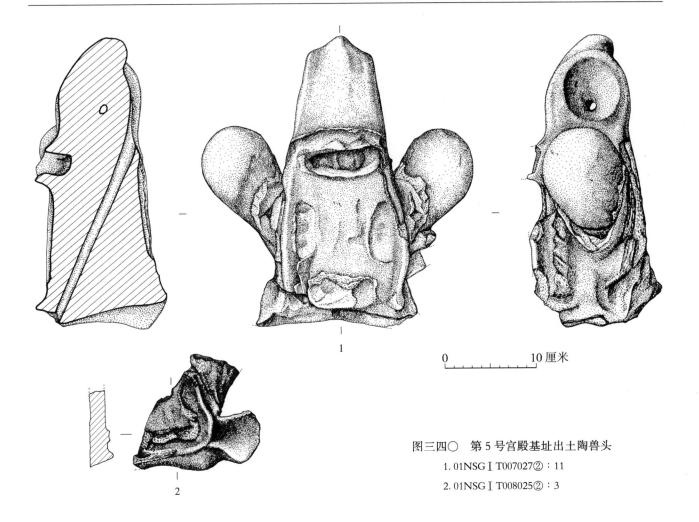

0 _____ 10 厘米

图三四〇　第5号宫殿基址出土陶兽头
1. 01NSGⅠT007027②：11
2. 01NSGⅠT008025②：3

器口沿

标本 01NSGⅠT012025②：13，陶罐口沿残片，轮制，泥质灰陶。侈口，卷唇。器肩施戳印纹（图三四一，2；图版三三二，2）。

陶片

标本 01NSGⅠT012026②：13，轮制，夹沙灰陶。侈口，器表有繁复不规则图案（图三四一，8；图三四二，5；图版三三二，3）。

遗址中出土了一些大型陶器的碎片，其上有凸起的横带，上有装饰花纹。

标本 01NSGⅠT012025②：32，手制，夹沙灰陶。装饰花纹为繁复的不规则图案（图三四一，1；图三四二，1；图版三三二，4）。

标本 01NSGⅠT012025②：31，手制，夹沙灰陶。装饰花纹为繁复的不规则图案（图三四一，4；图三四二，2）。

标本 01NSGⅠT012025②：33，手制，夹沙灰陶。装饰花纹为繁复的不规则图案（图三四一，6；图三四二，3）。

标本 01NSGⅠT012025②：34，手制，夹沙灰陶。装饰花纹为连续的"×"形（图三四一，3；图三四二，4）。

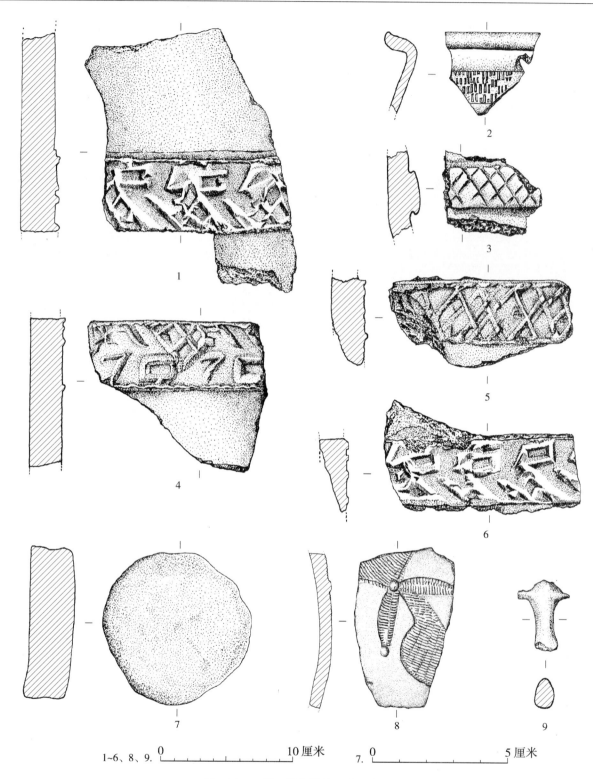

图三四一　第 5 号宫殿基址出土陶器

1、3～6、8. 陶片（01NSGⅠT012025②：32、01NSGⅠT012025②：34、01NSGⅠT012025②：31、01NSGⅠT012024
②：23、01NSGⅠT012025②：33、01NSGⅠT012026②：13）　2. 器口沿（01NSGⅠT012025②：13）　7. 纺轮
（01NSGⅠT009025②：2）　9. 器足（01NSGⅠT012025②：45）

标本01NSGⅠT012024②：23，手制，夹沙灰陶。装饰花纹为连续的"×"形（图三四一，5）。

器足

标本01NSGⅠT012025②：45，手制，泥质灰陶（图三四一，9；图版三三二，6）。

坩埚

标本01NSGⅠT008025②：1，残。可见圜底，外部附着一小片炼渣（图三四三，1；图版三三二，5）。

标本01NSGⅠT008025②：2，残。外部可见较多附着的炼渣（图三四三，2）。

2. 釉陶器

1）建筑材料

筒瓦　数量很少，仅见碎片。

标本01NSGⅠT007026②：12，瓦唇部残片，厚2.4厘米。绿釉（图三四四，1；图版三三三，1）。

鸱尾　仅见少数碎片，均为白胎，施釉很薄，保存不好，暗淡无光泽。

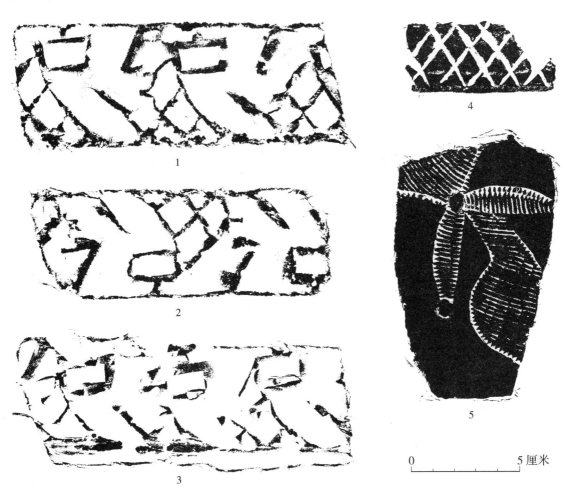

图三四二　第5号宫殿基址出土陶片纹饰拓片

1. 01NSGⅠT012025②：32　2. 01NSGⅠT012025②：31　3. 01NSGⅠT012025②：33

4. 01NSGⅠT012025②：34　5. 01NSGⅠT012026②：13

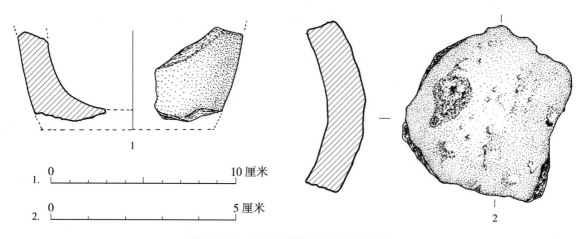

图三四三　第 5 号宫殿基址出土陶坩埚
1. 01NSGⅠT008025②：1　2. 01NSGⅠT008025②：2

标本 01NSGⅠT008023②：2，背部，横向戳有一排通透的方孔。纵长 16.7、横宽 16、厚 3 厘米。黄绿釉（图三四四，2；图版三三三，3）。

标本 01NSGⅠT008023②：3，连珠状贴塑外侧的装饰线部分。长 20、高 12、厚 2.8 厘米，绿釉（图三四四，5）。

标本 01NSGⅠT008023②：4，鳍刺内侧部分，边缘直，一端有分片手塑的凸棱。长 11、宽 10、厚 2.9 厘米。鳍刺为向上的弧形，其间距 3.8 厘米。黄绿釉（图三四四，6；图版三三三，2）。

标本 01NSGⅠT009023②：1，鳍刺内侧及后边部分，从顶面观察呈 "⌐" 形，底、侧边缘直。残长 17.5、残宽 15.5、厚 3.2 厘米。转折部分约 10.5 厘米。鳍刺为向上的弧形，已脱落，仅留痕迹，其间距 4 厘米。黄绿釉（图三四四，3）。

标本 01NSGⅠT008024②：3，鳍部内侧脱落下的贴塑装饰，一侧残。圆形，背平。直径 9 厘米。图案分两层，中心为半圆形凸起，其外残留 7 枚珠子，构成连珠纹。黄绿釉（图三四四，7；图版三三三，4）。

标本 01NSGⅠT012023②：1，鳍部内侧脱落下的贴塑装饰，一侧残。圆形，直径 12 厘米。其图案分两层，中心为半圆形凸起，其外残留 4 枚珠子，构成连珠纹。背凹，有纵横交错的条纹，为安装时所留痕迹。釉色已脱落，似为黄绿色（图三四四，4）。

兽头　仅见一碎块。

标本 05NSGⅠT012025②：36，小型兽头的舌头，呈 "∽" 形，卷曲前伸，正面中间起脊，背面平。长 7、宽 2.7、厚 1.1 厘米。双面施黄绿色釉（图三四四，8；图版三三三，5）。

2）生活用具　发现很少，仅见残片。

残口沿

标本 01NSGⅠT008025②：4，淡黄色胎，黄釉。侈口，圆尖唇（图三四四，9；图版三三三，6）。

3. **瓷器**

仅见两残片，出土于西侧墙址的瓦砾堆积下。

标本 01NSGⅠT007027②：2，器物残片。胎黄褐色，内外均施绛黑色釉（图三四五，1；图版三三九，1）。

标本 01NSGⅠT007027②：3，器底残片。圆台底，胎双色，外黄褐色，内黑褐色。器表无釉，器内施绛黑色釉（图三四五，2；图版三三九，2）。

4. 铁器

分为建筑材料和生活用品两类。建筑材料有钉、合页、环、页、垫、条、铁件、车辖、车辋箍、铲等。武器有刀、镞、甲片等。但数量不大，尤其铁钉数量不多，种类亦不多，这可能是由于第 5 号宫殿建筑较高，堆积分散以及后世破坏造成的。铁器的保存情况不好，均已锈蚀，表面呈锈红色，除另行说明者外，均为锻制。

1）建筑材料

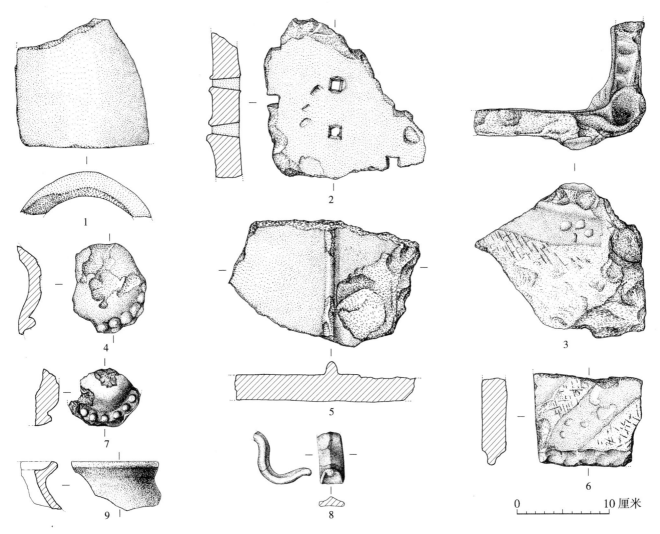

图三四四　第 5 号宫殿基址出土釉陶器

1. 筒瓦（01NSGⅠT007026②：12）　2～7. 鸱尾（01NSGⅠT008023②：2、01NSGⅠT009023②：1、01NSGⅠT012023②：1、01NSGⅠT008023②：3、01NSGⅠT008023②：4、01NSGⅠT008024②：3）

8. 兽头（05NSGⅠT012025②：36）　9. 残口沿（01NSGⅠT008025②：4）

钉　分为 7 型。

A 型

标本 01NSGⅠT008024②：2，完整。钉身弯曲。长 16.5、上部最大截面长 1、宽 0.8 厘米（图三四六，2；图版三三四，1）。

B 型

标本 01NSGⅠT007027②：1，完整。钉身弯曲。长 15、上部最大截面长 0.6、宽 0.5 厘米（图三四六，3；图版三三四，2）。

D 型

标本 01NSGⅠT012026②：20，完整。钉身弯曲。长 11、上部最大截面长 0.9、宽 0.5 厘米（图三四六，5；图版三三四，3）。

F 型

标本 01NSGⅠT012025②：37，完整。钉身圆锥形，钉帽侧视上凸底平。直径、钉长 5、最大直径 0.9 厘米（图三四六，6；图版三三四，5）。

H 型　钉帽顶视略呈花朵状，整体由帽、身和垫三部分组成，帽略呈花朵状，上部凸起底面平，

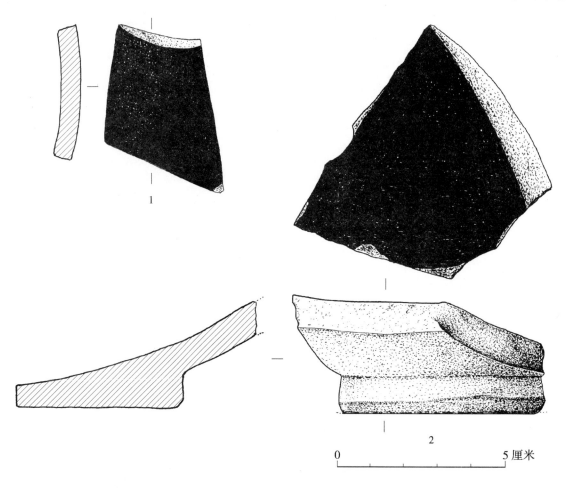

图三四五　第 5 号宫殿基址出土瓷片

1. 01NSGⅠT007027②：2　　2. 01NSGⅠT007027②：3

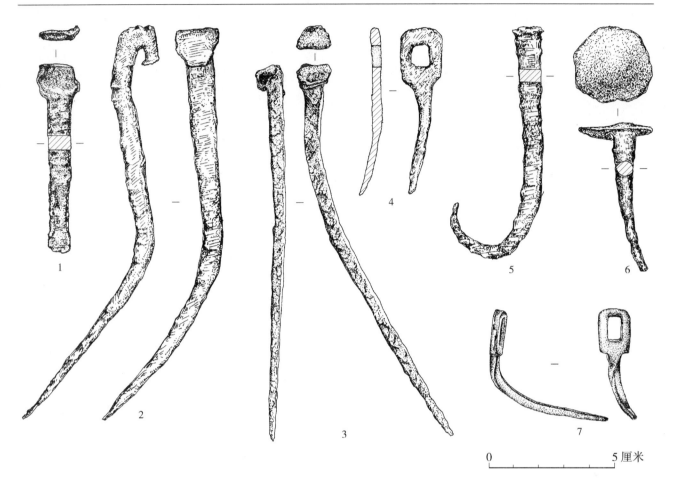

图三四六　第5号宫殿基址出土铁钉

1. L 型（04NSGⅠT008023②：7）　　2. A 型（01NSGⅠT008024②：2）　　3. B 型（01NSGⅠT007027②：1）

4、7. I 型（01NSGⅠT012025②：38、01NSGⅣT007023②：4）　　5. D 型（01NSGⅠT012026②：20）

6. F 型（01NSGⅠT012025②：37）

身为截面长方形或正方形的铁条，铁垫均残，应为圆形。

标本 01NSGⅠT009023②：2，垫略残，其余部分完好。帽径 5.5、身长 5、截面边长 1 厘米（图三四七，1；图版三三四，8）。

标本 01NSGⅠT009023②：3，垫残，其余部分完好。帽径 5.3、身长 5、截面边长 0.9 厘米（图三四七，2；图版三三四，9）。

标本 01NSGⅠT007023②：5，垫脱落，其余部分完好。帽径 5、身长 7 厘米，截面长方形，长 1、宽 0.8 厘米（图三四七，3；图版三三四，10）。

标本 01NSGⅠT009025②：3，垫脱落，其余部分完好。帽径 4.2、身长 6、截面正方形，边长 0.7 厘米（图三四七，4；图版三三四，11）。

I 型　由帽、身两部分组成，厚度相同，帽长方形，中有方形穿孔，钉身方锥形。

标本 01NSGⅠT012025②：38，完整。帽长 2、宽 1.5、厚 0.3、穿孔长 1、宽 0.8、身长 5 厘米（图三四六，4；图版三三四，6）。

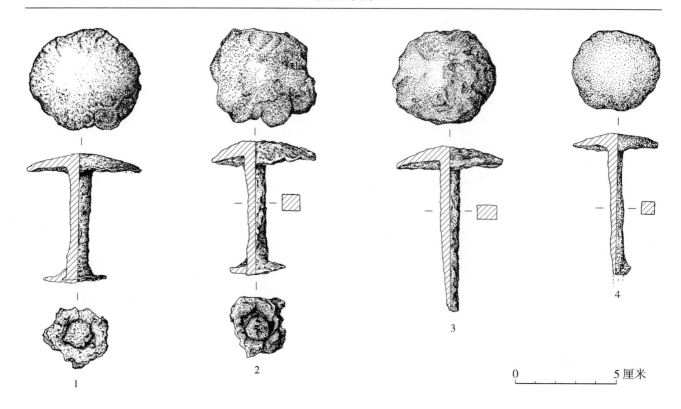

图三四七　第 5 号宫殿基址出土 H 型铁钉

1. 01NSG Ⅰ T009023② : 2　2. 01NSG Ⅰ T009023② : 3　3. 01NSG Ⅰ T007023② : 5　4. 01NSG Ⅰ T009025② : 3

标本 01NSG Ⅳ T007023② : 4，完整。帽长 1.8、宽 1.2、厚 0.3、穿孔长 1、宽 0.6、身长 6 厘米（图三四六，7；图版三三四，7）。

L 型

标本 04NSG Ⅰ T008023② : 7，残。只余钉的上半部，残长 7.5、上部最大截面长 0.9、宽 0.6 厘米（图三四六，1；图版三三四，4）。

合页

标本 01NSG Ⅰ T012026② : 21，残。单片铁板制造，构造分为两部分，转轴部分制成山字形，将凸出部分回卷成圆筒状。安装部分长方形，上有 4 个钉孔，两横两纵，丁字形排列。转轴部分的三个轴筒缺失了边缘的一个，其余的两个内径 1 厘米。安装部分长 7.7、宽 6.7、厚 0.5、钉孔直径 0.8 厘米（图三四八，1；图版三三五，1）。

环

标本 01NSG Ⅰ T012025② : 1，完整。用截面椭圆形的铁条弯曲制成。直径 4.9、环宽 0.5、厚 0.7 厘米（图三四八，3）。

页　2 件。均残。尖头，一端残留有 4 个钉孔，十字形排列。

标本 01NSG Ⅰ T007027② : 12，残长 7.2、宽 4.6、厚 0.1 厘米（图三四八，2；图版三三五，4）。

标本 01NSG Ⅰ T012024② : 2，残长 9.7、宽 5.6、厚 0.2 厘米（图三四八，4；图版三三五，2）。

垫　均为圆形，中间有方孔。

标本 01NSGⅠT012025②：46，略残。直径 5.8、方孔长 1.3、宽 1、厚 0.2 厘米（图三四八，5）。

铁件

标本 01NSGⅠT010025②：2，异型件。长条形，前端翘起如靴状，一面平，一面中间凸起，一面有刃。长 18.3、宽 1.9、最厚处 0.2 厘米（图三四九，2；图版三三七，3）。

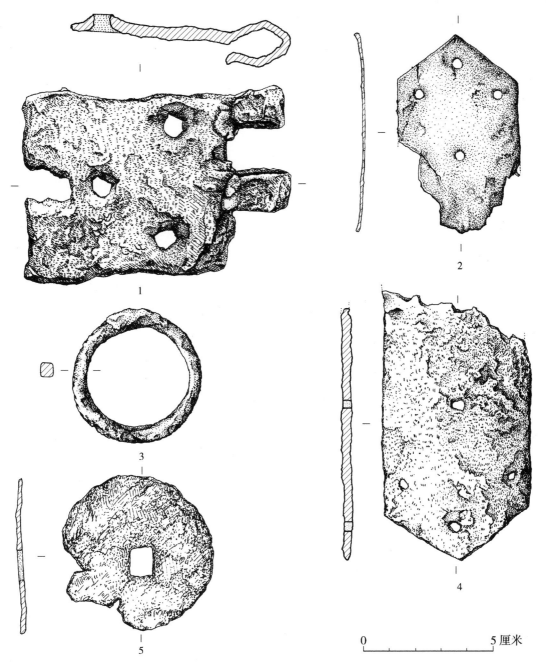

0　　　　　　　　5 厘米

图三四八　第 5 号宫殿基址出土铁建筑材料

1. 合页（01NSGⅠT012026②：21）　　2、4. 页（01NSGⅠT007027②：12、01NSGⅠT012024②：2）

3. 环（01NSGⅠT012025②：1）　　5. 垫（01NSGⅠT012025②：46）

　　标本 01NSGⅠT012025②：40，器物执柄。铁片制成，一端回卷成圆筒状，另一端与圆筒同向前折，前端另有捶打痕迹。通长 5.9、宽 2、厚 0.4、圆筒直径 2.2、前折部分长 2.2 厘米。从整体形态分析，应为器物的执柄（图三四九，5；图版三三七，1）。

　　标本 01NSGⅠT012024②：3，锔钉形件，完整。截面长方形的铁条制成，两端锻打成方锥形，直角不等长同向折回。两端分别长 5.5、7.7，中间宽 3.6，铁条中部截面长 0.7、宽 0.3 厘米（图三

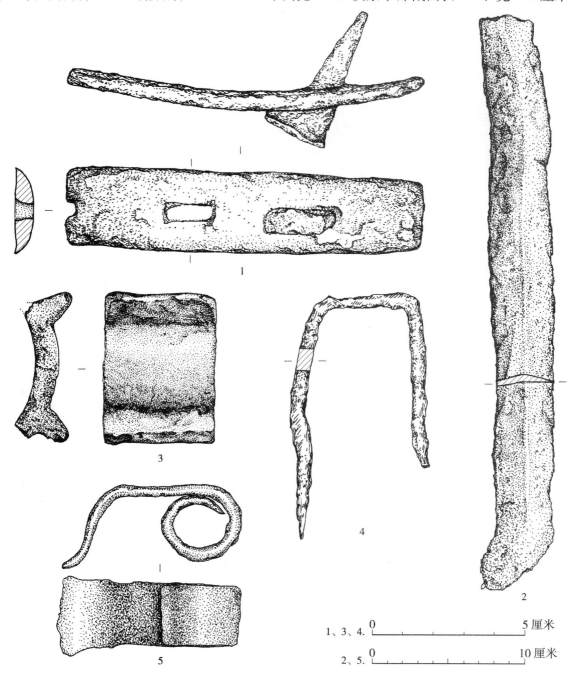

图三四九　第 5 号宫殿基址出土铁器

1. 车辋箍（01NSGⅠT008027②：2）　2. 异型件（01NSGⅠT010025②：2）　3. 车辖（01NSGⅠT012026②：22）

4. 锔钉形件（01NSGⅠT012024②：3）　5. 器物执柄（01NSGⅠT012025②：40）

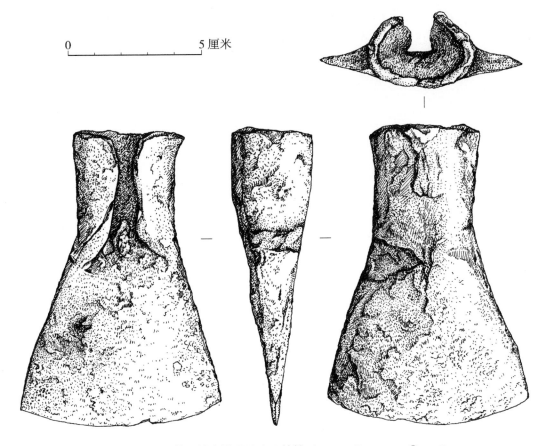

图三五〇　第 5 号宫殿基址出土铁铲（01NSGⅠT012025②：10）

四九，4；图版三三七，2）。

车辖

标本 01NSGⅠT012026②：22，残，铸造。长 18.3、宽 1.9、最厚处 0.2 厘米（图三四九，3；图版三三七，4）。

车辋箍　车轮外周箍。

标本 01NSGⅠT008027②：2，残段。铸造，弧形，截面呈半圆形，其上沿圆周有等距排列的钉孔，孔中有铁钉。残长 23、宽 5.2、厚 1.5 厘米。钉孔长 3.2、宽 1.2、间距 5.6 厘米。铁钉整体呈三角形，长 9.4、宽 4.2、厚 1 厘米（图三四九，1；图版三三五，3）。

铲　标本 01NSGⅠT012025②：10，完整。模铸，由身、銎组成。身呈扇形，刃端弧曲，侧视为楔形。銎为半包围的椭圆形。通长 10.8、身长 6.8、刃端宽 7.2、身最厚 1.4、銎孔长、短轴直径分别为 3.4、2 厘米（图三五〇；图版三三五，5、6）。

武器

刀　1 件。

标本 01NSGⅠT010027②：1，完整。直背，刀尖翘起，前端有梯形凸起。刀刃呈弧形，断面呈楔形。刀柄向后略翘起。通长 10.5、刀身长 7.4、中间宽 2.3、刀背厚 0.4、柄长 3.1 厘米（图三五一，2；图版三三六，1）。

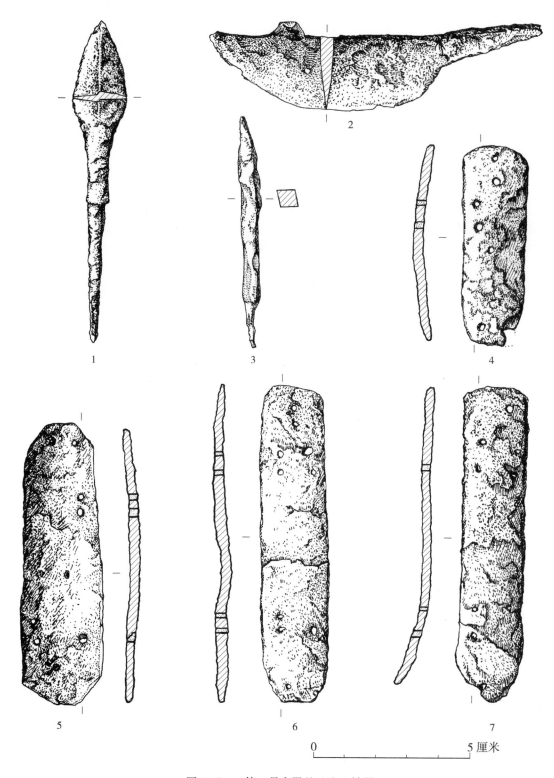

图三五一　第 5 号宫殿基址出土铁器

1、3. 镞（01NSGⅠT012025②：39、01NSGⅠT010027②：2）　2. 刀（01NSGⅠT010027②：1）　4～7. 甲片
（01NSGⅠT012024②：4、01NSGⅠT012024②：1、01NSGⅠT012026②：3、01NSGⅠT012026②：4）

镞　2件。

标本01NSGⅠT012025②：39，完整。镞身前部呈三角形，后部收束略呈长方形，两刃上下错开。长10.1、镞身长6.8、宽1.8厘米（图三五一，1；图版三三六，2）。

标本01NSGⅠT010027②：2，残。镞身前端呈方锥形，中、后端截面呈正方形，前、中端结合处略隆起。通长7.3、镞身长5.8、结合部边长0.5、铤残长1.7厘米（图三五一，3；图版三三六，3）。

甲片　略呈长方形片，上端抹去两角，下端弧曲。

标本01NSGⅠT012024②：4，完整。上端较下端稍窄，可见穿孔有9个，其中6个每两个一组，共分为3组，位于顶端品字排列。其余2孔一组位于底边横向排列，另有1孔位于中间。长6、宽1.5～2、厚0.2厘米（图三五一，4；图版三三六，4）。

标本01NSGⅠT012024②：1，完整。上端较下端稍窄，可见穿孔有13个，其中12个每两个一组共分为6组，位于顶端一组横向排列。其余五组纵向排列，两边各2组，左右对应，下端1组。另有1孔位于中间。长8.9、宽2.1～2.5、厚0.2厘米（图三五一，5；图版三三六，6）。

标本01NSGⅠT012026②：3，完整。上、下同宽，可见穿孔有13个，其中12个每两个一组共分为6组，位于顶端1组横向排列。其余5组纵向排列，两边各2组，左右对应，下端1组。另有1孔位于中间。长9.7、宽2.1、厚0.2厘米（图三五一，6；图版三三六，7）。

标本01NSGⅠT012026②：4，上端略残。上、下同宽，可见穿孔有11个，顶端只见1孔，其余10个每两个一组共分为5组，均纵向排列，两边各2组，左右对应，下端1组，位于中间。长9.8、宽2、厚0.2厘米（图三五一，7；图版三三六，5）。

5. 铜器

有建筑材料和生活用具两类。建筑材料有钉、泡钉、窗角、饰件、片等。生活用具有带饰、镊、搭扣和钱币等。

1）建筑材料

钉　钉帽圆形，向上凸起，钉身呈圆锥形。

标本01NSGⅠT012025②：43，完整。帽径2.2厘米，钉略弯曲，长1.9厘米（图三五二，5；图版三三八，5）。

泡钉

标本01NSGⅠT012025②：42，完整。圆形，正面凸起，背面凹进，帽径4厘米，背面有方锥形钉，已盘曲。厚1.5厘米（图三五二，7；图版三三八，4）。

片

标本01NSGⅠT007023②：6，完整。两面均素面，修剪成圆形，直径2.4、厚0.2厘米（图三五二，6；图版三三八，6）。

2）生活用具

带饰

标本01NSGⅠT007024②：11，完整。略呈心形，各边均由曲线构成弧曲的几何形，正面有凸起的瑞草图案，边缘内折，背面有两枚小钉，横向排列。长2.9、宽1.8、厚0.5厘米（图三五二，1；

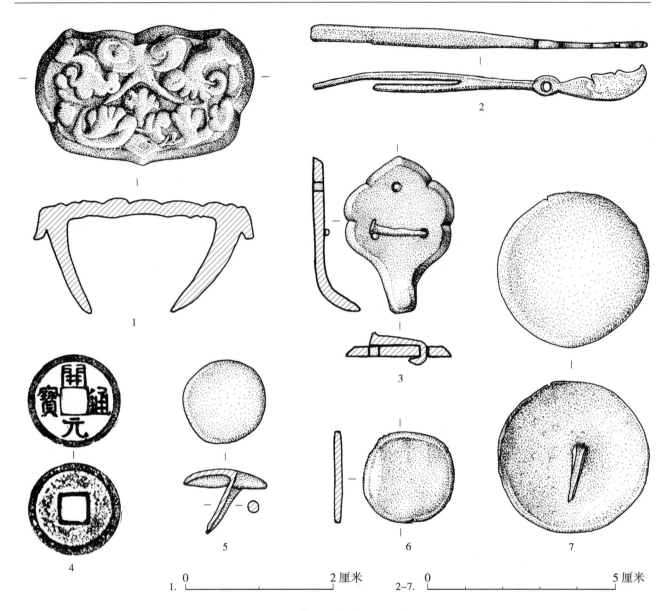

图三五二　第5号宫殿基址出土铜器

1. 带饰（01NSGⅠT007024②：11）　2. 镊（01NSGⅠT010025②：1）　3. 搭扣（01NSGⅠT012025②：41）
4. 钱币拓片（01NSGⅠT007023②：1）　5. 钉（01NSGⅠT012025②：43）　6. 片（01NSGⅠT007023②：6）
7. 泡钉（01NSGⅠT012025②：42）

图版三三八，1）。

镊

标本01NSGⅠT010025②：1，一镊齿略残。分为两部分，前端为装饰部分，呈掩月刀状[1]，后端为功能部分，两齿均呈向内的弧形，截面呈椭圆形。二者结合部有一圆孔。通长8.8、刀形饰长2.3、圆孔外径0.6厘米（图三五二，2；图版三三八，3）。

搭扣

标本01NSGⅠT012025②：41，上部呈花瓣形，有3个钉孔呈品字形排列，一孔内铜钉尚存，下部呈翘起的舌形。通长 3.3、宽 2.9、厚 0.2 厘米（图三五二，3；图版三三八，2）。

钱币

标本 01NSGⅠT007023②：1，圆形，方穿，面文楷体，为"开元通宝"。径 2.5、郭宽 0.2、穿径 0.7、厚 0.2 厘米（图三五二，4；图版三三七，5、6）。

6. 石器

包壁石

标本 01NSGⅠT007025②：50，正面有琢制痕迹，侧视呈梯形。长 34、宽 14、高 12 厘米（图版三三九，3）。

器纽

标本 01NSGⅠT012025②：44，黄白色砂岩制成，橄榄状。高 2.6、中心直径 1.1 厘米（图版三三九，4）。

7. 建筑遗迹遗物

建筑倒塌堆积中发现数量较多的土坯碎块，大多破碎过甚，仅少数可辨形状，均用草拌泥制成，经火烧已呈红色。前述的第 3 号宫殿台基上，可见用土坯构筑的墙体。因此，第 5 号宫殿的墙体，也应该使用了与之相同的建筑方法。

标本 01NSGⅠT008023②：5，草拌泥制成，经火烧已呈红色。长、宽不可测量，厚 6 厘米（图版三三九，5）。

标本 01NSGⅠT012024②：8，草拌泥制成，经火烧已呈红色。残长 11、宽 15、厚 4.5 厘米（图版三三九，6）。

第五节　小　结

第 5 号宫殿院落的门址，是上京城中轴线上建筑结构最简约，规模最小的门。就其位置而言，它是由第 3 院落进入第 4 院落的唯一通道。

在清理发掘门址及附属遗迹时发现，门台基中部东、西两侧部分被石墙叠压；门台基西南角南、北向排列的条石北部压在石墙之下；门台基东侧的房址临门依墙而建。因此可推知该门的营建时序是先建门台基和可能稍晚于台基的南北向排列条石，次建东、西部的石墙，最后建房址。

门台基南部东、西两侧设置的门房位置不对称，建筑结构也不同，其功能亦应有别。东侧的房址临门依墙而建，墙和屋内的地面均用白灰抹成，没有取暖设施。西侧房址距离门稍远，房屋内部设有取暖用的火炕。这两处房址可能分别是"门仆"司职管理该门开阖当值的门房和栖身居所。

第 5 号宫殿是宫城中轴线最北部的大型建筑，处于一个单独的院落内，根据础石排列情况看，该殿没有如前三座宫殿一样，为了扩大使用空间而采用"减柱"作法，应为两层的楼阁建筑，台基的踏道位于南侧，与宫殿配套，庭院位于建筑北侧，且所在的第四院落北侧无门，第 5 号宫殿也一反从宫城正门开始，主体建筑台基由南向北"渐低"的惯例，高耸突出，成为宫城北区中轴线上最高的建筑，与宫城北部的两个角楼呈倒"品"字形排列。据此分析其主要功能可能是对第 5 号宫殿以北的宫城区域进行守望和警戒。

---

[1]　掩月刀即后世所称的偃月刀，最早见于北宋曾公亮《武经总要》，称之为掩月刀，此镊可能是最早的形象资料。

第五章　第 50 号宫殿基址

渤海上京城是由郭城和城中轴线北中部的皇城、宫城三部分组成，皇、宫两城中部隔以横街，宫城分为东、中、西三区，第 50 号（宫殿）建筑基址就坐落在东区内。该区南部有水池、假山等遗迹，北部是被石墙隔成的单独院落。

第一节　遗址概况和发掘经过

第 50 号（宫殿）建筑基址位于宫城东区南部，椭圆形水池的北岸，是一处规模较大的遗址。1933～1934 年，日本学者曾对渤海上京城的主要宫殿、廊，皇城南门以及宫城东区内的建筑址进行过非正规揭露，已造成相应的缺憾[1]。1963～1964 年，中国社会科学院考古研究所与朝鲜社会科学院联合对上京龙泉府城址重新进行了较大规模的调查、钻探和发掘。这次除了对渤海上京龙泉府遗址作全面勘探外，还选择有代表性的遗迹进行了发掘，在此基础上对可以明确认定的遗迹进行了统一编号[2]。这次发掘所使用的编号是《六顶山与渤海镇》专题发掘报告中对这处建筑基址所给的第 50 号，建筑基址改为宫殿基址。第 50 号宫殿基址近年为耕地，又有部分残损。因此其宫殿、廊、亭等建筑上的础石大多裸露出来，包壁的条石和散水石大部分遗失。

为配合渤海大遗址保护工程，2004 年 5～11 月黑龙江省文物考古研究所会同中山大学人类学系考古专业，对宫城禁苑内的第 50 号宫殿基址进行发掘，布 10×10 米的探方 84 个。2005 年 7～8 月黑龙江省文物考古研究所又对第 50 号宫殿基址西侧的附属建筑进行了发掘，布 10×10 米的探方 6 个。第 50 号宫殿基址的发掘布方采用象限法，两次发掘面积约 9000 平方米，清理的主要遗迹有殿、廊、亭、房基址等，出土遗物多为建筑瓦、饰件，少量生活用具（图三五三）。

2004 年参加对第 50 号宫殿基址进行发掘的工作人员有黑龙江省文物考古研究所李陈奇、赵虹光、程松、吴英才；中山大学人类学系考古专业教师郭立新、郑君雷、许永杰，2001 级学生罗斌、孙慧、李衡华、李云霞、陈谊、董世兵、黄佩玲、魏敏、梁香怡、郑柄槐、黄睦榕、章荣玲、赵疆囡、黄文秀、荣建华；汪佑霖、聂振东、黄晓、闫付海、王磊、张景尧、饶晨、刘长；吉林大学文学院考古学系 2004 级研究生赵越；牡丹江市文物管理站王祥滨；黑龙江省渤海上京遗址博物馆邱柏寒等。

2005 年参加对第 50 号宫殿基址西侧附属建筑进行发掘的工作人员有黑龙江省文物考古研究所赵虹光；吉林大学文学院考古学系研究生孙颖、赵越、陈超；牡丹江市文物管理站王祥滨等。

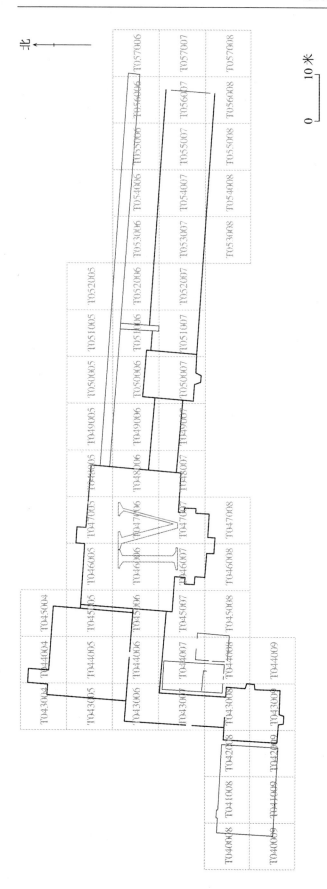

图三五三　第 50 号宫殿基址发掘区探方平面图

第二节　地层堆积

第 50 号宫殿基址的地层堆积较简单，分为 3 层。

第 1 层，自然堆积，有明显耕作痕迹，内含白灰块、红烧土颗粒及现代遗物。

第 2 层，建筑倒塌堆积，包含物主要是相互重叠的瓦砾和掺杂其间的木炭、白灰块、石头、红烧土等。

第 3 层，黄沙土，未发现遗物，该层是渤海时期的地面。

第三节　建筑结构

第 50 号宫殿基址坐北朝南，是由殿和东、西部的廊亭组成，周边的附属建筑有房址、石墙，其他遗迹有灰坑等（图三五四［见本报告附图］；图版八三）。

（一）宫殿

宫殿（D1）台基平面呈倒凸字形，东西长约 27.9、南北宽约 16.6、高 1～1.2 米。其是用黄色黏土夹杂河卵石、玄武岩碎块逐层夯筑而成，夯层厚 0.1～0.13 米。宫殿台基的南中部凸出部分是约东西长 12、南北宽 6.5、高 0.9 米，低于台基的月台（图三五五，1；图版八四，1）。

宫殿和月台台基周边的墙是用玄武岩

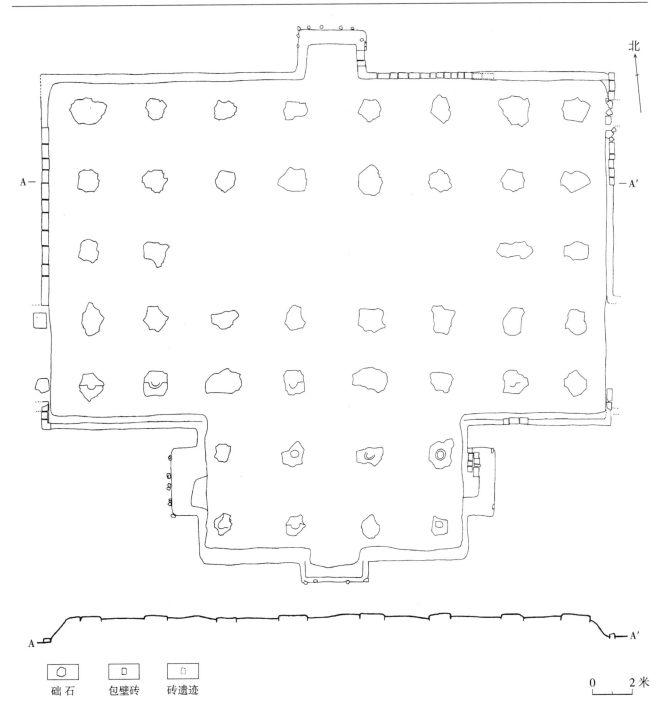

图三五五　第50号宫殿基址平、剖面图

打制的条石包砌，宫殿西部保存稍多，南、东、北部残留较少。西部尚存的砌石有上下二层，错缝砌筑，上层有高0.14、宽0.3米，长度不等的包壁石6块，即南部2块，北部4块。所用的条石均经过打磨修整，棱角平直。下层是土衬石，其外敷设宽0.1米立砌的条石，再外是长度不等、宽0.3～0.4、厚0.15米左右的散水石（图版八五，1）。

月台东、南、西三面和宫殿台基的北中部，分别设有形制基本相同的四个上殿踏步。其周边仅存包壁和散水石被取走留下宽 0.5～0.6 米的沟，以及少量固定散水，形状有楔形、半球形的石钉。

东踏步仅一侧有部分条石和 4 个石钉；南踏步残存部分南北宽约 1.5、南部宽约 3.25、北部宽 2.5 米。沟边缘有 6 个石钉；西踏步，破坏较严重，残存 0.8×0.6 米的夯土台基，沟边缘有 4 个石钉。北踏步残存部分约南北宽 1.8、南部宽 2.9、北部宽 2.5 米。其上有 4 阶踏步石移走留下的痕迹，东北角有一块长 0.6、宽 0.5 米的燕窝石，散水沟边缘余有 6 个石钉（图版八五，2）。

宫殿台基上部有中心点距离为 3.3～3.5 米的础石 5 排 8 列，第 3 排础石的中减 4 柱，是面阔 7 间，进深 4 间的建筑。在南面一排，东端起数的第 1、2 块和西端起数的第 1、2 块础石面立柱子的地方，凿出凸起半圆的两端有东西向平直的凸棱，东数和西数第 3 块础石面立柱子的地方凿有内凹的半弧形。宫殿的地面多遭后期破坏，仅局部尚存烧烤的草拌泥面。

月台台基上有中心点距离为 3.3～3.5 米的础石 8 块，2 排 4 列，是面阔 3 间，进深 1 间的建筑。南面一排，东数第 1 块础石面立柱子的地方凿有凸起的圆，西数第 1、2 块础石面立柱子的地方修凿出凸起半圆的两端，亦凿有东西向平直的凸棱。北面一排东数，第 1～3 块础石立柱子的地方凿有凸起的圆，西数第 1 块础石面立柱子的地方凿出凸起半圆的两端有南北向平直的凸棱。这些地方应砌有墙体，础石雕刻处是露明部分。

月台南部有 3 排 8 列，中心点距离为 3.5～3.8 米的基石和基础 24 个，尚存的 8 个基石中部有直径约 0.15 米上下贯通的圆孔，余下的基础是用碎石块围成直径与基石相同的洞（图三五六；图版八四，2）。这些排列有序的基石设置在宫殿南部，应有特殊作用。

（二）东、西部廊亭

1. 东部廊亭

东廊（L2）台基约东西长 15、南北宽 5.3 米，东端是亭址，西端与宫殿台基东壁的南部相接。从廊台基北侧的沟壁可见，台基面以下 0.18～0.2 米的地方，加了厚约 0.05 米的黑土垫层，台基的边缘用一些卵石和碎石加固。廊台基的南部尚存两处散水石，一处是东边第一列基石向西分布的 9 块，另一处是西边与其相距 3 米处的 7 块，余下是包壁石被挖走后残留的沟。

东廊台基上有中心点距离为 3.3～3.5 米的础石 10 块，南北两排五列。南面一排础石面立柱子的地方都凿有凸起的半圆，其两端有较平直的凸棱，说明础石之间应有相互连接的墙。北面一排础石之间均有墙，墙体宽 0.16 米。从墙横断面看，墙内的土夹杂一种很细的黄沙，墙外的土较黏，墙面抹有白灰。墙的建造方法是，在台基面上挖好的浅槽内砌墙，两侧抹白灰面，部分墙面有彩绘装饰，墙基夯实加固。北排西部的础石上尚存 1 个 0.2×0.25 米的柱洞，内有炭化的木柱。

东亭（2T）台基约东西长 9.8、南北宽 9.5、高 0.4 米。台基用黄土夯筑而成，夯层厚 0.1～0.12 米。台基四周有包壁石被取走而留下宽约 0.3、深约 0.25 米的沟，东、南、及西南的转角处，余有少量靠包壁石侧面较齐整的散水石。台基地面用黄砂土铺垫。

东亭台基上应有中心点距离约 2 米的础石 12 块，现存 9 块，南面一排础石面立柱子的地方都有凸起的半圆部分，其两端凿有较平直的线。西侧一列南数第 2、3 块础石是由两个石头并列组成，此处可能设门。在亭西南角和东南角的础石上均发现有转角的痕迹，因此推断这些础石间应有墙相连。

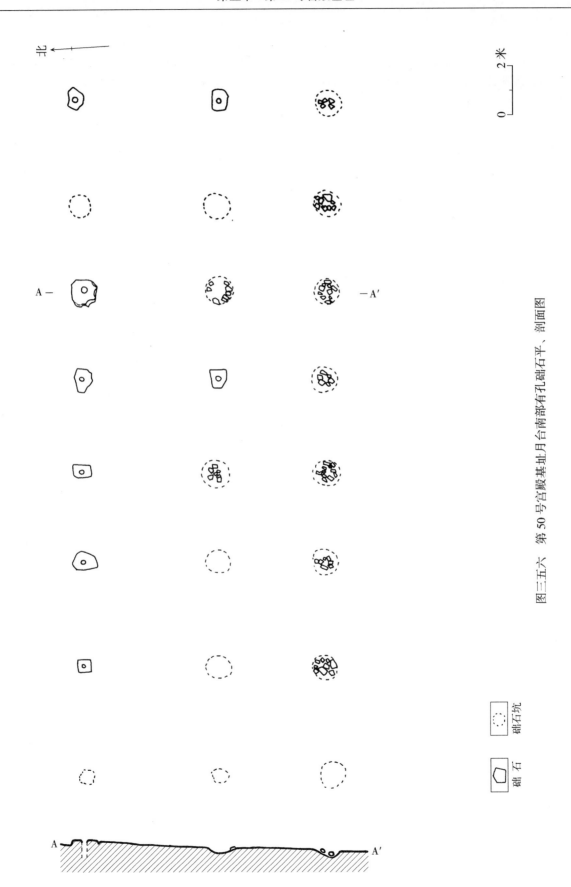

图三五六　第 50 号宫殿基址月台南部有孔础石平、剖面图

该亭是一面阔3间，进深3间的建筑。

东亭的南中部有一踏步，其西部尚存1块长0.6、宽0.48米的燕窝石，据现存石钉的位置，知此踏步的宽度约为2米（图版八六，1）。

2. 西部廊亭

西廊（L1）台基平面呈曲尺形，东端与宫殿台基西壁的南部相接，南端是西亭。西廊台基的北段长约17（不包含转角）、南段长约19、宽约5米。台基的两侧有包壁石和散水石，包壁石是大小不等的长方形条石，向外的一面经过加工较平整，向内的一面则没有经过细致加工较粗糙。包壁石的外侧为平放的散水石，南侧规整排列，北侧参差不齐。西廊台基南、北两侧的散水石与殿台基的散水石相连，东西两侧的散水石与西亭的散水石相接。

西廊台基上有中心点之间相距约3.4米的础石22块，北段10块，南北两排，南段12块，东西两排（包括转角处4块）。西、北排础石之间有土坯筑起的墙，其两侧抹白灰面并垫护墙土加固。墙厚约0.12、残高约0.06米。

西廊设有两个门。西门位于西廊南段的西侧，北数第4、5块础石之间。该门有两个放置门枕和门枢的坑，北侧的坑约东西长0.8、南北宽0.25、深0.1米，距北侧的础石约0.3米。在已炭化的门枕上有一个长方形铁门枢。南侧的坑约东西长0.7、宽0.3、深0.1米，距南侧础石约0.2米，其内有三个小石块，两坑之间的距离约2米（图版八七，1）。

北门位于西廊北段的北侧，东数第3、4块础石之间，亦有两个放置门枢的坑，东侧的坑约南北长0.6、东西宽0.2、深0.02米，距东侧础石约0.2米，内有木炭。西侧坑约南北长0.65、东西宽0.2、深0.02米，距西侧础石约0.25米，内亦有少量木炭，两坑间距约2米。门的南北两端各有一小石块（图版八七，2）。

西廊的西、北两侧所设的门不仅是殿、亭之间相连的通道，而且还可由此穿行殿、廊以外的建筑。西廊北侧的房址台基部分叠压在其散水石上，说明该房址的始建年代晚于西廊。

西亭（1T）的台基约东西长9.8、南北宽9.5、高0.5米。夯筑而成的台基破坏较严重，仅东、北两侧有残存的包壁石和散水石。台基上应有中心点距离约为2米的础石12块，现存10块，北排东数第2、3块础石是由两个石头并列组成，此处可能设门。该亭亦是面阔3间，进深3间的建筑（图版八六，2）。

西亭台基东侧现存两列长0.4～0.6、宽约0.2、厚约0.12米的条石9块。内侧一列5块，是台基的包壁石，外侧散水石总长约1.5米。东北部有2块散水石，每块约长0.4、宽0.25、厚0.1米。台基西、北部的包壁石尚余三层，下层5块，中层3块，上层2块。下层西部有一块约长0.45、宽0.3、厚0.12米的转角石。

西亭设两个踏步，东踏步残存部分约长0.3、宽2.5米，略见坡度，有踏步石坑的痕迹。南踏步残存部分约长0.25、宽2.65米，南部有一长约0.46米的包壁石。

（三）房址

F1　位于宫殿的西北部，是平面呈长方形的矮台基建筑。台基夯筑而成，约东西长17.5、南北宽 15.5、高 0.2 米。台基周边用玄武岩打制的条石包砌，北部尚存长 11.2 米、长短不一的包壁石 17 块，西端一块长 1.27、居中一块长 0.3、余长 0.5～0.7 米，条石宽 0.27～0.3 米。西部尚存长 4.8 米，每块约长 0.6、厚 0.27、宽 0.25 米的包壁石 8 块。台基西、北部有的包壁石内侧边缘凿有规整呈直线、宽 0.05～0.12、深约 0.02 米的边槽，无包壁石的地方均有取走石块后形成的宽约 0.5、深约 0.3 米的条状坑。台基西、南、北缘包壁石、坑的内侧有余留的白灰墙痕迹（图三五七；图版八八，1）。

F1 由东、西屋组合而成。

东屋由东西向的两道隔墙将其分成南、中、北三室。

南室，约东西长 6.35、南北宽 3.2 米。其南侧有东西走向，形状均不规则的础石 4 块。东部 1 块仅余础石坑，中部的础石间距约 2.25 米，其上有直径为 0.25 米、炭化圆形木柱的残迹。西侧的础石间距约 1.85 米，础石之间有宽约 0.1 米的带状木炭痕迹。

中室，约东西长 6.25、南北宽 7.2 米。南室与中室隔墙的中部有宽约 2.3 米的门将墙分为东、西两段。东段长约 2.2、西段长约 1.75 米，墙残高约 0.13、厚约 0.3 米。门内有炭化的木地栿。中室的炕依东壁而建，南北长约 4.5、东西宽约 2 米。灶位于炕的南端，直径约 1.5、深约 0.15 米。灶北部连通宽约 0.32、深约 0.1 米的烟道两条，烟道内隔墙厚约 0.25、残高约 0.13 米。烟道南部尚存 5 块形状不规则的玄武岩石板覆盖其上。由于破坏严重其北部的烟囱形制不详。

北室，约东西长 6.25、南北宽 0.9 米。中室与北室之间，有残高约 0.08、厚约 0.25 米的隔墙，墙西部设有宽 1.4 米的门，门道内有炭化木地栿。北室的北壁有形状不规则础石 3 块，东、西间距分别为 1.5～2.2 米。

东西屋之间的隔墙，可分为南、中、北三部分。

南部的墙长约 4 米，大部分为东屋南室的西墙。中部的墙长约 7.1 米。有宽约 1.4 米的门将其分为南北两段，南段长约 4.1、北段长约 1.6 米。南段的墙有东、西两道，东墙向外倾斜与西墙之间形成长约 0.2、宽 0.1～0.15 米的缝隙。东墙体厚约 0.25 米，墙壁外侧白灰抹面。西墙体厚约 0.35 米，墙壁两侧白灰抹面。两道墙残高 0.18 米。东、西墙内有 4 个柱洞，2 个位于东墙，1 个位于西墙，另 1 个在东西两道墙的结合处。柱洞直径 0.15～0.3、深 0.1～0.25 米，内有炭化木柱的残迹。北段的墙是西室北屋的东壁，该墙体约长 1.9、厚 0.09、残高 0.06 米。

西屋的南、西部围有曲尺形回廊。南回廊约东西长 7.2、南北宽 3.2 米。在其南部包壁石坑的北侧有东西走向、中点间距约 2.65、形状均不规则的础石 4 块，西部 1 块仅余础石坑。西回廊约东西宽 2.3、南北长 14.7 米。回廊北端，台基西北角处有炕，灶在炕的南部，约直径 0.5、深 0.08 米。灶北部与两条约宽 0.2、深 0.03 米的烟道相接，烟道隔墙厚约 0.2、残高约 0.15 米，其向与通往外部烟囱的西烟道相接。在西回廊包壁石内侧南部有宽约 1.7 米、西向的门，其南端设直径约 0.21 米的础石，北端有一柱洞。门内发现两个铁制门枢，一个位于门北端柱洞的南侧，另一个在其以南约 1.4 米处，两门枢的原始位置应在门两端的柱洞和础石中心处（图版八九，1）。

西屋内有一道东西向的墙将其分隔为南、北两室。

南室，约东西长 7.2、南北宽 8 米，墙的 4 个转角处各置一块较大的础石。西墙内由南向北依次排列 5 个柱洞，南端的柱洞距墙南转角处础石约 1.1 米。北端的柱洞距墙北转角处础石约 1.15 米，

北

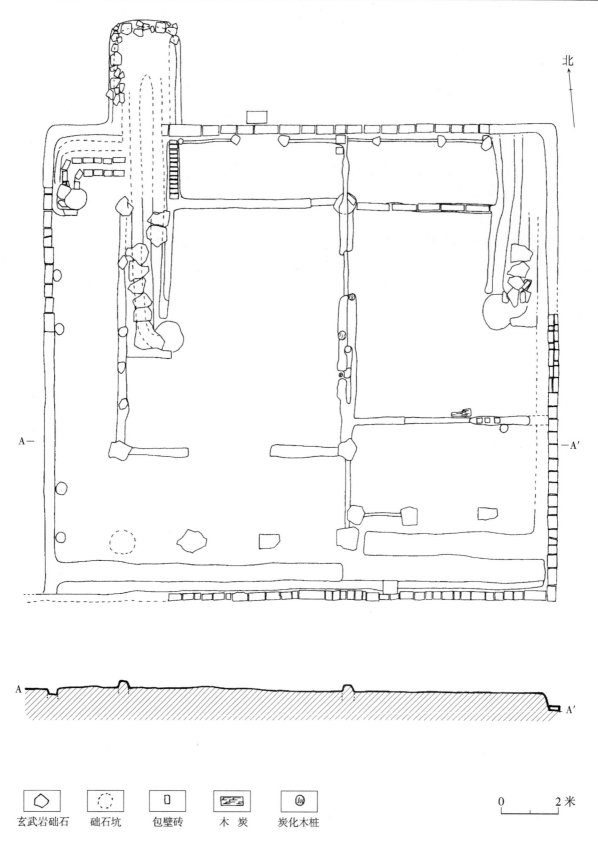

A —

— A′

A

A′

玄武岩础石　　础石坑　　包壁砖　　木　炭　　炭化木桩

0　　　　　2 米

图三五七　第 50 号宫殿基址 F1 平、剖面图

下置直径约 0.45 米的圆形础石上留有长约 0.16、宽约 0.13 米的长方形炭化立柱。余下 3 个柱洞由南至北间距分别为 1.05、0.7、2.05 米，直径 0.3～0.38 米。该室南墙中部设有宽约 1.25 米的门将墙分为东西两段，东段长约 2.3、西段长约 2.25 米，墙体厚约 0.35、残高 0.16 米。

南室的炕依西壁而建，约东西长 2、南北宽 4.8 米。灶设在炕的南部，直径约 1、深 0.15 米。灶北部与两条宽约 0.5、深约 0.1 米的烟道相接，烟道隔墙厚度约 0.2、残高约 0.15 米。烟道上尚存 6 块形状各异的玄武岩炕板石。烟道北端与烟囱相连，烟囱约东西宽 2.6、南北长 3.5 米。其墙厚约 0.4、残高 0.2～0.5 米不等。墙内侧西北部内有堆积比较规整的石块，墙外侧抹有白石灰。据此推测该烟囱的墙为石砌，石块外面可能有包砖。

北室，约东西长 5.6、南北宽 2 米。其南墙约长 4.25、厚 0.35、残高 0.16 米，是两室共享的隔墙。墙东部设有宽约 1 米的门，门道内尚存炭化的门槛。西墙约长 2.15、厚 0.4、残高 0.05 米。北墙中部有宽约 1.4 米的门将其分为东西两段，东段长约 1.75、西段长约 1.8 米，墙厚约 0.1、残高 0.05 米。该门两端有长 0.15、宽 0.1 米的石门枕，上存有铁门枢。门外包壁石的北部，设有长 0.7、宽 0.5 米的石踏步。

F1 是宫殿的附属建筑，其建筑年代晚于宫殿和西廊。

F2　位于东亭的东部，台基夯筑，约东西长 55、南北宽 9.5、高 0.1 米。其北部残留约东西长 7.5、南北宽 6 米，用细沙土铺垫，经过火烤中部较硬的地面（图版八八，2）。

F2 台基上有南北两排，东西十五列础石，（包括被移走础石的坑）共 30 块。东西础石之间中心点距离，两梢间约 3.5、余下间约 3.8 米左右，南北两排础石间中心点距离约 7.5 米。础石坑直径约 1.3 米，壁坡缓，内有柱础底部的垫石（磉墩）。F2 台基的西端压在东亭的散水石上。

F2 北部西数第 2 个础石的东西两侧有相互错开的墙，东侧的墙从第 2 个础石起，到接近第 4 个础石，位置稍偏北，墙宽约 0.13、残高 0.1、长近 7 米，仅南侧墙面抹白灰。西侧墙约长 0.5、宽 0.1 米，墙两面抹白灰。

从 F2 的位置、规模、柱网分布等方面分析，其可能是一面阔 14 间，进深 1 间的大型厅堂建筑。

F3　位于西廊的东南部，是地面建筑，平面呈日字形，东西长 5.25、南北宽 12、高 0.12 米。其东北部尚存 14 块，平均约长 0.45、宽 0.24、厚 0.12 米的条石，最长的一块达 0.95 米。北部的条石保存较完整，东西两转角石内侧各有一直径 0.22、深 0.23 米的柱洞（图三五八；图版九〇，1）。

F3 偏南部有一列东西向的条石将其分成南、北两室，在东端转角石与东墙处，有宽 0.7 米的通道。

南室东西宽 4.3、南北长 4 米。室内地面近中部有形状不规则的红色烧土，其东壁偏南处有长 0.11、宽 0.5 米的石块，是该室门的踏步。

北室东西宽 4.3、南北长 7.4 米。室内地面有 2 块形状不规则的红烧土，南北呈直线分布，间距约为 3.1 米。北室东壁偏北处有边长 0.4 米的正方形石块，东壁偏南处有被取走所留下的长方形坑，这两处应是该室门道外的踏步。

F3 北部转角处的柱洞不深，没有础石，承重不大，应为棚厦一类建筑的基础。

F3 北室东墙外有石片遗迹，北距西廊北段南侧约 0.9 米。该遗迹呈椭圆形，南北直径约 4、东西直径约 3.5 米。由若干块不规则花岗岩石片拼对组成，颜色各异，以红褐色居多，石片之间所

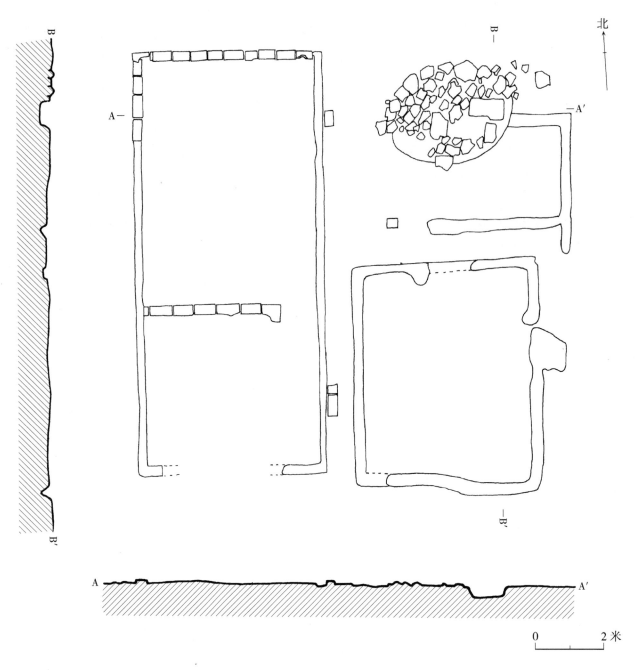

图三五八　第 50 号宫殿基址 F3 平、剖面图

留的空隙用小型石块填充（图版九〇，2）。遗迹东部有东西向，长约 0.6、宽约 0.43、深 0.21 米
的长方形坑。其壁、底用白灰抹面，并有明显火烧的痕迹，坑内南壁放置一块垂直于地面的方砖
（图版八九，2）。

　　F3 南室东墙外有约东西长 4.8、南北宽 6.9 米的长方形遗迹。其外围有条宽为 0.4～0.5、深约
0.15 米的沟，仅北部缺失部分。F3 的东北角处有一南北向，约长 0.62、宽 0.31 米的坑，仅存的南、
东壁所抹的白灰面有明显火烧痕迹。

F4　位于发掘区东部 F2 南段北部,石墙的南侧。该房址的堆积可分两层,上层为 F2 和 Q1 的倒塌堆积,即为整个发掘区的第 2 层。下为黄土层,内含少量的木炭和红烧土,为整个发掘区的第 3 层,该层下发现了大面积的釉瓦堆积。F4 的地面建筑已荡然无存,仅存东西向两排,间距均为 3 米的础石 16 块,其中一个仅存础基。F4 是面阔 7 间、进深 1 间的中型建筑,其建筑年代较早。

F5　位于 50 号建筑西亭的西侧,平面呈长方形,东西长约 20.8、南北宽 11.9~12.1 米。F5 是用黄土夯筑而成的矮台基建筑,其南部高出原地面约 0.4、北部约 0.18 米,周边地面铺一层细沙土。台基东侧依西亭而建,其余三面均有被取走包壁砖(石)所留下宽 0.4~0.6、深约 0.22 米的沟。台基的南壁近中部及东南角尚存 4 块青砖,可能是包壁砖。西北部的门踏道东侧尚存 1 块包壁石,西南角的廊东侧亦有 2 块残留不完整的包壁条石,分别长 0.25、宽 0.2;长 0.48、宽 0.25 米。F5 台基低矮,其上建筑不会太高,包壁石也可能起散水作用。

F5 设有东、西两室,另有南、西、北环绕的外回廊及西南角有通往南部的廊道(图三五九;图版九一,1)。

东室为正方形 3 开间建筑,边长约 6.2 米。四面共有 12 块位置对称略低于地面的础石,间距 1.8~2.1米,有墙相连。

在室内的东北部有东西约 3、南北约 2.5、宽约 1.4 米呈曲尺形的炕。灶位于炕的南部,平面呈椭圆形,灶的底部内凹,经长期使用形成坚实的红烧土硬面,灰烬内遗有大量铁钉。灶北部与宽约 0.3、高约 0.12 米并行的两条烟道相接,烟道上部铺盖残留的 17 块形状不甚规整的玄武岩石板,最大一块约长 0.75、宽 0.45 米,最小一块约长 0.2、宽 0.3 米。炕的西部由于破坏严重,烟囱的形制不详(图版九一,2)。

东室门设在南墙中部,仅存残留部分炭化的门槛,该门距南壁 7.6 米,距东壁 4.5 米。

东室东、北面土筑的墙保存较好,厚 0.18~0.2、残高约 0.15 米,部分础石及墙内还有直径 0.26~0.27 米的炭化木柱。墙的建筑时序是先立木柱再砌墙,其外面抹白灰,在遗留的白灰墙皮上见有彩绘图案。南、西墙多已破坏,其构筑方法和规格与尚存的墙相同。

此外在灶的南侧 0.75 米处发现一件埋于地下的石臼,上部略高出地面。

东西屋之间有宽约 2.8 米的廊,其南部设门,现存长约 1.7 米的炭化门槛东端发现约长 0.6、宽 0.2 米的炭化门枕,其下是素面青砖门枕石。从门的宽度和门槛与门枕的相对位置可推知,该门是两扇向内对开,每扇门宽约 0.85 米。通过该门进入廊后可再进入西室,此廊与北廊相通。

西室是边长 6.2×5.8 米略呈正方形的 3 开间建筑,其四壁亦有 12 块位置对称间距的础石。础石之间仅见部分不连续,为一侧面抹白灰土墙遗留的白灰面痕迹,厚 0.18~0.2 米。室内地面经烧烤较坚硬,遗有大量红烧土和木炭。在距西壁约 1.15 米处,有约宽 0.2、长 2.45 米居于中部与门相对的短墙基,可能是影壁。东壁中部设门,炭化门槛约长 2.1、宽 0.2 米,其两端各有一块垫门枕的素面方砖。南部的炭化门枕依稀可辨,约长 0.6、宽 0.2 米。门外发现的大片木炭可能是门倒塌的遗迹。

西回廊宽约 2 米,有间距约 2 米的础石 5 块,北数第 1、2 块缺失的础石下遗有用碎石夯垫的基础(磉墩)。南数第 1、2 块础石上残留的炭化木柱直径约 0.27 米,两础石之间有厚 0.18~0.2、残高 0.05 米的土筑墙,其两侧抹白灰面。西廊的南部设门,门槛约长 2、宽 0.15 米,门槛两端各有一块约长 0.66、宽 0.25 米的木门枕。

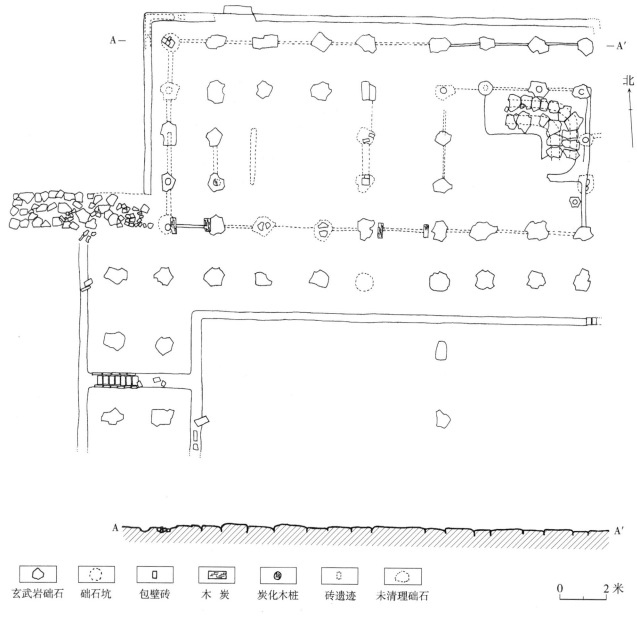

玄武岩础石　　础石坑　　包壁砖　　木炭　　炭化木桩　　砖遗迹　　未清理础石

0　　　　2 米

图三五九　第 50 号宫殿基址 F5 平、剖面图

北回廊宽 2 米亦有 8 块础石，间距与南廊同。东数 1～6 块础石之间均有宽约 0.1 米炭化的木墙遗迹，西数第 1～2 块础石的北部设有踏道是出入的门。

南回廊宽 2.15 米，有础石 8 块，间距约 3.2 米，其余间距 1.8～2.5 米。东数第 4、5 块缺失，西数第 1～3 块之间残存部分有宽约 0.1 米炭化的木墙痕迹。

南回廊东数第 4 块础石的南部有两块南北排列整齐的玄武岩石块，中心点距均约 2.3 米。靠近台基一侧呈长方形，长 0.6、宽 0.5 米；另一块呈不规则形状，长 0.55、宽 0.3 米，可能与 F5 的南踏道有关。

F5 西南角向南延伸的廊道，已清理部分约东西长 4.3、南北长 6.4 米，周边有包壁石被取走留下的沟。廊上有础石 6 块,两排三列。两排中心点距离约 2、三列中心点距离约 3 米。西边一排的础石之间有宽约 0.15 米墙面留下的白灰线,最北一块础石的墙与石墙内所立已炭化木柱遗留直径约 0.25 米的柱洞相接。廊中部有东西贯通的排水沟,其内西部尚存砌沟壁用的素面长方砖,底部 6、南壁 3、北壁 4 块。沟约长 4.4、宽 0.52、深 0.5 米,底部没砖部分均为细沙土。廊的北部有东西走向用玄武岩砌筑的石墙,已清理部分东西长约 11、宽约 2、残高 0.32 米。其周围散布着大量的瓦说明墙上部有瓦顶建筑。

(四)石墙

石墙(Q1) 位于宫殿东部偏北处,东廊与 F2 的北侧,东西走向。其西端与宫殿相接,并与宫殿最北一排础石平齐。石墙揭露部分长约 85、宽约 1.45、残高 1.2 米。石墙外壁用玄武岩石块逐层堆砌而成,其内填入黄土和碎石块。距石墙东端约 16.5 米处,有一个长约 2.5 米的豁口,应为门之类的建筑。从墙两侧的倒塌堆积来看,当时的石墙上盖有瓦顶(图版九二)。在距石墙西端约 28.75 米处,有一道南北走向,用玄武岩石块堆砌而成的短石墙(Q2),长约 7.25、宽 1.3~1.5、残高 1 米。其南北端分别与 F2、石墙相接。短石墙偏北处,有 3 块形制规整的条石,其中 2 块为东北方向,1 块南北方向,砌筑而成一条约宽 0.25、高 0.3 米的排水沟出口。

(五)灰坑

H7 位于石墙南侧,平面呈规则的四边形,坑壁较平直,底缓平,约长 5、宽 4、深 0.5 米。坑内的堆积分两层,第 1 层黄褐色土,厚约 0.4 米,土质疏松,包含物有白灰粒、红烧土块,瓦、陶片,兽头残块、动物骨骼、河蚌壳等。第 2 层黄沙土,纯净,较薄,厚 0.02~0.03 米。该坑可能是蓄排水池。

H8 位于短石墙排水口下方,平面呈四边形。坑四壁较平直,东壁有一个小豁口。约长 1、宽 0.8、深 0.2 米。

H9 南北向平面呈长方形,壁、底斜弧。约长 2.76、宽 1.46、最深 0.4 米。

第四节 出土遗物

(一)建筑材料

1. 陶器
有板瓦、筒瓦、瓦当等。

（1）板瓦　分为檐头板瓦和屋面板瓦两类。

檐头板瓦　13件。前端纹饰比较复杂，是由上下两组压印出的斜线纹间插入一排用圆钝工具戳印的圆点纹构成（图版三四〇，1～6）。

标本04SYDQ1：11，圆点纹较深，斜线纹细密。瓦身长41.6、前端宽31.5、后端宽21.5厘米（图三六〇，3；图版三四一，4）。

标本05SYDF5：28，瓦身长34、前端宽26厘米（图三六〇，1；图版三四一，1）。

标本05SYDF5：100，圆点纹较浅，斜线纹稍疏。瓦身长44.6、后端宽26.2厘米（图版三四一，2）。

屋面板瓦　38件。前端饰指印纹。

标本04SYDD1：11，指印纹较深疏。瓦身长43、前端宽32.5厘米（图三六〇，2；图版三四一，3）。

标本05SYDF5：101，指印纹较浅密，瓦身长39厘米（图三六〇，4）。

筒瓦　分为檐头筒瓦和屋面筒瓦两类。

檐头筒瓦　将单独制作的瓦当和经特殊制作的筒瓦粘接而成，瓦唇上有固定用的钉孔。瓦背形状有直背和曲背2种。

直背檐头筒瓦　13件。分为3型。

A型　3件。瓦当直径16.6厘米。

标本04SYDL1：7，莲瓣之间饰菱形纹。瓦身残长26.8厘米（图三六一，2；图版三四二，1）。

标本05SYDF5：96，莲瓣之间饰菱形纹（图三六一，1；图版三四二，2）。

B型　5件。瓦当直径15.5厘米。

标本05SYDF5：9，莲瓣之间饰十字形纹，后端瓦唇上有一插钉固定的圆孔。瓦身长37.6厘米（图三六一，3；图版三四二，4）。

C型　5件。瓦当直径13.2厘米。

标本04SYDF1：9，莲瓣之间饰十字形纹，瓦身长29厘米（图三六一，4；图版三四二，3）。

曲背檐头筒瓦　6件。瓦当后部隆起，两侧有与隆起顶部对应的豁口。

标本04SYDL1：10，瓦当内饰七瓣莲花纹，莲瓣之间饰菱形纹。瓦当直径16厘米，瓦身均残（图三六一，5；图版三四二，5）。

标本04SYDD1：26，瓦当残，瓦唇部有一用于固定的钉孔（图三六一，6；图版三四二，6）。

屋面筒瓦　51件。分为4型。

A型　16件。直径17厘米。

标本05SYDF5：93，长35.2厘米（图三六二，1；图版三四三，1）。

B型　4件。直径15.8厘米。

标本05SYDF5：77，长34厘米（图三六二，2；图版三四三，2）。

C型　6件。直径14.2厘米。

标本05SYDF5：71，长29.7厘米（图三六二，4；图版三四三，4）。

标本05SYDF5：19，瓦舌上有一固定用的钉孔。长28厘米（图版三四三，3）。

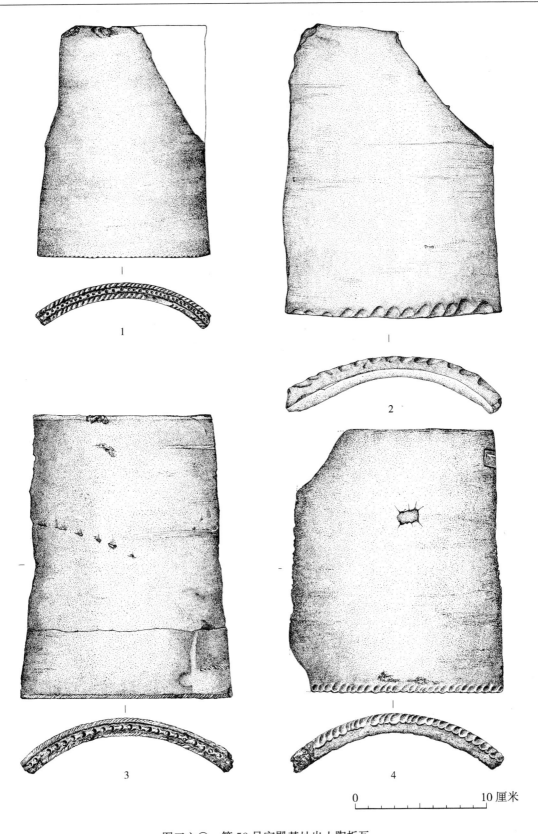

图三六〇　第 50 号宫殿基址出土陶板瓦

1、3. 檐头板瓦（05SYDF5：28、04SYDQ1：11）　2、4. 屋面板瓦（04SYDD1：11、05SYDF5：101）

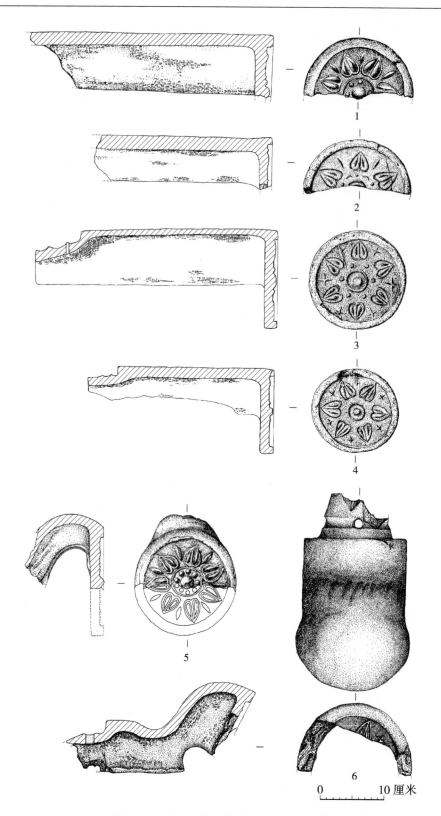

图三六一　第 50 号宫殿基址出土陶檐头筒瓦

1、2. A 型直背檐头筒瓦（05SYDF5：96、04SYDL1：7）　3. B 型直背檐头筒瓦（05SYDF5：9）

4. C 型直背檐头筒瓦（04SYDF1：9）　5、6. 曲背檐头板瓦（04SYDL1：10、04SYDD1：26）

图三六二　第 50 号宫殿基址出土陶屋面筒瓦

1. A 型（05SYDF5：93）　2. B 型（05SYDF5：77）　3、4. C 型（04SYDL1：4、05SYDF5：71）

5、6. D 型（05SYDF5：57、05SYDF5：50）

标本 04SYDL1：4，长 28 厘米（图三六二，3）。

D 型　25 件。直径 12 厘米。

标本 05SYDF5：57，长 25.4 厘米（图三六二，5；图版三四三，5）。

标本 05SYDF5：50，长 31 厘米（图三六二，6；图版三四三，6）。

瓦当　当面饰浅浮雕莲花纹，莲瓣外轮廓线呈凸起心形，瓣尖朝外，内填莲肉。莲瓣间饰不同形制的花纹。

七瓣莲花纹瓦当

Aa 型　3 件。

标本 04SYDF1：3，中心凸起的莲实外围绕 9 个小圆珠，其外是一周同心圆。莲瓣的轮廓线不清楚，莲肉丰满隆起，各莲瓣之间有一细长的萼形纹。直径 16.5 厘米（图三六三，1；图版三四四，1）。

六瓣莲花纹瓦当

A 型　42 件。分为 5 亚型。

Ac 型　5 件。

标本 04SYDD1：9，中心凸起的莲实周围有若干个小圆珠，外绕同心圆。莲瓣轮廓较细清晰，莲肉丰满隆起，莲实周围有 8 个小圆珠，莲瓣之间有细长的萼形纹。直径 16.4 厘米（图三六三，2；图版三四四，2）。

Ab 型　22 件。

标本 04SYDL1：12，中心凸起的莲实外绕同心圆，外有 6 个小圆珠，莲瓣轮廓线，莲肉稍丰，凸出当面稍浅莲瓣之间有细长的萼形纹。直径 17 厘米（图三六三，4；图版三四四，4）。

Ag 型　7 件。

标本 04SYDL1：13，中心凸起的莲实外绕同心圆，外有 6 个小圆珠，莲瓣轮廓线，莲肉稍丰，凸出当面较浅。莲瓣之间有细长的萼形纹。直径 17 厘米（图三六三，5；图版三四四，5）。

Ah 型　6 件。

标本 04SYDL1：32，中心凸起的莲实外绕同心圆，其外的 6 个小圆珠之间填十字星形和弧形曲线纹，莲瓣之间有细长的萼形纹。直径 16.8 厘米（图三六三，3；图版三四四，3）。

Aj 型　2 件。

标本 05SYDF5：140，凸出当面稍浅，莲瓣之间饰萼形纹，直径 11.2 厘米（图三六五，4；图版三四六，4）。

B 型　12 件。当心凸起的莲实外绕同心圆，外有 6 个小圆珠，莲瓣之间饰有十字星形纹。分为 2 亚型。

Ba 型　7 件。

标本 04SYDL1：15，莲瓣轮廓线、莲肉细瘦，凸出当面浅。莲瓣之间有十字星形纹。直径 16.4 厘米（图三六三，6；图版三四四，6）。

标本 04SYD2T：2，直径 15.6 厘米（图三六四，1；图版三四五，2）。

标本 04SYDF1：2，莲瓣轮廓线，莲肉稍丰，凸出当面较浅。直径 15.5 厘米（图三六四，2；图

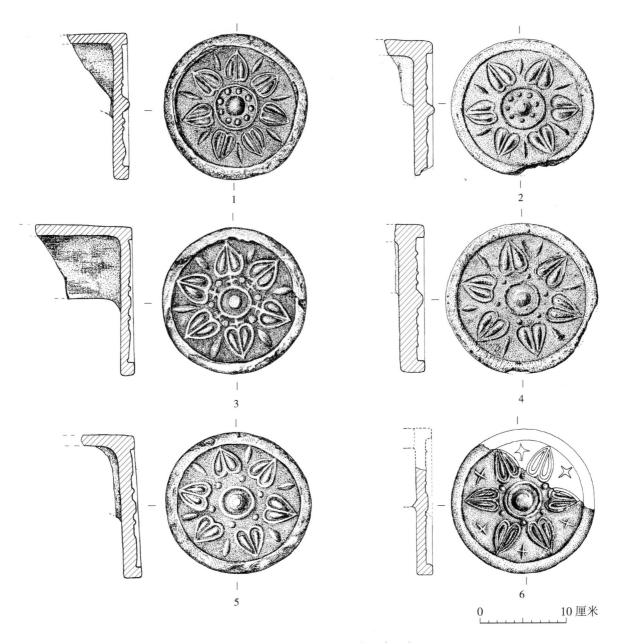

图三六三　第 50 号宫殿基址出土陶瓦当

1. 七瓣莲花纹 Aa 型（04SYDF1：3）　2. 六瓣莲花纹 Aa 型（04SYDD1：9）　3. 六瓣莲花纹 Ah 型（04SYDL1：32）
4. 六瓣莲花纹 Ab 型（04SYDL1：12）　5. 六瓣莲花纹 Ag 型（04SYDL1：13）　6. 六瓣莲花纹 Ba 型（04SYDL1：15）

版三四五，1）。

　　Bb 型　5 件。

　　标本 04SYDF1：4，凸出当面稍深，莲瓣之间饰十字星形纹。直径 13.5 厘米（图三六四，3；图版三四五，3）。

　　标本 04SYDL1：1，凸出当面较浅。直径 13.2 厘米（图三六四，4；图版三四五，4）。

　　E 型　5 件。

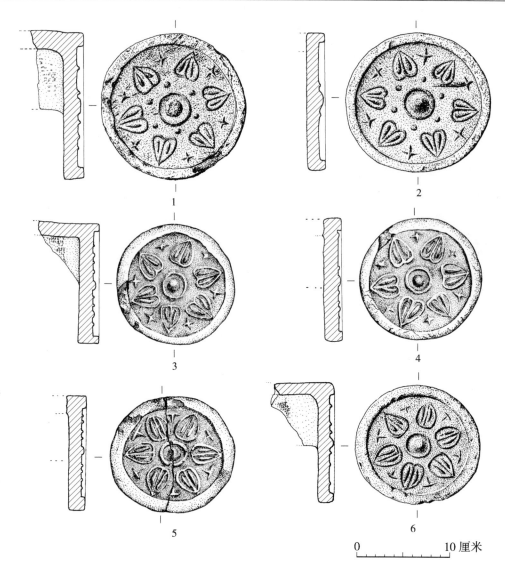

图三六四 第 50 号宫殿基址出土陶六瓣莲花纹瓦当

1、2. Ba 型（04SYD2T：2、04SYDF1：2） 3、4. Bb 型（04SYDF1：4、04SYDL1：1）
5、6. E 型（04SYDD1：13、04SYDD1：8）

标本 04SYDD1：13，莲瓣之间饰丁字形纹。直径 13.3 厘米（图三六四，5；图版三四五，5）。

标本 04SYDD1：8，莲瓣之间饰丁字形纹。直径 13.4 厘米（图三六四，6；图版三四五，6）。

五瓣莲花纹瓦当

Aa 型　2 件。

标本 05SYDF5：137，凸出当面稍浅，莲瓣轮廓较细清晰，莲肉丰满，莲瓣之间饰细长的萼形纹。直径 11.4 厘米（图三六五，1；图版三四六，1）。

C 型　4 件。

标本 05SYDF5：138，凸出当面稍深，莲瓣之间饰十字星形纹。直径 11.4 厘米（图三六五，2；图版三四六，2）。

标本 05SYDF5：139，莲瓣之间饰十字星形纹。直径 11.4 厘米（图三六五，3；图版三四六，3）。

2. 釉陶器

分为瓦和饰件两类。

（1）瓦　器身施绿或黄、绿、橙色相间的釉，黄、绿色又有深浅之分，故釉色又有赭黄、黄褐、浅绿、深绿等。胎呈红褐色，火候较高，陶质较硬。有檐头板瓦、屋面板瓦、檐头筒瓦、屋面筒瓦、瓦当、压当条、正当沟等。

檐头板瓦　用施纹工具在其宽边顶端戳压出纹饰，中间一组为戳印的圆圈纹，上下是对应压印的斜线纹。分为 2 型。

A 型　4 件。瓦檐平直。

标本 04SYDF4：4，瓦檐前端施斜线纹和戳刺圆点纹之间的凹槽较浅，戳刺圆点纹略突起，瓦通体施黄绿釉。长 35、宽 26 厘米（图三六六，1；图版三四七，2）。

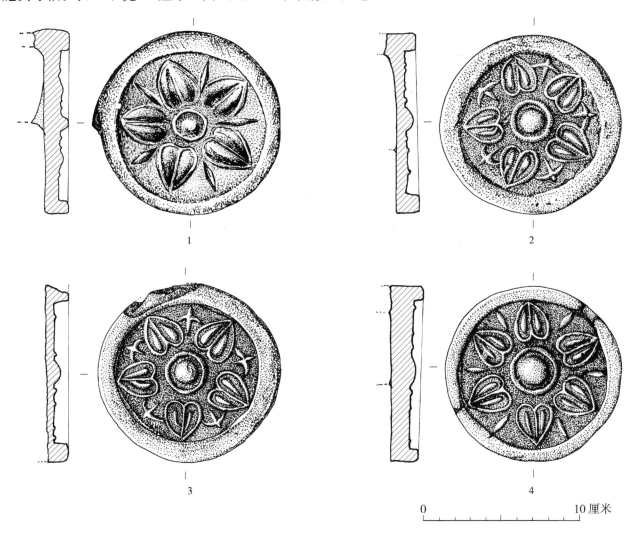

图三六五　第 50 号宫殿基址出土陶瓦当

1. 五瓣莲花纹 Aa 型（05SYDF5：137）　2、3. 五瓣莲花纹 C 型（05SYDF5：138、05SYDF5：139）

4. 六瓣莲花纹 Aj 型（05SYDF5：140）

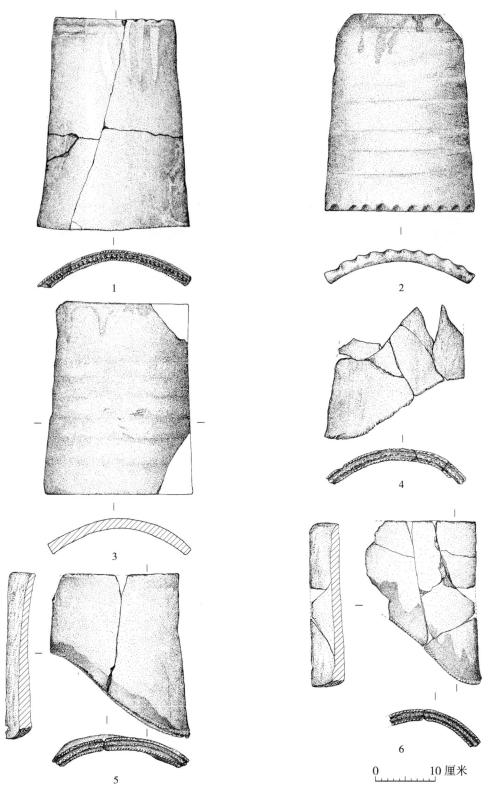

图三六六　第 50 号宫殿基址出土釉陶板瓦

1．A 型檐头板瓦（04SYDF4：4）　　2．A 型屋面板瓦（05SYDF5：14）　　3．B 型屋面板瓦（05SYDF5：13）

4．Bb 型檐头板瓦（04SYDF4：12）　　5、6．Ba 型檐头板瓦（04SYDF4：9、04SYDF4：16）

标本05SYDF5：12，瓦檐前端施斜线纹和戳刺圆点纹之间的凹槽较深，戳刺圆点纹略突起。瓦凹面仅存部分施釉脱落后的浅绿色，瓦凸面有三道横置的凸棱。长35、宽34厘米（图版三四七，1）。

B型　10件。瓦檐斜。分为2亚型。

Ba型　5件。瓦斜角向左，瓦檐前端的斜线纹和戳刺圆点纹之间的凹槽稍浅，戳刺圆点纹略突起，瓦凹面施全釉。

标本04SYDF4：9，瓦施深绿釉。左边长27.4、右边长13、宽22厘米（图三六六，5；图版三四七，3）。

标本04SYDF4：16，残。瓦施黄绿釉。左边长27厘米（图三六六，6；图版三四七，4）。

Bb型　5件。瓦斜角向右，瓦檐前端的斜线纹和戳刺圆点纹之间的凹槽稍深，戳刺圆点纹略突起，瓦凹面大部分施釉。

标本04SYDF4：10，残，瓦施浅黄绿釉，右边长12、宽21厘米（图版三四七，5）。

标本04SYDF4：12，残，瓦施黄绿釉，宽19厘米（图三六六，4；图版三四七，6）。

屋面板瓦　分为2型。

A型　9件。在瓦的宽边顶端按压出凹槽，构成指印纹，后端圆钝。

瓦凹面施全釉　4件。

标本04SYDF4：2，宽边顶端按压出指印纹较疏深，瓦凹面施黄绿釉。长32、宽24厘米（图版三四八，1）。

标本05SYDF5：15，瓦凹面施绿釉，宽边顶端按压出指印纹较密浅。长33、宽20～22厘米（图版三四八，2）。

标本05SYDF5：14，瓦凹面施浅黄绿釉，宽边顶端按压出指印纹较疏浅，后端的一角施釉前已残，另一端后打残。长32.7、宽24.8厘米（图三六六，2；图版三四八，4）。

瓦凹面大部分施釉　5件。

标本04SYDF4：5，宽边顶端按压出指印纹较疏浅，瓦凹面施黄绿釉，后端略内凹。长32、宽24.2厘米（图版三四八，3）。

标本04SYDF4：1，瓦凹面施褚黄绿釉，后端圆钝。长35、宽25厘米（图版三四八，6）。

B型　1件。

标本05SYDF5：13，根据宽边顶端无指印纹，后端圆钝，瓦凹面施全浅绿釉，长31.6、宽约25厘米（图三六六，3；图版三四八，5）。

檐头筒瓦　分为2型。

A型　平当面檐头筒瓦。分为2亚型。

Aa型　7件。直背，瓦当内饰5瓣莲花，莲瓣之间有萼形纹。

标本04SYDF4：13，施深黄绿釉，瓦当残（图三六七，2；图版三四九，1）。

标本05SYDF5：4，施浅绿釉，大部分已剥落。瓦当直径11厘米（图版三四九，2）。

标本05SYDF5：21，瓦当已脱落，瓦身施釉大部分已剥蚀。残长28厘米（图三六七，4；图版三四九，3）。

Ab型　2件。瓦当后部隆起形成曲背，两侧有与隆起顶部对应的豁口。

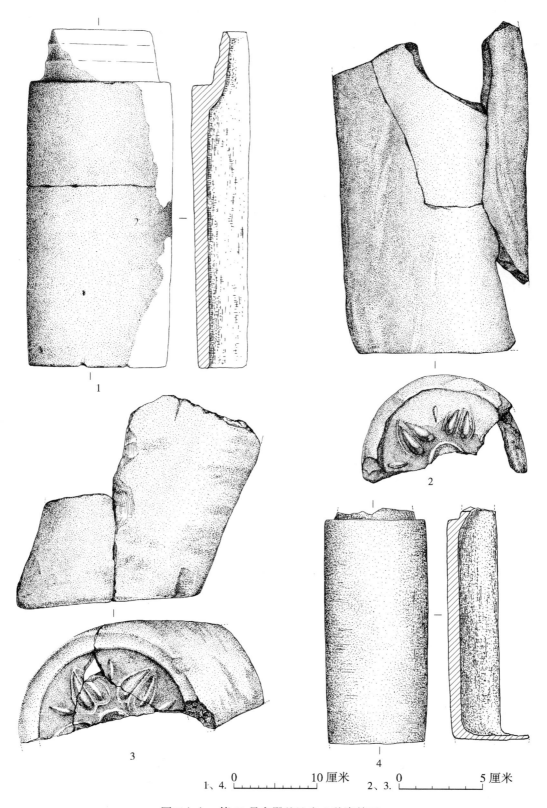

图三六七　第 50 号宫殿基址出土釉陶筒瓦

1. A 型屋面筒瓦（04SYDL1：30）　　2、4. Aa 型平当面檐头筒瓦（04SYDF4：13、05SYDF5：21）

3. B 型斜当面檐头筒瓦（04SYDF4：14）

标本 04SYDF4：16，瓦当内饰 5 瓣莲花，莲瓣之间有弯月纹，瓦身残，施黄绿釉。瓦当直径 11 厘米（图版三四九，6）。

标本 04SYDF4：17，隆起顶部饰一小乳丁，瓦当、瓦身残（图版三四九，5）。

B 型　2 件。斜当面檐头筒瓦。这类瓦的制作方法是将处于瓦坯状态的筒瓦进行了截角处理后再与瓦当相接，瓦当面向一侧抹斜，瓦当内饰 5 瓣莲花，莲瓣之间有萼形纹。

标本 04SYDF4：14 施浅绿釉，瓦当直径 11 厘米（图三六七，3；图版三四九，4）。

屋面筒瓦　分为 2 型。

A 型　3 件。

标本 04SYDL1：30，瓦身施深绿釉。长 39.7、宽 17.4 厘米（图三六七，1；图版三五〇，5）。

B 型　12 件。

标本 05SYDF5：23，瓦身施深绿釉。长 29、宽 12 厘米（图版三五〇，1）。

标本 04SYDF4：11，瓦身施浅绿釉。长 28.5、宽 12 厘米（图版三五〇，3）。

标本 04SYDF4：15，残瓦身施黄绿釉。宽 12 厘米（图版三五〇，2）。

标本 04SYDF4：33，残瓦身施流云状深浅绿相间的两彩釉，瓦唇有插钉固定的圆孔。宽 12 厘米（图版三五〇，4）。

标本 05SYDF5：18，残瓦身施黄绿釉，并刻有文字。宽 12 厘米（图版三五〇，6）。

瓦当　浅浮雕瓦当中心的小莲实外绕同心圆，莲花瓣轮廓线呈心形，瓣尖朝外，内填莲肉。莲瓣之间饰有不同形制的花纹。分为大瓦当、小瓦当两类。

大瓦当　3 件。

标本 05SYDF5：7，瓦当内饰莲花六瓣，莲瓣外轮廓线较粗，形状规整，莲肉稍丰满隆起，莲瓣之间有十字星形纹。当面施绿釉。直径 13.3 厘米（图三六八，5；图版三五一，5）。

标本 05SYDF5：151，当面施浅绿釉（图版三五一，6）。

小瓦当　15 件。分为 2 型。

A 型　12 件。五瓣莲花纹瓦当，分为 3 亚型。

Aa 型　5 件。莲瓣外轮廓线细浅，莲肉丰满隆起，莲瓣间饰有萼形纹。

标本 05SYDF5：31，当面施黄绿釉。直径 10.2 厘米（图三六八，2；图版三五二，1）。

标本 04SYDF4：36，当面施深绿釉。直径 10.3 厘米（图版三五一，1）。

标本 05SYDF5：8，当面施浅绿釉。直径 10.7 厘米（图版三五二，2）。

Ab 型　6 件。莲瓣外轮廓线较粗，形状规整，莲肉较丰满隆起。

标本 05SYDF5：3，莲瓣间饰有萼形纹。当面施绿釉。直径 10.5 厘米（图版三五二，3）。

标本 05SYDF5：6，莲瓣间饰有萼形纹。当面施浅绿釉。直径 11.2 厘米（图三六八，3；图版三五二，4）。

标本 05SYDF5：5，莲瓣间饰有弯月纹。当面施黄褐釉。直径 10.7 厘米（图三六八，1；图版三五二，5）。

标本 04SYDF4：83，莲瓣间饰有弯月纹。当面施浅黄绿釉。直径 10.7 厘米（图版三五二，6）。

Ac 型　1 件。

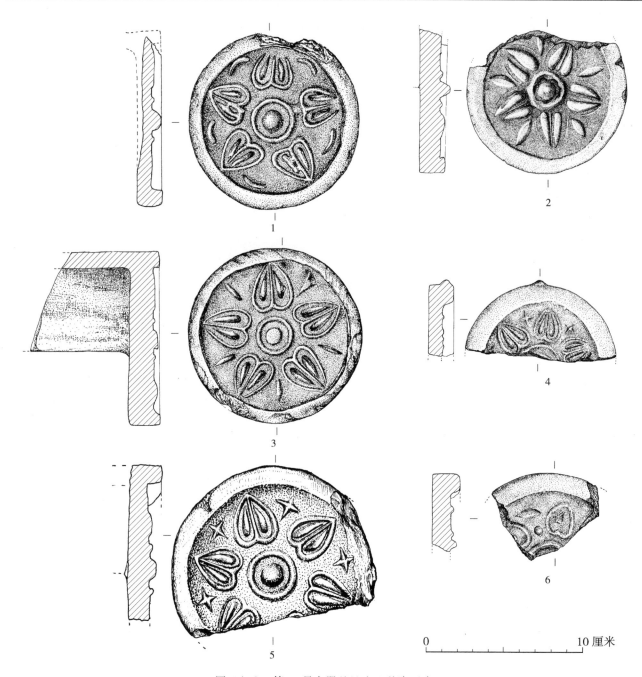

图三六八　第50号宫殿基址出土釉陶瓦当

1、3. Ab型小瓦当（05SYDF5：5、05SYDF5：6）　2. Aa型小瓦当（05SYDF5：31）

4. B型小瓦当（04SYDF4：81）　5. 大瓦当（05SYDF5：7）　6. Ac型小瓦当（04SYDF4：77）

　　标本04SYDF4：77，莲瓣外轮廓呈心形，内仅一个花茎，莲瓣线较粗，形状规整，莲瓣间饰有弯月纹和小连珠。当面施浅绿釉（图三六八，6；图版三五一，2）。

　　B型　3件。瓦当内饰六瓣莲花纹，莲瓣外轮廓线较细，莲肉细瘦。

　　标本04SYDF4：41，当面施深绿釉。直径9.7厘米（图版三五一，3）。

　　标本04SYDF4：81，当面施绿釉（图三六八，4；图版三五一，4）。

　　压当条　又称压代条。用于大型建筑的正脊、垂脊、戗脊、角脊等的正或斜当沟之上，是增加各种脊线条的构件，压当条只在露明部分施釉。分为3型。

　　A型　21件。均残。窄长，露明施黄绿色釉。

　　标本04SYDF4：26，残长19、宽9、厚1.4厘米（图三六九，2；图版三五三，2）。

　　标本04SYDF4：27，残长19、宽8、厚1.5厘米（图版三五三，1）。04SYDF4：29，残长26、宽10.3、厚1.5厘米（图三六九，1）。

　　B型　5件。板瓦分割一半而成，露明施深绿色釉，瓦头饰指按纹。

　　标本04SYDF4：22，残长26、宽12.5、厚2厘米（图三六九，4；图版三五三，6）。

　　标本04SYDF4：23，残长24.6、宽13.5、厚2厘米（图三六九，5；图版三五三，4）。

　　C型　6件。筒瓦分割一半而成，露明施浅绿色釉。

　　标本04SYDF4：21，残长26、宽9、厚1.4厘米（图三六九，3；图版三五三，5、7）。

　　标本04SYDF4：20，残长26、宽11、厚1厘米（图版三五三，3）。

　　当沟　1件。安装于屋脊前后两坡正脊筒压代条下的博脊或围脊的脊根部位，起防水作用。

　　标本04SYDF4：18，残。外形似伸出的舌片，瓦面满施黄绿色釉（图三六九，6；图版三五三，8）。

　　（2）饰件　均残。胎质为灰白色，火候高，质地硬，器身施两彩或三彩釉。有套兽、垂兽、鸱吻、覆盆等。

　　套兽　饰于戗脊的挑檐枋前部，手工雕塑，线条流畅，形象传神。三角眼，圆眼珠，眼皮弯曲，眉脊厚重，额头双角，两耳矗立，上唇凸起，下唇略尖。门齿后部是突起的两枚獠牙，再后有上下咬合的一对犬齿，最后为数量不等的臼齿。腮部有隆起的肌肉，额顶、下颌和颈部有卷曲的鬃毛。通体多施三彩釉，少数两彩釉，细部釉色有差异。分为2型。

　　A型　8件。上唇向内卷曲与鼻梁相连如象鼻，其上有若干划纹形成的褶皱。

　　标本04SYDF4：38，鼻梁隆起无纹饰。鼻梁施浅绿釉，上唇施黄釉，余下部分施黄和浅绿相间的釉（图三七〇，5；图版三五四，1）。

　　标本04SYDF4：53，鼻梁上有三道划纹，六对门齿。外翻唇前部施褚黄釉，后部施浅绿釉，牙齿部分施灰釉（图三七〇，6；图版三五四，3）。

　　标本04SYDF4：117，四对门齿及外翻唇前部施褚黄釉（图三七〇，4；图版三五四，2）。

　　标本04SYDF4：118，四对门齿及外翻唇前部施绿釉（图三七〇，2；图版三五四，4）。

　　标本04SYDF4：46，外翻唇较宽。前后部均施褚黄釉（图三七〇，1；图版三五四，6）。

　　标本04SYDF4：119，外翻唇部施浅绿釉（图三七〇，3；图版三五四，5）。

　　B型　8件。上唇形似上翘的舌头，其中部一条凸起的三角棱上有数道划纹。

　　标本04SYDF4：37，直鼻梁，鼻中隔较平，四对门齿。外翻唇面施褚黄釉，其他部分施浅绿釉（图三七一，6；图版三五五，1）。

　　标本04SYDF4：115，四对门齿，四对犬齿。外翻唇部施褚黄釉（图三七一，5；图版三五五，3）。

　　标本04SYDF4：45，直鼻梁后部略隆起，四对臼齿。施黄绿相间釉（图三七一，1；图版三五五，2）。

　　标本04SYDF4：48，鼻中隔较平，四对门齿。鬃毛及下颌底部施蓝绿相间的釉，其他部分施浅

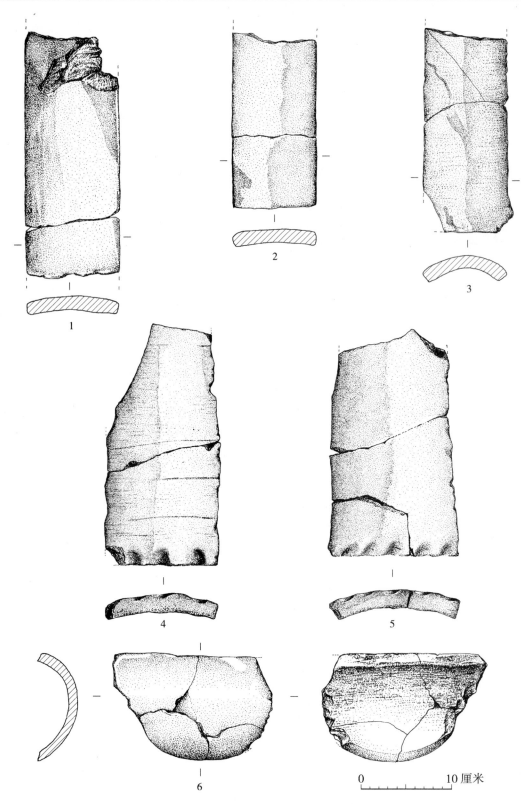

图三六九　第 50 号宫殿基址出土釉陶建筑材料

1、2. A 型压当条（04SYDF4：29、04SYDF4：26）　3. C 型压当条（04SYDF4：21）

4、5. B 型压当条（04SYDF4：22、04SYDF4：23）　6. 当沟（04SYDF4：18）

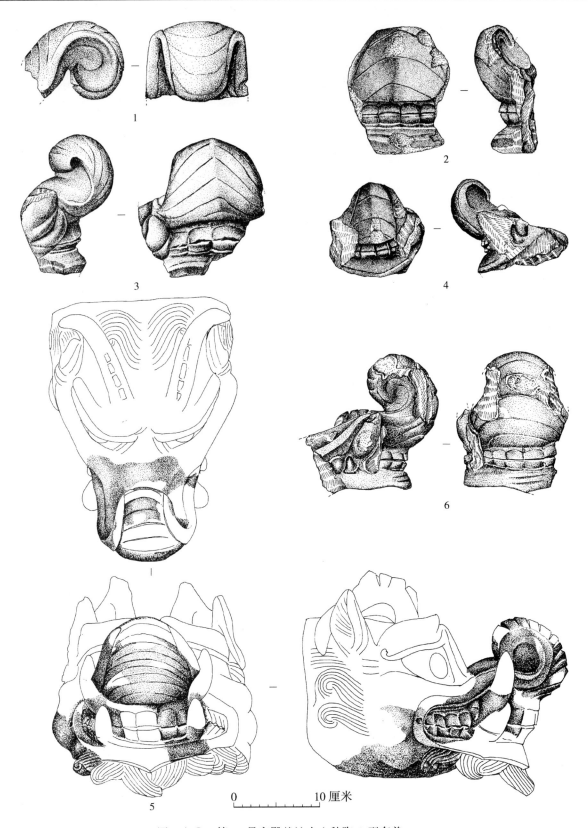

图三七〇 第 50 号宫殿基址出土釉陶 A 型套兽

1. 04SYDF4：46　2. 04SYDF4：118　3. 04SYDF4：119　4. 04SYDF4：117　5. 04SYDF4：38　6. 04SYDF4：53

0　　　　　　　　　　　20厘米

图三七一　第50号宫殿基址出土釉陶 B 型套兽

1. 04SYDF4：45　2. 04SYDF4：47　3. 04SYDF4：48
4. 04SYDF4：116　5. 04SYDF4：115　6. 04SYDF4：37

黄绿相间的釉（图三七一，3；图版三五五，4）。

标本04SYDF4：47，外翻唇的前部和牙施褚黄釉，后部施绿釉（图三七一，2；图版三五五，5）。

标本04SYDF4：116，四对门齿，四对犬齿。施浅绿釉（图三七一，4；图版三五五，6）。

其他残套兽　16件。

标本04SYDF4：55，短鼻梁，鼻中隔平宽，五对门齿，腮部有一块隆起的肌肉。眼珠施蓝黑釉，鼻孔、外翻唇部和牙施黄蓝相间的釉，其他部分施深蓝釉。长23.6厘米。该套兽雕塑粗糙，线条呆板（图三七二，5；图版三五六，1）。

标本04SYDF4：36，上眼皮圆方弯曲，尾部有小绺上卷的鬃毛，突起厚重的眉毛上有四道略等分的划纹，眉头后有双角。额顶正中有较深的脊缝，其两侧各有两绺卷曲的鬃毛，额后中部有向内空切的三角。双耳矗立，耳垂是小绺上卷的鬃毛，其下有用于固定的孔。腮部有3块隆起的肌肉，其后颈部有两绺卷曲的鬃毛。眼珠施黑釉，外翻的唇部、耳内侧施褚黄釉，鬃毛施深绿釉，其他部分施浅绿釉（图三七三，5；图版三五六，2）。

标本04SYDF4：56，上眼皮圆尖，眉毛突起，形如卧蚕，其上雕有多条扭曲的划纹，前端向内弯曲变细，后部逐渐疏散变宽。额头有双角，两耳矗立。额顶脊缝较深，两侧各有四绺卷曲的鬃毛，后部平齐，脊缝近中部有用于固定的圆孔。耳、眼的内侧施褚黄釉，其他部分施浅绿釉（图三七二，1；图版三五六，4）。

标本04SYDF4：44，上眼皮圆尖，形如卧蚕的眉毛上有扭曲的划纹。额头有角，顶脊缝不明显，近中部有用于固定的孔，左侧有两绺卷曲的鬃毛。耳朵下部还有一个用于固定的孔。眼珠下部施黑釉，眼、耳内侧施褚黄釉，其他部分施浅绿釉（图三七二，4；图版三五六，6）。

标本04SYDF4：113，上眼皮圆方弯曲，尾部有小绺上卷的鬃毛，突起的眉毛上有6道略等分的划纹。额头上有角，耳内侧施褚黄釉，眼球施深绿釉，其他部分施浅绿釉（图三七二，6；图版三五六，3）。

标本04SYDF4：42，鼻头尖，上下咬合的门齿后是一对獠牙和犬齿及三对臼齿，鼻孔、外翻的唇面、下眼睑施褚黄釉，其余施浅绿釉（图三七三，1；图版三五六，5）。

标本04SYDF4：50，有残余的角盘于耳后，耳内侧施褚黄釉，角施浅绿釉，其他部分施深绿釉（图三七三，2；图版三五七，1）。

标本04SYDF4：43，上下咬合的一对犬齿后是三对臼齿，腮部有隆起的肌肉，下颌底部内凹，饰五绺卷曲的鬃毛。外翻的唇面施褚黄釉，下颌底部、鬃毛施绿釉（图三七二，3；图版三五七，5）。

标本04SYDF4：114，上眼皮圆方弯曲，尾部有小绺上卷的鬃毛，突起的眉毛上有五道略等分的划纹。额头上有角，耳内侧施褚黄釉，眼球施黑釉，其他部分施浅绿釉（图版三五七，3）。

标本04SYDF4：52，上眼皮圆方弯曲，尾部有小绺上卷的鬃毛，突起的眉毛上有六道略等分的划纹。额头上的角，前部扁圆，形如鸡冠，其上刻三道划纹，后部分出的下长上短的两角逐渐变成圆尖，长角盘于耳后。耳垂是小绺上卷的鬃毛，耳内侧施褚黄釉，其他部分施浅绿釉（图三七三，4；图版三五七，4）。

标本04SYDF4：49，形如卧蚕的眉毛上有扭曲的划纹。额头有角，耳内侧施褚黄釉，其他部分施浅绿釉（图三七三，3；图版三五七，6）。

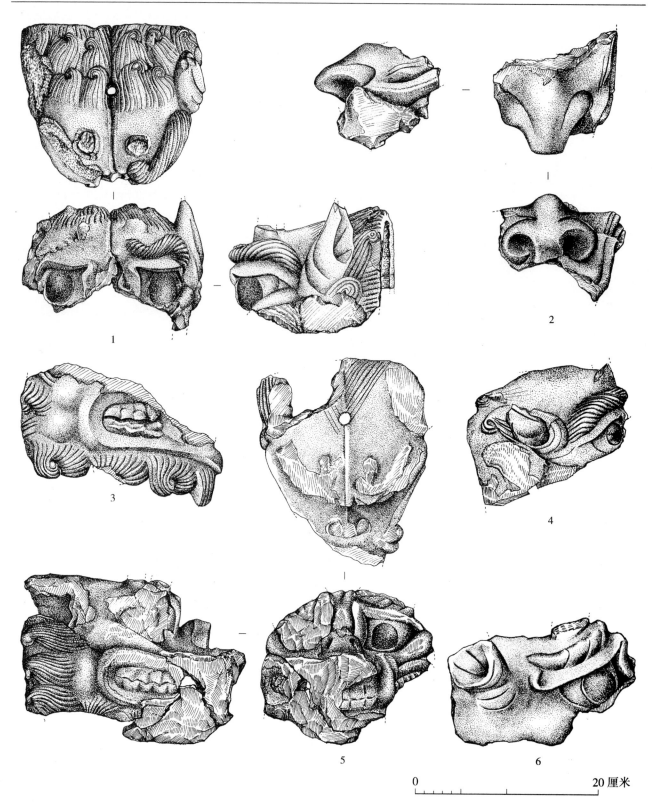

0   20厘米

图三七二　第50号宫殿基址出土釉陶套兽

1. 04SYDF4：56　2. 04SYDF4：51　3. 04SYDF4：43

4. 04SYDF4：44　5. 04SYDF4：55　6. 04SYDF4：113

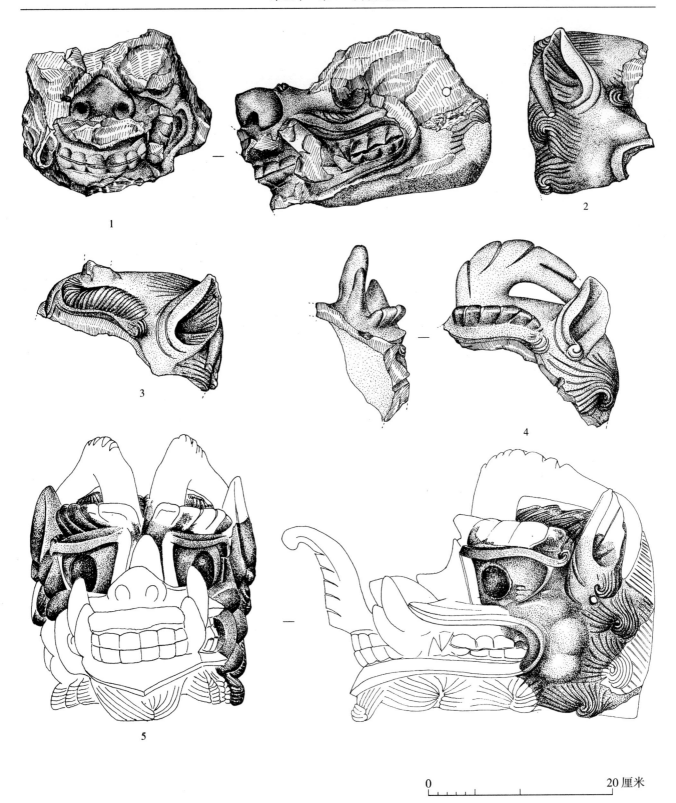

图三七三　第 50 号宫殿基址出土釉陶套兽

1. 04SYDF4：42　2. 04SYDF4：50　3. 04SYDF4：49　4. 04SYDF4：52　5. 04SYDF4：36

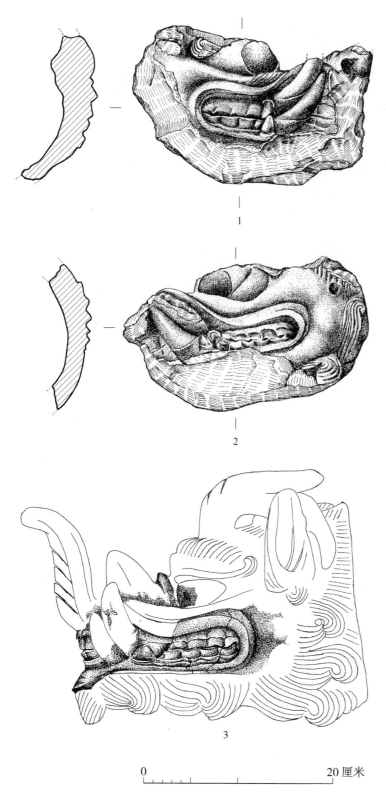

图三七四　第 50 号宫殿基址出土釉陶套兽
1. 04SYDF4：112　2. 04SYDF4：111　3. 04SYDF4：39

标本 04SYDF4：51，鼻尖前突，鼻梁隆起无纹饰，鼻孔施褚黄釉，余施黄绿釉（图三七二，2；图版三五七，2）。

标本 04SYDF4：111，眼珠施褚黑釉，余施褚黄或浅绿釉（图三七四，2；图版三五八，1）。

标本 04SYDF4：39，门齿、臼齿，外翻的唇面施褚黄釉（图三七四，3；图版三五八，2）。

标本 04SYDF4：112，獠牙、犬齿、臼齿及外翻的唇面施褚黄釉（图三七四，1；图版三五八，3）。

垂兽　4 件。装饰在垂脊的前端，手工雕塑。白胎。

标本 04SYDF4：130，器形较小，仅存有鼻子和一侧圆鼓外凸的眼珠，施绿釉（图三七五，1；图版三五八，4）。

标本 04SYDF4：129，仅存后部，两鼻孔贯通，眼球圆鼓外凸，施绿釉（图三七五，2；图版三五八，5）。

标本 04SYDF4：131，尚存的眼球圆鼓外凸施黑釉，上牙尖突施浅黄釉，余施绿釉（图三七五，3；图版三五八，6）。

鸱吻　1 件。装饰在正脊的两侧。

标本 04SYDF4：105，残。手工用泥条雕塑。白胎，深绿釉（图三七六，2；图版三五九，5）。

覆盆　8 件。系围绕在柱子根部的环状装饰物，由四瓣组成，其内侧边缘有与相邻覆盆衔接的不同符号，表面饰两片莲花瓣纹。施绿釉。分为 2 型。

A 型　5 件。内围圆形，外饰两

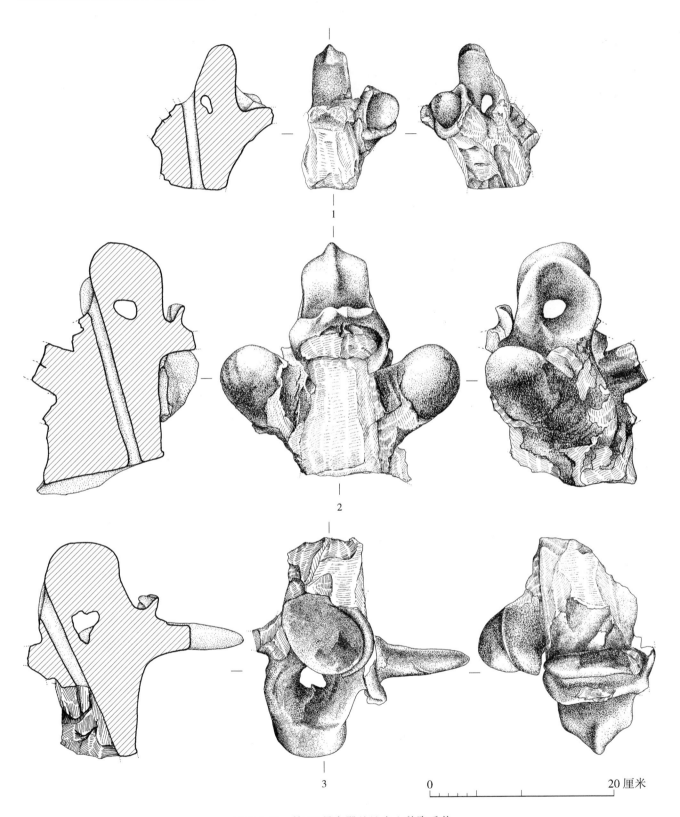

图三七五 第 50 号宫殿基址出土釉陶垂兽

1. 04SYDF4：130 2. 04SYDF4：129 3. 04SYDF4：131

瓣莲花。

标本 04SYDF4：40，内边缘有与相邻覆盆衔接的三角形符号。外径 30.2、内径 20、高 7 厘米（图三七六，3）。

标本 04SYDF4：88，内边缘各有与相邻覆盆衔接的"四"及"×"上有"－"形符号。外径 29、内径 19、高 6 厘米（图三七六，4；图版三五九，1、2）。

B 型　3 件。内围弧形，由两瓣莲花结合而成。

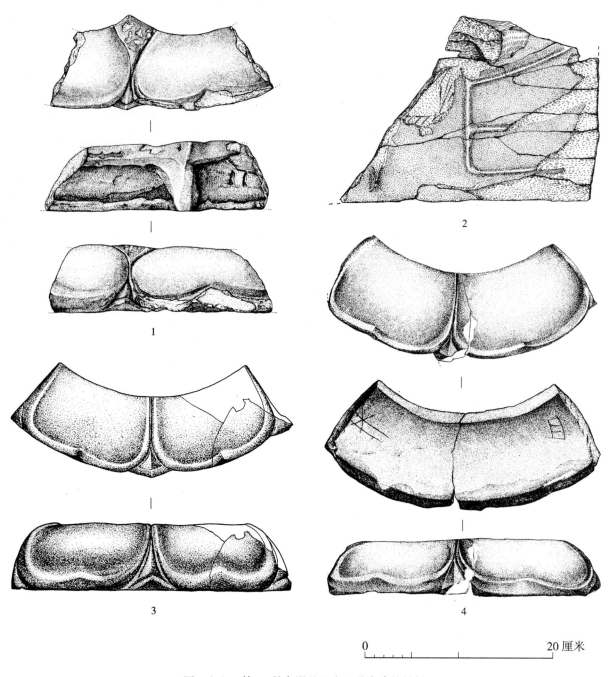

0　　　　　　　　　　　　　　20厘米

图三七六　第 50 号宫殿基址出土釉陶建筑材料

1. 覆盆 B 型（04SYDD1：18）　2. 鸱吻（04SYDF4：105）　3、4. 覆盆 A 型（04SYDF4：40、04SYDF4：88）

标本 04SYDD1：18，两端残。覆盆内侧两莲瓣相交处凸起，使内围形成双内弧，其上部则为菱形块。外径 7 厘米（图三七六，1；图版三五九，3、4）。

饰件　1 件。

标本 04SYDD1：1，采集。器壁内弧曲。白胎，施绿釉（图版三五九，6）。

3. 文字瓦

戳印文字瓦　19 件。字形可辨者有："贝"，标本 04SYDL1：20（图版三六〇，1）。"仫"的么字少一撇，标本 04SYDL1：24（图版三六〇，2）。"信"，标本 04SYDL1：38（图版三六〇，3）。"保"，标本 04SYDL1：23（图版三六〇，4）。"刀"，标本 04SYDL1：25（图版三六〇，5）。"邛"的工字倾斜，标本 04SYDL1：21（图版三六〇，6）。

4. 铁器

有门枢、门轴、钉、特殊形钉等。

门枢　范铸。有门枢上部、门枢下部之分。

门枢上部　1 件。镶嵌在门框的底角部。

标本 04SYDF1：20，整体呈长方形，一端圆角，横剖面似拱桥形。门轴内部中空，外壁厚 0.7～1.2 厘米。上部有宽 2.5、深 0.2 厘米的浅槽，底部一侧有直径 4 厘米、呈半球形的内凹坑。高 10、宽 11.5、厚 5.1～5.6 厘米（图三七七，8；图版三六一，1）。

门枢下部　4 件。安放在门枕的凹槽内。整体呈长方形，一侧有凸起的半球。

标本 04SYDF1：15，长 13、宽 6、厚 1.5 厘米，突起半球高 1.6 厘米（图三七七，7；图版三六一，4）。

标本 04SYDF1：16，长 10、宽 6.5、厚 2 厘米，突起半球高 2.5 厘米（图三七七，11；图版三六一，2）。

标本 04SYDF1：26，长 12、宽 8、厚 2 厘米，突起半球高 2.5 厘米（图三七七，10；图版三六一，3）。

门轴　2 件。有上门轴、下门轴之分。上门轴穿在连楹眼护口内，下门轴置于门枕石的海窝内。整体呈圆筒形。

标本 04SYDF1：19，外侧有 5 个等距的齿。外直径 7.6、高 3.8、厚 0.8 厘米（图三七七，14；图版三六一，5）。

标本 04SYDF1：18，外侧有 2 个对称的齿。直径 8、高 3.8、厚 0.9 厘米（图三七七，12；图版三六一，6）。

钉　锻制。分为 2 型。

A 型　17 件。钉帽勺形，使用打击后曲折，钉身长方形。

标本 04SYDF1：22，长 11.1 厘米（图三七七，1；图版三六二，1）。

B 型　5 件。钉帽圆形。

标本 04SYDF1：23，钉身偏于钉帽一侧，帽直径 1.65、长 3.9 厘米（图三七七，6；图版三六二，2）。

特殊形钉

环首钉　2 件。标本 04SYDL1：26，由钉和垫片组成，环下部 1 厘米处有卡槽将垫片卡住。环外

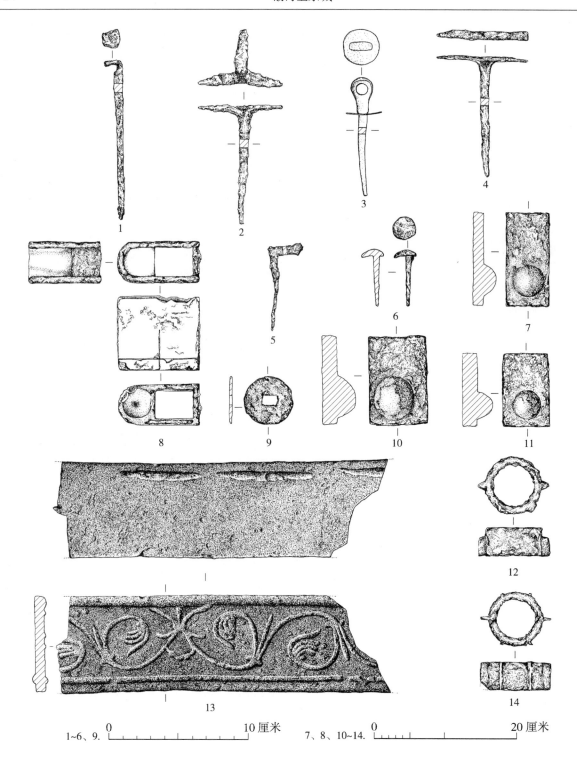

图三七七　第50号宫殿基址出土铁器

1. A型钉（04SYDF1：22）　2. 三叉钉（04SYDF1：23）　3. 环首钉（04SYDL1：26）　4. 两叉钉
（04SYDF1：30）　5. 曲尺钉（04SYDF1：21）　6. B型钉（04SYDF4：23）　7、10、11. 下门枢
（04SYDF1：15、04SYDF1：26、04SYDF1：16）　8. 上门枢（04SYDF1：20）　9. 垫片
（04SYDF1：27）　12、14. 门轴（04SYDF1：18、04SYDF1：19）　13. 饰件（04SYDF5：26）

径1、内径0.7、长8.3，垫片直径2.5厘米（图三七七，3；图版三六二，3）。

曲尺钉　2件。标本04SYDF1：21，一端圆头向上凸起，另一端内收成钉尖。长5.8厘米（图三七七，5；图版三六二，4）。

三叉钉　标本04SYDF1：23，柳叶形三叉，呈等腰三角形。长8.2厘米（图三七七，2；图版三六二，5）。

两叉钉　标本04SYDF1：30，两叉平行，整体呈"T"形。长8.4厘米（图三七七，4；图版三六二，6）。标本04SYDF1：27，两叉等距分开。长8.2厘米。

垫片　4件。标本04SYDF1：27，圆形，长方孔。直径3.5、孔径0.65～1厘米（图三七七，9；图版三六二，7）。

饰件　标本04SYDF5：26，长方形，两端残，铸制。正面饰有条带浅浮雕的忍冬

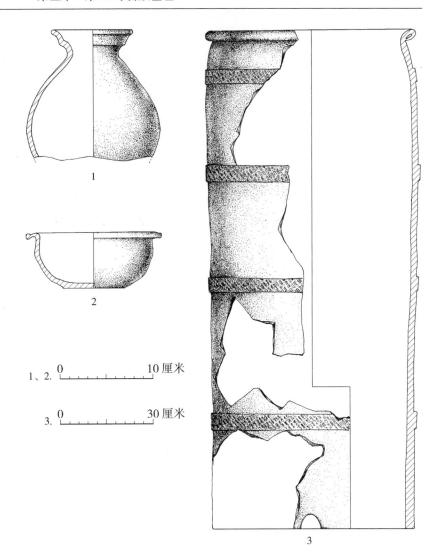

图三七八　第50号宫殿基址出土陶器
1. 盘口罐（04SYDH7：7）　2. 碗（04SYDH7：2）　3. 筒形器（04SYDF3：1）

花纹分三束，中间一束是五瓣的花蕊，另两束花左右对称，弯曲的枝茎上有3朵由四条细长的瓣分开内卷组成的花。尖部2朵对开，中部1朵独放。背面上部附有3个长10.5～13.5、宽约1.3、高约0.6厘米，两头略尖的凸起物。残长46、宽13.4、厚1.3厘米（图三七七，13；图版三六二，8）。

（二）生活用具

陶器

盘口罐　2件。

标本04SYDH7：7，盘口外侈，圆唇，束颈，鼓腹，腹下部残。口径8.7厘米（图三七八，1；图版三六三，3）。

碗　1件。

标本04SYDH7：2，侈口，平沿，圆唇，斜鼓腹，圈足底。口径14.3、底径6.3、高6厘米（图三七八，2；图版三六三，2）。

筒形器　1件。

标本04SYDF3：1，侈口，卷沿，腹微鼓，腹部有三周附加堆条带上饰压印斜向菱形纹，在腹壁底部有直径6.5厘米的半圆形镂空，无底。口径65、腹径70、底径65、高157.6厘米（图三七八，3；图版三六三，1）。

（三）彩绘墙面

在抹平的墙面上先刻划出线条，之后在其内涂深浅不一的红色涂料。

标本05SYDF5：29，线条内涂浅红色（图版三六三，6）。

标本05SYDF5：150，线条内涂深红色（图版三六三，5）。

标本05SYDF5：149，线条内涂黑红色（图版三六三，4）。

第五节　小　结

第50号宫殿基址根据发掘得知F4部分被压在F2和Q1之下；Q1叠压D1东北部的散水石；F2的西端压在2T的散水石上；F5东部叠压1T散水石；F1部分叠压在D1西部、L1北部的散水石上；1T、L1环围F3。由此可推知第50号宫殿的整体营建时序为F4最早；D1、L1、1T、L2、2T次之；F1、F2、F3、F5、Q1最晚。

第50号宫殿基址在整体布局上没有遵循宫殿营造惯例，即左右对称的建制。而采用的是在殿东侧建直廊、亭，其东接大型厅堂，殿西侧则是一曲廊、亭的特殊方式。殿南部凸出的月台，亦有别于其他平面呈长方形的宫殿建筑。

第50号宫殿基址的柱网布置呈"回"字形，其四面外槽各深一间，古建筑中称之为金厢斗底槽。上京城中轴线上第3号宫殿的柱网布置和现存晚唐时期的佛光寺大殿以及宋代《营造法式》所载殿堂柱网布置与之相同。第3号宫殿在唐玄宗天宝末年（755年）渤海将都城迁至上京之前，应已建成并可以为临朝所用。因此可证，在唐玄宗天宝末年（755年），也就是在唐中期时，这种见于晚唐佛光寺大殿的柱网布置形式就已出现并施用于渤海上京城第3号和50号宫殿建筑。

《营造法式》在大木作制度中有殿堂、厅堂、余屋三类建筑，用材份等级不同，其中殿堂建筑等级最高，厅堂次之，余屋最低。第50号宫殿址的F5位于1T的西侧，二者南部东西平齐，从其平面布局和所处位置来看属厅堂类建筑。F5仅在东屋内设有保温取暖设施——火炕，可能是渤海王室贵族临时小憩御寒之处。F1位于西廊北部、宫殿的西侧，就其位置及平面布局而言，F1的等级要低于F5应属于余屋类建筑，而且F1东西两屋内都设有火炕，应是司职仆役长居住的地方。

第 50 号宫殿基址出土的陶瓦瓦当在进行类型分析排序时发现，莲花纹在细部存在明显的变化，有着较清晰的演进轨迹。概括其由早到晚的演变规律是：瓦当外缘由深变浅；浅浮雕莲花由隆起变扁平；莲瓣由精美变呆板；莲肉由丰腴变清瘦。这种根据类型学分析而得出的结论只是确定瓦当在逻辑上的相对早晚关系，并不代表具体年代[3]。

第 50 号宫殿基址出土的釉陶套兽面目狰狞，形态传神，制作繁缛，首次发现的套兽是研究渤海建筑饰件不可多得的实物资料。斜角檐头板瓦安装在窝角梁或翼角上部，斜向瓦垄的交接点下端，起封护板瓦垄头的作用。其上部的瓦垄与正脊成直角，而翼角抹斜，为保证在斜向相交时瓦头与窝角沟平行，则将瓦头做出一个与之相应的角度。用于这个部位的檐头筒瓦亦做出相应斜面。斜角檐头板瓦、斜面檐头筒瓦二者结合用于大型宫殿建筑屋顶的檐头角部，并于装饰在窝角梁上脊的兽头及榫头的套兽交相辉映，既实用大方又美观协调。

第 50 号宫殿基址所出釉陶瓦件在数量上还不足以施用于建筑的整体屋面，此类建筑屋面大部分用灰陶瓦铺就。釉瓦中的脊瓦、鸱尾、兽头、套兽和部分筒瓦分别用在建筑的正脊、戗脊、垂脊上；檐头板瓦、筒瓦、屋面板瓦、筒瓦是用在建筑的屋檐部分，这种铺瓦方式在建筑术语中称之为"剪边"。

第 50 号宫殿基址发现的铁器多为建筑材料，种类复杂，广泛应用于建筑的各个方面。装饰件上的浅浮雕花纹制作精良、技术纯熟、工艺精湛，说明当时的冶铁、铸造业已达到相当高的水平。

第 50 号宫殿基址兴建后历年有所增添修补，毁弃在渤海末年。该建筑整体布局规模宏大，营造有序，风格迥异。其别具一格的建筑布局，突显主殿雄伟壮观，廊亭错落有致，厅堂恢弘大气，房屋精巧可人。这些别致的建筑组合，是渤海独具特色文化的典范。其为研究渤海时期非中轴线上宫殿的建筑布局，提供了翔实的资料。

第 50 号宫殿基址与位于宫城墙对角线中心点处，位置最重要的第 2 号宫殿基址同在一横轴线上，是宫城中轴线上 5 座宫殿之外的重要宫殿建筑之一。该宫殿的建筑形制与隋仁寿宫·唐九成宫中的第 3 号遗址（宫殿）有相似之处。第 3 号遗址的殿南左、右两侧外延的廊、阁形制相同，北面有延出的长阁道[4]。第 50 号宫殿基址的东直、西曲的廊亭与之有别，北部无阁道。隋仁寿宫·唐九成宫的第 3 号遗址是禁苑内主要的大型宫殿，其"周围傍山临水，确是宴游，休憩的避暑圣地"。第 50 号宫殿基址亦是禁苑中的重要建筑，功用应与之相同，是渤海王室贵族宴飨，游乐的地方。

[1]　《东京城——渤海国上京龙泉府址的发掘调查》，《东方考古学丛刊》第五册，东亚考古学会，1939 年，东京。

[2]　中国社会科学院考古研究所：《六顶山与渤海镇——唐代渤海国的贵族墓地与都城遗址》，中国大百科全书出版社，1997 年。

[3]　赵越：《渤海莲花纹瓦当类型学考察与分期》，《北方文物》2008 年第 3 期。

[4]　《隋仁寿宫·唐九成宫》，第 51 页，科学出版社，2008 年。

第六章　皇城南门基址

第一节　保存状况与工作情况

皇城正南门在皇城南城墙的正中位置，位于上京城的南北中轴线上，北面正对宫城正南门，二者相距约 430 米。南面通过"朱雀大街"（第 1 号街）和郭城正南门相对。

皇城南门所在位置，现地势稍高于周围地表，其上杂草丛生，周围还栽植有多棵树木。四面均被辟为耕地，靠近门址东西两侧有小面积旱田，其北部和南部为大面积的水田。1958 年，空军某部队在门基址中部北侧建有一处东西长约 19、南北宽约 6 米的砖结构房屋，该建筑大致和皇城南门址台基建筑平行，其南部边缘和门址北部相隔仅约不到 1 米的距离。20 世纪 90 年代初，该房屋被渤海镇造纸厂继续使用，在台基中部位置南北向挖一条宽、深各约 1 米的排水沟，致使台基中部、台基上中部石墙的础石和南北踏道两侧包壁石损毁。在距门址台基南侧 1～5 米处，还有一条近代开挖的呈东南至西北向的引水灌溉壕沟，对门址的南部和西南角亦造成一定程度的破坏，壕沟将门址西侧城墙截断穿过。该壕沟约宽 5、深 2 米。南北向的排水沟的南端和东西向的壕沟相通。

对于皇城南门基址的认识，此前曾有过两次主要的考古工作。

1933 年 6 月～1934 年 7 月，日本东亚考古学会对上京城进行的调查和发掘，其中包括对皇城南门基址进行不完全的揭露[1]。

1963～1964 年，中国社会科学院考古研究所对渤海上京龙泉府遗址进行全面的调查勘探，认定皇城有 3 个门，即东门、西门和南门，南门为皇城正门[2]。

为了进一步了解皇城南门址的形制与结构，2007 年 9～11 月，黑龙江省文物考古研究所对皇城南门址进行发掘。此次发掘采用 1999 年在宫城西北侧设立的永久性发掘坐标基点，以象限法布方编号。本次布方发掘点分别位于第Ⅲ、Ⅳ象限区，布 10×10 米探方 19 个，实际发掘面积约 1300 平方米（图三七九）。

此次发掘编号为 07NSH（"N"为宁安市、"S"为上京城、"H"为皇城），用Ⅲ、Ⅳ代表发掘区。探方编号采用 6 位数，前 3 位代表横坐标，后 3 位代表纵坐标，每 10 米探方采用 1 个坐标。本次发掘区横坐标在 001～003 间，纵坐标在 082～085 间。

参加此次发掘的人员有黑龙江省文物考古研究所李陈奇、赵永军、王长明、尤洪才、赵湘萍、王庆芳、王广文、赵志忠，黑龙江省渤海上京遗址博物馆朱春雨、刘伟、曹伟，宁安市文

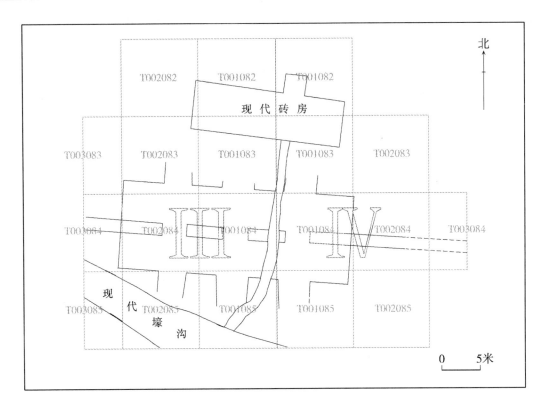

图三七九 皇城正南门基址发掘区探方分布图

物管理所李铁强、邱柏菡。

第二节 地层堆积

皇城南门址地层堆积较为简单，可分为2层。

第1层，表土层，即扰土层。又可根据成因分为2种情况。第1种情况为耕土层和腐殖土层。耕土层分布于城墙北侧及台基北侧局部，土质黑褐色，较疏松，厚约0.2～0.3米，内含大量渤海时期瓦片、白灰渣和红烧土；腐殖土层多分布于台基之上，土质灰褐色，厚约0.05～0.1米，内含少量瓦片。第2种情况是扰动堆积，扰动堆积主要分布在台基中部、台基南侧和台基的西侧。台基中部的扰动堆积是造纸厂排水沟两侧的翻土堆积，土质黄褐色，厚约0.3～0.4米，密度较大，内含少量瓦片、石块、白灰渣和现代生活垃圾；台基南侧是农田引水灌溉壕沟北侧的翻土堆积，土质黄褐色，厚约0.6米，内含少量细沙、瓦片及炭粒；台基西侧的扰动堆积，土质灰褐色，厚约0.2～0.3米，内含大量杂乱无序的渤海时期瓦砾和红烧土等。此层可能是早年日本东亚考古学会发掘时留下的翻土堆积。

第2层，黑褐色土，即门址废弃坍塌堆积层。土质黏硬，含较多瓦砾、烧土等，厚约0.3～0.4米。主要分布于台基东西两侧、南北两侧局部，靠近城墙两侧的堆积较厚。以台基西侧与皇城墙南侧的坍塌堆积为例进行说明，此处坍塌堆积又可分为两小层，上层为门址的台基西墙与皇城城墙坍塌堆积，厚约0.3～0.4米，内含大量玄武岩石块、黄褐色黏土及少量白灰墙皮；下层为瓦砾堆积，厚约0.1～0.3米，由台基西墙向西渐薄，内含大量筒瓦及板瓦瓦砾、白灰墙皮、红烧土，少量木炭和铁钉。

门址废弃坍塌堆积层下为渤海时期台基面和周围的黄土地面，黄土层内含少量细沙，较纯净。发掘工作到此层停止。从打破台基中部的现代排水沟的剖面探明，黄土层厚约0.1～0.2米。黄土层下为灰褐色黏土，含沙，即为生土。

由于遗址近现代遭严重毁坏，台基表面大部分直接被压于扰土堆积之下，个别础石已经暴露于地面之上。

第三节　形制与结构

（一）台基

皇城南门址是一座单体建筑，门址台基两侧直接和皇城东、西侧南墙连接（图三八〇[见本报告附图]；图版九三）。台基东西长30、南北宽11.35米。台基由黄色黏土夯筑而成，四周砌有经修整的条石或石块。在台基上自南向北分布三列大型础石，每列均匀分布8块。即台基上建筑东西面阔7间，南北进深2间。以础石中心点计，中间5间相等，南北长约4.3米，东西宽约3.9～3.95米；边缘两侧梢间南北长亦为4.3米，东西向较窄，宽约3.6～3.65米。础石均为不规则的玄武岩石，大小基本相同，稍有差异。长1～1.55、宽0.55～1.2米，表面较平整。础石下有础石坑，坑直径约1.3、深约0.5米。其内填充玄武岩小石块，四周充填黄黏土，垫至一定厚度放置大础石。

台基四周的包壁石为玄武岩石块，平整面朝外。大部分包壁石为自然石块，少部分为雕琢得较为平整的条石，条石长约0.3～0.5米，宽约0.2米。包壁石多有佚失，佚失的包壁石下留有沟痕，包壁石下为灰褐色黏土，黏性较大，有利于稳固包壁石。存留的个别包壁石稍有移位。台基西部部分使用面保存较好。一般台基础石面高于台基面约0.1～0.15米。台基的高约0.65米，台基方向为北偏东4°30′。

在东西向中部一列础石间，自东向西数，第3、4块，第5、6块，第7、8块间，分别砌有平整的石块，形成短隔断墙（第1、2块础石间，没有发现石块，应是后期损毁所致。在《东京城》报告所示的平面图中，此两块础石间有石墙）。隔断墙现仅存留最底部一层，宽约1.6～1.65、高约0.05～0.15米。台基西部还有一道南北向石墙与台基中部东西向隔断墙相接，宽度亦和东西向隔断墙大致相若，北端局部有所损毁，仅存底部凹槽印迹。西侧南北向石墙在中部与台基中部东西向石墙相接，其南端与台基西南角础石相连，此段残长3.2、宽1、残高约0.3米。其北端与台基西北角础石相连，此段残长1.5、宽1米。台基东侧没有发现南北向石墙，应是已被损毁（在《东京城》报告所示的平面图中，最东侧南、北两础石之间有石墙连接）。台基东侧中南部台基面上，有白灰墙皮遗迹，南北长约2.5、东西宽约0.65米。石墙外侧用大石块垒砌得较为平整，其内填充黄黏土和小石块。从个别石墙基部存留的情况看，台基上的石墙外表均抹以白灰面，白灰面厚约0.02米。台基中部东西向的隔墙与台基两侧的皇城城墙相连，二者相连紧密，宽度亦大致相若。

台基遭破坏较为严重，中部被一现代排水沟拦腰截断，中央隔墙部分砌石和础石佚失多块。从这条大致呈南北向的排水沟的剖面可了解到，台基是分层夯筑形成的，南北两侧约有3～6层夯土，总夯层厚约0.7米。台基使用面为黄色黏土夯筑，密度大，较坚硬，厚约0.1米。表层黄色黏土下为黄色土和黑褐色土相间的夯层，夯土层中还夹杂少许细沙，最下层为灰色黏土。每个夯层厚约0.05～0.06米。

台基面上覆盖大量较厚的红烧土和烧焦的木柱残段，其中还掺杂有白灰碎屑。此外还发现少量的已被烧成红黄色的土坯残块。存留的台基面大部分经火烧烤呈红褐色或黑褐色（图版九四，1）。

在台基面上和四周的坍塌堆积中，出土物多是建筑材料，多为灰色板瓦、筒瓦及瓦当残块，还有少量三彩兽头、鸱尾等残片及锈蚀严重的铁钉等。出土的瓦当均饰莲花纹，一些瓦背上还有模印和刻划的文字或符号。

在台基面上西北部、靠近西侧门道处的坍塌堆积中，覆盖一片较厚重的带釉建筑构件，包括鸱尾底座等残片，掺杂大量红烧土。在台基东部与石墙交汇处的南侧，出土1件三彩兽头，周围覆盖烧土、瓦砾、白灰残块等，兽头已被压碎。

（二）门道

在台基上自东向西数第2、3块，第4、5块，第6、7块础石间，设3组南北向的门道。门道宽度基本相等，以柱础石中心点计，东侧门道间距为3.88米，中部门道间距为3.86米，西侧门道间距为3.9米。

每处门道所在的台基南北两侧均有斜坡慢道式踏道，其倾斜度约为5°30′。踏道部分亦为黄色土夯筑，夯土密度较大，较坚硬，其上还有一层薄薄的黄沙。两侧砌有包壁石，包壁石多为条石，个别为自然石块。踏道一侧与台基相连，另一侧与路土相接。在踏道中部位置、往往于黄沙土下东西向挖一宽约0.2～0.4米的浅沟槽，其内垫一些玄武岩石块，对踏道起到了加固作用。但此类沟槽多已被毁，仅3个南踏道和西侧北踏道存留部分迹印。

东侧门址南踏道约南北长3.9、东西宽3.8米。东侧包壁石缺失，西侧包壁石宽0.15～0.35米；东侧门址北踏道约南北残长2.5、东西宽4.5米，包壁石宽0.15～0.3米。

中部门址南踏道约南北长4.1、东西宽4.2米，包壁石宽0.2～0.35米；中部门址北踏道约南北残长0.8、东西宽4米，包壁石宽约0.2～0.3米。

西侧门址南踏道约南北残长3.4、东西宽3.8米，包壁石宽0.15～0.3米；西侧门址北踏道约南北残长3、东西宽3.6米，包壁石宽约0.15～0.3米。

台基下四周地势向外倾斜，形成一定坡度（图版七八，2）。

（三）门址两侧南墙

皇城南墙系石砌墙，为修凿过的玄武岩石垒砌，底部石块较大，光滑平整的一面朝外，中部填充一些较小的石块和黄黏土。城门两侧的墙保存较差，仅在台基两侧约 4 米长的墙段有所保存，再向两侧延伸处均被破坏。在门址西侧，由于南侧有一现代引水灌溉壕沟将西侧墙近门址部分截断，造成西墙大段不存。门址东侧，由于耕地等原因，城墙上的垒石多已佚失，发掘探明，有数米长度的墙仅存基部黄土和稀疏的底部基石。门址两侧墙存高仅为 0.2～0.6 米，基部宽约 1.6～1.7 米。墙基处垒石外侧为黄色黏土抹筑，南北两侧垫有护墙土，北侧护墙土较厚，形成一道凸起的棱，南侧护墙土较薄。护墙土为黄色黏土，密度较大，内含大量细沙。墙南北两侧地势逐渐减缓，呈斜坡状。城墙垒石往上略有收分。

第四节　出土遗物

此次发掘出土的遗物绝大多数是建筑材料，个别为生活用具。主要有陶、釉陶、铁、石等质地。

（一）陶器

建筑材料中多为瓦残片，极少量砖。

1. 瓦

一般为青灰色，个别为黄褐色，火候较高。有些瓦上有文字。分为板瓦和筒瓦 2 种。

（1）板瓦　大量为残片，完整者少。一般前端较宽，后端略窄。有指压纹板瓦和檐头板瓦。

指压纹板瓦　瓦前端边缘饰按压的花边纹或波浪纹。

标本 07NSHⅢT002083②：32，长 40、前端宽 33.6、后端宽 29.8、厚 2 厘米（图三八一，1）。

标本 07NSHⅢT002083②：33，长 39.4、前端宽 33.4、后端宽 28.2、厚 2 厘米（图三八一，3）。

标本 07NSHⅢT002084②：24，残。残长 30、前端宽 33.4、厚 1.9 厘米（图三八二，1）。

檐头板瓦　瓦前端边缘饰组合纹饰，即在两条凹纹带中部饰或疏或密分布的圆窝纹，外侧饰两组斜向分布的短条压印纹。

标本 07NSHⅣT002084②：41，残。圆窝纹排列较密集，两组短线纹同向分布。板瓦截去右下角，截面平齐光滑。残长 27、前端宽 19.9、厚 2.5 厘米（图三八一，2）。

标本 07NSHⅢT002083②：30，残。圆窝纹排列略疏，两组短线纹反向分布。残长 11.4、前端宽 24.2、厚 2.6 厘米（图三八二，2）。

（2）筒瓦　大量为残片，未见完整者。有普通筒瓦和檐头筒瓦。

普通筒瓦　一种瓦唇上有凹槽，另一种瓦唇上为光面。

标本 07NSHⅢT002084②：22，横截面呈半圆形，前后端均残。后端瓦唇上有一道凹沟。长 39.6、宽 17.2、高 9.6、厚 1.8 厘米（图三八一，4）。

标本 07NSHⅣT002084②：38，横截面呈半圆形，前端残。后端瓦唇上有一道凹沟。残长 26、宽 16.4、高 9.4、厚 1.7 厘米（图三八二，3）。

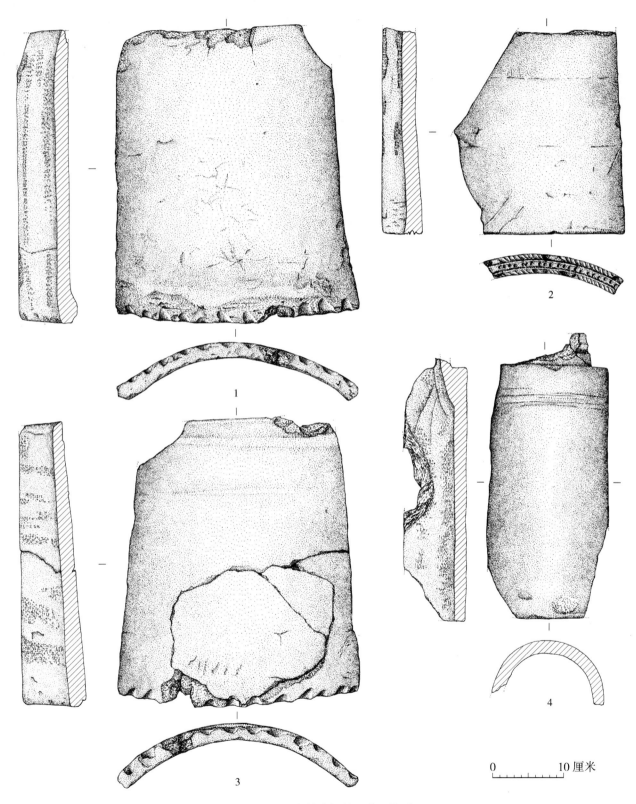

图三八一　皇城南门基址出土陶瓦

1、3. 指压纹板瓦（07NSHⅢT002083②：32、07NSHⅢT002083②：33）　2. 檐头板瓦（07NSHⅣT002084②：41）

4. 普通筒瓦（07NSHⅢT002084②：22）

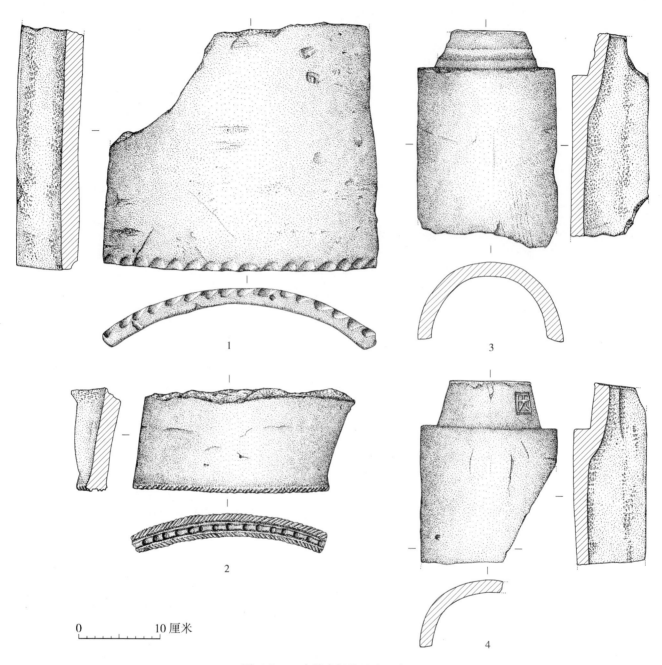

图三八二　皇城南门基址出土陶瓦

1. 指压纹板瓦（07NSHⅢT002084②：24）　　2. 檐头板瓦（07NSHⅢT002084②：30）

3、4. 普通筒瓦（07NSHⅣT002084②：38、07NSHⅣT002084②：27）

标本07NSHⅣT002084②：27，横截面呈半圆形，前端残。后端瓦唇上一侧有戳印"大"字。残长22、宽16.4、高8、厚1.5厘米（图三八二，4）。

檐头筒瓦　部分檐头筒瓦前端残留瓦当，大多数为残块。

2. 瓦当

圆形，模制，和筒瓦的前端粘接在一起，便成为"檐头筒瓦"。此次发掘所获瓦当直径多在15.1～

17 厘米，均饰莲花纹，莲瓣、莲实及莲瓣间饰纹略有差别。按照本报告对瓦当所划分的 3 种图案，皇城南门基址出土瓦当，均属第 1 种莲花图案，且只见七瓣、六瓣两类。

七瓣莲花纹瓦当　3 件。

A 型　莲瓣间饰楔形萼纹。

Ab 型　莲实由外向内由同心圆环、等弧度分布的 9 颗小圆珠和中心的半球状凸起组成。3 件均属此型。

标本 07NSHⅣT002085②：27，残。莲瓣平凸起。直径 16.8 厘米（图三八三，1）。

标本 07NSHⅣT001084②：5，残。莲瓣凸起，外边的圆环线条较细，中间的圆珠较平凸。直径 15.6 厘米（图三八三，2）。

标本 07NSHⅢT002084②：26，残。莲瓣凸起，轮廓清晰。直径 16.1 厘米（图三八三，3）。

六瓣莲花纹瓦当　26 件。

A 型　14 件。莲瓣间饰楔形萼纹。

Ad 型　4 件。莲实由外向内由同心圆环、等弧度分布的 6 颗小圆珠和中心的半球状凸起组成。标本 07NSHⅣT002084②：43，莲瓣宽肥，莲肉丰满。直径 15.1 厘米（图三八三，4）。

Ae 型　7 件。莲实由外向内由等弧度分布的 6 颗小圆珠、同心圆环和中心的半球状凸起组成。标本 07NSHⅢT002083②：34，残。莲瓣凸起，纹饰线条轮廓清晰。直径 16.9 厘米（图三八三，5）。

Af 型　3 件。莲实由外向内由等弧度交替分布的 6 颗小圆珠和 6 个凸十字纹、同心圆环及中心的半球状凸起组成。标本 07NSHⅢT003084②：16，残。莲瓣凸起，中心的半球状凸起略被平抹。直径 16.7 厘米（图三八三，6）。

B 型　12 件。瓣间饰十字形纹。

Ba 型　莲实由外向内由等弧度分布的 6 颗小圆珠、同心圆环和中心的半球状凸起组成。

标本 07NSHⅢT003084②：18，莲瓣较宽肥，线条略被抹压，十字纹宽而短，线条较粗。直径 15.2～15.5 厘米（图三八四，1）。

标本 07NSHⅣT002084②：48，莲瓣较宽肥，纹饰线条较细、不流畅。中间的半球状凸起较平。直径 15.5～15.8 厘米（图三八四，2）。

标本 07NSHⅢT002084②：29，残。莲瓣瘦长，纹饰线条较细。莲实的 3 组纹饰只是微微凸起。直径 16.4 厘米（图三八四，3）。

3. 文字瓦

采集 69 件。

61 件文字见于板瓦的窄边端沿处，8 件见于筒瓦的瓦唇沿上。分为模印和刻划 2 种，前者 66 件，后者 2 件。模印为阳文，1 个方形或长方形框内有 1～2 字。通常 1 个印模在 1 件瓦上戳印一次，少量瓦用同一印模间隔数厘米打印两次。模印的文字多为楷书，文字有大小之分，个别为反书。刻划的文字为阴文。字形可辨者有“保德”、“毛地”、“卯若”“大”、“卯”、“末”、“于”、“希”、“足”、“多”、“琜”等，个别的难以释读，但基本清晰。可分辨出 18～19 种模印和刻划类型，确认 19～20 个文字或符号。

施于板瓦上的文字和符号有：

"保德"，模印，9件相同。标本07NSHⅢT002084②：15（图三八五，14）。

"毛地"，模印，11件相同。标本07NSHⅣT002084②：28（图三八五，17）。

"卯若"，模印。依据字体大小和笔画的差异，有2种。1种字体较大，11件相同。标本07NSHⅢT001083②：10（图三八五，12）。另1种字体略小，4件相同。标本07NSHⅣT002084②：26（图三八五，16）。

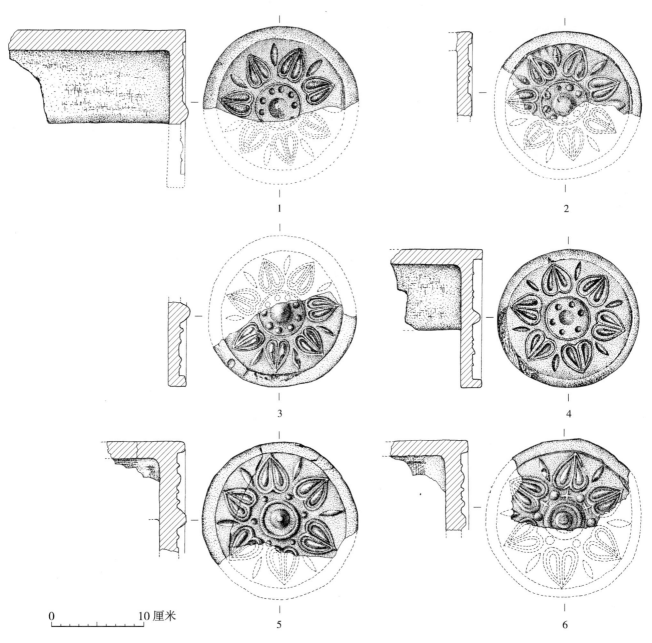

图三八三　皇城南门基址出土陶瓦当

1～3.Ab型七瓣莲花纹（07NSHⅣT002085②：27、07NSHⅣT001084②：5、07NSHⅢT002084②：26）

4.Ad型六瓣莲花纹（07NSHⅣT002084②：43）　5.Ae型六瓣莲花纹（07NSHⅢT002083②：34）

6.Af型六瓣莲花纹（07NSHⅢT003084②：16）

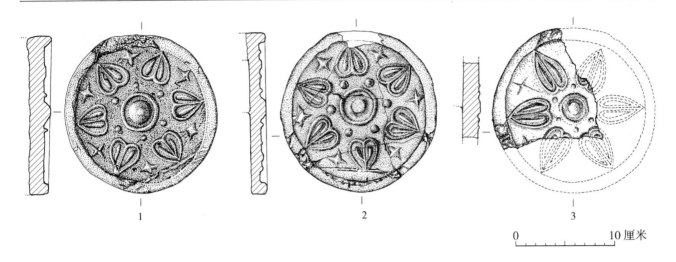

图三八四　皇城南门基址出土陶六瓣莲花纹 Ba 型瓦当

1. 07NSHⅢT003084②：18　2. 07NSHⅣT002084②：48　3. 07NSHⅢT002084②：29

"卯□"，模印，2 件相同。印文不清晰，第二字不识。标本 07NSHⅣT002085②：12（图三八五，13）。

"□□"，模印，1 件。标本 07NSHⅣT001084②：2，印文残，不识（图三八五，18）。

"卯"，模印，3 件相同。标本 07NSHⅣT001084②：4（图三八五，1）。

"末"，模印，3 件相同。标本 07NSHⅣT001083②：8（图三八五，5）。

"希"，模印，6 件相同。标本 07NSHⅣT002085②：8（图三八五，2）。

"足"，模印，4 件相同。标本 07NSHⅢT002083②：25（图三八五，3）。此印文在同一板瓦瓦沿边缘其右侧间隔 3 厘米处又模印一次。

"多"，模印，3 件相同。标本 07NSHⅢT003084②：14（图三八五，4）。

"大"，模印，1 件。标本 07NSHⅢT002084②：13，印文和施于筒瓦上的"大"字为同一印模（图三八五，6）。

"□"，1 件。标本 07NSHⅣT001084②：4，文字部分残，刻划，不识，外有一刻划方框（图三八五，15）。其右下方还有一刻划符号。

交叉纹符号，2 件。刻划。标本 07NSHⅣT002084②：23（图三八五，19）。

施于筒瓦上的文字有：

"琰"，模印，1 件。标本 07NSHⅣT002085②：14（图三八五，8）。

"大"，模印，4 件相同印文。标本 07NSHⅣT002085②：16（图三八五，7）。

"于"，模印，1 件。标本 07NSHⅢT002083②：22（图三八五，9）。

"□"，模印，1 件。标本 07NSHⅣT001083②：10，不识（图三八五，10）。

"□"，模印，1 件。标本 07NSHⅣT001083②：16，似为反书，不识（图三八五，11）。

4. 砖

有花纹砖和素面砖。

花纹砖　1 件。标本 07NSHⅣT002084②：47，残。青灰色，模制。一个宽面上边缘印有一道凸

图三八五　皇城南门基址出土陶文字瓦拓片

1. 07NSHⅣT001084②：4　2. 07NSHⅣT002085②：8　3. 07NSHⅢT002083②：25　4. 07NSHⅢT003084②：14
5. 07NSHⅣT001083②：8　6. 07NSHⅢT002084②：13　7. 07NSHⅢT002085②：16　8. 07NSHⅣT002085②：14
9. 07NSHⅢT002083②：22　10. 07NSHⅣT001083②：10　11. 07NSGⅣT001083②：16　12. 07NSHⅢT001083②：10
13. 07NSHⅣT002085②：12　14. 07NSHⅢT002084②：5　15. 07NSHⅣT001084②：4　16. 07NSHⅣT002084②：26
17. 07NSHⅣT002084②：28　18. 07NSHⅣT001084②：2　19. 07NSHⅣT002084②：23

棱为边框，内侧印有凸起的宝相花纹，中间大部花纹不存，只残留边缘一小朵宝相花和花枝纹。残长 15.2、残宽 13.2、厚约 5 厘米（图三八六，2；图版三六五，1）。

素面砖　1 件。标本 07NSHⅣT001084②：6，残。青灰色，模制。残长 16.5、厚 5.4 厘米（图三八六，3）。

（二）釉陶器

数量较少，只发现建筑材料。有屋脊装饰和建筑顶部的一些构件残体。屋脊装饰有兽头和鸱尾。胎呈灰白色，表面施绿色釉或黄绿色釉。

1. 兽头

完整 1 件和眼、鼻、牙、舌等残件。

标本 07NSHⅣT002084②：50，器表施黄绿色釉，以黄褐色为主色调，釉色较鲜艳。不同部位所施釉色又略有差异。形体较大，口张开较小，舌头细长弯曲，舌尖上翘。鼻朝天，鼻梁中部有一道凸脊，左右横向通孔为鼻孔。上下颌各有犬齿两枚，犬齿较大。眼球圆鼓、暴突，中心眼珠瞳孔部分呈深褐绿色，系单独塑成，嵌于眼球中间。眼球外环绕一层眼皮，上眼皮之上另有两层片状眼皮相叠。眼球两侧竖两环耳，后脑三条竖鬃，已残两条。发现自鼻至底尚存通贯铁条，应系固定之用。底座略向上内凹。正面左右长 39.6、前后宽 36.6、底部至鼻部高 33、底部至最长的竖鬃高约 43.4 厘米（图三八七；图版三六四，1、2）。

2. 鸱尾

均为鸱尾身部或底座残件。

标本 07NSHⅣT001083②：19，残，系鸱尾鳍部内侧连珠状装饰部分的一个。釉色深绿，中心为弧球状凸起，较圆凸，周围饰有小乳丁，从残存痕迹看，约 10 个小乳丁。残存径 11.6～12.6、中心凸起厚约 4.9 厘米（图三八六，1）。

标本 07NSHⅢT002084②：35，残，系鸱尾身部一部分残段。表层施绿釉。中部有三道弧状凸起的棱。残长 20.2、残宽 19.6、厚 3～4.2 厘米（图三八六，5）。

标本 07NSHⅢT002084②：33，残，系鸱尾身部一部分残段。表层施绿釉。一侧有一道凸起的棱。残长 36.8、残宽 29.2、厚 3.6～4.4 厘米（图三八六，6）。

标本 07NSHⅢT002084②：36，残，系鸱尾底座一部分残段。表层施绿釉，釉色大部已褪掉。一侧边缘平直，其余三侧均残。正面一端有一道弧状凸起的棱，旁边一侧残留半个圆孔，孔径 7.2 厘米。残长 40.2、残宽 36.2、厚 3.3～3.8 厘米（图三八六，7）。

3. 构件

标本 07NSHⅣT001083②：18，残，系建筑顶部构件残部。表层施绿釉。一侧边缘呈弧状，近边缘处有一圆孔。残长 31.4、残宽 23.6、厚 2.8～3.6、孔径 1.7～2.8 厘米（图三八六，4）。

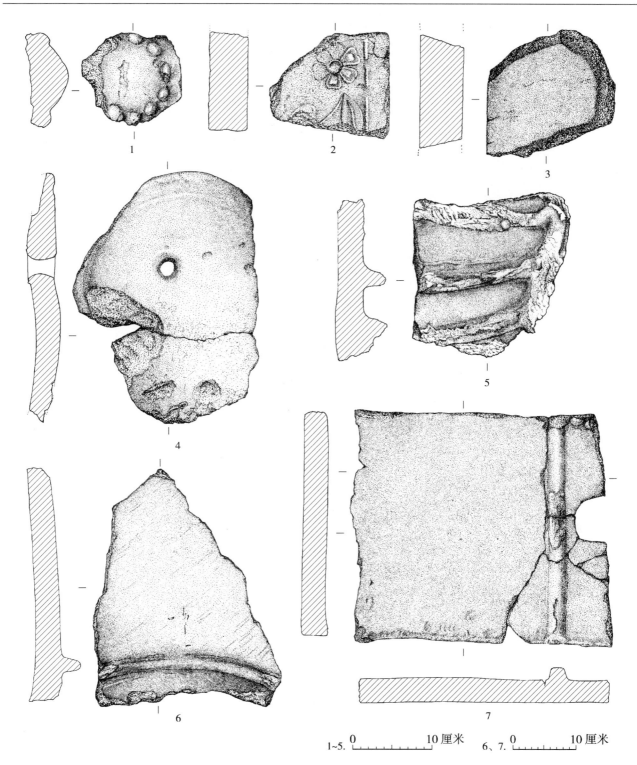

1~5. ├──────┤0　　　10厘米　　　6、7. ├──────┤0　　　10厘米

图三八六　皇城南门基址出土陶、釉陶建筑材料

1、5～7. 釉陶鸱尾（07NSHⅣT001083②：19、07NSHⅢT002084②：35、07NSHⅢT002084②：33、

07NSHⅢT002084②：36）　2. 陶花纹砖（07NSHⅣT002084②：47）　3. 陶素面砖（07NSHⅣT001084②：6）

4. 釉陶构件（07NSHⅣT001083②：18）

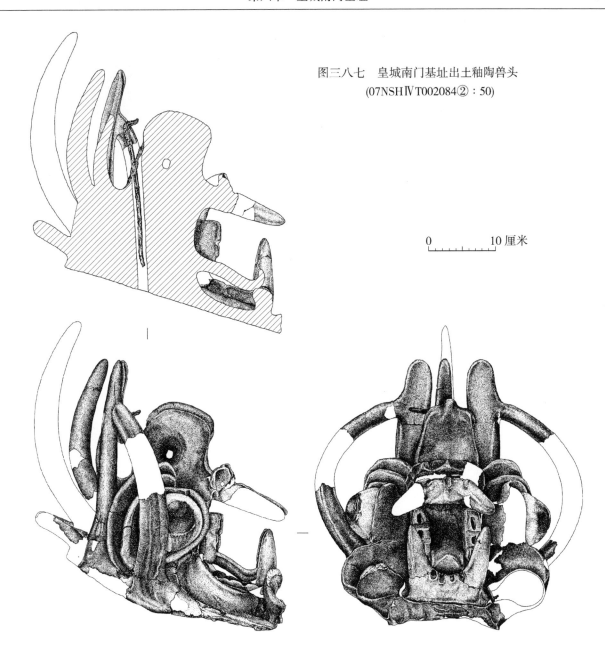

图三八七　皇城南门基址出土釉陶兽头
(07NSHⅣT002084②：50)

0 └─┴─┴─┴─┘ 10 厘米

（三）石器

1. 门轴

1件。标本 07NSHⅣT001085②：25，完整。用玄武岩制成，长方形，顶部中间有一椭圆形窝。长 51、宽 28、高 30、圆窝径 17～22、深 7.4 厘米（图三八九，1）。

2. 钉

3件。

标本 07NSHⅣT001083②：17，残。用玄武岩打制而成，表面经磨制，较光滑。呈扁圆柱状，一侧面残损。残长 20.2、宽 10.5、厚约 2.8～4.2 厘米（图三八八，1）。

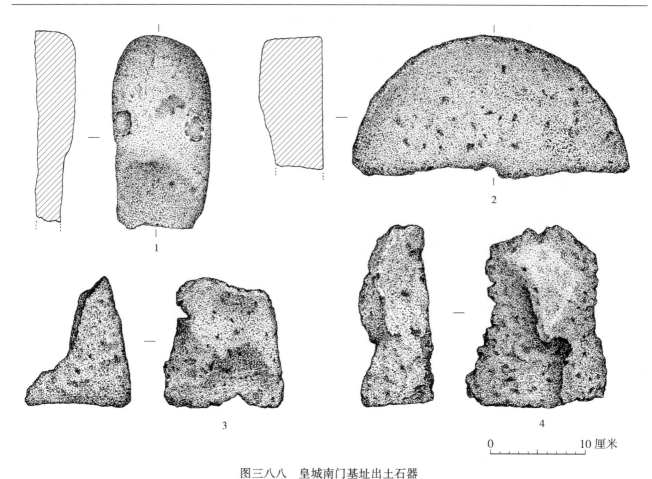

图三八八 皇城南门基址出土石器

1、3、4．钉（07NSHⅣT001083②：17、07NSHⅢT002084②：32、07NSHⅢT002084②：42）

2．磨（07NSHⅢT003084②：19）

标本07NSHⅢT002084②：32，残。用玄武岩打制而成，表面光滑。一端略呈尖状，一端圆平，尖端有所残缺，仅留底部。残长13.6、中部厚5.8、底端径11.2～12.8厘米（图三八八，3）。

标本07NSHⅢT002084②：42，用玄武岩打制而成。一端略呈尖状，一端略平。残长18.7、宽11.1～14.8、厚约7.4厘米（图三八八，4）。

3. 磨

1件。标本07NSHⅢT003084②：19，残。系用玄武岩磨制而成。一面打磨光滑，另一面粗糙略凹。平面圆形，中部有一圆孔。直径29.5、厚6.8、孔径2.4厘米（图三八八，2）。

（四）铁器

有钉、方形器等。

1. 钉

88件。锈蚀严重，有的已弯曲变形。分为3种。

第1种 45件。钉帽一端向一侧弯折，帽头大致呈半圆形。钉断面呈方形，钉尖为锥状，体较为长大。长 8～21、帽径约 1 厘米。

标本 07NSH Ⅳ T002084②：3，长 20.5 厘米（图三九〇，1）。

标本 07NSH Ⅳ T002083②：8，长 16.5 厘米（图三九〇，2）。

标本 07NSH Ⅲ T003084②：10，长 16.5 厘米（图三九〇，3）。

标本 07NSH Ⅳ T001083②：4，长 9.5 厘米（图三九〇，4）。

第 2 种　42 件。钉帽呈圆形。钉断面呈方形，钉尖为锥状，体较为细小。长 2.2～9.6 厘米，也有个别的超过 10 厘米，帽径约 1 厘米。

标本 07NSH Ⅲ T002083②：7，长 10.3 厘米（图三九〇，5）。

标本 07NSH Ⅲ T003084②：11，长 6.5 厘米（图三九〇，6）。

标本 07NSH Ⅲ T002083②：2，长 5.9 厘米（图三九〇，7）。

第 3 种　1 件。标本 07NSH Ⅳ T002084②：16，钉帽分叉成两股，钉身断面呈方形，钉尖为锥状。长 11.2，两股钉帽分别长 3.4、4 厘米（图三九〇，8）。

2. 方形器

1 件。标本 07NSH Ⅳ T002084②：49，残。锻制，用途不详。一面内凹，一端有一长方形孔。残长 6.4、宽 6.9、厚 0.8，孔长 2.8、宽 1.9 厘米（图三九〇，9）。

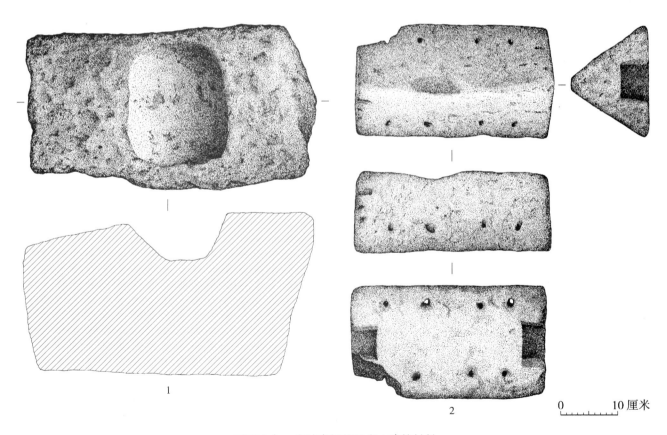

图三八九　皇城南门基址出土建筑材料

1. 石门轴（07NSH Ⅳ T001085②：25）　2. 棱柱状构件（07NSH Ⅲ T001083①：1）

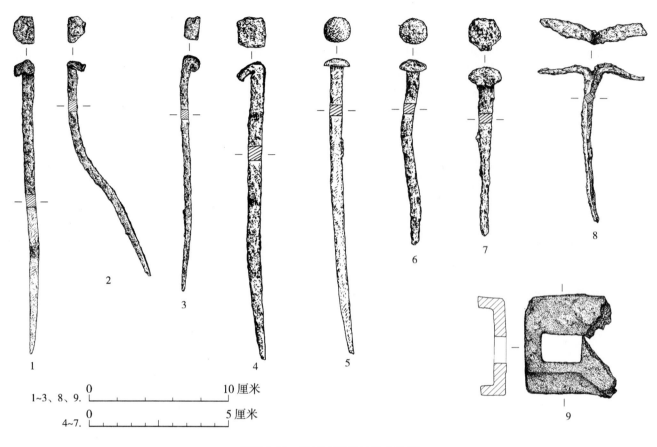

图三九○　皇城南门基址出土铁器

1～4. 第 1 种钉（07NSHⅣT002084②：3、07NSHⅣT002083②：8、07NSHⅢT003084②：10、07NSHⅣT001083②：4）

5～7. 第 2 种钉（07NSHⅢT002083②：7、07NSHⅢT003084②：11、07NSHⅢT002083②：2）　8. 第 3 种钉

（07NSHⅣT002084②：16）　9. 方形器（07NSHⅣT002084②：49）

（五）其他

1. 土坯

发现量少，系用黄黏土和较细长的草茎掺和在一起制成。由于火烧的原因，已成红黄色。发现的几件都已残断，大小尺寸略有差别。一种残长 20、宽 11.5、厚 6.5 厘米；一种残长 24、宽 15.5、厚 5.5 厘米；另一种残长 21、宽 14.5、厚 6 厘米。

2. 棱柱状构件

2 件。形制、大小基本相同。用白石灰掺少量细砂、稻壳、细草茎制成。整体呈三棱柱状，一长面朝下平置。两侧端三棱面分别有一方形凹面，两横长面近底端对称分布有 8 个圆孔，每面 4 个，系铁钉斜向穿钉之孔眼。其中 1 件存留有一锈蚀的长钉在孔内。

标本 07NSHⅢT001083①：1，长 34.2、宽 19.6、高 13.4 厘米，两侧底端凹槽长 6.8、宽 3.8、深 4.4 厘米（图三八九，2；图版三六五，2）。

第五节　小　结

20 世纪 30 年代，日本东亚考古学会对南门基址进行了首次揭露，获取了该门址的初步资料。但由于工作粗糙和不科学，其所获资料并不完整、准确，反而在一定程度上对门址造成了相当的破坏。这次发掘所获材料，进一步订正和补充了早期日本学者对皇城南门发掘情况的一些认识。

发掘显示，皇城南门虽经数次扰动，但其基础轮廓和整体构造仍较明晰。皇城南门是一座由单体台基、三组门道组成的楼阁式建筑。城门建筑东西面阔 7 间，南北进深 2 间，规模不是很大。其建筑形式和结构均有别于渤海上京城已发掘的郭城正北门、郭城正南门、郭城南垣东门[3]及宫城南门[4]等主要门址。在上京城南北中轴线上的数个正门中，如郭城正北门、郭城正南门、宫城正南门均为多个建筑组成的群体建筑，唯皇城南门是一单体建筑，规模也最小，但其整体构造应是颇具风格的一处城门形制。皇城南门基址虽然和上京城其他诸门址的整体构造等有所区别，但在门址台基的平面布局上，皇城南门和郭城正北门的中央台基址的平面布置却有相类之处，说明上京城在城门的建制上既相区别又相联系。

通过对比我们发现，皇城南门址亦和唐都长安城的个别殿址、门址的结构、形制有相比较之处。特别是与唐长安皇城南门之含光门[5]等的形制与结构有共同点。唐长安皇城南门之含光门、朱雀门、安上门等门址均为由 3 个门道组成的木构门楼建筑，虽然在结构上有别于上京城皇城南门，但二者在形制布局上却有着内在的同一性。由此再一次证明渤海在都城的建制上深受中原唐朝文化的影响。

皇城南门位于皇城南垣正中，处在上京城全城南北向中轴线上，也是皇城南垣上唯一的一处门址。北通宫城，南接郭城，其地位与作用可见一斑。虽然规模不及其他正门，但其形制却颇具风格。从发现的建筑构件和装饰构件看，亦可证实皇城南门门楼建筑的尊赫与壮观。由此需要提到的是，在门址台基的东侧，出土了 1 件三彩黄绿釉兽头，此件兽头色彩鲜艳，造型和大小均略有别于以往上京城内的发现。此次发现的带釉鸱尾等构件，体积较大，也是其他地点所罕见的。这些从一个侧面彰显了皇城南门址建筑的独特构造和特殊地位，也为进一步研究上京城的建筑形制及建筑技艺等提供了新资料。

此次发掘，通过对在台基内侧发现的大量红烧土堆积，以及烧焦的木柱残段、烧红的地面、土坯等迹象分析，可以判定皇城南门的毁弃应是缘于大火。

---

[1]　《东京城——渤海国上京龙泉府址的发掘调查》，《东方考古学丛刊》第五册，东亚考古学会，1939 年，东京。

[2]　中国社会科学院考古研究所：《六顶山与渤海镇——唐代渤海国的贵族墓地与都城遗址》，中国大百科全书出版社，1997 年。

[3]　中国社会科学院考古研究所：《六顶山与渤海镇——唐代渤海国的贵族墓地与都城遗址》，中国大百科全书出版社，1997 年。

[4]　黑龙江省文物考古工作队：《渤海上京宫城第 2、3、4 号门址发掘简报》，《文物》1985 年第 11 期。

[5]　中国社会科学院考古研究所西安唐城工作队：《唐长安皇城含光门遗址发掘简报》，《考古》1987 年第 5 期。

第七章 郭城正南门基址

第一节 发掘经过

郭城正南门基址位于上京城郭城南垣与宫城内宫殿中轴线的延长线相交的位置上。北距渤海镇兴隆寺约 400 米，南侧有一条环城墙延伸的现代水壕，一道南北向的乡间农田土路在遗址上穿过。遗址上长满荒草。

2004 年 5～11 月，黑龙江省文物考古研究所对这一基址进行了发掘。发掘从 5 月 17 日布方到 11 月 9 日发掘结束，历时近 6 个月。发掘以 1998 年在宫城内 2 号宫殿西侧布设的发掘基点为依据，共布设 10×10 米探方 27 个，发掘面积 2700 平方米。郭城正南门位于渤海上京城探方网的第 Ⅲ 象限，横坐标 016～021、纵坐标 301～302 区域内（图三九一）。

首先发掘清理房屋基址 6 座，无法确定房屋基址的灶 20 个，灰坑 62 个，墓葬 1 座，均为近现代遗迹。清理之后，渤海上京城郭城正南门基址遗迹得到全面揭露，清理出中央门址 1 座、侧门址 2 座、中央门与侧门的联结墙 2 条、城墙 2 段。通过发掘，对正南门的形制、建筑结构及建筑材料有了

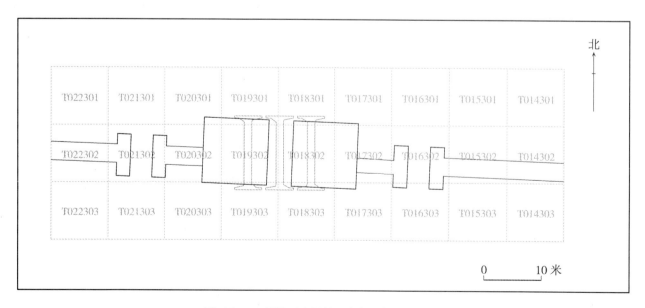

图三九一 郭城正南门基址发掘区探方分布图

较为清楚的了解。

参加发掘的工作人员有黑龙江省文物考古研究所李陈奇、赵虹光、刘晓东、赵哲夫、尤洪才、赵湘萍；吉林大学考古学系研究生王亚娟、石诺；黑龙江省渤海上京遗址博物馆曹伟；佳木斯博物馆张亚平、贺春艳；双鸭山文物管理站郭勇；宁安市文物管理所李铁强、张瑞峰；河北省文物研究所派技工参加了工作。

第二节　保存状况与地层堆积

郭城正南门基址的保存状况不是很好。清末、民国及日伪时期，该遗址上曾形成过小规模的村落，留有房址、窖穴、灰坑、灶、墓葬等遗迹，对遗址造成较为严重的破坏。门墩残余极其低矮，有些部位甚至连砌筑台基的石块也已散失，露出基础上部铺垫的黄土，属渤海上京城目前已发掘部分中保存较差的遗迹之一。

遗址的堆积情况较为复杂，由于近现代人类在此较为频繁的活动，除形成上述一些近现代遗迹外，还形成了一些小面积的土层堆积，土质土色各不相同，堆积层较浅，形状也不规则，但包含物相似，且皆处于遗址的上层。考虑到其均为近现代人类活动形成，故将其划在同一层位内。

遗址堆积可分为2层。第1层为表土和近现代遗迹，又分为2亚层，为第1层、第1a层。第2层为渤海时期城门坍塌堆积。堆积之下为渤海时期城门和地面遗迹。下面以04SWMⅢT020302～T020303东壁剖面为例（图三九二）。

第1层，表土及近现代堆积层，是地表植物长期生长形成的腐殖土及近现代人类活动形成的杂乱堆积。黑褐土或杂色土，土中夹杂有大量草根、碎瓦片、生活垃圾以及清代钱币。厚0.02～0.1米。

第1a层，表土层下存在一些小面积的土层堆积及近现代人类活动的遗迹，如房址、灰坑、灶址、墓葬等。这些近现代的遗迹破坏了渤海时期遗迹倒塌形成的堆积，有些位置甚至已经无渤海时期的堆积和地面。

第2层，渤海时期堆积，是渤海时期建筑倒塌形成的堆积。这层堆积在一些部位上遭到近现代遗迹的破坏，保存不甚完整，在有些保存较好的部位可看出堆积的层次，有瓦砾层、白灰层、黄土层、红烧土层、木炭等（图三九三；图版九五，1），有些部位则堆积完全遭到破坏，第1层之下直接就暴露出渤海时期的遗迹和地面。厚0～0.4米。

第2层下为渤海时期的城门遗址和渤海时期的地面遗迹。城门遗迹只

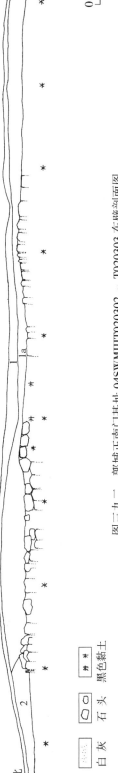

图三九二　郭城正南门基址 04SWMⅢT020302～T020303 东壁剖面图

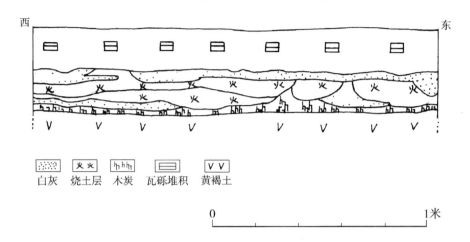

图三九三　郭城正南门基址渤海时期堆积剖面图

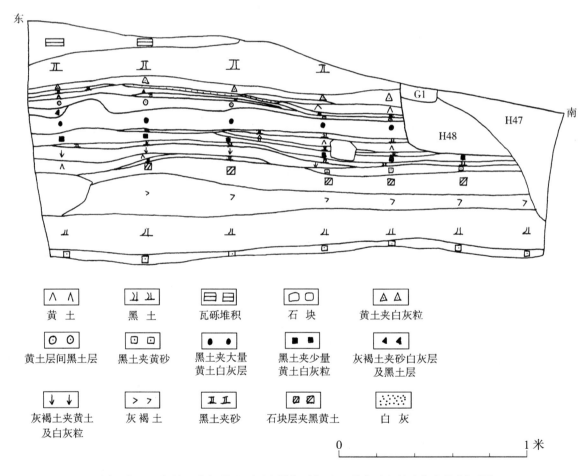

图三九四　郭城正南门基址可观察渤海时期地面形成过程的晚期灰坑剖面图

余基础部分，上部均遭破坏，地面为毁弃之前最后使用之地面。从晚期形成的灰坑等遗迹的剖面可以看出渤海时期的地面非是一次形成，而是由于城门经过多次的修葺后形成的，分成若干层，每层之间还有白灰渣等包含物（图三九四；图版九五，2）。

第三节　建筑结构

郭城正南门是由中央正门、东西两侧门和将两侧门与中央门址联结起来的两段联结墙构成。整个门址东西长 57.6 米（以东侧门基址东侧和西侧门基址西侧为测算依据），方向为北偏东 2.5°（图三九五［见本报告附图］；图版九六，1、2）。城门的建筑是利用自然地形填平低洼处直接起建而未专门筑基。

（一）中央门基址

中央门基址东西宽 26.6 米，由东西两侧的门墩和其间的门道三部分组成（图三九六；图版九七，1）。

1. 门墩

有东西两个门墩，门墩的形制、大小基本相同。皆为长方形，约南北长 11.6、东西宽 11.1 米。门墩现高约 0.4 米。门墩由未经修整的自然石块垒砌而成，其中夹有一些石臼等器物，应是废弃后作为石料使用（图版九七，2）。门墩砌筑完成后，四壁抹以黄土找平，然后再在其上涂抹白灰（图版九八，1）。门墩之上排列纵横各 3 共 9 个圆形柱洞（图版九八，2），其中正中一个，其余距各边约 0.75 米，在门墩南北两排圆形柱洞的附近紧贴门墩南北边缘皆有方形或长方形柱洞（图版九九，1、2），应是圆柱的辅柱（图版一〇〇，1）。在西侧门墩的西南角紧贴两侧边缘有一长方形柱洞，可能与城门使用过程中进行加固有关。

在两门墩北侧距门墩边缘约 1 米处各有一排柱洞，开口于渤海时期堆积之下，应与城门结构有关（图版一〇〇，2）。西门墩北侧柱洞 6 个，柱距不等，在 1.5～1.9 米之间，西侧 5 个为圆形，柱径 0.35～0.45 米；东侧一个为长方形，基本与门址西侧地栿相对，南北长 0.35、东西宽 0.2 米。东侧门墩北侧柱洞现存 4 个，靠近门道处已被晚期灰坑破坏，柱距 1.8～2 米。东侧 1 个为方形，边长 0.2 米，西侧 3 个为圆形，柱径 0.25～0.35 米。

2. 门道

门道东西宽 4.7 米，由东西两侧的地栿和中间门道铺石组成。其中铺石部分宽为 4.2 米，东北部铺石被晚期灰坑破坏，南部大部分铺石已经佚失，石痕宛然，仅门道中部及东南部尚余部分铺石。门道铺石基本为矩形，五面修整，与地面接触的一面为石材采取时的剥离面，大小不一；铺石方向和方法似乎没有规律，大多东西向长，但也有一些南北向长，有的错缝铺就，也有并缝铺成。两侧地栿各宽 0.25 米，皆用整根的桦木剖制而成，桦木皮向上（图版一〇一，1）。

（二）联结墙基址

在中央门址和东西两侧门址之间各有一条短墙联结。联结墙保存不好，仅余基础部分，其具体位置和形状仅能依靠其上残留的几块石块和土质土色来分辨。从晚期灰坑遗迹的剖面来观察，联结墙的基础部分的结构是先在地面铺一层自然石块，石块皆不大，其上再交替铺垫黄褐土和夹有颗粒的黑色土，两种颜色的土层厚薄不甚均匀，未见夯打痕迹，土层密度也不大，最上一层为黑色土层。但在这种结构并不是存在于墙基所有的位置，可能是与城门遗址起建时的地面状况有关（图三九七；图版一〇一，2）。联结墙南北两侧以黏性较强的黄褐土作为护坡。两条联结墙长宽基本相同，约长6.5、宽3.3米。

（三）侧门基址

在中央门基址的东西两侧各有一侧门，通过联结墙与之相接。两侧门保存不好，从现存状况看形制基本相同。

侧门由东西两侧的门墩和其间的门道组成（图三九八）。

1. 门墩

门墩依托两侧的城墙和联结墙而建，用自然石块绕城墙或联结墙的端部垒砌，保存情况较差，仅余最下一层，有些部位已无石块，露出其下的黄土，尤其东侧门的两个门墩被一现代灰坑破坏，已基本无存。门墩约长7.2、宽2米，突出于墙南的部分略长于墙北，约南部长2.2、北部长1.7米。门墩砌筑后的处理方式与中央门基址门墩相同（图版一〇二，1、2）。在门墩外侧即靠近城墙或联结墙的一侧跨墙各有一截面为长方形木柱痕迹，即每一侧门共有这样的木柱4个，有些木柱保存的不好，从2个保存较好的测量木柱截面长0.25、宽0.1米（图版一〇三，1）。

2. 门道

门道宽约4.5米，由两侧的地栿和其间的通道组成。地栿宽约0.2米，保存不甚好，大多已腐朽，有些位置只余薄薄的木渣，有些位置已无（图版一〇三，2）。地栿之下铺有石板，其上面未见修整痕迹。地栿间通道未见铺石，现在路面已低于两侧地栿，为砂质黑褐土，其上布满不规则沟痕，似车辙，但从路面现存高度看，应为后来形成，渤海时期路面已遭到破坏。两侧门路面情况基本相同。在西侧门的门道中有残留的4根截面为长方形的木柱，大小基本相同，截面约长0.15、宽0.1米。4根木柱基本两两相对，南北间距离约2.3、东西间距离约2.6米，其位置略偏南，北部2个距门墩北边缘约3.3米，其在门道中东西位置略偏东，东侧2个距东侧地栿约0.2米，西侧2个不在同一线上，北侧1个距西侧地栿约0.8米，南侧1个距西侧地栿约1.3米。从这4根木柱的位置及分布状态推测，可能为后期形成，与渤海时期门的建筑结构无关。

（四）城墙

本次发掘除对郭城正南门基址进行清理之外，还在门址的两侧各清理了一段与门址相连的城墙。

城墙保存不好，从现存迹象看城墙是先在地面以土堆筑墙基，然后在其上以石块砌筑墙体，墙基两侧有黄褐土堆成的护坡。城墙大部分只余墙基及其两侧的护坡，仅在很少几处存有很短的成排石块，对城墙的辨认主要根据土质土色和其上残存的成排石块。城墙宽约3.2米。

北

柱洞　木炭　木头　白灰　石坑

0　　2米

图三九六　郭城正南门中央门基址平、剖面图

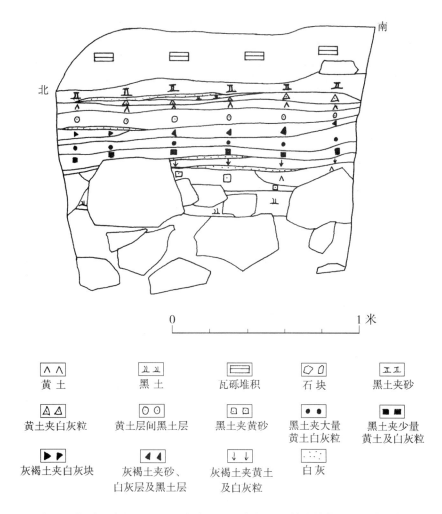

图三九七　郭城正南门基址可观察中央门和侧门间联结墙结构的晚期灰坑剖面图

　　根据晚期形成的灰坑剖面观察，城墙结构与联结墙相似，但未见底层石块，似乎是直接在地面以黄褐土和夹有颗粒的黑色土交替堆筑，亦未见夯打痕迹。护坡则是以黄褐土在墙根处堆成斜坡状，从晚期灰坑剖面可看出护坡土斜压于城墙根部（图版一〇四，1、2）。

第四节　出土遗物

　　郭城正南门基址出土了较为丰富的遗物，有陶、铁、铜、石等质地。

（一）陶器

　　郭城正南门基址出土的陶器有建筑材料和生活用具两类。

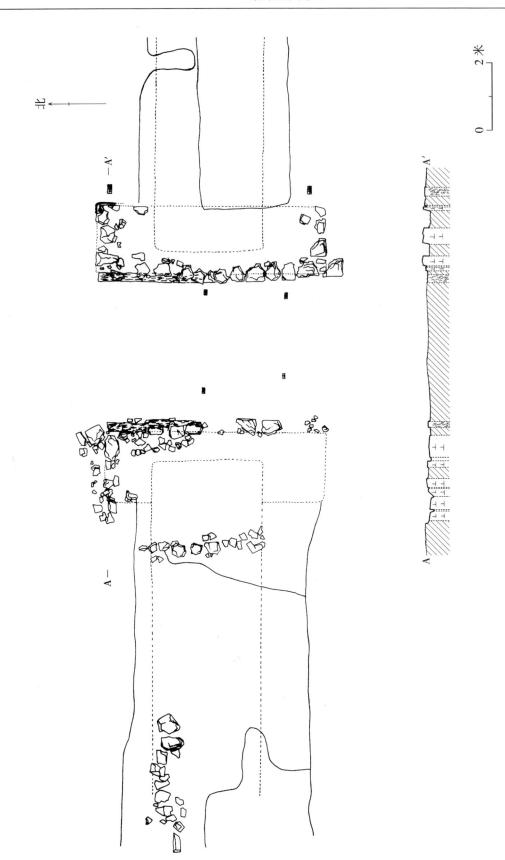

图三九八　郭城正南门西侧门基址平、剖面图

0 ⊢―――――――――⊣ 10厘米

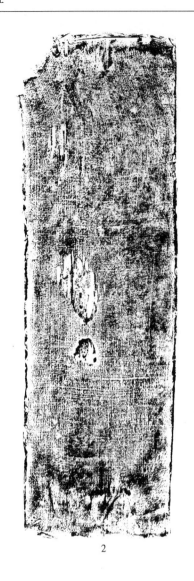

图三九九　郭城正南门基址出土陶瓦类构件布纹拓片
1. 04SWMⅢT020303②：23　2. 04SWMⅢT020303①a：12

1. 建筑材料

有筒瓦、板瓦、瓦条、瓦当。瓦类构件内面布纹的纹理有所不同，有些较粗，有些极细（图三九九）。另外，在一些筒瓦和板瓦上有长方形戳记或划刻符号。

刻划文字瓦　1件。

标本04SWMⅢT020303②：41，为阴文刻划字符，笔画较凌乱，可看出一"文"字，但字下还有三道斜向的划纹，从残断处的痕迹看应还有其他的刻划符号（图版三六六，1）。

筒瓦　有普通筒瓦和檐头筒瓦2种，均为模制。檐头筒瓦皆为较小的残块，形制、大小难辨，故未选标本进行叙述。可复原器皆为普通筒瓦，由瓦身和瓦唇两部分组成，规格不一，大小不等。长34.8～39.6、宽17.4～18.5厘米。

标本04SWMⅢT020302②：6，残。泥质，色呈青灰，瓦内为粗布纹。通长34.8厘米。瓦身前后等宽，前薄后厚，前部宽约1.5厘米的部分内部抹平使其面略向上斜，同时也使得前端部更薄。瓦身长29.2、宽18.5、厚1.6～2.5厘米。瓦唇部分两侧皆残，其上有一横向凹槽，宽1.7厘米，较靠近瓦身。瓦唇由与瓦身相接部位向后渐低，尾端抹斜向下。瓦唇部分长5.6厘米（图四〇〇，1；图

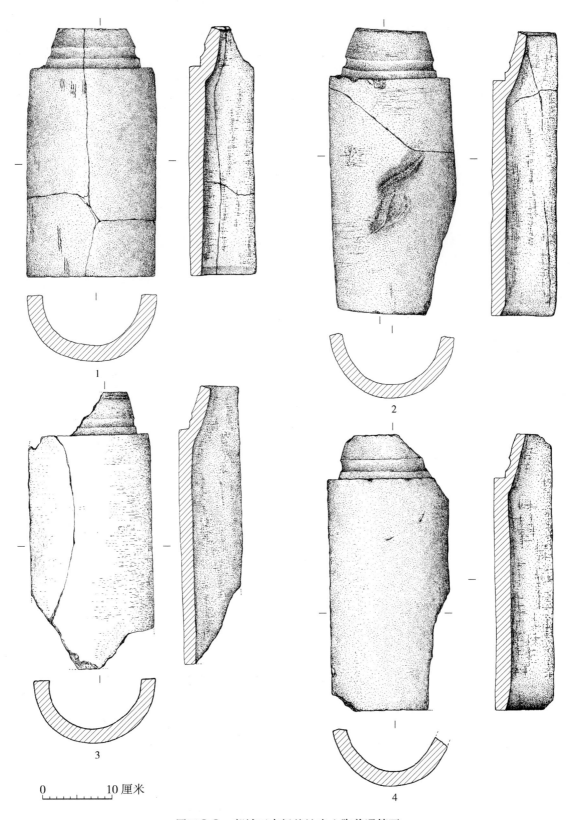

0 _____ 10 厘米

图四〇〇　郭城正南门基址出土陶普通筒瓦

1. 04SWMⅢT020302②：6　2. 04SWMⅢT020303②：2　3. 04SWMⅢT020302②：5　4. 04SWMⅢT020302②：4

版三六六，2）。

标本 04SWMⅢT020303②：2，残。泥质，色呈青灰，瓦内为细布纹。通长 39.6 厘米。瓦身前部略宽于后部，前薄后厚，前部宽约 2 厘米的部分内部抹平使其面略向上斜，同时也使得前端部更薄。瓦身正面有工具抹成的三道疤痕。瓦身长 32.8、宽 17.5～18.5、厚 1.2～2 厘米。瓦唇亦呈前宽后窄状，其上有横向凹槽，宽 1.5 厘米，较靠近瓦身。瓦唇由与瓦身相接部位向后渐低，尾端抹斜向下。瓦唇部分长 6.4、宽 10.1～13.9 厘米（图四〇〇，2；图版三六六，3）。

标本 04SWMⅢT020302②：5，残。泥质，色呈青灰，瓦内为细布纹。通长 39 厘米。瓦身两侧边缘不甚平直，但可看出整体基本是前部略宽于后部，前部略薄于后部，前部宽约 3.5 厘米的部分内部抹平使其面略向上斜，同时也使得前端部更薄。瓦身长 33、宽 17.1～18.2、厚 1.6～2.2 厘米。瓦唇亦是前部略宽于尾部，其上有横向凹槽，宽 1.7 厘米，较靠近瓦身。靠近瓦唇尾端的位置有一条凸弦纹。瓦唇由与瓦身相接部位向后渐低，尾端基本以中线分界上部抹斜向上，下部抹斜向下。瓦唇部分长 6、宽 10.9～13.5 厘米（图四〇〇，3；图版三六六，4）。

标本 04SWMⅢT020302②：4，残。泥质，色呈青灰，瓦内为细布纹。通长 39 厘米。瓦身两侧边缘不甚平直，但可看出整体基本是前部略宽于后部，前部略薄于后部，前部宽约 3.5 厘米的部分内部抹平使其面略向上斜，同时也使得前端部更薄。瓦身长 33、宽 17.1～18.2、厚 1.6～2.2 厘米。瓦唇亦是前部略宽于尾部，其上有横向凹槽，宽 1.7 厘米，较靠近瓦身。靠近瓦唇尾端的位置有一条凸弦纹。瓦唇由与瓦身相接部位向后渐低，尾端基本以中线分界上部抹斜向上，下部抹斜向下。瓦唇部分长 6、宽 10.9～13.5 厘米（图四〇〇，4；图版三六六，5）。

板瓦　有普通板瓦和檐头板瓦 2 种，均为模制。檐头板瓦均为较小的残块，普通板瓦也仅有 1 块可复原遗物。

普通板瓦

标本 04SWMⅢT020303②：1，残。泥质，色呈青灰，瓦内为粗布纹。整体看此瓦不甚规整，但似非有意为之，而是制作时变形所致。其一侧边缘不与切割线重合，而是超出切割线约 1 厘米，可能是制作时失误所致。此瓦前窄后宽，前薄后厚。前端布纹面约 2.2 厘米的宽度经过抹制加工，向上抹斜，端部圆润。尾端外面施指压纹，端面平齐，似在施纹后以模具在端部抹压而成，致使已施好之指压纹端部边缘呈略向上翘起状。尾端内面约 5.7 厘米有抹制修整的痕迹。通长 45.2、宽 29～35、厚 1～2.7 厘米（图四〇一，1；图版三六六，6）。

檐头板瓦

标本 04SWMⅢT020302②：1，残。泥质，色呈青灰，瓦内为粗布纹。此瓦残损较甚，长宽已不得而知。根据残余的前端部和一侧边缘的角度推测此瓦前宽后窄，前端施有组合的几何纹图案。图案分上中下三部分，中间以凹槽分隔，上下两部分略窄，施以同向的斜线划纹，中间部分较宽，其纹是以上下两侧沿向中间卷合，略留缝隙，再以有尖的工具戳出孔洞而成。残长 25.7、残宽 30.5、厚 2.3 厘米（图四〇一，2、3；图版三六七，1、2）。

条瓦　分为 2 种，分别为无唇筒瓦和普通板瓦分割制成，暂称为筒条瓦和板条瓦。

筒条瓦

标本 04SWMⅢT020303①a：11，略残。泥质，色呈青灰，内为细布纹。器身部分两面鼓起，可能

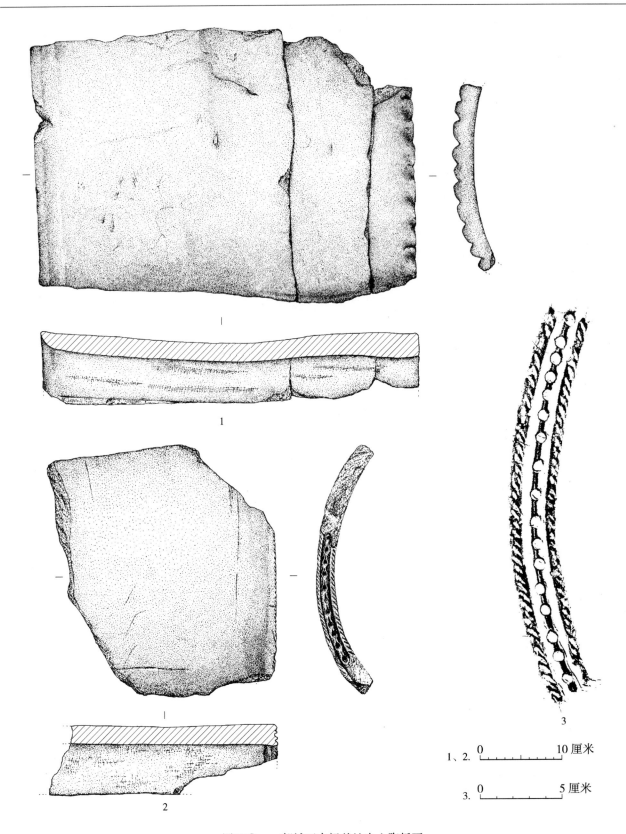

图四○一　郭城正南门基址出土陶板瓦

1. 普通板瓦（04SWMⅢT020303②：1）　　2、3. 檐头板瓦及纹饰拓片（04SWMⅢT020302②：1）

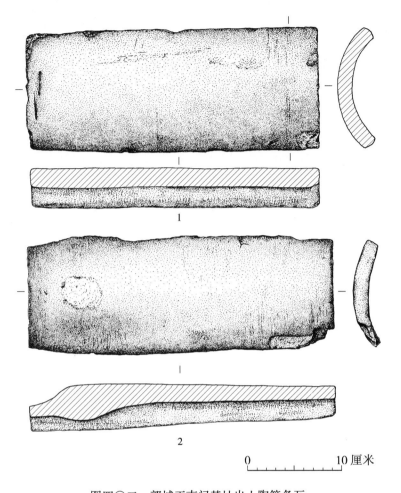

图四〇二 郭城正南门基址出土陶筒条瓦

1. 04SWMⅢT020303①a：11 2. 04SWMⅢT020303①a：12

是烧制时变形所致。两端部平齐，一端内部约0.9厘米宽的部分经抹制加工，略向上斜。器身宽窄不甚相同。长32.2、宽10.4～12.4、厚1～3.6厘米（图四〇二，1；图版三六七，3）。

标本04SWMⅢT020303①a：12，略残。泥质，色呈青灰，内为细布纹。器身较规整，两端部平齐。一端内部约2厘米宽的部分经抹制加工，略向上斜；另一端的外表面有两道横向划纹。器身宽窄不甚相同。长30.6、宽12～12.8、厚1.5～1.8厘米（图四〇二，2；图版三六七，4）。

板条瓦 均残，宽窄不一，从剩余部分看，均是一端略宽，一端略窄，通常较宽一端的外面施有指压纹。条瓦内面有或粗或细的布纹。

标本04SWMⅢT020303②：24，残，泥质，色呈青灰，内为粗布纹。剩余端较宽，端部外面施指压纹，内面约1.3厘米部分经抹制修整，略向上抹斜。残长15.3、宽18.3～19、厚2.4厘米（图四〇三，1；图版三六七，5）。

标本04SWMⅢT020303②：19，残。泥质，色呈青灰，内为粗布纹。剩余端较宽，端部外面施指压纹，内面约1厘米部分经抹制修整，略向上抹斜。残长19.5、宽13.5～13.8、厚2.5厘米（图四〇三，2；图版三六七，6）。

标本04SWMⅢT019303②：16，残。泥质，色呈青灰，内为粗布纹。剩余端较宽，端部外面施指压纹，内面约2厘米部分经抹制修整，略向上抹斜。残长20.5、宽18.6～20.4、厚2.3厘米（图四〇三，3；图版三六八，1）。

标本04SWMⅢT020303②：23，残。泥质，色呈红褐，内为粗布纹。剩余端较宽，端部外面施指压纹，内面约1.3厘米部分经抹制修整，略向上抹斜。器身厚薄不均。残长18.3、宽16.2～17.2、厚1.6～2.6厘米（图四〇三，4；图版三六八，2）。

标本04SWMⅢT020303②：26，残。泥质，色呈青灰，内为细布纹。剩余端较宽，但端部外面未施指压纹，内面约2厘米部分经抹制修整，略向上抹斜。残长18、宽17.5～18.6、厚3厘米（图四〇三，5；图版三六八，3）。

标本04SWMⅢT020303②：25，残。泥质，色呈青灰，内为细布纹。剩余部分宽窄基本相同，

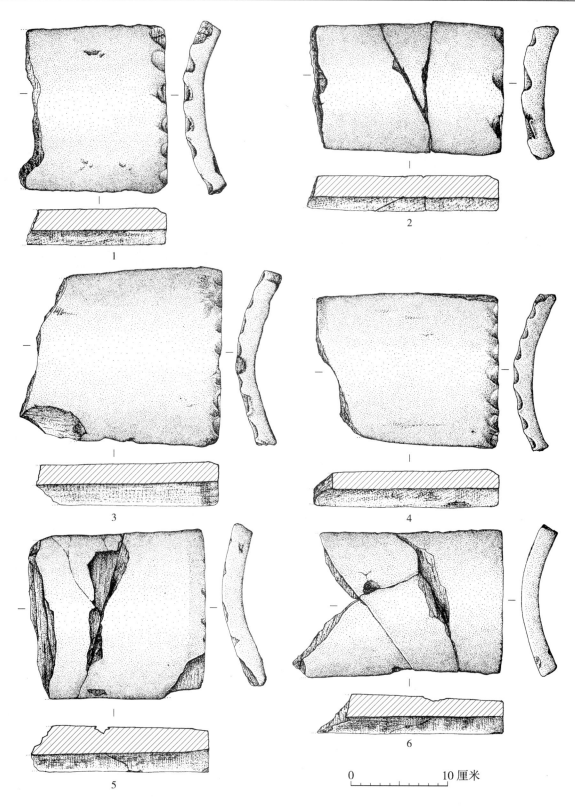

图四〇三　郭城正南门基址出土陶板条瓦

1. 04SWMⅢT020303②：24　2. 04SWMⅢT020303②：19　3. 04SWMⅢT019303②：16

4. 04SWMⅢT020303②：23　5. 04SWMⅢT020303②：26　6. 04SWMⅢT020303②：25

端部外面未施指压纹，内面约 3 厘米部分经抹制修整，略向上抹斜。残长 21.2、宽 15.5、厚 2.6 厘米（图四〇三，6；图版三六八，4）。

瓦当　皆为模制的圆形六瓣莲花纹瓦当。其中绝大多数属 Ba 型，只有 1 残件，属 A 型。

A 型

标本 04SWMⅢT019303②：6，残。泥质，色呈青灰。边缘有高于当面的当边，宽 1.2、高于当面 0.8 厘米。其内外缘皆较为直锐。图案于当面之上，莲瓣轮廓清晰，线条圆润饱满。其莲实部分大部分残损，仅在两个莲瓣间见一颗凸起的小圆珠。直径 17.5 厘米（图四〇四，1；图四〇五，1；图版三六八，5）。

Ba 型

标本 04SWMⅢT018303②：4，残。泥质，色呈青灰。边缘有高于当面的当边，宽 1.7、高于当面 0.6 厘米。其外缘弧润，内缘直锐。图案于当面之上，莲瓣轮廓清晰，线条圆润饱满。莲实的中心凸起部分呈圆台状，上台面较大，略高于当边，与其外同心圆环距离较近。直径 17 厘米（图四〇四，2；图四〇五，2；图版三六八，6）。

标本 04SWMⅢT019303②：5，略残。泥质，色呈青灰。边缘有高于当面的边，宽 1.4、高于当面 0.7 厘米。其内、外缘皆较为直锐。图案于当面之上，莲瓣轮廓清晰，线条圆润饱满。莲实的中心

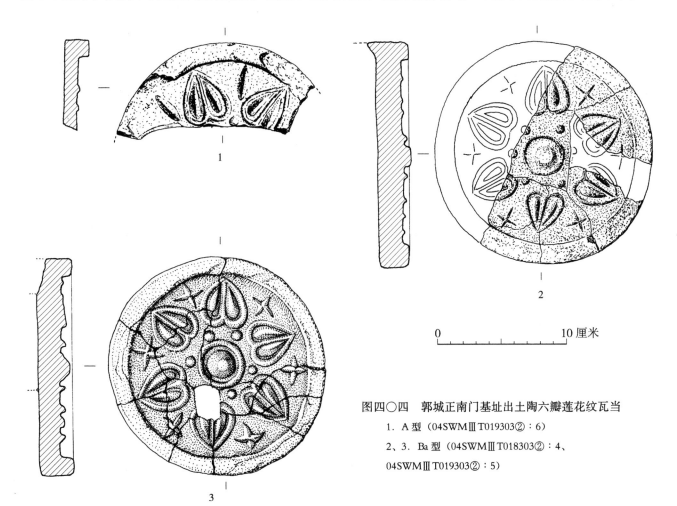

图四〇四　郭城正南门基址出土陶六瓣莲花纹瓦当
1. A 型（04SWMⅢT019303②：6）
2、3. Ba 型（04SWMⅢT018303②：4、04SWMⅢT019303②：5）

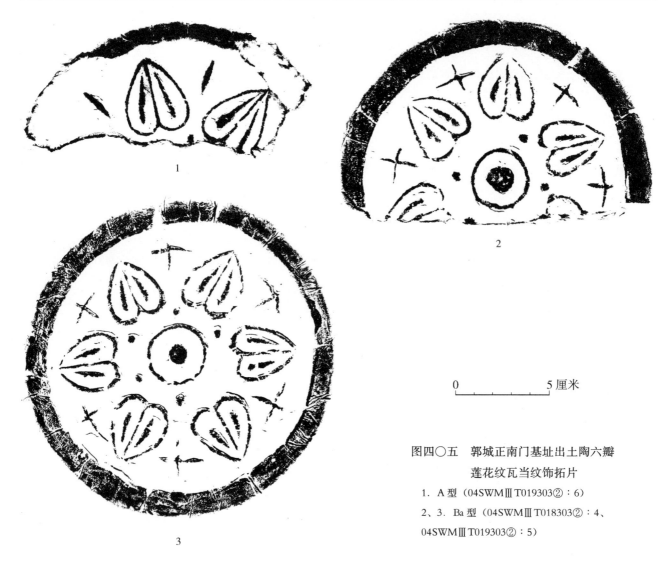

图四〇五　郭城正南门基址出土陶六瓣
莲花纹瓦当纹饰拓片
1．A 型（04SWMⅢT019303②：6）
2、3．Ba 型（04SWMⅢT018303②：4、
04SWMⅢT019303②：5）

凸起部分呈圆台状，上台面较小，略低于当边，与其外同心圆环距离较近。直径 16.4 厘米（图四〇四，3；图四〇五，3；图版三六九，1）。

2. 生活用具

数量较少，有壶、罐、钵、盅、纺轮。

壶

标本 04SWMⅢT022302②：8，轮制，泥质，青灰色。口部残，颈部较细，圆肩，弧腹，小平底。上腹置有紧贴器壁的横耳，因另一面已残，不知其为单耳还是双耳。肩颈相接处有一周凸弦纹。底径 5.8、腹径 11.4、残高 15，底厚 1、壁厚 0.8 厘米（图四〇六，1；图版三六九，2）。

罐

标本 04SWMⅢT022302②：15，有口、底，但中间部分陶片残缺，未能复原。轮制，夹砂质，青灰色。直口，圆唇，束颈，鼓腹，平底，形体较大。从残断的口沿部看，其沿是口部外卷在颈部捏合而成，沿心有贯穿整个沿部的小孔。外壁横向抹光，有横向的纹理可辨，亦做器表之装饰。口径 41、底径 27.8、壁厚 0.6、器高超过 37 厘米（图四〇六，2；图版三六九，3、4）。

钵

标本 04SWMⅢT022302②：9，轮制，泥质，黑褐色。侈口。翻沿。圆唇，颈略束，弧腹，小台底，略呈圈足状。外壁横向抹光，有纹理可辨，内壁较粗糙。口径 10.8、底径 6.6、高 5.6、底厚 1、壁厚 0.5 厘米（图四〇六，3；图版三六九，5）。

盅

标本 04SWMⅢT021301②：5，手制，夹砂质，红褐色。器不规整，口壁皆残。壁略弧，平底。残高 2.7、底径 2.5、底厚 0.7、壁厚 0.6 厘米（图四〇六，4；图版三六九，6）。

纺轮

标本 04SWMⅢT019303②：1，由陶器的腹部残片加工而成，周边有打制痕迹。略呈圆形，一面

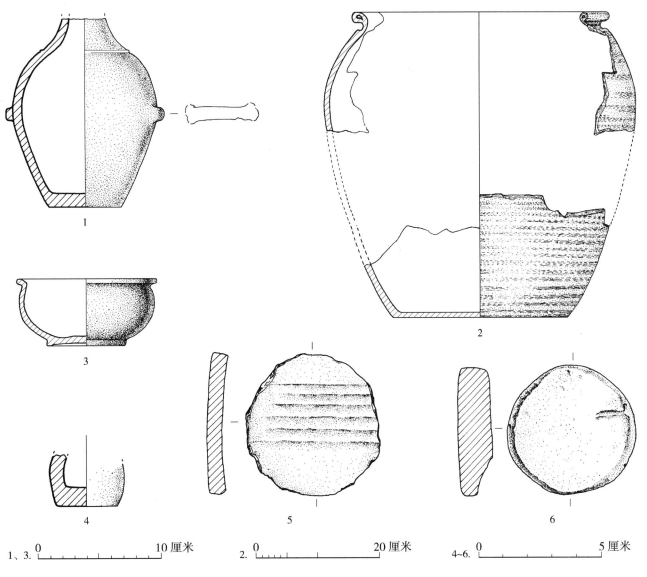

图四〇六　郭城正南门基址出土陶器

1. 壶（04SWMⅢT022302②：8）　2. 罐（04SWMⅢT022302②：15）　3. 钵（04SWMⅢT022302②：9）

4. 盅（04SWMⅢT021301②：5）　5、6. 纺轮（04SWMⅢT019303②：1、04SWMⅢT019303②：2）

较鼓，另一面略凹。直径5.7、厚0.6厘米（图四○六，5；图版三七○，1）。

标本04SWMⅢT019303②：2，由板瓦残块加工而成，周边有磨制痕迹。略呈圆形，一面略鼓，另一面略凹，凹面有布纹。直径5.2、厚1.3厘米（图四○六，6；图版三七○，2）。

（二）釉陶器

只有建筑材料，为瓦当、鸱尾、兽头。

瓦当　1件。为模制的圆形五瓣莲花纹瓦当，属Ab型。

标本04SWMⅢT021303②：1，略残。胎为泥质，呈红褐色，绿釉。瓦当正面全釉，背面与筒瓦相接的上半部无釉，为半釉。边缘有高于当面的边，宽1、高于当面0.6厘米。其内、外缘皆较为直锐。图案于当面之上，莲瓣轮廓模糊，瓣肉较高。莲实的中心凸起部分已残。直径10.2厘米（图四○七，1、2；图版三七○，3）。

鸱尾　仅有1残块，为鸱尾部镶嵌的花饰。

标本04SWMⅢT021302①a：16，残。胎为夹砂质，呈白色，黄绿釉。正面中心为一较大的圆珠，其周围较为均匀地分布8个小珠，组成花朵状。背面中心为一向后伸出的圆柱，已断，应是此物

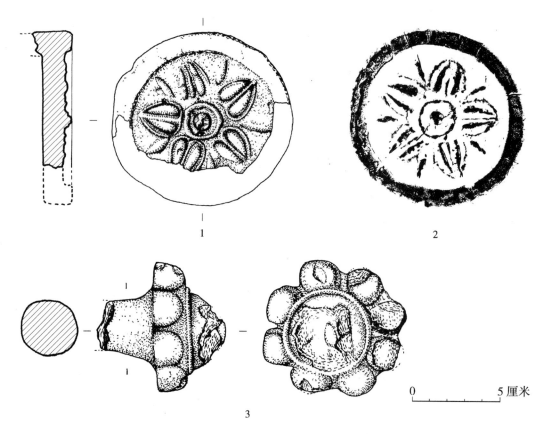

图四○七　郭城正南门基址出土釉陶建筑材料

1、2. 五瓣莲花纹Ab型瓦当及纹饰拓片（04SWMⅢT021303②：1、
04SWMⅢT021303②：1）　3. 鸱尾（04SWMⅢT021302①a：16）

与鸱尾器身相嵌合的部位。背面无釉，但四周涂有朱红颜色（图四〇七，3；图版三七〇，4）。

兽头 应属8个个体，但未有能复原者。

标本04SWMⅢT020303②：45，手制，残。白胎，三彩釉，釉色以绿为主，口、眼部有些黄或褐色。朝天鼻，鼻中间有棱，两侧有涡状鼻孔；圆睛，眼珠后有3层眼皮；嘴部残；脑后有鬃，已断，根数难辨；底座略上凹。鼻部与底座间有相通的孔，应是将兽头固定于建筑上的铁条穿过的部位（图四〇八；图版三七〇，5）。

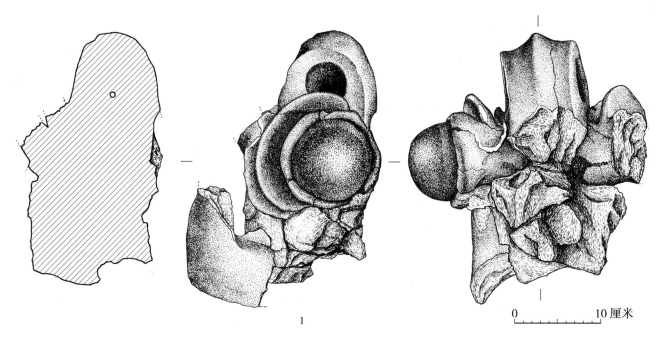

图四〇八 郭城正南门基址出土釉陶兽头（04SWMⅢT020303②：45）

（三）铁器

主要有建筑材料、生活用具和武器防具三类。

1. 建筑材料

钉 均为锻打而成。分为8型，每型中又有粗细、大小的不同。保存状况不好，均呈锈红色，有不同程度的剥落。

A型

标本04SWMⅢT021302①a：10，残。钉帽与钉身相接处有明显的内折痕迹，钉身截面呈长方形，向下渐细成尖，尖部较钝。长18.5厘米，钉身最粗处截面为1×0.5厘米（图四〇九，1；图版三七〇，6）。

标本04SWMⅢT022302②：1，残。钉帽与钉身相接处有明显的内折痕迹，钉身截面基本呈长方形，向下渐细成尖，尖部较钝。长9.2厘米，钉身最粗处截面为0.6×0.5厘米（图四〇九，2；图版三七一，1）。

B型

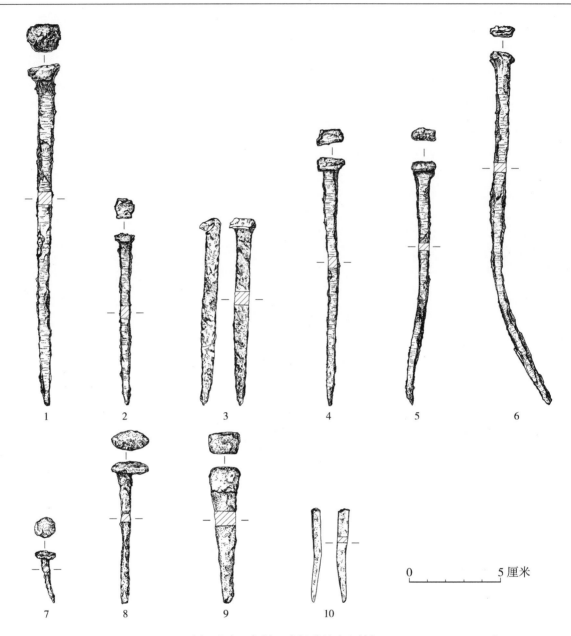

图四〇九　郭城正南门基址出土铁钉

1、2. A 型（04SWMⅢT021302①a：10、04SWMⅢT022302②：1）　3、4. B 型（04SWMⅢT020303②：3、
04SWMⅢT022302①a：10）　5. C 型（04SWMⅢT021302①a：14）　6. D 型（04SWMⅢT018302②：25）
7. F 型（04SWMⅢT022302②：12）　8. G 型（04SWMⅢT022302②：2）　9. K 型（04SWMⅢT020303①a：1）
10. N 型（04WMⅢT020303②：21）

　　标本 04SWMⅢT020303②：3，残。钉帽与钉身相接处有明显的内折痕迹，钉身截面基本呈方
形，从钉身下部约三分之一处开始向下渐细成尖，尖部较钝。长 10.1 厘米，钉身最粗处截面为 0.7
×0.7 厘米（图四〇九，3；图版三七一，2）。
　　标本 04SWMⅢT022302①a：10，残。钉身截面基本呈方形，向下渐细成尖，尖部较钝。长 13.5
厘米，钉身最粗处截面为 0.7×0.7 厘米（图四〇九，4；图版三七一，3）。

C 型

标本 04SWMⅢT021302①a：14，残。钉身截面基本呈长方形，向下渐细成尖，尖部已残。残长 13.2 厘米，钉身最粗处截面为 0.8×0.4 厘米（图四〇九，5；图版三七一，4）。

D 型

标本 04SWMⅢT018302②：25，残。钉身截面基本呈长方形，向下渐细成尖，尖部已残。器身略有扭曲。残长 19.9、钉身最粗处截面为 0.8×0.6 厘米（图四〇九，6；图版三七一，5）。

F 型

标本 04SWMⅢT022302②：12，残。钉帽顶部较平。钉身截面基本略呈方形，上粗下细，尖部较钝。长 2.7、钉帽直径 1.1、钉身最粗处截面 0.3×0.3 厘米（图四〇九，7；图版三七一，6）。

G 型

标本 04SWMⅢT022302②：2，残。钉身偏向一长边，截面基本呈长方形，向下渐细，尖部已残。残长 7.8、钉帽长径 2、短径 1.1、钉身最粗处截面 0.7×0.5 厘米（图四〇九，8；图版三七二，1）。

K 型

标本 04SWMⅢT020303①a：1，残。钉帽略向上隆起，俯视基本呈长方形。钉身截面基本呈长方形，向下渐细，尖部已残。残长 7.9、钉身上部最粗处截面为 1.4×1 厘米（图四〇九，9；图版三七二，2）。

N 型

标本 04WMⅢT020303②：21，残。钉身截面基本呈长方形，向下渐细，尖部略残。残长 5.1、钉身上部最粗处截面 0.6×0.4 厘米（图四〇九，10；图版三七二，3）。

2. 生活用具

熨斗　1 件。

标本 04SWMⅢT022302②：3，铁质，铸造。平面呈带柄的圆形。平底直壁翻沿尖唇，沿呈弧形上翘，外底部侧视微有弧度。沿与外壁相接处有一周圆棱。在一侧的器沿上附加有銎柄，柄下部已残。口沿上部饰有缠枝纹。外径 19.3、内径 12.3、柄长 1.8 厘米（图四一〇，1；图版三七二，4）。

（三）铜器

有建筑材料和生活用具两类。

1. 建筑材料

钉　1 枚。

标本 04SWMⅢT019302②：13，残。钉帽上面略隆起，下面上凹。钉身略弯，上粗下细，截面方形，尖部已残。残长 1.1、钉帽直径 2.2、钉身最粗处截面边长 0.2 厘米（图四一〇，2；图版三七二，5）。

2. 生活用具

佛手　1 件，应为佛像的一部分。

标本 04SWMⅢT022302②：10，铸制，鎏金。掌部丰满，手指长短不同。拇指伸直，余四指并

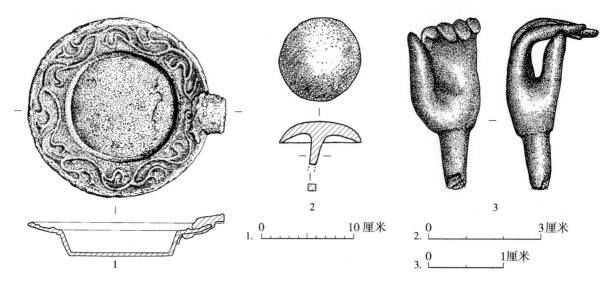

图四一〇 郭城正南门基址出土铁、铜器

1. 铁熨斗（04SWMⅢT022302②：3） 2. 铜钉（04SWMⅢT019302②：13） 3. 铜佛手（04SWMⅢT022302②：10）

拢弯曲成 90°，指尖略分。手掌后部伸出一柱状柄，已残。通长 2.2 厘米（图四一〇，3；图版三七二，6）。

（四）石器

可分建筑材料和生活用具两类。

1. 建筑材料

只采集了散落的门道铺石和门墩中的 1 块似臼石材。

门道铺石 3 块。大小不一，均呈长方形，上面和四个侧面打琢平整，底面未加修整。

标本 04SWMⅢT018302②：30，两端宽窄不同，角部略有残损。长 77.2、宽 55.2～58.4、厚约 14.9 厘米（图四一一，1；图版三七三，1）。

标本 04SWMⅢT018302②：31，上面有些部位剥落，角部略有残损。长 85.4、宽 56.8、厚约 20 厘米（图四一一，2；图版三七三，2）。

标本 04SWMⅢT018302②：32，角部略有残损。长 64.6、宽 53.5、厚约 21 厘米（图四一一，3；图版三七三，3）。

臼状石材 出于石块垒砌的门墩之中，位于门墩内部，放置不平整，从其出土位置看，可排除作为门转石使用的可能。应是废弃石器作为石料二次使用。

标本 04SWMⅢT019302②：6，平面呈长方形，上面及四周打琢较为平整。上面中间有圆窝，口大底小，窝内平滑，底部已露，有一小孔。石长 52、宽 32、厚 34，圆窝口径 23.4、底径 3.6、深 25 厘米（图四一一，4；图版三七三，4）。

2. 生活用具

水晶珠 2 件。

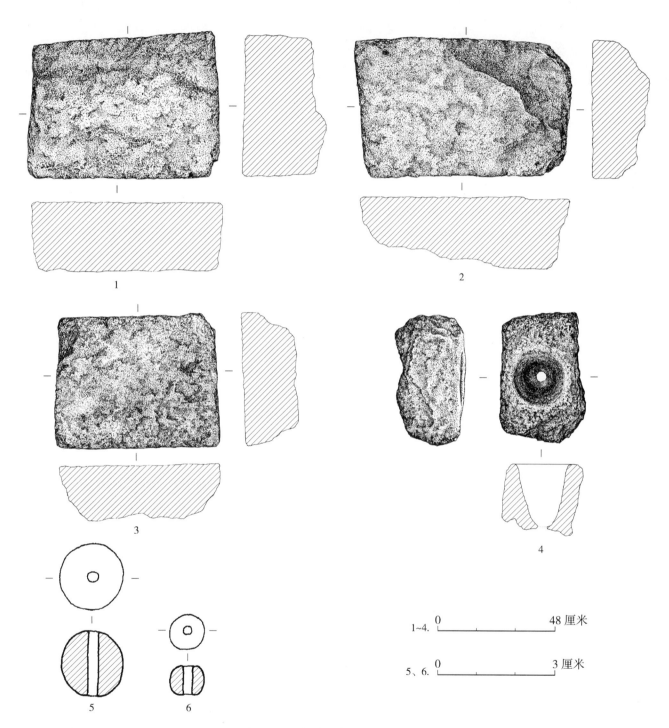

图四一一　郭城正南门基址出土石器

1～3. 门道铺石（04SWMⅢT018302②：30、04SWMⅢT018302②：31、04SWMⅢT018302②：32）　4. 臼状石材
（04SWMⅢT019302②：6）　5、6. 水晶珠（04SWMⅢT022302①a：4、04SWMⅢT022302①a：5）

标本 04SWMⅢT022302①a：4，磨制。球状，通体透明，钻有透孔。孔采用了对钻的方法，可看到孔的周围有络状裂纹，两端孔口有崩裂的痕迹。直径 1.3 厘米（图四——，5；图版三七三，5）。

标本 04SWMⅢT022302①a：5，磨制。扁球状，通体透明，钻有透孔。孔采用了对钻的方法，可看到孔的周围有络状裂纹，两端孔口有崩裂的痕迹。直径 0.6、高 0.4 厘米（图四——，6；图版三七三，6）。

（五）建筑遗迹遗物

有墙体的草拌泥填充物、草拌泥墙皮、白灰墙皮。

草拌泥填充物　是将白灰填充于墙壁上的缝隙凝固后形成，其大小、形状与所填充缝隙和部位有关。

标本 04SWMⅢT020303②：46，残。为填充物，正面为平整的墙面，内面一半较平，另一半呈坡状，坡状的部分并排存有 2 个圆柱状凹痕，应是曾与 2 根并排的圆柱相接触。两侧面各有一圆柱状凹痕，应是曾夹于两圆柱之间。残长 17.5、残宽 15.5、厚 10.2 厘米（图版三七四，1）。

草拌泥墙皮　由沙性土掺杂草梗和泥，再抹于建筑墙壁的骨架之上形成。器表留有大量的草梗和草梗残留的痕迹。草拌泥墙皮均经过烧烤，呈红褐色，其烧烤原因不能辨出是有意为之还是宫殿废弃时起火造成。内面留有不同痕迹，应是与墙壁的制作方式有关。

标本 04SWMⅢT020303②：47，残。正面较平，应是当时的墙面。两侧斜向相同的方向，也较平整，应是曾与建筑墙壁的骨架之上的木条接触的部位。两端皆残。内面呈三角状凹面，其上有并排的木条痕迹，这说明此墙制作应采用了"拉合"的工艺。残长 26、宽 9.6、厚 2～5 厘米（图版三七四，2）。

标本 04SWMⅢT019303②：18，残。此标本烧烤火候较低，略呈黄褐色。正面较平，应是当时的墙面。两侧略斜向相同的方向，也较平整，应是曾与建筑墙壁的骨架之上的木条接触的部位。两端皆残，但可看出一端向另一端渐窄。内面为凹面，其上有草束痕迹，这说明此墙制作应采用了"挂拉"的工艺。残长 13.2、宽约 7.8、厚 3～5.3 厘米（图版三七四，3）。

标本 04SWMⅢT019303②：17，残。此标本整体呈平板状。正面较平，应是当时的墙面。内面留有并排的苇秆或植物枝条痕迹，应是抹于柱间固定有苇秆或植物枝条的墙骨之上。残长 9.3、宽 9、厚 0.7～2.4 厘米（图版三七四，4）。

白灰墙皮　均为较厚的板状白灰块。

标本 04SWMⅢT018303②：7，残。外面较平，应是当时的墙面。内面呈三角状凹面，其上有木条痕迹，这说明有白灰直接抹于木骨之上制墙的工艺。厚 3～4.5 厘米（图版三七四，5）。

标本 04SWMⅢT018303②：8，残。外面较平，应是当时的墙面。内面不平，残留有草梗痕迹，应是曾抹于草拌泥墙面之上。厚约 3 厘米（图版三七四，6）。

第五节 小 结

郭城正南门基址位于上京城郭城南垣与宫城内宫殿中轴线的延长线相交的位置上，是上京城南向的门户，也是渤海国的礼仪之门，在上京城的建筑体系中具有重要地位。

此门采用了三门一体的组门形制。中间门址建筑宏大，门道规整，可能用于一些重要活动。而两侧的门规模较小，可能是日常通行的门。

唐代的城市用门制度，虽然没有发现明确的规定，但从实际应用来看，似乎可以分成几个等级。唐代都城中，长安城郭城正门明德门是 5 个门道，其余各门为 3 个门道；大明宫正门丹凤门是 5 个门道，太极宫的正门承天门、皇城的正门朱雀门也均为 3 个门道；东都洛阳城的郭城正门定鼎门、皇城正门端门和宫城正门应天门均为 3 个门道。唐代地方上实行州、县二级制，分布全国各地的州城，可以唐代扬州城为代表，子城正门和罗城的重要门址都是 3 个门道。因此可以认为，用门制度的最高等级为一观下设 5 个门道，只有长安城可以用，第二等级为一观下设 3 个门道，可以用于东都和州城。

渤海上京城的形制模仿唐长安城，到了具体而微的程度，有"镜泊湖畔小长安"之称，且唐以渤海为"忽汗州"，在制度上可以用到第二等级。但是，在上京城的用门制度上，渤海人没有使用唐代的制度，而是采用了"三门一组"的形制，同样的建筑格局还见于宫城正门（五凤楼）和郭城正北门。这种建筑样式稍晚在中原地区也可见到（如北宋张择端所绘《清明上河图》城门），但在当时确是少见的样式。故在制度上难以与中原地区进行等级上的比较，也成为渤海上京城用门制度中的一个特色。

渤海上京城郭城正南门基址的发掘，丰富了渤海时期的遗物，为渤海国用门制度研究提供了进一步的资料。同时此门的建筑形制也对渤海时期建筑结构及技法的认识和研究有着重要的意义。

1998～2007 年度考古发掘调查报告

渤海上京城

黑龙江省文物考古研究所　编著

下册

文物出版社

第八章　郭城正北门基址

第一节　发掘经过

郭城正北门基址位于上京城郭城北垣的中部，是上京城与北部城外交通的门户。

1998 年 6～11 月和 1999 年 7～11 月，黑龙江省文物考古研究所联合牡丹江市文物管理站、宁安市文物管理所和渤海上京遗址博物馆对此遗址进行了考古发掘。此项发掘系渤海国上京龙泉府宫城遗址发掘规划的一部分。为便于操作，使发掘有序进行，在 2 号宫殿基址的西北侧设立了永久性考古发掘布方坐标基点，采用象限法，在整个宫城遗址内布设了 10×10 米的探方网，对宫城内所有的遗迹单位进行了有效控制。

郭城正北门遗址位于宫城探方网横坐标 09～14、纵坐标 55～58 区域内（图四一二）。此次工作共布设 10×10 米探方 18 个，实际发掘面积 1632 平方米。

参加发掘的工作人员有黑龙江省文物考古研究所李陈奇、赵虹光、刘晓东、赵哲夫、王广文；牡丹江市文物管理站陶刚、王祥滨；黑龙江省渤海上京遗址博物馆张庆国、宋玉祥；宁安市文物管理所黄景林、黄金涛；木兰县文物管理所李彦君。

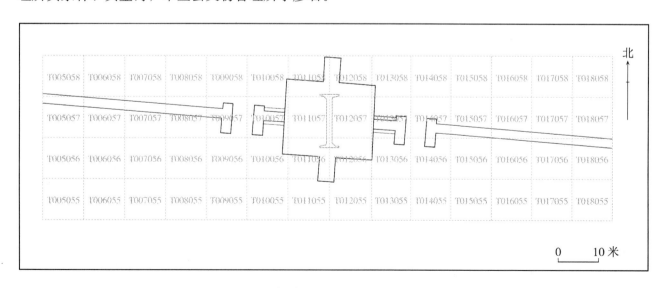

图四一二　郭城正北门基址发掘区探方分布图

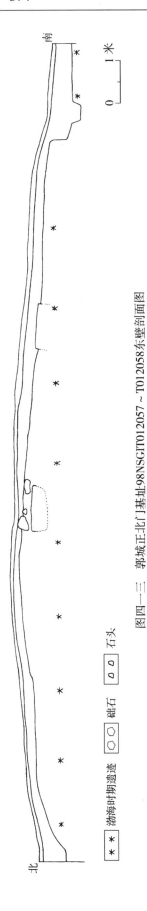

图四一三 郭城正北门基址98NSGIT012057~T012058东壁剖面图

渤海时期遗迹 础石 石头

第二节 保存状况与地层堆积

正北门遗址发掘前为原东沙公路的一段，在东沙公路的修筑、修补和使用过程中，遭到了极大的破坏，遗址中部已形成了一条以公路为底部的南北向凹槽。

门址各部分的堆积有所不同，台基址的中部和西部为公路，土石混筑，厚约0.5米，两侧路边沟堆积着厚厚的细砂土。公路西侧为一条供大车使用的土路。这部分台基主体已遭破坏，台基内部一些碎石筑就的础石基础裸露于地表。台基东部上层为黑色的腐殖土，厚约0.1~0.15米；其下为当时台基上建筑坍塌的堆积，内含有大量的炭渣和红烧土块、白灰渣，厚约0.15~0.2米。坍塌堆积之下即为黄黏土堆筑的台基（图四一三）。两侧联结墙处的堆积基本相同，可分为三层，表层为黑色的腐殖土，厚约0.1~0.15米；中层为黑灰土堆积，内含较多的瓦砾、石块、器物残片等，此层分布不匀，墙体之上较薄，两侧较厚，约0.2~0.4米；下层为城墙坍塌形成的黄土堆积，较为纯净，含一定量的白灰渣。其分布形态是靠近城墙的部分厚，可达0.7米，向两侧呈坡状渐薄，直至接近当时地面的高度。两侧门门道部位的堆积可分为表土、城门建筑的坍塌堆积和门道路面三层。表土层为现代路土，较坚硬，厚约0.15~0.2米；坍塌堆积较厚，内含大量的红烧土和炭渣炭块，约0.6米；门道的路面中部铺石，有些地方以沙土找平。

第三节 建筑结构

郭城正北门是由中央正门、东西两侧门和中央正门与两侧门相联结的两段短墙组成的建筑群体。整个遗址东西长（从东侧门东侧至西侧门西侧）52.12、南北宽（从南侧踏道南端至根据南侧踏道推测复原的北侧踏道北端）30.8米，台基使用高度0.75米（图四一四［见本报告附图］；图版一〇五，1、2）。

（一）中央门基址

中央门基址是一座台基式建筑，中间设通道交通南北，南北两侧各设一慢道供上下台基之用（图四一五；图版一○六，1）。

1. 台基及柱础

台基南端长 21.9、北端长 22.6 米，南北长 18.4（踏道长度出外）、使用高度 0.75 米，四壁收分约 4°。

台基由黄色黏土堆筑而成，四周砌有包壁条石，包壁外侧为石制散水。包壁条石的外侧较厚，雕琢得较为平整，贴近台基黏土的内侧略薄，保持其自然面，如此是为了方便台基的四壁进行收分。条石大部分佚失，仅余数块，被取走的尚在台基土的四周留有沟痕。在台基四周紧贴包壁条石的外侧，用石块铺设有散水，其内侧与包壁石接触部位打制出平面，以利于接合，其余石面皆为自然石面。散水石部分佚失，但多留有沟痕。台基西北角和东北角的散水石有移位现象，北部的散水石已破坏殆尽，仅西端尚留有约 1 米长的沟痕（图版一○六，2、3；图版一○七，1）。

台基上的柱础破坏较为严重，中部和西部由于长期作为公路使用，柱础大部分佚失、移位和翻倒，在部分柱础的安放位置上，尚可见碎石铺就的础石基础。在台基的东部完好地保存有两列柱础，未发现扰动和移位现象。根据目前保存情况，台基东起第 3、4 列柱础的中间柱础存在与否已无从得知。20 世纪 30 年代日本学者对其进行考察时，虽遗址保存尚好，但只找到了台基上东起第 3、4 列柱础中南数第 1、2、4、5 四块柱础，而未对正北门址进行整体和全面的勘查，因此他们未能做出准确全面的结论。根据以往资料及遗址现状，目前还不能确定中央门址台基建筑究竟采用了什么样的柱网布置形式，而只能判断其有两种可能性，即采用"减柱法"或"满堂柱法"。若是前者，则应是中央设一门道的殿式建筑。根据现存的柱础和础石基础，可知台基上建筑东西面阔 5 间，南北进深 4 间。以柱础中心点计，中间 3 间开间相等，为 4.2 米，东西两侧梢间较窄，为 3.1 米。台基上面的建筑结构基本破坏殆尽，仅在一些础石附近尚存留有一些间墙的痕迹，这些残留的间墙一般厚约 0.2 米（图版一○七，2）。

2. 踏道

台基的南北两侧各设有一踏道，两侧亦砌有包壁石，其上部已全部损毁。南侧踏道包壁石尽皆佚失，现存两条长 6.2、宽约 0.4 米的沟痕。沟壁朝向踏道的一面参差不齐，另一面较为平整。两沟间为踏道土，与台基土连为一体，其南侧与路土直接相连。路土呈青黄色，沙性较重，虽未发现清楚的使用面，但土质土色与踏道土和台基土有明显的区别。南侧踏道南北长 6.2、东西宽 4 米。根据其长度和台基的使用高度推算，南侧踏道应为斜坡慢道式踏道，其倾斜度约为 7°（图版一○八，1）。台基北侧踏道仅西侧存有两块土衬石，其东部和北部均遭破坏，痕迹无存，推测其大小形制与南侧踏道同。

（二）联结墙址

在台基两侧各有一段城墙将中央门址与东西两个侧门联结起来。这两段城墙的形制基本相同，长 5.3、宽 2.2～2.3 米，现存高约 0.8 米。墙体为土石混筑结构，墙外壁用自然石块垒砌得较为规则，内填黄色黏土和自然石块。

（三）侧门基址

正北门有东西两个侧门，对称分布于中央正门两侧，以联结墙与中央正门相接。两侧门规模、

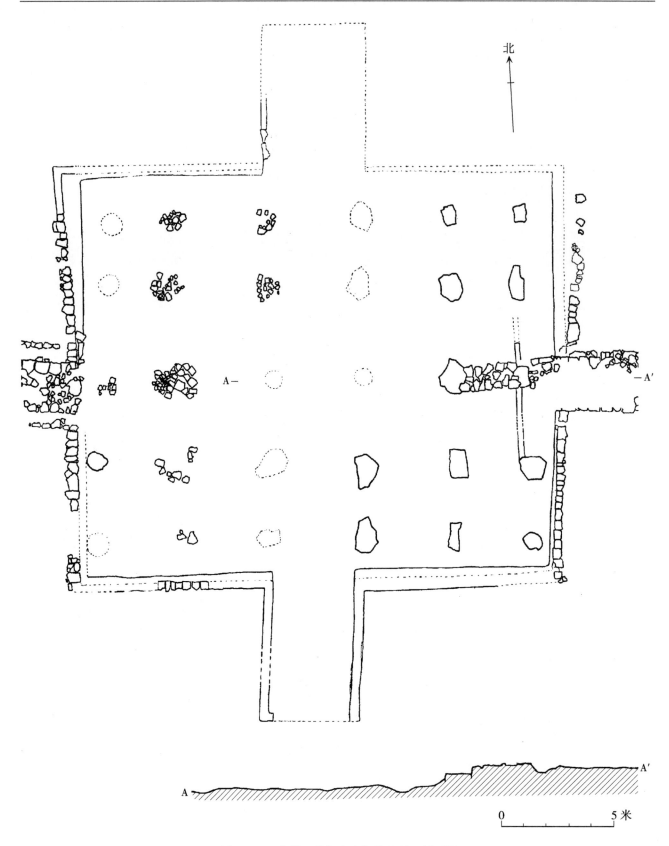

北

图四一五　郭城正北门中央门基址平、剖面图

A　　　　　　　　　　　　　　　　　A′

0　　　　　　5米

形制基本相同，皆以中间门道和东西两侧的门墩组成（图四一六；图四一七；图版一〇八，2；图版一〇九，1），现以西侧门为例。

1. **门墩**

用自然石块垒砌而成，破坏较为严重，石块大多佚失，约长7、宽2.4、现存高度0.8米。其构筑程序是先砌好城墙，然后分别在城墙的南北两侧各附筑一石台而成。门墩在城墙北侧的部分较短，长约1.2米；南侧的部分较长，约3.3米。

2. **门道**

宽5.2米。门道两侧贴近门墩处分别有一排土衬石位于地栿之下，与门道走向相同，长度几与门

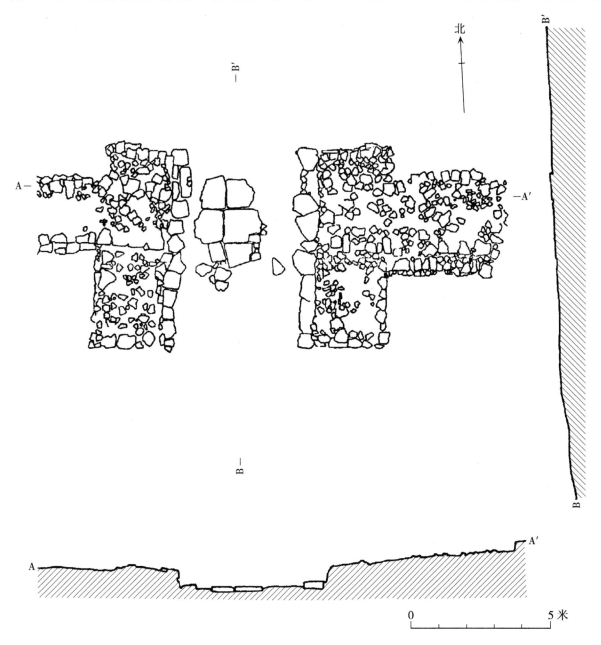

图四一六　郭城正北门东侧门基址平、剖面图

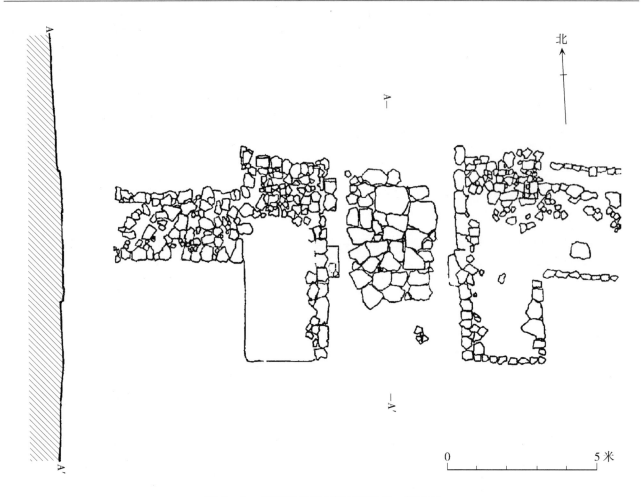

图四一七　郭城正北门西侧门基址平、剖面图

墩等。其内缘较整齐，但未发现有加工打磨的痕迹，宽0.3～0.4米。门道中间部位铺有石质路面，以大石为主，其间夹有一些较小的石块。有些石块上铺有黄沙，可能是部分石块在使用过程中逐渐下沉，致使路面不平而用黄沙找平的迹象。铺石部分宽约2.7米，两侧边缘与两侧地栿下土衬石相距0.8米，其间为沙土带（图版一〇九，2）。在门道铺石与两侧地栿下土衬石之间，紧贴土衬石有4个大小、形状、深浅基本相同，东西两两对称的长方形坑，长1.05～1.2、宽0.4、深0.2米。北部两坑北侧边缘距门墩北缘0.5米，南部两坑与北部两坑以最近边缘计相距约1.5米，对称的两坑以最近的边缘计相距约3.6米。坑内堆积不尽相同，有的为木炭和红烧土，有的为黄沙土和石块。四坑是为了安放门枢而设置的。在门道路面和地栿下的土衬石之上，发现有已烧成炭并翻倒的木柱痕迹。木柱略呈方形，现存木炭截面每边长0.1～0.2米不等。

　　以上遗迹数据的测量，是以台基四周散水石的内壁和残余包壁石的外壁为基准；台基的使用高度是指完好柱础石至散水石上面的垂直距离；台基的四壁收分，是根据台基西侧与城墙接触部位所余的包壁石的倾斜度而测得的。

第四节　出土遗物

有陶、铁、铜、石等器类，其中陶器和铁器数量较多。

（一）陶器

有建筑材料，也有罐、瓮等生活用具。其中以建筑材料为主。

1. 建筑材料

只有瓦类构件，为文字瓦、筒瓦、板瓦、当沟、瓦当。在瓦当以外的瓦类构件内面有布纹，有些较粗，有些极细（图四一八；图四一九）。

1）文字瓦　均为 1 个字的戳记。戳记一般为低于瓦面的长方形凹坑，大小、深浅不一，内有阳文。采集文字瓦 28 件，共有 12 种戳记。详见表七。

2）筒瓦　有普通筒瓦和檐头筒瓦 2 种。均为模制。

普通筒瓦　由瓦身和瓦唇两部分组成，规格不一，大小不等。长 33.8～36.8、宽 9.6～17 厘米。

标本 98NSG Ⅰ T012058②：40，残。夹砂质，色呈青灰，瓦内为细布纹。通长 36.6 厘米。瓦身前后基本等宽，前部略薄于后部，前部宽约 2.6 厘米的部分内部抹平使其面略向上斜，同时也使得前端部更薄。瓦身长 31.3、宽 16.8、厚 0.9～1.9 厘米。瓦唇亦是前部略宽于尾部，其上有横向凹槽，宽 1.4 厘米，较靠近瓦身。瓦唇由与瓦身相接部位向后渐低，尾端抹斜向下。瓦唇部分长 5.3 厘米（图四二一，1；图版三七七，1）。

标本 98NSG Ⅰ T010058②：55，残。泥质，色呈青灰，瓦内为粗布纹。通长 35 厘米。瓦身前后基本等宽，前部略薄于后部，前部宽约 3.6 厘米的部分内部抹平使其面略向上斜，同时也使得前端部更薄。瓦身长 31.4、宽 16.7、厚 1.3～1.7 厘米。瓦唇部分较短，且两侧皆残，其上有横向凹槽，宽 1.4 厘米，较靠近瓦身。瓦唇由与瓦身相接部位向后渐低，尾端略抹斜向下。瓦唇部分长 3.6 厘米（图四二一，2；图版三七七，2）。

标本 98NSG Ⅰ T012057②：38，残。夹砂质，色呈青灰，瓦内为粗布纹。通长 34 厘米。瓦身两侧边略有弧度，前部略薄于后部，前部宽约 2.6 厘米的部分内部抹平使其面略向上斜，同时也使得前端部更薄。瓦身长 28.9、宽 16.6～17、厚 1.2～1.9 厘米。瓦唇亦是前部略宽于尾部，一侧略残，其上有横向凹槽，宽 1.3 厘米，较靠近瓦身。瓦唇由与瓦身相接部位向后渐低，尾端抹斜向下。瓦唇部分长 5.1 厘米（图四二一，3；图版三七七，3）。

标本 98NSG Ⅰ T013057②：17，残。夹砂质，色呈青灰，瓦内为粗布纹。此标本前端已残，故难辨其为普通抑或檐头筒瓦，仅将其置于普通筒瓦中叙述。此瓦残长 25.6 厘米。从残存部分看，瓦身略呈前宽后窄，前部略薄于后部。瓦身两个侧边的内外两侧皆有抹制痕迹。瓦身残长 20.8、宽 13.1、厚 1.1～1.5 厘米。瓦唇亦是前部略宽于尾部，其上有横向凹槽，宽 1.7 厘米，较靠近瓦身。凹槽内有一圆孔，应是钉瓦钉所用。瓦唇由与瓦身相接部位向后渐低，尾端抹斜向下。瓦唇部分长 4.8 厘米（图四二一，5；图版三七七，4）。

　　标本 98NSGⅠT012058②：42，残。泥质，色呈青灰，瓦内为粗布纹。此标本为正北门遗址仅见的四分筒瓦，因其后部及瓦唇已残失，不能分辨其具体形制，故置于普通筒瓦中叙述。从残存部分看，瓦身略呈前宽后窄，前部略薄于后部，但前端部略向上翘起，观之较厚。前部未见使用一般筒瓦的抹平处理方式。瓦身残长 10.7、宽 9.6、厚 0.8～1.3 厘米（图四二一，4；图版三七七，5）。

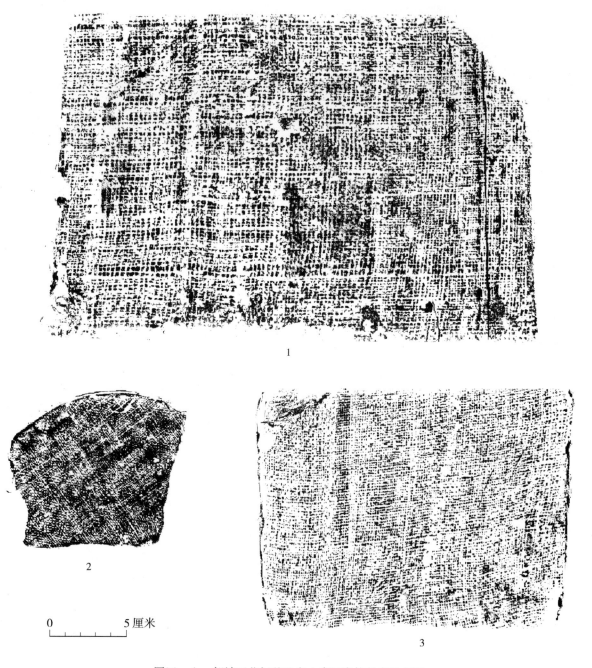

图四一八　郭城正北门基址出土陶瓦类构件布纹拓片
1. 98NSGⅠT010058②：56　2. 98NSGⅠT013057②：9　3. 98NSGⅠT010058②：55

图四一九　郭城正北门基址出土
陶瓦类构件布纹拓片

1．98NSGⅠT012057②：38

2．98NSGⅠT010058②：54

3．98NSGⅠT012058②：40

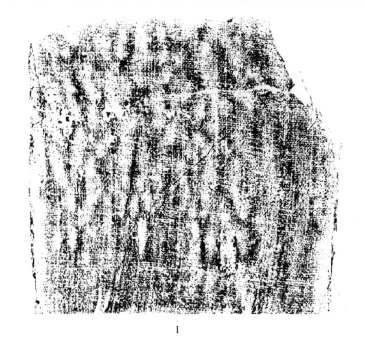

1

2

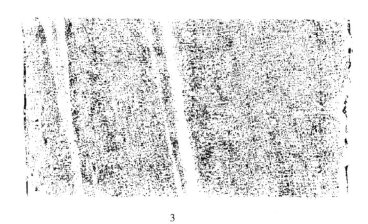

3

0　　　　　　　　5厘米

表七　　　　　　　　　　　郭城正北门基址采集陶文字瓦统计表

序号	瓦文	数量	选登标本号	图号
1		1	98NSGⅠT012058②：55	图四二〇，1；图版三七五，1
2		1	98NSGⅠT012058②：60	图四二〇，2；图版三七五，2
3		1	98NSGⅠT012058②：57	图四二〇，3；图版三七五，3
4		1	98NSGⅠT012058②：59	图四二〇，4；图版三七五，4
5		1	98NSGⅠT012058②：58	图四二〇，5；图版三七五，5
6		1	98NSGⅠT012058②：53	图四二〇，6；图版三七五，6
7		1	98NSGⅠT012058②：56	图四二〇，7；图版三七六，1
8		1	98NSGⅠT012058②：54	图四二〇，8；图版三七六，2
9		1	98NSGⅠT012058②：61	图四二〇，9；图版三七六，3
10		10	98NSGⅠT013057②：67	图四二〇，10；图版三七六，4
11		8	98NSGⅠT013057②：15	图四二〇，11；图版三七六，5
12		1	98NSGⅠT013057②：62	图四二〇，12；图版三七六，6

图四二〇　郭城正北门基址采集陶文字瓦拓片

1. 98NSGⅠT012058②：55　2. 98NSGⅠT012058②：60　3. 98NSGⅠT012058②：57

4. 98NSGⅠT012058②：59　5. 98NSGⅠT012058②：58　6. 98NSGⅠT012058②：53

7. 98NSGⅠT012058②：56　8. 98NSGⅠT012058②：54　9. 98NSGⅠT012058②：61

10. 98NSGⅠT013057②：67　11. 98NSGⅠT013057②：15　12. 98NSGⅠT013057②：62

檐头筒瓦　有一般檐头筒瓦和异形檐头筒瓦2种。

一般檐头筒瓦

标本98NSGⅠT010058②：41，完整。泥质，色呈青灰，瓦内为细布纹。通长38.5厘米。瓦身前部略窄于后部，前后厚薄基本相同，两个侧边的内侧边缘有抹制痕迹。瓦身长32.8、宽15.3～16.8、厚1.6厘米。瓦唇前宽后窄，其上有横向凹槽，宽1.7厘米，较靠近瓦身。凹槽内有一圆孔，应是钉瓦钉所用。瓦唇由与瓦身相接部位向后渐低，尾端略抹斜向下。瓦唇部分长5.7厘米。瓦前端

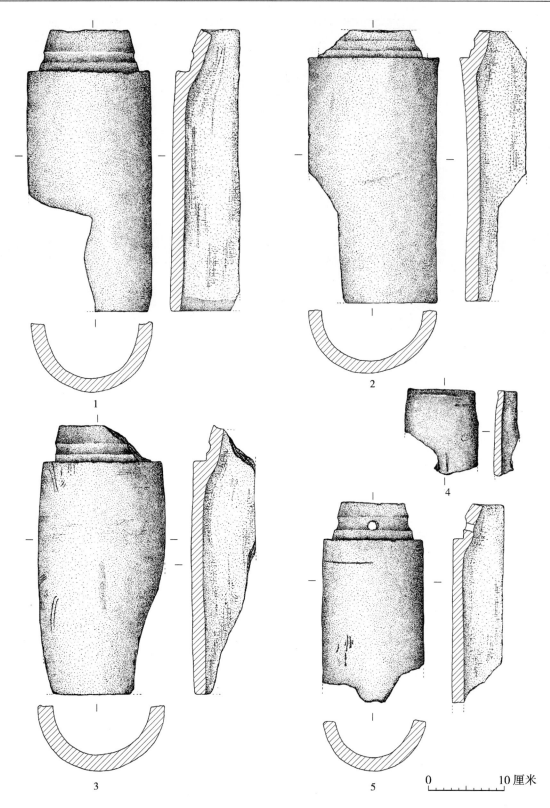

图四二一　郭城正北门基址出土陶普通筒瓦

1. 98NSGⅠT012058②：40　2. 98NSGⅠT010058②：55　3. 98NSGⅠT012057②：38

4. 98NSGⅠT012058②：42　5. 98NSGⅠT013057②：17

为六瓣莲花纹 Ba 型瓦当（图四二二，1；图版三七七，6）。

异形檐头筒瓦　3、4 号宫殿基址出土的异形檐头筒瓦有 2 种，1 种前端部瓦当呈斜面的斜面瓦，这种瓦两个侧边一长一短，前端瓦当向一侧倾斜；另 1 种是瓦身呈曲线的曲身瓦，这种瓦的瓦身和两个侧边皆为曲线，瓦当略内扣。

斜面檐头筒瓦　标本 98NSGⅠT010058②：54，残。泥质，色呈青灰，瓦内为细布纹。通长 35.6 厘米。瓦身有些扭曲，当面斜度较小，前部略窄于后部，前部略厚于后部，两个侧边的内侧边缘有抹制痕迹。现可测瓦身长 30.2～30.7、宽 14.3～16、厚 1.3～1.6 厘米。瓦唇前宽后窄，其上有横向凹槽，宽 1.6 厘米，较靠近瓦身。凹槽内有一圆孔，应是钉瓦钉所用。瓦唇由与瓦身相接部位向后渐低，尾端略抹斜向下。瓦唇部分长 4.9 厘米。瓦前端的瓦当已残，仅可辨为 6B 型（图四二二，2；图版三七八，1）。

曲身檐头筒瓦　标本 98NSGⅠT012058②：51，残。泥质，色呈青灰，瓦内为粗布纹。通长 25.2 厘米。瓦身前部向上隆起，中部有亚腰，后部较平，前部略窄且薄于后部，两个侧边的前部与瓦当相接的部位切割有两个略呈半圆的弧状凹口。瓦身长 20.8、宽 13.3～13.8、厚 1.3～2 厘米。瓦唇前部略宽于后，其上有横向凹槽，宽 1.6 厘米，略靠近瓦身。凹槽内有一圆孔，应是钉瓦钉所用。瓦唇由与瓦身相接部位向后渐低，尾端略抹斜向下。瓦唇部分长 4.4 厘米。瓦前端为 6Bb 型瓦当（图四二二，3；图版三七八，2）。

3）板瓦　分为普通板瓦和檐头板瓦 2 种，均为模制。

普通板瓦

标本 98NSGⅠT010058②：56，残。泥质，色呈青灰，瓦内为粗布纹。此瓦前窄后宽，前薄后厚。前端布纹面约 2.2 厘米的宽度经过抹制加工，向上抹斜，端部圆润。后端外面施指压纹，端面平齐，似在施纹后以模具在端部抹压而成，致使已施好之指压纹端部边缘呈略向上翘起状。尾端内面约 2.5 厘米有抹制修整的痕迹。通长 38.6、宽 28～31.7、厚 0.6～2.1 厘米（图四二三，1；图版三七八，3）。

檐头板瓦

标本 98NSGⅠT012058②：35，残。泥质，色呈青灰，瓦内为粗布纹。此瓦残损，整体前宽后窄，长度已不得而知。前端施有组合的几何纹图案。图案分上中下三部分，其间以凹槽分隔，上下两部分略窄，施以同向的斜线划纹。中间部分较宽，以有尖的工具戳出孔洞而成，孔内一侧有二层台。残长 37.3、宽 30～32.5、厚 2.1～2.9 厘米（图四二三，2、3；图版三七八，4）。

4）当沟　由两个侧翼和一个卷曲前伸舌构成，翼与舌呈弧线形连接，是用于两列筒瓦之间的建筑构件。郭城正北门基址出土的当沟皆为残品，但可看出大小不同，可能与使用位置有关。

标本 98NSGⅠT013057②：29，残。泥质，色呈黄褐，内部有粗布纹。因其两翼已残，辨不出整体形状，但可知其形体较大。瓦舌呈弧形，前缘向内抹斜，形成单侧的刀状。残长 23.6、宽 17.2、厚 1.5 厘米（图四二四，1；图版三七八，5）。

标本 98NSGⅠT013057②：53，残。泥质，色呈黄褐，内部有细布纹。因其已残，辨不出整体形状，但可知其形体较小。瓦舌呈弧形，前缘半割半辦，较平。残长 15.2、宽 12.2、厚 2 厘米（图四二四，2；图版三七八，6）。

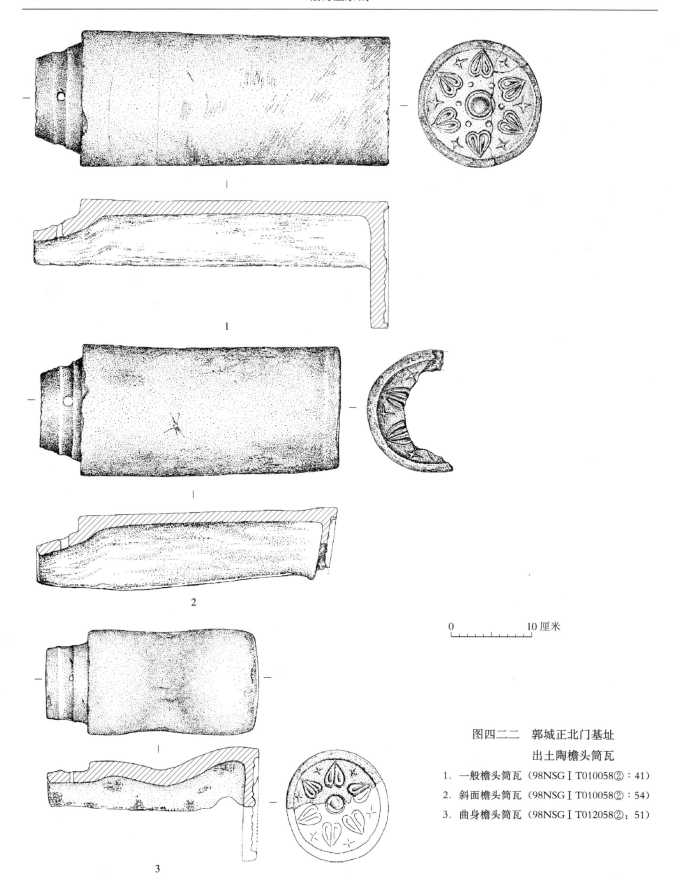

0　　　　　　　　　　10 厘米

图四二二　郭城正北门基址
出土陶檐头筒瓦
1. 一般檐头筒瓦（98NSGⅠT010058②：41）
2. 斜面檐头筒瓦（98NSGⅠT010058②：54）
3. 曲身檐头筒瓦（98NSGⅠT012058②：51）

标本 98NSGⅠT013057②：9，残。泥质，色呈青灰，内部有粗布纹。因其两翼已残，辨不出整体形状，但可知其形体较小。瓦舌呈弧形，其与两侧翼连接的弧度不同，一侧较大，一侧较小，前缘向内抹斜，形成单侧的刃状。残长 15.8、宽 12.6、厚 1.6 厘米（图四二四，3；图版三七九，1）。

5）瓦当　主要有莲花纹和莲蕾纹 2 种。其中莲花纹瓦当占绝大多数，莲蕾纹瓦当只有 1 件，且残损严重。

莲花纹瓦当　有六瓣、五瓣两类。

六瓣莲花纹瓦当　分为 3 型。

A 型　分为 2 亚型。

Ae 型

标本 98NSGⅠT012057②：30，残。泥质，色呈青灰。边缘有高于当面的边，宽 1.3、高于当面 0.8 厘米。其内、外缘皆较为直锐。图案于当面之上，莲瓣轮廓清晰，线条流畅，瓣肉及瓣间尊形纹宽肥，莲瓣轮廓线较细。莲实内中心凸起和 6 颗圆珠圆润饱满，布局匀称。直径 15.4、厚 1.9 厘米（图四二五，1；图四二六，1；图版三七九，2）。

标本 98NSGⅠT013058②：35，残。泥质，色呈青灰。边缘有高于当面的边，宽 1.8 厘米。当面不平整，因此高于当面 0.1～0.4 厘米。当边的内、外缘皆较为直锐。图案于当面之上，整个图案模糊，莲瓣、瓣间尊形纹、莲实皆连在一起。图案线条匀称，莲实中心凸起较为突

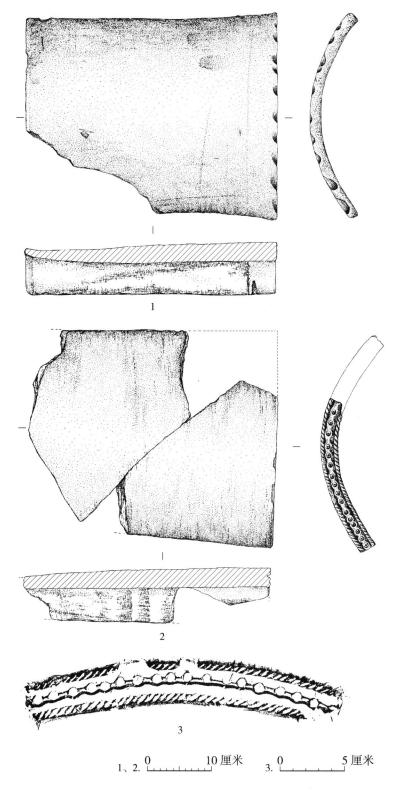

图四二三　郭城正北门基址出土陶板瓦

1. 普通板瓦（98NSGⅠT010058②：56）　2、3. 檐头板瓦及纹饰拓片（98NSGⅠT012058②：35）

出，基本呈珠状，有扭曲。当后连接的筒瓦残余部分略向上翘起。直径 18.3、厚 1.4 厘米（图四二五，2；图四二六，2；图版三七九，3）。

Ag 型

标本 98NSGⅠT012057②：28，残。泥质，色呈青灰。边缘有高于当面的边，宽 1.3、高于当面 0.5 厘米。其内、外缘皆较为直锐。图案于当面之上，莲瓣较为矮肥，轮廓清晰，线条流畅。瓣间萼形纹、瓣肉和莲实圆环线条较为宽厚。莲实内中心凸起呈半球状。直径 17、厚 1.8 厘米（图四二五，3；图四二六，3；图版三七九，4）。

标本 98NSGⅠT013057②：20，残。泥质，色呈青灰。边缘有高于当面的边，宽 1.3、高于当面 1.2 厘米。其内、外缘皆较为直锐。图案于当面之上，莲瓣轮廓清晰，线条流畅匀称。瓣肉略为宽高。莲实内中心凸起呈圆台状。直径 16.7、厚 2.5 厘米（图四二五，4；图四二六，4；图版三七九，5）。

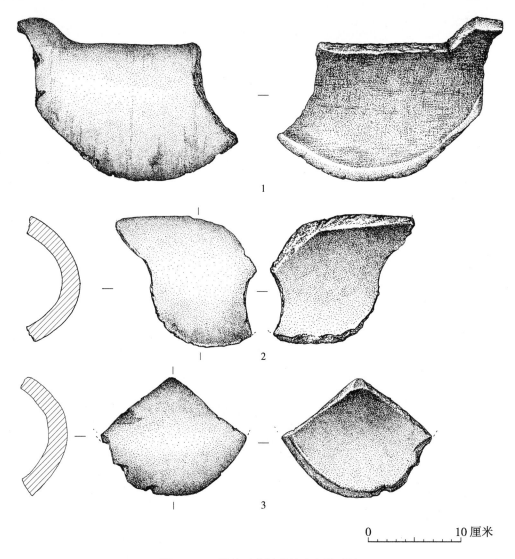

0　　　　　　　　　　10 厘米

图四二四　郭城正北门基址出土陶当沟

1. 98NSGⅠT013057②：29　2. 98NSGⅠT013057②：53　3. 98NSGⅠT013057②：9

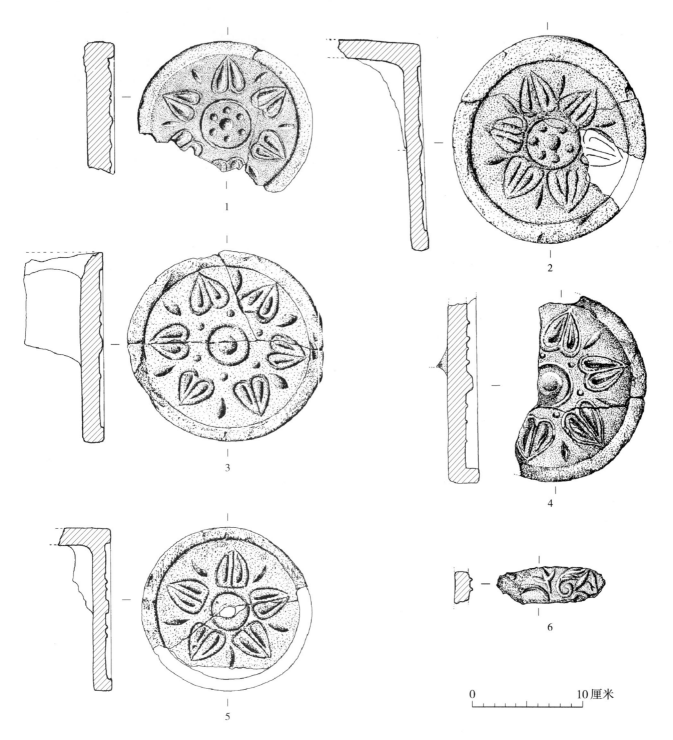

图四二五　郭城正北门基址出土陶瓦当

1、2. 六瓣莲花纹 Ae 型（98NSGⅠT012057②：30、98NSGⅠT013058②：35）

3、4. 六瓣莲花纹 Ag 型（98NSGⅠT012057②：28、98NSGⅠT013057②：20）

5. 五瓣莲花纹 Ab 型（98NSGⅠT013058②：33）　　6. 莲蕾纹（98NSGⅠT010058②：40）

图四二六　郭城正北门基址出土陶瓦当纹饰拓片

1、2. 六瓣莲花纹 Ae 型（98NSGⅠT012057②：30、98NSGⅠT013058②：35）

3、4. 六瓣莲花纹 Ag 型（98NSGⅠT012057②：28、98NSGⅠT013057②：20）

5. 莲蕾纹（98NSGⅠT010058②：40）　6. 五瓣莲花纹 Ab 型（98NSGⅠT013058②：33）

B 型　分为 2 亚型。

Ba 型

标本 98NSGⅠT013057②：18，残。泥质，色呈青灰。边缘有高于当面的边，宽 1.1、高于当面 0.4 厘米。其内、外缘皆较为直锐。当面不甚平整。图案于当面之上，莲瓣轮廓清晰，线条流畅匀称。莲实内中心凸起呈半球状，较大，几乎填满了同心圆环。直径 15.7、厚 1.6 厘米（图四二七，1；图四二八，1；图版三七九，6）。

标本 98NSGⅠT010058②：37，残。泥质，色呈青灰。边缘有高于当面的边，宽 1 厘米。当面不甚平整，当边高于当面的数据在 0.1～0.4 厘米。其内、外缘皆较为直锐。图案于当面之上，莲瓣轮廓清晰，线条流畅匀称。莲实内中心凸起呈半球状。直径 15.9、厚 2 厘米（图四二七，2；图四二八，2；图版三八〇，1）。

标本 98NSGⅠT012058②：34，残。泥质，色呈青灰。边缘有高于当面的边，宽 1.1、高于当面 0.6 厘米。其内、外缘皆较为直锐。图案于当面之上，莲瓣轮廓清晰，线条流畅细瘦，整体图案显得颇为清隽。莲瓣较瘦小，两侧边较直。莲实内中心凸起呈圆台状，台壁较直。同心圆环及其外的 6 颗圆珠均较小。直径 15.6、厚 1.7 厘米（图四二七，3；图四二八，3；图版三八〇，2）。

Bb 型

标本 98NSGⅠT013057②：21，残。泥质，色呈青灰。边缘有高于当面的边，宽 1.1、高于当面 0.6 厘米。其内、外缘皆较为直锐。图案于当面之上，莲瓣轮廓清晰，线条流畅匀称。瓣间星形纹线条较宽大，突起也较高。莲实内中心凸起呈半球状，较大，几乎填满同心圆环，略高于当边。直径 13.4、厚 1.4 厘米（图四二七，4；图四二八，4；图版三八〇，3）。

D 型　少见。

标本 98NSGⅠT012057②：27，残。泥质，色呈青灰。边缘有高于当面的边，宽 1.2、高于当面 0.7 厘米。其内、外缘皆较为直锐。图案于当面之上，莲瓣轮廓清晰，线条流畅匀称，仅个别瓣间饰纹线条较粗宽。莲实由外向内由 6 颗圆珠、同心圆环和中心的圆台状突起组成，同心圆环外的圆珠较小。直径 16.8、厚 1.5 厘米（图四二七，5；图四二八，5；图版三八〇，4）。

五瓣莲花纹瓦当　1 件。为 Ab 型。

标本 98NSGⅠT013058②：33，残。泥质，色呈青灰。边缘有高于当面的边，宽 1、高于当面 0.8 厘米。其内、外缘皆较为直锐。图案于当面之上，莲瓣轮廓清晰，线条圆润饱满，瓣尾部较平，基本呈一条直线状。莲实由中心凸起和其外的圆环组成，凸起部分已残，与其外同心圆环距离较远。直径 15、厚 2 厘米（图四二五，5；图四二六，6；图版三八〇，5）。

莲蕾纹瓦当

标本 98NSGⅠT010058②：40，残。泥质，色呈青灰。残余部分较小，边缘和中心部分均无，只可看清花瓣和瓣间纹饰。其他遗址出土的同类瓦当为 4 个花瓣。花瓣状若莲蕾，瓣间饰枝状纹饰。线条清晰流畅。残厚 1.2 厘米（图四二五，6；图四二六，5；图版三八〇，6）。

2. 生活用具

均为残片，可辨器形有瓮、罐、钵，无可复原器物。因所余残片较小，所辨器形有较多的推测成分，故叙述标本皆按口沿、器底、陶片分类。

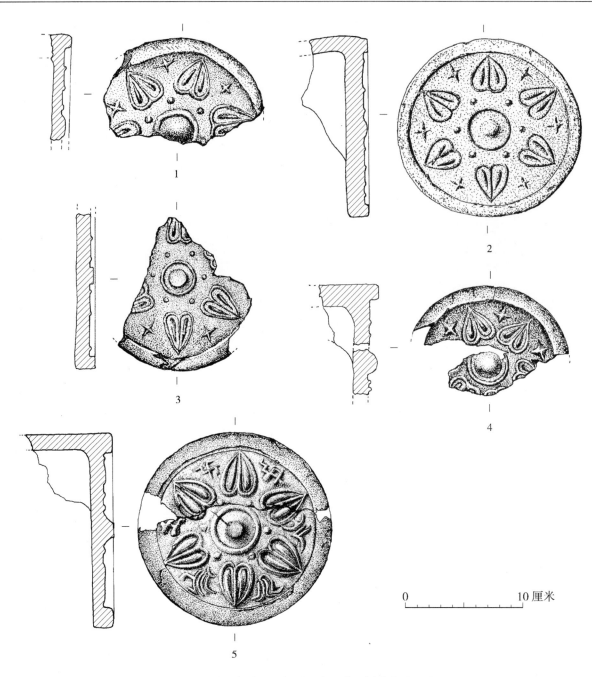

图四二七　郭城正北门基址出土陶六瓣莲花纹瓦当

1～3. Ba 型（98NSGⅠT013057②：18、98NSGⅠT010058②：37、98NSGⅠT012058②：34）

4. Bb 型（98NSGⅠT013057②：21）　5. D 型（98NSGⅠT012057②：27）

1）口沿

标本 98NSGⅠT012057②：21，残，泥质。轮制，火候较高。素面，外面抹光，色呈青灰。器物内外皆可清晰看到轮制的痕迹。侈口圆唇，束颈，沿部应是向外翻卷至颈部粘合制成，从截面尚可看到贯穿沿部的扁孔。从残余的腹片部分看，应是鼓腹或弧腹，器壁厚薄不均。从口沿形态看，体形较大，可能是瓮一类器物。口径 29.4、厚 0.5～0.8 厘米（图四二九，1；图版三八一，1）。

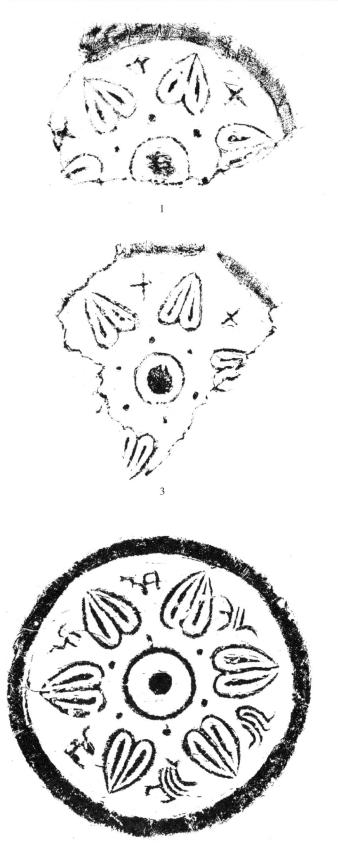

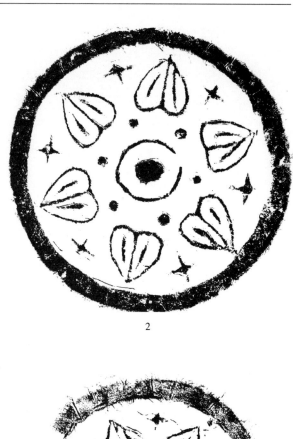

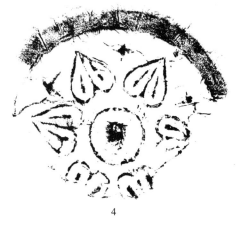

图四二八 郭城正北门基址出土陶六瓣莲花纹

瓦当纹饰拓片

1～3. Ba 型（98NSGⅠT013057②：18、

98NSGⅠT010058②：37、98NSGⅠT012058②：34）

4. Bb 型（98NSGⅠT013057②：21）

5. D 型（98NSGⅠT012057②：27）

标本 98NSGⅠT012057②：20，残，泥质。轮制，火候较高。素面，外面抹光，色呈黄灰。侈口尖唇，束颈，端肩，颈与口部交接处有明显的棱。从残余的腹片部分看，应是弧腹，器壁厚薄不均。从口沿形态看，可能是罐一类器物。口径8.6、厚0.3～0.6厘米（图四二九，2；图版三八一，2）。

标本 98NSGⅠT014057②：3，残，泥质。轮制，火候一般。素面，外面不光滑，色呈灰褐。侈口、圆唇，束颈，端略肩，颈与腹部交接处有明显的棱。从残余的腹片部分看，应是弧腹或球腹。可能是罐一类器物。残高7.3、口径8.6、壁厚1.2厘米（图四二九，3；图版三八一，3）。

标本 98NSGⅠT013057②：19，残，泥质。轮制，火候较高。素面，色呈青灰。敛口、外翻平沿、圆唇。从残余的腹片部分看，应是弧腹，器壁上薄下厚。可能是钵一类器物。厚0.4～0.75厘米（图四二九，4；图版三八一，4）。

2）器底

标本 98NSGⅠT012057②：25，残，泥质。轮制，火候较高。色呈青灰。外壁贴近底部位置饰有五圈细密的竖斜向戳印纹。器底整个向器内凹陷，中心部分陶片较薄。器外底面中心部位有一直径7.5厘米的环状凸弦纹，环内有一角与环接、边略内弧的五边形，各边长度基本相等。从残余腹片看陶器下腹斜向内收，近底部壁较直，器壁上薄下厚。器腹部也饰有竖斜向的戳印纹。从整体形态观察，形体应较大，可能是瓮或罐一类器物。底径11.1、壁厚0.3～0.6、底厚0.4～0.6厘米（图四三〇，1；图版三八一，5、6）。

标本 98NSGⅠT012057②：24，残，泥质。轮制，火候较高。外壁从上到下饰有成圈的斜向戳印纹，各圈宽窄不同，分界清晰却又相连。器外底面中心部位有一直径4.9厘米的环状凸弦纹。陶色较斑驳，主体为黄褐色，近底部位夹杂有黑褐色。从残余腹片看陶器下腹略弧内收，器壁上薄下厚。底部中心向内凹陷，中心部分陶片较薄。形体应较大，可能是瓮一类器物。底径19.6、壁厚0.9～1.4、底厚0.7～1.1厘米（图四三〇，2；图四三一，1；图版三八二，1）。

3）残片

标本 98NSGⅠT013057②：27，残，泥质。轮制，火候较高。芯呈白色，外壁抹光，内外壁色呈

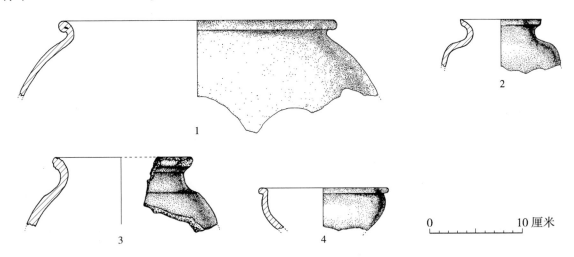

图四二九　郭城正北门基址出土陶器口沿
1. 98NSGⅠT012057②：21　2. 98NSGⅠT012057②：20
3. 98NSGⅠT014057②：3　4. 98NSGⅠT013057②：19

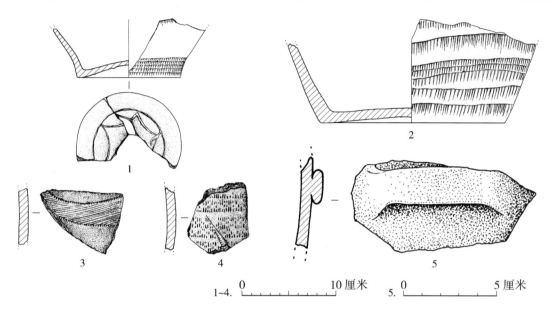

图四三〇　郭城正北门基址出土陶器

1、2. 器底（98NSGⅠT012057②：25、98NSGⅠT012057②：24）　3～5. 残片（98NSGⅠT013057②：27、98NSGⅠT013057②：21、98NSGⅠT013057②：11）

青灰。此陶片上有一条纹饰带，纹饰带的两个边皆为弧线，且皆以尖角状的戳印纹组成齿状纹装饰，但一边的齿尖朝向纹饰带的内部，一边的朝向外部。纹饰带内的纹饰以基本平行的斜向划纹组合而成。厚0.9厘米（图四三〇，3；图四三一，2；图版三八二，2）。

标本98NSGⅠT013057②：21，残，泥质。轮制，火候较高。芯呈白色，外壁抹光，内外壁色呈青灰。此陶片上遍施纹饰，可看出整个陶器上的纹饰可分成若干个环状条带，每个纹饰带以长短不同的矩形戳印纹组成，边缘的戳印纹排列较整齐，形成纹饰带的边缘。陶片上纹饰带间距离在0.35～0.6厘米之间。在这些纹饰带之上又重叠有一种斜向贯穿这些环带的组合纹饰，残片上可见两条以尖角状戳印纹组成的齿状纹饰延伸并相交，齿尖方向相同。厚0.9厘米（图四三〇，4；图四三一，3；图版三八二，3）。

标本98NSGⅠT013057②：11，残，泥质。轮制，火候较高。陶片芯呈白色，外壁抹光，内外壁色呈青灰。陶片外壁有一横桥状耳，器耳扁平，紧贴于器壁。耳长约9、陶片厚0.5厘米（图四三〇，5；图版三八二，4）。

（二）釉陶器

有鸱尾、兽头等建筑构件。

1）鸱尾　为残片，未能复原。

标本98NSGⅠT013057②：28，残。手制，白胎，绿釉。为1件贴饰于鸱尾表面的珠花。正面整体呈圆形，中间呈半球状隆起，周边饰一周共25颗凸起的半球状小珠。背面较平，刻划有纵横交错的沟痕，应是有增加其与鸱尾主体间的附着力的作用。背部有零星的部位粘有釉色。直径7.2、厚

2.4 厘米（图四三二，2；图版三八三，1）。

标本 98NSGⅠT013058②：32，残。手制，白胎，绿釉。为 1 件插饰于鸱尾表面的珠花。正面整体呈圆形，中间呈半球状隆起，周边饰一周凸起的半球状小珠，大部分已残损。背部边缘部分位置粘有釉色。其后部接有一直径小于正面的圆柱状柄，应是插装于鸱尾主体的嵌接部分。柄后部空心。直径约 6.4、长 11.5 厘米（图四三二，3；图版三八三，2）。

2）兽头 可复原兽头 1 件，其他还有眼珠、牙和鬃等残块。

标本 98NSGⅠT010058②：52，残。手制，白胎，黄、绿、褐三色彩釉，釉色光亮，底面无釉。

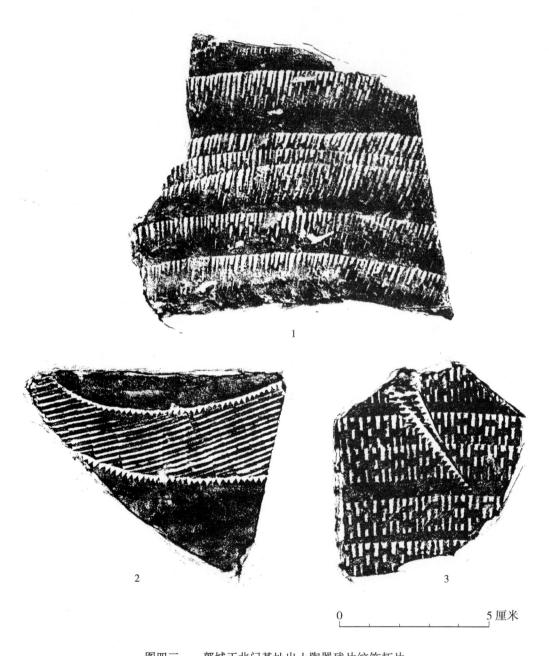

0 _____ 5 厘米

图四三一 郭城正北门基址出土陶器残片纹饰拓片

1. 98NSGⅠT012057②：24 2. 98NSGⅠT013057②：27 3. 98NSGⅠT013057②：21

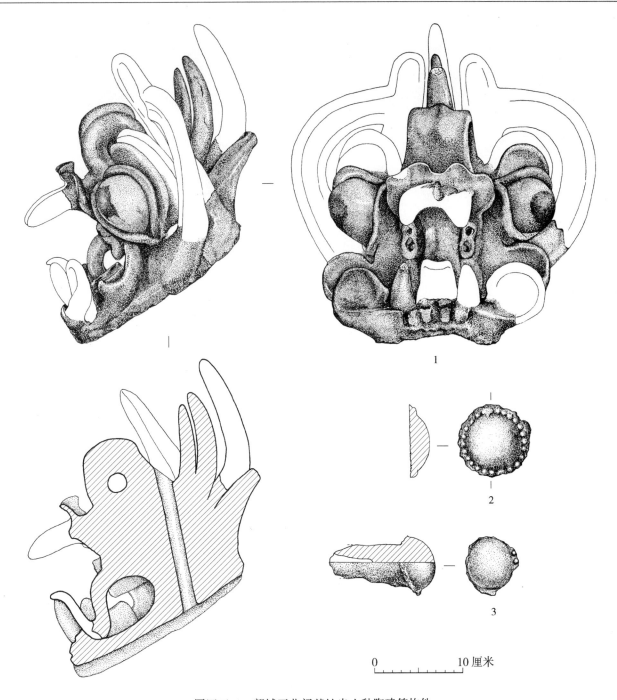

图四三二 郭城正北门基址出土釉陶建筑构件

1. 兽头（98NSGⅠT010058②：52） 2、3. 鸱尾（98NSGⅠT013057②：28、98NSGⅠT013058②：32）

造型复杂，鼻朝天、嘴大张、唇外翻、腮侧咧、舌卷曲、齿外呲、眼暴突，三层眼皮，耳已残，残存部分呈环状向上，脑后有三根向上竖起的鬃，鬃下有一近圆形的托。底部由两侧向中间弧起。在鬃和鼻之间有一贯穿上下的圆孔，应是固定兽头的铁条穿过之处。高19.4、前后残长29、左右残宽26厘米（图四三二，1；图版三八二，5、6）。

（三）铁器

有建筑材料、生活用具和武器防具三类。

1. 建筑材料

有钉、条、门鼻、门枢、门转、页、环及其他构件。

1）钉　分为 8 型，每型中又有粗细、大小不同。均为锻打。保存状况不好，除极少数有漆皮外，皆呈锈红色，有不同程度的剥落。

A 型

标本 98NSGⅠT013058②：8，略残。钉帽的窄端似乎经过锻打，形成一个斜向的平面。钉帽与钉身相接处有明显的内折痕迹，钉身截面上部呈长方形，向下渐细，下部截面基本呈方形，尖部较钝。长 17.9、钉身上部最粗处截面为 1×0.7、下部为 0.7×0.7 厘米（图四三三，1；图版三八三，3）。

标本 98NSGⅠT012058②：2，略残。钉帽与钉身相接处有明显的内折痕迹，钉身截面基本呈方形，向下渐细成尖，尖部较钝。长 15.6、钉身最粗处截面 1×1 厘米（图四三三，2；图版三八三，4）。

标本 98NSGⅠT012058②：1，略残。钉帽与钉身相接处有明显的内折痕迹，钉身截面基本呈方形，向下渐细成尖，尖部较钝。长 17.2、钉身最粗处截面 0.8×0.8 厘米（图四三三，3；图版三八三，5）。

标本 98NSGⅠT013058②：13，略残。钉帽与钉身相接处有明显的内折痕迹，钉身上部有一弯折，基本呈直角，可能与使用有关。钉身截面呈长方形，向下渐细，尖部已残。残长 9.3、钉身最粗

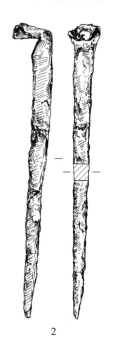

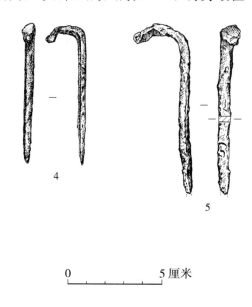

0　　　　　　　5 厘米

图四三三　郭城正北门基址出土 A 型铁钉

1. 98NSGⅠT013058②：8　2. 98NSGⅠT012058②：2

3. 98NSGⅠT012058②：1　4. 98NSGⅠT013058②：13

5. 98NSGⅠT012057②：2

处截面 0.6×0.3 厘米（图四三三，4；图版三八三，6）。

标本 98NSGⅠT012057②：2，残。钉帽与钉身相接处有明显的内折痕迹，钉身上部有一弯折，呈钝角，可能与使用有关。钉身截面呈长方形，向下渐细，尖部已残。残长 10.3、钉身最粗处截面 0.7×0.4 厘米（图四三三，5；图版三八四，1）。

C 型　钉帽是先将钉身顶部前面锻打呈扁状后，再向前弯卷制成，俯视呈长方或长条形。

标本 98NSGⅠT011057②：4，略残。钉身略弯，可能与使用有关。表皮剥落严重。钉身截面基本呈方形，向下渐细成尖，尖部较钝。长 10.2、钉身最粗处截面 0.5×0.5 厘米（图四三四，1；图版三八四，2）。

D 型　无钉帽，钉顶部是两面或一面锻打呈扁刃状，亦可能是掐断形成。

标本 98NSGⅠT009058②：1，残。顶部两面锻打。钉身略弯，可能与使用有关。表皮剥落严重。钉身截面基本呈长方形，向下渐细成尖，尖部已残。残长 8.8、钉身最粗处截面 0.7×0.5 厘米（图四三四，2；图版三八四，3）。

标本 98NSGⅠT014057②：2，残。顶部两面锻打。钉身略弯，可能与使用有关。表皮剥落严重。钉身截面基本呈长方形，向下渐细成尖，尖部已残。残长 10.9、钉身最粗处截面 0.7×0.4 厘米（图四三四，3；图版三八四，4）。

标本 98NSGⅠT011057②：3，残。顶部一面锻打。钉身弯曲，可能与使用有关。钉身截面基本呈长方形，向下渐细成尖，尖部已残。器表涂有漆皮。残长 5.2、钉身最粗处截面 0.3×0.2 厘米（图四三四，4；图版三八四，5）。

标本 98NSGⅠT010058②：36，残。顶部一面锻打。钉身略弯，可能与使用有关。表皮剥落严重。钉身截面基本呈长方形，向下渐细，尖部已残。残长 6.6、钉身最粗处截面 0.7×0.6 厘米（图四三四，5；图版三八四，6）。

E 型　钉帽是由直接将钉身顶部向前弯折制成，有些钉帽前后面或两侧面经过锻打，俯视长条形。

标本 98NSGⅠT009058②：2，略残。钉帽由上下两面锻打呈凿刃状。钉身弯曲，可能与使用有关。表皮剥落严重。钉身截面基本呈方形，向下渐细成尖，尖部已残。残长 12.1、钉身最粗处截面 0.5×0.5 厘米（图四三四，6；图版三八五，1）。

F 型　钉帽俯视呈圆形。

标本 98NSGⅠT009057②：3，略残。钉身整体呈锥体，上部截面基本呈圆形，下部则呈方形，尖部较钝。长 5.9、钉帽直径 2.1、上部最粗处截面直径 1、下部最粗处截面 0.6×0.6 厘米（图四三四，7；图版三八五，2）。

标本 98NSGⅠT011057②：2，略残。钉帽上面隆起，下面上凹。钉身偏于钉帽一侧，整体呈锥体，上部截面基本呈圆形，下部则呈方形，尖部较钝。长 3.2、钉帽直径 1.8、钉身上部最粗处截面直径 0.6、下部最粗处截面 0.3×0.3 厘米（图四三四，8；图版三八五，3）。

标本 98NSGⅠT013057②：1，略残。钉身偏于钉帽一侧，截面基本呈方形，向下渐细，尖部较钝。长 4.2、钉帽直径 1.8 厘、钉身最粗处截面 0.4×0.4 厘米（图四三四，9；图版三八五，4）。

标本 98NSGⅠT013057②：23，略残。钉身偏于钉帽一侧，截面基本呈方形，向下渐细，尖部较

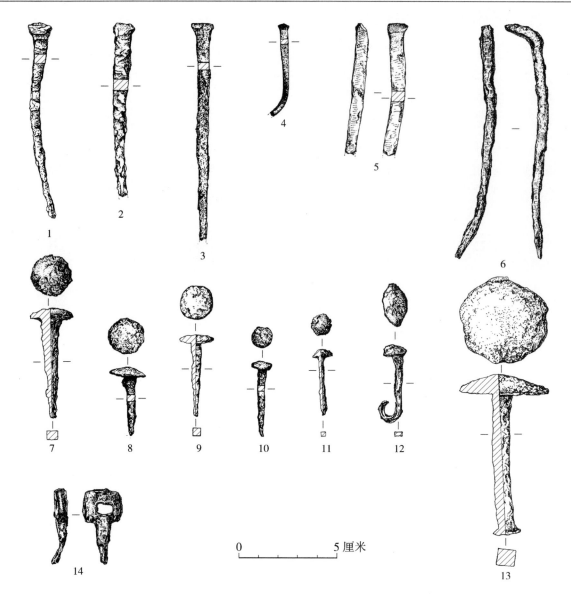

图四三四 郭城正北门基址出土铁钉

1. C 型（98NSGⅠT011057②：4） 2～5. D 型（98NSGⅠT009058②：1、98NSGⅠT014057②：2、
98NSGⅠT011057②：3、98NSGⅠT010058②：36） 6. E 型（98NSGⅠT009058②：2） 7～11. F 型
（98NSGⅠT009057②：3、98NSGⅠT011057②：2、98NSGⅠT013057②：1、98NSGⅠT013057②：23、
98NSGⅠT013058②：1） 12. G 型（98NSGⅠT009058②：1） 13. H 型（98NSGⅠT012057②：1）
14. Ⅰ型（98NSGⅠT011057②：5）

钝。长 3.8、钉帽直径 1、钉身最粗处截面 0.3×0.3 厘米（图四三四，10；图版三八五，5）。

标本 98NSGⅠT013058②：1，略残。钉身截面基本呈方形，向下渐细，尖部较钝。长 3.2、钉帽直径 1、钉身最粗处截面 0.3×0.3 厘米（图四三四，11；图版三八五，6）。

G 型 钉帽俯视呈橄榄形。

标本 98NSGⅠT009058②：1，残。钉身偏向一长边，截面基本呈长方形，向下渐细，下部卷曲上钩，尖部已残。残长 5.6、钉帽长径 2.2、短径 1.3、钉身最粗处截面 0.5×0.4 厘米（图四三四，

12；图版三八六，1）。

H 型　钉帽俯视呈花形。

标本 98NSGⅠT012057②：1，略残。钉帽似六瓣花朵，花瓣间凹陷极小。钉身截面基本呈方形，上下等粗，无尖，下端部回砸致钉体向四周延出。长 7.8、钉帽最大径 4.5、钉身截面 0.8×0.8 厘米（图四三四，13；图版三八六，2）。

Ⅰ型　钉帽立面基本看呈方形，中心有方形或长方形孔。

标本 98NSGⅠT011057②：5，残。钉身截面基本呈长方形，向下渐细，截面短边基本与钉帽厚度相同，尖部已残。残长 4、钉帽宽 1.9、钉身最粗处截面 0.7×0.45 厘米（图四三四，14；图版三八六，3）。

2）条

标本 98NSGⅠT013058②：4，残。铁条截面呈长方形，整体宽厚基本相同，一端已残。完整端可看出向一侧呈直角弯折，器身有弯曲。残长 13.2、截面 0.7×0.25 厘米（图四三五，1；图版三八六，4）。

标本 98NSGⅠT010058②：3，残。铁条截面呈长方形，整体较扁，但一端由两个较薄侧面向内锻打逐渐成尖，经锻打部分较窄较厚，尖部回砸，略向上卷曲。另一端已残。器身有弯曲。残长 16.3、截面 0.8×0.25 厘米（图四三五，2；图版三八六，5）。

3）门鼻　均为锻打制成，色呈锈红，形制各异，大小不同。

标本 98NSGⅠT012057②：17，略残。锈蚀较甚，器表剥落严重。器身上部为一圆环，向下呈锥状，锥状部分截面呈长方形。长 8.8 厘米，圆环部分直径 2、内径 1.2，锥状部分最粗处截面 1.2×0.7 厘米（图四三五，3；图版三八六，6）。

标本 98NSGⅠT009058②：3，残。锈蚀较甚，器表剥落痕迹。由中部宽扁、向两端渐细成尖的铁料卷折而成。宽扁部分卷曲制成门鼻上部的环状结构。两个尖端则向下，形成两个分枝。双枝并拢。环部截面呈长方形，单枝截面呈方形。器身和枝端皆有弯曲，应是使用中形成。枝端已残。残长 15.6、环部截面 1.9×0.7、单枝最粗处截面 0.7×0.7 厘米（图四三五，4；图版三八七，1）。

标本 98NSGⅠT012057②：16，残。锈蚀较甚，器表剥落严重。由中部宽扁、向两端渐细成尖的铁料卷折而成。宽扁部分卷曲制成门鼻上部的环状结构，环下口张开。两个尖端则向下，形成两个分枝。两枝叉开，可能与使用有关。环部与单枝截面皆呈长方形。器身略有弯曲，应是使用中形成。枝端已残，残长 10.5、环部截面 1.2×0.4、单枝最粗处截面 0.4×0.6 厘米（图四三五，5；图版三八七，2）。

标本 98NSGⅠT014057②：4，残。锈蚀较甚，器表剥落严重。为环端套在一起的大小不同的两个门鼻。两门鼻形制相同，都是由截面呈长方形的铁条卷折而成，环部与枝部铁条粗细基本一样。两门鼻环下口皆合拢较紧，枝端皆残。大者残长 5.6、单枝最粗处截面 0.4×0.3 厘米；小者残长 2.9、单枝最粗处截面 0.5×0.3 厘米（图四三五，6；图版三八七，3）。

标本 98NSGⅠT012058②：3，残。锈蚀较甚，器表剥落严重。由中部宽扁、向两端渐细成尖的铁料卷折而成。宽扁部分卷曲制成门鼻上部的环状结构，环下口略分开。两个尖端则向下，形成两个分枝。两枝略叉开，可能与使用有关。环部与单枝截面皆呈长方形。器身略有弯曲，应是使用中

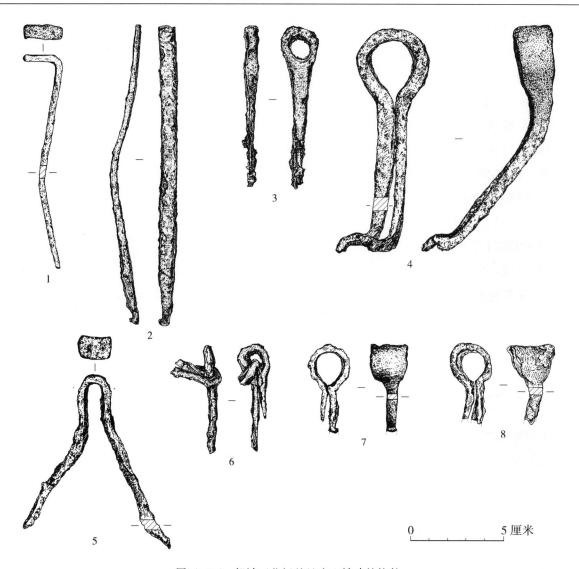

图四三五　郭城正北门基址出土铁建筑构件

1、2. 条（98NSGⅠT013058②：4、98NSGⅠT010058②：3）　3～8. 门鼻（98NSGⅠT012057②：17、98NSGⅠT009058②：3、
98NSGⅠT012057②：16、98NSGⅠT014057②：4、98NSGⅠT012058②：3、98NSGⅠT009057②：4）

形成。枝端已残。残长 4.6、环部截面 2.2×0.3、单枝最粗处截面 0.6×0.4 厘米（图四三五，7；图版三八七，4）。

标本 98NSGⅠT009057②：4，残。锈蚀较甚，器表剥落严重。由中部宽扁、向两端渐细成尖的铁料卷折而成。宽扁部分卷曲制成门鼻上部的环状结构，环下口略分开。两个尖端则向下，形成两个分枝。两枝略叉开，可能与使用有关。环部与单枝截面皆呈长方形。器身略有弯曲，应是使用中形成。枝端已残。残长 4.6、环部截面 2.2×0.3、单枝最粗处截面 0.6×0.4 厘米（图四三五，8；图版三八七，5）。

4）门转　1件。98NSGⅠT011057②：8，残。模铸，色呈锈红。只余小部分，但可看出整体呈箍状，箍体外有与箍等高、截面呈楔形的翼，只残余 2 个，根据两翼间距离可推算应共有 5 翼。高 3.2、直径 6.7、内径 5.5、翼长 0.8 厘米（图四三六，1；图版三八七，6）。

5）门枢　1件。98NSGⅠT013057②：8，完整。模铸，锈红色。立面看基本呈方形。从其内部结构看可分为上下两部分，上部俯视呈"U"形。下部俯视外形呈封口的"U"形，从底面看靠近弧边的半面中间向内凹陷，形成一半球状的窝，靠近直边的半面中心为一与上部相同的长方形孔。上部的"U"形与下部的长方形孔等应是与门结合的结构部分，下部的半球状凹窝应是与镶嵌在门下地面内的带有半球状突起的铁板复合使用的结构。高12、长15.6、宽8，下部长方形孔边长6.2×5.2，半球状凹窝直径5.4厘米（图四三六，2；图版三八八，1、2）。

6）页　标本98NSGⅠT010058②：44，残。锻打，外皮剥落严重，色呈锈红。是一其上钉有铁钉的铁片，两端均残，整体形状已不可知，但可知宽度。其上钉有2枚圆帽铁钉并残留有一钉孔。残长10.8、宽5.15、厚0.1厘米（图四三六，3；图版三八八，3）。

标本98NSGⅠT013058②：28，残。锻打，外皮剥落严重，色呈锈红。是一其上钉有铁钉的铁片，其一端已残，完整端为一斜边，与两侧边分别形成一钝角和锐角。在完整端的锐角附近钉有1枚圆帽铁钉，并在钝角附近残留有一钉孔。残长7.7、宽2.65、厚0.1厘米（图四三六，4；图版三八八，4）。

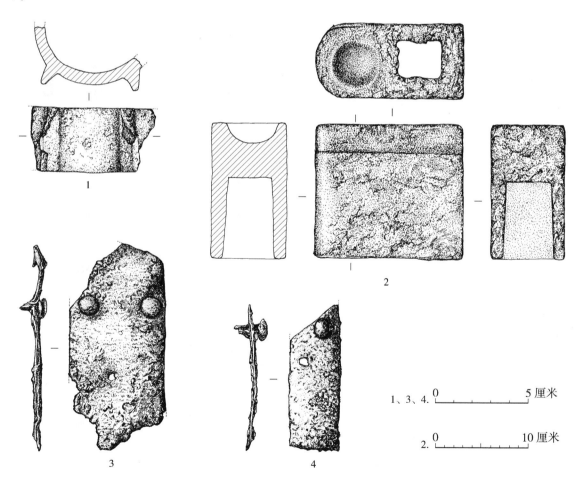

图四三六　郭城正北门基址出土铁建筑构件
1. 门转（98NSGⅠT011057②：8）　2. 门枢（98NSGⅠT013057②：8）
3、4. 页（98NSGⅠT010058②：44、98NSGⅠT013058②：28）

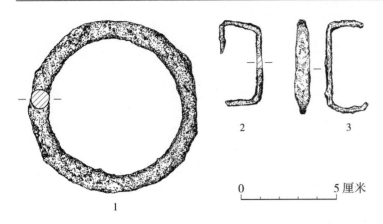

图四三七　郭城正北门基址出土铁建筑构件

1. 环（98NSGⅠT012057②：26）　2、3. 其他构件
（98NSGⅠT013058②：3、98NSGⅠT013058②：2）

7）环　标本 98NSGⅠT012057②：26，略残。模铸，外皮剥落严重，色呈锈红。环体截面基本呈长方形。直径 8.7、内径 7、环体截面 0.85×0.7 厘米（图四三七，1；图版三八八，5）。

8）其他构件　标本 98NSGⅠT013058②：3，残。锻打，色呈锈红。是用一端皆尖的铁条经过三次弯折而成，另一端已残，不知其状。铁条中间部分截面呈长方形，两端弯折出截面基本呈方形。器长 4.4、宽 2.1、中间部分截面 0.6×0.2，弯折部分截面 0.2×0.2 厘米（图四三七，2；图版三八八，6）。

标本 98NSGⅠT013058②：2，残。锻打，色呈锈红。形制与上一标本基本相同，但两端皆残。器长 4.7、残宽 2、中间部分截面 0.65×0.2，弯折部分截面 0.2×0.2 厘米（图四三七，3；图版三八九，1）。

2. 生活用具

盛炊器均无法复原，仅有一些釜残片和无法辨认器形的口、底残片，其他还有网缀、镨和 1 件不知用途的残块。

1）釜　2 个个体的残片，均为接近口沿部分。

标本 98NSGⅠT011057②：7，残。模铸，锈红色。应为圆形，现只余小半周。沿较宽且略上翘，沿下面较平，上面接近边缘处弧状向下，使得沿的边缘较锋锐。沿下的腹片较直。沿上连接有内敛后又向上折的口片，内壁有一圈折痕，外壁近沿部有一圈棱。残高 9、直径、沿宽 3.3 厘米（图四三八，1；图版三八九，2）。

标本 98NSGⅠT013057②：54，残。模铸，锈红色。应为圆形，现只余小部分。沿较窄且略上翘，沿下面较平，上面接近边缘处弧状向下，使得沿的边缘较锋锐。沿下腹片剩余较小，略内收。沿上连接有内敛后又向上折的口片，内壁有一周折痕，外壁近沿部有棱一周，棱上有分布均匀密实的凸弦纹。残高 4.7、沿宽 1.3 厘米（图四三八，2；图版三八九，3）。

标本 98NSGⅠT013057②：22，残。模铸，锈红色。器壁略呈弧形，应是圆形器的残片，腹片向下延伸中亦略内收，从纵横的弧度看，器形应较大。器口部抹斜向内，使得口沿外缘较锐。口沿铸有向上的双连环状吊耳。两环一大一小，大环已残，环孔形状不甚规则。器壁口部较厚，向下略薄。残高 11.1、壁厚 0.4~0.7 厘米（图四三八，3；图版三八九，4）。

2）器底　标本 98NSGⅠT011057②：12，残。模铸，锈红色。从残余部分观察，器形应较大，器底呈圆形。平底，底壁交接处铸有若干支脚，此片上有一只，已残。残余的腹壁较直，略外斜。残高 7.1、壁厚 0.5、底厚 0.65 厘米（图四三八，4；图版三八九，5）。

3）网缀　标本 99NSGⅠT012057②：43，残。模铸，锈红色。背面较平，正面略鼓。一端已残，残余部分俯视基本为连接在一起的两个椭圆，端部的较小，横置，较大的纵置，两圆相接处为环正面和两个侧面的凹痕。残长 4、宽 2.25、厚 1.2 厘米（图四三九，1；图版三八九，6）。

4）锛　标本 98NSGⅠT012058②：50，略残。锻打制成，色呈锈红。正视基本呈长条状，刃端和尾端宽度基本相同，器身中部略偏下部位有亚腰。器身上部有椭圆形的銎孔，整体是截面呈椭圆形的管状，向下前后两面渐收成刃。器身上部背面有缝隙，可看出銎孔是将器身上部向前打薄后再向后翻卷制成。刃部略弧，两角较圆。长 9.2、最宽处 3、銎孔长径 3、短径 2.4 厘米（图四三九，2；图版三九〇，1）。

5）其他　标本 99NSGⅠT012058②：49，残。模铸，锈红色。俯视呈铁条状，两端皆残。上下两面中一面较平，一面在两边形成圆角。剩余部分一端较宽，一端略窄，较宽的一端中心有扁长的穿孔，较窄端在较平的一面上有截面呈三角形的突起。残长 9.8、宽 2.4～2.7、厚 1.2 厘米（图四三

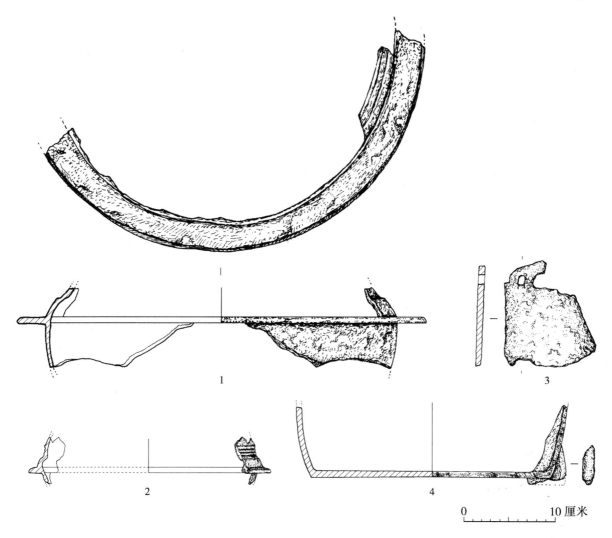

0　　　　　　　10 厘米

图四三八　郭城正北门基址出土铁器

1～3. 釜（98NSGⅠT011057②：7、98NSGⅠT013057②：54、98NSGⅠT013057②：22）

4. 器底（98NSGⅠT011057②：12）

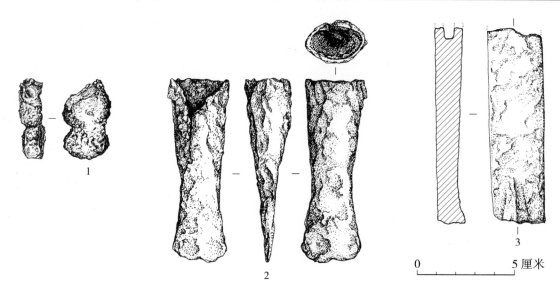

图四三九　郭城正北门基址出土铁器

1. 网缀（99NSGⅠT012057②：43）　2. 锛（98NSGⅠT012058②：50）　3. 其他器物（99NSGⅠT012058②：49）

九，3；图版三九○，2）。

3. 武器防具

有镞和甲片。

1）镞　4件。其中2件残损较严重。

标本98NSGⅠT012058②：19，完整。锻打，锈红色。镞身截面基本呈长方形，但角略平。中部较细，略呈亚腰形，靠近铤部较粗且截面略圆，镞尖由两面锻打成扁凿状，较宽。铤部较细，与镞身有明显分界，铤尾呈尖状。长11.2厘米（图四四○，1；图版三九○，3）。

标本98NSGⅠT013057②：13，残。锻打，锈红色。镞身俯视呈长菱形，两面起脊。铤部与镞身有明显分界，截面基本呈方形。残长5.2厘米（图四四○，2；图版三九○，4）。

标本98NSGⅠT013057②：14，残。锻打，锈红色。镞身前部已残，可看出镞身较宽扁，接近铤部较窄，由近铤部向前渐宽。铤部与镞身有明显分界，截面形状已不可辨，但可看出其宽厚基本相同，厚于器身甚多。残长5.8厘米（图四四○，3；图版三九○，5）。

标本98NSGⅠT011057②：9，残。锻打，锈红色。镞身前部已残，可看出镞身较宽扁，由铤部向前陡然变宽。器身有些弯

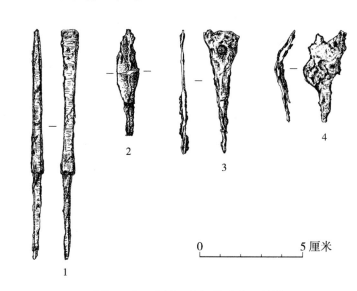

图四四○　郭城正北门基址出土铁镞

1. 98NSGⅠT012058②：19　2. 98NSGⅠT013057②：13

3. 98NSGⅠT013057②：14　4. 98NSGⅠT011057②：9

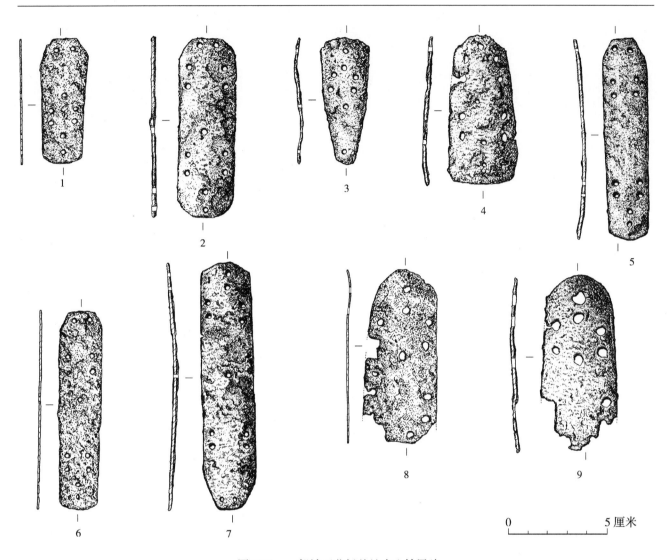

图四四一　郭城正北门基址出土铁甲片

1. 98NSGⅠT013058②：39　2. 98NSGⅠT013058②：68　3. 98NSGⅠT013058②：57

4. 98NSGⅠT013058②：76　5. 98NSGⅠT013058②：66　6. 98NSGⅠT013058②：71

7. 98NSGⅠT013058②：67　8. 98NSGⅠT013058②：82　9. 98NSGⅠT013058②：80

曲。铤部与镞身有明显分界，截面形状已不可辨，但可看出其较窄，厚薄与器身相近，铤尾呈尖状。残长 4.5 厘米（图四四〇，4；图版三九〇，6）。

2）甲片　因所处位置和穿系方式不同而大小、形状及其系孔位置和数量有所差异。分为 9 种。

标本 98NSGⅠT013058②：39，略残。锻打，锈红色。呈一端较宽一端略窄的长条形。窄端边缘呈弧形，宽端平，两角切掉，观之呈梯形台状。器身略弧，其上规律地布有 9 个系孔。长 6.15、宽 1.1～2.3、厚 0.1 厘米（图四四一，1；图版三九一，1）。

标本 98NSGⅠT013058②：68，略残。锻打，锈红色。呈圆角长方形。其上规律地布有 13 个系孔。长 8.85、宽 2.75、厚 0.13 厘米（图四四一，2；图版三九一，2）。

标本 98NSGⅠT013058②：57，略残。锻打，锈红色。呈一端宽一端窄且四边皆弧的长条形。角较圆，器身略呈"S"形，其上规律地布有8个系孔。长6.3、宽0.9～2.4、厚0.1厘米（图四四一，3；图版三九一，3）。

标本98NSGⅠT013058②：76，略残。锻打，锈红色。呈一端宽一端窄且四边略弧的长条形。宽端角较圆，窄端两角切掉，观之呈梯形台状。其上规律地布有10个系孔。长7.35、宽0.9～3.3、厚0.15厘米（图四四一，4；图版三九一，4）。

标本98NSGⅠT013058②：66，略残。锻打，锈红色。呈一端较宽一端略窄的长条形。窄端边缘呈弧形，宽端平，两角切掉，观之呈梯形台状。器身略弧，其上规律地布有12个系孔。长9.9、宽1.1～2.14、厚0.15厘米（图四四一，5；图版三九一，5）。

标本98NSGⅠT013058②：71，略残。锻打，锈红色。呈长条形。一端平一端弧，平端两角切掉，观之呈梯形台状。其上规律地布有13个系孔。长9.9、宽1.2～2.1、厚0.1厘米（图四四一，6；图版三九一，6）。

标本98NSGⅠT013058②：67，略残。锻打，锈红色。呈长条形。一端平一端弧，平端两角切掉，呈梯形台状。器身略有扭曲，其上规律地布有13个系孔。长12.25、宽1.1～2.5、厚0.1厘米（图四四一，7；图版三九二，1）。

标本98NSGⅠT013058②：82，略残。锻打，锈红色。呈一端较宽一端略窄的长条形。窄端弧形圆角，宽端平，两角切掉，观之呈梯形台状。器身略有扭曲，其上规律地布有13个系孔。器身有些扭曲。残长8.6、宽约1.8～3.6、厚0.1厘米（图四四一，8；图版三九二，2）。

标本98NSGⅠT013058②：80，残。锻打，锈红色。呈一端较宽一端略窄的长条形。窄端呈弧形圆角，宽端已残。器身略有扭曲，其上残余8个系孔。器身有些扭曲。残长8.6、宽约3.4～3.7、厚0.1厘米（图四四一，9；图版三九二，3）。

（四）铜器

有建筑材料和生活用具两类。

1. 建筑材料

钉　2枚。

98NSGⅠT012057②：19，残。模铸，锈绿色。钉帽整体呈一空心的四棱锥状。钉身已残，截面呈方形。残长0.8厘米（图四四二，1）。

98NSGⅠT013057②：6，残。模铸，锈绿色。钉帽俯视呈圆形。钉身略斜，截面呈方形。长1.6、帽径1.4厘米（图四四二，2）。

2. 生活用具

环　1件。

标本98NSGⅠT013057②：17，完整。锻打，锈绿色。为一扁铜丝弯曲成椭圆状，接口处略分开。长径2、短径1.1厘米（图四四二，3）。

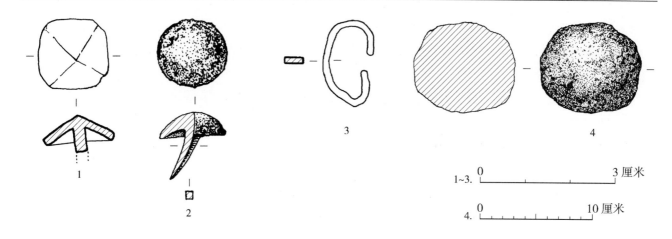

图四四二　郭城正北门基址出土铜、石器

1、2. 铜钉（98NSGⅠT012057②：19、98NSGⅠT013057②：6）

3. 铜环（98NSGⅠT013057②：17）　　4. 礌石（98NSGT014058②：2）

（五）石器

礌石　1件。

标本98NSGT014058②：2，完整。玄武岩质，琢制，色呈灰褐。略呈扁球状。由于石质的原因，身布满蜂窝状孔。长径9、短径7.3厘米（图四四二，4；图版三九二，5）。

（六）建筑遗物

白灰墙皮　1块。

标本98NSGT010058②：49，残，采集。为片状白灰块的一小部分，外面为平面，上有一道朱红色的痕迹，说明郭城正北门建筑的墙壁曾有彩绘或涂朱。内面残留有草梗痕，应是曾抹在草拌泥的墙面之上。残长4.4、宽4、厚1.4厘米（图版三九二，6）。

第五节　小　结

渤海上京城门基址，历来受到学术界的关注，此次郭城正北门基址的发掘，为探讨渤海上京城的用门制度、都城的建制以及建筑形式提供了科学的资料。

1. 关于正北门基址的建筑形制

隋唐时期，都城如长安和洛阳主要城门的通行做法，是在一个城门楼下设若干个门道，而渤海国上京正北门则是由两段短墙将中央门基址与两侧城门相联结的组合式建筑，并且，中央门基址是以台基建筑的形制出现的。二者的区别是显而易见的，但在城门结构的具体做法上，渤海国与中原又有颇多的相通之处，反映了渤海政权在对隋唐文化学习借鉴的同时，根据自己的需要又有所变化和创新。

本次发掘，证明了渤海国上京城正北门的建筑形制是由中央台基式门和两个侧门等3个个体建筑构成的群体建筑。从这个意义讲，可以说这是我国隋唐考古及建筑史上的新发现。

2. 关于正北门的中央门基址建筑

渤海上京城外城正北门基址就其位置及遗迹的规模形制看，中央门基址的台基建筑无疑是这一群体中的主体建筑。台基南北两侧设慢道式踏道，是可供出入的门道。从正北门所处的位置看，它应该是渤海国宫禁与城外交通之门。在上京城的北面，有著名的三陵屯墓群，应与渤海国的王室有密切关系。另外在城北"玄武湖"北岸有假山和建筑的遗迹，地表散落着渤海时期的砖、瓦，其中有雕花砖、绿釉瓦，被认为是渤海时期王室宴饮游乐的场所。如此则正北门应在渤海国王室谒陵和郊游活动中起重要作用。而其中央门基址建筑的门道则极有可能是渤海王专用的道路。此种情况，有唐明德门之先例。

第九章 第1号街基址

第一节 保存状况与工作情况

渤海上京城第1号街（或称之为"朱雀大街"），是贯穿"皇城"南门和郭城正南门的中轴大街，南北向，全长2195米，位于东、西半城的坊墙之间，将郭城划分为东半城和西半城两部分。第1号街与位于皇城南门前，东西向的第6号街呈"丅"状交汇。

"皇城"南门台基南侧有一条东南—西北向的水渠将路截断，水渠之南部有一块洼地，系当地农民取土后形成。洼地的南缘与东、西半城最北的坊墙相对。由洼地向南约250米左右的路段保存较好，现为耕地。路基东坊墙西侧有田间道向南延伸，路基西坊墙东侧有颜家街村[1]通往渤海镇的乡路，这两条乡路在东、西两侧的坊墙内南北向平行，可见路中央部分有鱼脊状凸起，过此路段再向南，路的中心部分与一条乡路重合，直至郭城南门。

2004年5～6月，黑龙江省文物考古研究所对第1号街基址进行了发掘。本次发掘区位于"皇城"南门南100米处南侧，采用象限法布10×10米探方26个，东西向2排，南北向13列，横截路基并跨越东半城第1列第1坊西坊墙、西半城第1列第1坊东坊墙基址，发掘面积2600平方米。探方编号为04SYLⅢT001094～T008094、ⅣT001094～T005094、ⅢT001095～T008095、ⅣT001095～T005095（"S"为上京城、"Y"为1号、"L"为路基址、"Ⅲ"和"Ⅳ"为象限区）。

为了证明有无路边排水系统遗迹，沿发掘区北边，开掘130×1米，东西向的探沟1条（04SYLTG1），另在其他部位开掘20×1米的探沟3条（04SYLTG2～TG4）（图四四三）。

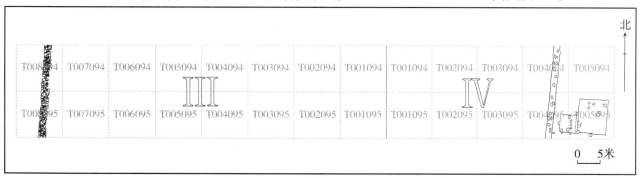

图四四三 第1号街基址发掘区探方分布图

　　参加发掘工作的人员有黑龙江省文物考古研究所赵哲夫、王长明，黑龙江省渤海上京遗址博物馆朱春雨、刘伟，宁安市文物管理所邱柏菡、张瑞丰，河北省文物研究所技工韩麦林。

　　发掘的主要遗迹有第 1 号街基址；东半城第 1 列第 1 坊西坊墙基址；西半城第 1 列第 1 坊东坊墙基址及坊内的房基址（图版一一○，1、2）。出土遗物仅有少量的建筑材料和生活用具。

第二节　第 1 号路基址及两侧遗迹

（一）路基址

第 1 号路地层堆积较简单，分 4 层。

第 1 层，为耕土，黑褐色，厚 0.2～0.25 米。含沙量较大，包含较多的草根和少量瓦片。

第 2 层，灰褐土，厚 0.1～0.2 米。含沙量较大，较硬，土中包含较多的草根。

第 3 层，黄褐土。较纯净，局部有平整过的迹象（图四四四）。

第 4 层，黄褐土，厚度未知。纯净，生土层。

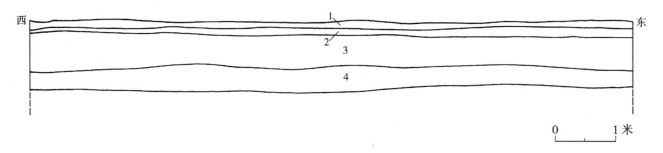

图四四四　第 1 号街路基址地层图

　　路基的构筑时序为：首先将路面清理，铲平，在发掘中发现了数处在修整路面时铲断的树根，直径 0.08～0.12 米（图版一一二，2）。然后另行取土铺垫路基。现存的第 1 号路基址小部分与现代路重合，大部分已辟为农田，故路面没有保存下来。

　　经测量，东、西坊墙内侧间距为 110.2 米。从横剖面观察，第 1 号街东西两侧向中央平缓凸起，高低差 0.35～0.45 米（图四四五）。

（二）坊墙基址

1. 路基东侧坊墙基址

　　发掘区东侧的坊墙系东半城第 1 列第 1 坊西墙的北半部分的一段，墙体早已坍塌，现仅存墙基。

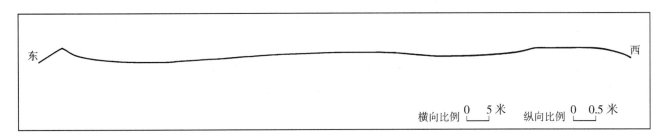

图四四五　第1号街地势剖面图

坊墙上的地层堆积只有一层，土质为黑褐色，较松散，厚0.4～0.5米。土中包含陶片、瓦片、石头、少量烧土和炭粒。

揭露出的坊墙位于T1200、T1201的中部，方向为北偏西3°，长19、宽1.4～1.5、现存高约0.05～0.3米。墙体为土石混筑结构，两侧用较大的石块不规则堆砌，平面朝外，故外侧较为齐整，内以黄色黏土和石块充实。墙基为黄沙土，墙体散落的石头大部分被起走，现存的石块大的约长0.6、宽0.55米，小的约长0.12、宽0.8米（图四四六；图版一一一，1）。

坊墙东侧北端残存有其倒塌形成的堆积，南北长4、东西宽2米，其外侧距坊墙的墙基东侧约2.4～2.5米，推测坊墙高应不超过2.5米。堆积的主体为大小不等的石块，东侧边缘尚存几块破碎的板瓦，应是坊墙瓦顶的残余部分。坊墙西侧没有发现倒塌堆积，因此该段坊墙是向东侧倒塌的。

坊墙西侧有沙土层呈坡状覆盖在墙基上，应该是修筑完坊墙后铺垫用来保护墙基的，东侧无此现象。

根据解剖得知，坊墙修筑时，先开挖宽2.15、深0.7～0.8米的基槽；在基槽底填入厚0.2米的土，作为坊墙基槽的基础，这层土呈灰褐色，较纯净，土质黏性大，较硬；在此之上再砌筑石块（图四四七，上）。

2. 路基西侧坊墙基址

发掘区西侧的坊墙系西半城第1列第1坊东墙的北半部分的一段，墙体大部分已无存，仅能根据坊墙基槽确认其位置。发掘前地表平整，均为耕地，已无明显墙体的痕迹（图版一一一，2）。

西坊墙墙基上的地层关系为：

第1层，耕土层，厚0.1～0.15米。黑褐色土质，较疏松，包含少量沙粒、布纹瓦。

第2层，灰褐色。含少量沙和布纹瓦残片。

经解剖得知，西坊墙墙基的修筑方法是，先开挖宽1.65、深0.65～0.85米的基槽，在底部垫一层厚约0.4米的黑褐土，此土黏性大，硬度较强，然后在黑褐土垫一层灰褐土，厚0.25～0.45米，内含少量玄武岩石块和少量炭粒，坊墙应该是修筑在这一层之上（图四四七，下）。

3. 路边沟的探查

在本次发掘中，为了证明有无路边排水明沟遗迹，开掘了4条探沟。

TG1　位于工地北端，沿探方北壁内侧布设。长129、宽1米。

TG2　在T1200和T1100内，沿探方南壁内侧布设。长20、宽1米。

TG3　位于TG2南侧38米。长20、宽1米。

TG4　位于TG3南侧40米。长20、宽1米。

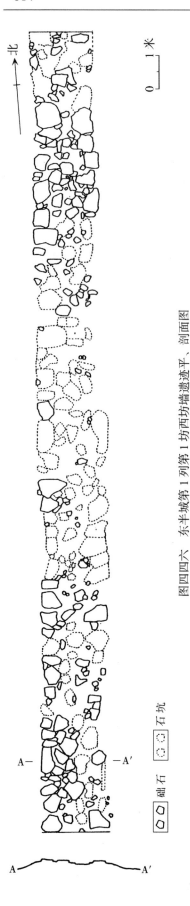

北

0　　　1米

A——A'

磉石 ▢▢ 石坑 ▢▢

A⌐⌒⌐⌐⌐⌐⌐⌐⌐⌐⌐A'

图四四六　东半城第 1 列第 1 坊西坊墙遗迹平、剖面图

在 TG1 东端，东坊墙的护坡下，发现早于路基的纵向沟一条，在修路之前已经被淤平。其他探沟均未发现沟的遗迹，仅发现路两侧含沙量明显高于路中心部分。在本次工作区域内，未发现有路边排水沟，TG3 的地层关系较典型，与前述路基地层情况基本相同（图四四八）。

（三）西半城第 1 列第 1 坊内房基址

在对第 1 号路基址进行发掘时，于西半城第 1 列第 1 坊内发现一处房基址（编号 04SYLF1，以下简称 F1）。该坊东临第 1 号路，北临第 6 号路，东西长 475、南北宽 240 米。F1 位于坊的东北角，东距坊墙 1.5、北距坊墙 38.5 米（图版一一二，1）。

F1 所在区域发掘前为农田。地层堆积情况单纯，表土层厚0.15~0.2 米，黑褐色，土质较疏松，包含少量烧土颗粒、布纹瓦碎块。表土层下为当时的居住面，呈红褐色，较坚硬，墙的痕迹多已不见，仅能依据地面范围来确定房址的范围。

1. 形状与结构

F1 是地面式房址，已发掘部分呈半个凸字形，凸起的部分向南，整个房址呈南北向。其自东至西的长度，其南部分为两段，东段长 5、西段长 4.95 米。其北部分 10 米。自南向北的宽度，东部为 3.95、中间和西部为 6 米。从遗迹现象来看，F1 继续向发掘区西侧延伸，被现代沟截断。所以 F1 未能完全揭露，已发掘部分应是整个房屋的一半（图四四九）。

F1 的残余部分可分为东、西 2 间。

2. 东间结构及其内的遗迹

东间东西长 4.7、南北宽 4 米，平面近长方形，西南角残留两个近方形门枕痕迹，两门枕中心点间距 1 米。东侧门枕平面为长方形，南北长 0.4、东西宽 0.35 米。西侧门枕近方形，边长约0.2 米，位于西墙南端。在东侧门枕北侧有一列南北向的柱洞，共 5 个，南边和北边的柱子为圆形，中间的 3 个为长方形，南北向中心点间距为 1~1.1 米，最北边的 1 个柱洞在屋内地面北侧边缘外侧，其余的 4 个柱洞在屋内。柱洞西 0.6~0.9 米处有南北向墙的遗迹，灰褐色土所筑，南北长 3.6、东西宽 0.5 米，其南端为西侧门枕，北端为西间东北角的灶。此墙是东、西间的间壁墙，墙与其东侧的 1 列柱洞之间可能为过道。房间东侧偏北有 1个柱洞，此柱洞平面呈圆形，直径 0.3 米，南距东间西南角约

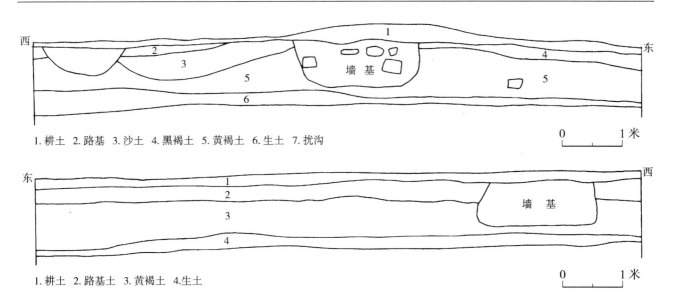

1.耕土　2.路基　3.沙土　4.黑褐土　5.黄褐土　6.生土　7.扰沟

0　　　　　1 米

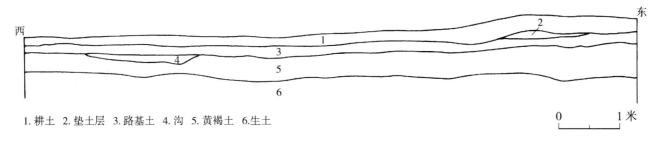

1.耕土　2.路基土　3.黄褐土　4.生土

0　　　　　1 米

图四四七　第1号街两侧坊墙基址图
上：东半城第1列第1坊西坊墙　下：西半城第1列第1坊东坊墙基址

1.耕土　2.垫土层　3.路基土　4.沟　5.黄褐土　6.生土

0　　　　　1 米

图四四八　TG3 北壁地层剖面图

2.1 米。

　　东间的东、南和北方向，因破坏均不见墙痕迹。

　　屋内北部偏西有一灶（Z1）。椭圆形，南北向长轴直径 0.85、东西向短轴直径 0.68、深 0.13 米。灶壁及灶底面均为红烧土，灶的开口向外，即由外面烧火。在 Z1 东侧有 1 烟道平面呈曲尺形，宽约 0.15 米，西端与 Z1 相连，东端在距 Z1 的 1.9 米处向北转折向出房间外，转折部分长 0.5 米。

　　Z1 北约 0.6 米处出土残陶罐 1 件，罐腹部直径 0.5 米。东侧略偏北约 0.35 米处有一堆兽骨。

　　房门的南侧，有一条宽约 1 米的小路基痕迹，南北向。

　　东间北侧发现少量布纹瓦残片，经多年耕作均扰成小块和颗粒状，覆盖在地面和残陶罐之上，这种情况应该是屋顶倒塌堆积，在耕种时被扰乱形成的。

　　3. 西间的结构及其相关遗迹

　　西间的西侧破坏严重，残存部分呈长方形。东西长 5、南北宽约 6 米。

　　西间的西南角，南距房间边缘 0.3 米处，发现一块已经炭化的木门枕，近正方形，边长 0.5 米，推测应有另外一个门枕与其对应。因其西侧被现代沟破坏，已无从寻找，该门枕较大，所以应该是

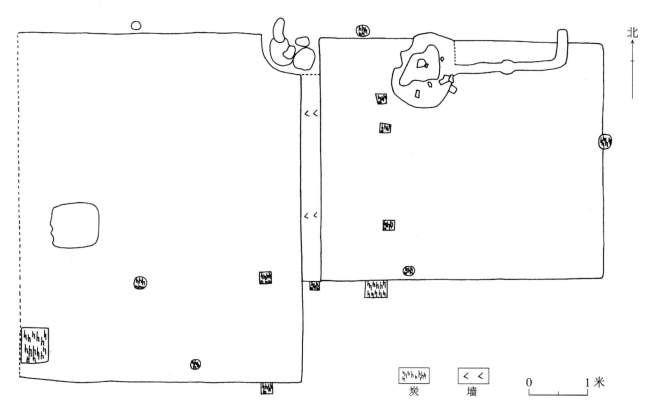

图四四九　F1 平面图

房屋正门的遗迹，其南侧 0.3 米的空间，可能为廊。

　　屋内发现 5 个柱洞，地面边缘以外 2 个，其中 1 个位于南边，距东南角 0.86 米，长方形，长 0.2、宽 0.18 米。另 1 个位于北边，距 Z2 距离 2.14 米，圆形，直径 0.16 米。地面边缘以内 3 个，自南向北呈三角形排列，南边 1 个，距地面边缘东 1.7、南 0.2 米，圆形，直径 0.18 米。其北边 1.3 米处 2 个，东西向排列，东边的正方形，边长 0.2 米，距隔墙 0.86 米，西边的圆形，直径 0.2 米，二者相距 1.66 米。

　　西间的南、北两面，因破坏均不见墙痕迹。

　　屋内的东北角，发现一处灶的遗迹（Z2）。椭圆形，东西约 0.9、南北约 0.45、深 0.15 米。灶内有 3 个椭圆形相互打破的灰烬坑。灶壁及灶底面均为红烧土，其北侧有一平面圆形、直径 0.15、深 0.25 米的灰烬坑，表明该灶由外面烧火。

　　西南部分另有一灶（Z3）。南距房间南部边缘 2.25、西距房间残存边缘 0.6 米，平面近方形，约边长 0.75、深 0.2 米，灶壁及灶底为红烧土，此灶应该是室内取暖设施的基底部分。北半部地面，经火烧烤已呈红褐色，较坚硬。

　　西间南、北两侧分布有大量布纹瓦残片，经多年耕作均扰成小块和颗粒状，应为 F1 的倒塌堆积，结合东间北侧的堆积情况分析，F1 应是瓦顶建筑。

第三节　出土遗物

1. 建筑材料

（1）陶单面按压纹板瓦

标本 04SYLⅢT008095②：3，青灰色，后端残块。指压纹正向。前端厚 2.5 厘米（图四五〇，1）。

标本 04SYLⅢT008095②：2，青灰色，后端残块。指压纹斜向。前端厚 3.5 厘米（图四五〇，2）。

（2）特殊陶板瓦　胎质与釉陶瓦相同，表面涂色。

标本 04SYLⅢT008095②：5，红胎，残块。双面有淡黄色涂色痕迹，无光泽，凹面局部有粗布纹痕迹。厚 2.2 厘米（图四五〇，3）。

（3）陶普通筒瓦

标本 04SYLⅢT008095②：4，夹砂质，有青灰色，残存瓦身后端和瓦唇。瓦内有粗布纹，瓦唇前端宽于后端，上部由前向后渐低，下部向后微上扬。长 3.5、宽 8～10 厘米。其后部有横向凹槽，宽 1.6 厘米（图四五〇，7）。

（4）陶文字瓦

标本 04SYLⅢT008095②：6，青灰色。阳文"田"字戳印于板瓦前端（图四五〇，4、5）。

2. 生活用具

（1）陶器底

标本 04SYLF12：7，轮制，青灰色。厚 0.5、底径 20.3 厘米（图四五〇，8）。

（2）瓷碗

标本 04SYLTG1②：1，敞口，圆唇，斜壁，平底，矮圈足，白色釉，碗底未施釉。口径 13.8、底径 7.1、高 3.5、壁厚 0.6 厘米（图四五〇，6；图版三九二，4）。

第四节　小　结

第 1 号街是贯穿皇城南门和外城正南门的中轴大街，此街将外城划分为东半城和西半城两部分，在大街的两侧排列着整齐的里坊。

1963～1964 年中国、朝鲜联合考古队发掘渤海上京城期间，曾对此路进行过勘查，以路两侧坊墙之间的距离推测路宽为 110 米。

在本次发掘区内，沿探方边北壁测量，在正东西方向上，东、西坊墙内侧的距离为 110.5 米，考虑到上京城的中轴线是北偏东 4.5°，故测量东、西坊墙内侧之间的垂直距离为 110.2 米，约合中唐时期唐尺（每尺 0.295 米）373 尺，应是路的实际宽度。

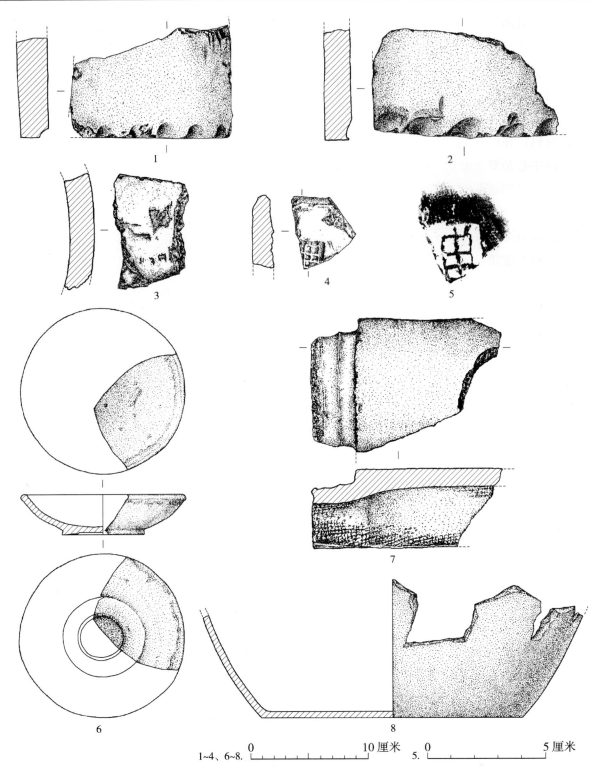

图四五〇　第 1 号路基址出土器物

1、2. 陶单面按压纹板瓦（04SYLⅢT008095②：3、04SYLⅢT008095②：2）　3. 特殊陶板瓦（04SYLⅢT008095②：5）

4、5. 陶文字瓦及拓片（04SYLⅢT008095②：6）　6. 瓷碗（04SYLTG1②：1）　7. 陶普通筒瓦（04SYLⅢT008095②：4）

8. 陶器底（04SYLF1②：7）

在发掘区域内，第 1 号街基址中间部位凸起，呈鱼脊形，宽约 50 米，路面最高处高出东西两侧凹处 0.35～0.45 米，此种迹象在发掘区向南几百米的距离内保存良好，而且愈向南愈明显。

渤海上京城是以唐长安城为蓝本建设的，唐长安城的"御路"有排水明沟[2]，但渤海上京城第 1 号街基址尚未发现类似现象。

渤海上京城所在位置，是一个北高南低的缓坡，宫城位于最高点，其次是皇城和外郭城。根据此次发掘资料，在已揭露的区域内未发现排水明沟，由此可以认为，第 1 号街没有路边排水沟设施，雨水是从路中心鱼脊形部位分流到路两侧，受到坊墙护坡的阻挡，再借助北高南低的地势向南泻出，是一种前所未见的道路排水方式，这种方式可以看做是隐形的排水沟。第 1 号街宽 110 米范围内，可能只有中间约 50 米是实际通行的道路。

F1 所在的街坊，是上京城内最重要的街坊，所居住的可能并非一般居民。渤海上京城以往发现多为宫殿和佛寺建筑，F1 是首次在外郭城发掘的居住建筑，对研究上京城城市居民的生活，有着十分重要的意义。

---

[1] 颜家街，原渤海镇村名，已动迁，今已不存。

[2] 唐长安城御路两侧有排水明沟，宽 2.5、深 2 米，见中国科学院考古研究所西安唐城发掘队《唐代长安城考古记略》，《考古》1963 年第 11 期。

第十章　城墙建筑结构

　　渤海上京城遗址由郭城、皇城、宫城三部分组成，三道城墙格局保存基本完整。1933～1934 年日本东亚考古学会对郭城东墙北端偏南处进行了局部清理。1963～1964 年中朝联合考古队发掘郭城南垣东部城门时清理了与之相连的部分城墙、坊墙。1981～1987 年黑龙江省文物考古工作队对宫城墙及墙外的护城河进行了部分发掘。1997 年黑龙江省文物考古研究所和牡丹江文物管理站联合发掘清理了皇城东墙南段、宫城东夹墙、坊墙等。

　　2006 年黑龙江省文物考古研究所在郭城四面城墙、皇城东墙和宫城南墙东段公路穿越的豁口西侧现有的豁口处（城毁后多年人为破坏形成），利用探沟对其进行了解剖，获取了新的资料。

　　参加郭城工作的有黑龙江省文物考古研究所赵虹光、牡丹江市文物管理站王祥滨；参加皇城工作的有黑龙江省文物考古研究所刘晓东、赵哲夫，宁安市文物管理所李铁强；参加宫城工作的有黑龙江省文物考古研究所赵哲夫、刘晓东，宁安市文物管理所李铁强。

第一节　城墙的分布与格局

（一）城墙概况

　　郭城平面形状基本呈横长方形，由东、南、西、北四面城墙组成，其中北城墙中心部分向外凸出，城内占地 15.8773 平方公里。郭城墙均为土石混筑，即底基部分用土堆筑，其上用石垒砌城墙。城墙坍塌后的石块堆积在城墙基部的内外两侧，宽 10 米左右，残存高度 1～3 米。郭城城垣上现有豁口 30 余处，系城毁后多年人为破坏所致。

　　东城墙长 3347 米，城墙基本上呈直线状（图版一一三，1）。西城墙长 3400 米，全部呈一直线（图版一一三，2）。南城墙长 4588 米，全部呈一直线（图版一一四，1）。北城墙全长 4958 米，情况比较复杂，该段城墙自西北角起，为规避西南—东北流向的，从牡丹江分流出来的河岔，形成了同向的抹斜，长 252 米。自抹斜向东 1397 米呈直线状，然后向北凸出 177 米，凸出部分向东延展 846 米后，因地势关系向南直角内折 47 米，向东 205 米后，再次向南直角内折 115 米，再向东为直线状，长 1919 米（图版一一四，2）。

　　郭城的周长，即四面城墙长度总和为 16293 米（图四五一）[1]。

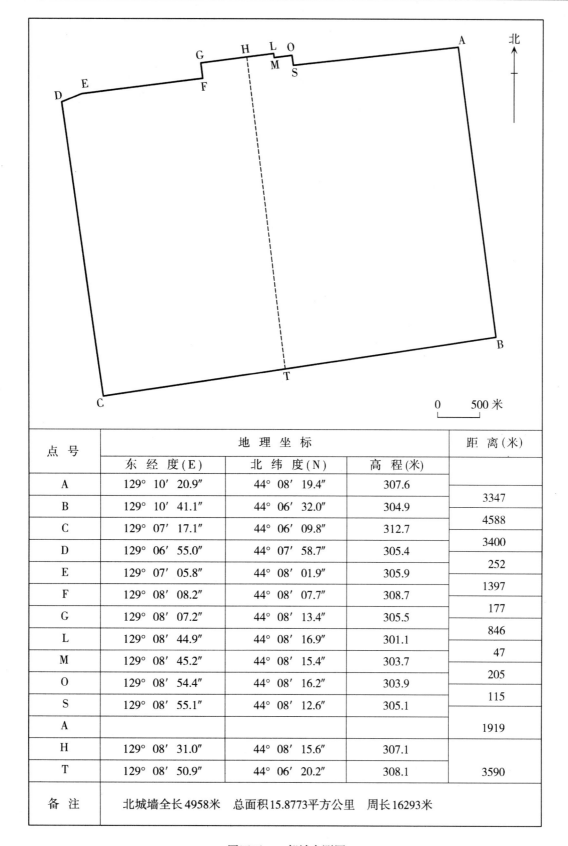

点 号	地 理 坐 标			距 离（米）
	东 经 度（E）	北 纬 度（N）	高 程（米）	
A	129° 10′ 20.9″	44° 08′ 19.4″	307.6	
B	129° 10′ 41.1″	44° 06′ 32.0″	304.9	3347
C	129° 07′ 17.1″	44° 06′ 09.8″	312.7	4588
D	129° 06′ 55.0″	44° 07′ 58.7″	305.4	3400
E	129° 07′ 05.8″	44° 08′ 01.9″	305.9	252
F	129° 08′ 08.2″	44° 08′ 07.7″	308.7	1397
G	129° 08′ 07.2″	44° 08′ 13.4″	305.5	177
L	129° 08′ 44.9″	44° 08′ 16.9″	301.1	846
M	129° 08′ 45.2″	44° 08′ 15.4″	303.7	47
O	129° 08′ 54.4″	44° 08′ 16.2″	303.9	205
S	129° 08′ 55.1″	44° 08′ 12.6″	305.1	115
A				1919
H	129° 08′ 31.0″	44° 08′ 15.6″	307.1	
T	129° 08′ 50.9″	44° 06′ 20.2″	308.1	3590
备 注	北城墙全长4958米　总面积15.8773平方公里　周长16293米			

图四五一　郭城实测图

　　郭城东、西墙北段外侧，可以看到城壕的遗迹，北墙外侧有断断续续，宽约 2、深不及 1 米的城壕遗迹。南墙外自西侧南城门以东，有一条长 3 公里、宽 4～6 米、深约 2 米的现代水渠，是建国前开凿的，可能是利用原来的城壕遗迹掘深而成。从郭城城墙的外侧残留的城壕遗迹分析，城四面原来应有环绕的护城壕遗迹，西北角的牡丹江分流出来的河岔，直抵城下，可能是护城用水的主要来源。

　　皇城位于宫城南侧，二者之间隔有宽约 92 米的第 5 号街。平面基本呈长方形，分为东、中、西三个区域。东、西区均为东西长 413 米、南北宽 355 米的长方形。中区北面无墙，宽 222 米。南墙长 1045 米。城墙为一体的建筑，平面呈“□□”状，周长 3291 米。保存状况较差，仅东墙大半部分，南墙的中间部分，西墙西南角的数米尚存痕迹。保留下来的墙段亦多有现代沟渠和道路通过的缺口，地面可见高约 0.5、宽约 6 米的一条土棱，有的部位只是略高于附近地面的缓坡，其上暴露少量玄武岩石块。

　　宫城位于渤海上京城北部居中，分为宫城、东西掖城和圆璧城四部分。宫城平面为规整的长方形，南北长 720、东西宽 620 米，周长 2680 米。宫城墙用玄武岩砌筑，保存情况良好，高出现地表 3～5 米，仅在南、北墙各有一处东沙公路通过的缺口，南豁口位于宫城南墙东段，北豁口在宫城北门上穿越。

　　宫城两侧建有东、西掖城[2]，东掖城倚宫城东墙而建（图版一一五，1），其内有园林亭榭，俗称“御花园”，南、东、北侧的墙体保存较好，其中东墙的南半部分为夹墙。西掖城倚宫城西墙而建（图版一一五，2），其内只地表略见隆起，未见高台基建筑，墙体保存情况不好，南墙仅东段可见痕迹，其西南角和西墙的绝大部分已无地面痕迹，北墙完整。宫城北墙与郭城北墙之间的区域，在宫城北门和郭城正北门两侧对称筑有南北向的隔墙，另有 2 道隔墙不对称分布于其左右，其他部分尚有若干处疑似纵向隔墙的地表隆起现象。宫城及其东、西掖城的总体宽度，与皇城同。

　　圆璧城系借用宫城及东、西掖城北墙和郭城城墙围合起来的区域。

（二）城墙之间的建筑关系

　　渤海上京城各部分的城墙的建筑标准和建筑方法不同，残留的建筑遗迹也不相同。整个郭城墙南半部土基较为低矮，用石比例小，破坏较甚，残高多不足 1 米，个别地方则几乎夷平。北半部土基较高，用石比例大，保存情况较好，高出现今地面约 2～3 米，但从整体观察，郭城的遗迹连续，特别是北墙建筑遗迹清晰，连续，无明显间断。

　　皇城城墙自成一体，建筑风格无明显差异。东区东北角与宫城东掖城东南角之间有墙相连，该段墙体较窄，仅宽 1.3 米，中央偏北处有一方台状遗迹，似为门的一部分（图四五二）。西区西北角与宫城西掖城西南角之间亦有墙相连，但保存情况不好，地表遗迹已不明显。

　　宫城城墙修筑自成一体，其东掖城的南墙和东墙呈“⌐”形，起自宫城东南角，止于郭城向北凸出处的东北转角，北墙西抵宫城东北角，东与东墙呈“⊢”状交汇（图四五三；图四五四）。

　　宫城西掖城的南墙和西墙呈“∟”形，起自宫城西南角，止于郭城向北凸出处西北转角，北墙东抵宫城西北角，西与西墙呈“⊢”状交汇（图四五五；图四五六）。

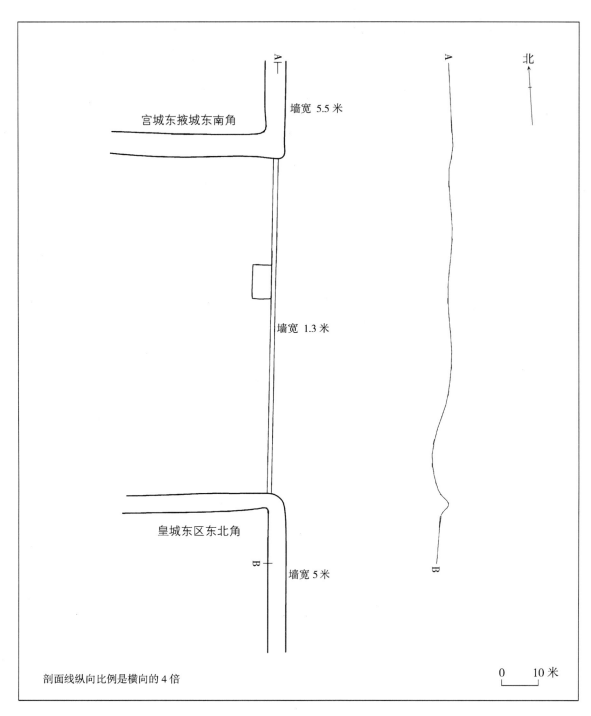

墙宽 5.5 米

宫城东掖城东南角

墙宽 1.3 米

皇城东区东北角

墙宽 5 米

北

剖面线纵向比例是横向的 4 倍

0　　10 米

图四五二　宫城东掖城与皇城的衔接关系

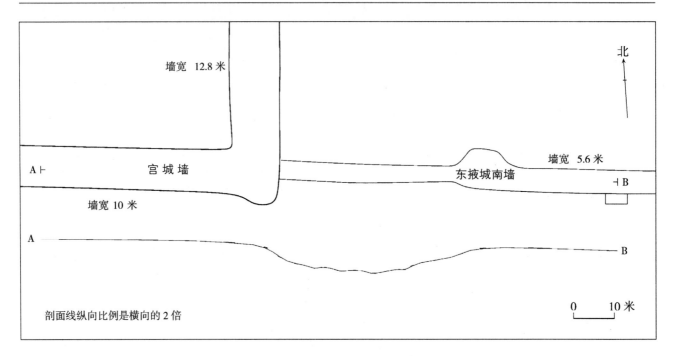

图四五三　宫城东南角与东掖城部分墙体衔接关系

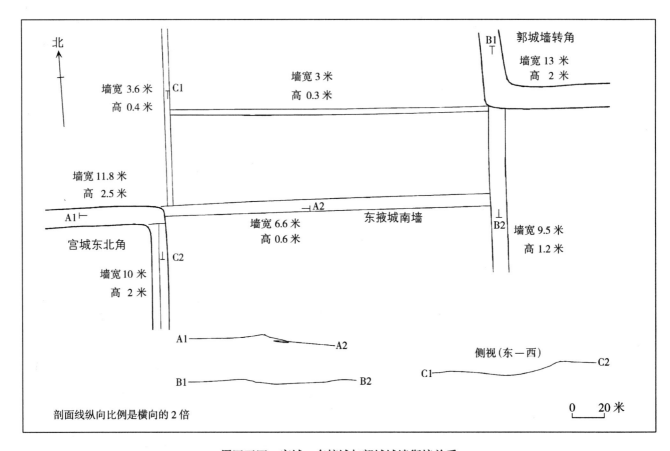

图四五四　宫城、东掖城与郭城城墙衔接关系

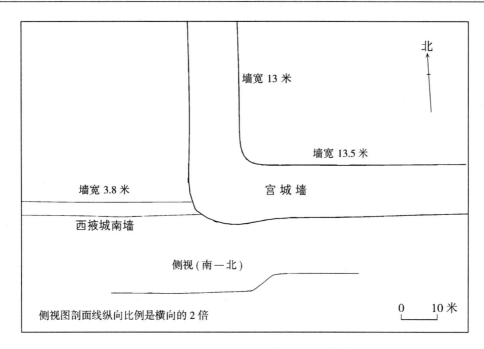

图四五五　宫城西南角与东掖城墙体衔接关系

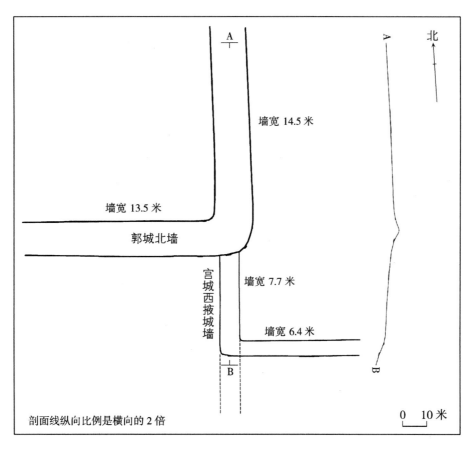

图四五六　郭城西北角与宫城西掖城墙体衔接关系

第二节　形制结构

（一）郭城城墙

郭城城墙从已发掘的探沟剖面可见，墙体的建筑结构和修筑方法基本相同。墙基是用大量黑褐和少量黄沙、灰褐等不同颜色，不同质地，厚度不一的土堆筑而成，未见明显夯层。墙基截面呈梯形，内侧缓平，外侧低斜（图四五七）。墙基上筑有宽约1.7米，残存高度不等的石墙，墙内外两壁用较规整的玄武岩砌筑，中间填充玄武岩碎石块，缝隙处用黄杂土填实。

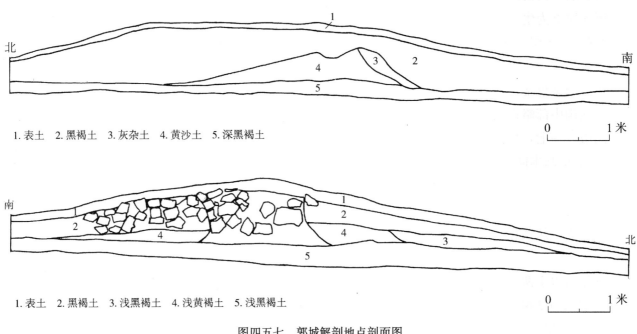

1.表土　2.黑褐土　3.灰杂土　4.黄沙土　5.深黑褐土　　　　　　　　　0　　　　　1 米

1.表土　2.黑褐土　3.浅黑褐土　4.浅黄褐土　5.浅黑褐土　　　　　　　0　　　　　1 米

图四五七　郭城解剖地点剖面图
上：郭城南城墙 G1 东壁　　下：郭城北城墙 G5 西壁

（二）皇城城墙

1. 工作情况

解剖采用了探沟发掘的方式。为了避免解剖位置的结构具有唯一性的可能，本次解剖共发掘两条探沟，以对照不同位置的城墙结构。本着尽量减少破坏的原则，选择了东面城墙的两个缺口分别布设东西向探沟（编号 T1、T2），T1 发掘面积为 18.4×1.5 米，T2 发掘面积为 15.5×1.5 米。

2. 地层堆积

城墙附近的地势不同，城内地面较城外为高，高差约0.5米，且城外地面向东愈低。

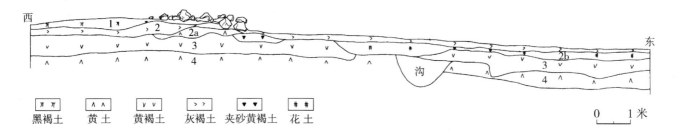

图四五八　皇城解剖地点剖面图

T1 地层基本可分 3 层（图四五八；图版一一六，1）。

第 1 层，表土层，呈黑褐色，土质较为疏松，内夹杂植物的根茎、近现代物品。厚约 0.15 米；

第 2 层，灰褐土层，土质硬度适中，较为纯净。厚 0.1～0.2 米；

第 3 层，黄褐土层，土质黏度较大，纯净。厚 0.4～0.6 米；

第 3 层下为生土层，呈黄色，土质较坚，纯净。

在第 2、3 层之间有两层范围较小的夹层，分别为第 2a、第 2b 层。第 2a 层分布范围是玄武岩墙体之下，为较为纯净的黄褐土，土质较硬。厚 0.3～0.4 米；第 2b 层分布在墙体东侧，为黄褐、黑褐夹杂斑驳的杂色土，土质不甚硬，包含物极少。厚 0.1～0.3 米。

在探沟中部略偏西，有一条沟开口于第 3 层下，打破生土层。其内堆积纯净，土色与第 3 层土接近（图版一一七，1）。

T2 地层基本同 T1。

3. 城墙结构

城墙地面之上墙体为玄武岩块垒筑而成，残高约 0.7 米，现只余墙根的一层玄武岩石块，有些部位石块已无。从残存的部位看，城墙东西两侧用石块垒出较直的墙边，墙体宽约 2.3 米（图版一一六，2）。

根据对以上两条探沟剖面观察，可以发现两探沟的地层堆积基本相同，只是第 2 层的土色略有差别，考虑到两条探沟的距离及所处地形等因素，我们认为其为同层堆积。在城墙的玄武岩墙体之下皆存在第 2a 层，但其压于第 2 层之下，而城墙的玄武岩块与地面的接触面为第 2 层上面，故其应为早于城墙起建年代的地层结构，而其位置正处于城墙下则为巧合。

综上所述，皇城城墙未特意筑基，而是在将地面略加平整后直接垒筑的。城墙起筑地面为上述两探沟第 2 层的上面。

（三）宫城城墙

1. 工作情况

宫城位于渤海上京城北部居中，平面为规整的长方形，南北长 720、东西宽 620 米。宫城墙用玄武岩砌筑，保存情况良好，高出现地表 3～4 米，在南、北墙各有一处东沙公路通过的缺口，南豁口位于宫城南墙东段，北豁口在宫城北门上穿越。

2006 年 6～7 月，为了解宫城城墙的建筑结构，在宫城城墙南豁口的西侧 2 米处，采用探沟的方式对城墙进行了解剖，在基本呈东西走向的城墙上布一条南北走向的探沟，探沟的规格为东西宽 2.5、南北长 26 米（图版——七，2）。

城墙的地层堆积较为简单，分为 2 层。

第 1 层，表土层，黑褐色。厚 0.2～0.5 米。包含有植物根系及少量砖头、铁片、玻璃等现代遗物。该层在城墙及其堆积上为草皮，去掉这一层后可见墙体及其倒塌堆积，在城墙两侧为乡路的路土。

第 2 层，堆积层，黄土。厚 0.1～1.2 米。分布于城墙两侧，从其两侧向边缘渐薄，南侧的堆积中包含有玄武岩石块、白灰颗粒、石块相对较少。北侧的堆积中包含玄武岩石块较多，相互咬合紧密，结合断面观察情况分析，墙体上部石头系先向两侧坍落，最后向北倒塌的。

2. 城墙建筑结构

从探沟西断面观察可知：墙体的构筑方式为先开挖宽 6、深 1 米的基槽，其内分两层构筑基础，第 1 层厚 0.8 米，以河卵石分 6 层铺垫，其间以黄土分隔，层次分明，由北向南构筑，南端 0.8 米宽的区域内，无河卵石层，只填黄土（图版——八，1）；第 2 层厚 0.6 米，以较大的玄武岩石块分层铺垫，填满并高出基槽 0.4 米。基础南北两侧水平垫有黄土，厚 0.4 米，与墙基持平。在基础上居中以玄武岩构筑墙体，底宽 4.7、残高 2.5 米，从剖面观察，两侧墙面均向中央倾斜，有 8°42′ 的收分。根据石块的疏密程度、叠压关系和填土情况分析，墙体应是分三次筑成。首先于北侧用玄武岩构筑宽 2.8 米的墙体，由下向上渐内收，呈底宽上窄的情况（图版——八，2），南侧倾斜大于北侧，该部分的墙体用石较多，结合较紧密。其次在其南侧堆筑，该部分的墙体底宽 1 米，由下向上渐宽，向北覆压在第 1 次构筑的墙体上，该部分墙体用石较少，结合较疏散。最后于南、北两侧用较大石块垒筑墙面，较平整的一侧向外。墙面与第一、第二次构筑部分之间有较大的空隙，以黄土填充（图四五九）。

在被解剖的墙体底部，南北向居中放置了一根圆木，长 4、直径 0.16 米，用途不明，可能与城墙的建筑方法有关。

墙体筑就后，两侧用黄沙土垫成护坡，南侧主体部分由北向南呈弧状，宽 2.5、最厚处 0.6 米。北侧主体部分由南向北呈斜坡状，宽 3、最厚处 0.9 米。

墙南侧的倒塌堆积中，发现有白灰痕迹，护城河底部堆积中包含有数量较多的白灰块，但现存墙体上并未发现附着的白灰，表明南侧原来有白灰抹成的墙面。

在城墙南侧 2.6 米处发现护城河遗迹，从断面观察呈倒梯形，上口宽 1.35 米，弧壁、弧底，最

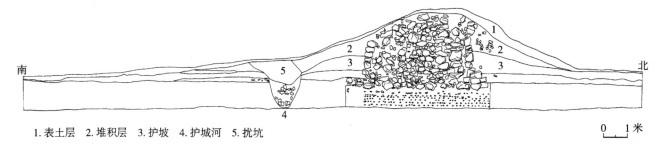

1. 表土层　2. 堆积层　3. 护坡　4. 护城河　5. 扰坑

图四五九　宫城南墙解剖地点剖面图

深处距当时地表 1.4 米。

第三节　小　结

渤海上京城的三道城墙采用了不同的建筑方法，这可能与其不同的功能有关（图四六〇）。

郭城是在已规划建墙的地方，先筑起一道内缓外陡，截面呈梯形的土筑墙基，其上再以石砌城墙。这种土墙基占地面积、用土量均较大，但建筑需要的土，在挖掘郭城外周边的护城壕时，已解决了绝大部分，不足应系部分外运。在郭城南墙的探沟剖面北部所见少量的黄沙土、灰杂土应是外运而至，用来弥补南墙北侧用土的不足。

皇城城墙的修筑方法是将原地面铲平至坚实的地层，然后于其上垒砌石墙。这种构筑方法简单，

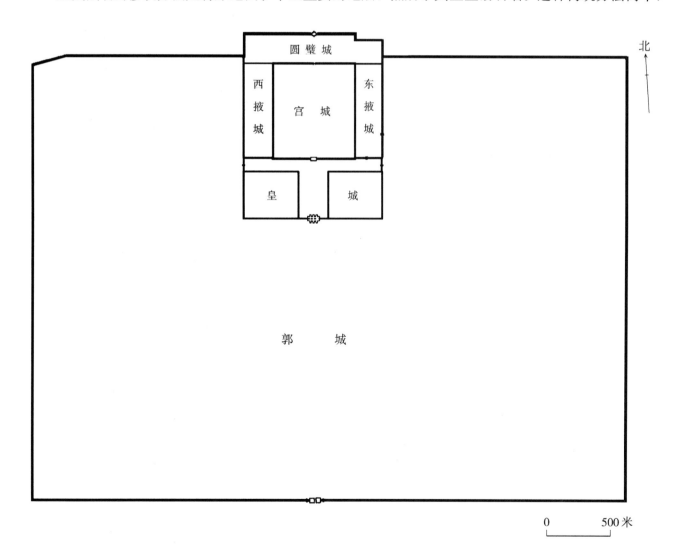

图四六〇　城墙位置关系图

省工省料，但坚固程度较差。

宫城城墙修筑方法是在挖好的地槽内砌剖面呈两层阶梯形、宽于地面墙体的石基础，然后再用垒筑墙体。20 世纪 80 年代初发掘宫城南门基址西侧 2 号门时，清理的一段城墙修筑方法与此相同。这种城垣构筑需要大量的石料，但非常坚固。

渤海上京城的郭城、宫城和皇城，应用了不同的建筑方法，各自构成了不同的建筑单元，应是分别修建的，其间的空白区域另筑墙封闭或分割，形成关系较密切的整体，其中宫城东、西附属部分和连接皇城宫城之间的短墙，其营建时间应在郭城、宫城和皇城城墙构筑之后。就三条主要城墙而言，其相互关系可能有相对的早晚，但无时代上的差异。

---

[1]　城墙的周长，1964 年中朝联合考古队测量为 16288.5 米，此后黑龙江省文物考古工作队和黑龙江省渤海上京遗址博物馆陆续有过测量，长度每次均有差别，这种情况可能是由测量点的选择和测量手段的误差引起的。2005、2009 年黑龙江省文物考古研究所用 GPS 对外城进行测量，自城东北角起依次测量东、南、西、北城墙，测量点为各段城墙交汇点顶部中心，均为两点之间的直线距离。

[2]　《六顶山与渤海镇》将倚宫城东、西两侧区域和宫城北部与郭城之间的区域均称之为宫城的附属部分，因前者倚宫城而建，功能使用亦附属宫城，故本报告中称之为宫城东西挟城，后者与宫城无直接关联，但功能亦为守卫宫城，故借用唐洛阳城的概念，称为"圆璧城"。

第十一章　结　语

第一节　始建与废弃年代

渤海上京城未发现有关纪年的考古证据。与其始建时间有关的文献证据见于《新唐书·渤海传》："……天宝末，钦茂徙上京，直旧国三百里，忽汗河之东。"天宝是唐玄宗李隆基的年号，始于742年，止于756年，共使用了15年。学界一般以756年为渤海迁都上京城之年，据此可知至迟在该年上京城已初具都城功能，因此其始建时间还应提前。

渤海在迁至上京城之前，文献记载其活动区域和政治中心有"旧国"和显州。其中"旧国"可能在立国之初的"东牟山"附近，据上述文献记载的里程，史家多比定在吉林敦化谷地，但迄至目前该区域未见渤海时期的大型城址和宫殿区。可能当时政权初创，又正值军事活动频繁而未建宫室。也有学者认为"旧国"之本意很可能不是专指某城，解释为地区名称较为合适[1]，或认为很可能是个较大的区域性概念，可能泛指渤海国前身[2]。仅就文献记载而言，所记旧国与上京的关系是位置关系而非承袭关系。所以目前发现真正具有都城形态的是渤海中京，即今吉林省和龙市西古城。《新唐书·地理志》引贾耽《边州入四夷道里记》记载"……显州，天宝中王所都"。显州是后来渤海中京显德府所辖之州，应与中京城同一治所。据此可知，显州为都至迟始于唐天宝中，止于唐天宝末年以前。渤海自中京迁都上京未久，又"贞元时，东南徙东京"，约贞元中"……钦茂死，私谥文王。子宏临早死，族弟元义立一岁，国人杀之，推宏临子华玙，复还上京"[3]，可推知其间迁徙路线为显州——上京——东京——上京，迁徙时间没有超出50年，而这段时间恰好同在渤海第三代王大钦茂期间（738～794年），据此可以确认渤海上京城系大钦茂时所修。具体分析如下：

1. 大钦茂第一个被唐册封为渤海国王[4]，在位56年，曾自称"大兴宝历孝感金轮圣法大王"[5]，是渤海有作为的统治者之一。而此前的大祚荣、大武艺均为"忽汗州都督，渤海郡王"之封。大钦茂以王制修筑上京城，符合其地位与当时的周边形势。

2. 渤海上京城初建时可能不是现在的格局，大钦茂受封后即重新建设，使其更趋与唐长安城相似，所以才出现了上京城建筑中一些建筑顺序混杂的现象（详后）。大钦茂时短暂迁都东京的原因之一，可能是因为正值上京城扩建之故。

3. 渤海建国后即与唐交好，"初，其王数遣诸生诣京师太学，习识古今制度"[6]，自"祚荣遣子入侍"[7]，至"开元二年，令生徒六人入学"[8]，到大钦茂时，已可为渤海营建上京城培养了一批熟悉唐制的官吏，或许也包括匠作人才。

据此推测，渤海上京城的修建约始于渤海文王被封渤海国王之后的 738 年。大规模建设约始于唐贞元初年（约 785 年）。

渤海上京城的废弃略晚于渤海亡国的 926 年。契丹灭渤海，在其旧地建东丹国，立长子耶律倍为东丹王，上京城改称"天福城"被沿用。辽天显三年（东丹甘露三年，928 年），辽徙东丹于辽水流域，移渤海旧民，侨其州县，渤海上京城连同渤海诸城遂成废墟。在上京城已经发掘和钻探的区域内，发现的所有建筑均毁于火灾，应该是东丹国南迁时有意焚毁造成的。

第二节 宫城布局

渤海上京城宫城总体分为中部宫殿区、东掖城、西掖城、北部圆璧城四个部分。依照《六顶山与渤海镇》的划分，渤海上京宫城被分为中、东、西三个区域，其实是将宫城限定在中部宫殿区，并未包含东西两掖和圆璧城[9]。1997～2008 年的发掘主要是在上述分区中宫殿区的中区范围内进行的。宫城中区南自第 2 号殿，北至第 5 号殿的宫殿、廊庑、附属建筑以及禁苑等均得到多地点、大面积的揭露。连同过去发掘的宫城正南门、第 1 号宫殿等，至此宫城中区已得到全面揭露，这使我们对宫城的格局有了一些新的认识。

宫城环周有宫墙，北、东、西三面内侧又有夹城与两掖城和圆璧城相隔。南面共设三门，正南门俗称"五凤楼"，是从南面进入宫城的通道。西侧南门是进入宫城的主要通道。东侧南门有门楼无门道，属于礼仪设施，不具备使用功能。北面只设一门，与正南门在同一轴线上，但只能进入夹城，不能进入宫殿区。两侧宫墙中部各设一门，分别与东、西掖城相连通。

宫城中区轴线上分布有五座宫殿，自宫城南门向北依次为第 1、2 号，第 3、4 号和第 5 号宫殿，两侧有墙又分隔出宫殿区和东西两区。宫殿区以第 1、第 2、第 3、4 号宫殿为中心，与其配殿、掖门及附属建筑构成三个窄长方形院落，规模自南向北依次递减，三个院落均自成单元。其北以第 5 号宫殿为中心自成院落，只在南部中央设门，可进入第 3、4 号宫殿所在的院落。宫殿区是渤海上京城的核心区域。

宫城东区、西区分别居宫殿区两侧，似可以比照唐长安城太极宫的东宫与西内。两区外侧均有夹城与两掖城相隔。东区建筑基址数量虽少，但建筑规模较大，等级较高，颇有唐东宫之像。然而南面对应的假门使得东区只能通过宫殿区出入。西区建筑遗迹较多，似可分南、中、北三部分，南部有一较大的院落，1963 年中朝联合考古队发现的储藏陶器的"堆房"即位于此。同时在此院落内发现数量较多的石臼，与之对应的宫城南墙 3 号门门道铺石上发现有很深的车辙，说明这一区域应为宫廷生活区和执役人员居住区。中部为六个大体相仿的小型院落，分两排南北并列，可能为宫眷居住场所。北部亦有较大院落，情况尚不十分清楚。

东掖城当地俗称"御花园"，或称之为"禁苑"。南部有水池、假山、亭榭等遗迹，北部是 50 号建筑基址，应为王室游乐场所。西掖城情况不甚清楚，仅知没有大型高台基建筑。圆璧城是郭城在对应宫城处向外突出部分与宫城北墙等组成的横长方形区域，同唐长安城大明宫北部对应位置一样，具有守备宫城的作用。

与宫城相关的遗迹还有城北 800 米处渤海时期开凿的"玄武湖"及人工岛、廊榭遗迹。其湖面形状似唐大明宫的太液池。郭城北墙向北凸出部分东起第一转折处的北侧，发现了大片建筑遗迹，并为此专门开辟了第 11 号门，或与渤海后期"拟建宫阙"的记载相关。

渤海上京宫城规划整饬，可以明显看出所依据的是隋唐长安城太极宫设计蓝本，也有受唐东都洛阳城宫城影响的痕迹。与唐宫比较，渤海上京城宫城除面积缩小、宫殿数量减少的表象外，上京宫城缺乏礼制建筑和门阙，还有一些功能建筑的简化与收缩。例如将相当唐太极宫东宫的院落内移，原来位置上的东宫改建为园林区，夹城的位置也因此相应内移。"西内"可能也有这种功能简化与内缩的趋向。

第三节　建筑规模反映的等级

渤海作为唐代的地方政权，不仅在政治上与唐王朝保持朝贡、册封等藩属关系，在上京城的规划与建设中也有相应的反映。结合历年考古调查和发掘成果，可以比照唐长安城的情况对渤海上京城进行如下分析：

1. 唐长安城郭城边长较渤海上京城大 1 倍，面积为上京城的 5.2 倍；唐长安城街路取纵横六街的都城传统，上京城少一条横街；唐长安城郭城设十二门，南正门五门道，余每门有三条门道，上京城设十门，唯南正门有三条门道，余皆一条门道；唐长安城划为一百一十坊，上京城约八十坊且可能没有唐长安城那样成规模的"市"。郭城的规划已体现出渤海上京城非帝都之制而只是王城。

2. 唐长安城皇城比渤海上京城皇城大 11 倍，更主要的是渤海上京皇城没有唐长安城皇城那样密集的院落和建筑群，似说明渤海上京城皇城的功能尚不十分完备。

3. 渤海上京城宫城较唐大明宫的规模相去甚远，与太极宫规模相差 4 倍左右，在现存宫殿中也没有类似麟德殿功能的建筑。这种设计是因为唐王朝视渤海为藩属之国，不能有帝都规模和特定的宴请藩臣场所。

4. 渤海上京城宫城相当于唐大明宫宣政殿的第 2 号宫殿主殿中门为双门形式，属唐府州子城正门的式样。

5. 根据础石上残余的柱炭痕迹和发掘出土的覆盆内径，知各殿金柱直径较唐宫殿柱径均小，柱础反映的数据可知其间广尺寸也较唐宫殿有所减缩，对照宋《营造法式》的规制，渤海上京城的宫殿不是最高等级，应属唐宋府州殿堂规格。

综合上述现象可以看出，唐朝在渤海上京城的规划与实施中，曾起到过重要的约束与监督作用，最大的可能是营造官员和"大匠"均有来自唐中央政府，并在修建渤海上京城过程中起到重要作用。

第四节　宫殿功能与建筑特点

对渤海上京城宫殿布局、建筑形式、功能等方面的研究，可以依据宫城中区即宫殿区的考古资料，参考唐长安城大明宫的考古研究成果进行初步探讨。

宫城正门俗称"五凤楼"，单墩双门，门道两壁嵌有排权柱，上方原来应有过梁式门楼。两侧各有通往宫城东区和西区的侧门，西门直通宫殿西区，从车辙来看应是运输货物的通道，但东侧门仅是装饰门。

第 1 号宫殿与两侧廊庑构成宫城最南部的单元，位置相当于唐大明宫含元殿。两庑北端中间有门楼。

第 2 号宫殿是渤海上京宫城台基面积最大的建筑，位置相当于唐大明宫宣政殿。正面在主殿两梢间设踏道，后面中间开门通往第 3 号宫殿，三面有廊庑与正殿合围相连构成。正殿应该是主殿 9 间、两侧朵殿各 5 间的建筑。

第 3 号宫殿是经重新扩建的宫殿，位置相当于唐大明宫紫宸殿。布局上与第 4 号宫殿相距较近，两殿间有 3 条廊庑、1 座小型建筑、2 座配殿构成一个建筑单元。其中 2 座配殿的位置似仿大明宫含元殿两侧的钟鼓楼。推测最初建设时并没有现在的第 1、2 号宫殿，而由第 3、4 号宫殿这一组建筑行使"朝寝"功能，因此在建设时将唐宫功能缩减于此。后来建设第 1、2 号宫殿时才重修了第 3 号宫殿。这种布局可能使第 3 号宫殿原来具有的"外朝"与"常朝"的功能转变为单纯的"内朝"功能。

第 4 号宫殿位置相当于唐大明宫的寝殿，是上京宫城的主要寝宫。其布局与第 3 号宫殿相结合，连同东西两侧的配寝，构成简化的"朝寝"格局。因主殿当心间是通道未设殿堂，分析"内朝"功能已被前移至第 3 号宫殿进行。这也是渤海上京城宫殿的独特之处。

第 5 号宫殿是宫城"内寝"最北的宫殿，其南有宫墙与后寝分隔，北侧无门，向北隔两道夹城后，依次为宫城北门（"玄武门"），郭城北门（"重玄门"）。据现存柱网与倒塌堆积分析，该殿为两层楼阁式宫殿。

宫城东区似为内缩的唐"东宫"，西开一门通宫殿区，南部仅有装饰的假门。区内分南、中、北三院。可能唐东宫之功能在此已被分解或改变。

第 50 号宫殿基址是一处长方形庭院式宫殿，布局与唐九成宫正殿几乎相同，差别在于没有唐九成宫的山形水势，东部的长廊也没有九成宫那样折曲[10]。该建筑基址位于上京宫城的"禁苑"北部，其南有假山、廊榭、土堤、水池，均应属渤海王室宴飨游乐的地方。

上述布局可以反映出渤海上京宫城的建设中对唐宫的模仿、缩减、组合与改造的情况。其中有些建筑虽然具有时间早晚的差异，但所见更多的应是历史因素。

渤海上京城营建中，大量使用了中原传统建筑工艺，同时也具有一些北方地区建筑的特点。

1. 火炕。火炕是东北地区古老的冬季取暖设施，《金史》称为"温突"。上京城所在地区的团结文化遗址已发现这种遗迹。上京宫城的寝宫，有居住功能的廊庑、禁苑、戍守等处建筑址中都发现有火炕遗迹。其形状多为双烟道，设两处缓折以阻留热量。有的设 1 个灶址，有的设 2 个或多个灶址。从灶址位置并结合烟道走向分析，应是冬季和夏季两个时段分别使用的。有些火炕出房屋墙外后往往不见烟道痕迹，或仅见烟囱基础，这是因为烟囱或为空心木构，不易保存。对具有大型共用烟囱的寝宫来说，烟道要有逐渐向高的功能才利于排烟，而目前地表上的迹象多被破坏。到金代女真建筑时，火炕已多固定为三条烟道，两处折曲，演变为后来各代延续的固定模式。这种结构到现在还是东北地区的传统民俗，并在东南亚各国流行。

2. 防冻基础。渤海上京城宫城主要建筑均有超过 2 米深的基槽，宫城、皇城、郭城城墙也发现这种深度不一的基槽。其作用是使基础超过冻土层，可使建筑整体不致因冻胀发生变形乃至颓圮。渤海人对冻土深度的认识，应源自其先世挹娄、勿吉人深穴居住的传统。文献载勿吉人"处于山林之间，土气极寒，常为穴居，大家至梯九级。以深为贵"（《后汉书·东夷列传》）。渤海人使用的这种建筑工艺，被后来的女真人所继承并延续至今。

3. 础石基础。上京城的础石基础与古建筑磉墩的功能相同，但形式上有较大差异。在具有深槽的殿基上，础石基础较浅，内填碎石，功能以分解重力为主，廊庑的台基多简单夯筑，但础石基础均未达到冻土层以下。大概因廊庑重力较轻，木构梁架又具有弹性，可承受冻胀形成的变形。渤海上京城的础石基础具有简单草率的地方性特点。

第五节　遗迹、遗物的分期

渤海上京城的建设非短时间可成，规划中和规划之外的建筑虽有营建时序之差，今亦不能详细区分。但一些遗迹现象和遗物为我们提供了分析早晚关系的线索。1997 年以来的发掘曾发现许多重修、补修、叠压等具有早晚关系的遗迹现象，但多不具备普遍意义。一般情况下，修葺整齐，用材规整的建筑结构年代为早。

其中第 3 号宫殿的重建具有重要年代线索。

第 3 号宫殿是一个面阔 7 间带回廊的宫殿，与其北的第 4 号宫殿中间有廊，廊与东西庑相连，中间处还修有宽于廊的方亭，既往被称为工字形平面的宫殿。发掘时曾在殿基东梢间的西柱础一线，利用原来扰沟开挖了南北方向的解剖沟，确认该殿曾重建。现在的殿基在南北方向较原来增广了 0.5 米，整个台基也加高了 0.85 米，已改变了原来柱网的布局。估计殿基东西方向也会相应增加。这种现象大概有两个原因，一是原有殿基已不适应宫城整体规模，尤其与其前的第 1、第 2 号宫殿的规格不相匹配。二是原有开间数已不能适应该殿相应的功能。出现这种现象的可能是第 3 号宫殿修建时间较早，因不符合现在格局而重建的结果。渤海上京城宫城最初的规模大概与吉林和龙西古城（渤海中京城）、吉林珲春八连城（渤海东京城）相同，均以今天所见的第 3、第 4 号宫殿构成仪、朝、寝的简单格局。大钦茂定都上京城后，第 3 号宫殿作为旧制得以保留，故需要增高殿宇，增加开间数以适应新的功能。从出土遗物观察，也可得到部分佐证，第 3 号宫殿的套兽形象较为浑厚，系较晚的形态，正脊装饰已由鸱尾演变为原始的鸱尾。第 3、4 号宫殿间的廊亭联络之形状，若称之为王字形宫殿，似更可概括其初始布局的用意。据上述分析推测，第 3 号宫殿的重修年代约在渤海迁都东京前后。

对渤海上京城城墙进行建筑时序的考查，是本阶段发掘规划的重要内容。通过郭城与皇城城墙、宫城与皇城城墙联结点的解剖，发现其并未相互紧密咬合，而是墙体分隔明显。经解剖验证，郭城北部折曲突出的部分是一次筑成，说明郭城城墙应该与宫城间具有早晚关系。结合前述关于上京宫城建筑时间的分析，则郭城的建设时间晚于宫城中区。郭城西北角一带有折曲，即是为服从已有的宫城而不得已改动的。目前所知的城墙建筑顺序是：宫城最早，皇城与之同时或稍晚，郭城最晚。宫城的建设以中间宫殿区为早，东西两掖外墙则晚于郭城城墙。阻断宫城前横街的皇城墙垣又晚于皇城东、西区及宫城城墙。这些现象说明渤海上京城的建设是分区段、分时段进行的。诚然，上述城墙建筑的时间顺序不能作为分期的主要依据。

探讨分期问题较明显的线索是多种类型瓦当的使用。目前渤海上京城所见瓦当纹饰共分为 3 种 4 型 21 亚型，除去不同规模的建筑所需外，应该具有分期的年代意义。但因数量不足，出土位置无章，本报告没有对此作深入探讨。上京城出土较多的是六瓣、七瓣莲花纹瓦当，相同类型的瓦当尤其是六瓣莲花纹瓦当在渤海西古城、八连城亦较常见，应该是城毁前大量使用的种类，七瓣莲花纹瓦当则不见于上述二城，故可以认为这两类瓦当属于最晚的形制[11]。具有相同情况的檐头板瓦、釉陶鸱尾、套兽等建筑构件，也待今后进行类型、工艺的细致分析。

第 50 号宫殿基址出土三彩套兽数十个，均残破且集中埋藏在很小的范围内，应是大规模维修或重建所废弃。其形制与第 2 号宫殿、第 3 号宫殿出土套兽相比较，前者较细瘦、狰狞，年代稍早；后者较圆润、浑厚，装饰风格不甚相同，年代较晚。

渤海上京城的发掘中很少发现陶器、瓷器和三彩器等具有考古分期作用的器物。其中原因有二：一是上京城是有计划迁离的废城，故所遗留物品不多。二是本阶段发掘以宫殿区为主，这里原本就缺少生活用具。因此，试图通过器物的类比进行分期的材料较少。出土的陶器多为碎片，目前可以认定多为渤海晚期的遗物。这些陶器残片的特征可以为渤海陶器分期提供较明确的对比资料。

第六节　城址供排水系统

渤海上京郭城的地表今多经平整以种植水田，因地下水位较高也不宜勘探。但据历史资料和考古现象，可以对郭城供排水系统进行初步分析。

郭城地貌平整，很少起伏，除宫城北部有三个矮丘外，平均高差不足 1 米，故城址排水设施必不可少。依唐长安城制，郭城有龙首渠等三渠，渤海上京城亦可能仿之。郭城东南有马莲河自南而北流入牡丹江，在今东京城镇南部附近，曾有一条支叉向西北方流经上京城郭城东南角，今已被改造成灌溉水渠。这条支流在 20 世纪 80 年代仍有较大流量，在城墙外形成一片洼地。从这一带越城墙而入即为郭城东南角的"曲江池"。根据现今地表标高分析，这条水源应是上京城郭城东部的供排水干道。其走向大概自"曲江池"向北流出，穿 1、2 号横街可入宫城环壕，再入宫城东侧的园林区，最后向东汇入护城河。郭城西部略高，城外有牡丹江与城墙平行北流，具有引水入城的高差条件。据B. B. 包诺索夫 1931 年的记录，当时护城河西南角向东南方有一条延伸的宽阔水道迹象，他推测该水道原来具有河流的规模[12]。其是否为郭城引水渠道尚需验证。民国时期《宁安县志》所测绘的平面布局图可以看到，内城西侧有一条南北向的大沟，当时宽约 60 米，起于"西市"，向北过郭城水门汇入北护城河。这条深沟至今仍是一条常年小溪，估计其原来规模较大，功能上并非单纯的排水渠道，还应是冬季利用牡丹江和北城壕冰道入城的运输通道。是否同时具有水运"漕渠"的功能尚不能肯定。此沟是穿越"朱雀大街"与马莲河来水合一，还仅是郭城西半部的独立水道尚待深入工作方可认定。这些河渠水道的功能应是城壕、城内的给排水系统，渤海上京郭城尤其是宫城发现较多水井，说明其饮用水另有来源。

郭城城墙环周现存 50 余个排水豁口，据观察多为现代水田的排水通道，是否系利用原来排水沟渠改造已不得而知。推测郭城内缘顺城街上，应有预先修建的过墙排水涵洞。

宫城内的排水系统不甚清晰。中轴线上各殿及两庑曾发现过小型沟渠，预设的穿廊涵洞等设施，也有类似景观小品的曲泾，可以确定宫城的排水系统是精心设计的。目前能看到的是轴线上各殿及殿庭的雨水向两侧排出，但总体走向及沟渠形制需发掘勘探方可确定。宫城北部地势略高，地表高差到第 3 号宫殿时趋缓，已发现来自宫殿区北部的排水沟在第 3 号宫殿向东流入"禁苑"。有关排水水道的详细布局尚待考古验证。

渤海上京城是一处内涵丰富的文化遗产，目前的工作只是系统发掘与研究中很小的一部分，科学研究也刚刚开始。10 年调查、发掘所公布的材料还不能完整展现其中蕴藏的历史与考古信息，据以得出的阶段性结论还需要进一步验证。我们愿与同行展开讨论，接受学界的批评与指导。

[1] 魏存成：《关于渤海都城的几个问题》，《史学集刊》1982 年第 4 期。
[2] 刘晓东：《渤海"旧国"诹议》，《学习与探索》1985 年第 2 期。
[3] 《新唐书·渤海传》。
[4] 《新唐书·渤海传》："宝应元年（762 年），诏以渤海为国，钦茂王之，进检校太尉。"
[5] 据贞孝公主墓志："公主者，我大兴宝历孝感金轮圣法大王之第四女也。"载《渤海贞孝公主墓发掘清理简报》，《社会科学战线》1982 年第 1 期。
[6] 《新唐书·渤海传》。
[7] 《新唐书·渤海传》。
[8] 《玉海》卷一五三，朝贡类，外夷来朝。
[9] 中国社会科学院考古研究所：《六顶山与渤海镇——唐代渤海国的贵族墓地与都城遗址》，科学出版社，1997 年。
[10] 中国社会科学院考古研究所：《隋仁寿宫·唐九成宫——考古发掘报告》，科学出版社，2008 年。
[11] 吉林省文物考古研究所等：《西古城——2000～2005 年度渤海国中京显德府故址田野考古报告》，文物出版社，2008 年；吉林省文物考古研究所等：《吉林省珲春市八连城内城建址基础的发掘》，《考古》2009 年第 6 期。
[12] B. B. 包诺索夫：《"东京城"遗址发掘的初步报告》，见本报告附录四。

附录

一 渤海上京城出土釉陶器、白灰测试报告

哈尔滨工业大学分析测试中心

测 试 报 告

委托单位	黑龙江省文物考古研究所	试样数量	3 个
试验名称	化学元素分析	试验仪器	日本岛津 XRF－1700
试验材料	渤海上京城出土建筑材料	试验日期	2007 年 4 月 13 日

样品名称	成分含量（%）									
	SiO_2	Al_2O_3	K_2O	Fe_2O_3	TiO_2	CaO	MgO	Na_2O	PbO	P_2O_5
第 50 号宫殿 三彩套兽	67.19	25.25	2.20	2.11	1.12	0.92	0.39	0.21	0.18	0.12
第 2 号宫殿 三彩陶缸	65.32	21.15	3.12	4.67	0.79	1.43	1.03	1.04	0.37	0.48
第 2 号宫殿 三彩兽头	64.67	15.75	2.99	6.18	0.79	4.70	1.92	1.44	0.07	0.52

样品名称	成分含量（%）								
	ZrO_2	BaO	Cr_2O_3	MnO	Rb_2O	SrO	Cl	SO_3	ZnO	CuO
第 50 号宫殿 三彩套兽	0.11	0.07	003	0.03	0.01	0.01	0.05	－	－	
第 2 号宫殿 三彩陶缸	0.04	0.01	0.03	0.03	0.02	0.02	0.32	0.09	<0.01	－
第 2 号宫殿 三彩兽头	0.04	0.09	0.04	0.35	0.02	0.04	0.20	0.18	0.01	－

试验人员	于捷	分析测试中心（盖章）
审 核	曹尚	2007 年 4 月 13 日

哈尔滨工业大学分析测试中心

测　试　报　告

Element	Wt%	At%
\multicolumn{3}{l}{渤海上京城第 2 号宫殿出土白灰}
C	5. 10	12. 37
O	17. 15	31. 20
Al	0. 69	0. 75
Si	0. 47	0. 49
Ca	75. 54	54. 85
Y	1. 03	0. 34

试验人员		分析测试中心（盖章）
审　核		2007 年 4 月 13 日

二　渤海上京城出土金属器金相测试报告

哈尔滨工业大学分析测试中心

测　试　报　告

委托单位	黑龙江省文物考古研究所	试样数量	4个
试验名称	金相分析	试验仪器	奥林巴斯
试验材料	渤海上京城出土金属器	试验日期	2007 年 4 月 13 日

检验结果：

对 4 种送检样品进行镶嵌。经研磨、抛光、化学浸蚀后制备成金相试样，编号分别为 1 号、2 号、3 号和 4 号。由外观及金相组织检查可以初步认为：1 号、4 号试样为普通低碳钢材料，3 号试样为工业纯铁材料。4 号试样被检面经化学浸蚀后，未发现明显的金属组织形态，电子探针检查发现 4 号试样被检面上仅存在铁和氧元素，可以认为 4 号试样被检面已被完全氧化，生成了铁的氧化物。2 号试样为轧制的铜铅合金。

1 号——第 3、4 号宫殿，铁片。

2 号——第 3、4 号宫殿，铜片。

3 号——郭城正南门，铁钉。

4 号——郭城正北门，铁钉。

试验人员	于捷	分析测试中心（盖章）
审　核	青尚	2007 年 4 月 13 日

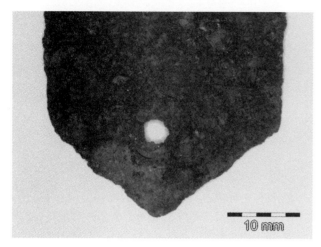

1－1 外观

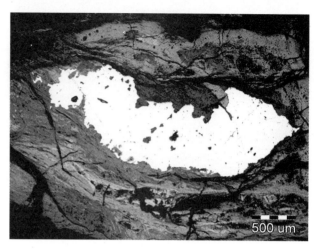

1－2 研磨抛光后金属和外层氧化皮形态

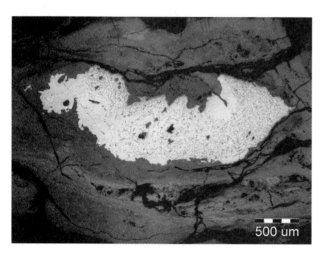

1－3 化学浸蚀后金属显现组织

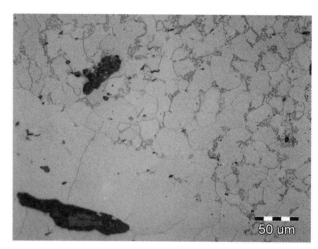

1－4 左图放大 组织为铁素体加少量珠光体

1号试样外观及金相组织

2－1 外观

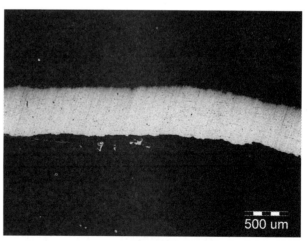

2－2 研磨抛光后金属形态

2号试样外观及金相组织

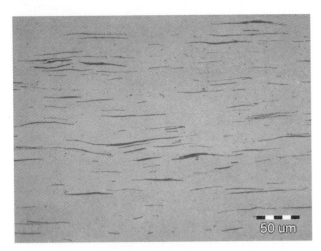

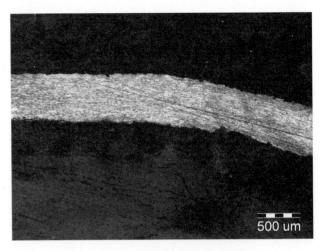

2-3　图2-2的放大

2-4　化学浸蚀后金属显现组织

铜基体沿轧制方向分布着拉长的金属铅

2-5　图2-4的放大

组织为沿轧制方向拉长的α-铜晶粒及金属铅

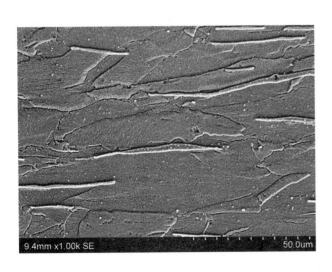

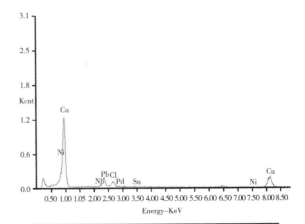

Element	Wt%	At%
PbM	15. 44	05. 17
CuK	76. 18	83. 13
Matrix	Correction	ZAF

2号试样外观及金相组织

3－1　外观

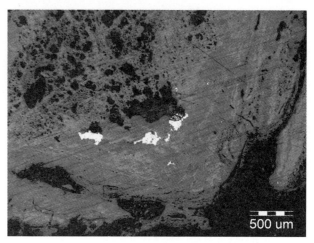

3－2　研磨抛光后金属和外层氧化皮形态

3－3　图 8－2 的放大

3－4　化学浸蚀后的组织：等轴铁素体

3 号试样外观及金相组织

4－1　外观

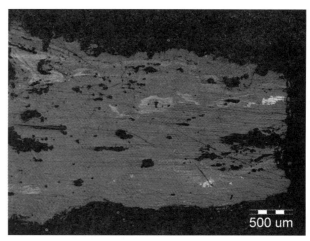

4－2　研磨抛光后"金属"和外层氧化皮形态

4 号试样外观及金相组织

三　渤海上京城遗址出土铁器金相学与工艺探讨

贾　莹　高秀华　于立群

本文样品出土于渤海上京城遗址，共 36 件器物，器物种类包括铁钉、铁块和杂器等。在检测过程中，对有些器物特别选择不同部位进行观察，尽可能扩大观察面，以期得到较为全面的认识。

（一）金相检测结果

本文所用仪器为日本尤尼恩光学株式会社（Union Optical Co.，LTD）Versamet－2型金相显微镜。腐蚀剂为 4% 硝酸酒精溶液。对样品的考察建立在大断面整体观察基础之上，器物横向断面标记为 A－A 面，纵向截面标记为 B－B 面，有些样品多次制样，观察表面与内部结构的局部变化，以避免微观结构的不均匀性导致得出片面的结论。金相检测结果见表一。

表一　　　　　　　　　　　　**渤海上京城遗址出土铁器金相检测结果**

器　物	编　号	观　察　面	含　碳　量	金　相　组　织	图　版
铁钉	99NSGⅣT003003②：Y1	B－B面	0.8%；熟铁	以铁钉尖端部分纵向截面为观察面。断面组织显示为索氏体区和铁素体区，由含碳量 0.8% 的高碳钢和熟铁折叠锻打成型，折叠交界处存在铁橄榄石－玻璃质夹杂物	三九三，1
铁钉	99NSGⅣT003003②：Y2	B－B面	0.1%～0.2%	以铁钉靠近尖端部分纵向截面为观察面。断面有碳钢和熟铁相叠，分界明显，层之间有通长的氧化铁薄片，有些区域相邻层的含碳量已趋于一致，成为低碳钢，铁素体＋珠光体组织，折叠交界处存在铁橄榄石－玻璃质夹杂物	三九三，2
铁块	99NSGⅣT007003②：Y4	A－A面	0.8%	样品呈不规则形状，横断面为观察面，具有索氏体组织	三九三，3
铁钉	99NSGⅣT003003②：Y4	B－B面	尖端：0.8%	以铁钉纵向断面为观察面。尖端边缘已腐蚀，中心为珠光体组织，含碳量约为 0.8%。层叠交界明显，有维氏体－玻璃质硅酸盐夹杂物	三九三，4
			上端：0.2%～0.8%	上端断面含碳量分布不均匀，含碳量 0.2%～0.8%，有铁素体、珠光体、珠光体＋网状渗碳体不同组织区	三九四，1～3、三九五，1

器 物	编 号	观 察 面	含 碳 量	金 相 组 织	图 版
铁钉	99NSGⅣT003003②：Y 5	B－B面	0.1%～0.8%	以铁器纵向断面为观察面。断面含碳量不均匀，含碳量0.1%～0.8%。有铁素体＋珠光体、珠光体、珠光体＋铁素体等不同含碳量分布的组织区域。有魏氏体形态铁素体	三九五，2～4
铁钉	99NSGⅣT003003②：Y 6	钉身B－B面	0.2%；0.7%	以铁器纵向断面为观察面。钉身段有铁素体＋珠光体、珠光体＋铁素体等不同含碳量分布的组织区域。由含碳量0.2%低碳钢和0.7%高碳钢叠加锻打	三九六，1～3
		钉帽B－B面	0.1%；熟铁	钉帽纵向断面大部分为铁素体组织，局部外缘有铁素体＋珠光体层，受到弯曲拉伸的一侧晶粒沿长度方向变形，晶粒大于受压缩一侧	三九六，4
铁钉	01NSGⅠT008024②：Y 1	B－B面	4.3%；熟铁	铁钉纵向截面为观察面，含碳量呈不均匀分布，有熟铁区和高碳区，两区之间有明显的交界，高碳含量区域中心存在共晶白口铁莱氏体组织。器物由熟铁和铸铁脱碳获得高碳钢叠加锻打	三九七，1～4
半成品	99NSGⅣT007003②：Y 6	B－B面	中部：0.2%；熟铁	中部有区域性含碳量变化，变形的铁素体以及0.2%的铁素体＋珠光体组织区域	三九八，1～3
			顶端：0.8%；熟铁	顶端有珠光体区、铁素体区以及铁素体＋珠光体区。珠光体区具有贫维氏体－玻璃质硅酸盐夹杂物。铁素体区晶粒大小不均，多沿长度方向变形，具有条状和圆粒状维氏体－玻璃质硅酸盐夹杂物0.8%高碳钢和熟铁叠加锻打，两区之间有含碳量居中的过渡区	
铁钉	99NSGⅣT007003②：Y 7	B－B面	0.1%～0.2%	铁钉表层黑色光滑，侧面纵向截面为观察面。尖端为铁素体组织，上端为铁素体＋珠光体组织与铁素体组织相间分布，硅酸盐夹杂物中氧化亚铁贫乏0.1%～0.2%低碳钢和熟铁相叠锻打	三九九，1、2
铁钉	01NSGⅠT008024②：Y 3	钉帽B－B面	0.8%；熟铁	以钉帽纵向断面为观察面，为珠光体、铁素体组织	三九九，3
		靠近尖端B－B面	0.8%	靠近尖端纵向断面为观察面，为含碳量0.8%的珠光体组织，有折叠锻打的痕迹	

器　物	编　号	观　察　面	含　碳　量	金　相　组　织	图　版
铁钉	01NSGⅠT008024②：Y 2	B－B面	0.2%～0.7%	铁钉侧面纵向截面为观察面。断面有铁素体＋珠光体、珠光体＋少量铁素体组织，杂质很少。由含碳量0.2%的低碳钢和0.7%的高碳钢叠加锻打，局部有冷变形晶粒	四○○，1、2 四○一，1～3
圆帽铁钉	99NSGⅣT001002②：Y 17	A－A面	0.8%；熟铁	靠近尖端横断面存在铁素体区域和珠光体组织区。两区域之间有明显的分界。熟铁和含碳0.8%的高碳钢折叠锻打	四○一，4
铸铁残块	99NSGⅣT003001②：Y1			断面可见渗碳体＋莱氏体组织	四○二，1
圆帽铁钉	99NSGⅣT004003②：Y2	顶尖部B－B面	0.1%～0.2%；0.8%	铁钉的纵向截面为观察面，钉尖部腐蚀严重，顶部具有含碳量0.1%～0.2%铁素体＋少量珠光体、含碳量0.8%的珠光体组织，折叠交界明显	四○二，2
铁钉	99NSGⅣT004003②：Y 1	B－B面	0.8%；熟铁	铁钉纵向截面为观察面。铁素体组织和含碳量0.8%的珠光体组织相间分布，夹杂物沿长度方向分布	四○二，3、4
铁钉	99NSGⅣT007003②：Y 5	B－B面	熟铁	铁钉腐蚀比较严重，纵向断面中部只残存少量的金属核心，为铁素体组织	四○三，1
铁钉	99NSGⅣT002001②：Y 17－1	B－B面	顶端：0.2%；0.8% 上端：0.8%；熟铁 中段到尖端：0.8%；熟铁	铁钉纵向断面为观察面。顶端为含碳量0.2%的铁素体＋珠光体组织、含碳量0.8%的珠光体组织 上端有含碳量0.8%的珠光体组织 中段到尖端，断面为铁素体组织区和珠光体组织区，有维氏体－玻璃质硅酸盐夹杂物，铁钉由熟铁、高碳钢材料叠加锻打	四○三，2～4
铸铁块	99NSGⅣT002003②：Y 26			铁块为麻口铁，莱氏体基体上分布着片状石墨，间或有片状渗碳体	四○四，1
铁钉	99NSGⅣT002001②：Y 17－6	B－B面	0.8%	断面为珠光体组织，有折叠锻打的痕迹	四○四，2
铁钉	99NSGⅣT001002②：Y 20	B－B面	0.1%	以铁钉的纵向断面为观察面，为含碳量0.1%的铁素体＋珠光体组织，有维氏体－玻璃质硅酸盐夹杂物	四○四，3、4

器　物	编　号	观　察　面	含　碳　量	金　相　组　织	图　版
铁钉	99NSGⅣT002001②：Y 17－3	尖端 A－A 面	0.8%	铁钉外表呈黑色，致密光洁，坚硬，局部有表层剥落。以尖端横断面为观察面。断面有分层现象，层与层之间有大的孔洞，之间是断续的，孔洞边缘都有脱碳的迹象，中心为珠光体组织	四○五，1四○六，1
		顶部 B－B 面	0.2%；0.8%	断面可见含碳量0.2%的铁素体＋珠光体组织区、含碳量0.8%的珠光体组织区	四○五，2四○六，2、3
圆帽铁钉	99NSGⅣT002001②：Y 17－5	钉帽 B－B 面	0.8%	钉帽侧面纵向截面为细粒状珠光体和细片状珠光体组织	四○六，4
铁钉	99NSGⅣT007003②：Y 11	A－A 面	0.8%	铁钉外表具有坚硬的锈层，横断面为观察面，有含碳量0.8%的珠光体＋少量渗碳体组织	四○七，1
		B－B 面	0.2%；熟铁	铁钉纵向断面具有含碳量0.2%铁素体＋珠光体低碳钢组织和沿长度变形铁素体组织	四○七，2
圆帽铁钉	99NSGⅣT002001②：Y 17－4	B－B 面	0.1%～0.6%；0.8%；熟铁	铁钉钉身腐蚀严重，尖部可分辨出分层，钉帽腐蚀较轻，表层深褐色，锈层很薄，有剥落，腐蚀层下金属坚硬。断面分为铁素体、含碳量0.1%～0.6%铁素体＋珠光体、含碳量0.8%的珠光体等不同含碳量组织区，存在折叠锻打痕迹	四○七，3
铁钉	99NSGⅣ T001001②：Y 1	B－B 面	0.1%～0.4%；熟铁	铁钉纵向断面为观察面，有铁素体；铁素体＋含碳量0.1%～0.4%不等的细珠光体组织	四○七，4四○八，1～3
铁件	99NSGⅣT007003②：Y 8	A－A 面	0.2%～0.6%	铁件表面粗糙，腐蚀严重，中心残留少许金属，横断面为观察面，存在铁素体＋珠光体、珠光体＋铁素体含碳量0.2%～0.6%不等的组织区	四○八，4四○九，1
铁件	99NSGⅣT007003②：Y 10	A－A 面	0.5%～0.8%	铁件横断面存在索氏体＋铁素体、索氏体组织区，含碳量0.5%～0.8%	四○九，2
铁钉	99NSGⅣT007003②：Y 9	B－B 面	0.8%	铁钉表层致密，呈黑色，剥落处可见明显层状结构，纵向断面为含碳量0.8%的细珠光体组织	四○九，3
铸铁残块	99NSGⅣT007003②：Y 1			珠光体基体上分布有片状石墨，为灰口铸铁	四○九，4
铲形器	99NSGⅣT007003②：Y 2	B－B 面	0.8%	器物表面致密，腐蚀层薄，有斑状腐蚀剥落，未剥落处坚硬，纵向断面具有细珠光体组织，含碳0.8%高碳钢折叠锻打	四一○，1、2

续表一

器物	编号	观察面	含碳量	金相组织	图版
铁钉	99NSGⅣT007003②：Y 3	钉帽B－B面	0.8%；熟铁	钉帽表面腐蚀层薄，有斑状腐蚀剥落，未剥落处坚硬致密。纵向断面尖端为含碳量0.8%珠光体组织，其他区域边缘为含碳量略高于0.8%的细珠光体，中心为铁素体，有维氏体－玻璃质硅酸盐夹杂物，大夹杂周围有圆形小的夹杂物，是炒钢的特征。第二次抛光后，为铁素体组织。由含碳0.8%的高碳钢和熟铁折叠锻打	四一〇，3、4
铁钉	01NSGⅠT009023②：Y 1	B－B面	熟铁	样品外观即具有明显的折叠痕迹。铁钉纵向断面为带有孪晶的铁素体组织，具有维氏体－玻璃质硅酸盐夹杂物	四一一，1
三角形铁片	01NSGⅠT009024②：Y 1	尖端B－B面	0.2%；0.8%；熟铁	三角形铁片两尖端卷曲，尖端纵向截面铁素体与珠光体相间分布，有明显的界面，有维氏体－玻璃质夹杂物。折叠层交界处夹杂物体积较大，基体中夹杂物体积较小。由0.8%高碳钢和熟铁折叠锻打	四一一，2、3
圆帽铁钉	01NSGⅠT009024②：Y 2	尖端B－B面	0.8%	以铁钉纵向截面为观察面，断面显示为含碳量0.8%的索氏体组织	四一一，4 四一二，1
铁钉	01NSGⅠT007024②：Y1	上端弯折部分纵向B－B面	0.1%～0.7%；熟铁	含碳量不均匀，有铁素体、含碳量0.1%～0.7%不等的铁素体＋珠光体、含碳量0.7%左右的珠光体＋铁素体组织区域。0.7%左右高碳钢与熟铁折叠锻打，有含碳量过渡区域，不同组织区域杂质相差不大	四一二，2
门钉	99NSGⅣT000001②：Y 25	B－B面	0.8%	样品外观可见明显分层，腐蚀比较严重，只有中心还残留小块金属核心，为含碳量0.8%的高碳钢，索氏体组织	

（二）讨　论

考古发掘出土铁器的金相结构直接反映了器物所在时期当地铁器制作工艺的发展状况，也会反映出文化的传播和相互影响。技术水平相对落后、距离中原地区相对边远地区的铁器很可能揭示出工艺发展脉络的中间环节，而这些细节在发达地区早已被跨越过去，甚至连痕迹都荡然无存。因此，金相学考察和分析是构建金属工艺发展脉络的必不可少的一个步骤。

目前关于中国古代铁器工艺的研究多侧重于汉魏时期以前的考古发掘出土铁器，探讨铁器的起源和工艺的发展、地点也多集中在中原地区。对于晚期的铁器工艺来说，虽然有些文献可考，但也是寥寥数语。由于缺少系统的检测分析实例，对于文献的理解也因人而异。

渤海上京城遗址出土铁器样品的金相学考察结果，无疑为研究渤海国金属制造业发展状况乃至唐代金属工艺水平提供了重要的基础数据，从金属结构角度可以归纳出如下工艺特征：

1. 所测铁器包括铸铁和锻造铁器

铸铁残片块（99NSGⅣT003001②：Y1）为过共晶白口铸铁，具有莱氏体和渗碳体组织。过共晶白口铁的含碳量一般在4.3%～6.69%之间。

铁器残片（99NSGⅣT007003②：Y1）为灰口铸铁，在珠光体基体上分布着片状石墨。

铸铁残片（99NSGⅣT002003②：Y26）为麻口铸铁，具有莱氏体基体上分布着片状石墨，间或有片状渗碳体。

除铸铁残片外，其他铁器均由锻造成型。

大多数锻造铁器在不同区域可观察到不同含碳量组织，两种不同含碳材料含碳量相差悬殊，二者之间有明显的分界，多无过渡区域，表明为熟铁和低、中、高碳钢或低碳钢和高碳钢叠加锻打而成。铁钉（99NSGⅣT007003②：Y11）B－B面显示出铁素体晶粒沿长度方向极度拉长，表明锻打过程中有拉拔操作。

熟铁中铁素体组织室温下含碳量0.0008%，硬度低而韧性好。

具有珠光体组织的共析钢含碳量为0.77%。铁素体和珠光体构成的亚共析钢含碳量介于0.0218%～0.77%之间，珠光体和渗碳体构成的过共析钢含碳量在0.77%～2.11%之间。现代工业普遍将含碳量大于0.04%，小于0.25%的碳钢称为低碳钢，具有塑性、韧性好的特点，适用于建筑结构等用钢。将含碳量在0.25%～0.6%之间的称为中碳钢，具有强度、韧性和塑性等较好的综合性能，多用于制作各种机械零件。含碳量高于0.6%的碳钢称之为高碳钢，适宜制作要求硬度高，耐磨性好的各种工具。

将韧性好但强度、硬度较低的熟铁与具有较高综合性能的碳钢结合锻打，可以得到两种结果，第一，同时利用优劣材料，又能利用材料加热过程中碳元素的扩散，降低高碳材料的含碳量，减少脆性，增强韧性，同时，熟铁增碳成为钢材，增强器物整体的综合性能。从含碳量对热轧碳钢机械性能的影响来看，中、低碳钢的硬度和强度几乎随着含碳量增加呈直线变化，每增加0.1%碳，其硬度可增加约25HB，抗拉强度（σ_b）增加约80MN/m^2，塑性和韧性则随之降低[1]（图一）。

第二，如果温度控制在较低的温度，则两种材料的碳元素未充分扩散均匀，在金相结构中能够观察到

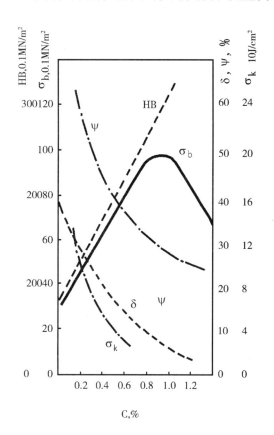

图一　含碳量对热轧碳钢
机械性能的影响

明显的不同含碳量材料的交界，但是由于经过反复折叠锻打，两种软硬不同的材料合成后的综合性能，要优于单一材料叠锻制品。金相结构表明当时的工匠已经能够鉴别材质的优劣和性能，大致采用同样的方法，但是在具体操作时把握技术的精致程度却存在差异。

2. 高碳钢的来源

在本次检测的铁器中，多有含碳量达到高碳钢的区域。铁钉（01NSGⅠT008024②：Y1）纵向断面含碳量分布不均匀，有熟铁组织，有残余的共晶白口铁莱氏体组织，二者之间为由高碳至低碳的过渡区，表明铁器的高碳钢来源于白口铸铁。铸铁具有硬脆的性质，在使用中很容易脆断，在将熟铁与白口铁两种材料混合叠放并加热的过程中，白口铁脱碳成钢，同时也使熟铁增碳成钢，器物整体性能得到改善，而且铸造器物破损的小块残块可以得以充分利用。这是中国铸铁技术的延续发展，是由铸造技术向制钢技术及锻造技术发展的中间环节的表征。同时表明直到唐代，渤海人仍然使用铸铁退火的简易方法来获得钢材，只是方式有所不同，是在锻造的同时对小块铸铁进行退火而不是在退火炉中对铸成的器物或型材整体退火。由这一例子推测，其他铁器所用高碳钢材料亦来源于小的铸铁块。

3. 高碳钢珠光体片层间距与性能

铁器高碳钢结构多为珠光体，但在一些器物中，也观察到索氏体和屈氏体，这两种相也是由渗碳体和铁素体片状结构构成的珠光体型组织，只是更为精细，在形态上稍有变化。珠光体中渗碳体的片层厚而平直，并且它们多半是互相平行的，索氏体中的渗碳体片层表现为薄而弯曲、多半不平行的形态，屈氏体中的渗碳体片层更薄而弯曲更厉害，它们之间更不平行，在光学显微镜下难以分辨铁素体和渗碳体。这种形态的差别，是由于过冷度的变化所致，过冷度越大，片层间距越小。这些组织的产生说明锻打之后冷却速度较快[2]。

珠光体晶粒的粗细直接影响钢的硬度和强度，片层间距越细，硬度越高，细珠光体具有较高的综合性能（图二；图三）[3]。

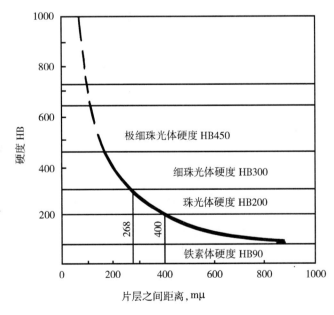

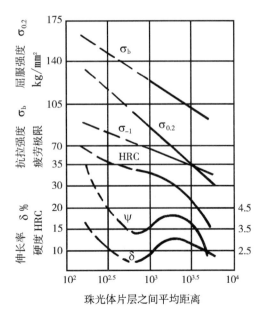

图二　珠光体的片层间距与硬度的关系　　　　　　　图三　珠光体的片层间距与力学性能的关系

4. 与其他地点出土渤海铁器材质和工艺比较

渤海上京城遗址出土铁器与宁安虹鳟鱼场渤海墓地出土铁器材质组合和制作工艺一致，与吉林省延边州和龙县西古城渤海遗址出土铁器比较，同样是采用碳钢和熟铁相结合叠加锻打方法制作铁器，西古城渤海遗址出土铁器中使用的钢材多是成分比较均匀的低碳钢，而且利用渗碳和淬火工艺强化表面。黑龙江渤海上京遗址出土铁器中普遍具有含碳量达到 0.8% 的高碳钢材料，有样品表明高碳钢的来源为白口铁，推测其他铁器高碳钢亦来源于白口铁脱碳。以高碳材料和熟铁折叠锻打制作铁器，使其强度和硬度足以满足器物对机械性能的要求。

此外，由于铁器可能采用不同含碳量材料制成，在器物不同部位会因为成分不均匀形成不同的组织结构，如果样品过小，或者由于取样部位的局限，则难免走入盲人摸象的误区。铁钉（99NSG Ⅳ T003003②：Y4）B－B 面尖端显示为含碳量 0.8%，属于高碳钢，上端显示含碳量为 0.2%～0.8% 不等，从低碳到高碳不同区域；铁钉（01NSG Ⅰ T008024②：Y3）B－B 面观察，钉帽显示出含碳量 0.8% 高碳钢和熟铁，靠近尖端含碳量 0.8%，为高碳钢；铁钉（99NSG Ⅳ T002001②：Y17－3）尖端A－A面观察含碳量为 0.8%，为高碳钢，顶部A－A面观察有明显分界的两种材料含碳量分别为 0.2%、0.8%，分别为低碳钢和高碳钢；铁钉（99NSG Ⅳ T007003②：Y11）A－A 面观察含碳量为 0.8%，高碳钢，B－B 面为熟铁。由此可见，金相检测的部位直接影响研究人员对于器物整体材质以及成型工艺的判断，因此，在样品的制备过程中，应尽可能对器物整体进行全面剖析观察，以免得出片面的甚至是错误的结论。

（三）结 论

渤海上京城遗址出土铁器样品的金相结构揭示出铁器制作工艺的特征：

1. 铸造铁器包括白口铸铁、灰口铸铁、麻口铸铁。锻造铁器多采用高、中碳钢和熟铁叠加锻打而成。

2. 铁器中多有含碳量达到高碳钢区域，在有的铁器残留结构中发现了白口铁组织，表明铁器的高碳钢来源于白口铸铁，这是中国特有的铸铁制钢技术延续发展的实证，表明使用铸铁退火来获得钢材的简易方法至少延续到唐代，只是与最初发明时的操作方式有所不同。

3. 铁器高碳钢结构多为珠光体，但在一些器物中，也观察到同为精细珠光体型组织的索氏体和屈氏体，具有很高的综合性能，同时表明锻打之后具有比较快的冷却速度。

4. 渤海上京城遗址出土铁器与宁安虹鳟鱼场渤海墓地出土铁器材质组合和制作工艺相一致，与吉林省延边州和龙县西古城渤海遗址出土铁器比较，采用熟铁和碳钢相结合叠加锻打方法相一致，但是西古城渤海遗址出土铁器中使用的钢材多是成分比较均匀的低碳钢，观察到渗碳和淬火工艺的应用，渤海上京城遗址所用钢材多为高碳钢，铁器成型采用热锻空冷，以其材质高的硬度和强度满足器物对于机械性能的要求。

附记：承蒙黑龙江省文物考古研究所及赵哲夫先生对本项工作极为重视并全力支持，谨此致谢。

四　"东京城"遗址发掘的初步报告

满洲研究所　B. B. 包诺索夫

按语：本文为东亚考古学会《东京城——渤海国上京龙泉府址的调查发掘》的附录，原用俄文发表，现由文化部外联局驻乌克兰大使馆文化秘书张宏伟译成中文，赵哲夫对文中所涉及的名词作了必要的订正，文中的东京城指当时的东京城镇，"东京城"指遗址，文中所涉及的图为本报告图三。

1. 满洲北部地区考古的可行性

满洲北部地区，显然如同南部地区一样，自很遥远的时期就开始有居民居住。在哈尔滨附近顾乡屯发现的骨器说明，这一区域的历史可以追溯到旧石器时代。在北满地区新石器时代的文化遗存很多。还有更多的不同历史时期的遗址散落在区域各处。

满洲北部地区有着丰富的历史，其时间跨度应不少于 1500 年。历史上曾出现很多古老的国家，如渤海国、辽、金和其他国家，一个国家交替另一个国家，并建立了很多城市，这些城市遗迹一直保存到我们这个时代。

虽然近年来科学研究的形势由于多种原因很不理想，但俄罗斯考古学家们一直努力地想研究这些遗址。

1931 年情况略有好转。这一时期所有的科研活动都集中到了满洲研究所（那时被称为东省特区研究所）。研究所进行了一系列研究措施，其中包括准备在满洲北部地区东部进行探险考察，主要是对宁安县进行考察。

2. 考察队的组成和路线

研究所的探险考察的任务是有多方面的。在探险队组成上，除了主要科学领导阿涅尔特教授和中国政府代表尹赞勋博士外，还有地质考察队（阿涅尔特教授，工程师秋谢夫），动植物考察队（鲁卡什金，费尔索夫）和以本文作者为队长的古民族考察队。

在工作人员和装备方面对于探险考察来说是不符合要求的，拨给考察队的经费相对很少。由于这个原因，考察时间只能限制在一个半月之内。这一点最终反映到了考察队的科研成果上，其中没有允许古民族考察队实施认真的发掘，拍摄照片和绘制完整的平面图，甚至还取消了一些很好的计划。不得不令人十分遗憾。

综上所述，这次探险考察工作只可以看作具有预备性质的勘探。

探险考察工作的时间从 1931 年 9 月 10 日至 10 月 25 日，考察宁安县大部分地区和穆陵县部分地区，但是我们古民族考察队没有到达穆陵县，因为所有的考察队都是独立开展工作的，工作期间很少能碰到一起。

因此，古民族考察队的行进路线为：从爱河站（中东铁路）经过宁安县城和东京城到镜泊湖；

坐船到湖的最南端（南湖头），然后翻过山到湖的西面，穿过尔站村（必尔罕必拉），为了回到哈尔滨，向后返回到海林站（中东铁路）。

3. "东京城"遗址的位置及总体描述

在本报告中不论及古民族学考察队的所有研究和搜集，只停留在对古代"东京城"遗址的调查上。

现代的东京城正好位于古代城市遗址的位置上。遗址位于宁古塔县城偏南70里，牡丹江（呼尔哈）河右岸。

"东京城"的古城墙还很明显。据考察队员的测量，古城呈四角形。东西墙的长度大约6里（4500步）。南墙的长度有有8里（6300步）。北墙略长一些，因为其中部（2350步）从西角向上方延伸270步，然后折转向东经过一段距离又重新按原方向回归向南后，由此继续平行向东。

总之，城市的外墙有29里（根据中国文献资料有30里）或者大约18公里。

城门不少于10个：南北各3个，东西各2个。除此外，在城墙上还有多处破口，这些城墙缺口大概是晚些时候损毁的结果。其中一些可以发挥城门的作用。在北面的门很明显是主门。北面主门与三个南门和两个西门都清晰可见。其余两个北门和两个东门损毁严重，与那些残破城墙缺口无异。三个南门与北门是门门相对的，将南墙均匀分成四部分，靠最东边的部分略大些。西门与东门也是相对的，但分隔出的墙面却是不均匀的。所有这些外墙（被称为大墙）几乎都是土墙，到目前为止还有18英尺高，地基宽达有40英尺。以前很明显城墙的边缘和上部是用碎石砌成的（主要是从周边地区取的熔岩玄武岩）。有一些砌筑面还保存了下来，特别是在北墙上。

在大墙的前面还有很宽的护城河，其上现在散落着浮土；沿着北墙可以清晰地看见这条护城河。可能护城河原来水很大，因为从城的西南角护城河遗留下的沟绵延向南是一条水道（也许是专备疏导排水道）。有可能是一条小河发源于城内流经城墙向东南方向流去，自然就注入护城沟内。

在所有的南门前和一个西门前，大部分加固城门的设施没有保存下来，看看目前保存的样子就可以理解了。另一个西门现在呈现高于城墙的基座，同时，过道被石块覆盖。这可能是一个坍塌的大门的塔楼，因为在周围的地面上散落着很多房顶用的绿瓦。可以推断这些大门原来很美丽，因为经过大门的道路一直通向古代城市内部皇宫、宫殿的南部。很显然，最重要的正门很明显是北墙中间的城门，因为面对此门的大道直接通到皇宫的中心。同时，城门与皇城间的道路有矮墙隔开，形如走廊。在门的两侧各存有4个圆柱（共8个）的六角底座，在圆柱的上端以前大概还有过华丽的顶。

前面已经提到过，经过这些城门的道路直接通向被称为"紫禁城"的大门前，也就是所说的皇城，皇城位于这些大门的南部，在古代城市的外墙之内。

"紫禁城"的位置处在古代城市的北部，如前所述，离北门比较近。因此，外城北墙有一部分向北突出，这是为了更牢固地保护统治者的官邸。

这个内城同样被城墙环绕着，但是城墙的高度和宽度不如"大墙"。现在这城墙倒塌后被石块所覆盖。但内城墙是用这些石块垒起的，还是用这些石块贴的表面，这个的问题没有搞清楚。

内城城墙的平面图呈长方形。北墙和南墙长约1里（800步），西墙和东墙略长一些，有850步。有4个城门（很明显），分别在每面城墙的正中间（对着四个方向），并且北门和南门与外城墙（大墙）的北门和南门在一条线上。除这些门以外似乎还有第五个门，其位置在东墙，略向南一些（见

图三，5），但有可能是晚些时候墙破损形成的，总的说，墙体保存下来的还足够多，在一些破损的缺口铺上了现在的道路。在"紫禁城"的东北角和西北角大概有过塔楼（见图三，6、7）。北边的大门已经完全损坏了，因此，很难说出其原来的样子。但是南边的大门有些不同寻常。这座被当地居民称为"五凤楼"的城门，坐落在"紫禁城"的城墙上，因此，接近它需要架个桥儿或梯子。可以断定这座城门具有很华丽的外表，因为还很好地保存着城门柱子的基座，这4排基座（或5排）上的柱子，说明这是举办盛大庆典的宏伟建筑（见图三，2）。遗憾的是，在此位置上建起了一座现代庙宇。

在"紫禁城"的内部清晰可见用石材建的宫殿和内殿隔断的遗存，其石材打磨得很不考究，有的甚至是未被加工过的石块。在院子与院子间有25～30步宽的长街。在建筑格局上与现在北京城中的"紫禁城"有些相似之处。我们的"紫禁城"同样被分为三个部分：中部、西部和东部三个部分。中间区段建筑较少并显然可以用来举行庆典活动。在这个部分里，大门（五凤楼）的北面，有坐落在一条线上、前后距离很远的三个大型建筑，建筑物今天呈现的样子是一个个长方形土丘，其上有成排的石头柱子基座（见图三，8～10，详解在后）。南面的建筑被当地农民称为"金銮殿"。

"紫禁城"的西、东部主要就是被道路分割开的一些院套。这里也一样留有带柱子基座的大型建筑遗址。但这些遗址没有像中部建筑一样的雄伟外表。关于这些建筑的详细情况我们将在调查报告中加以说明。

"紫禁城"西门（见图三，4）的加固工作是在墙的内部做的。然后，"紫禁城"值得注意的地方有一处也应指出，就是中段区域的中间，离中间大型建筑略靠东。这里有口砌着大量石板的井（见图三，11）。在城外的东南部也有一口一样的井，距五凤楼城门较近。

在"紫禁城"总体描述的结尾应指出，古城市内部所有的建筑物和庭院都不直接与墙相连，都隔着至少50步宽的通道，有些地方用带门的墙隔着，门的痕迹还存在（见图三）。

在"紫禁城"北墙和外城北墙（大墙）之间的空间由间隔墙隔开；除此之外，在被隔开的场地内还有被隔开的外城北门与"紫禁城"北门间的大道。被隔开的区域与"紫禁城"东部毗连。这里可以推测，宫殿区域是完全独立的。关于这一点下一步将详细说明。

现代的城占有古城遗址的面积不是很大。现代城区所有建筑用石都是居民从遗址上取来的。因此，古代文明的最新风貌在我们眼前消失了。

4. 俄罗斯文献中一些关于"东京城"的资料

首先，在对我们古民族考察队的观察发现进行描述之前，我就先前在俄罗斯文献中记载的一些关于"东京城"的资料说明一下。我们俄罗斯研究者对中国和日本的文献资料知之甚少。在西欧的文献资料中我没有发现对"东京城"有过记载。

我所知道的俄文对"东京城"最早的记载是比丘林神父著作，书名为《中华帝国记》，在19世纪中叶出版。在书中简短地指出了遗址的位置，长度（30里），并推测遗址是金朝首都，上京（会宁府）。

瓦西里耶夫教授在其著作《满洲记述》中，同样在19世纪中叶出版，得出与上述意见截然相反的结论。称"东京城"遗址是渤海国的都城遗址（渤海上京）。这一结论是建立在《许亢宗奉使行程录》的基础上。

从那时起，俄罗斯考古学家的意见被这两种意见所左右。大概只有详细地研究和发掘才能使两种说法之一占优势。

200 年前曾看见过遗址的被流放的中国人吴兆骞（康熙年间）的著作值得注意（请看他的《宁古塔纪略》）。吴兆骞同时推断，此为金朝遗址，并且在县学校的院子里立有石碑，上刻日期"天会"，通常这被认为是金朝的年号。

东京城现在的居民没有流传下关于"东京城"的任何传说。他们都是后来的移民。

5. 古民族考察队的工作简介

古民族考察队于 1931 年 9 月 15 日抵达遗址位置，在那里工作了 12 天。他们通过目测和步量绘制了草图。当然了，图绘制得很简单，也许将来有机会再检测和修改。

9 月 20 日在内城（紫禁城）西北段挖了 1 号探沟。探沟在遗址之间（或者两个建筑之间），这些建筑现在的形态呈略有突起的垄岗状。

垄岗被取石块的当地农民翻掘得比较严重，但，还是有一些柱子的基座保留了下来。这些柱子大概为 4 排，柱子间的距离大概为 7 英尺。在角上有个石砌体，现今被完全挖掘了，其坑内挖出了大量的动物骨头。

探沟从此坑继续向东，长约 21 英尺，探沟在坑的西端（沿坑的边缘）拐了个小弯。在略微离开西部边缘的探沟内发现了横排的石砌体，或者是地基。从材料上分析，这里是大型建筑，用有图案的砖进行装饰，用大量灰瓦建房顶，有些还带有绿琉璃，在其房顶大概还有绿琉璃房脊。除了一些灰色器皿碎片外，没有找到其他的物品。

第二天在"紫禁城"中心挖了第 2 号探沟。此建筑现今存在的遗址不高（约 5 英尺），呈长方形的高岗，东端高一些的地方有 14 英尺。在高岗上大概有 4 排柱子基座，现在大部分柱子基座已经没有了，而且给了挪了地方。总之，这座建筑被当地农民已挖得面目全非。

探沟沿着东端高一些的地方的边缘挖掘。挖掘证明，建筑被灰色和绿色瓦片所覆盖，建筑边缘用带有民族图案的砖加以装饰，并且有白色大理石，在其周围只找到了一些残片。在东端高一些的地方满是打磨粗糙的石块。找到了灰色和红色上釉器皿碎片。大概是"金銮殿"。建筑高出的用处没有搞清楚。

第三个探沟是在靠北的建筑物上挖掘的，该建筑物位置在打 2 号探沟的建筑物的北面（见图，10 号）。该建筑与其他的建筑一样如同土丘，高 5～6 英尺，也保存着成排的柱子基座。建筑的东部被挖过，呈现不规则形态。在西部边缘从南到北有一条沟。此沟给人的印象不是扒石头形成的普通的沟，很直且有均匀的边缘，而且，该沟的正前方对着一条横沟。但，可以说这样的小工程对如此古老的设施还不可能造成威胁。总之，这样的沟我还是第一次遇到，我只能对它做出一些推测。

这一建筑被灰色和绿色的瓦所覆盖，并且在其中心位置集中，这说明在建筑的房顶曾装饰了大量的琉璃绿色半圆拱形瓦，我们有幸搜集到了一块几乎完整的瓦。在瓦上大概还有一些装饰。地上铺的是地砖。

探沟从北到南的长度 32 英尺多，南端向西有个小弯。探沟的横切面平常：在草皮层下面是瓦层，挖残片有 10 英寸，后来又挖了 5 英寸建筑残料。清理泥土层 8 英寸。在这之下是石砌物，在 8 号探沟也是如此，后来被我们盖上了。在探沟的中部有一个椭圆形碎石堆，在北部出现了形状有些特别的地基。

还应当指出的是，该建筑有阶梯，阶梯从北通向建筑基础的中心（土丘的中心）。在相对的方向，南面没有阶梯的迹象。

4号探沟还是在"紫禁城"的西北区。建筑现在呈现的形态为较明显的长方形土丘（从西到东），没有柱子基座的迹象。在建筑物前方（朝北）有两个高丘（7～8英尺）。探沟有23英尺长从北向南，在从南头转弯向东挖同样距离的探沟。探沟挖掘证明，建筑确实没有柱子，上面被一种灰色瓦片（特别大）所覆盖，其上面的图案与挖出灰色器皿碎片的探沟内的瓦上图案一样。在探沟南部（在另外的方向看，同时也是西部）有用大型厚石板砌起的石砌物。其石板大部分摆在一个水平面上，其余的石板略高些（1～2英寸）。在这些石板下面出现了一具少年的尸骨，腐烂得很严重。骨架背在下，蜷身，头朝西。其身上有铜制的、圆形的、中空的、有焊接点的纽扣，还有青铜制的四角有些扁平的门闩（也许是坟墓门闩？），因为遗址已被破坏，因此很难说这不是晚期的墓葬。在尸骨附近有很多动物骨头和2～3片灰色器皿的碎片，大概与祭祀有关系。

5号、6号探沟在"紫禁城"东墙外。鉴于上面已经对整个遗址有了全面的介绍（见图三，15），这里直接与内城墙相连，是被墙圈起来的空地。在距空地中心很近的地方有一个大凹槽，凹槽底部覆盖着大量的卵石。毋庸置疑，这是人工池塘。在池塘北部东岸和西岸有两个土包相对。在池塘北岸附近也有两个并排的土包处在池塘底部，当池塘里水多的时候它们就形成了两个小岛。在它们和北岸之间有小的横堤，大概是桥的遗存。从池塘向北有两排柱子基座从西向东，但，大概它们之间并不相连。在第一排（稍北的）有4个基座，另一排有6个基座，基座为六角形。在两排基座的中间区有通道，可能这里有过简易门，如同远东地区常见的。

5号探沟在位于池塘西岸的土丘上进行的发掘。虽然此探沟的尺寸大小与其他探沟一样，但从中没有发现任何有关"东京城"建筑和材料等有用的痕迹。根据此情况，这个探沟很快被我们放弃了。发掘工作转向了6号探沟，6号探沟也在这一区域，在靠近池塘北岸的两个小岛之一，就是东边的小岛。探沟有49英尺长，在土丘切面边缘从最高处几乎到了底部还做了较深的探坑（不过，还不够深）。

发掘探沟的结果证明，正如所料，在土丘的高处有一座不大、似乎呈现八角形的简易建筑，覆有非常雅致（精细）的绿琉璃瓦。在房顶有大型雕塑装饰，装饰上涂有黄色和绿色的釉。莲花是此装饰的基本元素。应指出的是，瓦呈长方形，叠压着铺开（在中国建筑中非通常做法）。在这里还找到了腐烂了的和烧过的木板，这些木板大概原来是铺地的地板，因为找到的地砖很少。

7号探沟。这是最后一个探沟，于"紫禁城"内，在中间区段的南部的被当地居民称作"金銮殿"的大型建筑上展开（见图三，8）。此建筑为东西向长方形，建在高台座上，在台座上还存有5排柱子的大型柱基。殿顶主要为灰瓦，部分点缀绿瓦，大概还装饰有奇妙的琉璃饰品，我们找到了大量这些琉璃制品的碎片。建筑北面中部有台阶，沿着此台阶可以向上走到建筑的基台上。同时在殿的东、西面还存在两个呈圆形的建筑，很可能也是台阶。

至此，我们在此城的工作结束了。但就本遗址而言，不能不提到一个地方，该地方离"东京城"很近，无疑与遗址有关系。我指的是在牡丹江河左岸距"东京城"北6～7公里的一座被盗的墓穴。该墓穴位于"三灵屯"附近。此墓被盗是在50年前，是被从北京附近来的人给盗的。据说，该墓主是金朝的一位公主。当然了，这些都无法证实。

该墓是用石条搭建的，呈拱形。墓顶被盗墓的打了个洞。墓室呈南—北方向，向南有个较低的走廊，该走廊大概是通向墓入口的道。但现在走廊到墓室的一段距离被坍塌的墓顶埋上了，因此根本看不到墓室入口。离墓室稍后的走廊，以前看似被门隔开的，在墓顶的深凹处和石灰残渣可以证明这一点。此墓大概从前上面盖着大坟包，但现在已经不存在了。可能是在被盗时给剥去了。在墓周围找到的瓦、石基和其他遗存都与"东京城"的遗存相似。即使此墓被盗了，但在将来它仍然值得清理和研究。

除此之外，我们古民族分队还查看了"东京城"周边的一些地点，但它们与主要遗址间的关系还不清楚。

6. 在"东京城"遗址上取得的材料

在"东京城"考察结束后，搜集整理了采集的各种文物资料，将其运往哈尔滨，再运往研究院博物馆。采集到的文物资料：

（1）建筑用砖

有4种最重要形态的砖。（A）形状较大的，正方形、灰色，尺寸13×13英寸，厚2英寸。该砖是遗址建筑的地砖。（B）长方形的、烧制得非常好的、暗灰色的砖，该砖是在3号探沟阶梯上取的，大概是用来铺设建筑阶梯的（?），长宽为17×6英寸，厚2英寸。（C）普通的、灰色的、长宽为11×5英寸，厚2英寸。（D）小砖，灰色的，我不清楚其使用在什么地方，长、宽不详，厚1.25英寸。

（2）装饰有图案的砖

这样的砖是在1号、2号探沟找到的。该砖长、宽不详，厚2.5英寸。图案元素：似莲花，位于中央，花束和叶子位于边缘。大概是用来装饰墙的。

（3）屋顶的瓦

各种各样的，有灰色和绿色的（上釉的），大小17×17英寸。房檐瓦（板瓦）有沿着两边压得比较深的花纹。其他的还有沿着边缘用手指捏的皱褶。大部分房檐瓦为灰色，没上釉的。上檐瓦（被称为筒瓦）尺寸各有不同，颜色有绿和灰。边缘有很独特的凸起图饰。

在6号探沟发现的，叠压一半的形似小的平瓦的瓦应特别指出。露在外面的部分有绿釉。这样的瓦我在北满还是第一次遇到。

（4）木材

建筑有一些是用木材进行装饰的。在6号探沟发现的被烧的木板残存。

（5）墙涂料

建筑是用墙灰涂料粉饰过的（大概是内部）。在所有的探沟内都有足够多的涂料可取。涂料主要是白色石灰。在从4号探沟取出的一些墙皮块上还保存着红颜色涂料的痕迹。在离6号探沟附近，在"池塘"以北据推测是花园的地方（距离6号探沟较近）找到了天蓝色的涂料块（以前估计为蓝色）。另外要指出的是，普通的涂料是用一般的红色的泥土制成的（通过烧制）。另一方面，在木板条上涂的涂料痕迹。当地农民抠这些涂料（白色的），认为能治病。

（6）上釉图案

上釉图案很多，但都是被打碎的碎片，因此很难讲出图案的风格特点。大概是房顶的装饰是以植物为主要因素，但看起来有似乎是神话里动物的形象。应单独说明的是，大型的、直径几英寸长陶制上釉的半拱形的、可能是房顶中部用的瓦。同时应指出的还有6号探沟建筑带图案的房顶，上釉黄色和黄绿色的形似大莲花瓦。

（7）带标识的瓦

区别于普通瓦的灰色（少部分为红色烧制）带有表示印记的瓦被我们挑了出来。这样的瓦我们搜集了近100块。所有的标识都是正方形压制的。在每一个标识上都有一个中国式的标志（应是汉字）。标识一般在瓦的背面，因此，在建筑上是看不到的。从这一点上说，印记不是用来装饰的，而有另外的用途。在印记上的标记大部分是能读的汉字。但，一些在现代汉语字典上我没有找到。不仅我读不出这些汉字，而且当我把瓦展示出来后，一些受过教育的中国人也读不出。还内有将这些字样的标识分拣出来，因为我还被不同的意见所左右。

（8）灰色的陶制器皿

陶制器皿我们搜集得很少，同时，器皿的碎片的情况也不好，都呈不同的瓦片状态。只是在2号探沟搜集的一些碎片勉强粘起了碟子的一部分。大部分器皿为不同厚度的灰陶，式样为晚期民族的容器。上面提到的碟子的形态与中国现代的有些不同，倒是在形态上与木制的蒙古碗有些接近，在某种程度上还与欧洲制品的形态相近。另外需指出的是，这种灰陶器是用某种特别的陶土、呈白色、较软。这些陶器要比普通的陶器厚，表面明显地打磨过，由此显得很亮。

（9）红色的陶制器皿

除在2号探沟发现的上述的陶器外，在探沟附近的高阜上还找到了红色陶器皿的碎片，在其上面覆盖某种红色的釉。器皿很粗糙，体型很大，还带有粗花纹。

（10）铆接的陶器

从2号探沟发掘出的灰色普通陶器两个碎片很有意思。它们保留着修理的痕迹，是用小铁扒钉锔起来的，这种方法在中国现在还用。其中一个还保存着扒钉。

（11）陶泥塑像

当地的农民给我们拿来了20多个陶制的佛像，有坐在莲花上的菩萨和坐着的阿弥陀佛。塑像的形态基本一样，并薄涂色彩（颜色还有所保留）。但这些塑像特别的地方是没有头。搜集和送来的单独塑像头，很遗憾，没有一个与现有塑像身相配的，可以说，不是由于地的压力偶然断开的。很遗憾，我无论如何也没有从农民那搜集到完整的。因此，关于它们的用途和没有了头可以得出一个推断，可能是与祭祀有关系。

（12）钉子和其他类似的铁制品

获得的铁钉子很多，几乎在所有的探沟内都有。铁钉的大小各有不同，铁制四角的、锤造的。上边是被扎扁的和折成钩形。各种形态的都有。应单独指出的是在4号探沟取得的折断的、上端为铜制的、四角形、略扁平的、不很尖的门闩，它的用途现在还不清楚：可能是用它锁上了棺材盖，因为是在少年遗骨边找到的。

（13）铁头盔

从农民手里买来的铁头盔，据他们说，头盔是在"紫禁城"得到的。头盔是用4片不是很厚的铁皮连在一起的（用铆钉铆在一起的），连接是用特制的窄铁皮，边缘还雕有花纹，呈火焰形（有印度元素）。在头盔的下边缘焊有铁的花边条。在额头上，有马蹄铁形标志，开口向上（类似日本头盔）。头盔上面冠有某件饰物，现在已经断了，可能形似铁球（与在"东京城"发现的、现保存在宁安县的头盔相似）。

（14）在哈尔滨得到的石制品

在"东京城"的石制品很多，但体积都很大，无法随身携带。都是用灰色带小孔眼的玄武岩制成的，严重地被风化。还是被我们运回来了几个。这是某件物品或雕塑品的台架。磨盘不是现代的，用石头加工过。

（15）留在"东京城"的石制品

留在"东京城"的石制品中最特别的是一个大石香炉，原来立于"紫禁城"内，而现在被运到城南现在的寺庙院内的石台架上，呈莲花形竖起的柱子也有莲花形底座（印度元素）。这一部分是用一整块玄武岩石头制成的。在其房上也是用整块石头制成的精美的雕饰品，带有高房檐，具有"苏布尔干"的风格（蒙古建筑中的纪念性构建物）。建筑为八角形，有柱子和瓦顶。这里有大量的倒塌后留下的建筑物柱子的石枕。除此之外还有很多柱子基座、碾米石和其他的一些物件。在东京城以东 6 公里的"牛场"屯有一口由石墙围起的井，但我不知道能否与遗址年代联系到一起。在井上还有 4 个汉字清晰可见，是否写的时间我还搞不清楚。

我们古民族考察队搜集的情况基本如此。

7. 结束语

在结束本报告时，我再一次想指出，在我们看来，本次工作仍然只是带有考古目的的一次考察。目前，在我们观察和搜集的材料的基础上，是可以得出就研究本遗址下一步工作和编写工作计划是有益还是无益的结论。很遗憾，接下来在满洲发生的事件不允许我们在这一年完成研究院计划在此区域进行的第二次考察。但我们没有放弃希望，在将来的某个时间我们会再一次成功地对遗址进行补充研究，还可能在指出的地点进行规范的发掘。"东京城"广阔的遗址区域和其周边众多的小遗址，如果经费方面的问题能得以解决，也许我们会在这里发掘几年之久。那时，可以想象在这里创造了一个"满洲庞培"（意大利古城）。

（1932 年 10 月 20 日，于哈尔滨）

后　记

　　渤海上京城的调查、勘探与发掘，是国家文物局边疆考古研究的重点课题，于 1997 年立项并实施。课题牵头单位为黑龙江省文物考古研究所，课题组负责人兼发掘领队李陈奇，副领队赵虹光，成员赵哲夫、刘晓东、赵永军、陶刚、王祥滨。本项目历时 10 年，总发掘面积 44748 平方米，出土文物近万件，修复文物 1000 余件，达到了预期学术目的。

　　本报告内容包括 1998～2007 年间渤海上京城的全部调查、勘探与发掘资料。1997 年的发掘资料大部已正式发表，本次不再重复。此前的数次小规模发掘资料因未能及时整理，本报告也没有收入。

　　本报告是集体合作的成果，由黑龙江省文物考古研究所专业人员李陈奇、赵虹光、赵哲夫、刘晓东、赵永军共同编写。报告章节依照遗迹单元顺序排列，集体讨论确定编写体例、叙述顺序、分类标准等，经规范写作格式后由遗迹单位的田野工作现场责任人编写有关章节。为了全面反映各遗迹单位情况，各章节有些遗物的遴选难免出现重复。为尊重现场负责人的学术见解，报告各章节的小结由执笔人撰写，最后的结语则集体讨论定稿，以往简报所发表的数据、编号以及观点等，应以本报告为主。

　　报告第一章、第十一章、后记、外文提要由李陈奇执笔，其中第一章、第十一章傅佳欣、赵虹光、赵哲夫进行了一些核对和补充；第二章、第四章、第九章、第十章由赵哲夫执笔，其中第 5 号宫殿门址、郭城城墙解剖由赵虹光执笔，皇城城墙解剖由刘晓东执笔；第五章由赵虹光执笔；第六章由赵永军执笔；第三章、第七章、第八章由刘晓东执笔，赵哲夫参与了其中第 3 号宫殿遗迹、小结的执笔；李陈奇对整个报告进行了修改和定稿。

　　在报告编写过程中，张忠培先生于 2007 年夏季专程来到黑龙江省文物考古研究所，对黑龙江省考古报告的编写提出了总体要求，特别强调要抓紧《渤海上京城》的编写，并规定了大体时限。东北师范大学傅佳欣教授、中山大学许永杰教授、《北方文物》总编辑于建华研究员参与了本报告的策划、排版与审订。黑龙江省博物馆刘晓东研究员，吉林大学朱永刚教授、王培新教授，黑龙江省文物考古研究所张伟研究员审阅了报告并提出了具体的修改意见。

　　出土遗物的修复，由黑龙江省文物考古研究所王广文、王扬、赵磊承担；现场遗迹的测量和全城遗迹 GPS 测量，由黑龙江省文物考古研究所尤洪才承担；现场遗迹图的绘制，由黑龙江省文物考古研究所赵湘萍、牡丹江市文物管理站王祥滨承担；地图和部分遗迹图系尤洪才用 AUTOCAD 绘制；出土遗物图的绘制，由黑龙江省文物考古研究所赵湘萍、张晓霞、王庆芳、吴英才、施桥，吉林省文物考古研究所王新胜、马虹，牡丹江市文物管理站王祥滨承担；田野遗迹摄影由陶刚、赵虹光、赵哲夫、刘晓东、吴英才承担；出土遗物摄影由吉林省文物考古研究所谷德平、黑龙江省文物考古研究所王世杰、方琦承担；出土遗物拓片由吉林省文物考古研究所王新胜，黑龙江省文物考古研究所赵艺、刘欣鑫、谭炜承担；韩亚男参与了第 2 号、第 3、4 号、第 5 号宫殿出土文字瓦的整理工作；英文提要由黑龙江省文物考古研究所馆员魏笑雨翻译；日文提要由黑龙江大学东语学院日本语系讲师郑宇超翻译；俄文提要由黑龙江大学俄罗斯研究中心教授、博士生导师姜振军翻译；韩文提要由黑龙江大学东语学院韩国语系讲师郑宇超翻译。

　　在本次渤海上京城遗址调查发掘期间，中国考古学会名誉理事长、北京大学教授宿白先生，中国考古学会原理事长、中国社会科学院考古研究所原所长徐苹芳先生，故宫博物院原院长、中国考古学会理事长、吉林大学教授张忠培先生，国家文物局考古专家组组长黄景略先生曾莅临现场视察指导；牡丹江市政府、宁安市政府、渤海镇政府、吉林大学边疆考古中心、吉林大学考古学系、黑龙江省渤海上京遗址博物馆、牡丹江市文物管理站、宁安市文物管理所自始至终予以大力支持。在发掘资料整理和报告编写期间，黑龙江省民族博物馆提供了条件良好的场所。于此一并表示谢意。

Abstract

Archeological surveys, investigations and excavations of the Shangjing site, Bohai State, a major frontier archeology project of the State Administration of Cultural Heritage, were identified and approved to be excavated in 1997. The executive institution of this project was the Heilongjiang Research Institution of Cultural Heritage and Archeology. The team leader and excavation team leader was Chenqi Li, the vice team leader, Hongguang Zhao, and members included Zhefu Zhao, Xiaodong Liu, Yongjun Zhao, Gang Tao and Xiangbin Wang. Excavations of this project lasted for 10 years, with a total excavation area of 44,748 sq m, and a yield of approximately 10,000 specimens. Over 1,000 pieces have been restored. It reached the anticipated academic outcomes. This report contains complete documents of archeological surveys, investigations and excavations during 1998 and 2007.

It consists of three sections: Preface, Main Body and Conclusion.

The section of Preface describes the physical and historical outlines, brief history of surveys and excavations, introduction to Shangjing city, Bohai State, and report compilation.

The Main body is the key part of this report. Each chapter is compiled by the order of single remains, including the No. 2 Palace foundation site, the No. 3 and 4 Palace foundation sites, the No. 5 Palace foundation site, the No. 50 building foundation site, the South gate foundation site of the external wall, the North gate foundation site of the external wall, the South gate foundation site of the Imperial Palace, the No. 1 street foundation site, and the structure of the walls.

In the Conclusion section, based on historical archeological investigations, surveys and excavations, as well as historical literature, a preliminary exploration has been provided for some issues, like the year that Shangjing City of Bohai State was founded and abandoned, the distribution of the palace city, the social class represented by the construction scale, the function and the feature of the palace, stages of the relics and traces, the water supply and drainage system, etc.

Through a comparative study of archeological materials, it is shown that the city and the political systems of Bohai State originated from the systems of Sui and Tang Dynasties, and to a great extent, reflected the culture of the Tang Dynasty.

РЕЗЮМЕ

Обследование, разведка и раскопки города Шанцзинь у местной администрации Бохайго являются важной задачей по археологическому исследованию края Государственного управления памятниками, которая была утверждена в 1997 г. и началась осуществляться. Осуществляющей организацией данной задачей является Археологический институт памятников провинции Хэйлунцзян, ответственные лица - это начальника бригады раскопки Ли Чэньчи и замначальника бригады раскопки Чжао Хунгуан, члены ее-Чжао Чжэфу, Лю Сяодун, Чжао Юнцзюнь, Тао Ган, Ван Сянбинь. Данная задача продолжается 10 лет, в течение которого общая площадь раскопки составляет 44 748 кв. м., коллекции археологических вещей-около 10 000 штук, отреставрированные раскопки-более 1 000 штук. Одним словом, ожидаемая цель данной задачей была осуществлена. Этот доклад состоится из полных материалов обследования, разведки и раскопки.

Данный доклад включает предисловие, текст и заключение.

Предисловие содержит естественное и историческое общее положение города Шанцзинь у местной администрации Бохайго, краткую историю обследования и раскопки, общее положениегорода Шанцзинь у Бохайго и составления доклада и др.

Текст представляет собой главную часть данного доклада. Расставлены главы и подразделы по видам памятников и соответственно написаны, в том числе котлованы №2, №3 - 4, №5, №50, главных южных и северных ворот ядерной части города, южных ворот императорского города, улицы №1 и структуры городской стены.

В заключении на основе всех материалов обследований, разведок и раскопок и сочетания исторических книг был предварительный анализ некоторых соответствующих проблем, включая годы начала строительства и отброски города Шанцзинь у Бохайго, размещение дворцового городка, разряд масштаба построения, функция и характеристику его, определение времён памятников и систему водоснабжения данного городка.

На основании сравнительного изучения археологических материалов можно совершенно ясно заметить, что организационная структура города у Бохайго и его политического строя и др. были взяты в основном строй династий Суй и Тан в образец, в большей мере отражали стиль династий Хань и Тан.

要　約

　　1997年に発足した国家文物局辺境考古研究の重点課題である渤海上京城の調査と発掘のプロジェクトは、黒竜江省文物考古研究所が先頭に立ち、リーダー李陳奇、副リーダー趙虹光、研究員趙哲夫、劉暁東、趙永軍、陶鋼、王祥濱からなっている。本プロジェクトは10年かかり、総発掘面積は44748平方メートル、出土文物標本10000件近く、修復文物1000件に及び、予期の目的に達した。本報告書は1998‐2007年の考古調査、発掘に関してのすべての資料である。

　　本報告書は序文、本文、結びの三つの部分からなる。

　　序文は自然と歴史概況、調査と発掘歴史、渤海上京城概況、報告編成などについての紹介である。

　　本文は本報告書の主要な部分であり、各章は遺跡の順番にそい、研究員がそれぞれ執筆し、第2号宮殿敷地、第3‐4宮殿敷地、第5号宮殿敷地、第50号建築敷地、郭城正北門敷地、皇城南門敷地、第1号街敷地及び城壁建築構造などの遺跡について書かれた。

　　結びにはこれまで行われた調査、発掘の状況と歴史文献を参考にしながら、渤海上京城の築き始めと廃置の年代、宮城構造、建築規模から見た等級、宮城機能と建築特徴、遺跡遺物の時代分け、都市の供水と排水のシステムなどの若干の問題について分析した。

　　考古資料の対比研究を通じて、渤海国には漢唐の息吹が強く感じられ、その街づくり及び政治体制などが隋朝、唐朝の制度を見本として築かれたことも明らかになっただろう。

개 요

발해 상경성에 대한 조사, 탐사 및 발굴은 국가문물국 변강고고연구의 중요한 과제이며 1997년에 허가되어 실시되었다. 흑룡강성 문화재고고연구소가 주간이며 연구팀 책임자 겸 불굴팀 감독인 리천치와 부감독인 자우홍광 밑에 연구대원 조 철부, 려우샤우뚱, 자우용췬, 타우강, 왕샹빈 등 있다. 이번 연구는 10년 간 진행되었으며 총 발굴 면적이 44,748제곱 킬로미터이고 출토된 고대 유물이 10,000 개 정도이며, 고쳐진 유물도 1,000 개나 되었다. 예기한 목표가 달성되었다. 본 보고서의 내용은 바로 1998년부터 2007년까지의 고고조사, 탐사 및 발굴에 관한 자료이다.

본 보고서는 서론과 본론, 결론 세 부분으로 구성된다.

서론은 자연상황과 역사배경, 조사와 발굴의 약사, 발해 상경성 개황 및 보고서 편찬 과정에 관한 내용이다.

본론은 본 보고서의 주된 부분이며 그중 각 장은 유적지 분포 순서에 따라 편찬되었다. 2번 궁전 유적, 3번 4번 궁전 유적, 5번 궁전 유적, 50번 건축물 유적, 외성 남문 유적, 외성 북문 유적, 황성 남문 유적, 1번가 유적, 성벽 건축 구조 등 내용이 포함되었다.

결론은 여러 차례의 조사, 탐사 및 발굴 결과의 토대에 역사 문헌을 참조하여 발행 상경성이 지어진 시간과 폐기된 시간, 궁전 배치, 건축물 규모에 반영된 등급, 궁성의 기능과 건축학적 특징, 유적과 유물의 연대, 성 안의 급배수 시설 등 관련 문제에 대한 초보적 연구결과를 피력한 부분이다.

고고학 자료의 비교 연구를 통하여 발해국의 도시 제도와 정치 체제 등이 거의 수나라와 당나라를 모방한 것이며 중국적 특징이 두드러지다는 것을 확인할 수 있다.

参考文献

黑龙江省文物考古工作队：《渤海上京宫城第 2、3、4 号门址发掘简报》，《文物》1985 年第 11 期。

黑龙江省文物考古工作队：《渤海上京宫城第一宫殿东西廊庑发掘清理发掘简报》，《文物》1985 年第 11 期。

黑龙江省文物考古研究所：《渤海砖瓦窑址发掘报告》，《北方文物》1986 年第 3 期。

黑龙江省文物考古研究所：《渤海上京宫城内房址发掘简报》，《北方文物》1987 年第 1 期。

丹化沙：《渤海上京近年发现的重要文物和遗迹》，《辽海文物学刊》1988 年第 2 期。

中国社会科学院考古研究所：《六顶山与渤海镇——唐代渤海国的贵族墓地与都城遗址》，中国大百科全书出版社，1997 年。

吉林省文物考古研究所等：《西古城——2000～2005 年度渤海国中京显德府故址田野考古报告》，文物出版社，2007 年。

中国社会科学院考古研究所、西安市大明宫遗址区改造保护领导小组：《唐大明宫遗址考古发现与研究》，文物出版社，2007 年。

陕西文物事业管理局 骆希哲：《唐华清宫》，文物出版社，2007 年。

中国社会科学院考古研究所：《隋仁寿宫·唐九成宫——考古发掘报告》，科学出版社，2008 年。

谭英杰：《黑龙江区域考古学》，中国社会科学出版社，1991 年。

朱国忱、金太顺、李砚铁：《渤海故都》，黑龙江人民出版社，1996 年。

刘晓东：《渤海文化研究——以考古发现为视角》，黑龙江人民出版社，2006 年。

魏存成：《渤海考古》，文物出版社，2008 年。

杨鸿勋：《宫殿考古通论》，紫禁城出版社，2001 年。

秦　浩：《隋唐考古》，南京大学出版社，1992 年。

齐东方：《隋唐考古》，文物出版社，2002 年。

傅熹年主编：《中国古代建筑史》，中国建筑工业出版社，2003 年。

潘谷西主编：《中国建筑史》，中国建筑工业出版社，2004 年。

《傅熹年建筑史论文集》，文物出版社，1998 年。

《柴泽俊古建筑史文集》，文物出版社，1999 年。

《梁思成全集》，中国建筑工业出版社，2001 年。

《东京城——渤海国上京龙泉府址的发掘调查》，《东方考古学丛刊》第五册，东亚考古学会，1939 年，东京。

田村晃一：《東アヅアの都城と渤海》，财团法人東洋文库，2005 年。

图 版

渤海上京城彩红外航空照片（1990年拍摄）

渤海上京城宫城航拍照片（北—南，2004年拍摄）

图版二

第 1、2 号宫殿及廊庑(南—北)

第 2 号宫殿及廊庑全景

第 2 号宫殿全景（东—西）

1. 第2号宫殿柱网复原

2. 第2号宫殿包壁收分情况

第 2 号宫殿遗迹

图版六

1. 第1种类型散水（宫殿北壁）

2. 第1种类型散水（局部）

第 2 号宫殿遗迹

1. 第2种类型散水

2. 宫殿东南角特殊类型散水

第 2 号宫殿遗迹

1. 散水下石结构

2. 散水下类散水结构

第 2 号宫殿遗迹

第 2 号宫殿台基南侧东、西踏道（东—西）

第 2 号宫殿台基南侧东、西踏道（西—东）

1. 台基南侧东踏道东侧包壁和散水

2. 台基南侧西踏道西侧包壁和散水

第 2 号宫殿遗迹

1. 西踏道中央位置的散水钉

2. 西踏道西南角角石

第 2 号宫殿遗迹

1. 东掖门（东—西）

2. 东掖门（南—北）

第 2 号宫殿遗迹

1. 东掖门西北部陛板石

2. 东掖门台基北踏道

第 2 号宫殿遗迹

1. 东掖门北踏道垂带

2. 东掖门台基上的门

第 2 号宫殿遗迹

1. 东掖门台基上的门枢和门槛

2. 东掖门台基上的门枢和门槛

第 2 号宫殿遗迹

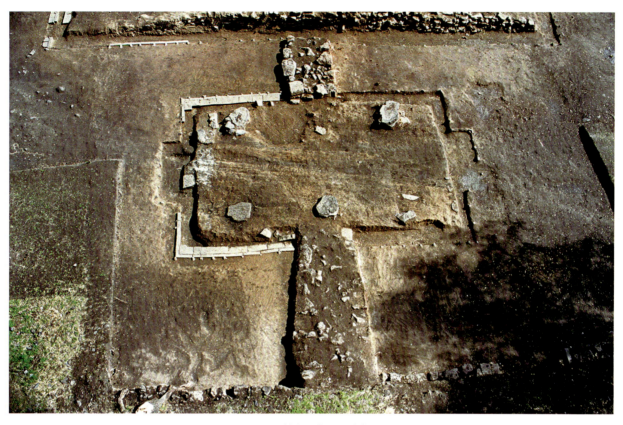

1．西披门（西—东）

2．西披门西北角散水

第 2 号宫殿遗迹

1. 东廊庑西侧南段包壁

2. 东廊庑（北—南）

第 2 号宫殿遗迹

1. 东廊庑东北角包壁

2. 东廊庑东面北端包壁

第 2 号宫殿遗迹

1．东廊庑西南北侧踏道石

2．东廊庑西面南侧踏道石

第 2 号宫殿遗迹

1．东廊庑础石及基础

2．东廊庑部分础石

第 2 号宫殿遗迹

1．东廊庑残存墙基

2．东廊庑残存柱洞

第 2 号宫殿遗迹

1. 东廊庑上跌落的白灰墙面痕迹

2. 东廊庑残存墙基

第 2 号宫殿遗迹

1．东廊庑排水沟

2．东廊庑上跌落的白灰墙面痕迹（局部）

第 2 号宫殿遗迹

1．东廊庑北侧联结墙

2．西廊庑木柱和墙基

第 2 号宫殿遗迹

第 2 号宫殿遗迹

1．西廊庑（东北—西南）

2．西廊庑（北—南）

第 2 号宫殿遗迹

1. 西廊庑中部白灰墙面

2. 西廊庑白灰墙面的涂色痕迹

第 2 号宫殿遗迹

1．西廊庑北端门址（东—西）

2．西廊庑北端门址（南—北）

第 2 号宫殿遗迹

1. 门址北侧北木门枕痕迹

2. 西廊庑排水沟出水口

第 2 号宫殿遗迹

1. 西廊庑砖函

2. 南廊庑中部

第 2 号宫殿遗迹

1. 南廊东段东踏道

2. 南廊东段西踏道

第 2 号宫殿遗迹

1. 南廊西段与西廊庑结合处

2. 南廊西段西踏道

第 2 号宫殿遗迹

1. 南廊西段东踏道

2. 南廊西段东侧门址

第 2 号宫殿遗迹

1. 南廊中央门址西北角散水钉

2. 南廊中央门址南踏道

第 2 号宫殿遗迹

1. 南廊中央门址北踏道

2. 南廊中央门址北踏道东垂带

第 2 号宫殿遗迹

1. 南廊中央门址北踏道中央垂带

2. 南廊中央门址北踏道西侧"砚窝"痕迹

第 2 号宫殿遗迹

1. 西廊庑西侧房址（西—东）

2. 西廊庑西侧房址（南—北）

第 2 号宫殿遗迹

1. 西廊庑西侧房址南间（南—北）

2. 西廊庑西侧房址北间火炕

第 2 号宫殿遗迹

1. 隔断墙门址附近保留的墙面

2. 隔断墙门址（南—北）

第 2 号宫殿遗迹

1. 第4–1号宫殿主殿北侧殿顶坍塌堆积（东—西）

2. 第4–1号宫殿主殿北侧殿顶坍塌堆积（北—南）

第 3、4 号宫殿建筑群遗迹

1．第3、4号宫殿基址（北—南）

2．第3号宫殿基址（东—西）

第 3、4 号宫殿建筑群遗迹

1. 第3号宫殿南侧西踏道（南—北）

2. 第3号宫殿南侧东踏道（南—北）

第 3、4 号宫殿建筑群遗迹

1. 第3号宫殿西侧散水（北—南）

2. 第3号宫殿东侧飞廊南部踏道及散水（西—东）

3. 第3号宫殿东侧廊庑（南—北）

第 3、4 号宫殿建筑群遗迹

1. 第3号宫殿东侧廊庑东侧踏道（东—西）

2. 第3号宫殿东侧廊庑东侧踏道局部（东—西）

第 3 、4 号宫殿建筑群遗迹

1. 第3号宫殿东侧廊庑西侧中部踏道（南—北）

2. 第3号宫殿东侧廊庑西侧中部踏道局部（西—东）

第 3 、4 号宫殿建筑群遗迹

1. 第3号宫殿东侧廊庑西侧南部踏道（西—东）

2. 第3号宫殿东侧廊庑西侧南部踏道局部（西—东）

第 3 、4 号宫殿建筑群遗迹

1. 第3号宫殿东侧回廊东侧南段包壁及散水结构（南—北）

2. 第3号宫殿东侧回廊东侧南段包壁及散水结构（东—西）

第 3、4 号宫殿建筑群遗迹

1. 第3号宫殿西侧廊庑与飞廊相接处散水及包壁结构（西—东）

2. 第3号宫殿西侧廊庑踏道（东—西）

第 3、4 号宫殿建筑群遗迹

1. 第3号宫殿础石

2. 第3号宫殿础石

第 3、4 号宫殿建筑群遗迹

1. 第3号宫殿础石

2. 第3号宫殿倒塌的墙体（东—西）

第 3 、4 号宫殿建筑群遗迹

1. 第3号宫殿台基地面

2. 第3号宫殿东侧廊庑墙及立柱痕迹（北—南）

第 3、4 号宫殿建筑群遗迹

1. 第3、4号宫殿之间建筑基址（南—北）

2. 第3、4号宫殿之间建筑西侧包壁及散水结构（西—东）

第 3 、4 号宫殿建筑群遗迹

1. 第4号宫殿基址（西—东）

2. 第4号宫殿东侧厢房台基北侧散水结构（北—南）

第 3、4 号宫殿建筑群遗迹

1. 第4号宫殿北部西侧出烟结构（东北—西南）

2. 第4号宫殿北侧小路（北—南）

第 3 、4 号宫殿建筑群遗迹

1. 第4号宫殿西配殿门址

2. 第4号宫殿东侧厢房台基上隔墙（东北—西南）

第3、4号宫殿建筑群遗迹

1. 第4号宫殿东侧厢房北起第1、2开间（南—北）

2. 第4号宫殿东侧厢房北起第4开间东壁木炭（西南—东北）

第 3 、 4 号宫殿建筑群遗迹

1. 第4号宫殿东侧厢房北起第5开间东壁门址（东—西）

2. 第4号宫殿西侧厢房最北开间西壁门址（东—西）

第3、4号宫殿建筑群遗迹

1. 第4-1号宫殿基址（南—北）

2. 第4-1号宫殿基址（北—南）

第3、4号宫殿建筑群遗迹

1．第4-1号宫殿主殿基址（南—北）

2．第4-1号宫殿南侧踏道（南—北）

第 3 、4 号宫殿建筑群遗迹

1. 第4-1号宫殿F1基址（南—北）

2. 第4-1号宫殿F2基址（南—北）

第3、4号宫殿建筑群遗迹

1. 第4-1号宫殿东侧廊庑基址（北—南）

2. 第4-1号宫殿东侧廊庑基址水沟（西南—东北）

第 3 、4 号宫殿建筑群遗迹

1. 第4-1号宫殿西侧厢房包壁及散水结构（东—西）

2. 第4-1号宫殿西侧厢房包壁及散水结构（北—南）

第 3 、4 号宫殿建筑群遗迹

1. 4-1号宫殿主殿东室西壁门址地栿

2. 4-1号宫殿主殿东室灶、炕（东—西）

第 3、4 号宫殿建筑群遗迹

1. 第4-1号宫殿主殿东室灶、炕结构（南—北）

2. 第4-1号宫殿主殿东室内火塘（南—北）

第3、4号宫殿建筑群遗迹

1. 第4-1号宫殿主殿西室墙壁（南—北）

2. 第4-1号宫殿主殿西室墙壁上柱洞

第3、4号宫殿建筑群遗迹

1. 第4-1号宫殿主殿西室灶、炕（南—北）

2. 第4-1号宫殿主殿南侧附属建筑东起第4开间灶、炕及烟囱（南—北）

第3、4号宫殿建筑群遗迹

1. 第4-1号宫殿主殿北侧附属建筑（西—东）

2. 第4-1号宫殿北侧附属建筑东侧间西壁门址（东—西）

第3、4号宫殿建筑群遗迹

1. 第4-1号宫殿北侧附属建筑东侧间灶、炕（北—南）

2. 第4-1号宫殿北侧附属建筑西侧间灶、炕（北—南）

第 3 、4 号宫殿建筑群遗迹

1. 第4-1号宫殿主殿北侧附属建筑中间单元（东—西）

2. 第4-1号宫殿F1灶、炕及出烟结构（西—东）

第3、4号宫殿建筑群遗迹

1. 第4-1号宫殿东侧廊庑立柱

2. 第4-1号宫殿东侧廊庑柱洞

第 3 、4 号宫殿建筑群遗迹

1. 第4-1号宫殿西侧厢房北起第2开间出烟结构（东—西）

2. 第4-1号宫殿西侧厢房北起第4开间南壁西侧结构（南—北）

第 3 、4 号宫殿建筑群遗迹

1. 第3号宫殿东侧廊庑南墙（西—东）

2. 第3号宫殿东侧廊庑中墙（西—东）

3. 第3号宫殿东侧廊庑与第4-1号宫殿西侧厢房之间的墙（北—南）

第 3 、4 号宫殿建筑群遗迹

1. 第3号宫殿东侧廊庑东侧建筑台基（北—南）

2. 第4号宫殿西侧石槽（北—南）

第3、4号宫殿建筑群遗迹

1．南门（北—南）

2．南门全景（东—西）

第 5 号宫殿遗迹

1. 南门础石（东—西）

2. 南门散水（东—西）

第 5 号宫殿遗迹

1. 南门 F1（南—北）

2. 南门 F2（南—北）

第 5 号宫殿遗迹

1. 南门石墙（西—东）

2. 南门筒瓦（西—东）

第 5 号宫殿遗迹

1. 宫殿全景（东南—西北）

2. 宫殿全景（西—东）

第 5 号宫殿遗迹

1. 西南角包壁下大型长方砖

2. 西侧包壁

第 5 号宫殿遗迹

1. 西侧包壁

2. 南面踏道

第 5 号宫殿遗迹

1．第2围础石间墙间柱（西北—东南）

2．墙

第 5 号宫殿遗迹

1. 西侧南端廊心墙

2. 台基地面

第 5 号宫殿遗迹

图版八三

第 50 号宫殿遗迹鸟瞰

1. 宫殿（南—北）

2. 月台南部础石（东—西）

第 50 号宫殿遗迹

1. 西侧包壁石及散水
（北—南）

2. 北踏道东北角砚窝
石（东—西）

第 50 号宫殿遗迹

1. 东廊、亭（2T）（东—西）

2. 西亭（1T）（南—北）

第 50 号宫殿遗迹

1．西廊西侧门及门枢（东—西）

2．西廊北侧门及门枢（西—北）

第 50 号宫殿遗迹

1．F1全景（北—南）

2．F2全景（东—西）

第 50 号宫殿遗迹

1．F1北门铁门枢（南—北）

2．F3东部石片（北—南）

第 50 号宫殿遗迹

1．F3全景（西—东）

2．石片（北—南）

第50号宫殿遗迹

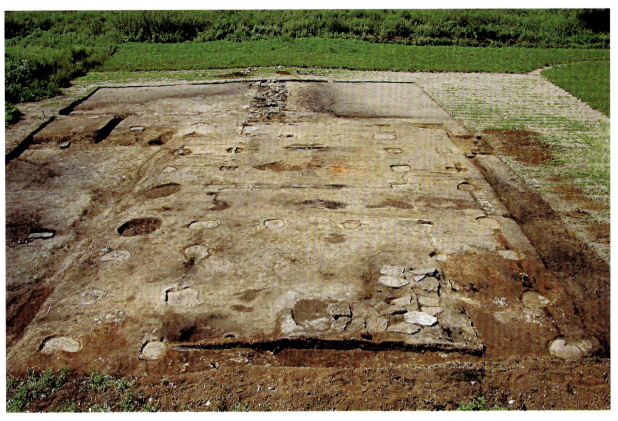

1. F5全景（东—西）

2. F5东室火炕（东—西）

第 50 号宫殿遗迹

石墙（西—东）

第 50 号宫殿遗迹

图版九三

皇城南门遗迹俯瞰

1. 南门（西—东）

2. 南门（东—西）

皇城南门遗迹

1. 正南门基址堆积（东南—西北）

2. 灰坑坑壁（北—南）

郭城正南门遗迹

图版九六

1. 正南门俯瞰（南—北）

2. 正南门（东—西）

郭城正南门遗迹

1. 中央门（北—南）

2. 中央门西侧门墩（南—北）

郭城正南门遗迹

1. 中央门西侧门墩南壁墙面（南—北）

2. 中央门门墩柱洞

郭城正南门遗迹

1. 中央门门墩边缘柱洞

2. 中央门门墩边缘柱洞

郭城正南门遗迹

1. 中央门门墩柱洞及边缘柱洞（南—北）

2. 中央门门墩北侧柱洞内残存炭迹

郭城正南门遗迹

1. 中央门门道铺石及地栿

2. 晚期灰坑（北—南）

郭城正南门遗迹

1. 东侧门西门墩（北—南）

2. 东侧门西门墩（北—南）

郭城正南门遗迹

1. 西侧门门墩外侧残存木柱

2. 西侧门门道内地栿（西—东）

郭城正南门遗迹

1．晚期灰坑坑壁（东北—西南）

2．晚期灰坑坑壁（西北—东南）

郭城正南门遗迹

1. 正北门（北—南）

2. 正北门（西—东）

郭城正北门遗迹

1．中央门（南—北）

2．中央门东南包壁及散水（北—南）

3．中央门南包壁及散水（西—东）

郭城正北门遗迹

1. 中央门西北包壁及散水（西北—东南）

2. 中央门台基间墙（东—西）

郭城正北门遗迹

1．中央门南侧踏道（南—北）

2．东侧门（北—南）

郭城正北门遗迹

1. 西侧门（北—南）

2. 西侧门门道铺石及炭迹（南—北）

郭城正北门遗迹

1. 第1号路（东—西）

2. 第1号路（西—东）

第 1 号路遗迹

2. 地层剖面

2. 东侧坊墙（北—南）

第 1 号路遗迹

1．西侧坊墙（北—南）

2．西半城第1列第1坊房址（南—北）

第 1 号路遗迹

1. 东城墙（南—北）

2. 南城墙（东—西）

外郭城城墙

1．西城墙（北—南）

2．北城墙（东—西）

外郭城城墙

1．宫城东南角与东掖城（南—北）

2．宫城西北角与西掖城（南—北）

宫城城墙

1．T1剖面（西南—东北）

2．T1城墙处剖面（南—北）

皇城城墙解剖情况

1. 皇城T1内水沟剖面（南—北）

2. 宫城墙西侧剖面（东—西）

皇城、宫城城墙解剖情况

1. 城墙河卵石基础（南—北）

2. 城墙立面（北—南）

宫城城墙解剖情况

1. 99NSGⅣT002003②：1

2. 99NSGⅣT002002②：1

3. 99NSGⅣT003004②：37

4. 04NSGⅠT012010②：2

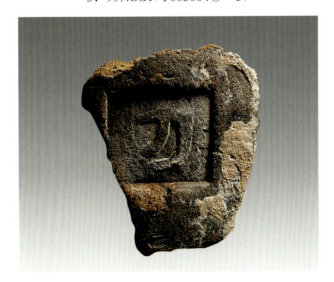

5. 99NSGⅣT010004②：1

6. 99NSGⅣT009004②：1

第 2 号宫殿基址出土陶文字瓦

1. 99NSGⅣT005004②：1

2. 99NSGⅣT008004②：1

3. 99NSGⅣT009004②：4

4. 99NSGⅣT001002②：1

5. 99NSGⅣT004001②：1

6. 99NSGⅣT004004②：1

第 2 号宫殿基址出土陶文字瓦

1. 99NSGⅣT010004②：2

2. 99NSGⅣT001004②：1

3. 99NSGⅣT007004②：3

4. 99NSGⅣT001004②：2

5. 99NSGⅣT005004②：3

6. 99NSGⅣT012004②：12

第 2 号宫殿基址出土陶文字瓦

1. 99NSGⅣT006001②：1

2. 99NSGⅣT010004②：3

3. 99NSGⅣT003004②：1

4. 99NSGⅣT001004②：3

5. 99NSGⅣT003004②：4

6. 99NSGⅣT009004②：5

第 2 号宫殿基址出土陶文字瓦

1. 99NSGⅣT002004②：1

2. 99NSGⅣT003004②：5

3. 99NSGⅣT005001②：2

4. 99NSGⅣT003004②：6

5. 04NSGIT007017②：1

6. 99NSGⅣT005001②：1

第 2 号宫殿基址出土陶文字瓦

1. 99NSGⅣT002003②：2

2. 99NSGⅣT010004②：4

3. 99NSGⅣT009004②：6

4. 99NSGⅣT003004②：7

5. 99NSGⅣT005004②：4

6. 99NSGⅣT004001②：3

第 2 号宫殿基址出土陶文字瓦

1. 99NSGⅣT010002②：2

2. 99NSGⅣT006001②：26

3. 99NSGⅣT010003②：1

4. 04NSGⅣT007017②：2

5. 99NSGⅣT003004②：9

6. 99NSGⅣT006004②：1

第 2 号宫殿基址出土陶文字瓦

1．99NSGⅣT009004②：10

2．99NSGⅣT001002②：2

3．99NSGⅣT010004②：11

4．99NSGⅣT005004②：5

5．04NSGⅣT001008②：3

6．99NSGⅣT001002②：3

第 2 号宫殿基址出土陶文字瓦

1. 99NSGⅣT001002②：5

2. 99NSGⅣT008004②：2

3. 99NSGⅣT009004②：8

4. 99NSGⅣT005004②：6

5. 04NSGⅣT001008②：4

6. 99NSGⅣT010004②：9

第 2 号宫殿基址出土陶文字瓦

1. 99NSGⅣT005004②：7

2. 99NSGⅣT006001②：3

3. 99NSGⅣT003004②：8

4. 99NSGⅣT006004②：3

5. 99NSGⅣT001002②：6

6. 99NSGⅣT006001②：5

第 2 号宫殿基址出土陶文字瓦

1. 99NSGⅣT003001②：1

2. 99NSGⅣT008004②：3

3. 99NSGⅣT006001②：9

4. 99NSGⅣT002004②：2

5. 99NSGⅣT001004②：4

6. 99NSGⅣT004001②：5

第 2 号宫殿基址出土陶文字瓦

1. 99NSGⅣT004001②：4

2. 04NSGⅣT007017②：3

3. 99NSGⅣT010004②：12

4. 04NSGⅣT010004②：3

5. 99NSGⅣT011004②：1

6. 99NSGⅣT007001②：1

第 2 号宫殿基址出土陶文字瓦

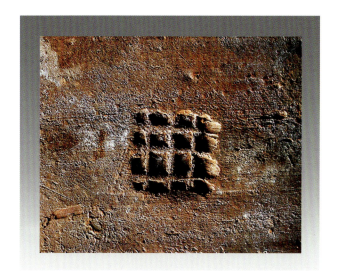

1. 99NSGⅣT005004②：9

2. 99NSGⅣT001002②：7

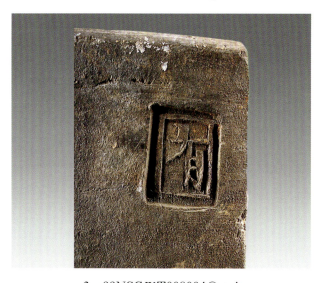

3. 99NSGⅣT008004②：4

4. 99NSGⅣT007001②：3

5. 99NSGⅣT010004②：10

6. 99NSGⅣT003004②：10

第 2 号宫殿基址出土陶文字瓦

1. 99NSGⅣT010002②：3

2. 99NSGⅣT008004②：5

3. 99NSGⅣT008004②：6

4. 99NSGⅣT006001②：11

5. 99NSGⅣT008004②：7

6. 99NSGⅣT003001②：3

第 2 号宫殿基址出土陶文字瓦

1. 99NSGⅣT005004②：10

2. 99NSGⅣT009002②：2

3. 99NSGⅣT007002②：1

4. 99NSGⅣT007004②：5

5. 99NSGⅣT003001②：4

6. 99NSGⅣT005004②：11

第 2 号宫殿基址出土陶文字瓦

1. 99NSGⅣT003002②：1

2. 99NSGⅣT007001②：4

3. 99NSGⅣT008002②：1

4. 99NSGⅣT002003②：3

5. 99NSGⅣT007001②：5

6. 99NSGⅣT010004②：14

第 2 号宫殿基址出土陶文字瓦

1．99NSGⅣT003004②：11

2．99NSGⅣT008004②：9

3．99NSGⅣT004001②：6

4．99NSGⅣT008004②：10

5．99NSGⅣT009004②：11

6．99NSGⅣT009004②：12

第 2 号宫殿基址出土陶文字瓦

1．99NSGⅣT005004②：12

2．99NSGⅣT008004②：8

3．99NSGⅣT010002②：4

4．99NSGⅣT010004②：15

5．99NSGⅣT010004②：16

6．99NSGⅣT005004②：13

第2号宫殿基址出土陶文字瓦

1. 04NSGⅣT010017②：1

2. 99NSGⅣT006002②：1

3. 99NSGⅣT003001②：6

4. 99NSGⅣT009004②：13

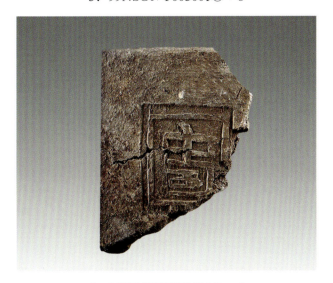

5. 99NSGⅣT003001②：5

6. 99NSGⅣT003001②：7

第 2 号宫殿基址出土陶文字瓦

1. 99NSGⅣT005004②：14

2. 99NSGⅣT010002②：5

3. 99NSGⅣT003001②：8

4. 99NSGⅣT003001②：9

5. 99NSGⅣT007001②：6

6. 99NSGⅣT002002②：3

第 2 号宫殿基址出土陶文字瓦

1. 99NSGⅣT005001②：3

2. 99NSGⅣT005004②：16

3. 99NSGⅣT003004②：12

4. 99NSGⅣT010004②：6

5. 99NSGⅣT010004②：17

6. 99NSGⅣT004004②：2

第 2 号宫殿基址出土陶文字瓦

1. 04NSGⅣT003010②：1

2. 99NSGⅣT005004②：15

3. 99NSGⅣT001002②：8

4. 99NSGⅣT001003②：5

5. 99NSGⅣT001003②：6

6. 99NSGⅣT001003②：7

第 2 号宫殿基址出土陶文字瓦

1. 99NSGⅣT001002②：9

2. 99NSGⅣT010002②：6

3. 99NSGⅣT001003②：3

4. 99NSGⅣT003002②：6

5. 99NSGⅣT007004②：6

6. 99NSGⅣT006001②：14

第 2 号宫殿基址出土陶文字瓦

1. 99NSGⅣT003004②：13

2. 99NSGⅣT001003②：4

3. 99NSGⅣT009004②：14

4. 99NSGⅣT010002②：7

5. 99NSGⅣT010002②：8

6. 99NSGⅣT008004②：11

第 2 号宫殿基址出土陶文字瓦

1. 99NSGⅣT004001②：8

2. 04NSGⅣT008017②：1

3. 99NSGⅣT011003②：2

4. 99NSGⅣT007004②：7

5. 05NSGⅣT001003②：8

6. 99NSGⅣT003004②：14

第 2 号宫殿基址出土陶文字瓦、刻划字符瓦

1. 99NSGⅣT005004②：17

2. 99NSGⅣT001002②：10

3. 99NSGⅣT010004②：19

4. 99NSGⅣT002003②：4

5. 99NSGⅣT003004②：4

6. 99NSGⅣT003001②：10

第 2 号宫殿基址出土陶刻划字符瓦

1. 99NSGⅣT003004②：15

3. 04NSGⅣT014011②：2

5. 99NSGⅣT002002②：4

2. 04NSGⅣT011002②：1

4. 99NSGⅣT003001②：11

6. 99NSGⅣT009004②：16

7. 99NSGⅣT006004②：4

第 2 号宫殿基址出土陶刻划字符瓦

1．99NSGⅣT010002②：9

2．99NSGⅣT003004②：20

3．99NSGⅣT004001②：23

4．04NSGⅣT001009②：12

5．99NSGⅣT006001②：27

6．99NSGⅣT004001②：32

第 2 号宫殿基址出土陶筒瓦

1. 99NSGⅣT009004②：20

2. 99NSGⅣT007004②：9

3. 99NSGⅣT010004②：10

4. 04NSGⅣT001010②：2

5. 99NSGⅣT009004②：51

6. 99NSGⅣT010004②：36

第 2 号宫殿基址出土陶筒瓦

1．99NSGⅣT005001②：40

2．99NSGⅣT009004②：32

3．04NSGⅣT001010②：1

4．04NSGⅢF1：21

5．99NSGⅣT011004②：18

6．99NSGⅣT011004②：35

第 2 号宫殿基址出土陶筒瓦

1. 99NSGⅣT006004②：3

2. 99NSGⅣT002003②：43

3. 99NSGⅣT010004②：37

4. 99NSGⅣT009004②：57

5. 99NSGⅣT007001②：6

6. 99NSGⅣT009004②：7

第 2 号宫殿基址出土陶筒瓦

1. 99NSGIVT002003②：44

2. 99NSGIVT012004②：13

3. 04NSGIVT001010②：4

4. 99NSGIVT012004②：14

5. 99NSGIVT002003②：26

6. 99NSGIVT004001②：27

第 2 号宫殿基址出土陶筒瓦

1. 99NSGⅣT009004②：50

2. 99NSGⅣT004001②：26

3. 04NSGⅣT001014②：1

4. 99NSGⅣT012004②：15

5. 99NSGⅣT002003②：41

6. 99NSGⅣT001002②：27

第 2 号宫殿基址出土陶筒瓦

1. 99NSGⅣT011004②：9

2. 04NSGⅢF1：22

3. 99NSGⅣT005004②：23

4. 99NSGⅣT002003②：36

5. 99NSGⅣT009004②：66

6. 99NSGⅣT003001②：22

第 2 号宫殿基址出土陶板瓦

1. 99NSGⅣT009004②：41

2. 99NSGⅣT010004②：15

3. 04NSGⅢF1：23

4. 99NSGⅣT007004②：10

5. 99NSGⅣT003004②：9

6. 99NSGⅣT003001②：26

第 2 号宫殿基址出土陶板瓦

1. 04NSGⅣT001008②：5

2. 04NSGⅣT001008②：6

3. 04NSGⅣT001008②：7

4. 99NSGⅣT006001②：13

5. 99NSGⅣT010002②：10

6. 99NSGⅣT011004②：3

第 2 号宫殿基址出土陶板瓦

1. 99NSGⅣT005004②：1

2. 99NSGⅣT010001②：31

3. 04NSGⅣT001009②：13

4. 99NSGⅣT007001②：31

5. 04NSGⅣT001009②：14

6. 04NSGⅣT001009②：15

第 2 号宫殿基址出土陶板瓦

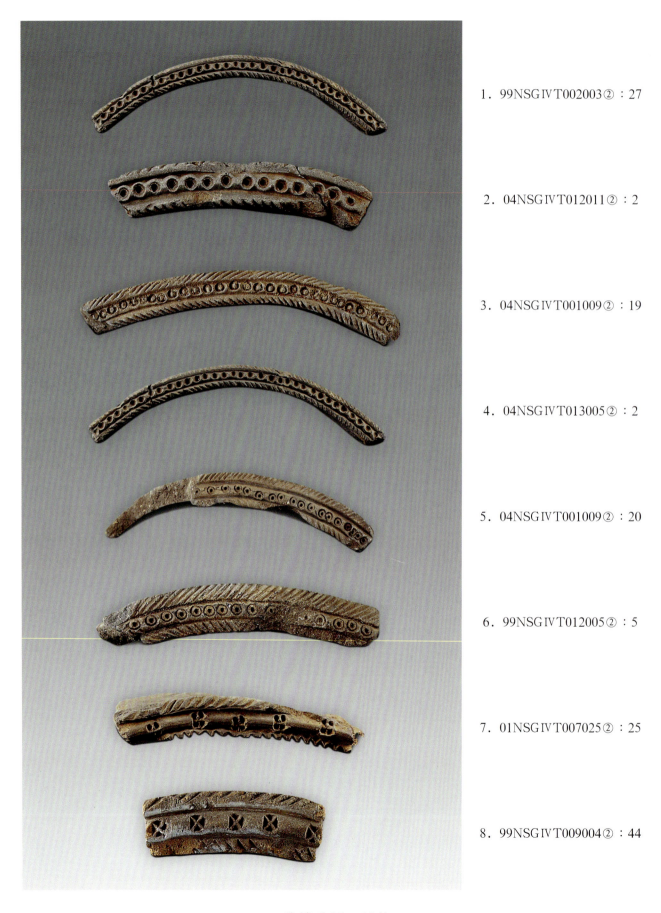

1. 99NSGⅣT002003②：27

2. 04NSGⅣT012011②：2

3. 04NSGⅣT001009②：19

4. 04NSGⅣT013005②：2

5. 04NSGⅣT001009②：20

6. 99NSGⅣT012005②：5

7. 01NSGⅣT007025②：25

8. 99NSGⅣT009004②：44

陶檐头板瓦纹饰

1. 99NSGⅣT002003②：39

2. 04NSGⅢF1：24

3. 99NSGⅣT009004②：67

4. 99NSGⅣT006004②：40

5. 99NSGⅣT009004②：68

6. 99NSGⅣT010004②：38

第 2 号宫殿基址出土陶板瓦

1. 麻面瓦（04NSGⅣT001008②：8）

2. 麻面瓦（04NSGⅣT001008②：9）

3. 当沟（99NSGⅣT009004②：34）

4. 条瓦（99NSGⅣT003001②：41）

5. 当沟（99NSGⅣT010004②：39）

6. 当沟（99NSGⅣT009004②：35）

第 2 号宫殿基址出土陶建筑材料

1．99NSGⅣT009004②：7

2．99NSGⅣT009004②：33

3．99NSGⅣT004001②：11

4．99NSGⅣT011003②：10

5．99NSGⅣT002003②：33

6．99NSGⅣT009004②：80

第 2 号宫殿基址出土陶七瓣莲花纹Aa型瓦当

1．99NSGⅣT001002②：31

2．99NSGⅣT009004②：81

3．99NSGⅣT004004②：19

4．99NSGⅣT008004②：12

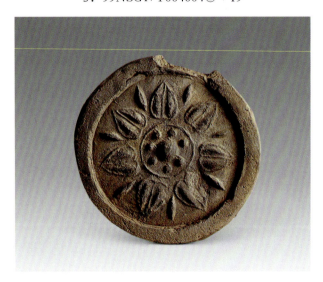

5．99NSGⅣT001003②：23

6．99NSGⅣT002004②：6

第 2 号宫殿基址出土陶七瓣莲花纹Ab型瓦当

1．99NSGⅣT006004②：26

2．99NSGⅣT006001②：28

3．99NSGⅣT011003②：1

4．04NSGⅣT003013②：2

5．99NSGⅣT004001②：33

6．99NSGⅣT002003②：45

第 2 号宫殿基址出土陶六瓣莲花纹Aa型瓦当

1．Ab型（99NSGIVT011003②：1）

2．Ab型（99NSGIVT002004②：9）

3．Ab型（99NSGIVT002004②：10）

4．Ab型（99NSGIVT011003②：37）

5．Ac型（99NSGIVT002003②：35）

6．Ac型（99NSGIVT009002②：2）

第 2 号宫殿基址出土陶六瓣莲花纹瓦当

1. Ae型（99NSGⅣT006004②：27）

2. Ae型（99NSGⅣT001003②：7）

3. Ae型（99NSGⅣT004001②：34）

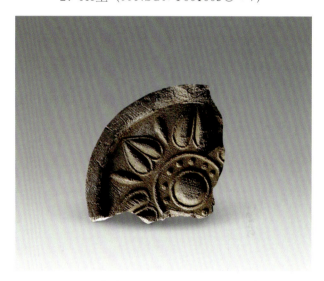

4. Af型（99NSGⅣT004002②：1）

5. Ag型（04NSGⅣT013004②：5）

6. Ag型（99NSGⅣT008004②：13）

第 2 号宫殿基址出土陶六瓣莲花纹瓦当

1．99NSGⅣT011004②：27

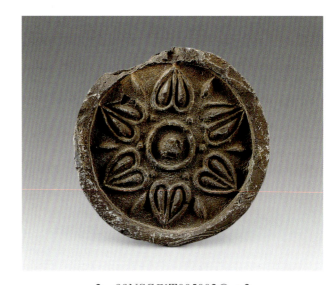

2．99NSGⅣT005002②：2

3．99NSGⅣT006004②：28

4．99NSGⅣT009004②：82

5．99NSGⅣT006001②：29

6．99NSGⅣT009004②：83

第 2 号宫殿基址出土陶六瓣莲花纹Ag型瓦当

1. Ah型（99NSGIVT001002②：32）

2. Ah型（99NSGIVT001002②：4）

3. Ah型（04NSGIVT013006②：1）

4. Ai型（99NSGIVT001002②：43）

5. Aj型（04NSGIVT012005②：5）

6. Aj型（99NSGIVT011003②：11）

第 2 号宫殿基址出土陶六瓣莲花纹瓦当

1. 99NSGⅣT006004②：2

2. 99NSGⅣT006004②：29

3. 99NSGⅣT010004②：40

4. 99NSGⅣT006001②：40

5. 99NSGⅣT009004②：84

6. 04NSGⅣT003016②：1

第 2 号宫殿基址出土陶六瓣莲花纹Ba型瓦当

1．99NSGⅣT002003②：37

2．99NSGⅣT006001②：31

3．99NSGⅣT002004②：11

4．99NSGⅣT009004②：85

5．04NSGⅣT003015②：1

6．99NSGⅣT005001②：5

第 2 号宫殿基址出土陶六瓣莲花纹Bb型瓦当

1. 六瓣莲花纹C型（99NSGⅣT006004②：30）

2. 六瓣莲花纹D型（99NSGⅣT009002②：6）

3. 六瓣莲花纹D型（99NSGⅣT006004②：31）

4. 六瓣莲花纹E型（99NSGⅣT007001②：17）

5. 六瓣莲花纹G型（04NSGⅣT001015②：1）

6. 五瓣莲花纹A型（99NSGⅣT010004②：41）

第2号宫殿基址出土陶瓦当

1. 五瓣莲花纹A型（99NSGⅣT010004②：42）

2. 五瓣莲花纹C型（99NSGⅣT001002②：44）

3. 五瓣莲花纹D型（99NSGⅣT002001②：7）

4. 四瓣莲花纹A型（99NSGⅣT004004②：18）

5. 莲花纹（04NSGⅣT013005②：1）

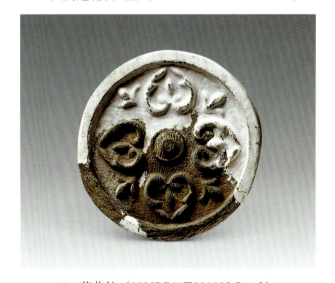

6. 莲花纹（99NSGⅣT001002②：2）

第2号宫殿基址出土陶瓦当

1. 04NSGⅣT006015②：1

2. 04NSGⅣT006015②：2

第 2 号宫殿基址出土陶花纹方砖

1．04NSGⅣT006015②：3

2．04NSGⅣT006015②：4

第 2 号宫殿基址出土陶花纹方砖

1. 99NSGⅣT010004②：43

2. 99NSGⅣT009004②：86

3. 99NSGⅣT010002②：11

4. 99NSGⅣT005001②：50

5. 99NSGⅣT004003②：2

6. 99NSGⅣT005001②：51

第 2 号宫殿基址出土陶砖

1. 99NSGIVT010002②：12

2. 99NSGIVT002001②：7

3. 99NSGIVT011003②：5

4. 99NSGIVT010002②：13

5. 99NSGIVT006004②：32

6. 99NSGIVT009004②：87

第 2 号宫殿基址出土陶砖

1. 砖制门转（99NSGⅣT010004②：11）

2. 角砖（99NSGⅣT011003②：1）

3. 砖构件（99NSGⅣT010004②：44）

第 2 号宫殿基址出土陶建筑材料

1. 99NSGⅣT011002②：2

2. 99NSGⅣT011002②：3

第 2 号宫殿基址出土陶壶

1．器盖（99NSGⅣT005001②：52）

2．盅（04NSGⅣT014007②：1）

3．罐（99NSGⅣT005001②：53）

4．纹饰陶片（99NSGⅣT008003②：1）

5．口沿（04NSGⅣT001009②：16）

6．纺轮（99NSGⅣT009004②：88）

第 2 号宫殿基址出土陶器

1．99NSGⅣT011003②：31

2．99NSGⅣT011003②：30

3．99NSGⅣT011003②：32

第 2 号宫殿基址出土陶版位

1. 99NSGⅣT006001②：32

2. 99NSGⅣT007001②：9

3. 99NSGⅣT004001②：36

4. 99NSGⅣT003004②：38

5. 99NSGⅣT011003②：34

6. 99NSGⅣT001009②：17

第 2 号宫殿基址出土釉陶瓦

1. 99NSGIVT003002②：17

2. 99NSGIVT006001②：33

3. 99NSGIVT006001②：2

4. 99NSGIVT007001②：29

5. 99NSGIVT003001②：32

6. 04NSGIVT013005②：1

第 2 号宫殿基址出土釉陶瓦

1. 瓦片（99NSGⅣT008002②：2）

2. 瓦片（99NSGⅣT001009②：1）

3. 板瓦（99NSGⅣT009004②：89）

4. 当沟（99NSGⅣT008002②：3）

5. 压当条（99NSGⅣT001003②：24）

6. 瓦当（04NSGⅣT014006②：3）

第 2 号宫殿基址出土釉陶建筑材料

1．99NSGⅣT006004②：13

2．99NSGⅣT006004②：14

3．99NSGⅣT006004②：11

4．99NSGⅣT006004②：33

5．99NSGⅣT006004②：10

6．99NSGⅣT001003②：18

第 2 号宫殿基址出土釉陶鸱尾

1. 99NSGⅣT006004②：21

2. 04NSGⅣT001008②：2

3. 99NSGⅣT006004②：34

4. 04NSGⅣT009016②：13

5. 99NSGⅣT006001②：34

6. 99NSGⅣT011004②：48

第 2 号宫殿基址出土釉陶鸱尾

1. 99NSG Ⅳ T009004②：90

2. 04NSG Ⅳ T009016②：14

3. 99NSG Ⅳ T006004②：35

第 2 号宫殿出土釉陶鸱尾

1. 99NSGⅣT003004②：28（正面）

2. 99NSGⅣT003004②：28（侧面）

第 2 号宫殿基址出土釉陶兽头

1. 99NSGⅣT011003②：33（正面）

2. 99NSGⅣT011003②：33（侧面）

第 2 号宫殿基址出土釉陶兽头

1. 99NSGⅣT012004②：1（正面）

2. 99NSGⅣT012004②：1（侧面）

3. 99NSGⅣT010003②：5

4. 99NSGⅣT010004②：43

第 2 号宫殿基址出土釉陶兽头

1. 99NSGⅣT009004②：40

2. 04NSGⅣT001005②：1

3. 99NSGⅣT012003②：2

4. 04NSGⅣT009016②：15

5. 04NSGⅣT009016②：16

6. 99NSGⅣT011004②：46

第 2 号宫殿基址出土釉陶兽头

1. 99NSGⅣT011004②：28（正面）

2. 99NSGⅣT011004②：28（侧面）

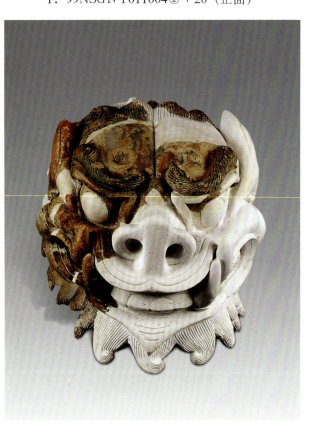

3. 99NSGⅣT011004②：29（正面）

4. 99NSGⅣT011004②：29（侧面）

第 2 号宫殿基址出土釉陶套兽

1. 99NSGⅣT002003②：42（侧面）

2. 99NSGⅣT002003②：42（正面）

3. 99NSGⅣT002003②：42（侧面）

第 2 号宫殿基址出土釉陶套兽

1. 99NSGⅣT006001②：36

2. 99NSGⅣT009004②：91

3. 99NSGⅣT001003②：20

4. 99NSGⅣT006001②：37

5. 99NSGⅣT003004②：39

6. 04NSGⅣT008016②：9

第 2 号宫殿基址出土釉陶套兽

1. 99NSGⅣT011004②：2

2. 99NSGⅣT005001②：46

3. 99NSGⅣT011004②：31

4. 99NSGⅣT006001②：38

5. 99NSGⅣT011004②：32

6. 99NSGⅣT005001②：44

第 2 号宫殿基址出土釉陶套兽

1. 99NSGⅣT003004②：40

2. 99NSGⅣT005001②：39

3. 99NSGⅣT011004②：33

4. 99NSGⅣT010004②：14

5. 99NSGⅣT006001②：39

6. 99NSGⅣT010004②：45

第 2 号宫殿基址出土釉陶套兽

1. 99NSGIVT002007②：1

2. 99NSGIVT010004②：46

3. 04NSGIVT008016②：10

4. 99NSGIVT010004②：47

5. 99NSGIVT003004②：41

6. 99NSGIVT002007②：8

第2号宫殿基址出土釉陶套兽

1．99NSGⅣT011004②：49

2．99NSGⅣT005002②：43

3．99NSGⅣT011004②：50

4．99NSGⅣT003004②：42

5．99NSGⅣT011004②：30

6．04NSGⅣT008016②：11

第 2 号宫殿基址出土釉陶套兽

1．99NSGIVT004001②：21（外面）

2．99NSGIVT004001②：21（内面）

3．99NSGIVT009004②：92（外面）

4．99NSGIVT009004②：92（内面）

5．04NSGIVT001008②：13（外面）

6．04NSGIVT001008②：13（内面）

第 2 号宫殿基址出土釉陶覆盆

1．99NSGⅣT006001②：40

2．99NSGⅣT009004②：93

3．04NSGⅢT002008②：5

4．99NSGⅣT008004②：16

5．99NSGⅣT009002②：7（外面）

6．99NSGⅣT009002②：7（内面）

第 2 号宫殿基址出土釉陶覆盆

1．缸（04NSGⅢT002007②：1）

2．盏（04NSGⅢT001008②：1）

第 2 号宫殿基址出土釉陶器

1．釉陶片（99NSGⅣT002002②：8）

2．釉陶片（99NSGⅣT003004②：30）

3．器底（04NSGⅣT001003②：25）

4．器盖（04NSGⅣT001003②：26）

5．口沿（99NSGⅣT007001②：7）

6．釉陶片（99NSGⅣT005001②：10）

第 2 号宫殿基址出土釉陶器

1．釉陶口沿（99NSGⅣT011004②：51）

2．釉陶器底（99NSGⅣT013002②：1）

3．釉陶纺轮（04NSGⅣT001008②：10）

4．瓷口沿（99NSGⅣT001002②：45）

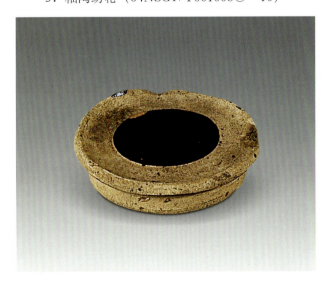

5．瓷器底（04NSGⅣT014004②：1）内面

6．瓷器底（04NSGⅣT014004②：1）外面

第 2 号宫殿基址出土釉陶器、瓷器

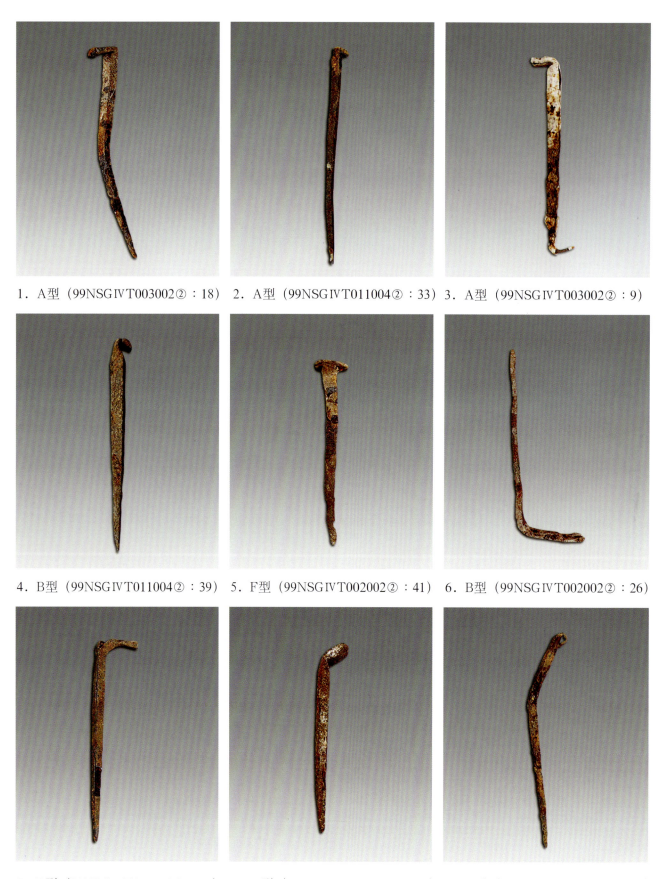

1．A型（99NSGⅣT003002②：18）　　2．A型（99NSGⅣT011004②：33）　　3．A型（99NSGⅣT003002②：9）

4．B型（99NSGⅣT011004②：39）　　5．F型（99NSGⅣT002002②：41）　　6．B型（99NSGⅣT002002②：26）

7．B型（99NSGⅣT003003②：23）　　8．B型（99NSGⅣT003003②：56）　　9．C型（99NSGⅣT011004②：43）

第 2 号宫殿基址出土铁钉

1. D型（99NSGⅣT002002②：20）　2. E型（99NSGⅣT011004②：42）　3. E型（99NSGⅣT011004②：41）

4. F型（99NSGⅣT002002②：8）　5. F型（99NSGⅣT001002②：6）　6. F型（04NSGⅢT002008②：6）

7. F型（04NSGⅢT002008②：7）　8. F型（04NSGⅣT007016②：5）　9. F型（99NSGⅣT011004②：29）

第 2 号宫殿基址出土铁钉

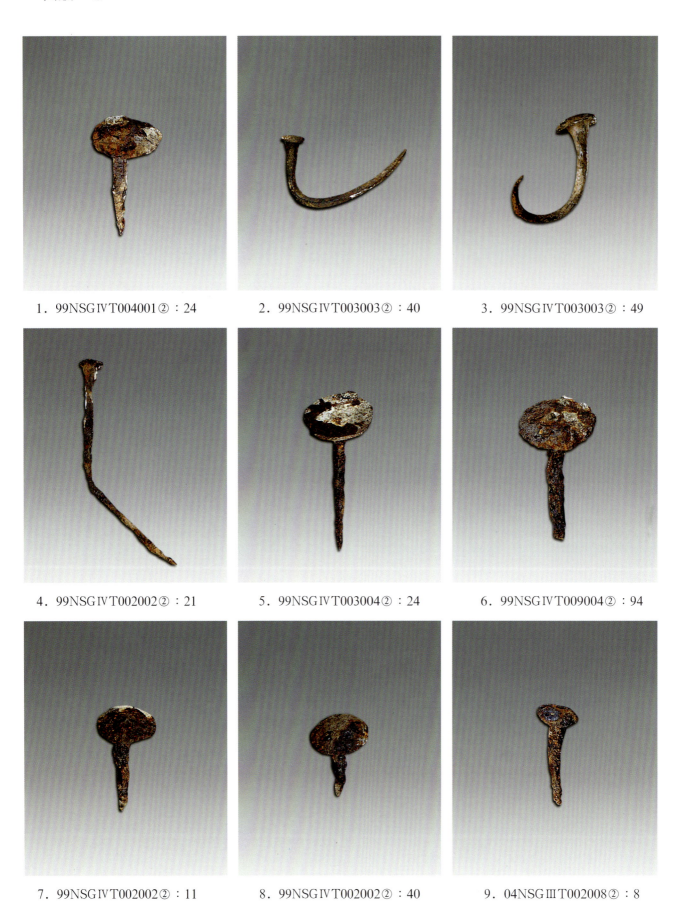

1. 99NSGⅣT004001②：24　　　2. 99NSGⅣT003003②：40　　　3. 99NSGⅣT003003②：49

4. 99NSGⅣT002002②：21　　　5. 99NSGⅣT003004②：24　　　6. 99NSGⅣT009004②：94

7. 99NSGⅣT002002②：11　　　8. 99NSGⅣT002002②：40　　　9. 04NSGⅢT002008②：8

第 2 号宫殿基址出土F型铁钉

1．F型（04NSGⅣT003007②：3）

2．F型（04NSGⅢT002008②：9）

3．F型（04NSGⅣT007016②：9）

4．F型（99NSGⅣT011003②：39）

5．F型（99NSGⅣT007001②：1）

6．I型（99NSGⅣT011004②：35）

7．H型（99NSGⅣT005004②：20）

8．H型（99NSGⅣT008004②：14）

第 2 号宫殿基址出土铁钉

1. J型（04NSGⅣT002005②：15）　　2. J型（04NSGⅢT002008②：10）　　3. J型（99NSGⅣT002002②：47）

4. J型（04NSGⅣT003013②：3）　　5. J型（04NSGⅣT002005②：16）　　6. L型（04NSGⅢF1：25）

7. L型（04NSGⅣT012010②：1）　　8. L型（04NSGⅢT001008②：11）　　9. L型（04NSGⅣT003013②：4）

第 2 号宫殿基址出土铁钉

1. 门环（04NSGⅣG1：2）

2. 门环（99NSGⅣT007004②：1）

3. 门环（99NSGⅣT003002②：16）

4. 门环（99NSGⅣT011004②：46）

5. 门鼻（99NSGⅣT011004②：47）

6. 门鼻（04NSGⅢF1：26）

第 2 号宫殿基址出土铁器

1. 门枢（99NSGⅣT001003②：2）

2. 门枢（99NSGⅣT001003②：2）底部

3. 门枢（99NSGⅣT012003②：3）

4. 门枢（04NSGⅣT014007②：3）

5. 门枢（04NSGⅣT014007②：4）

6. 门转（05NSGⅢT001003②：27）

第 2 号宫殿基址出土铁器

1. 合页（04NSGⅣT007016②：7）

2. 合页（99NSGⅣT005004②：11）

3. 合页（99NSGⅣT003003②：45）

4. 泡（04NSGⅣT002005②：1）

5. 泡（99NSGⅣT002010②：31）

6. 泡（99NSGⅣT008002②：4）

第 2 号宫殿基址出土铁器

1. 页（99NSGⅣT002003②：15）

2. 页（99NSGⅣT011004②：31）

3. 垫（04NSGⅢT002008②：11）

4. 垫（99NSGⅣT003003②：34）

5. 包角（05NSGⅢT001003②：1）

6. 饰件（04NSGⅢT002008②：12）

第 2 号宫殿基址出土铁器

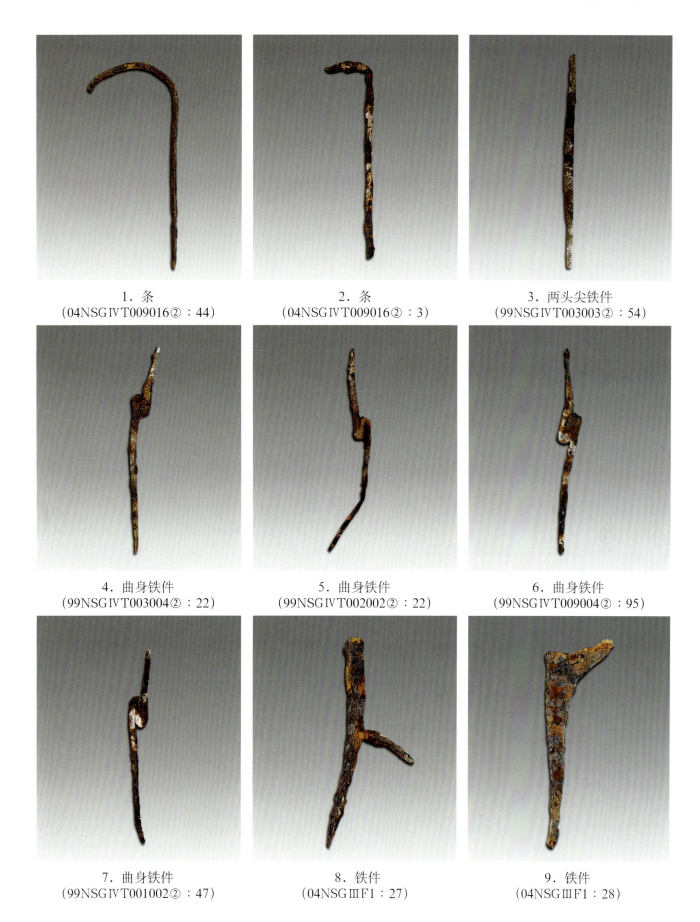

1．条
（04NSGⅣT009016②：44）

2．条
（04NSGⅣT009016②：3）

3．两头尖铁件
（99NSGⅣT003003②：54）

4．曲身铁件
（99NSGⅣT003004②：22）

5．曲身铁件
（99NSGⅣT002002②：22）

6．曲身铁件
（99NSGⅣT009004②：95）

7．曲身铁件
（99NSGⅣT001002②：47）

8．铁件
（04NSGⅢF1：27）

9．铁件
（04NSGⅢF1：28）

第 2 号宫殿基址出土铁器

1. 带𫔯 (04NSGⅢT002009②：18)

2. 钥匙 (04NSGⅣT012010②：2)

3. 火镰 (04NSGⅢT002009②：19)

4. 火镰 (99NSGⅣT009004②：96)

5. 牛蹄铁 (99NSGⅣT011004②：30)

6. 牛蹄铁 (99NSGⅣT011003②：29)

第 2 号宫殿基址出土铁器

1．刀（04NSGⅢF1：3）

2．刀（99NSGⅣT005004②：2）

3．镞（04NSGⅢF1：25）

4．镞（04NSGⅣT009017②：1）

5．甲（04NSGⅣT002002②：47）

6．甲（04NSGⅣT002002②：48）

第 2 号宫殿基址出土铁器

1. 钉（04NSGⅢF1②：19）

2. 钉（04NSGⅣT014007②：2）

3. 饰件（99NSGⅣT003004②：27−1）

4. 饰件（99NSGⅣT003004②：27−2）

5. 器箍（04NSGⅣT015005②：5）

6. 器物包边（04NSGⅢF1②：6）

7. 钱币（04NSGⅢF1：17）正面

8. 钱币（04NSGⅢF1：17）背面

第 2 号宫殿基址出土铜器

1. 泡（04NSGIVT012007②：11）

2. 窗角（00NSGIVT010004②：49）　　3. 窗角（00NSGIVT010004②：50）

第 2 号宫殿基址出土铜器

1. 带头（04NSGⅢT001006②：2）

2. 带头（04NSGⅢT001006②：3）

3. 带饰（04NSGⅢT001006②：4）

4. 带锛（99NSGⅣT003002②：1）

5. 带锛（04NSGⅢT002008②：13）

6. 带锛（04NSGⅣT001006②：5）

第 2 号宫殿基址出土铜器

1. 99NSGⅣT005004②：1

2. 04NSGⅣT001008②：2

第 2 号宫殿基址出土鎏金铜佛像

1. 99NSGⅣT005004②：16　　2. 99NSGⅣT007001②：33　　3. 99NSGⅣT007001②：23

4. 99NSGⅣT004001②：37　　5. 99NSGⅣT004001②：39　　6. 99NSGⅣT001002②：48

7. 99NSGⅣT004001②：38　　8. 99NSGⅣT007001②：34　　9. 99NSGⅣT007001②：24

第 2 号宫殿基址出土石散水钉

1. 包壁石（99NSGIVD①：1）

2. 散水牙子（99NSGIVD①：4）

3. 斜角包壁石（99NSGIVD①：2）

4. 包壁石（99NSGIVD①：3）

5. 包壁石（04NSGIVT013004②：6）

6. 砺石（04NSGⅢT002009②：2）

第 2 号宫殿基址出土石器

1．杖首（04NSGⅢT002006②：1）

2．饰件（04NSGⅣT015005②：6）

3．罐（05NSGⅢT001003②：5）

第 2 号宫殿基址出土玉器

1. 骨器（04NSGⅣG1：3）

2. 骨器（04NSGⅣG1：4）

3. 骨器（04NSGⅣG1：5）

4. 骨器（04NSGⅢF1：20）

5. 蚌壳（04NSGⅣT012012②：1）

6. 蚌壳（99NSGⅣT009004②：97）

第 2 号宫殿基址出土骨器及蚌壳

1. 彩绘墙面残片（99NSGⅣT011004②：52）

2. 彩绘墙面残片（99NSGⅣT011004②：53）

3. 墙皮（04NSGⅣT001009②：6）

4. 墙皮（04NSGⅣT001009②：6）

5. 墙体（04NSGⅢF1：1）

6. 土坯（99NSGⅣT009004②：28）

第2号宫殿基址出土建筑遗物

1.06NSGIT014012②：7

2.00NSGIT010008②：20

3.06NSGIT011004②：6

4.00NSGIT008011②：19

5.06NSGIT010001②：3

6.00NSGIT008006②：15

第 3、4 号宫殿建筑群基址出土陶文字瓦

1.00NSGIT006011②：27

2.06NSGIT011004②：1

3.00NSGIT007009②：3

4.06NSGIT014008②：2

5.00NSGIT009011②：7

6.06NSGIT015005②：6

第3、4号宫殿建筑群基址出土陶文字瓦

1.00NSGIT005011②：10

2.06NSGIT010001②：14

3.00NSGIT010008②：15

4.00NSGIT009011②：14

5.00NSGIT007012①：7

6.00NSGIT007013②：3

第3、4号宫殿建筑群基址出土陶文字瓦

1.06NSGIT014008②：6

2.06NSGIT011010②：12

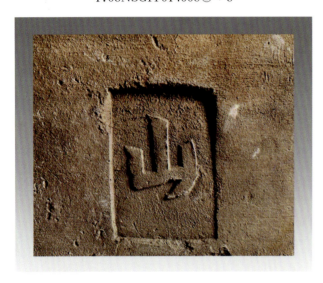

3.06NSGIT014009②：22

4.00NSGIT008011①a：7

5.01NSGIT009015②：47

6.06NSGIT015009①a：3

第3、4号宫殿建筑群基址出土陶文字瓦

1.00NSGIT009011②：11

2.06NSGIT011010②：17

3.06NSGIT014011②：3

4.00NSGIT008011①a：1

5.00NSGIT007010①a：75

6.06NSGIT015009①a：9

第3、4号宫殿建筑群基址出土陶文字瓦

1.00NSGIT003011②：13

2.06NSGIT012012②：7

3.06NSGIT015009①a：10

4.06NSGIT009011②：19

5.00NSGIT004011②：23

6.06NSGIVT009001②：2

第 3、4 号宫殿建筑群基址出土陶文字瓦

1.00NSGIT009013②：17

2.00NSGIT007009①a：10

3.00NSGIT007009①a：13

4.06NSGIVT009001②：15

5.06NSGIT011010②：28

6.00NSGIT009011②：10

第3、4号宫殿建筑群基址出土陶文字瓦

1.06NSGIT012012②：8

2.00NSGIT010014②：28

3.06NSGIT011012②：3

4.06NSGIT014009②：16

5.00NSGIT008014①a：3

6.06NSGIT012013①a：2

第3、4号宫殿建筑群基址出土陶文字瓦

1.00NSGIT006010①a：7

2.06NSGIT014012①a：3

3.06NSGIVT009001②：18

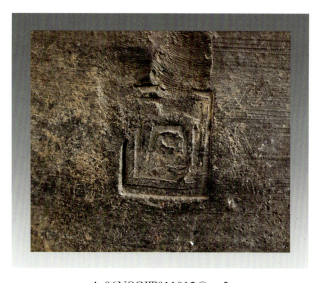

4.06NSGIT011012②：5

5.06NSGIT011012②：2

6.06NSGIVT009001②：13

第3、4号宫殿建筑群基址出土陶文字瓦

1.00NSGIT003011②：7

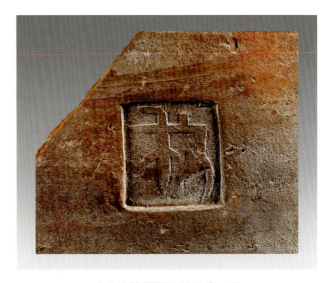

2.06NSGIT010001②：2

3.00NSGIT008011②：57

4.00NSGIT007009②：38

5.00NSGIT006006②：23

6.00NSGIT003011②：9

第 3、4 号宫殿建筑群基址出土陶文字瓦

1.06NSGIT014012②：6

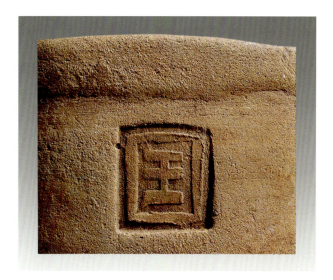

2.00NSGIT010007②：20

3.00NSGIT003011②：12

4.06NSGIT011012②：1

5.00NSGIT010008②：16

6.00NSGIT009011①a：15

第 3、4 号宫殿建筑群基址出土陶文字瓦

1.06NSGIVT009001②：7

2.06NSGIT011010②：29

3.00NSGIT008007②：9

4.00NSGIT008011①a：11

5.00NSGIT011012②：4

6.06NSGIT015011②：2

第 3、4 号宫殿建筑群基址出土陶文字瓦

1.06NSGIT011004②：8

2.00NSGIT009011①a：10

3.01NSGIT011011②：27

4.00NSGIT009011②：13

5.00NSGIT010008②：17

6.00NSGIT006012②：2

第3、4号宫殿建筑群基址出土陶文字瓦

1.00NSGIT008006①a：30

2.06NSGIT010003②：3

3.06NSGIT014012②：8

4.06NSGIT015009 ①a：13

5.00NSGIT007014②：31

6.06NSGIT011010②：19

第3、4号宫殿建筑群基址出土陶文字瓦

1.06NSGIT014008②：3

2.06NSGIT015012②：1

3.00NSGIT009011②：34

4.05NSGIT010005②：1

5.00NSGIT007004②：39

6.06NSGIT014008②：7

第 3、4 号宫殿建筑群基址出土陶文字瓦

1.06NSGIT011004②：7

2.06NSGIT013011②：32

3.00NSGIT007011 ①a：2

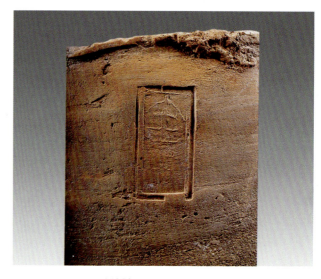

4.00NSGIT007014②：33

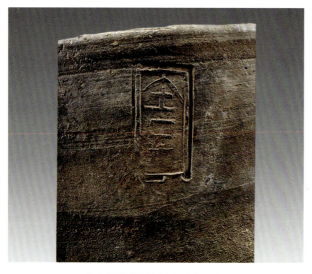

5.06NSGIT011010②：21

6.00NSGIT006013②：5

第 3、4 号宫殿建筑群基址出土陶文字瓦

1.06NSGIT010001②：6

2.06NSGIT011010②：7

3.01NSGIT011011②：28

4.00NSGIT009011②：33

5.00NSGIT008007①a：13

6.00NSGIT007006②：52

第 3、4 号宫殿建筑群基址出土陶字符瓦

1.字符瓦（00NSGIT006009②：10）

2.字符瓦（00NSGIT007010①a：10）

3.字符瓦（00NSGIT007008①a：6）

4.字符瓦（06NSGIT012013②：1）

5.普通筒瓦（06NSGIT012013②：8）

6.普通筒瓦（06NSGIT012013②：8）内面

第 3、4 号宫殿建筑群基址出土陶字符瓦、筒瓦

1.00NSGIT005008②：25

2.00NSGIT009013②：52

3.00NSGIT010007②：8

4.00NSGIT007011②：3

5.00NSGIT009007②：6

6.00NSGIT007011②：5

第 3、4 号宫殿建筑群基址出土陶普通筒瓦

1.00NSGIT005008②：24

2.00NSGIT007014②：22

3.00NSGIT006006②：38

4.00NSGIT007011②：1

5.00NSGIT005006②：9

6.00NSGIT006009②：37

第 3、4 号宫殿建筑群基址出土陶普通筒瓦

1.00NSGIT008006①a：28

2.00NSGIT007015①a：6

3.00NSGIT009013②：53

4.00NSGIT010007①a：4

5.00NSGIT007006②：13

6.00NSGIT009009②：1

第3、4号宫殿建筑群基址出土陶普通筒瓦

1.一般檐头筒瓦（00NSGIT009008②：17）

2.一般檐头筒瓦（00NSGIT008011②：21）

3.一般檐头筒瓦（00NSGIT008011②：22）

4.一般檐头筒瓦（00NSGIT008009②：58）

5.斜面檐头筒瓦（00NSGIT009007②：5）

6.斜面檐头筒瓦（00NSGIT006009②：63）

第 3、4 号宫殿建筑群基址出土陶檐头筒瓦

1.曲身檐头筒瓦（00NSGIT006011②：1）

2.曲身檐头筒瓦（00NSGIT008011②：2）

3.异形筒瓦（00NSGIT009013②：54）

4.麻面板瓦（00NSGIT007009②：18）

5.麻面板瓦（00NSGIT011007②：3）

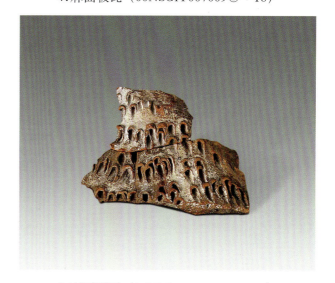

6.麻面板瓦（05NSGIT011001②：21）

第3、4号宫殿建筑群基址出土陶建筑材料

1.麻面板瓦（00NSGIT006012②：3）

2.光面板瓦（00NSGIT007009②：8）

3.光面板瓦（00NSGIT009011②：4）

4.光面板瓦（00NSGIT008009①a：66）

5.光面板瓦（00NSGIT009013②：56）

6.光面板瓦（00NSGIT008009②：50）

第 3、4 号宫殿建筑群基址出土陶板瓦

1.00NSGIT009008②：19

2.00NSGIT009013②：57

3.00NSGIT009011②：3

4.00NSGIT006009②：16

5.00NSGIT007009①a：17

6.06NSGIT014010②：6

第 3、4 号宫殿建筑群基址出土陶光面板瓦

1. 00NSGIT011008②：14

2. 00NSGIT011008②：14（纹饰）

3. 00NSGIT009013①a：2

4. 00NSGIT009013①a：2（纹饰）

5. 00NSGIT007009②：26

6. 00NSGIT007009②：26（纹饰）

第 3、4 号宫殿建筑群基址出土陶一般檐头板瓦

1.一般檐头板瓦（00NSGIT009013②：55）

2.一般檐头板瓦（00NSGIT009013②：55）纹饰

3.一般檐头板瓦（00NSGIT008011②：20）

4.一般檐头板瓦（00NSGIT008011②：20）纹饰

5.异形檐头板瓦（00NSGIT006011②：21）

6.异形檐头板瓦（00NSGIT006011②：21）纹饰

第 3、4 号宫殿建筑群基址出土陶檐头板瓦

1. 条瓦（00NSGIT008014①a：1）

2. 条瓦（00NSGIT005006②：12）

3. 条瓦（00NSGIT009006②：5）

4. 压当条（06NSGIT010001②：8）

5. 当沟（01NSGIT011011②：26）

6. 七瓣莲花纹Aa型瓦当（01NSGIT006015②：10）

第 3、4 号宫殿建筑群基址出土陶建筑材料

1. Aa型（00NSGIT008006①a：4）

2. Aa型（00NSGIT003007②：10）

3. Aa型（01NSGIT008015②：3）

4. Ab型（00NSGIT006011②：11）

5. Ab型（00NSGIT009013②：51）

6. Ab型（00NSGIT009008①a：40）

第 3、4 号宫殿建筑群基址出土陶七瓣莲花纹瓦当

1.七瓣莲花纹Ab型（00NSGIT009007②：18）

2.六瓣莲花纹Aa型（00NSGIT004007②：15）

3.六瓣莲花纹Ab型（00NSGIT003007②：9）

4.六瓣莲花纹Ac型（00NSGIT006014②：2）

5.六瓣莲花纹Ad型（00NSGIT005007①a：4）

6.六瓣莲花纹Ae型（01NSGIT007015②：1）

第 3、4 号宫殿建筑群基址出土陶瓦当

1. Ae型（00NSGIT009007②：3）

2. Af型（01NSGIT011011②：23）

3. Ag型（00NSGIT006014②：3）

4. Ag型（00NSGIT009013②：50）

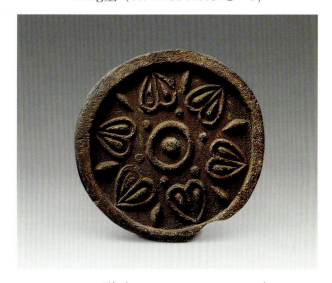

5. Ag型（00NSGIT007006②：21）

6. Ag型（00NSGIT009011①a：4）

第3、4号宫殿建筑群基址出土陶六瓣莲花纹瓦当

1.Ag型（00NSGIT007010①a：3）

2.Ah型（00NSGIT008011②：12）

3.Ba型（00NSGIT008014②：28）

4.Ba型（01NSGIT011011②：24）

5.Ba型（00NSGIT009011②：2）

6.Ba型（01NSGIT011011②：3）

第3、4号宫殿建筑群基址出土陶六瓣莲花纹瓦当

1.Ba型（00NSGIT007009②：33）

2.Bb型（00NSGIT009008①a：33）

3.Bb型（01NSGIT011011②：25）

4.Bb型（00NSGIT008010①a：52）

5.Bb型（00NSGIT007006②：12）

6.Bb型（00NSGIT008010①a：59）

第 3、4 号宫殿建筑群基址出土陶六瓣莲花纹瓦当

1.01NSGIT006015②：6

2.00NSGIT007010①a：4

3.00NSGIT006010②：3

4.00NSGIT005008②：28

5.00NSGIT008013②：2

6.00NSGIT004006①a：6

第 3、4 号宫殿建筑群基址出土陶六瓣莲花纹Bb型瓦当

1.六瓣莲花纹C型（00NSGIT009013②：2）

2.六瓣莲花纹D型（01NSGIT011011②：4）

3.六瓣莲花纹F型（00NSGIT005007②：28）

4.五瓣莲花纹Aa型（01NSGIT008015②：4）

5.五瓣莲花纹Ab型（00NSGIT006011②：28）

6.五瓣莲花纹Ba型（00NSGIT009013②：3）

第 3、4 号宫殿建筑群基址出土陶瓦当

1.五瓣莲花纹Bb型（00NSGIT007010①a：1）

2.五瓣莲花纹C型（00NSGIT006011 ②：6）

3.五瓣莲花纹C型（00NSGIT005008②：32 ）

4.五瓣莲花纹D型（00NSGIT008011②：13）

5.四瓣莲花纹A型（06NSGIT013008②：1）

6.四瓣莲花纹B型（00NSGIT009006②：20）

第 3、4 号宫殿建筑群基址出土陶瓦当

1. 莲蕾纹瓦当（00NSGIT009013②：49）

2. 宝相花纹瓦当（01NSGIT008015②：51）

3. 方形砖（00NSGIT008013②：40）

4. 方形砖（00NSGIT008013②：41）

5. 方形砖（00NSGIT007009②：2）

6. 方形砖（00NSGIT009008②：18）

第3、4号宫殿建筑群基址出土陶建筑材料

1.方形砖（06NSGIT014014②：3）

2.方形花纹砖（00NSGIT007014②：12）

3.方形花纹砖（00NSGIT004006②：11）

4.方形花纹砖（01NSGIT008015①a：11）

5.长方形砖（00NSGIT005008②：55）正面

6.长方形砖（00NSGIT005008②：55）背面

第 3、4 号宫殿建筑群基址出土陶建筑材料

1.06NSGIT015011①a：3（正面）

2.06NSGIT015011①a：3（背面）

3.06NSGIT012013②：17（正面）

4.06NSGIT012013②：17（背面）

5.06NSGIT012013②：87（正面）

6.06NSGIT012013②：87（背面）

第 3、4 号宫殿建筑群基址出土陶长方形砖

1.00NSGIT009011②：111（正面）

2.00NSGIT009011②：111（背面）

3.00NSGIT008009①a：40（正面）

4.00NSGIT008009①a：40（背面）

5.00NSGIT008013②：39（正面）

6.00NSGIT008013②：39（背面）

第 3、4 号宫殿建筑群基址出土陶长方形砖

1.长方形砖（00NSGIT009008②：17）

2.长方形砖（00NSGIT005006②：44）

3.长方形砖（00NSGIT009011②：113）

4.长方形砖（00NSGIT008013②：38）

5.长方形砖（00NSGIT006008②：46）

6.长方形花纹砖（00NSGIT010007②：16）

第 3、4 号宫殿建筑群基址出土陶砖

1.长方形花纹砖（00NSGIT008013②：25）

2.长方形花纹砖（00NSGIT008013②：26）

3.长方形花纹砖（01NSGIT010011②：1）

4.门转（06NSGIT012012②：89）

5.门转（06NSGIT012012②：90）

6.门转（06NSGIT014009①a：1）

第 3、4 号宫殿建筑群基址出土陶建筑材料

1.门转（00NSGIT007009②：6）

2.散水钉（01NSGIT006015②：19）

3.散水钉（01NSGIT006015①a：4）

4.散水钉（00NSGIT005006②：46）

5.散水钉（00NSGIT009013②：60）

6.散水钉（00NSGIT007008②：7）

第 3、4 号宫殿建筑群基址出土陶建筑材料

1. 散水钉（00NSGIT005006②：80）

2. 构件（00NSGIT006011②：3）

3. 构件（06NSGIT012011②：44）

4. 构件（06NSGIT015009②：15）

5. 鸱尾（05NSGIVT010001②：1）

6. 兽头（00NSGIT008015②：50）

第 3、4 号宫殿建筑群基址出土陶建筑材料

1.构件（06NSGIT014013②：1）

2.构件（00NSGIT008014①a：1）

3.瓮（00NSGIT011009②：1）

4.瓮（00NSGIT011009②：1）底部

5.罐（00NSGIT011007②：1）

6.罐（00NSGIT009013②：58）

第 3、4 号宫殿建筑群基址出土陶建筑构件、陶器

1.盆（05NSGIVT010001②：14）

2.盆（05NSGIVT010001②：15）

3.钵（05NSGIVT010001②：16）

4.钵（06NSGIT015009②：17）

5.钵（06NSGIT015009②：18）

6.钵（06NSGIT010001②：37）

第 3、4 号宫殿建筑群基址出土陶器

1.钵（00NSGIT008013②：37）

2.钵（05NSGIVT010001②：12）

3.瓶（06NSGIT013013②：1）

4.器盖（06NSGIT014008②：11）

5.器盖（00NSGIT011007②：4）

6.器盖（05NSGIVT010001②：13）

第 3、4 号宫殿建筑群基址出土陶器

1.器盖（00NSGIT011007②：2）

2.器盖（00NSGIT007009②：17）

3.盖纽（06NSGIT010001②：16）

4.纺轮（00NSGIT005013①a：2）

5.盖纽（01NSGIT010012②：8）

6.盖纽（06NSGIT012011②：67）

第 3、4 号宫殿建筑群基址出土陶器

1. 器足（00NSGIT008012②：27）

2. 口沿（01NSGIT008015②：16）

3. 口沿（05NSGIVT010001②：18）

4. 口沿（06NSGIT012012②：14）

5. 口沿（06NSGIT015008②：17）

6. 口沿（06NSGIT014012②：1）

第 3、4 号宫殿建筑群基址出土陶器

1.05NSGIT011010②：1

2.05NSGIVT010001②：20

3.06NSGIT015008②：4

4.06NSGIT015008②：8

5.06NSGIT014012②：18

6.06NSGIT012012②：15

第 3、4 号宫殿建筑群基址出土陶器口沿

1.06NSGIT014012②：14

2.06NSGIT015008②：10

3.06NSGIT012011②：62

4.06NSGIT015008②：11

5.06NSGIT015008②：6

6.00NSGIT004007②：23

第 3、4 号宫殿建筑群基址出土陶器口沿

1.00NSGIT005008②：53

2.06NSGIT015008②：2

3.06NSGIT015008②：5

4.06NSGIT015008②：7

5.05NSGIT012011②：63

6.00NSGIT004007①a：16

第 3、4 号宫殿建筑群基址出土陶器口沿

1. 口沿（06NSGIT014012②：16）

2. 口沿（06NSGIT012011②：66）

3. 口沿（05NSGIT012011②：65）

4. 口沿（06NSGIT014012②：15）

5. 口沿（05NSGIVT010001②：19）

6. 器底（06NSGIT015008②：11）

第 3、4 号宫殿建筑群基址出土陶器

1.器底（00NSGIT007009②：16）

2.陶片（06NSGIT013012②：7）

3.陶片（00NSGIT006006②：41）

4.陶片（01NSGIT006015①a：8）

5.陶片（01NSGIT006015①a：9）

6.陶片（06NSGIT011012②：13）

第3、4号宫殿建筑群基址出土陶器

1.00NSGIT009013②：59

2.00NSGIT007006①a：9

3.00NSGIT010008②：22

4.00NSGIT003007②：11

5.00NSGIT004007②：27

6.00NSGIT006013①a：3

第 3、4 号宫殿建筑群基址出土陶片

1.陶片（00NSGIT007008②：8）

2.陶造像（00NSGIT008010①a：7）

3.陶牌饰（06NSGIT015008②：18）

4.釉陶筒瓦（00NSGIT008011②：7）

5.釉陶筒瓦（00NSGIT004007②：21）

6.釉陶筒瓦（00NSGIT009006②：2）

第 3、4 号宫殿建筑群基址出土陶器、釉陶建筑材料

1. 筒瓦（05NSGIT009001②：1）

2. 七瓣莲花纹Ac型瓦当（00NSGIT007006①a：4）

3. 六瓣莲花纹Ae型瓦当（05NSGIVT010001②：11）

4. 六瓣莲花纹B型瓦当（00NSGIT004007①a：15）

5. 鸱吻（00NSGIT008006②：1）

6. 兽头（00NSGIT010007②：12）

第3、4号宫殿建筑群基址出土釉陶建筑材料

1.兽头（00NSGIT008013②：7）正面

2.兽头（00NSGIT008013②：7）侧面

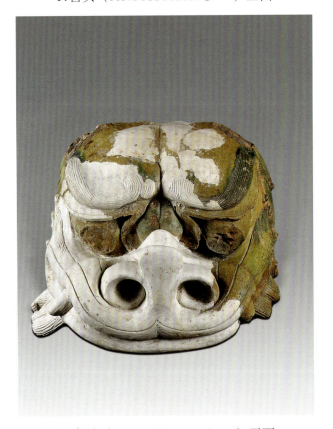

3.套兽（00NSGIT005006②：1）正面

4.套兽（00NSGIT005006②：1）侧面

第 3、4 号宫殿建筑群基址出土釉陶建筑材料

1.00NSGIT006009②：53（外面）

2.00NSGIT006009②：53（内面）

3.00NSGIT006006②：9（外面）

4.00NSGIT006006②：9（内面）

5.00NSGIT005008②：43（外面）

6.00NSGIT005008②：43（内面）

7.00NSGIT005008②：46（外面）

8.00NSGIT005008②：46（内面）

第 3、4 号宫殿建筑群基址出土釉陶光面覆盆

1.00NSGIT005008②：45（外面）

2.00NSGIT005008②：45（内面）

3.00NSGIT005006②：56（外面）

4.00NSGIT005006②：56（内面）

5.00NSGIT009008②：16（外面）

6.00NSGIT009008②：16（内面）

第 3、4 号宫殿建筑群基址出土釉陶光面覆盆

1.00NSGIT007007②：3（外面）

2.00NSGIT007007②：3（内面）

3.00NSGIT006009②：91（外面）

4.00NSGIT006009②：91（内面）

5.00NSGIT006009②：90

6.00NSGIT008009①a：37

第 3、4 号宫殿建筑群基址出土釉陶光面覆盆

1.光面覆盆（00NSGIT006009②：54）

2.光面覆盆（00NSGIT005006②：55）

3.光面覆盆（00NSGIT005006②：57）

4.莲瓣覆盆（00NSGIT011011②：22）

5.构件（00NSGIT008011①a：2）

6.构件（00NSGIT008011①a：19）

第 3、4 号宫殿建筑群基址出土釉陶建筑材料

1.口沿（00NSGIT010007②：114）

2.口沿（00NSGIT006007②：7）

3.口沿（00NSGIT007007②：8）

4.残片（00NSGIT010007②：62）

5.残片（00NSGIT010007②：63）

6.残片（05NSGIT012011①a：1）

第 3、4 号宫殿建筑群基址出土釉陶器

1.釉陶器残片（06NSGIT014012②：17）

2.釉陶器残片（06NSGIT014012②：18）

3.釉陶器残片（05NSGIT012010①a：2）

4.釉陶器残片（00NSGIT008013②：27）

5.A型铁钉（00NSGIT008006①a：42）

6.A型铁钉（00NSGIT010008②：4）

第 3、4 号宫殿建筑群基址出土釉陶器、铁器

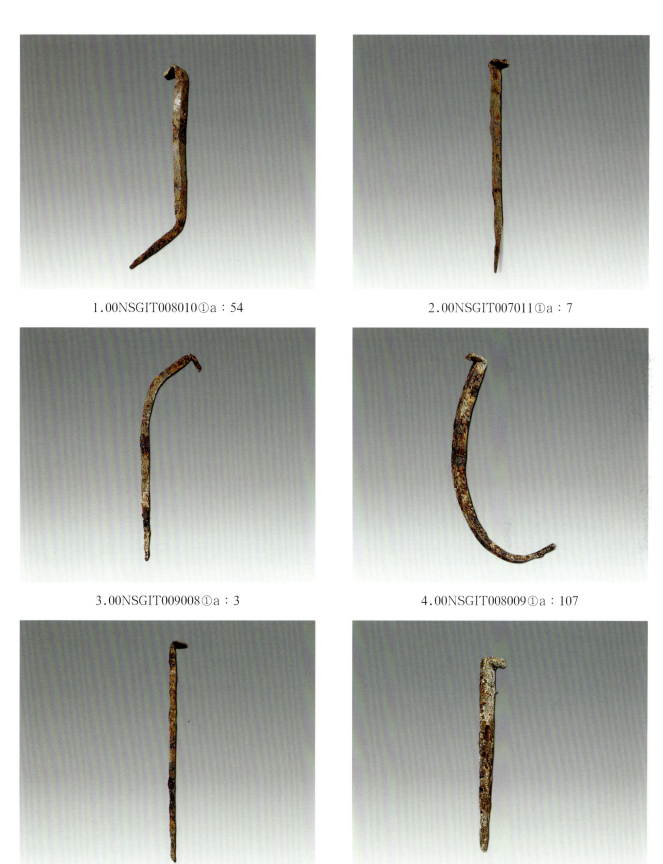

1.00NSGIT008010①a：54

2.00NSGIT007011①a：7

3.00NSGIT009008①a：3

4.00NSGIT008009①a：107

5.00NSGIT007011①a：1

6.00NSGIT008009①a：19

第 3、4 号宫殿建筑群基址出土 A 型铁钉

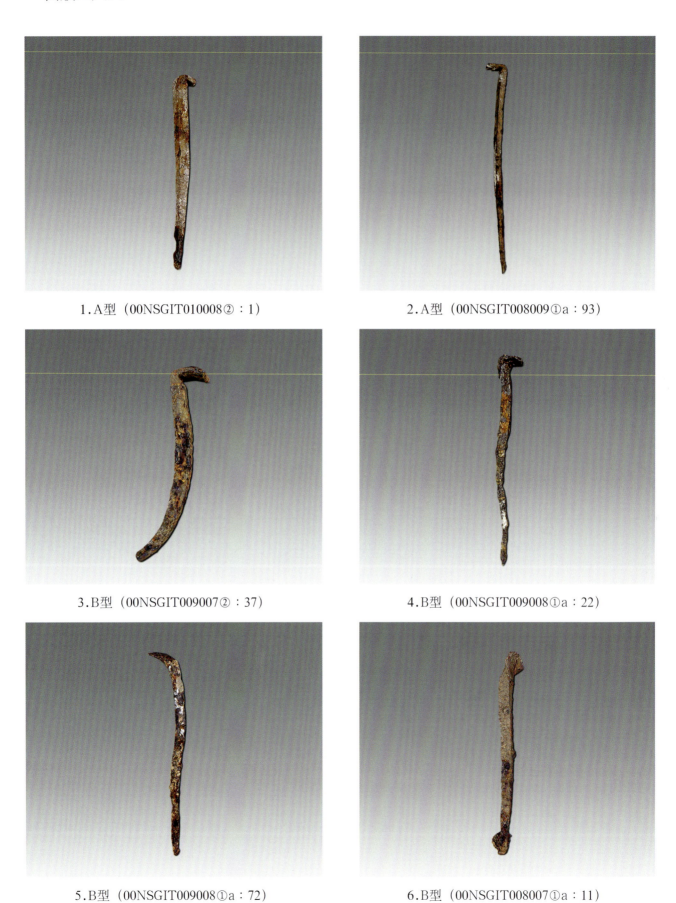

1.A型（00NSGIT010008②：1）　　2.A型（00NSGIT008009①a：93）

3.B型（00NSGIT009007②：37）　　4.B型（00NSGIT009008①a：22）

5.B型（00NSGIT009008①a：72）　　6.B型（00NSGIT008007①a：11）

第 3、4 号宫殿建筑群基址出土铁钉

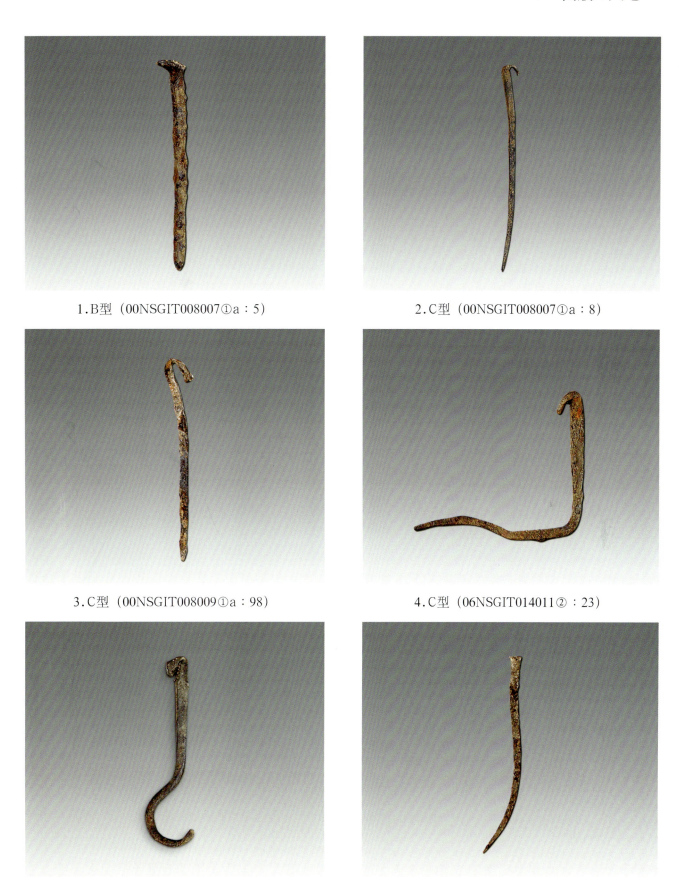

1.B型（00NSGIT008007①a：5）　　　　　2.C型（00NSGIT008007①a：8）

3.C型（00NSGIT008009①a：98）　　　　　4.C型（06NSGIT014011②：23）

5.C型（00NSGIT007008②：6）　　　　　6.D型（00NSGIT010008②：2）

第 3、4 号宫殿建筑群基址出土铁钉

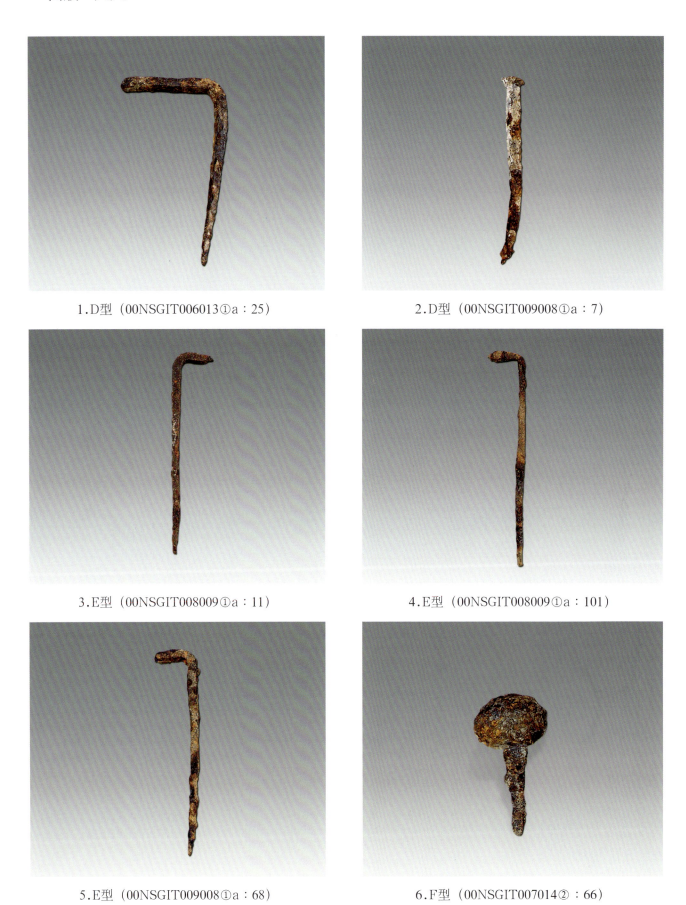

1.D型（00NSGIT006013①a：25）

2.D型（00NSGIT009008①a：7）

3.E型（00NSGIT008009①a：11）

4.E型（00NSGIT008009①a：101）

5.E型（00NSGIT009008①a：68）

6.F型（00NSGIT007014②：66）

第 3、4 号宫殿建筑群基址出土铁钉

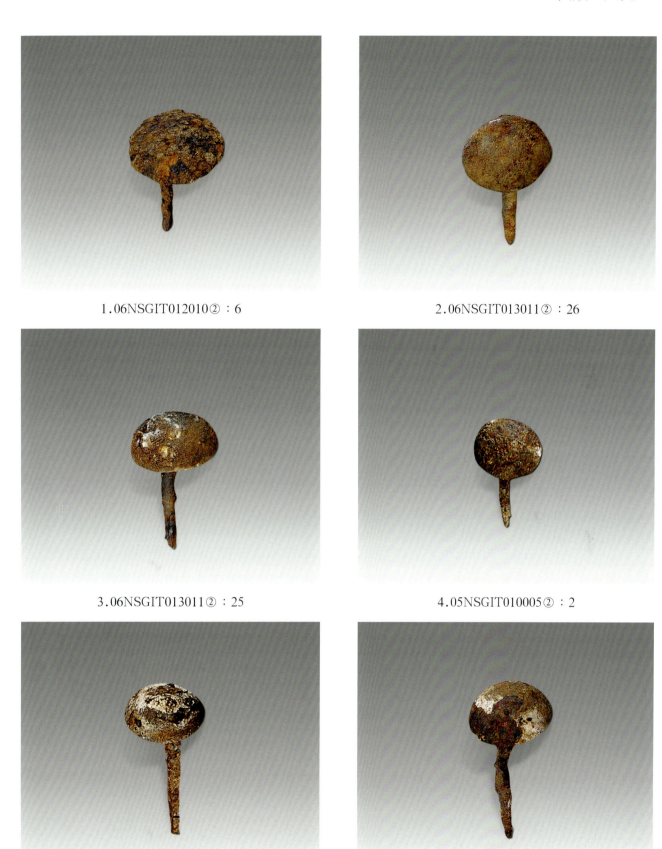

1.06NSGIT012010②：6

2.06NSGIT013011②：26

3.06NSGIT013011②：25

4.05NSGIT010005②：2

5.00NSGIT009013②：30

6.00NSGIT008010①a：5

第 3、4 号宫殿建筑群基址出土F型铁钉

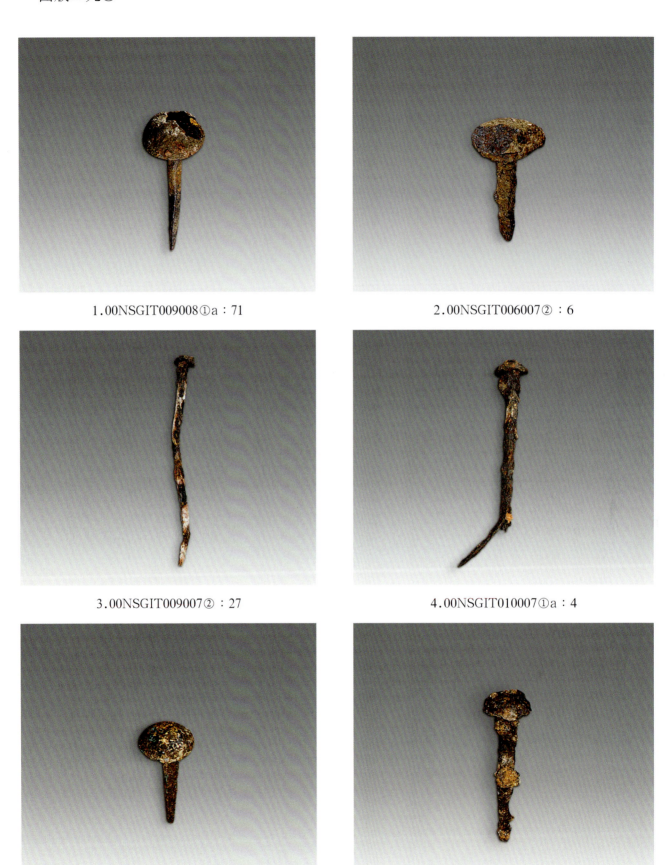

1. 00NSGIT009008①a：71

2. 00NSGIT006007②：6

3. 00NSGIT009007②：27

4. 00NSGIT010007①a：4

5. 00NSGIT008013①a：3

6. 00NSGIT009006②：22

第 3、4 号宫殿建筑群基址出土 F 型铁钉

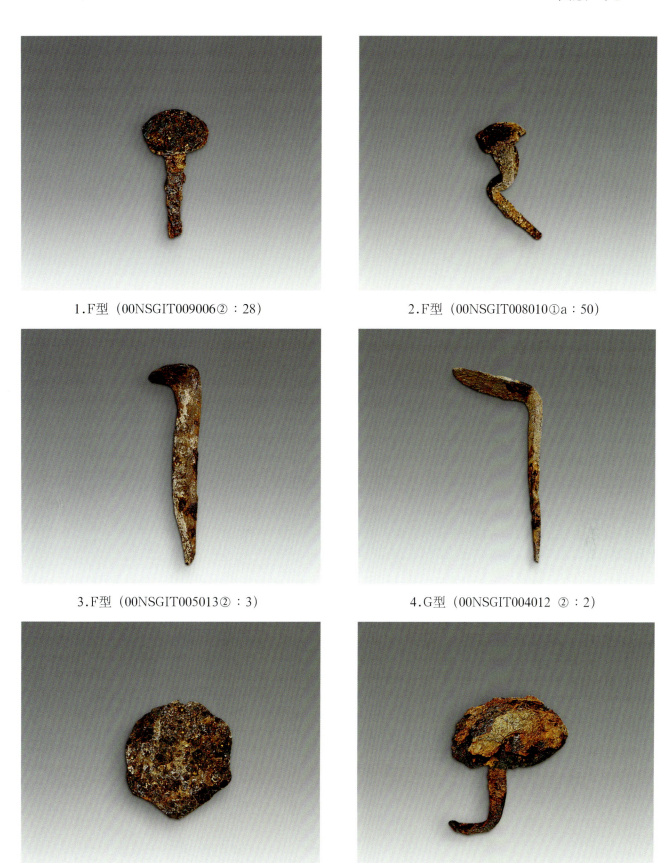

1.F型（00NSGIT009006②：28）　　　　2.F型（00NSGIT008010①a：50）

3.F型（00NSGIT005013②：3）　　　　4.G型（00NSGIT004012 ②：2）

5.H型（00NSGIT007014②：63）　　　　6.H型（06NSGIT010001 ②：24）

第 3、4 号宫殿建筑群基址出土铁钉

1. I型 （00NSGIT004006①a：4）

2. I型 （06NSGIT012011②：21）

3. J型 （00NSGIT007008②：3）

4. J型 （00NSGIT009008①a：73）

5. K型 （00NSGIT007007①a：1）

6. K型 （00NSGIT010008②：5）

第 3、4 号宫殿建筑群基址出土铁钉

1.K型（00NSGIT005012②：7）　　　　2.L型（00NSGIT008009①a：45）

3.L型（00NSGIT009008①a：75）　　　　4.L型（00NSGIT008009①a：97）

5.L型（00NSGIT009011①a：28）　　　　6.L型（00NSGIT008009①a：91）

第 3、4 号宫殿建筑群基址出土铁钉

1．L型（00NSGIT008009①a：105）

2．M型（00NSGIT008009①a：47）

3．M型（00NSGIT008007①a：6）

4．M型（00NSGIT008009①a：106）

5．M型（00NSGIT008010①a：43）

6．M型（00NSGIT008009①a：113）

第 3、4 号宫殿建筑群基址出土铁钉

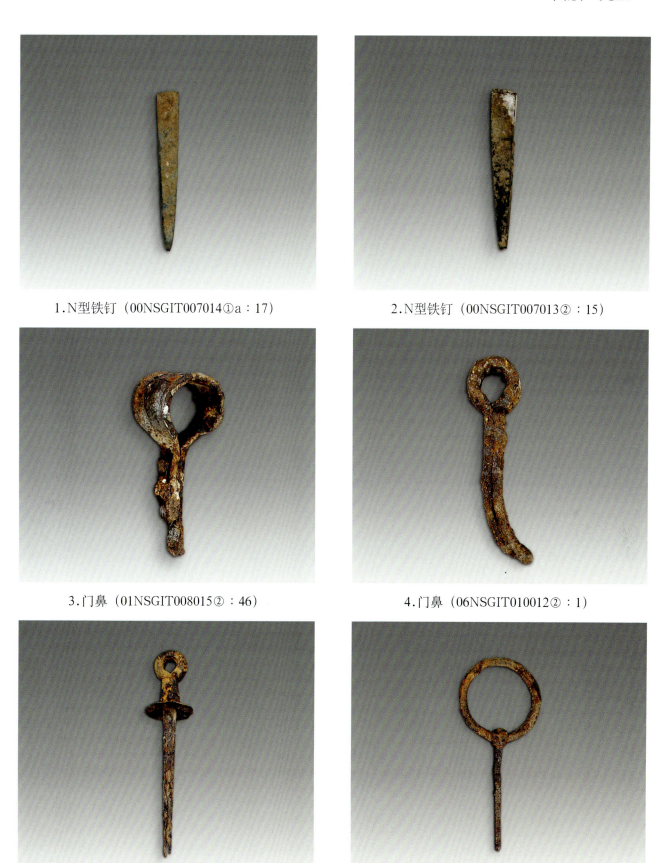

1. N型铁钉 (00NSGIT007014①a：17)

2. N型铁钉 (00NSGIT007013②：15)

3. 门鼻 (01NSGIT008015②：46)

4. 门鼻 (06NSGIT010012②：1)

5. 门鼻 (00NSGIT006011②：4)

6. 门鼻 (00NSGIT007010①a：8)

第 3、4 号宫殿建筑群基址出土铁建筑材料

1.门鼻（00NSGIT004011②：5）

2.门鼻（00NSGIT004007②：11）

3.门鼻（00NSGIT004007②：12）

4.门枢下部（06NSGIT012012②：88）

5.门枢上部（06NSGIT013011②：35）

6.门枢上部（06NSGIT013011②：35）底部

第 3、4 号宫殿建筑群基址出土铁建筑材料

1.门枢上部（05NSGIT011005②：5）

2.门枢上部（05NSGIT011005②：5）底部

3.门转（06NSGIT011012②：73）

4.门转（06NSGIT011012②：74）

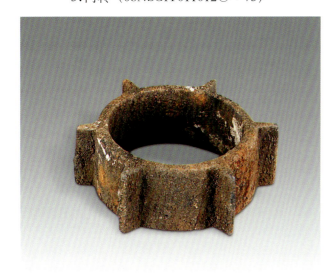

5.门转（06NSGIT013011②：33）

6.门轮（00NSGIT007014②：64）

第 3、4 号宫殿建筑群基址出土铁建筑材料

1.门轮（00NSGIT007014②：65）　　　　　2.门轮（00NSGIT007013①a：1）

3.门轮（00NSGIT007013①a：2）　　　　　4.门轮（06NSGIT013011②：31）

5.合页（06NSGIT011012②：70）　　　　　6.环（00NSGIT005011②：1）

第 3、4 号宫殿建筑群基址出土铁建筑材料

1.环（00NSGIT007014②：72）

2.页（06NSGIT014009②：42）

3.钉垫（06NSGIT010001②：34）

4.包角（00NSGIT008011②：29）

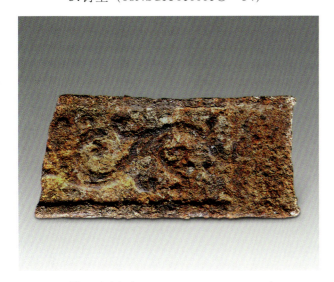

5.灶口立板（06NSGIT013012②：16）

6.灶口立板（06NSGIT013012②：17）

第 3、4 号宫殿建筑群基址出土铁器

1. 00NSGIT006009②：55

2. 00NSGIT005012②：6

3. 00NSGIT009008①a：12

4. 00NSGIT008009①a：25

5. 00NSGIT008009①a：108

6. 00NSGIT009012②：7

第 3、4 号宫殿建筑群基址出土铁构件

1.06NSGIT1509①a：4

2.06NSGIT013010②：45

3.00NSGIT003011②：35

4.00NSGIT008009①a：94

5.06NSGIT014010②：13

6.00NSGIT010002②：2

第3、4号宫殿建筑群基址出土铁构件

1.构件（06NSGIT014009②：44）

2.构件（06NSGIT014009②：45）

3.构件（06NSGIT013011②：34）

4.宽身刀（00NSGIT005008①a：4）

5.宽身刀（06NSGIT015008②：16）

6.窄身刀（00NSGIT006011②：32）

第 3、4 号宫殿出土铁建筑材料、铁器

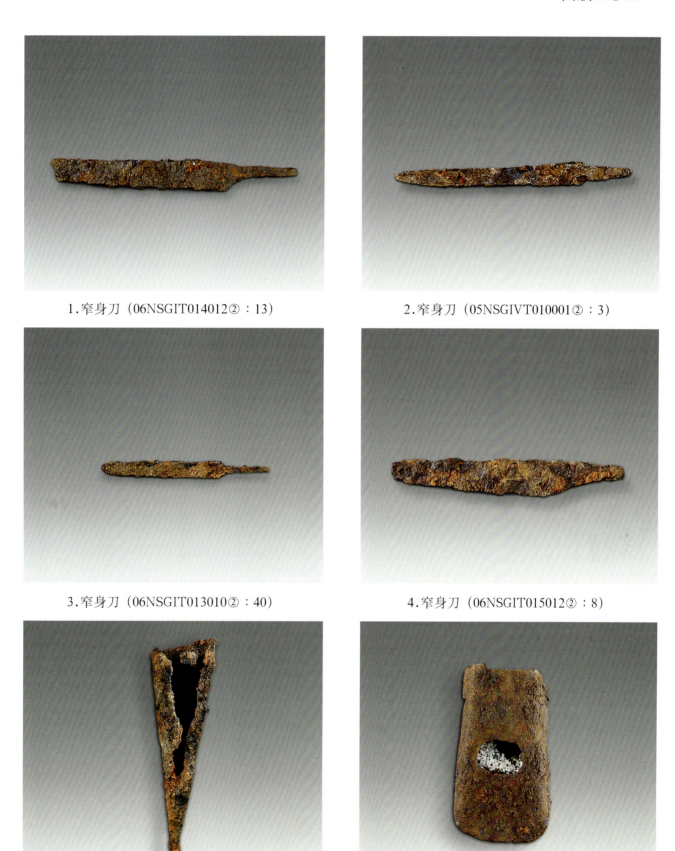

1.窄身刀（06NSGIT014012②：13）　　2.窄身刀（05NSGIVT010001②：3）

3.窄身刀（06NSGIT013010②：40）　　4.窄身刀（06NSGIT015012②：8）

5.穿（00NSGIT012012②：2）　　6.锛（00NSGIT006008②：2）

第 3、4 号宫殿建筑群基址出土铁器

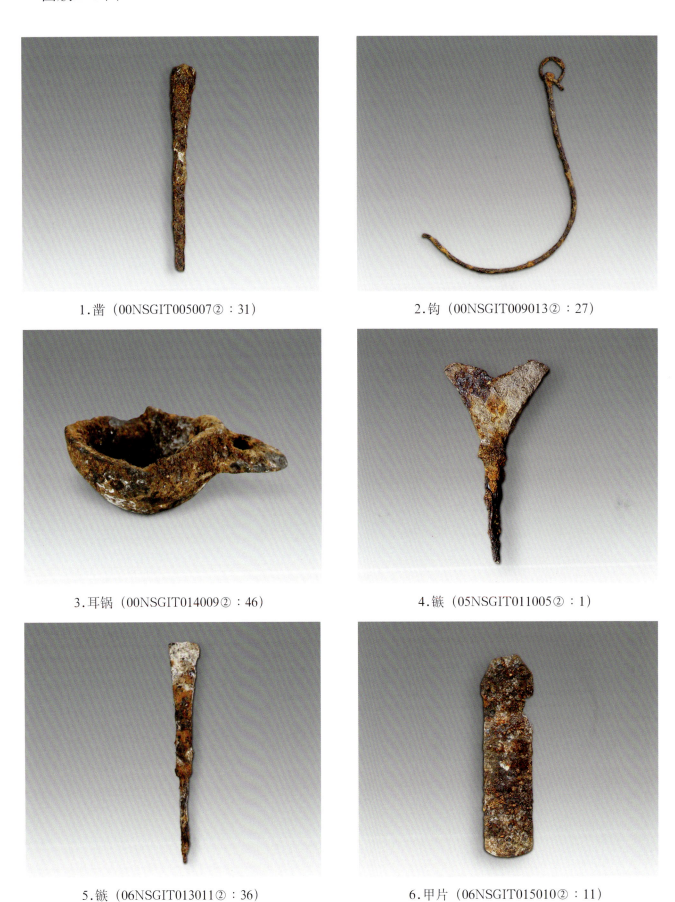

1.凿（00NSGIT005007②：31）

2.钩（00NSGIT009013②：27）

3.耳锅（00NSGIT014009②：46）

4.镞（05NSGIT011005②：1）

5.镞（06NSGIT013011②：36）

6.甲片（06NSGIT015010②：11）

第 3、4 号宫殿建筑群基址出土铁器

1. 铁甲片（06NSGIT015010②：12）

2. 铜钉（00NSGIT007013①a：3）

3. 铜钉（06NSGIT014012②：12）

4. 铜钉（05NSGIT009001②：3）

5. 铜钉（05NSGIVT010001②：4）

6. 铜钉（05NSGIVT010001②：5）

第 3、4 号宫殿建筑群基址出土铁、铜器

1.钉（06NSGIT010001②：33）

2.钉（06NSGIT011012②：65）

3.钉（06NSGIT011012②：64）

4.钉（06NSGIT011012②：64）内面

5.泡（06NSGIT013012②：15）

6.环（06NSGIT015010②：10）

第3、4号宫殿建筑群基址出土铜建筑材料

1.花饰（00NSGIT007014②：86）

2.牌饰（00NSGIT006013②：7）

3.牌饰（06NSGIT011012②：66）

4.牌饰（00NSGIT005013②：2）

5.花饰（06NSGIT010008②：1）

第 3、4 号宫殿建筑群基址出土铜建筑材料

1.花饰（05NSGIVT010001②：8）

2.花饰（05NSGIVT010001②：6）

3.花饰（06NSGIT010002②：1）

4.花饰（05NSGIVT010001②：12）

5.片状构件
（05NSGIVT010001②：2）

6.片状构件
（05NSGIVT010001②：9）

7.片状构件
（06NSGIT015010②：13）

第 3、4 号宫殿建筑群基址出土铜建筑材料

图版三〇八

1. 片状构件（06NSGIT015010②：14）

2. 片状构件（05NSGIVT010001②：8）

3. 带具（06NSGIT014011②：24）

4. 带具（06NSGIT013013②：1）

5. 帐钩（00NSGIT007014②：80）

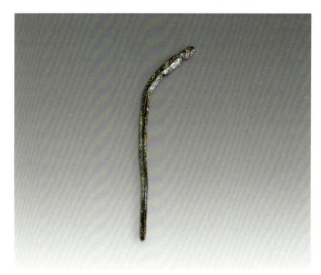

6. 簪（00NSGIT004006①a：5）

第 3、4 号宫殿建筑群基址出土铜器

1.铜簪	2.铜镯	3.铜镊	4.铜镊
（06NSGIT011004②：10）	（06NSGIT011013②：6）	（06NSGIT015012②：9）	（06NSGIT010009②：1）

5.石雕花阶沿（00NSGIT006006②：1）

第 3、4 号宫殿建筑群基址出土铜器及石建筑材料

1.包壁条石（00NSGIT009006②：21）

2.散水钉（00NSGIT009006②：3）

3.散水牙子（00NSGIT007009②：10）

4.磨盘（00NSGIT004006②：12）

5.砺石（00NSGIT005008②：2）

6.器盖（06NSGIT014008②：10）

第 3、4 号宫殿建筑群基址出土石器

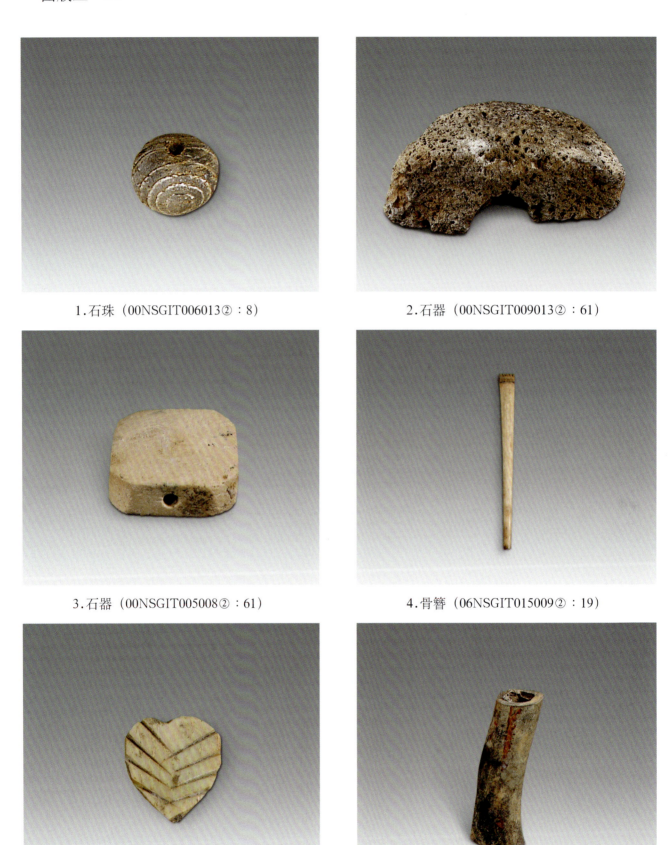

1.石珠（00NSGIT006013②：8）　　　　2.石器（00NSGIT009013②：61）

3.石器（00NSGIT005008②：61）　　　　4.骨簪（06NSGIT015009②：19）

5.骨饰（06NSGIT014010②：14）　　　　6.骨管（01NSGIT010011②：1）

第 3、4 号宫殿建筑群基址出土石、骨器

1.骨管（01NSGIT010011②：2）

2.骨器（00NSGIT006014①a：1）

3.土坯（00NSGIT006006②：47）

4.土坯（00NSGIT009008②：16）

5.土坯（00NSGIT009008②：15）

6.白灰填充物（06NSGIT012012②：93）

第 3、4 号宫殿建筑群基址出土骨器及建筑遗物

1.草拌泥墙皮（06NSGIT012012②:92）外面

2.草拌泥墙皮（06NSGIT012012②:92）内面

3.白灰墙皮（00NSGIT007009②：19）

4.白灰墙皮（00NSGIT007009②：20）

5.白灰墙皮（00NSGIT010007②：115）外面

6.白灰墙皮（00NSGIT010007②：115）内面

第 3、4 号宫殿建筑群基址出土建筑遗物

1. 环首钉（02NSGIM：20）　　2. 门形钉（02NSGIF1：1）　　3. 曲尺形钉（02NSGIF1：2）

4. 合页（02NSGIM：1）　　　　　　5. 门轴（02NSGIM：18）

6. 门枢（02NSGIM：17）　　　　　7. 门枢（02NSGIM：17）底部

第 5 号宫殿基址出土铁器

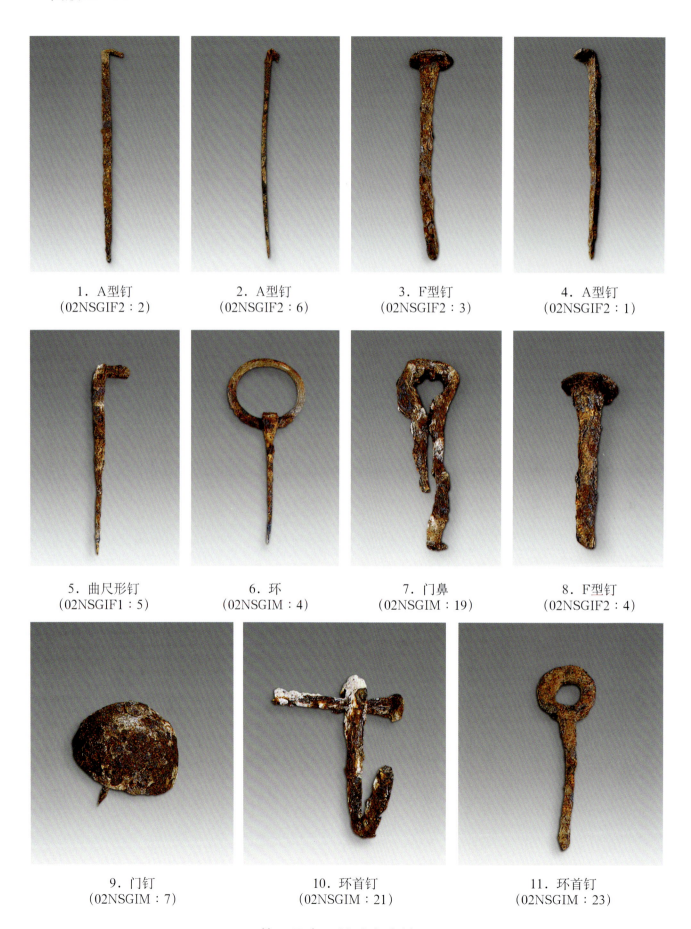

1. A型钉
(02NSGIF2：2)

2. A型钉
(02NSGIF2：6)

3. F型钉
(02NSGIF2：3)

4. A型钉
(02NSGIF2：1)

5. 曲尺形钉
(02NSGIF1：5)

6. 环
(02NSGIM：4)

7. 门鼻
(02NSGIM：19)

8. F型钉
(02NSGIF2：4)

9. 门钉
(02NSGIM：7)

10. 环首钉
(02NSGIM：21)

11. 环首钉
(02NSGIM：23)

第5号宫殿基址出土铁器

02NSGIF2：5

第 5 号宫殿基址出土铜佛像背光

1. 01NSGIT012025②：33

2. 01NSGIT007025②：7

3. 01NSGIT007025②：3

4. 01NSGIT010025②：42

5. 01NSGIT009024②：10

6. 01NSGIT007026②：3

第 5 号宫殿基址出土陶文字瓦

1. 01NSGIT010023②：5

2. 01NSGIT012025②：34

3. 01NSGIT012025②：35

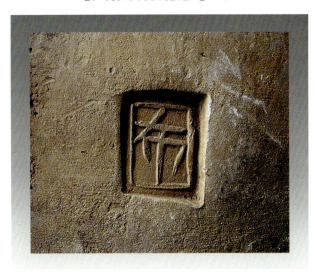

4. 01NSGIT007025②：4

5. 01NSGIT010025②：4

6. 01NSGIT012027②：2

第 5 号宫殿基址出土陶文字瓦

1. 01NSGIT010023②：4

2. 01NSGIT007023②：3

3. 01NSGIT007025②：38

4. 01NSGIT007027②：4

5. 01NSGIT007025②：6

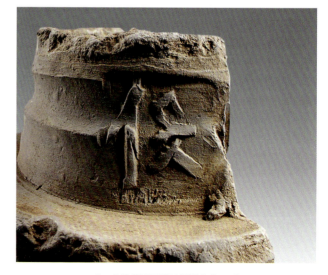

6. 01NSGIT007025②：8

第 5 号宫殿基址出土陶文字瓦、砖

1. 01NSGIT007026②：5

2. 01NSGIT007023②：2

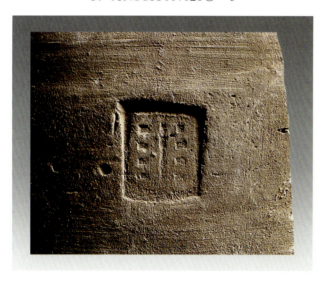

3. 01NSGIT007023②：7

4. 01NSGIT007025②：39

5. 01NSGIT007025②：5

6. 01NSGIT012025②：15

第 5 号宫殿基址出土陶文字瓦

1. 01NSGIT012026②：19

2. 01NSGIT010025②：41

3. 01NSGIT010023②：3

4. 01NSGIT009027②：2

5. 01NSGIT012026②：15

6. 01NSGIT007027②：9

7. 01NSGIT008024②：1

第 5 号宫殿基址出土陶字符瓦

1. 01NSGIT007025②：15

2. 01NSGIT007025②：16

3. 01NSGIT007025②：17

4. 01NSGIT007025②：49

5. 01NSGIT007025②：22

6. 01NSGIT007025②：33

第 5 号宫殿基址出土陶筒瓦

1. 筒瓦（01NSGIT007026②：7）

2. 异形檐头筒瓦（01NSGIT007025②：24）

3. 异形檐头筒瓦（01NSGIT011025②：2）

4. 普通檐头筒瓦（01NSGIT007024②：8）

5. 异形檐头筒瓦（01NSGIT012026②：18）

6. 普通檐头筒瓦（01NSGIT007025②：44）

第 5 号宫殿基址出土陶筒瓦

1. 01NSGIT007025②：45

2. 01NSGIT007024②：1

3. 01NSGIT007025②：46

4. 01NSGIT007024②：2

5. 01NSGIT007025②：27

6. 01NSGIT007024②：3

第 5 号宫殿基址出土陶板瓦

1. 檐头板瓦（01NSGIT010023②：7）

2. 檐头板瓦（01NSGIT007025②：25）

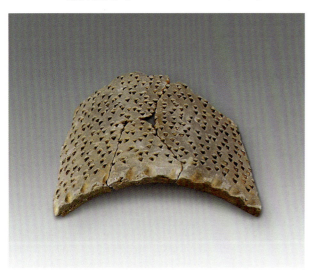

3. 麻面板瓦（01NSGIT007024②：9）

4. 瓦条（01NSGIT007025②：20）

5. 瓦条（01NSGIT007025②：19）

6. 瓦条（01NSGIT007025②：47）

第 5 号宫殿基址出土陶建筑材料

1．六瓣莲花纹Aa型（01NSGIT008023②：1）

2．七瓣莲花纹Aa型（01NSGIT007026②：9）

3．六瓣莲花纹Aa型（01NSGIT007025②：48）

4．六瓣莲花纹Aa型（00NSGIT008023②：5）

5．六瓣莲花纹Ae型（01NSGIT012025②：36）

6．六瓣莲花纹Ag型01NSGIT007026②：8

第 5 号宫殿基址出土陶瓦当

1．六瓣莲花纹Ba型（01NSGIT008023②：6）

2．六瓣莲花纹Bb型（01NSGIT012026②：17）

3．六瓣莲花纹Ba型（01NSGIT012026②：18）

4．六瓣莲花纹Bc型（01NSGIT007024②：10）

5．四瓣莲花纹A型（01NSGIT007026②：1）

6．莲蕾纹（01NSGIT012027②：3）

第 5 号宫殿基址出土陶瓦当

1．素面长方砖（01NSGIT007024②：5）

2．素面长方砖（01NSGIT007024②：6）

3．素面方砖（01NSGIT007025②：27）

4．花纹方砖（01NSGIT007027②：7）

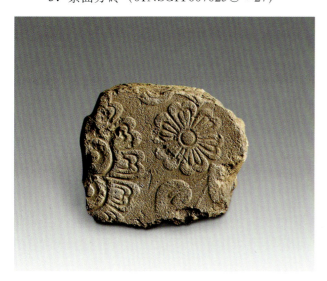

5．花纹方砖（01NSGIT007024②：7）

6．花纹长方砖（01NSGIT007026②：6）

第 5 号宫殿基址出土陶砖

1．花纹长方砖（01NSGIT007025②∶10）

2．花纹长方砖（01NSGIT007027②∶5）

3．花纹长方砖（01NSGIT007025②∶9）

4．构件（01NSGIT009025②∶2）

5．构件（01NSGIT007025②∶11）

6．文字砖（01NSGIT007025②∶12）

第 5 号宫殿基址出土陶建筑材料

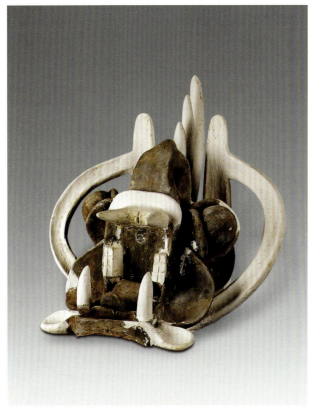

1. 01NSGIT011025②：1

2. 01NSGIT007027②：10

3. 01NSGIT007027②：11

4. 01NSGIT008025②：3

第 5 号宫殿基址出土陶兽头

1．纺轮（01NSGIT009025②：2）

2．口沿（01NSGIT012025②：13）

3．陶片（01NSGIT012026②：13）

4．陶片（01NSGIT012025②：32）

5．坩埚（01NSGIT008025②：1）

6．器足（01NSGIT012025②：45）

第 5 号宫殿基址出土陶器

1．筒瓦（01NSGIT007026②：12）

2．鸱尾（01NSGIT008023②：4）

3．鸱尾（01NSGIT008023②：2）

4．鸱尾（01NSGIT008024②：3）

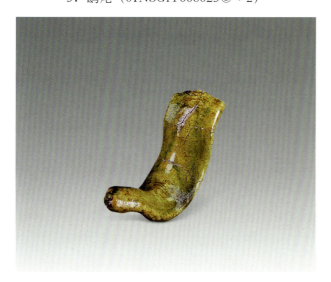

5．兽头残片（05NSGIT012025②：36）

6．口沿（01NSGIT008025②：4）

第 5 号宫殿基址出土釉陶器

1. A型（01NSGI
T008024②：2 ）

2. B型（01NSGI
T007027②：1）

3. D型（01NSGI
T012026②：20）

4. L型（04NSGI
T008023②：7）

5. F型
（01NSGIT012025②：37）

6. I型
（01NSGIT012025②：38）

7. I型
（01NSGIVT007023②：4）

8. H型（01NSGI
T009023②：2）

9. H型（01NSGI
T009023②：3）

10. H型（01NSGI
T007023②：5）

11. H型（01NSGI
T009025②：3）

第 5 号宫殿基址出土铁钉

1. 合页（01NSGIT012026②：21）

2. 页（01NSGIT012024②：2）

3. 车辋箍（01NSGIT008027②：2）

4. 页（01NSGIVT007027②：12）

5. 铲（01NSGIT012025②：10）正面

6. 铲（01NSGIT012025②：10）背面

第 5 号宫殿基址出土铁器

1．刀（01NSGIT010027②∶1）

2．镞（01NSGIT012025②∶39）

3．镞（01NSGIT010027②∶2）

4．甲片（01NSGIT012024②∶4）

5．甲片（01NSGIT012026②∶4）

6．甲片（01NSGIT012024②∶1）

7．甲片（01NSGIT012026②∶3）

第 5 号宫殿基址出土铁器

1. 执柄（01NSGIT012025②：40）

2. 铁件（01NSGIT012024②：3）

3. 铁件（01NSGIT010025②：2）

4. 车辖（01NSGIT012026②：22）

5. 铜钱币（01NSGIT007023②：1）正面

6. 铜钱币（01NSGIT007023②：1）背面

第 5 号宫殿基址出土铁、铜器

1．带饰（01NSGIT007024②：11）

2．搭扣（01NSGIT012025②：41）

3．镊（01NSGIT010025②：1）

4．泡钉（01NSGIT012025②：42）

5．泡钉（01NSGIT012025②：43）

6．铜片（01NSGIT007023②：6）

第 5 号宫殿基址出土铜器

1. 瓷片（01NSGIT007027②：3）　　2. 瓷片（01NSGIT007027②：2）

3. 包壁石（01NSGIT007025②：50）　　4. 石器纽（01NSGIT012025②：44）

5. 土坯（01NSGIT008023②：5）　　6. 土坯（01NSGIT012024②：8）

第 5 号宫殿基址出土瓷、石器及建筑遗物

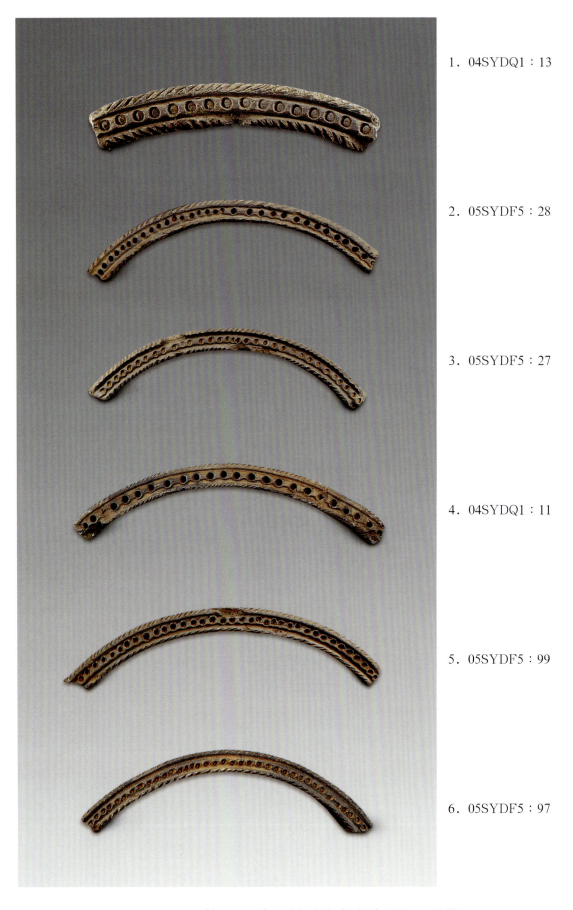

1. 04SYDQ1：13

2. 05SYDF5：28

3. 05SYDF5：27

4. 04SYDQ1：11

5. 05SYDF5：99

6. 05SYDF5：97

第 50 号宫殿基址出土陶檐头板瓦纹饰

1. 檐头板瓦（05SYDF5：28）

2. 檐头板瓦（05SYDF5：100）

3. 屋面板瓦（04SYDD1：11）

4. 檐头板瓦（04SYDQ1：11）

第 50 号宫殿基址出土陶板瓦

1．直背檐头筒瓦A型（04SYDL1：7）

2．直背檐头筒瓦A型（05SYDF5：96）

3．直背檐头筒瓦C型（04SYDF1：9）

4．直背檐头筒瓦B型（05SYDF5：9）

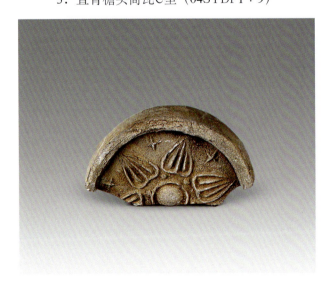

5．曲背檐头筒瓦（04SYDL1：10）

6．曲背檐头筒瓦（04SYDD1：26）

第 50 号宫殿基址出土陶檐头筒瓦

1. A型（05SYDF5：93）

2. B型（05SYDF5：77）

3. C型（05SYDF5：19）

4. C型（05SYDF5：71）

5. D型（05SYDF5：57）

6. D型（05SYDF5：50）

第 50 号宫殿基址出土陶普通筒瓦

1．七瓣莲花纹Aa型（04SYDF1：3）

2．六瓣莲花纹Aa型（04SYDD1：9）

3．六瓣莲花纹Ah型（04SYDL1：32）

4．六瓣莲花纹Ab型（04SYDL1：12）

5．六瓣莲花纹Ag型（04SYDL1：13）

6．六瓣莲花纹Ba型（04SYDL1：15）

第 50 号宫殿基址出土陶瓦当

1. Ba型（04SYDF1：2）

2. Ba型（04SYD2T：2）

3. Bb型（04SYDF1：4）

4. Bb型（04SYDL1：1）

5. E型（04SYDD1：13）

6. E型（04SYDD1：8）

第50号宫殿基址出土陶六瓣莲花纹瓦当

1．五瓣莲花纹Aa型（05SYDF5：137）

2．五瓣莲花纹C型（05SYDF5：138）

3．五瓣莲花纹C型（05SYDF5：139）

4．六瓣莲花纹Aj型（05SYDF5：140）

第50号宫殿基址出土陶瓦当

1. A型（05SYDF5：12）

2. A型（04SYDF4：4）

3. Ba型（04SYDF4：9）

4. Ba型（04SYDF4：16）

5. Bb型（04SYDF4：10）

6. Bb型（04SYDF4：12）

第50号宫殿基址出土釉陶檐头板瓦

1．A型（04SYDF4：2）

2．A型（05SYDF5：15）

3．A型（04SYDF4：5）

4．A型（05SYDF5：14）

5．B型（05SYDF5：13）

6．A型（04SYDF4：1）

第50号宫殿基址出土釉陶普通板瓦

1. Aa型（04SYDF4：13）

2. Aa型（05SYDF5：4）

3. Aa型（05SYDF5：21）

4. B型（04SYDF4：14）

5. Ab型（04SYDF4：17）

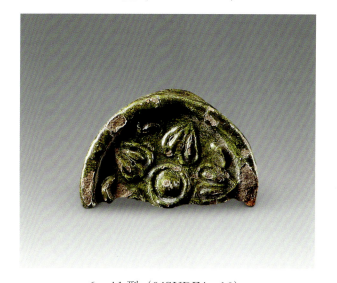

6. Ab型（04SYDF4：16）

第 50 号宫殿基址出土釉陶檐头筒瓦

1. B型（05SYDF5：23）

2. B型（04SYDF4：15）

3. B型（04SYDF4：11）

4. B型（04SYDF4：33）

5. A型（04SYDL1：30）

6. B型（05SYDF5：18）

第 50 号宫殿基址出土釉陶普通筒瓦

1. 五瓣莲花纹Aa型（04SYDF4：36）

2. 五瓣莲花纹Ac型（04SYDF4：77）

3. 六瓣莲花纹B型（04SYDF4：41）

4. 六瓣莲花纹B型（04SYDF4：81）

5. 大瓦当（05SYDF5：7）

6. 大瓦当（05SYDF5：151）

第50号宫殿基址出土釉陶瓦当

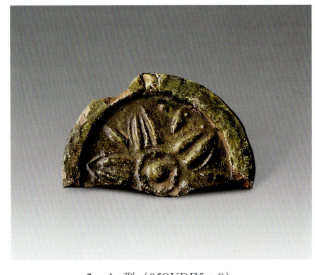

1．Aa型（05SYDF5：31）　　　　　　2．Aa型（05SYDF5：8）

3．Ab型（05SYDF5：3）　　　　　　4．Ab型（05SYDF5：6）

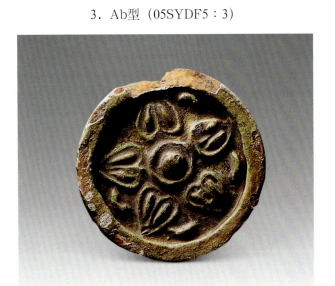
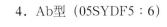

5．Ab型（05SYDF5：5）　　　　　　6．Ab型（04SYDF4：83）

第 50 号宫殿基址出土釉陶五瓣莲花纹瓦当

1．A型压当条（04SYDF4：27）

2．A型压当条（04SYDF4：26）

3．C型压当条（04SYDF4：20）

4．B型压当条（04SYDF4：23）

5．C型压当条（04SYDF4：21）正面

6．B型压当条（04SYDF4：22）

7．C型压当条（04SYDF4：21）背面

8．A型当沟（04SYDF4：18）

第 50 号宫殿基址出土釉陶建筑材料

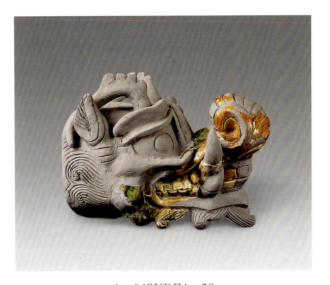

1. 04SYDF4：38

2. 04SYDF4：117

3. 04SYDF4：53

4. 04SYDF4：118

5. 04SYDF4：119

6. 04SYDF4：46

第 50 号宫殿基址出土釉陶 A 型套兽

1. 04SYDF4：37

2. 04SYDF4：45

3. 04SYDF4：115

4. 04SYDF4：48

5. 04SYDF4：47

6. 04SYDF4：116

第50号宫殿基址出土釉陶B型套兽

1. 04SYDF4：55

2. 04SYDF4：36

3. 04SYDF4：113

4. 04SYDF4：56

5. 04SYDF4：42

6. 04SYDF4：44

第50号宫殿基址出土釉陶套兽

1. 04SYDF4：50

2. 04SYDF4：51

3. 04SYDF4：114

4. 04SYDF4：52

5. 04SYDF4：43

6. 04SYDF4：49

第 50 号宫殿基址出土釉陶套兽

1. 套兽（04SYDF4：111）

2. 套兽（04SYDF4：39）

3. 套兽（04SYDF4：112）

4. 垂兽（04SYDF4：130）

5. 垂兽（04SYDF4：129）

6. 垂兽（04SYDF4：131）

第 50 号宫殿基址出土釉陶套兽、垂兽

1．A型覆盆（04SYDF4：88）外面

2．A型覆盆（04SYDF4：88）内面

3．B型覆盆（04SYDD1：18）外面

4．B型覆盆（04SYDD1：18）内面

5．鸱吻（04SYDF4：105）

6．饰件（04SYDD1：1）

第 50 号宫殿基址出土釉陶建筑材料

1. 04SYDL1：20

2. 04SYDL1：24

3. 04SYDL1：38

4. 04SYDL1：23

5. 04SYDL1：25

6. 04SYDL1：21

第 50 号宫殿基址出土陶文字瓦

1. 门枢上部（04SYDF1：20）

2. 门枢下部（04SYDF1：6）

3. 门枢下部（04SYDF1：26）

4. 门枢下部（04SYDF1：15）

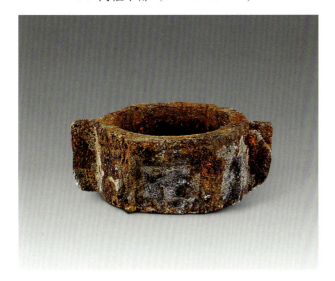

5. 门轴（04SYDF1：19）

6. 门轴（04SYDF1：18）

第 50 号宫殿基址出土铁器

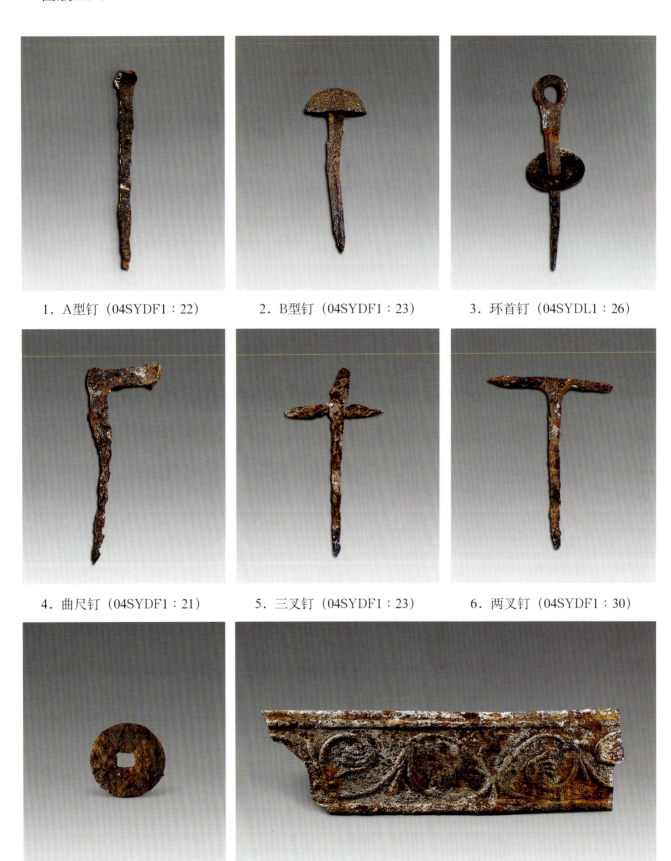

1．A型钉（04SYDF1：22）　　2．B型钉（04SYDF1：23）　　3．环首钉（04SYDL1：26）

4．曲尺钉（04SYDF1：21）　　5．三叉钉（04SYDF1：23）　　6．两叉钉（04SYDF1：30）

7．垫片（04SYDF1：27）　　　　8．饰件（04SYDF5：26）

第 50 号宫殿基址出土铁器

1. 筒形器（04SYDF3：1）

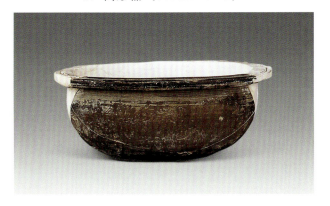

2. 碗（04SYDH7：2）

3. 盘口罐（04SYDH7：7）

4. 彩绘墙面（05SYDF5：149）

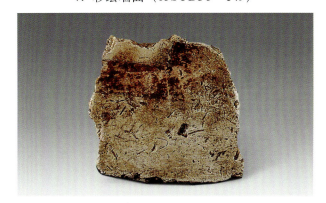

5. 彩绘墙面（05SYDF5：150）

6. 彩绘墙面（05SYDF5：29）

第 50 号宫殿基址出土陶器及建筑遗物

1. 07NSHⅣT002084②：50（正面）

2. 07NSHⅣT002084②：50（侧面）

皇城南门基址出土釉陶兽头

1．陶花纹砖（07NSHⅣT002084②：47）

2．棱柱状构件（07NSHⅢT001083①：1）

皇城南门基址出土建筑材料

1.刻划文字瓦（04SWMⅢT020303②：41）

2.普通筒瓦（04SWMⅢT020302②：6）

3.普通筒瓦（04SWMⅢT020303②：2）

4.普通筒瓦（04SWMⅢT020302②：5）

5.普通筒瓦（04SWMⅢT020302②：4）

6.普通板瓦（04SWMⅢT020303②：1）

郭城正南门基址出土陶刻划字符瓦及建筑材料

1.檐头板瓦（04SWMⅢT020302②：1）

2.檐头板瓦（04SWMⅢT020302②：1）纹饰

3.筒条瓦（04SWMⅢT020303①a：11）

4.筒条瓦（04SWMⅢT020303①a：12）

5.板条瓦（04SWMⅢT020303②：24）

6.板条瓦（04SWMⅢT020303②：19）

郭城正南门基址出土陶建筑材料

1.板条瓦（04SWMIIIT019303②：16）

2.板条瓦（04SWMIIIT020303②：23）

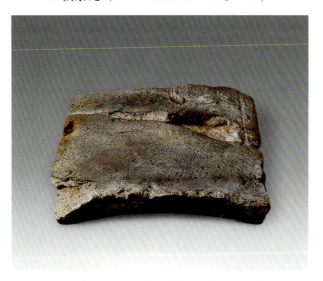

3.板条瓦（04SWMIIIT020303②：26）

4.板条瓦（04SWMIIIT020303②：25）

5.六瓣莲花纹A型瓦当（04SWMIIIT019303②：6）

6.六瓣莲花纹Ba型瓦当（04SWMIIIT018303②：4）

郭城正南门基址出土陶建筑材料

1.六瓣莲花纹Ba型瓦当（04SWMIIIT019303②：5）

2.壶（04SWMIIIT022302②：8）

3.罐（04SWMIIIT022302②：15）口沿

4.罐（04SWMIIIT022302②：15）底部

5.钵（04SWMIIIT022302②：9）

6.盅（04SWMIIIT021301②：5）

郭城正南门基址出土陶器

1.陶纺轮（04SWMIIIT019303②：1 ）

2.陶纺轮（04SWMIIIT019303②：2)

3.釉陶五瓣莲花纹Ab型瓦当（04SWMIIIT021303②：1)

4.釉陶鸱尾（04SWMIIIT021302①a：16)

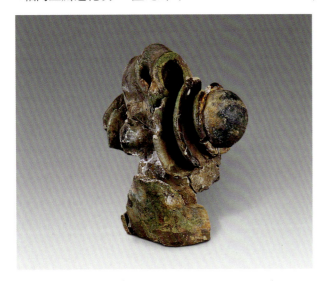

5.釉陶兽头（04SWMIIIT020303②：45)

6.A型铁钉（04SWMIIIT021302①a：10)

郭城正南门基址出土陶、铁器

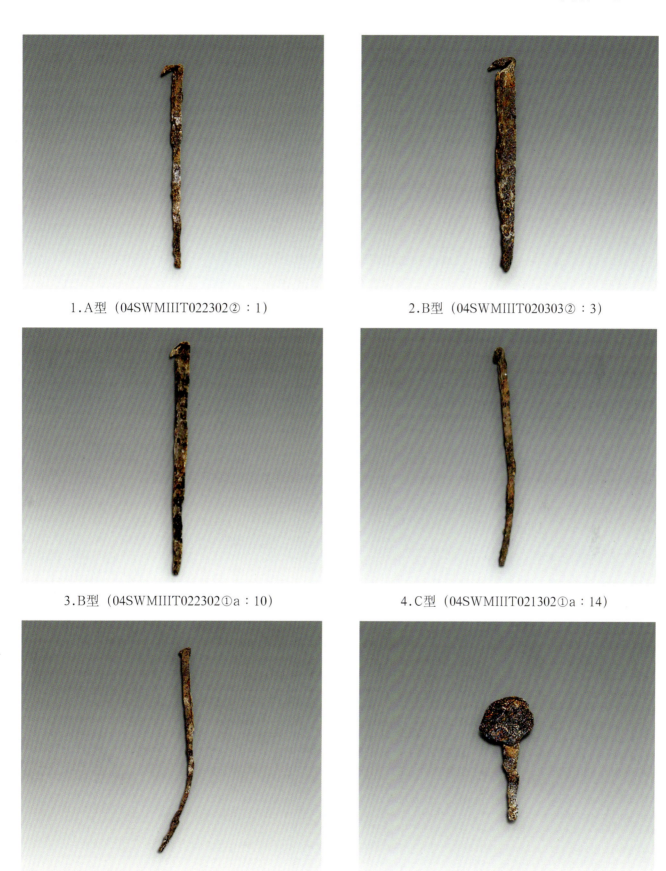

1. A型（04SWMIIIT022302②：1）　　　　2. B型（04SWMIIIT020303②：3）

3. B型（04SWMIIIT022302①a：10）　　　　4. C型（04SWMIIIT021302①a：14）

5. D型（04SWMIIIT018302②：25）　　　　6. F型（04SWMIIIT022302②：12）

郭城正南门基址出土铁钉

1.G型铁钉（04SWMⅢT022302②：2）

2.K型铁钉（04SWMⅢT020303①a：1）

3.N型铁钉（04WMⅢT020303②：21）

4.铁熨斗（04SWMⅢT022302②：3）

5.铜钉（04SWMⅢT019302②：13）

6.铜佛手（04SWMⅢT022302②：10）

郭城正南门基址出土铁、铜器

1.门道铺石（04SWMIIIT018302②：30）

2.门道铺石（04SWMIIIT018302②：31）

3.门道铺石（04SWMIIIT018302②：32）

4.臼状石材（04SWMIIIT019302②：6）

5.水晶珠（04SWMIIIT022302①a：4）

6.水晶珠（04SWMIIIT022302①a：5）

郭城正南门基址出土石器

1.草拌泥填充物（04SWMⅢT020303②：46）

2.草拌泥墙皮（04SWMⅢT020303②：47）

3.草拌泥墙皮（04SWMⅢT019303②：18）

4.草拌泥墙皮（04SWMⅢT019303②：17）

5.白灰墙皮（04SWMⅢT018303②：7）

6.白灰墙皮（04SWMⅢT018303②：8）

郭城正南门基址出土建筑遗物

1.98NSGIT012058②：55

2.98NSGIT012058②：60

3.98NSGIT012058②：57

4.98NSGIT012058②：59

5.98NSGIT012058②：58

6.98NSGIT012058②：53

郭城正北门基址出土陶文字瓦

1.98NSGIT012058②：56

2.98NSGIT012058②：54

3.98NSGIT012058②：61

4.98NSGIT013057②：67

5.98NSGIT013057②：15

6.98NSGIT013057②：62

郭城正北门基址出土陶文字瓦

1. 普通筒瓦（98NSGIT012058②：40）

2. 普通筒瓦（98NSGIT010058②：55）

3. 普通筒瓦（98NSGIT012057②：38）

4. 普通筒瓦（98NSGIT013057②：17）

5. 普通筒瓦（98NSGIT012058②：42）

6. 一般檐头筒瓦（98NSGIT010058②：41）

郭城正北门基址出土陶筒瓦

1.斜面檐头筒瓦（98NSGIT010058②：54）

2.曲身檐头筒瓦（98NSGIT012058②：51）

3.普通板瓦（98NSGIT010058②：56）

4.檐头板瓦（98NSGIT012058②：35）

5.当沟（98NSGIT013057②：29）

6.当沟（98NSGIT013057②：53）

郭城正北门基址出土陶建筑材料

1.当沟（98NSGIT013057②：9）

2.六瓣莲花纹Ae型瓦当（98NSGIT012057②：30）

3.六瓣莲花纹Ae型瓦当（98NSGIT013058②：35）

4.六瓣莲花纹Ag型瓦当（98NSGIT012057②：28）

5.六瓣莲花纹Ag型瓦当（98NSGIT013057②：20）

6.六瓣莲花纹Ba型瓦当（98NSGIT013057②：18）

郭城正北门基址出土陶建筑材料

1.六瓣莲花纹Ba型瓦当（98NSGIT010058②：37）

2.六瓣莲花纹Ba型瓦当（98NSGIT012058②：34）

3.六瓣莲花纹Bb型瓦当（98NSGIT013057②：21）

4.六瓣莲花纹D型瓦当（98NSGIT012057②：27）

5.五瓣莲花纹Ab型瓦当（98NSGIT013058②：33）

6.莲蕾纹瓦当（98NSGIT010058②：40）

郭城正北门基址出土陶瓦当

1.口沿（98NSGIT012057②：21）

2.口沿（98NSGIT012057②：20）

3.口沿（98NSGIT014057②：3）

4.口沿（98NSGIT013057②：19）

5.器底（98NSGIT012057②：25）侧面

6.器底（98NSGIT012057②：25）外面

郭城正北门基址出土陶器

1.器底（98NSGIT012057②：24）

2.陶片（98NSGIT013057②：27）

3.陶片（98NSGIT013057②：21）

4.陶片（98NSGIT013057②：11）

5.釉陶兽头（98NSGIT010058②：52）正面

6.釉陶兽头（98NSGIT010058②：52）侧面

郭城正北门基址出土陶器、釉陶器

1.釉陶鸱尾残片（98NSGIT013057②：28）

2.釉陶鸱尾残片（98NSGIT013058②：32）

3.A型铁钉（98NSGIT013058②：8）

4.A型铁钉（98NSGIT012058②：2）

5.A型铁钉（98NSGIT012058②：1）

6.A型铁钉（98NSGIT013058②：13）

郭城正北门基址出土的釉陶器、铁器

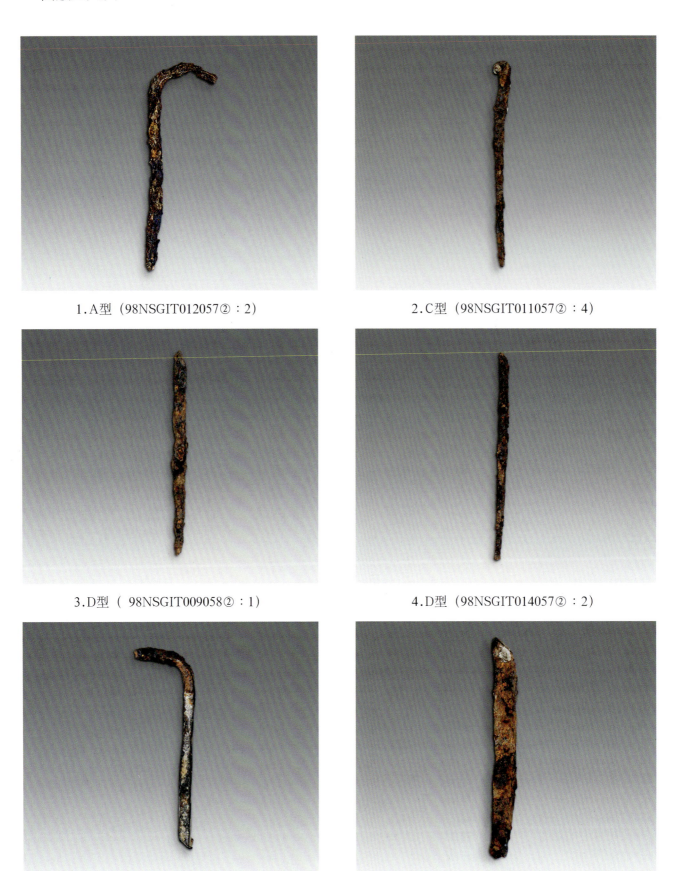

1.A型（98NSGIT012057②：2）

2.C型（98NSGIT011057②：4）

3.D型（98NSGIT009058②：1）

4.D型（98NSGIT014057②：2）

5.D型（98NSGIT011057②：3）

6.D型（98NSGT010058②：36）

郭城正北门基址出土铁钉

1.E型（98NSGIT009058②：2）

2.F型（98NSGIT009057②：3）

3.F型（98NSGIT011057②：2）

4.F型（98NSGIT013057②：1）

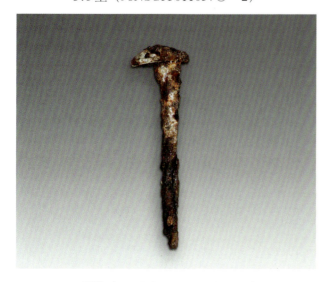

5.F型（98NSGIT013057②：23）

6.F型（98NSGIT013058②：1）

郭城正北门基址出土铁钉

1.G型钉（98NSGIT009058②：1）

2.H型钉（98NSGIT012057②：1）

3.I型钉（98NSGIT011057②：5）

4.条（98NSGIT013058②：4）

5.条（98NSGIT010058②：3）

6.门鼻（98NSGIT012057②：17）

郭城正北门基址出土铁建筑材料

1.门鼻（98NSGIT009058②：3）

2.门鼻（98NSGIT012057②：16）

3.门鼻（98NSGT014057②：4）

4.门鼻（98NSGIT012058②：3）

5.门鼻（98NSGIT009057②：4）

6.门转（98NSGIT011057②：8）

郭城正北门基址出土铁建筑材料

1.门枢（98NSGIT013057②：8）

2.门枢（98NSGIT013057②：8）底部

3.页（98NSGIT010058②：44）

4.页（98NSGIT013058②：28）

5.环（98NSGIT012057②：26）

6.构件（98NSGIT013058②：3）

郭城正北门基址出土铁建筑材料

1.构件（98NSGIT013058②：2）

2.釜（98NSGIT011057②：7）

3.釜（98NSGIT013057②：54）

4.釜（98NSGIT013057②：22）

5.器底（98NSGIT011057②：12）

6.网缀（99NSGIT012057②：43）

郭城正北门基址出土铁器

1.锛（98NSGIT012058②：50）

2.铁器（99NSGIT012058②：49）

3.镞（98NSGIT012058②：19）

4.镞（98NSGIT013057②：13）

5.镞（98NSGIT013057②：14）

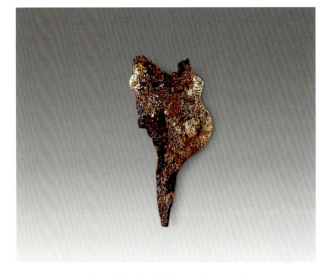

6.镞（98NSGIT011057②：9）

郭城正北门基址出土铁器

1.98NSGIT013058②：39

2.98NSGIT013058②：68

3.98NSGIT013058②：57

4.98NSGIT013058②：76

5.98NSGIT013058②：66

6.98NSGIT013058②：71

郭城正北门基址出土铁甲片

1.铁甲片（98NSGIT013058②：67）

2.铁甲片（98NSGIT013058②：82）

3.铁甲片（98NSGIT013058②：80）

4.瓷碗（04SYLG1②：1）

5.礌石（98NSGT014058②：2）

6.白灰墙皮（98NSGT010058②：49）

郭城正北门基址、第1号街基址出土铁器、瓷器、石器及建筑遗物

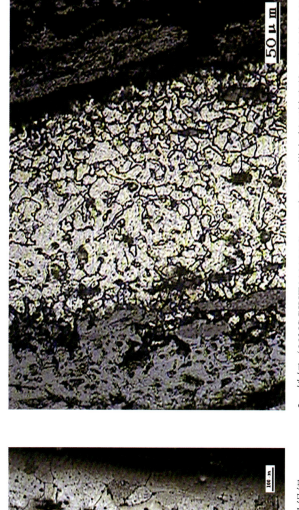

2. 铁钉（99NSGIVT003003②：Y2）B–B纵向断面铁素体＋珠光体组织 折叠锻打接缝处有少量铁橄榄石—玻璃纸硅酸盐夹杂物

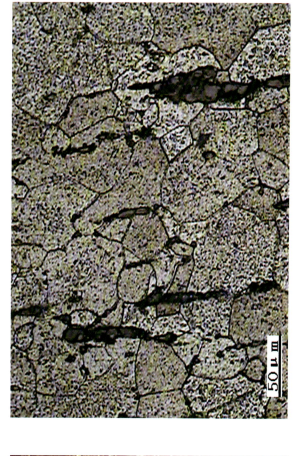

4. 铁钉（99NSGIVT003003②：Y4）B–B尖端珠光体组织

1. 铁钉（99NSGIVT003003②：Y1）B–B面不同含碳量组织 白亮色为铁素体，暗色区为珠光体

3. 铁块（99NSGIVT007003②：Y4）A–A面索氏体组织

铁钉、铁块金相组织

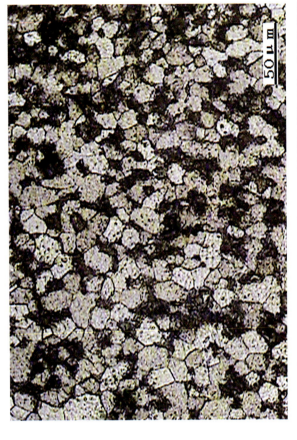

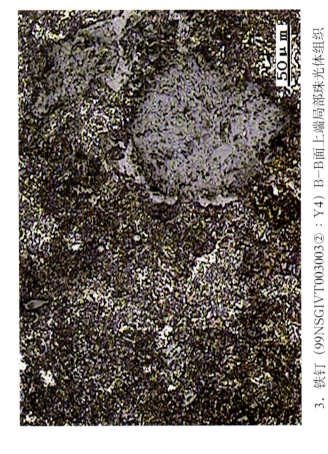

2. 铁钉（99NSGIVT003003② : Y4）B—B面上端局部铁素体＋珠光体组织

3. 铁钉（99NSGIVT003003② : Y4）B—B面上端局部珠光体组织

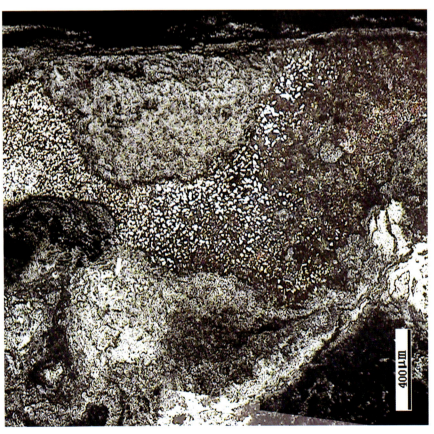

1. 铁钉（99NSGIVT003003② : Y4）B—B面上端不同含碳量组织
上部为珠光体　下部为铁素体＋珠光体

铁钉金相组织

2. 铁钉（99NSGIVT003003②：Y5）B—B面不同含碳量区域组织
从左向右依次为珠光体、珠光体+铁素体组织，右下方有一处为熟铁组织

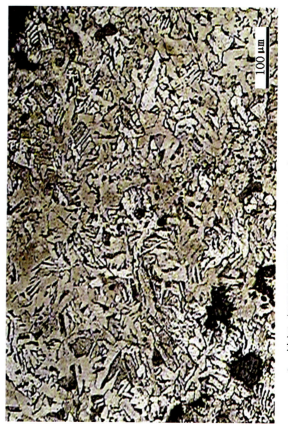

4. 铁钉（99NSGIVT003003②：Y5）B—B面局部组织
中间为珠光体组织，两侧为珠光体+铁素体组织

1. 铁钉（99NSGIVT003003②：Y4）B—B面上端珠光体+渗碳体组织

3. 铁钉（99NSGIVT003003②：Y5）B—B面局部组织
铁素体+珠光体

铁钉金相组织

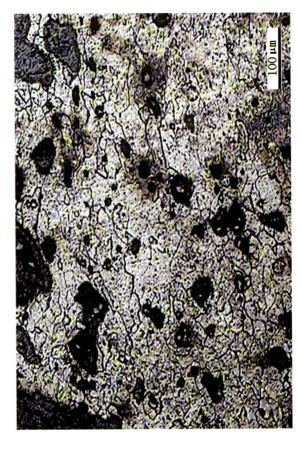

1. 铁钉 (99NSGIVT003003②∶Y6) 钉身B-B面含碳量变化
右侧白亮色区域为铁素体+珠光体，左侧暗色区为珠光体

2. 铁钉 (99NSGIVT003003②∶Y6) 钉身B-B面珠光体+铁素体组织

3. 铁钉 (99NSGIVT003003②∶Y6) 钉身B-B面珠光体及珠光体+铁素体组织

4. 铁钉 (99NSGIVT003003②∶Y6) 钉帽B-B面铁素体组织

铁钉金相组织

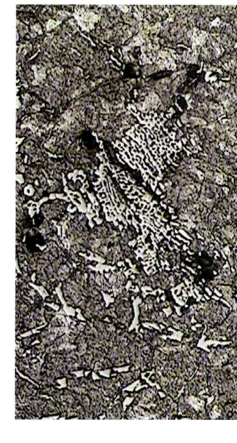

2. 铁钉（01NSGIT008024②：Y1）B−B面
铁素体与铁素体+少量珠光体交界区域

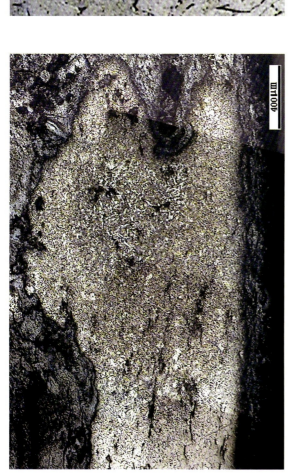

1. 铁钉（01NSGIT008024②：Y1）B−B面不同含碳量组织区域
左侧亮色区域为铁素体，右侧中心残存共晶白口铁莱氏体，
两区域之间为比例不同的珠光体和铁素体

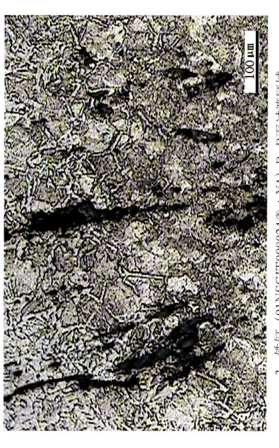

4. 铁钉（01NSGIT008024②：Y1）B−B面残留白口铁莱氏体组织

3. 铁钉（01NSGIT008024②：Y1）B−B面过渡区域
暗色为珠光体，亮色为铁素体

铁钉金相组织

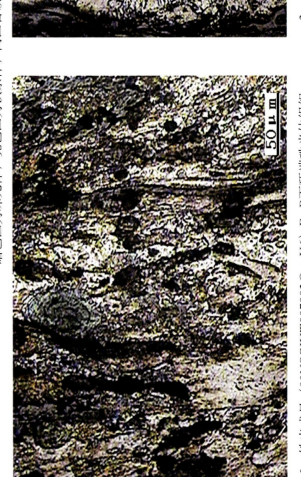

1. 铁半成品（99NSGIVT007003②：Y6）B－B面顶端
暗色区为珠光体，亮色区为铁素体，两区含碳量相差悬殊，有明显交界

2. 铁半成品（99NSGIVT007003②：Y6）B－B面顶端珠光体组织
折叠交界明显

3. 铁半成品（99NSGIVT007003②：Y6）B－B面中段铁素体组织
晶粒有冷变形迹象

铁半成品金相组织

1. 铁钉（99NSGIVT007003②：Y7）B—B面不同含碳量材料叠打迹象
左侧为低碳钢，铁素体+细珠光体组织，右侧为熟铁，铁素体组织

3. 铁钉（01NSGIT008024②：Y3）钉帽B—B面铁素体区和珠光体区组织

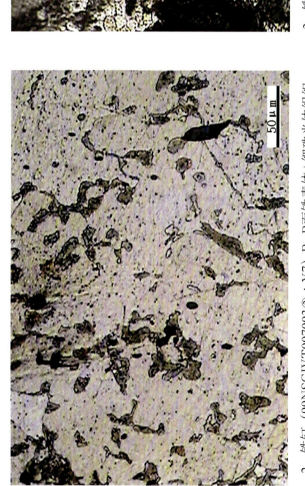

2. 铁钉（99NSGIVT007003②：Y7）B—B面铁素体+细珠光体组织

铁钉金相组织

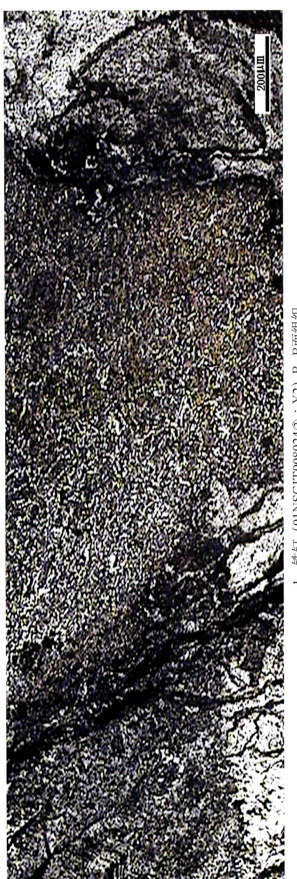

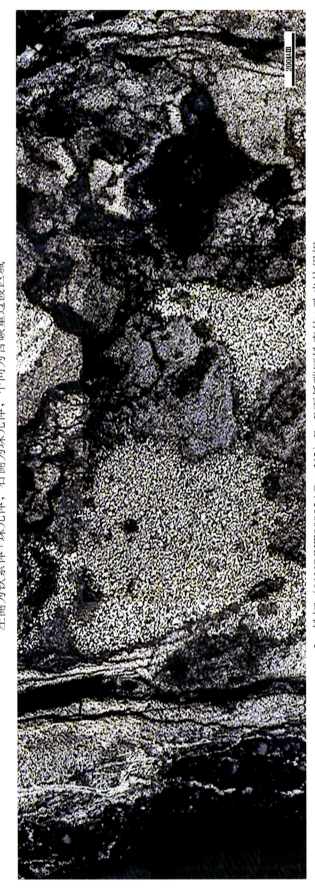

1. 铁钉（01NSGIT008024②：Y2）B–B面组织
左侧为铁素体＋珠光体，右侧为珠光体，中间为含碳量过渡区域

2. 铁钉（01NSGIT008024②：Y2）B–B面低碳区铁素体＋珠光体组织

铁钉金相组织

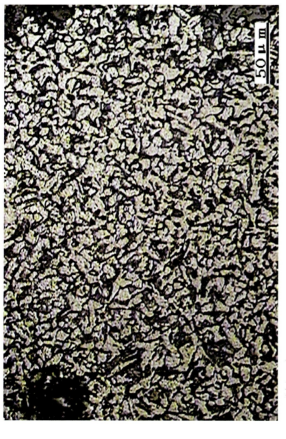

2. 铁钉（01NSGIT008024②：Y2）B—B面低碳区铁素体+珠光体组织

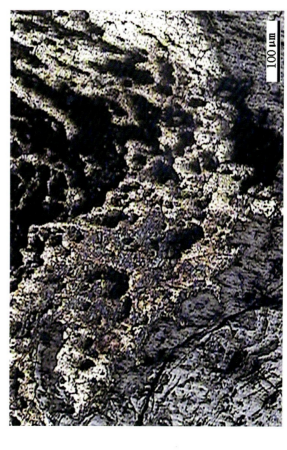

4. 圆帽铁钉（99NSGIVT001002②：Y17）靠近尖端端面A—A面
左侧为高碳珠光体组织，右侧为熟铁铁素体组织

1. 铁钉（01NSGIT008024②：Y2）B—B面高碳区珠光体+铁素体组织

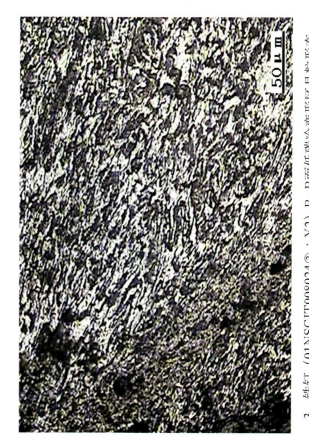

3. 铁钉（01NSGIT008024②：Y2）B—B面低碳冷变形区晶粒形态

铁钉、圆帽铁钉金相组织

图版四〇二

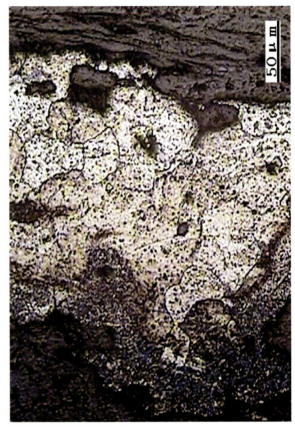

2. 圆帽铁钉（99NSGIVT004003②：Y2）珠光体、铁素体+少量珠光体组织

4. 铁钉（99NSGIVT004003②：Y1）钉帽B-B面不同含碳量组织

1. 铸铁残块（99NSGIVT003001②：Y1）渗碳体+莱氏体组织

3. 铁钉（99NSGIVT004003②：Y1）钉帽B-B面组织

铸铁残块、圆帽铁钉及铁钉金相组织

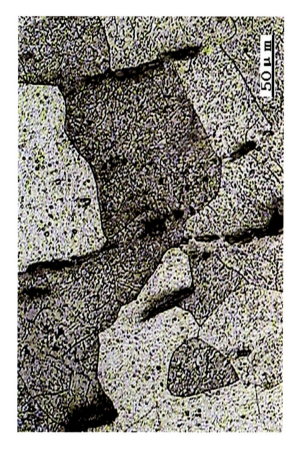

2. 铁钉（99NSGIVT002001②：Y17-1）B-B面尖端珠光体组织

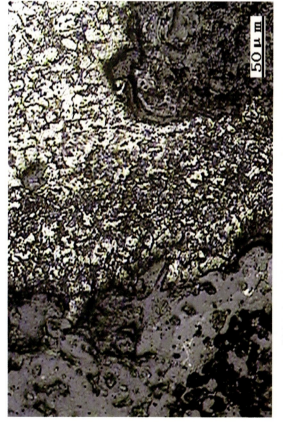

4. 铁钉（99NSGIVT002001②：Y17-1）B-B面中段珠光体组织

1. 铁钉（99NSGIVT007003②：Y5）B-B面中部铁素体组织

3. 铁钉（99NSGIVT002001②：Y17-1）B-B面顶端
中：珠光体，右：铁素体+珠光体

铁钉金相组织

2. 铁钉 (99NSGIVT002001② : Y17-6) 圆钉帽端面珠光体组织

4. 铁钉 (99NSGIVT001002② : Y20) B—B面局部组织
铁素体+珠光体以及维氏体—玻璃质硅酸盐酸盐夹杂

1. 铸铁块 (99NSGIVT002003② : Y26) 莱氏体+渗碳体组织

3. 铁钉 (99NSGIVT001002② : Y20) B—B面组织
铁素体+珠光体以及硅酸盐夹杂物以及折叠痕迹

铸铁块、铁钉金相组织

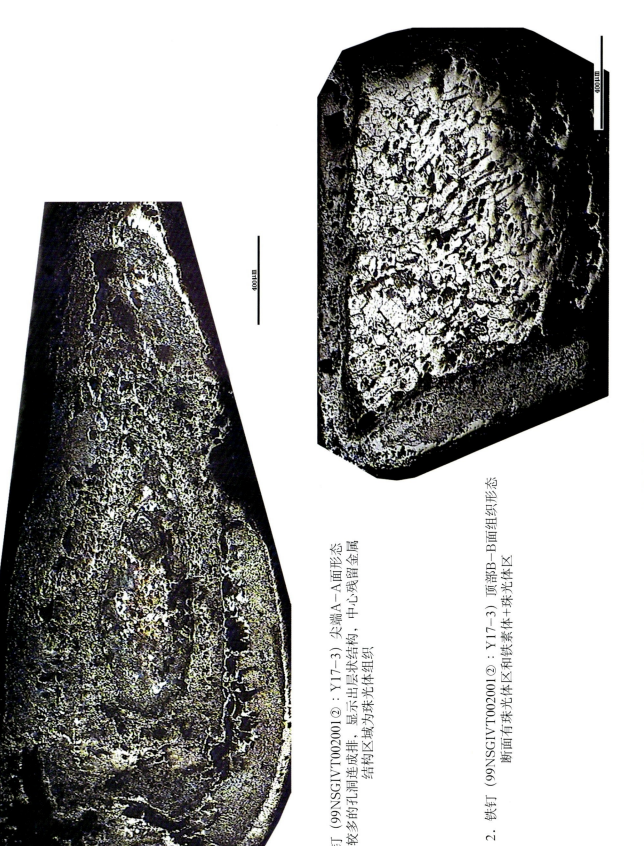

1. 铁钉（99NSGⅣT002001②：Y17-3）尖端A-A面形态
断面有较多的孔洞连成排，显示出层状结构，中心残留金属
结构区域为珠光体组织

2. 铁钉（99NSGⅣT002001②：Y17-3）顶部B-B面组织形态
断面有珠光体区和铁素体+珠光体区

铁钉金相组织

图版四〇六

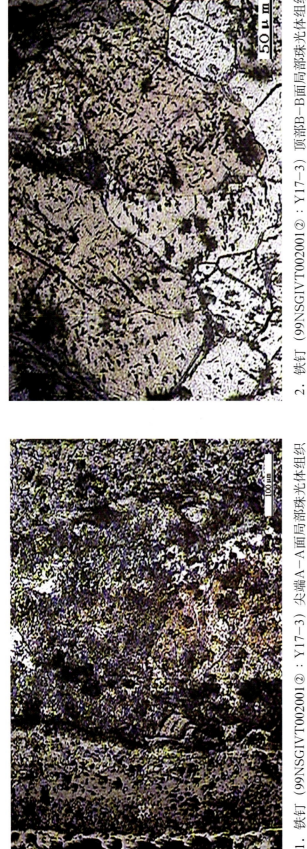

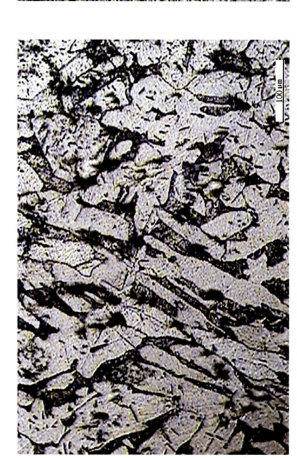

1. 铁钉（99NSGIVT002001②：Y17-3）尖端A-A面局部珠光体组织

2. 铁钉（99NSGIVT002001②：Y17-3）顶部B-B面局部珠光体组织

3. 铁钉（99NSGIVT002001②：Y17-3）顶部B-B面局部
铁素体+珠光体

4. 圆帽铁钉（99NSGIVT002001②：Y17-5）钉帽B-B珠光体组织

铁钉、圆帽铁钉金相组织

2. 铁钉（99NSGIVT007003②：Y11）B—B面
铁素体＋珠光体和沿长度方向变形的铁素体组织

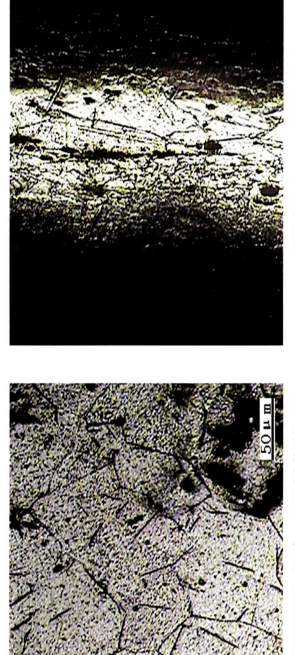

1. 铁钉（99NSGIVT007003②：Y11）A—A面珠光体组织

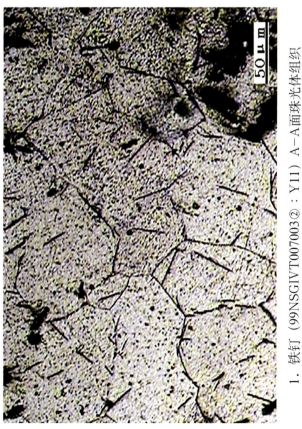

4. 铁钉（99NSGIV T001001②：Y1）B—B面
铁素体、铁素体＋珠光体组织

3. 圆帽铁钉（99NSGIVT002001②：Y17-4）B—B面
珠光体区和铁素体区之间有明显的交界

铁钉、圆帽铁钉金相组织

图版四〇八

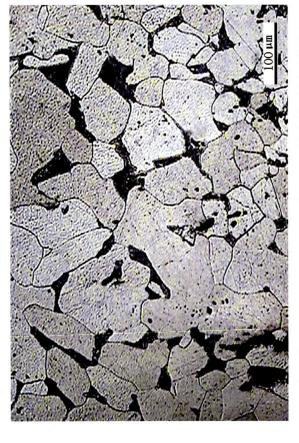

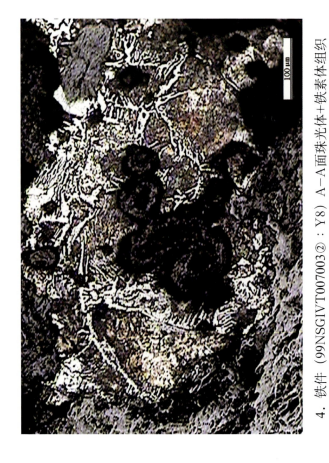

1. 铁钉（99NSGIVT001001②：Y1）B－B面铁素体组织

2. 铁钉（99NSGIVT001001②：Y1）B－B面铁素体＋细珠光体组织

3. 铁钉（99NSGIVT001001②：Y1）B－B面铁素体＋细珠光体组织

4. 铁件（99NSGIVT007003②：Y8）A－A面珠光体＋铁素体组织

铁钉、铁件金相组织

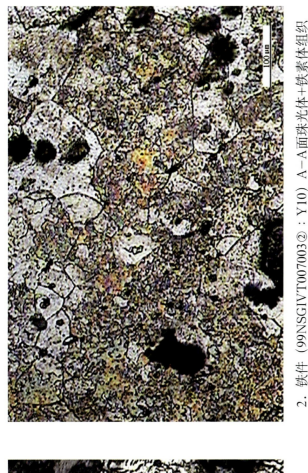

2. 铁件（99NSGIVT007003②∶Y10）A－A面珠光体+铁素体组织

4. 铸铁残块（99NSGIVT007003②∶Y1）
珠光体基体上分布着片状石墨

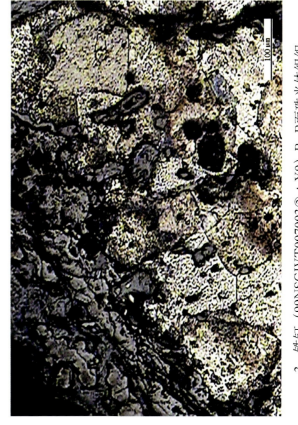

1. 铁件（99NSGIVT007003②∶Y8）A－A面铁素体+珠光体组织

3. 铁钉（99NSGIVT007003②∶Y9）B－B面珠光体组织

铁件、铁钉及铸铁残块金相组织

1. 铲形器 (99NSGIVT007003②：Y2) B-B面折叠锻打痕迹

2. 铲形器 (99NSGIVT007003②：Y2) B-B面珠光体组织

3. 铁钉 (99NSGIVT007003②：Y3) 钉帽B-B面尖端细珠光体组织

4. 铁钉 (99NSGIVT007003②：Y3) 钉帽B-B面
边缘为珠光体，中心为铁素体，有维氏体—玻璃质硅酸盐夹杂物

铁铲形器、铁钉金相组织

2. 三角形铁片（01NSGIT009024②：Y1）尖端B-B面珠光体组织

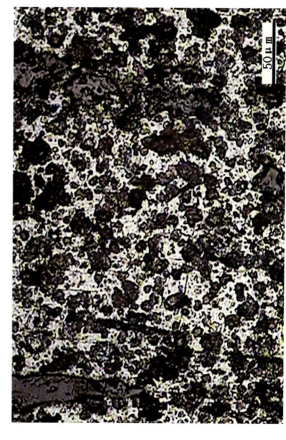

4. 圆帽铁钉（01NSGIT009024②：Y2）尖端B-B面索氏体组织

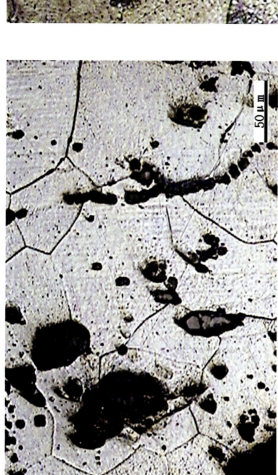

1. 铁钉（01NSGIT009023②：Y1）B-B面铁素体组织

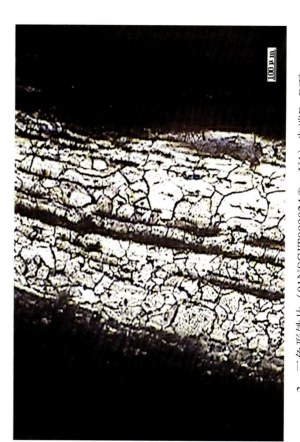

3. 三角形铁片（01NSGIT009024②：Y1）尖端B-B面铁素体与珠光体相间分布，有明显的界面

铁钉、三角形铁片及圆帽铁钉金相组织

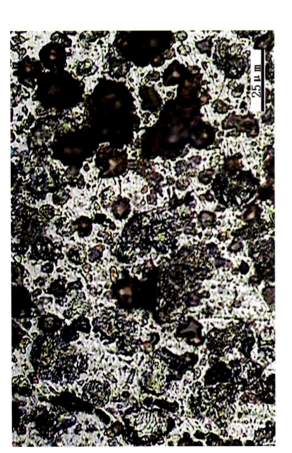

1. 圆帽铁钉（01NSGIT009024②：Y2）尖端B-B面索氏体组织

2. 铁钉（01NSGIT007024②：Y1）上端弯折端B-B面
有铁素体+珠光体、珠光体+铁素体不同组织区域，中心含碳量低

圆帽铁钉、铁钉金相组织